수안보초등학교 제45회 동창회

1963 ~ 1969 ~2020

우리가 살아온 인생이야기

황혼의 자화상

엮은이 이 형 우

도서출판 다인

교 가

작사 이 명 구
작곡 나 운 영

쾌활하게

역사 (우리 제45회를 기준으로 조명함)

서당식 교육에서 현대식 교육으로 동이 트기 시작할 무렵, 지역 유지인 묵재默齋 오순영吳順泳 님이 숭고하고 원대한 뜻으로 기증한 3,684평의 부지에 1921년 5월 20일 수안보공립보통학교가 개교했다..

일제 강점기 시절 1938년 심상尋常소학교, 1941년 국민國民학교로 개칭되어 왔고 광복이후 계속 우리가 다닌 터에서 58회에 걸쳐 총3,992명의 졸업생을 배출하였다.

수안보온천관광개발계획에 따라 1982년6월3일 수안보면 안보리 598번지로 이전, 1996년 3월 1일부터는 일제잔재 청산의 일환으로 초등학교로 개칭되어 지금에 이른다.

1963.1.1 괴산군에서 중원군으로 편입됨
1964.4.21 온천여관 부지 373평 구입
1965.6.18 2층교사 8교실 낙성
1967.10.1 교실증축 (2층)
1968.3.15 목수균 (입학당시) 교장전출, 윤정식(졸업당시) 교장 전입

1951.6.10 ~ 1992. 02. 28. 미륵분교장, 설립~ 폐교

우리 제45회는 1963년 3월에 입학하여 1969년 2월에 3개반 204명이 졸업을 했다.

'황혼의 자화상' 출판에 부쳐

홍종관

살아온 이야기 책으로 내고자
봄부터 애를 쓰고 밤을 세웠나보다
그렇게 만들어진 우리 황혼 자화상!

누구에게도 말하지 못한 인생 이야기
이제는 친구에게 모두 털어놓는 것은
함께한 추억도 살아온 인생도 소중해서라네!

동시대 태어나 한 운동장 뛰놀다가
잠시 흩어져 청년 장년 세월 보내고
이제는 서로 마주보고 이야기꽃 피우네!

세월 속에 우리 얼굴도 변하였듯이
우리가 살아온 이야기 각자 다르겠지
그러나 우린 그 세월동안 따뜻한 친구였다네!

지난 60년이 살같이 지났지만
그래서 아쉬움도 많이 남지만
지나간 우리 인생 후회 없다네!

세상에 내놓은 우리 이야기는
나름대로 열심히 살아온 증거요
우리의 자랑스런 자화상이기 때문이지.

친구여 건강하게 백세를 살다가
자주 보고 즐거운 시간 함께하다가
그날이 오면 미련없이 이 세상을 떠나가세나.

여기에 우리가 살아온 이야기 책 만들어
후세에게 남기며 우리가 하는 말
수초45 영원하라! 만세 부르네!

목 차

동창회장
진 광 명

<發刊辭>

인생 황혼기에 다시 청년기에 읽었던 윤동주 시인의 '자화상'시를 읊조려 보았습니다.

"산모퉁이를 돌아 논가 외딴 우물을 홀로
찾아가선 가만히 들여다봅니다.

우물 속에는 달이 밝고 구름이 흐르고
하늘이 펼치고 파아란 바람이 불고 가을이 있습니다.

그리고 한 사나이가 있습니다,
어쩐지 그 사나이가 미워져 돌아갑니다.

돌아가다 생각하니 그 사나이가 가엾어집니다.
도로가 들여다보니 사나이는 그대로 있습니다.

다시 그 사나이가 미워져 돌아갑니다.
돌아가다 생각하니 그 사내가 그리워집니다.

우물속에는 달이 밝고 구름이 흐르고 하늘이 펼치고
파아란 바람이 불고 가을이 있고 추억처럼 사나이가 있습니다."

그런데 이 '자화상'시를 찬찬히 음미해 보니 청년기에는 느끼지 못한 친구들에 대한 그리움과 과거의 나 자신에 대한 그리움이 인생 황혼기에 접어든 필자에게 주마등처럼 밀려왔고, 불현듯 회장을 맡고 있는 필자는 재임 중에 나만의 자화상이 아닌 친구들 모두의 자화상을 집대성한 문집을 꼭 만들고 싶은 충동이 발동 했습니다. 이심전심이 전달되어, 마침 죽마고우 이삿갓(본명:이형우)이 나의 마음을 거들게 되었습니다. 그는 학창시절부터 글씨기를 좋아 했고 소설 창작집을 낸 친구로 현재 서울 충무로에서 인쇄출판업을 운영하는 전문가로 활동하고 있습니다. 이 친구 역시 고향과 우리 벗님들에게 자기가 봉사 해 줄 수 있는 역할에 절호의 찬스라 생각하고 재능기부를 하겠다고 선뜻 발벗고 나서 주었습니다.

차후 여러 벗님들과 이렇게 저렇게 제작방향과 원고 모집 등 의기를 투합하여 이제 '황혼의 자화상'이라는 문집을 발간하기에 이르게 되어 이 기쁨을 여러 벗님들과 함께 나누게 되었습니다.

본 문집은 자신들의 주옥 같은 이야기 뿐만 아니라 여러 벗님의 모습이 담긴 사진(초상)이 실려 있습니다. 비록 글을 투고하지 못한 벗님들도 청운의 꿈을 품었던 졸업사진과 그동안의 인생 역정이 고스란히 주름살 얼굴속에 담긴 여러분의 자화상 사진으로서 수록되어 있으니 사실상 모든 벗님들의 자화상이 수록되었다고 할수 있겠습니다.

사랑하는 벗님들 !

채근담에 이런 글이 있습니다. "하루해가 저물매 황혼 빛이 아름답고 한해가 저물려하매 귤 향기가 더욱 그윽하다(日既暮而猶烟霞絢爛 歲將晩而更橙橘芳馨)"

그렇습니다. 우리들의 일생을 하루로 치면 저녁 하늘에 황혼이 아름답게 물들 때입니다. 그러나 우리는 늙어 가는 것이 아니라 귤향기 그윽하게 익어가는 것입니다. 벗들이여! 이제 마음을 비우고 모든 것을 내려 놓고 '아름답게 즐겁게 곱게' 물들이며 익어 갑시다.

이제 우리는 '황혼의 자화상'을 보며 그리운 지난날을 추억하면서 또 다시 남은 여생에 희망의 닻을 올려 봅시다.

끝으로 '황혼의 자화상'에 글과 사진 등 각종 자료를 투고해주신 벗님들은 물론 건재 하는 모든 동창생들에게 감사드리며 아울러 바야흐로 '황혼의 자화상'이라는 옥동자 탄생의 큰 역할을 한 이형우 벗님과 회장 임기 중에 저의 양날개가 되어서 한 몸처럼 움직여준 안명길, 유옥남 총무님의 노고에 모든 벗님을 대표해서 우정의 박수를 보내 드립니다.

부디 수안보초등학교 제45회 벗님들 똘똘뭉쳐 9988 하시를 기원 합니다.

2020. 새봄 새여울 竹盧之室에서

수안보초등학교 제45회 동창회장 **진광명** 惠存

사진으로보는
우리들의 역사

1963년 3월 입학 ~ 1969년 2월 졸업

수안보초등학교 제45회 동창회

제 45회 동창회 역대 회장단

제1대 회장단

회장 김진곤 총무 남기일

1999~2000

제2대 회장단

회장 이만식 총무 남기일

2001~2002

제3대 회장단

회장 이영식 총무 손철규

2003~2004

제4대 회장단

회장 윤동수 총무 안명길

2005~2006

제5대 회장단

회장 김덕기 총무 이현무

2007~2010

제6대 회장단

회장 최낙영 총무 정기연

2011~2014

제7대 회장단

회장 이진환 총무 이형우

2015~2016

제8대 회장단

회장 이광택 총무 이형우

2017~2018

제9대 회장단

회장 진광명 총무 안명길

2019~2020

제10대 회장단

회장 □□□ 총무 ○○○

2020~2021

제11대 회장단

회장 □□□ 총무 ○○○

제12대 회장단

회장 □□□ 총무 ○○○

총동문회장

1대	김지연 (19회)
2대	조국환 (23회)
3대	임상규 (31회)
4대	전원기 (35회)
5대	오기선 (35회)
6대	윤해성 (34회)
7대	진교철 (36회)
8대	주노열 (37회)
9대	이정식 (39회)
10대	우상국 (43회)
11대	우상천 (45회)
12대	김관용 (47회)

체육대회 주관기수 회장단

1회	1996년	(33회)	엄기웅
2회	1997년	(23회)	조국환
3회	1998년	(24~30회)	공동주최
4회	1999년	(31회)	백인선
		(32회)	임상규 공동주최
5회	2000년	(34회)	박상희, 진수범
6회	2001년	(35회)	이영식, 강순희
7회	2002년	(36회)	서병천, 최호원
8회	2003년	(37회)	진해용, 홍진복
9회	2004년	(38회)	우상철, 우건영
10회	2005년	(39회)	이정식
		(40회)	김덕용 공동주최
11회	2006년	(41회)	권용산, 황동호
12회	2007년	(42회)	김성오, 조재일
13회	2008년	(43회)	이순식, 최석규
14회	2009년	(44회)	조규석, 김은용
15회	2010년	(45회)	김덕기, 이영식
16회	2011년	(46회)	오화영, 김인란
17회	2012년	(47회)	김규만, 전재웅
18회	2013년	(48회)	김진영, 홍종철
19회	2014년	(49회)	이대식, 김향용
20회	2015년	(50회)	이동규, 박동근
21회	2016년	(51회)	박일순, 최동영
22회	2017년	(52회)	오회장, 김석원
23회	2018년	(53회)	송민호, 홍종대
24회	2019년	(54회)	김주현, 지대규

재학중 담임·반장 명단

	1반		2반		3반		교장
	담임	반장	담임	반장	담임	반장	교감
1 학년	김정환	박래욱 이존성	김선구	김규석	노재순	진광명	목수균 황병옥
2 학년	이기원	김진곤	홍기옥	김규석	김태영	진광명	목수균 황병옥
3 학년	이기원	김진곤	양재형	김규석	김태영	진광명	목수균 조성호
4 학년	이기원 임성규	김진곤	양재형	김규석	김명희 원향자 이충성	진광명	목수균 김현수
5 학년	양재형 김구응 유선희	진광명	송충범	김홍기 김규석	임성규	김진곤	목수균 박희현
6 학년	이주영	김진곤	송충범	진광명	송정일	이상음	윤정식 이을영
	진교어린이회장 · 김진곤						

신축교사 후면

졸업 당시 본관 교사

신축교사 정면

국민학교 정문

▲

1학년 (1,2,3반)
3개반이 쓰던 강당

2,3학년 1반이
3학년 1학기 까지 쓰던 교실

1965.6.18
(2층교사8교실 낙성 기록)
우리가 3학년 2학기에
3~1반은
신축 건물에 입실

1967.6.3 (토) 박정희 대통령 수안보국민학교 방문

1967.5.3 대한민국 제6대 대통령 선거에서 당선, 1967.6.8 대한민국 제7대 국회의원선거일을 5일 앞두고 충주 교현국민학교에서 지원유세를 마친 후 수안보를 방문했다. 헬리콥터를 타고 왔고, 수안보관광호텔에서 1박을 했다.

1. 김학수 선생님 2. 윤만용 면장님 3. 목수균 교장선생님 4. 진영진 교무선생님 5. 홍석주 선생님 6. 이주영 선생님 7. 박용묵 선생님 8. 황실광(보수당약방:박정희 제자) 9. 노재순 선생님 10. 홍기옥 선생님 11. 전유성 12. 윤동화 13. 이충성 선생님 14. 지서장 15. 오화순 선생님

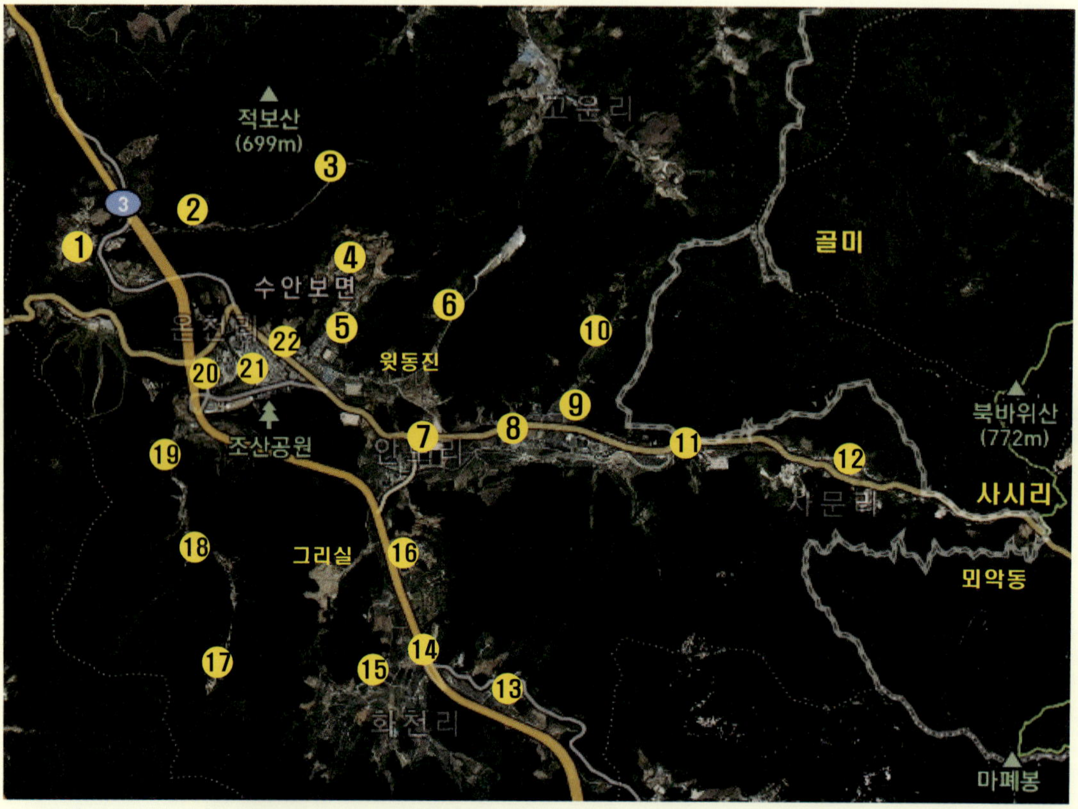

1 오미	2 다릿골	3 안다릿골(도장골)	4 귓골	5 동진	6 머릿골
7 대안보	8 복계리	9 선권	10 곰짓골	11 대사(한절)	12 석문동
13 사시동	14 발화골	15 은행정	16 뇌곡	17 아홉살이	18 안탑골
19 탑골	20 양짓말	21 온정	22 새텃말		

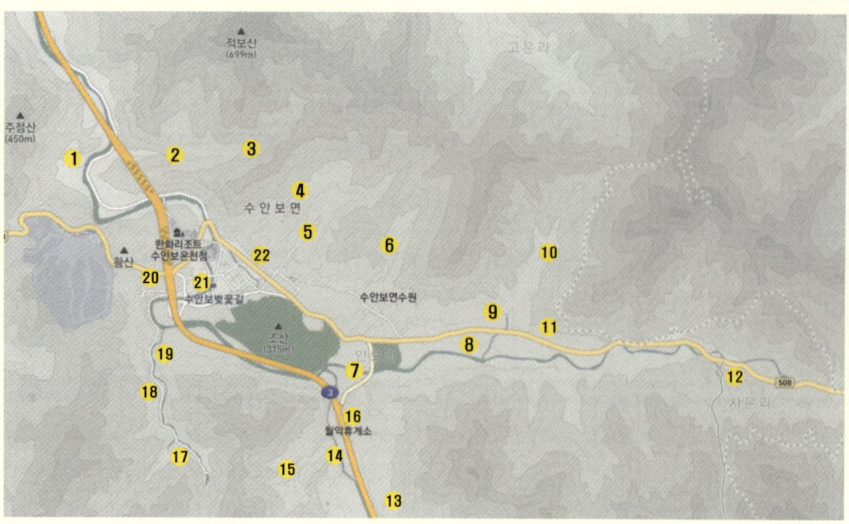

1.오미=이정애,홍종관,최영득,이금자,이철화,이현무,김익수,이순자,이형우,
이한우,권오달 (이정자,이근식)
2.다릿골=조정진,조동일,조춘만

3.안다릿골(도장골)=안명길,신성근,김의묵,김용수,정정자
4.귓골=이재용,이기형,심정순, 이영희
5.동지=이승재,윤동수,심석구,임병영,송경순,장만영, 이재명
6.머릿골=정영호,정연순

7.대안보=유옥남,이정남,김택금,허문성,김문자,김정숙,박종현
8.복계리=김동열,김순애,홍임숙,홍기선,홍숙경,서춘자,송봉현,박종순,
이규남,이병순, 홍진광,이정혁,노영희,홍옥주
9.선권=허금자,홍진선,황점연,최낙영,김기문,민병용,박종찬,김태순, 박왕규
10.곰짓골=정연자,김시용
11.대사(한절)=이상음,김홍기,김경희,주옥녀,안상임
12.석문동=이영식,신한호,김덕기,강창옥,오명수,윤대순,김연자,전창용,
윤상수,홍매화,안옥분(안지영),박기복,전영자,추순분,
이창수,박호분, 이상분,안창석

13.사시동=심동용,전양호,이정규,윤한주,이순득, 강대용
14.발화골=김기철,엄태조,이성복,최영대,최인숙,김병찬,김현옥,김복진,
진용애,정해인,고화선, 송옥자,남한영
15.은행정=신현록,진남순,박용희,엄태순,진경자,오순득
16.뇌곡=최성기,박종철,최찬기,정기연,장남식,신남식,박준식,
이덕순,박창규

17.아홉살이=0
18.안탑골=최면택,안병욱,조병우,이명자,이복자,심영숙,
19.탑골=박래욱,이광택,음재용,황명호,장순학,장옥순,장옥자,조남순,
박주희

1967 가을소풍 (5~2반)

1. 69연합체육대회 주최 후 모교운동장(1994.10)
2. 졸업 5주년기념 모임 전나무 아래에서 (1973.8)
3. 안탑골 삼덕광산 3학년 봄소풍
4. 김순애, 홍임숙 (복계리 솔밭)
5. 중간체조 시간 (1967.5)

▲ 체육대회 전야 모임 석문동 김덕기 회장 별장에서

체육대회 주최를 성황리에 마치고 모교 운동장에서 ▼

설악산, 낙산사 동해안 여행 (2011.5.22~23)

거제도, 외도, 통영 여행 (2012.4.25~26)

합천 해인사, 진주 촉석루,순천만,삼천포,여수 향일암,진안 마이산 여행 (2016.6.4~6.6)

합천 해인사

진주 촉석루

여수 향일암

부산, 대마도 여행 (2017.8.12~8.15)

예천, 회룡포 (2016.8.20~8.21)

문경, 구랑포·쌍룡계곡 (2018.7.28~7.29)

제주도 여행 (2019.1.19~1.21)

수안보초등학교 제45회 동창회

놀멍! 즐기멍~ 쉬멍!

제주여행 2019.1.19(토)~21(월)

베트남 다낭 여행 (2020.1.10~1.14)

각종 번개모임

2005.12.10

2019.11.23 (인천=서경모임)

2018.10.6 (송이번개=석문동)

2018.11.18 (서경모임)

2019.10.5 (송이번개)

2018.6.6 (딸기번개=석문동)

각종 번개모임

2019.8.10~11(주문진)

2018.11.17 (서경모임)

2017.10.5 (서경모임)

수안보 변천 사진

수안보 변천 사진

윤정식 교장선생님

이을영 교감선생님

진영진 교무선생님

이주영 선생님

6학년 1반

김기문

김동열

김진곤

남기문

박연식

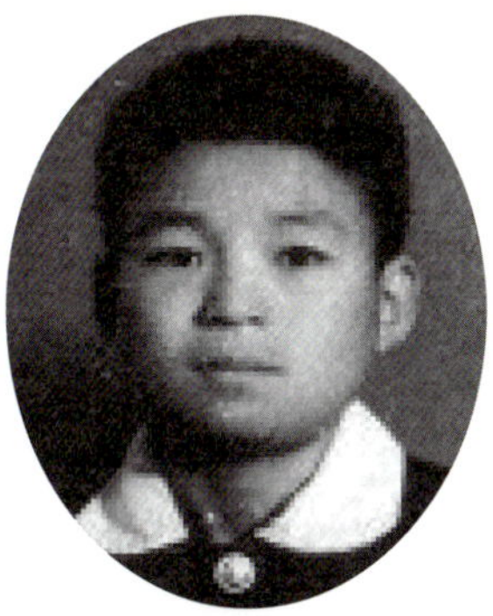

박준식

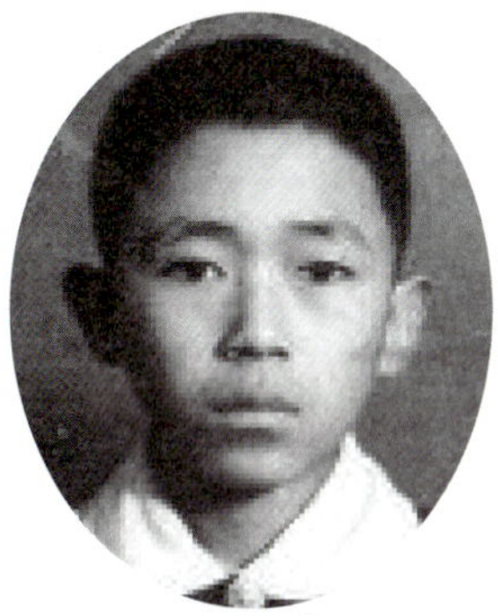

박종철

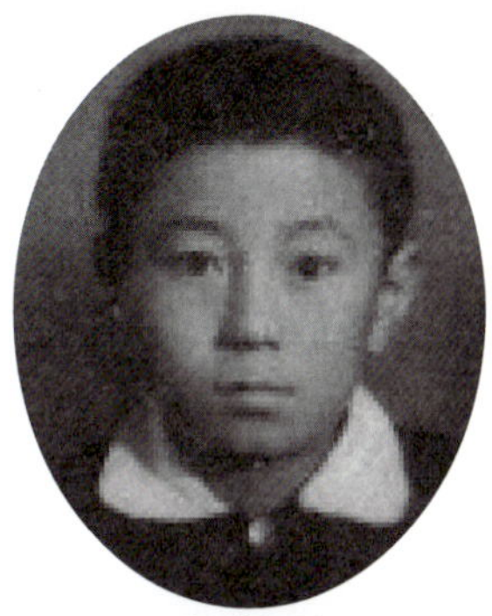

손철규

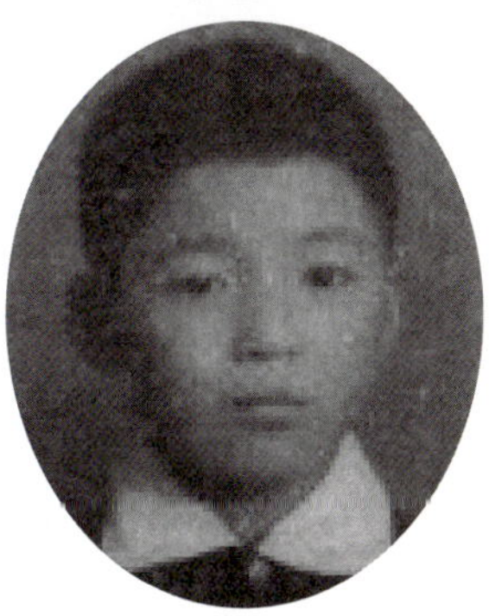

송봉현

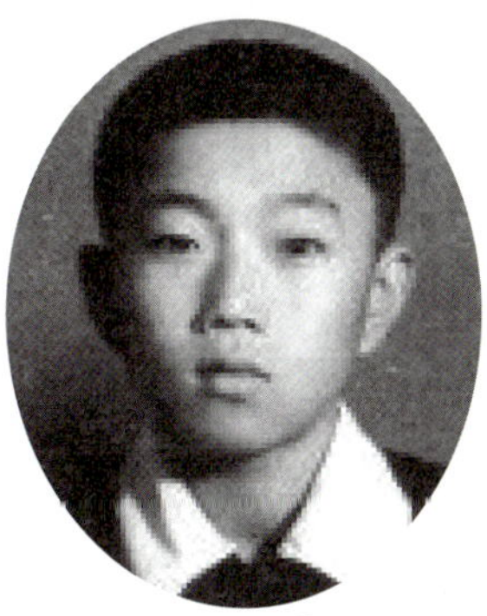

심동용

신현록

안광수

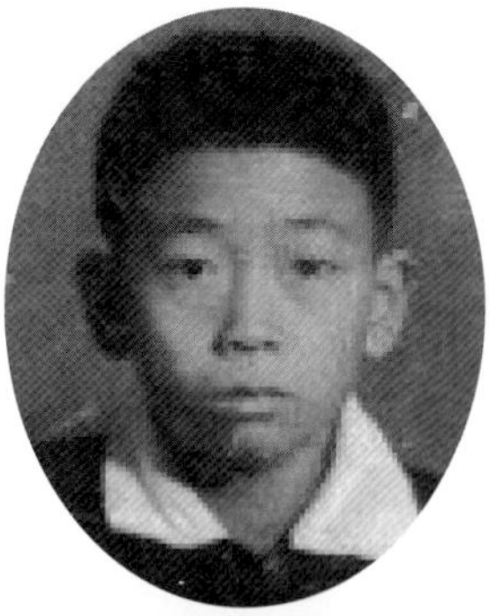
안명길

우상천

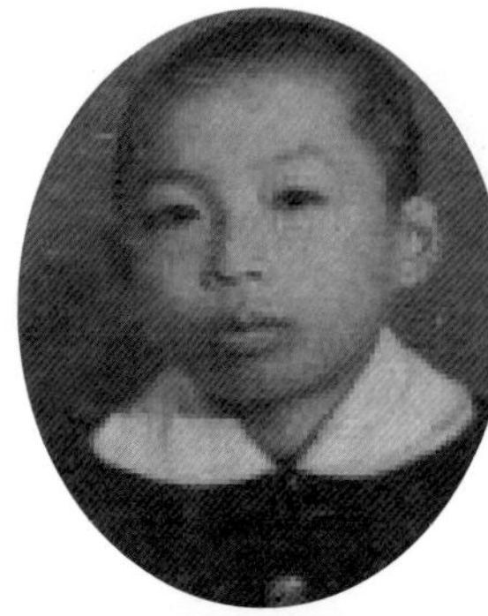
음재용

이광택

이기형

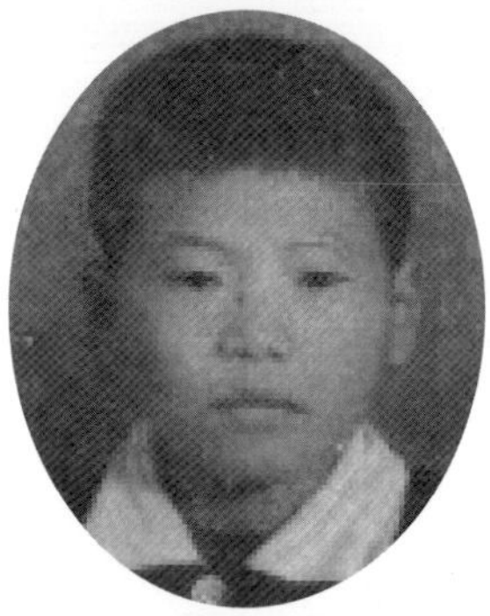
이성복

전양호

정영호

전호삼

장남식

장만영

장순학

조병우

조정진

최기윤

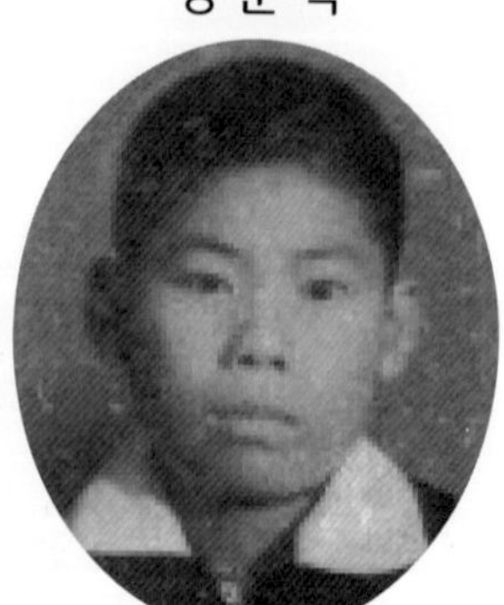
최낙영

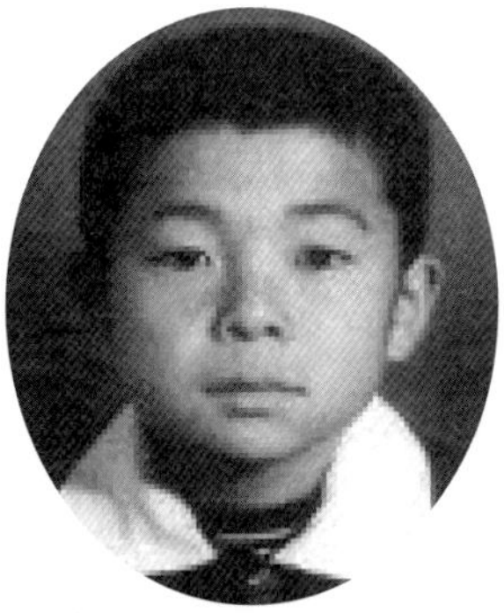
최면택

최찬기

황용기

홍병진

김경희

김순애

김신자

김점순

박영희

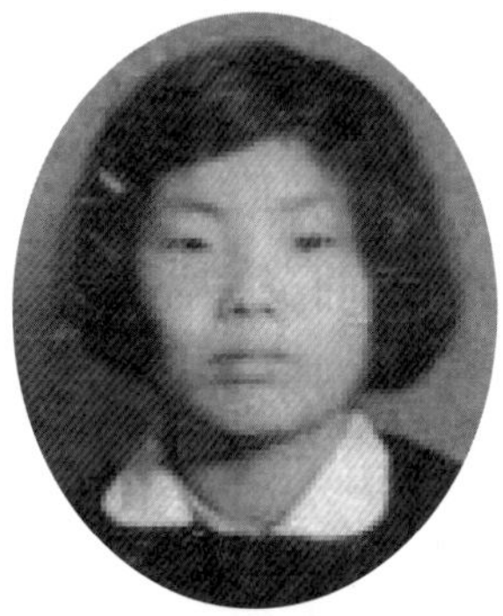
박용희

서춘자

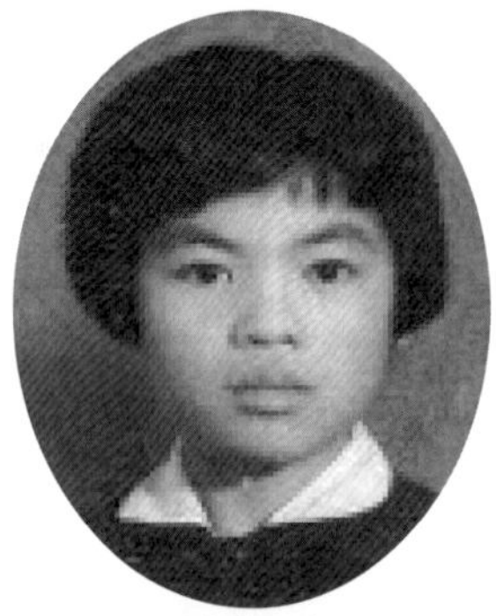
심옥순

심정순

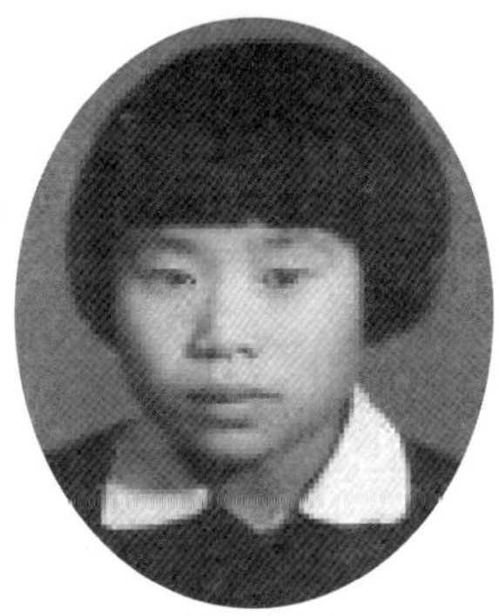
안상임

엄태순

오순득

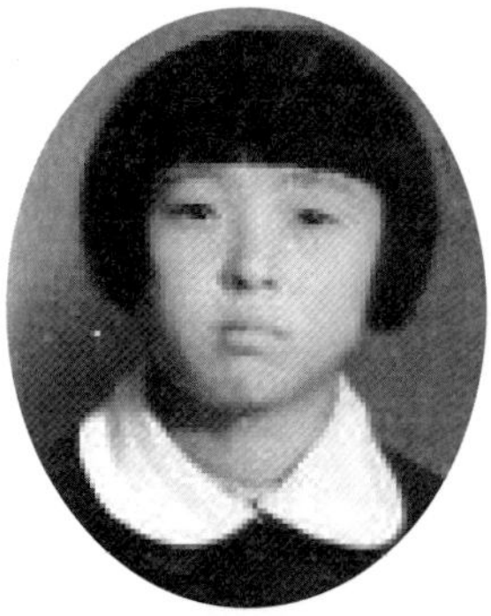

오점순

이남홍

이병순

이옥자

이은순

이희자

정인용

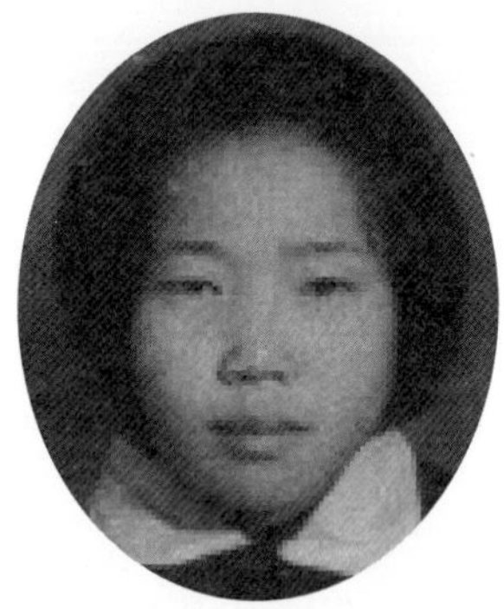

정태임

진남순

최영대

홍기선

권 오 달

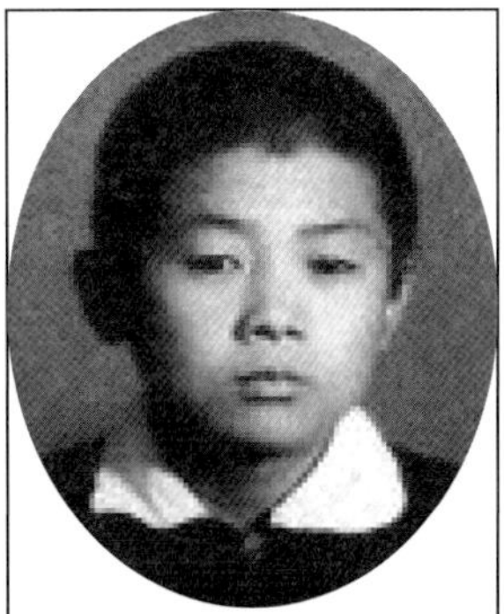
신 정 식

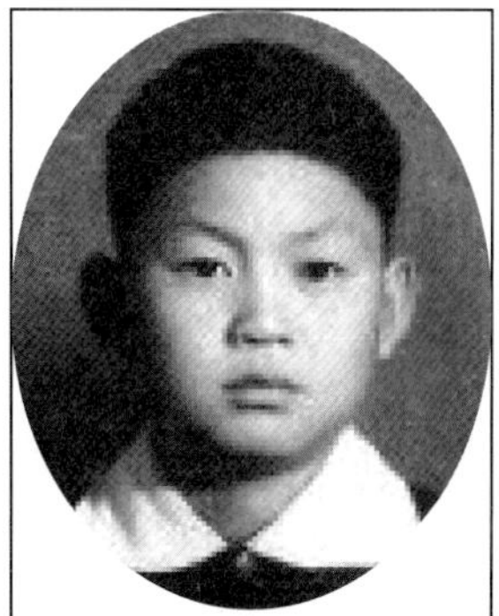
박 창 규

윤 하 영

장 기 수

고 희 자

양 초 옥

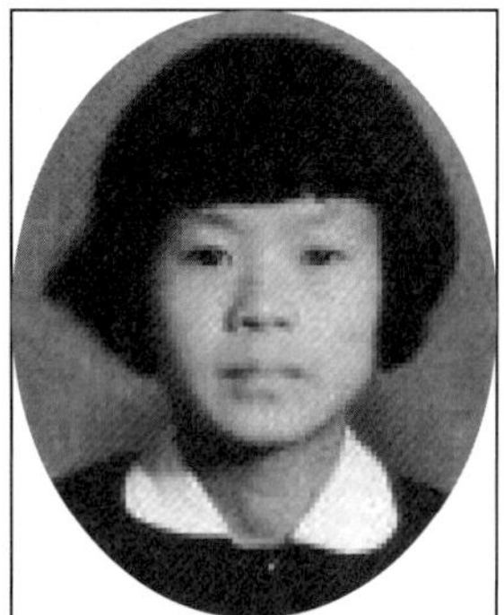
홍 옥 주

이 덕 순

송충범 선생님

6학년 2반

김규석

김기철

김달원

김동규

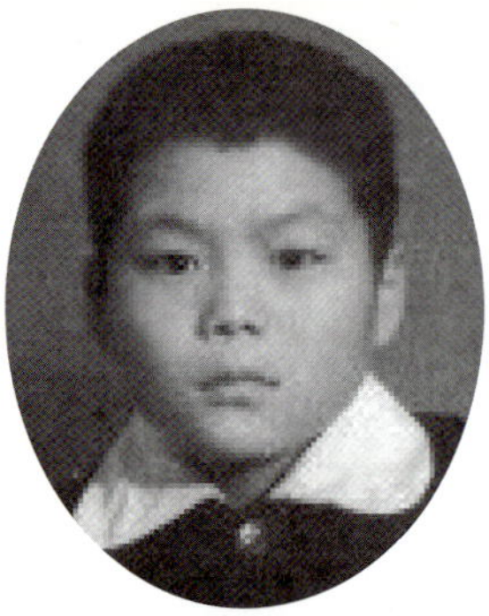

김병일

김병찬

김봉기

남기일

박래욱

신한호

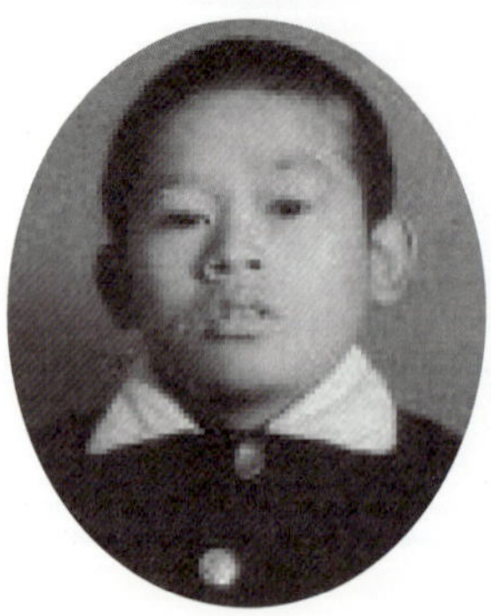

심석구

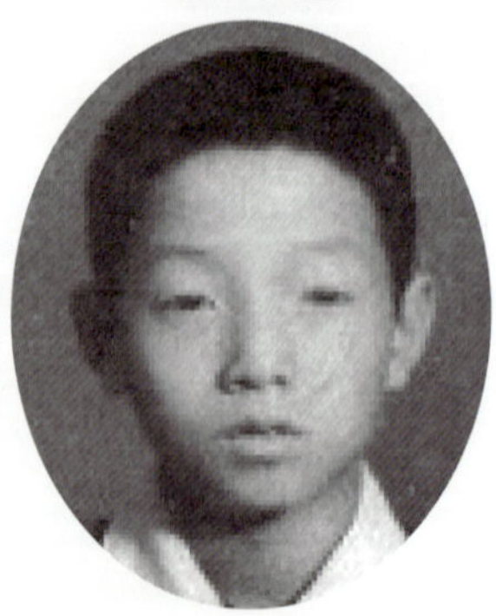

유병기

윤동수

윤상수

이승재

이영식

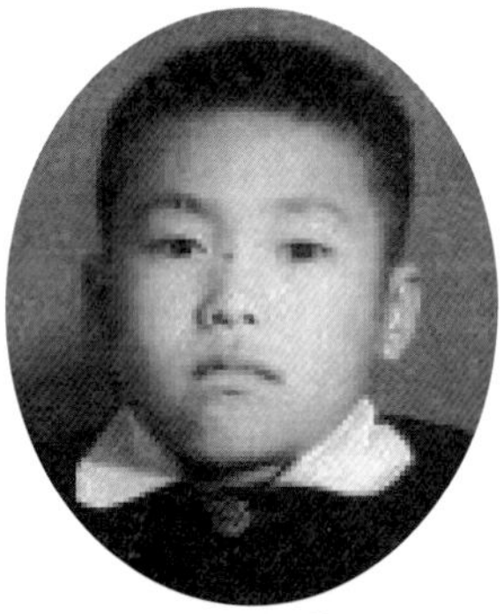
이재용

이존성

이종관

이진환

이철화

이형우

임병영

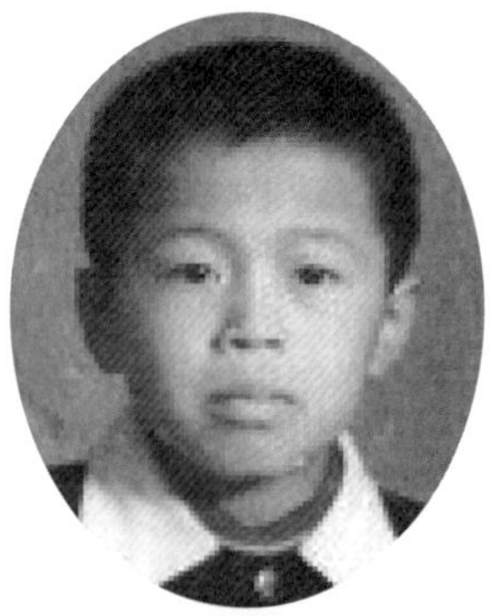
임용규

정기연

조동일

진광명

최성동

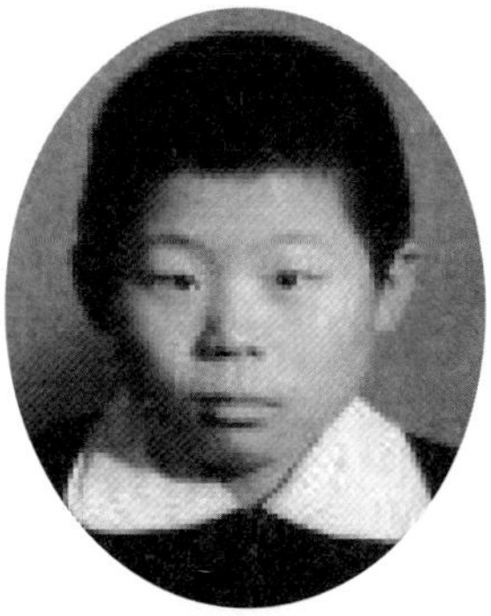
최성기

최영득

한명석

홍종관

황명호

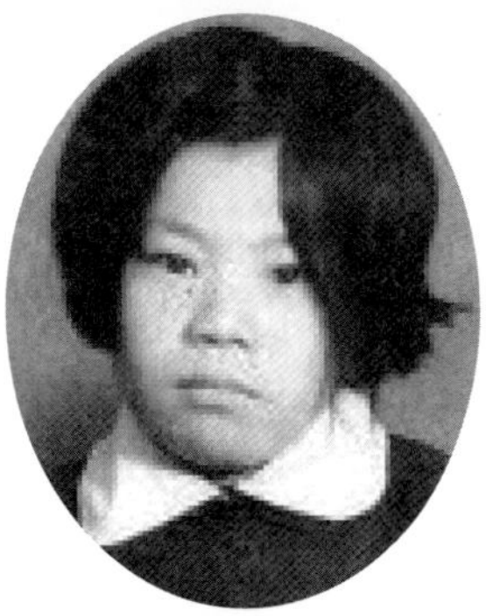
권만자

송경순

박종순

박종현

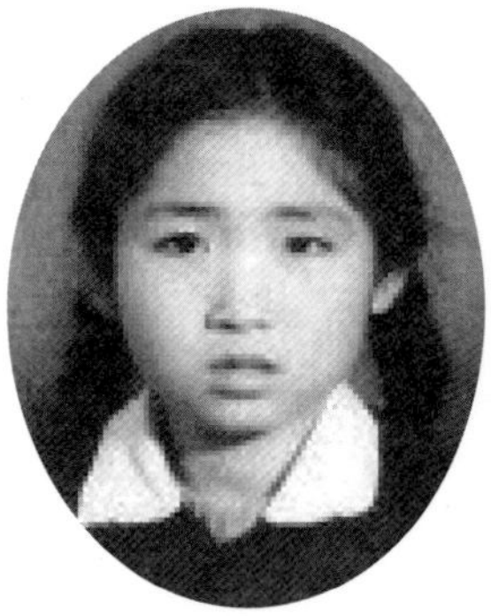
박찬경

안지영(옥분)

유옥남

윤대순

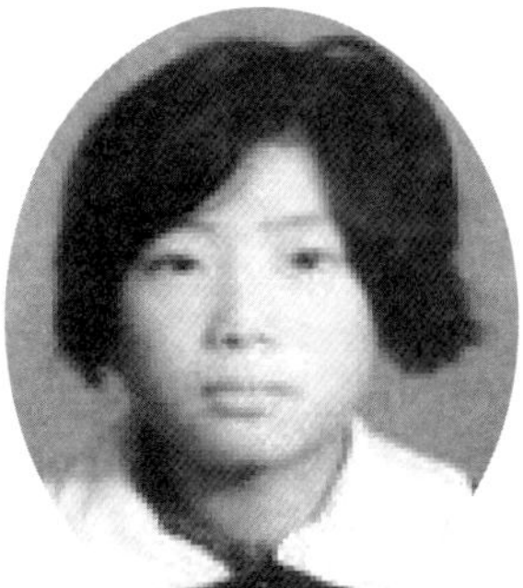
윤서영(복녀)

이 규 남

이 정 남

이 정 애

조 춘 만

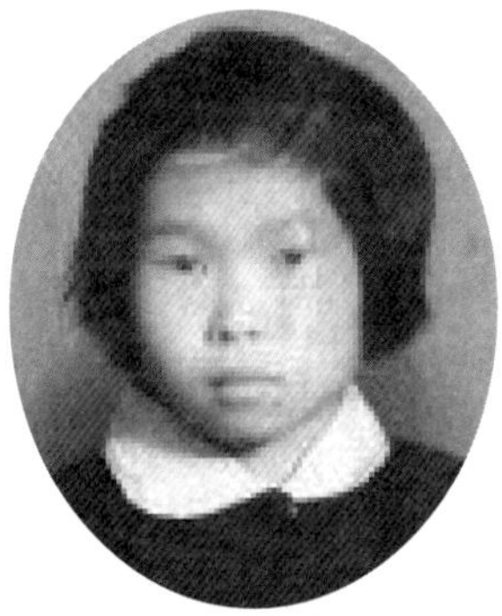
조 남 순

진 복 예

최 병 선

홍 숙 경

홍 매 화

김 은 용

이 근 식

이 정 자

강 대 용

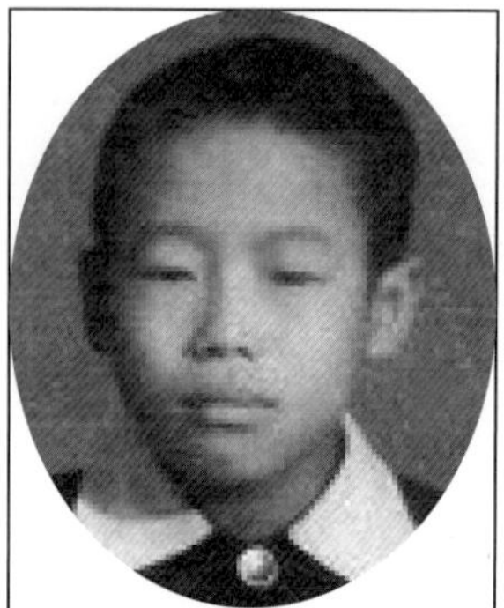
김 병 일

안 창 석

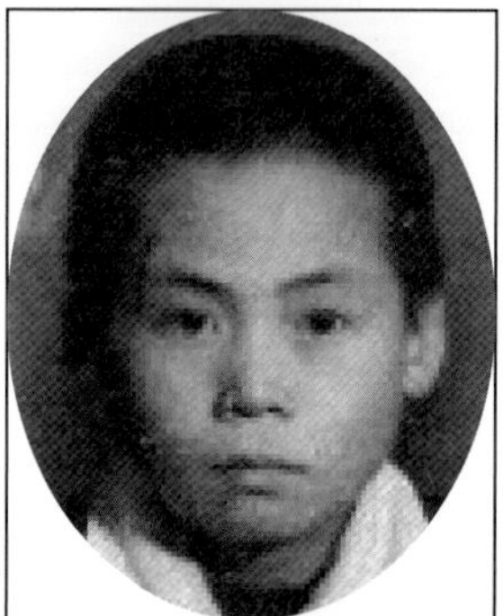
이 재 명

윤 영 진

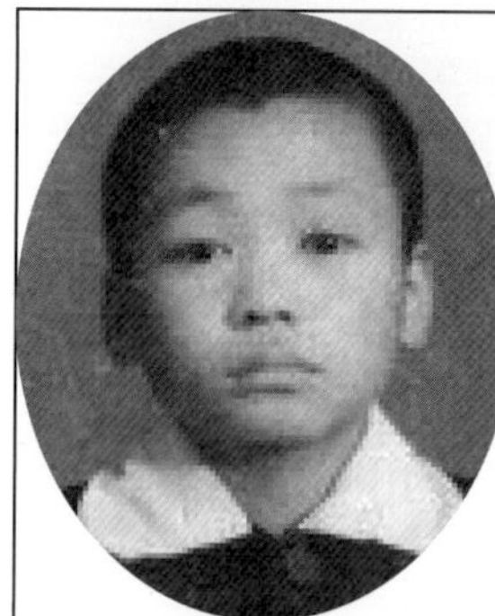
이 정 혁

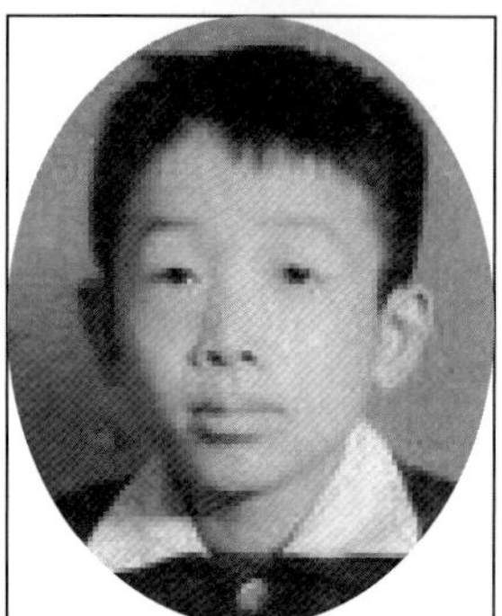
진 광 조

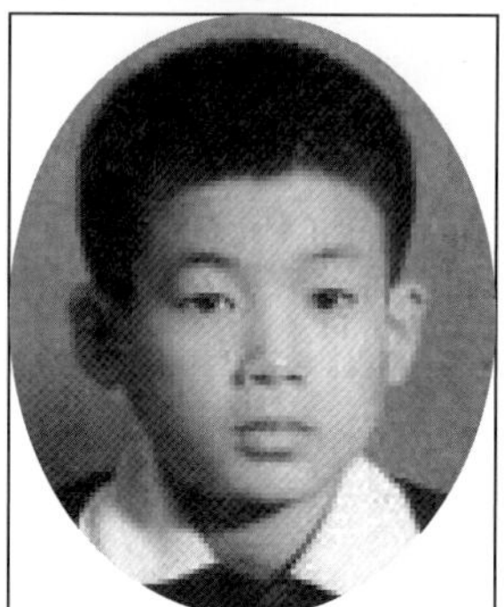
최 덕 성

한 범 석

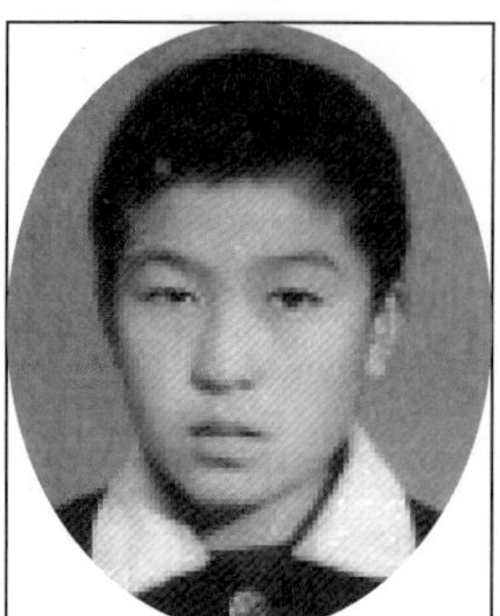
홍 순 종

송정일 선생님

6학년 3반

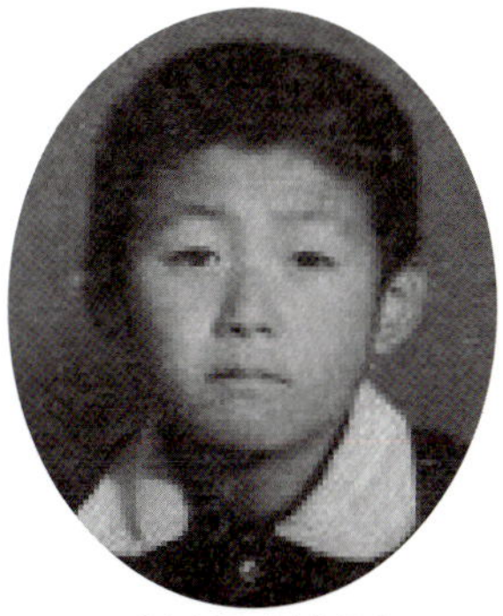

강복근(창옥)

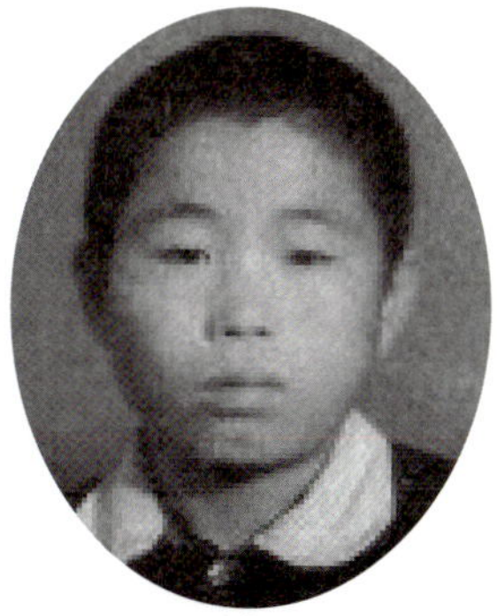

김 홍 기

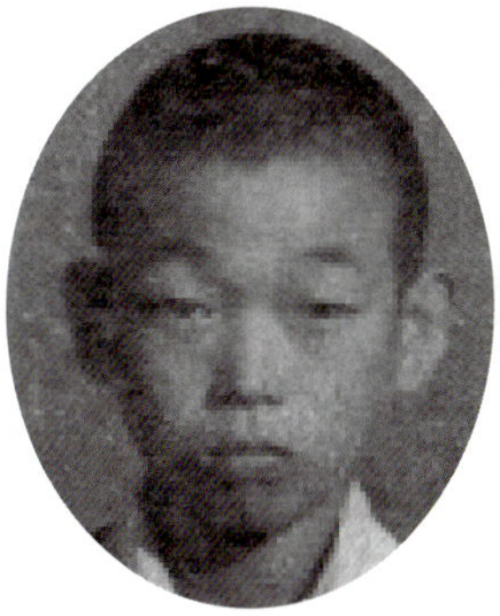

김 시 용

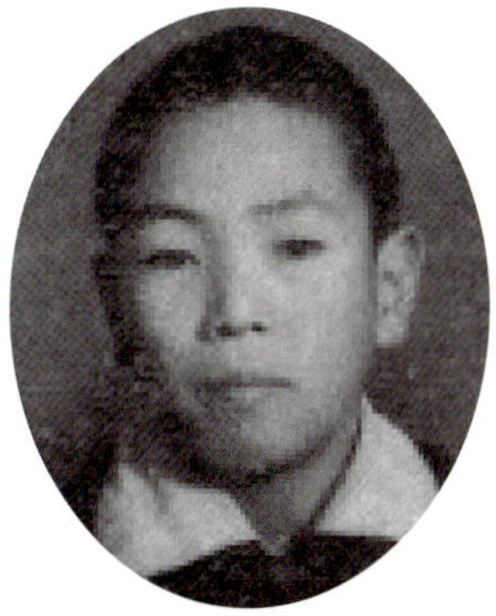

민 병 용

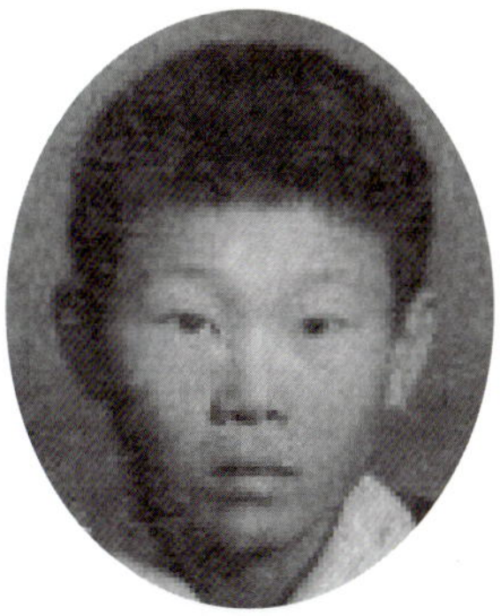

김 의 묵

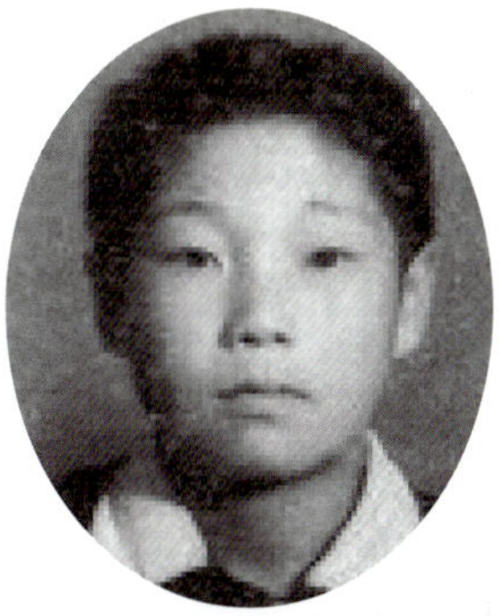

신왕근(성근)

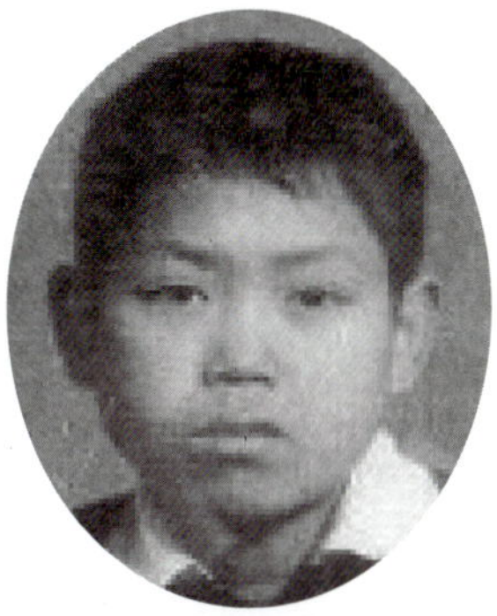

안 병 욱

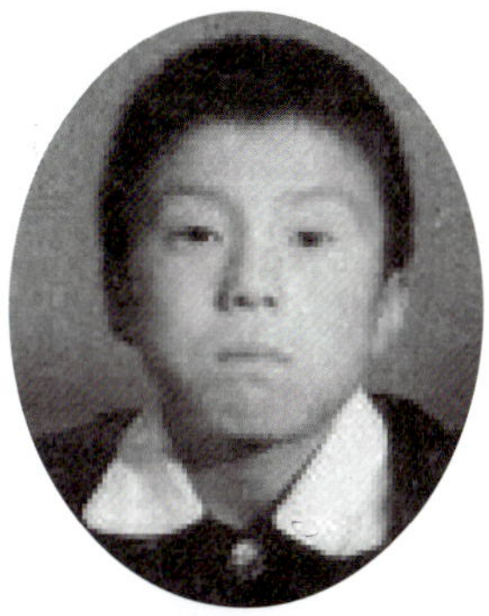

오 명 수

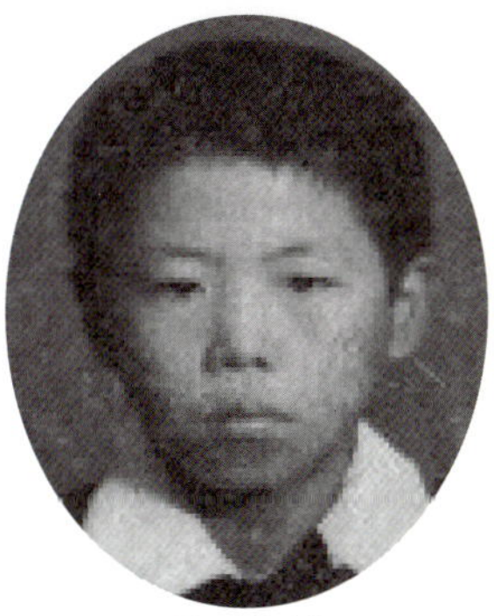

윤 한 주

이 만 식

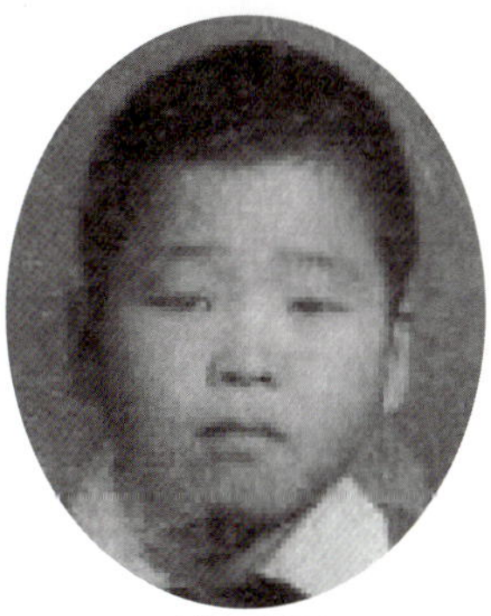

이 명 준

이 상 음

이 완 재

이 현 무

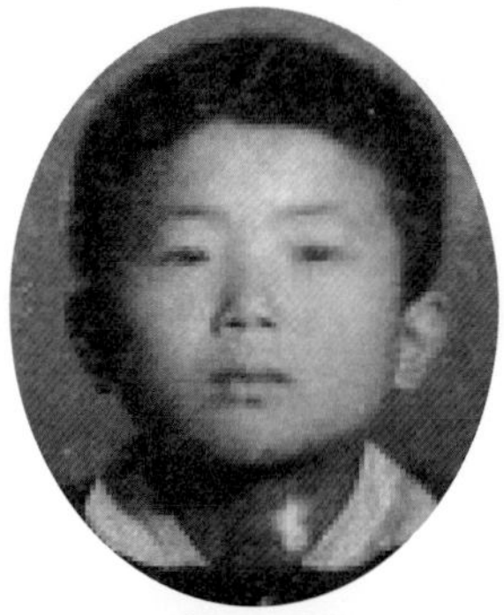
황 수 원

허 문 성

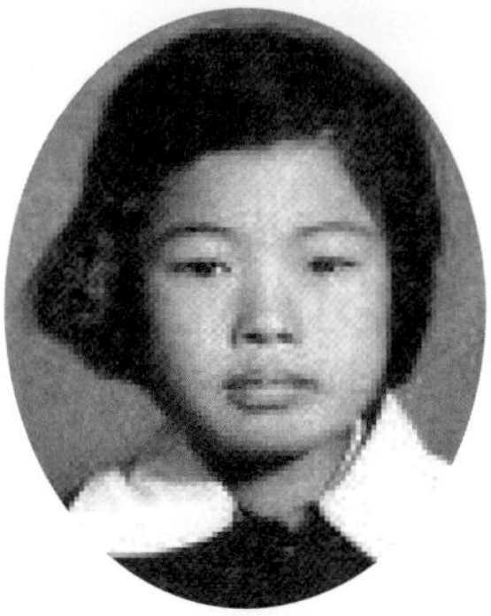
고 화 선

권현상(유상)

김 복 진

김 연 자

김 용 수

김 정 숙

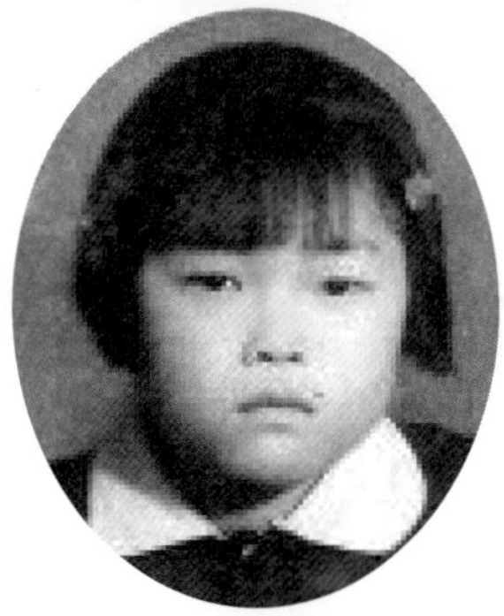
김 현 옥

심 영 숙

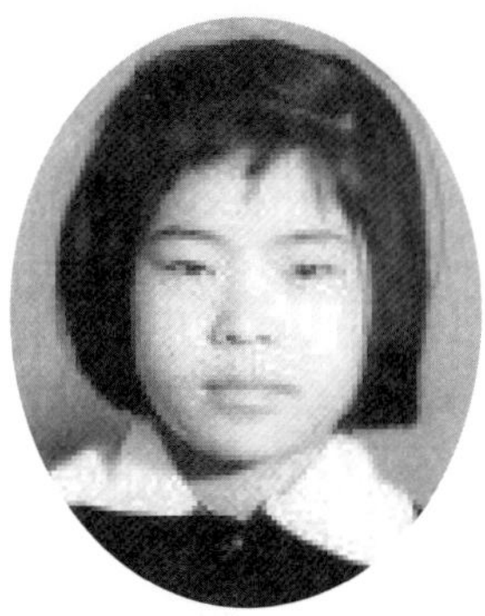
박 기 복

이 금 자

이 난 식

이 명 자

이복자

이순덕

이지형(순자)

전영자

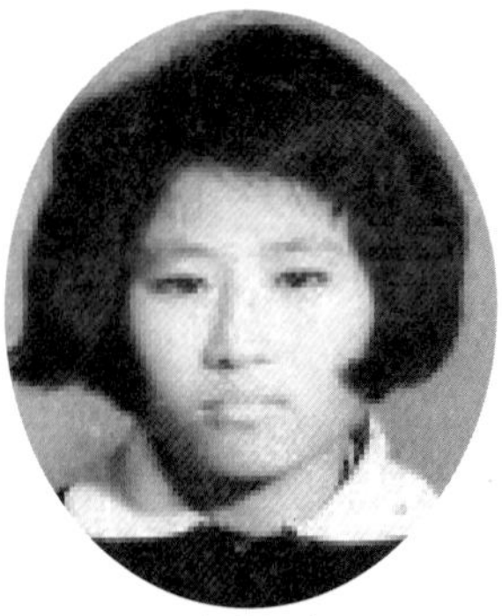
정연순

정연자

정정자

정해인

유영애

주옥녀

진경자

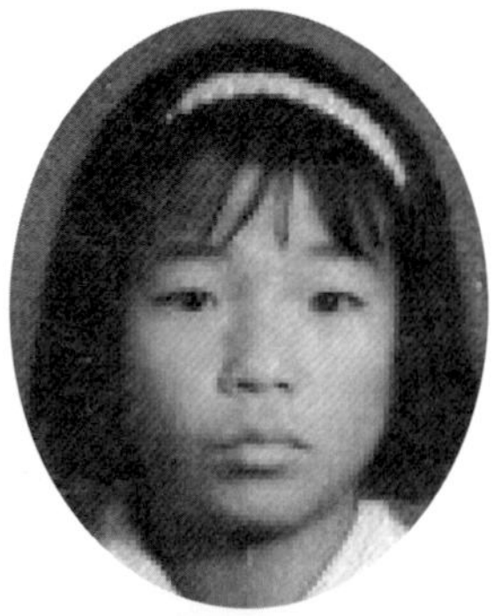
진용애

최석자

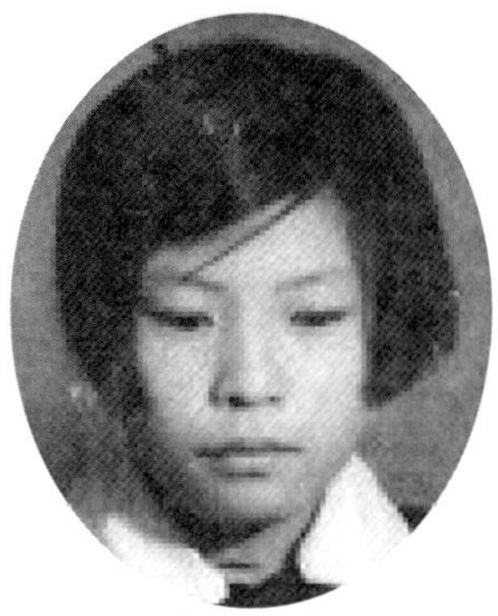
최인숙

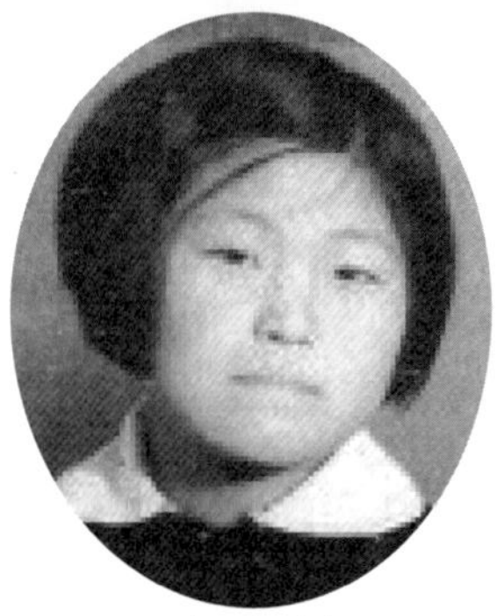
추순분

허금자

황점순

황점연

홍진선

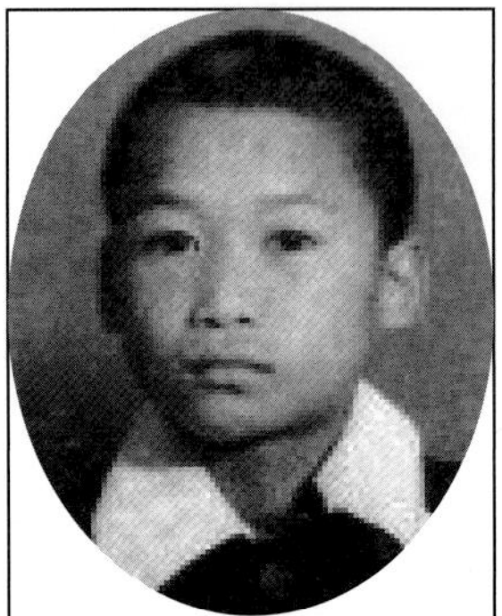

박주희

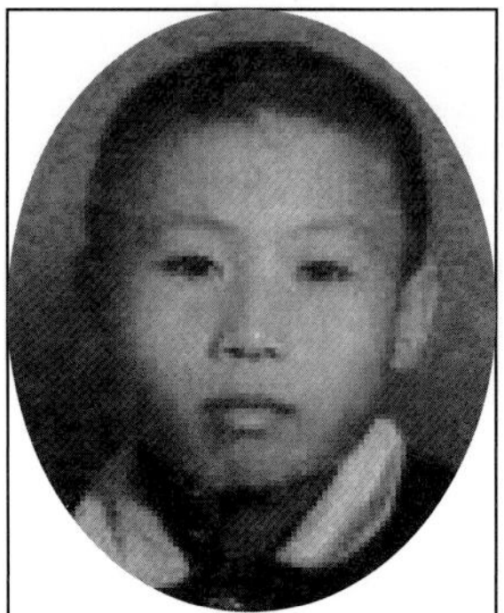

이한우

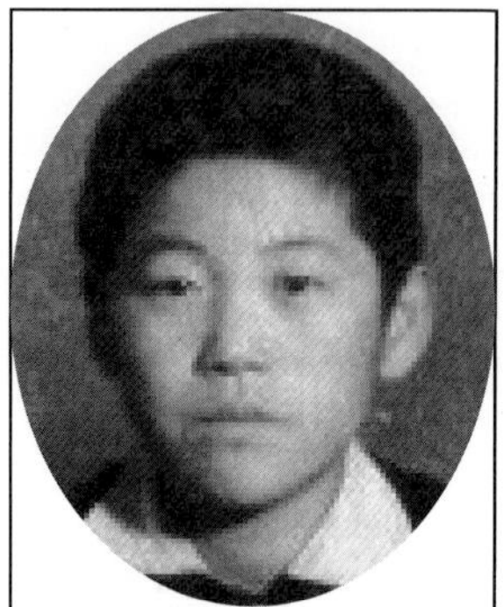

최영길

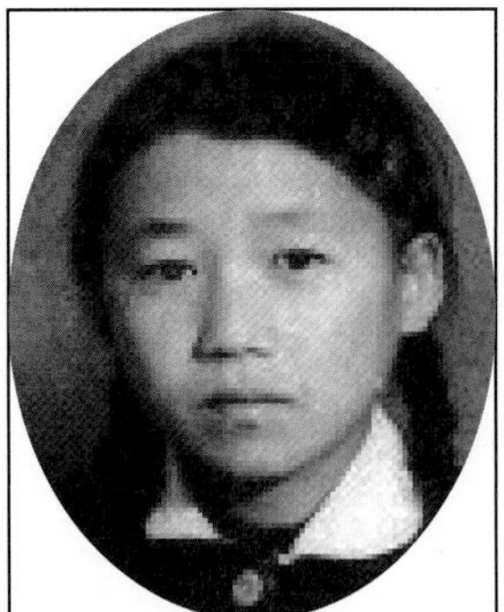

송옥자

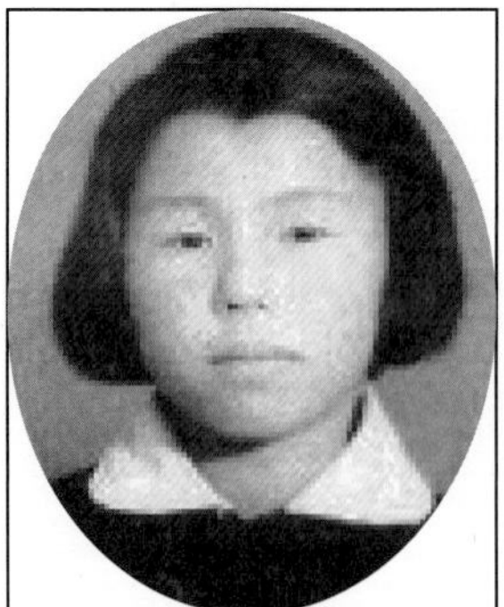

노영희

강복근(창옥)

김 기 철

김 덕 기

김 동 규

김 동 열

김 병 찬

김 의 묵

김 진 곤

김 택 금

남 기 문

남 기 일

민 병 용

박 래 욱

박 연 식

박 준 식

손 철 규

신 현 록

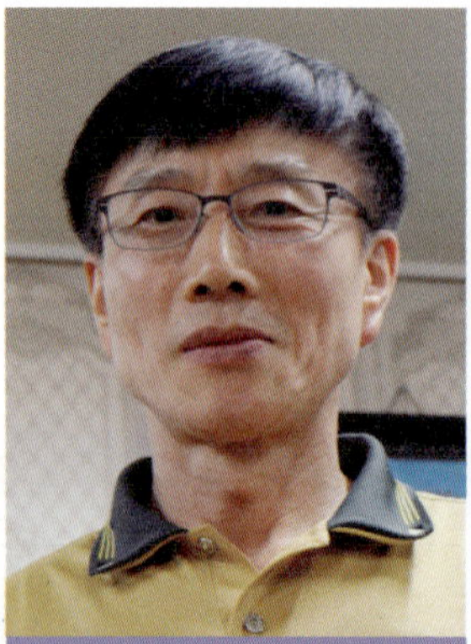
심 동 용

신왕근(성근)

신 한 호

안 광 수

안 명 길

안 병 욱

엄 태 조

오 명 수

우 상 천

유 병 기

음 재 용

윤 동 수

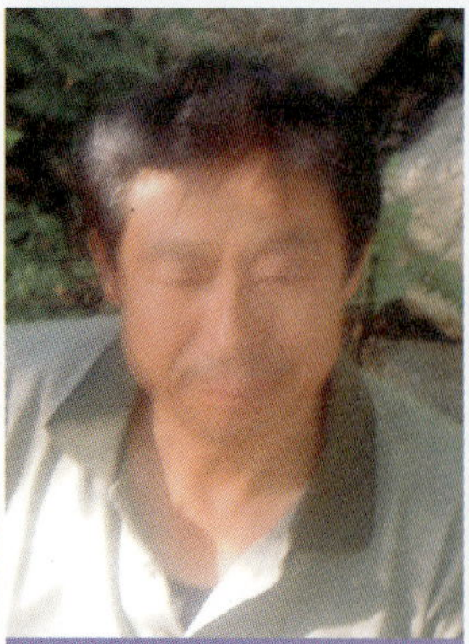
윤 상 수

이 광 택

이 기 형

이 만 식

이 상 음

이 성 복

이 승 재

이 영 식

이 완 재

이 존 성

이 진 환

이 철 화

이 현 무

이 형 우

임 병 영

임 용 규

전 양 호

정 기 연

정 영 호

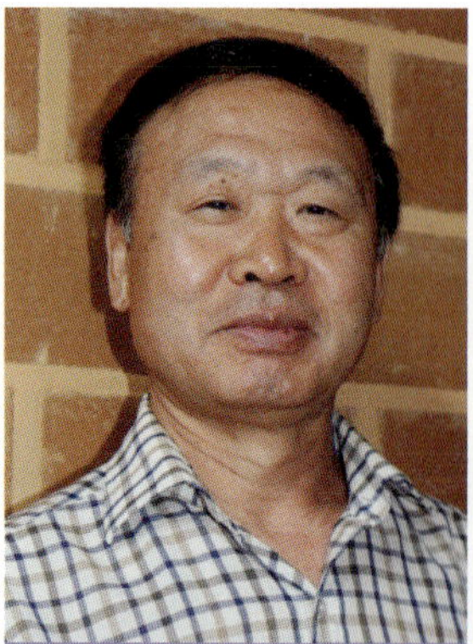

조동일

조병우

조정진

진광명

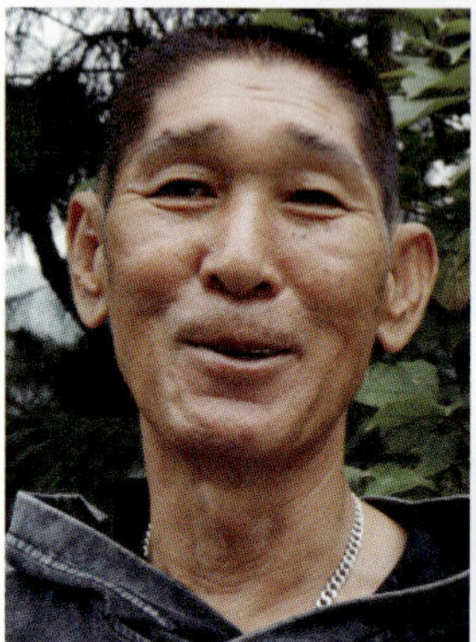

진은하

최낙영

최면택

최영득

최찬기

최성기

한명석

홍병진

홍종관

황명호

황용기

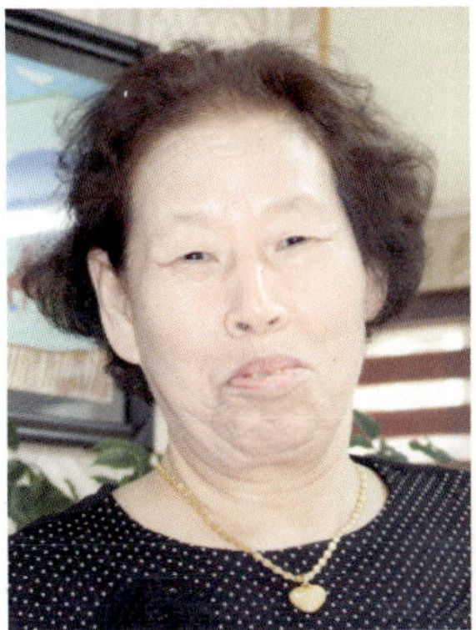
권현상(유상)

김 순 애

김 신 자

김 연 자

김 옥 배

김 용 수

김 점 순

박 영 희

박 용 희

안 상 임

안 지 영

오 점 순

유 영 애

유 옥 남

윤 대 순

이 금 자

이 남 홍

이 옥 자

이 은 순

이지형(순자)

이 희 자

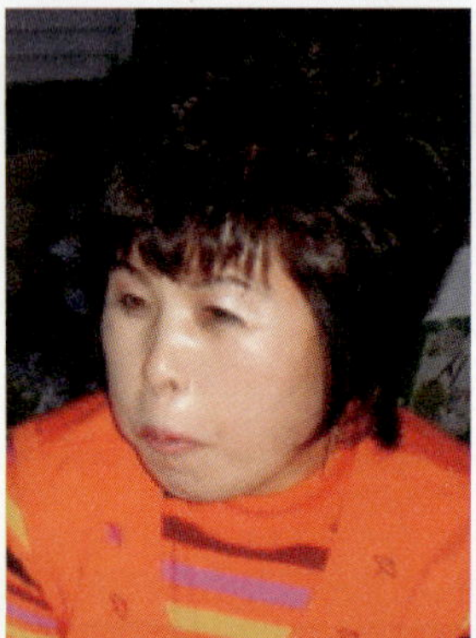
전 영 자

정 연 자

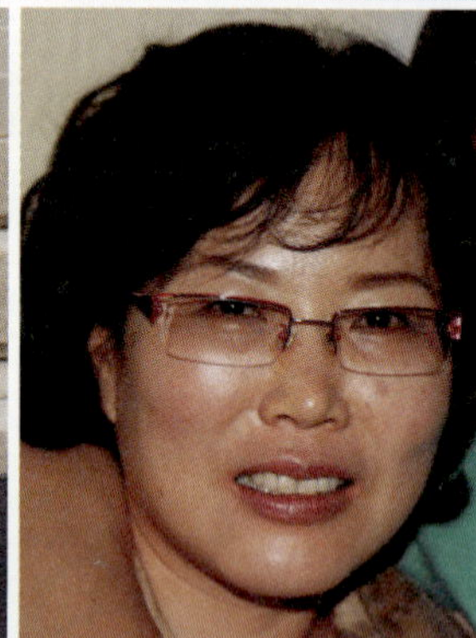
정 태 임

진 경 자

진 복 례

최 영 대

최 인 숙

허 금 자

홍 매 화

홍 임 숙

사연이 있는
우리들의 인생이야기

수안보초등학교 제45회 동창회

6 ~1

6 ~2

6 ~3

황혼녘에 다시 불러보는 친구 이름이여

진 광 명

선창 : 진광명 후창 : 모두다

(도구 : 꽹과리, 징)

쾌지나 칭칭 나네 쾌지나 칭칭 나네

이름을 불러주마! 내게로 와서 꽃이 되어다오!

"내가 그의 이름을 불러주기 전에는
그는 다만
하나의 몸짓에 지나지 않았다.

내가 그의 이름을 불러주었을 때
그는 나에게로 와서
꽃이 되었다.

내가 그의 이름을 불러준 것처럼
나의 이 빛깔과 향기에 알맞은
누가 나의 이름을 불러다오.
그에게로 가서 나도
그의 꽃이 되고 싶다.
우리들은 모두
무엇이 되고 싶다.
너는 나에게 나는 너에게
잊혀지지 않는 하나의 눈짓이 되고 싶다.(꽃, 김춘수)"

김춘수 시인의 말씀처럼 친구들의 이름 하나하나를 불러주고 싶었다.(대학 강의 시간에 출석 체크할 때 나는 절대 번호를 부르지 않고 정성껏 매시간 이름을 부르며 눈맞춤을 해준다)

아니 광야에 말을 타고 나가 목놓아 고향 친구들! 화랑의 후예들의 이름을 부르고 싶었다.

더 나아가 풍류를 즐기며 우리 고유의 노래를 함께 부르고 싶었다. 꽹과리를 쳐가며 운율에 맞추어 내가 친구들의 모습을 그리며 선창하면, 후창으로 합창하며 더불어 복를 빌고 만수무강을 기원하고 싶었다.

"쾌지나 칭칭 나네"의 유래

"쾌지나 칭칭 나네"의 뜻의 민속학적 유래는 다양하고, 어원에 대한 여러가지 학설이 있다. 원래 경상도 사람들이 자주 불렀다는 이유로 "고기가 많이 나오네"를 뜻한다고 보는 학자가 있다. 경상도에서는 '고기'를 '괘기'라고 발음하기도 한다. "고기가 많이 나오네"는 경상도 사투리로 "괘기가 칭칭 나오네"로 풀어 볼 수 있다. 이때 '칭칭'은 "하늘에는 잔별이 총총"의 '총총'처럼 '많다'는 뜻이다. 다른 한편 "쾌지나 칭칭 나네"가 임진왜란 시기 왜놈 장수 가토 기요마사(가등청정)가 패퇴해 도망가는 것을 보고 좋아하는 말이라는 해석도 있다. "쾌재라, 청정이 나가네" 하던 것이 바뀌어 요즘처럼 부르게 되었다는 것이다. 불교 행사에서 연원을 찾는 사람들은 연등에 달린 오색 종이인 개지가 바람에 날리는 모습을 가리켜 "개지가 칭칭 날리네" 하던 것이 바뀐 소리라고 보기도 한다. 나아가서 "쾌지나 칭칭"은 꽹과리의 의성음이라는 설도 있다.

그러나 그 뜻이 무엇이고 간에 유래가 어떠하든 "쾌지나 칭칭 나네"는 우리 민족 고유의 신명나는 노래임이 분명하다.

나는 앞소리로 들어가는 가사를 친구들의 성명을 가지고 삼행시를 지었으며, 이를 토대로 그 친구의 모습을 그려가며 흥을 돋우면, 여러 친구들이 함께 운수대통, 만수무강을 기원하며"쾌지나 칭칭 나네"를 신나게 제창하기를 바라면서 친구들의 성명을 크게 목놓아 불러봤다.

그리하여 이제 내 친구들이 꽃이 되고 그 꽃들이 꽃밭을 이루고 또다시 그 꽃들이 꽃을 나아 삼천리 강산이 꽃밭이 되고 꽃나라가 되기를 기원해 본다.

진 진짜우리 자화상을
광 광명이가 느낀대로
명 명확하게 그려보마

이 이런저런 인생사들
형 형형색색 얼굴모습
우 우리들의 이야기들

이 이름들을 불러보자
광 광야에서 외쳐본다
택 택함받은 벗님들아

김 김치에다 깍두기와
동 동치미를 곁들이면
열 열나게도 맛있도다

김 김장김치 깍두기에
진 진지많이 드시고요
곤 곤히자소 내친구님

남 남대문과 동대문은
기 기운날때 가보세요
문 문닫으면 꽝입니다

박 박혁거세 후예답게
연 연애한번 해보소서
식 식기전애 꼭하소서

박 박장대소 웃어보세
준 준엄한건 정말싫어
식 식겁하게 싫어해유

박 박수치며 즐겨보세
종 종울리면 끝이란다
철 철지나면 다시못와

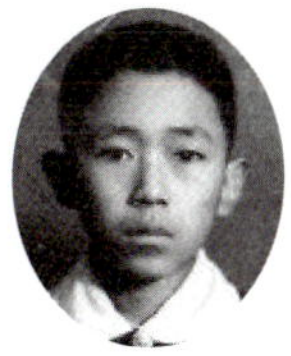

손 손발묶인 이신세여
철 철창없는 감옥살이
규 규제살이 풀리거라

송 송화꽃이 휘날리고
봉 봉숭아꽃 피어나면
현 현이친구 돌아올까

심 심각상황 발동하니
동 동네마다 비상일세
용 용기갖고 견뎌보세

신 신탄진의 담배공장
현 현장근무 하였었네
록 록록하게 살게됐네

안 안쓰면서 검약하여
광 광속에다 돈모았네
수 수억벌어 갑부됐네

안 안보면은 보고싶네
명 명기진기 그립구나
길 길따라서 가볼까나

우 우리나라 공군되니
상 상공나는 파이롯트
천 천상에서 영공수호

음 음지에서 전도하며
재 재야신도 모아놓고
용 용맹정진 기도하네

이 이리가도 저리가도
기 기운내고 건강하고
형 형제자매 무탈하소

이 이보세요 벗님들아
성 성공하고 건강하소
복 복된나날 보내소서

전 전화한통 오가는정
양 양기돋고 힘나도다
호 호상간에 전화하세

정 정든님을 사랑하며
영 영원토록 살고지며
호 호기롭게 지내고파

전 전언없는 우리친구
호 호상간에 연락없네
삼 삼수갑산 가셨는가

장 장기간의 연락두절
남 남쪽나라 가셨는가
식 식이소식 그립구나

장 장날이면 장터구경
만 만화보던 어린시절
영 영화처럼 스쳐가네

장 장기간의 연락두정
순 순풍불면 돌아올까
학 학수고대 하고있다

조 조국산천 꽃이필때
병 병우친구 그립구나
우 우리친구 보고싶다

조 조상숭배 미풍양속
정 정성들여 지켜오니
진 진수성찬 내려주네

최 최근까지 안보이고
기 기다리고 기다렸네
윤 윤사월엔 오시려나

최 최고인생 따로있나
낙 낙락농사 최고이지
영 영원토록 농사하리

최 최고최상 트로트맨
면 면허받은 드라이버
택 택시운전 룰루랄라

최 최고친구 우리친구
찬 찬양하고 반겨주세
기 기운내라 격려하세

황 황혼속의 우리인생
용 용기내어 견디면서
기 기운내어 살아가세

홍 홍안소년 백발되면
병 병이들고 아프도다
진 진통제도 소용없네

김 김여사님 보고싶소
경 경성에서 산다는데
희 희망갖고 기다리오

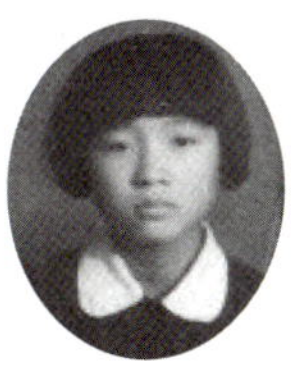

金 金빛세월 흘러흘러
순 순성소녀 간데없네
애 애절토다 회한일세

金 金지옥엽 자라면서
신 신데렐라 꿈꾸었네
자 자고나니 아줌마네

김 김을매러 밭에가서
점 점심에는 막걸리에
순 순대국이 천하일미

박 박꽃같은 어린소녀
영 영롱하던 눈동자가
희 희미하게 비쳐온다

박 박수많이 쳐주세요
용 용감하게 살았도다
희 희희낙락 살겠노라

서 서울에서 살고있나
춘 춘천에서 살고있나
자 자꾸자꾸 그립도다

심 심심산천 깊은산골
옥 옥류계곡 사시나요
순 순풍순풍 나오소서

안 안아보자 육녀일남
상 상사디야 우리낭군
임 임을향한 일편단심

엄 엄동설한 지나가고
태 태풍번개 사라져도
순 순이소식 깜깜하네

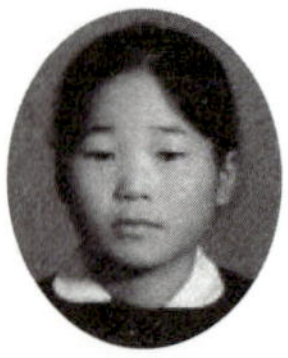

오 오늘가고 내일오면
순 순풍속에 돛달고서
득 득의양양 오시려나

이 이리보고 저리봐도
남 남자인가 여자인가
홍 홍실인가 청실인가

이 이벗님도 그립구나
병 병이없이 무탈한가
순 순이소식 그립도다

이 이길따라 포항가면
옥 옥자님이 산다더라
자 자꾸자꾸 가고싶다

이 이별일까 저별일까
은 은하수를 바라보며
순 순이모습 찾아보네

이 이길따라 원주가면
희 희자님이 산다더라
자 자꾸자꾸 가고싶다

정 정하나를 남겨놓고
인 인사없이 가버려도
용 용서하니 돌아오소

정 정든고향 떠나가서
태 태풍부는 타향살이
임 임그리며 눈물짓네

진 진달래꽃 벚꽃피고
남 남쪽나라 남풍불면
순 순풍타고 돌아오소

최 최고멀리 미국땅에
영 영대님은 이민갔네
대 대한민국 떠나갔네

홍 홍해바다 건너갔나
기 기약없이 떠나갔네
선 선뜻선뜻 돌아오소

金 金은보화 좋아하다
규 규제묶여 은거하니
석 석양빛이 가물가물

김 김을매다 하늘보니
기 기막히게 광막하고
철 철새들만 날아가네

金 金은보화 무엇인가
달 달음박질 해야하나
원 원통하고 그립도다

김 김천지나 울산까지
동 동무찾아 가볼까나
규 규제풀면 가보세나

김 김오르는 낙천탕은
병 병일네가 관리했고
일 일끝나고 목욕했지

金 金은보화 무엇이냐
병 병이나면 그만이지
찬 찬바람을 조심하자

김 김이서린 조산마루
봉 봉황새가 날아올까
기 기다리고 기다리네

남 남쪽나라 어미제비
기 기운내라 아기제비
일 일일양식 물어오네

박 박수치며 노래하세
래 래욱님은 술사랑님
욱 욱일승천 주유천하

신 신품종인 충주사과
한 한입두입 먹어보니
호 호호호호 맛있도다

심 심심산천 산수풍경
석 석물배치 조경사업
구 구경하러 가보세나

유 유유상종 벗님네들
병 병이들면 아니되오
기 기분좋게 살자스라

윤 윤사월에 오시려나
동 동무찾아 다시올까
수 수도없이 기다리네

윤 윤활유를 칠했는가
상 상상하기 힘들도다
수 수석으로 달려오네

이 이리저리 날아보리
승 승천하는 경비행기
재 재미있게 잘아보세

이 이조각은 돌달마고
영 영식이는 산달마요
식 식겁하게 닮았네유

진광명

이 이제까지 소식없네
재 재미있게 살고있나
용 용케살고 있을런가

이 이곳저곳 관광안내
존 존경하는 이단장님
성 성공치하 제주여행

이 이제까지 소식없네
종 종일토록 오지않네
관 관심갖고 찾아보세

이 이곳저곳 건설하며
진 진두지휘 하였도다
환 환영해요 구경오소

이 이리저리 가디보니
철 철이들자 황혼일세
화 화목하게 살아보세

임 임과함게 걸어온길
병 병찬이는 내친구다
영 영원토록 함께하자

임 임을향한 일편단심
용 용감무쌍 멸사봉공
규 규칙처럼 생각하네

정 정을두고 가지마오
기 기약없는 우리인생
언 언제다시 또오리오

조 조마조마 섣다판에
동 동무들은 알고있지
일 일등타짜 동일인걸

최 최근까지 소식없네
성 성공했다 말만듣고
동 동창간에 왕래없네

최 최고가는 이름이유
성 성격좋고 인물좋아
기 기분좋게 죽여주네

최 최근까지 소식없고
영 영원토록 보고싶다
득 득의양양 돌아오소

한 한이많은 인생고개
명 명사십리 앞바다에
석 석양빛이 누엿누엿

황 황혼빛의 자화상을
명 명월공산 그려보자
호 호수에는 달이뜬다

홍 홍역치룬 코로나가
종 종식되는 그날까지
관 관심갖고 지켜보세

엄 엄마나라 대한민국
태 태어난곳 수안보면
조 조석으로 그리워유

송 송화가루 흩날릴때
경 경성으로 떠나갔지
순 순박하던 그소녀는

박 박하껌을 입에물고
종 종일토록 씹고나서
순 순이의자 붙여놨지

박 박장대소 좋아했던
종 종현이는 어디갔나
현 현재모습 그립구나

박 박수치며 노래하세
찬 찬찬찬을 불러보세
경 경축하며 즐겨보세

안 안녕한가 석문여친
지 지성이면 감천이라
영 영광안고 금의환향

유 유정천리 인생길을
옥 옥토끼는 깡총깡총
남 남다르게 뛰어왔네

윤 윤사월의 송화가루
대 대문으로 흩날릴때
순 순이소녀 떠나갔네

윤 윤회하는 우리인생
서 서방정토 극락에서
영 영진이는 잘있을까

이 이리갔나 저리갔나
정 정만두고 떠나갔네
남 남행열차 타고갔나

이 이제가서 언제올까
정 정만두고 떠나가니
애 애절하게 눈물난다

조 조석으로 물결친다
춘 춘하추동 돌고돈다
만 만수무강 하옵소서

진 진보라빛 소녀꿈을
복 복주머니 속에다가
예 예쁘게도 간직했소

최 최근까지 안보이니
병 병이날까 궁금하오
선 선뜻선뜻 돌아오소

홍 홍색물결 꽃바람에
매 매화꽃이 피어나고
화 화초처럼 살아가네

홍 홍실청실 엮어가듯
숙 숙명같은 인생살이
경 경이롭게 헤쳐왔소

조 조용조용 가볼까나
남 남쪽바다 가볼까나
순 순풍에다 배띄워라

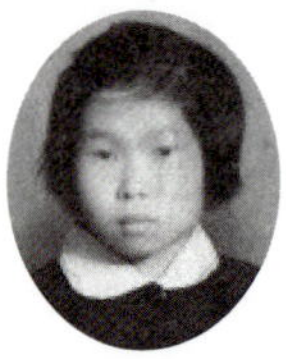

고 고향산천 구경가세
화 화무일홍 절경일세
선 선녀보러 어서가세

권 권해주신 봄냉이국
현 현금줘도 못사먹죠
상 상상외로 맛이좋다

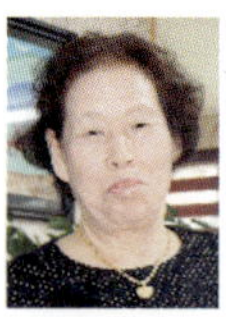

김 김복진은 복된이름
복 복이오고 건강온다
진 진수성찬 팔자로세

오 오래오래 살고파유
점 점입가경 인생바다
순 순풍에 돛을 달고~

金 金진사댁 셋째따님
연 연지찍고 곤지찍고
자 자꾸자꾸 보고싶네

金 金전모아 알뜰살뜰
용 용감하게 살았도다
수 수다떨며 웃자스라

金 金을찾아 떠나가니
정 정을두고 떠나갔네
숙 숙이소식 전해주오

김 김을매러 떠나갔나
현 현옥이는 소식없고
옥 옥저소리 처량하다

심 심산유곡 숨었는가
영 영영가서 아니오네
숙 숙이소식 듣고싶다

박 박수치며 즐겨보세
기 기도하며 염원하세
복 복이오고 건강오리

이 이리가면 대천바다
명 명자벗님 산다는데
자 자꾸자꾸 보고싶다

이 이벗님들 저벗님들
금 금은보화 만수무강
자 자꾸자꾸 주십시오

이 이리가도 저리가도
난 난국일세 우리인생
식 식겁하게 무섭구나

이 이제부터 두손모아
복 복을주소 건강주소
자 자꾸짜꾸 빌어보세

이 이세상에 태어나서
순 순리대로 살아가며
덕 덕을쌓아 극락가세

이 이런세상 저런세상
지 지혜롭게 살아가면
형 형형색색 무지개빛

전 전화한통 없습니다
영 영영소식 보릅니나
자 자꾸자꾸 보고싶소

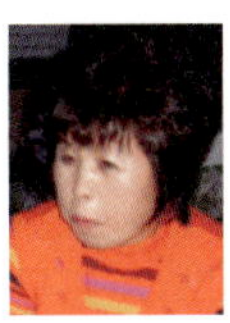

정 정을두고 몸만가니
연 연민만이 남았구나
순 순이얼굴 가물가물

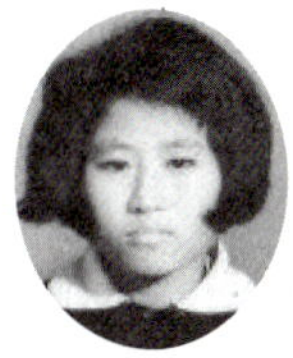

정 정자나무 아랫마을
연 연자방아 도는소리
자 자꾸자꾸 듣고싶소

정 정이란게 무엇인가
정 정이란게 있는걸까
자 자꾸자꾸 묻고싶네

정 정을두고 떠나가니
해 해가뜨고 달이가도
인 인적조차 끊겼구나

유 유정천리 인생만리
영 영가소리 처량하다
애 애절하게 들려오네

주 주막거리 주져앉아
옥 옥녀진구 기다려도
녀 녀적들만 비틀비틀

진 진달래꽃 복숭아꽃
셩 셩이롭게 꽃이피네
자 자꾸자꾸 피고지네

진광명

전 전화한통 못했네요
용 용서하소 벗님들아
애 애절하게 그립구나

최 최면걸어 꿈에라도
석 석자모습 그려본다
자 자꾸자꾸 보고잡다

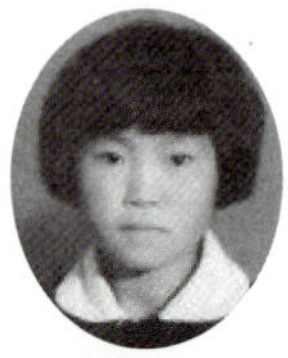

최 최근모습 보았지만
인 인제가면 언제오나
숙 숙연하게 눈물짓네

추 추운겨울 인생살이
순 순조롭게 살았을까
분 분이생각 새록새록

허 허허허허 웃어보세
금 금동좌불 여인일세
자 자꾸자꾸 웃음짓네

홍 홍매화가 피고나서
진 진달래꽃 이어피자
선 선이친구 떠나갔네

황 황토길을 저벅저벅
점 점토길을 걸어가며
연 연기처럼 사라졌네

강 강강술레 강강술레
창 창옥이가 덩실덩실
옥 옥또끼랑 춤을춘다

金 金을캐러 떠나간나
홍 홍등높이 달아놓고
기 기다리고 기다린다

김 김을매다 오리무중
시 시시때때 기다린다
용 용감하게 돌아오혐

민 민들레꽃 꺽어다가
병 병에꽂아 두고보며
용 용이친구 생각한다

신 신식포수 왕벌성은
성 성스러운 심메마니
근 근사하게 살았군요

이 이노인네 저노인네
완 완전한놈 없다더라
재 재미있게 지냅시다

안 안방마님 모시면서
병 병수발에 극진간호
욱 욱이친구 대단하다

윤 윤회하는 인생살이
한 한도많고 탈도많다
주 주머니만 딸랑딸랑

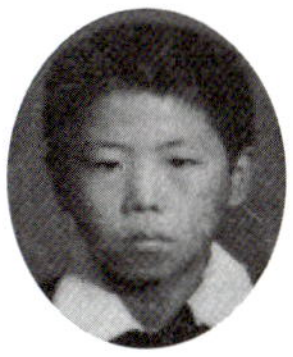

이 이만저만 했더라면
만 만시지탄 소용없네
식 식사한끼 고맙도다

이 이세상에 공짜없다
명 명언중에 명언일세
준 준엄한말 바로그말

이 이제부터 우리모두
상 상쾌통쾌 유쾌하게
음 음악듣고 춤을추세

이 이보세요 남정네들
현 현모양처 모시고서
무 무병장수 하시오서

황 황토길을 걸으면서
수 수도없이 울었었지
원 원망하면 무엇하랴

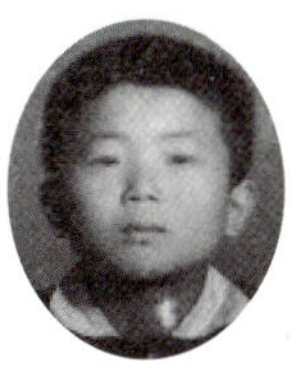

허 허허로운 인생살이
문 문나가면 고생살이
성 성공하여 돌아오라

김 김이서린 구무정서
의 의묵친구 불러봐도
묵 묵묵무답 말이없네

金 金을줘도 나인못사
택 택배금지 나이배달
금 금년부터 접수금지

진 진은하가 건강하길
은 은하수를 바라보며
하 하염없이 비나이다

김 김옥배의 건배사는
옥 옥골선풍 풍류모습
배 배꼽잡고 웃어본다

홍 홍실청실 인연후에
임 임을향한 일편단심
숙 숙연하다 그절개여

오 오가는정 아름답다
명 명문초교 사십오회
수 수안보초 동창모임

金 金메달을 주고싶소
덕 덕이많은 석분친구
기 기부천사 희생봉사

선창 : 진광명 후창 : 모두다

(도구 : 꽹과리, 징)

이런저런 자화상들 쾌지나 칭칭 나네
형형색색 인생사들 쾌지나 칭칭 나네
우리들의 이야기들 쾌지나 칭칭 나네

진짜우리 자화상을 쾌지나 칭칭 나네
광명이가 느낀대로 쾌지나 칭칭 나네
명확하게 그려봤네 쾌지나 칭칭 나네

쾌지나 칭칭나네 쾌지나 칭칭나네
얼쑤
지화자 좋다

어차피 사는거 즐겁게 살자!

강복근

날이 쎄~하다. 좀 춥다는 얘기다. 산과 하늘만 보이는 우리 동네는 사문리 석문동하고도 아랫동네라고 불리는 곳이다. 덕기네 집 바로 옆에 살았다. 너무 추운 곳이다. 수안보 보다 아마 -5도 이상 차이가 나게 춥다. 나 강창옥(강복근)은 조그만 아이였다. 석문동에도 우리 동기들이 열 몇 명이 된다. 그중에도 내가 아마 제일 작은 거 같았다. 우리 집은 9남매 중에 내가 장남이었는데 석문동 어둠실에 화전밭이라고 분류 되었던 산비탈 밭을 일구어 하루하루를 먹고 살았다는 게 지금 생각하면 기적이라고 보면 된다.

내 이름이 강복근이라는 이름을 잘 모르는 친구들도 있다. 왜냐하면 다 커서 복근이라는 이름을 들고 나타났기 때문이다. 호적 이름은 강복근이고 족보에 이름은 강봉구로 올려 있다. 그럼 어찌하여 강창옥으로 학교를 다녔을까? 요즘 같으면 어림도 없는 얘기지만 옛날에는 학교에 가서 그렇게 해달라고 우기면 해줬다. 호적이름은 복근인데 그렇게 부르면 나한테 해가 된다고 우리 할머니가 어디가서 점을 봐 오고부터 '야는 이제부터는 여자 이름으로 초년을 보내야 한다'라는 할머니의 지시로 우리 집에서는 창옥으로 불렸다. 그리고 학교도 그 이름으로 등록을 하여 다녔다. 마치 동열이가 학교 입학식 때 출석을 부르는데 자기 이름이 없어서 헷갈린 거와 같다. (동렬이는 동네와 집에서 부르던 이름이 성공회 교회 이름인 올반)

학교를 다닌다는 것은 그냥 남들이 가니까 다녔지 공부에 대한 개념은 없었다고 본다. 사실 공부를 하는 것보다 우리 45회 친구들 만날 수 있었으니 얼마나 고마운지 모르겠다. 그 시절 책가방이라는 것은 일부 몇몇 친구들이 메고 다녔을 뿐이지 우리네는 책보자기에 싸서 어깨에 대각선으로 질끈 동여 메고 다녔다. 수안보 초등학교에서 우리 마을 친구들이 가장 먼 거리로 통학을 했을 것이다.

이 작은 체구에 먼 거리를 통학했다는 것은 지금 생각하면 다들 대견스러웠다. 겨울에는 검정 고무신에 홑껍데기 옷을 걸치고 다니니 얼마 추위를 탔는지 모른다.

우리는 전쟁 후에 태어난 세대로 소위 베이비부머 세대라고 칭한다. 우리 마을의 동기들도 무려 18명이나 된다. 이름을 한 번 적어 본다. 이영식, 신한호, 김덕기, 강창옥, 오명수, 윤대순, 김연자, 안창석, 전창용, 윤상수, 홍매화, 안옥분(안지영), 박기복, 전영자, 추순분, 이상분,이창수,박호분, 창석,순분2명은 먼저 가셨다.

어려서 어느 동네나 여유가 있는 사람들은 몇 안 되었고 대부분 가난 했지만 우리 집은 더 없이 가난에 찌들었다고 본다.

한번은 늦가을 학교를 갔다 오다가 며칠 전부터 점찍어 놓았던 대사를 지나서 있는 **네 콩밭에 콩가리를 해 놓은 것을 털기로 작정을 하고 덕기와 둘이서 한 참을 나대어 콩서리 정도가 아니라 절도수준으로 많이 털게 되었다. 이것을 개울가 둑 밑에 감춰 놓았다.

다음 날 학교 가는 김에 낑낑거리며 수안보 유필수네 싸전에 갖다 팔았다. 콩 값으로 받은 돈이 65원이었다. 공이 없어서 돼지 오줌보나 아니면 새끼를 둥글게 둘둘 말아서 축구를 하던 시절 수안보 문방구에 하이얀 공이 매달리어 있는 것을 보고 부러워 엄청 갖고 싶었지만 돈이 없었다. 거기를 지나 갈 때마다 마음은 굴뚝같지만 살수 없었지. 그래서 콩을 팔자마자 그 돈 15원을 주고 사서 마을 선배들과 함께 노는데 갖다 줬다. 10원어치는 빵과 비과를 사먹고 나머지는 둘이 20원씩 나눠서 보관하고 있었다. 며칠 후 콩밭을 도둑맞은 것을 알은 주인이 마을에 올라와서 추적을 하는데 돈도 없는 것들이 하얀 공을 사다가 노는 모습을 보고는 우리를 겁박하기 시작했다. 돈이 어디에서 나서 공을 샀느냐 부터 시작해서 지서에 순경을 불러서 감방을 모두 보내 콩밥을 먹게 해버린다는 겁나는 소리를 해 댔다. 이 같은 소리를 듣고는 우리 둘은 시치미를 딱 떼고 있는데, 정작 동네의 간이 작은 선배가 이실직고를 해버렸다. 그 바람에 나와 덕기는 더 혼구녕이 나고 각기 나눠 가지고 있던 20원씩 나머지 40원을 주인에게 돌려주면서 봐달라고 애원을 하며 다음부터는 절대로 안하겠다고 싹싹 빌었다. 그렇게 축구에 열정이 있었는데 왜 차범근이나 손흥민같은 선수가 못되었을까?

나는 초등학교 5학년 1학기 때 석문동에서 뇌곡으로 이사를 하게 되었다.

그 당시 혁명군사 정부에서 산림녹화 사업한다고 화전민들을 대거 내몰았다. 우리는 갈 곳이 없어서 고민하던 중에 작은 어머니의 친정 동네인 뇌곡으로 이사를 했다. 왜 뇌곡으로 나왔냐하면 이사를 할 때 조금의 비축된 돈이 있기는 했는데 그 것을 할머니가 돈놀이를 한다고 하다가 몽땅 날려 버렸다. 그러니 빈털터리 신세로 염치없지만 사돈네 동네를 비빌 언덕으로 삼아 이사를 온 것이다. 여기에 오니 마을에 친구들도 한 여나명이 되었다. 최성기,박종철,최찬기,정기연,장남식,신남식,박창규,박준식,이덕순 그들이다. 이상하게 지금 우리 동창회에 뇌곡 살던 친구들의 참여는 참 저조하다. 몇 명 안 된다.

이 무렵쯤 초등학교에서는 빵을 배급하기 시작했다. 빵을 나눠주면 어떡하면 하나 더 가져갈 수 있나 궁리를 하고 허금성이와 빵 당번을 하기 시작했다. 그래야 혹 남는 게 있으면 하나 더 챙길 수 있었기 때문이다. 앞에서 말했지만 나는 9남매 중 장남이라서 그 빵이라도 가져가서 동생들에게 나눠 주기 위해서였다. 졸업하고 나니 그 빵마저 받지 못하는 것이 아닌가?

국민학교를 졸업하고 난 봄부터는 어른들이 나를 밭을 매러 데리고 다녔다. 남들은 중학교에 다니는데 그 밭 매러 다니는 것은 싫었다. 어른들에게 잠깐 어디 좀 갔다 와야 한다고 속이고 얼개미 채를 들고 개울에 가 고기를 잡으러 다니는 게 일상이었다. 그러다가 학교를 마치고 집으로 돌아가는 발화골 은행정 애들이 지나갈 시간 쯤 되면 긴 막대기를 들고 길목을 지키고 있다가 '너 이리와 새끼야~' 하면서 그 빵을 뺏어다 먹었다. 다음에도 나가서 빼앗다. 그런데 한번은 나가서 길목을 지키는데도 아이들이 안 보이는 것 이었다. 허탕을 친 것이다. 빵을 몇 번 뺏긴 애들이 노선을 바꾼 것이다. 길로 지나가면 빼앗기니까 그 길을 우회하는 개울가로 가고 있는 것이었다. 며칠을 허탕 친 내가 그런 것을 또 모를 리가 있겠는가? 하여 예상대로 개울가를 지키고 있다가 그들의 빵을 뺏었다. 어른들한테 이르면 아주 죽여 버리겠다고 겁을 잔뜩 주어 놓았지만, 그게 오래 갈 리가 없었지. 한 애가 동네 어른들한테 일러바쳤다. 다음날도 작업을 나갔다가 어른들한테 붙잡혀서 뒤지게 혼이 나고, 집에 아버지 귀에도 들어가는 바람에 더 뒤지게 혼이 나서 그 일도 할 수 없었다.

여름날 동네서 부자 집인 최**네 아버지는 돈을 모을 줄만 알고 쓸 줄을 모르는 수전노인데 인색한 노랭이 심보였다. 그래서 그에 대한 괜한 반감도 있었고 뭔가 알지도 못하는 앙갚음을 해 주고 싶은데 할 수가 있어야지. 그래서 그 집 호박 넝쿨만 보면 위로 뽑아 뿌리를 흔들어 다시 꽂아 놓으면 며칠 있으면 시들어 죽고 하는 것을 번갈아 가면서 해 주었다. 그런 줄도 모르고 그 영감은 '우리 호박은 올해는 왜 잘 안되지' 하면서 지나가면서 하는 소리를 들었다. 나는 속으로 쌤통이다 라는 말을 해댔다. 하루는 이웃집 **네 장독 뚜껑이 깨진 사건이 있었는데, 그 집 아주머니가 와서 그것을 돌을 던져서 깨트린 사람이 나뿐이 없다는 지목을 하고서 나를 혼내는 게 아닌가? 그러나 그건 정말 내가 한 것이 아니었기에 얼마나 억울하고 부아가 났는지 몰랐다. 그래서 괘씸한 마음에 그 집 호박 넝쿨의 호박이 며칠 있으면 된장찌개용이라는 것을 알고 연필 깎는 칼로 여름에 수박 쌤플로 잘라내어 보이는 것과 같은 형태로 호박을 살짝 오려서 그 안에 돌을 넣고는 다시 오린 호박을 그대로 꽂아 두었다. 그러면 그게 겉이 궂어서 표시가 거의 안 난다. 아니나 다를까 그러고 며칠 후 그 집에서 애호박을 따다가 된장찌개를 끓이려고 호박을 칼로 써는 데 칼이 잘못되고 말았다. 우물가에서 아주머니들이 하는 소리가 '**네 그 집 호박은 돌멩이를 속에서 자라는 게 있다고 희한하다'는 소리를 듣고는 빙그레 웃음을 지었다.

그렇게 1년을 허송세월을 보내고는 다음 해 부터는 문경 하늘재 밑 동네인 가나문에 외가집이 있는데 외가집은 소를 몇 마리 키우고 있었다. 거기에서 허드렛일을 도와주고 소먹일 풀을 베어주는 일로 1달에 1천원씩 받기로 하고 남의 집살이를 하게 되었다. 하는 일은 별로 힘이 든 일은 아니었다. 봄부터 여름을 지나 가을 기간에는 소꼴 베는 일을 하였고, 겨울이 되면 소장사들이 소몰이꾼을 고용해서 소를 몰아다 주는 일을 시키는데 그 일원이 되었다. 문경장에서 하늘재와 미륵리 수안보 살미를 거쳐서 충주까지는 마리당 150원 갈평장에서 충주까지는 100원을 받았다. 그 것은 그냥 용돈벌이로 했다.

그 소꼴을 베는 일을 2년하고 나니 별 희망이 보이지 않아서 17살 되던 해에 운전수가 되어 보겠다고 충주 중앙공업사에 기술을 배우러 들어갔다. 도락꾸 운전수를 하면 전국적으로 다 돌아다닐 수 있고 돈도 잘 버는 것으로 들었다. 정비공장에서 월급은 500원을 받았다. 그런데 안림동에 하숙을 했는데 한달 하숙비가 6천원 이었다. 내가 가용할 수 있는 돈은 2년 동안 모았던 돈이 2만4천원뿐 이었다. 정비공장에 기술을 배우러 들어갔는데 도대체 아는 것이 하나도 없으니 갑갑했다. 허는 수 없이 한 달 먼저 들어온 음성 출신 선배에게 공구 그림을 그려서 이름을 써놓고는 그 이름을 달달 외웠다. 그 일은 외웠다고 되는 일이 아니고 사수가 연장을 부르는 동시에 갖다 주지 못하면 몽키로 머리를 얻어맞는 폭력이 일상화한 생활이었다. 어린 나이에 손에 기름때는 잔뜩 묻혀 가지고 그것도 겨울이면 손등이 트기도 하고 참 고생스러운 과정이었다. 설날쯤 되었던 것으로 기

억이 되는데 뇌곡 사는 정연호형이 서울의 정비공장에 있다는 소릴 듣고 그 형네 집으로 찾아 갔다. 마침 명절을 쇠러 왔었기에 만날 수 있어서 여차여차하여 서울로 가고 싶다고 하니까, 자기가 잘 아는 165번 금성교통(금곡~청량리)정비반에 보조로 취직을 시켜줬다. 명절이 끝나자마자 곧바로 올라갔다. 정확히 말하자면 거기는 서울이 아니고 미금 금곡 (지금은 구리시)이었다. 월급도 충주 공업사에서는 500원 받았었는데 여기서는 먹여주고 재워주고 5천원을 받았다. 그 5천원은 많은 것은 아니지만 충주에서는 -5,500원 생활이었는데 여기에서는 일단 마이너스가 아니고 월급을 모을 수 있다는 게 마음에 들었다. 버스 종점에 있기 때문에 눈만 뜨면 일하고 열심히 하였다. 그리고 그 때부터 객지생활을 하려니까 비윗살이 좋아야 겠더라구. 정비공장에서는 돈이라고는 볼 수가 없었지만 안내양 (차장) 누나들은 차비를 늘 받고 하니까 삥을 칠 수가 있었기에 주로 약간 못생긴 누나를 골라서 착 달라붙어 "누야 누야'하면서 아양을 부려 '누야 백원만'하면 가끔 용돈을 받아쓰곤 했다. 그리곤 나는 누나네 차는 정비를 더 신경써서 잘 해줬다. 나는 그곳에서 3년이라는 생활을 하였다. 정비를 하면서 그러면서 운전을 배워 75년 6월 달에 면허증을 땄다.

그렇게 바라던 면허증이 나왔으니 하늘을 날아갈 것 같았다. 나에게는 비행기 파이로트보다 더 소중하고 우쭐대고 싶은 것이었다. 기분이 좋은 것이었다.

이제 버스 종점의 정비소에 처박혀서 한곳에 머물고 있는 것에는 재미가 없어서 알음알음 수소문을 하니까 이쪽 계통 선배가 서울 성수동에 화물영업소가 있는 천일정기화물에 손이 닿았다. 그로부터 나는 이제 전국을 다니는 대열에 합류하게 되었다. 물론 면허증이 있다고 하더라도 그 시절에는 큰 8톤 트럭의 기사의 조수로 시작을 하는 거였다. 그 선배 기사는 성격이 참 꼼꼼하며 운전을 차분히 잘하는 편이었다. 내가 지금까지 운전을 하면서 부드럽게 운전을 하는 것은 아마도 그 선배의 습관을 배워서 인지 모른다. 그 천일정기화물 노선은 서울에서 출발하여 양평 인제 속초 맨 끝 간성까지 한 바퀴 돌다 오면 한 5일에서 어떤 때는 1주일을 밖에서 생활을 하는 것이었다. 도로는 비포장으로 덜컹대는 유랑길을 다니고 있던 것이었다. 화물차가 서울에 올라 와서는 또 어떤 때는 대전까지 갔다 오는 중부 노선을 타는 경우도 있었다. 나는 고생이라는 생각보다는 나름대로 재미가 있었다. 왜냐하면 세상을 아는 지역 이래 봤자 충주 쬐끔 알고 수안보하고 미금시 165번 종점에 가끔 청량리에나 나오는 지역이 다였기에 여기저기 유람하며 동네 구경도 하니 얼마나 재미있는지 몰랐다. 나의 체질에 맞는 것이었다. 재미를 붙여갈 무렵에 생각지도 않은 방위영장이 나왔다.

나는 사실 방위소집이 순서로 치면 면제로 가는 길이 보였는데, 영장이 나온 나의 앞 번호인 조병우(안탑꼴 살던)가 가정상 이유로 연기신청을 하는 바람에 면사무소 병사계에선 머리숫자는 채워야 하고 졸지에 내가 방위병 복무에 차출이 된 것이다. 이래저래 방위병 복무 소집을 마치고 사회로 진출하는데, 내가 아는 게 뭐 있나. 아는 지역도 이젠 미금시 근방이 친근해 졌다. 일하는 자리가 나를 기다리고 있는 것이 아니었기에 선배들의 소개로 덕소에 있는 남양택시 회사에 입사를 하였다. 덕소라는 곳은 촌으로 누가 택시를 그렇게 타고 다니는 것도 아니고 청량리에서 덕소를 다니는 손님을 하루에 몇 번 안 되게 영업을 하는 것이었다. 나는 택시회사의 신참병이니까 차 배정도 가장 똥차로 배정 해 주는 것이었다. 그리고 청량리에 오면 여기는 건달놈들이 지역을 장악하고 서울 손님을 모시는 것은 참 쉽지가 않았다. 택시회사는 영 재미가 없었다. 그래서 수소문한 끝에 소를 배송하는 트럭운전을 하는 자리가 나왔다.

나는 소하고 무슨 인연이 있는지 문경 가나문 외가에서는 소풀 베는 일과 문경에서 충주장까지 소몰이를 하는 등 어쨌든 이번에 두 번째 인연이 소 화물차 운전이었다.

그런데 보통의 단순 소배송이 아니라 소를 도축하여 마장동이나 지역의 특정 업자에게 도축한 소를 배송하는 일이었다. 이런 일은 밖으로 대 놓고 하는 일이 아니었기에 보수는 다른데 보다 좋았다. 우리가 섯다판에서도 하는 얘기 '위험한 장사가 많이 남는다'고 하는 소리다. 도축한 소를 배송하는 것은 점조직식으로 운영하는 것이었다. 맨 위에 회장이라고 하는 오야지가 있고 밑으로 나름대로 위계가 있는 것이었다. 나는 말하자면 가장 하부 조직이라고 보면 된다. 그래도 나의 하는 업종에서는 보수를 많이 받게 되니 그들이 시키는 대로만 하면 되는 것 이었다. 소를 우시장에서 정식으로 10마리를 사면 7마리는 정상 거래하고 3마리는 작업을 하게 된다. 작업이라고 하면 무엇이냐? 천마산 기슭 으슥한 곳에 작업장이 있다. 그냥 작업장이라면 별거 아니지. 거기에서 밤새 소를 틀에 매달아 놓고 물을 멕이는 작업인 것이었다. 그땐 지금처럼 고압 호스로 물을 먹인는 게 아니고 완전 수동 이었다 바가지로 입을 벌려 물을 처넣는 것이었다. 참 야만적인 것이었다. 운송하는 화물비 외에 그 물 먹이는 작업비가 마리당 1천원을 쳐 주었다. 그것도 과외 수입이라고 우리는 그걸 해야만 했다. 그러나 꼬리가 길면 밟힌다는 것은 누구나 다 아는 얘기. 역시 여기에도 다른 업자가 찔러 바쳐서 우리의 작업정보가 새 나갔다. 한번은 배송을 하고 다시 작업을 하기 위해 소를 싣고 천마산 기슭 작업장으로 향하는데 뒤를 미행하는 단속 반원에게 내가 들켰다. 그 때는 전두환 시절이었는데 그들은 나에게 권총을 들이대며 부르라는 것이었다. 그러나 배송이나 하는 내가 뭘 아는 게 있어야지. 그래서 나는 내가 안 죽으려고 내가 물건을 대주는 윗선을 지목해줬다. 수사관이 권총으로 겁을 주는데 그놈이라고 안 불겠냐고. 이래저래 해서 최종 윗선까지 접하게 되었는데 이미 최종 오야지는 현찰 뭉텅이를 준비 하고 있다가 그들을 해결하는 것으로 종결을 하게 되었다. 세상사 참 그런 경험도 해봤다. (지금은 공소 시효가 지났기에 나도 여기에서 불은 거여...) 오야지가 현찰로 해결 안했으면 가장 흔한 삼청교육대는 무조건 갔을 것이고 아마 빵에도 갔을 것이다. 그래서 보수가 좀 좋은 편이지만 그길로 그 일은 접고 제천 처갓집이 있는 곳으로 내려왔다.

외지 생활을 접고 특별히 기거할 곳도 마땅치 않아서 처가가 있는 제천에서 2년간 화물차를 하게 되었다. 충주 시내 버스를 86년4월부터 97년 11월까지 11년을 넘게 버스기사 생활을 하다가 98년에 수안보에 들어와 지금까지 생활하고 있다. 나는 사는 인생관은 그렇다 어차피 사는 거 궁상을 떤다고 고민을 심각하게 한다고 해결되는 것이 아니기에 무조건 즐겁게 잘 살자는 주관이다.

미운정도 오래되면 그리워진다.

권 현 상

(권유상)

송화가루 날리는
외딴 봉우리
윤사월 해 길다
꾀꼬리 울면
산지기 외딴 집
눈 먼 처녀사
문설주에 귀 대고
엿듣고 있다

박목월의 윤사월이라는 시를 시작으로 나의 얘기를 하고 싶다. 눈먼 처녀사 문설주에 귀대고 엿듣고 있다는 외로움의 하소연은 나의 어린 시절을 얘기하는 것 같아서 참 적막하다. 나는 아주 위로 언니가 하나 있고 중간에 줄줄이 오빠가 있었는데 어려서 모두 죽었다. 그 끄트머리로 내가 있다. 그러니 우리 집에는 출가한 언니는 없고 나이 많은 부모님과 나 그렇게 지내다 보니 절이 아닌 절간 같은 생활을 하게 되었다. 그래서 학교 다닐 때는 늘 있는 듯 없는 듯 그렇게 지냈다. 수줍을 아주 많이 타는 내성적인 어린이이었다.

아버지는 연풍에서 넘어 와서 6.25전에는 오미에서 좀 살다가 수안보 새텃말에 자리를 잡았다. 어떠한 연유에서 넘어 오셨는지에 대해선 잘 모른다. 어머니의 친정은 오미이다. 오미 합천이씨다. 무남독녀였다. 나중에 가까운 집안의 아저씨를 양자로 입적을 하여 외삼촌으로 만들었다.

아버지는 한량이었다. 일하는 것을 평생 본적이 없다. 그러다 보니 엄마가 고생을 도맡아했다. 엄마는 떡 장사를 비롯해서 돈이 되는 일은 다했다. 왜냐하면 호구지책으로 나를 먹여 살려야하는 가장이 아닌 가장의 역할을 해야만 했기 때문이다. 아버지는 거기에다 주색잡기에 몰두했다. 거기에다 또 바람까지 피우는 게 일상이었다. 그런다보니 부모님들이 사이는 언제나 냉랭한 사이었다. 그냥 부부니까 사는 사이었다. 학교를 갔다 오면 아무도 없는 썰렁한 집이 나는 싫었다. 참 외로운 집이었다. 특히 윤사월이면 봄빛이 짙게 그림자를 드리우면 더 외로웠다.

나의 이름에 대해서 한마디하고 넘어가야겠다. 나의 이름은 권유상이다. 상 字가 돌림자다. 집에서 어려서 부르는 이름은 정옥이었다. 그런데 지금 나의 이름이 난데없이 권현상이 된 이유는 동네 이장 보시는 분이 면사무소 호적에 올리는 기회를 미루다가 그 다음해에 올리긴 올렸는데 나이도 줄이고 난데없이 뜬금없는 권현상으로 올려놓고는 잊어버리고 있었다. 나는 초등학교에 입학을 하였고 정상적인 이름 권유상으로 학교를 마쳤다. 세월이 흘러 주민등록이 나올 때가 되어 면사무소에 확인을 해보려고 출생

신고 당시 이장님을 만났더니 그 분이 이실직고를 하기를, 아버지의 부탁을 받아 놓고 깜박하고 있다가 호적에 올린 것이 권현상이 되었다는 것이다. 그 얘기를 아버지한테는 절대로 말해선 안된다는 것이었다. 말하면 자기가 맞아 죽는다고 나에게 신신당부 단속을 했다. 그런데 그 임 이장님은 그 다음 날에 야반도주를 했다. 어찌 보면 그렇게라도 해명을 해 준 것이 나를 찾은 것이나 다름없다. 안 그랬으면 난 공중에 뜬 사람이 되었을 지도 모르지. 물론 임 이장님의 야반도주는 내 호적이름 때문이 아니고 그분이 여기 저기 대추나무 연 걸리듯 빚을 지고 있다가 수안보를 몰래 뜬 것이다.

이렇듯 세상을 살아보니 나의 의도와 전혀 관계없이도 일이 이뤄지기도 하며 그에 따라 순응하여 살다 보니, 나는 학교가 아닌 공장으로 출근하는 삶을 살았지만 사는 지혜는 꼭 학교 교육에서만 배우는 게 아니었고 삶의 구석구석에 다 배움이 있었고 사는 게 다 거기였다고 위안을 한다.

나는 원래 이름인 권유상으로 초등학교 6학년은 겨우 마치게 되었다. 조용히 학교를 다녔지만 그래도 나의 실력이 중학교 시험은 통과할 정도는 되었다고 자신을 한다. 그렇지만 집에 돈이 없으니 중학교 진학이라는 것은 꿈도 꿀 수가 없는 일이었다. 졸업을 하자마자 남들이 가는 학교 대신 나는 가발공장에 가서 일을 하기 시작했다. 당시 수안보에 가발공장이 생겨서 거기에 가서 일을 했지만 월급이라 봤자 겨우 밥이나 먹는 정도였다. 가발 공장을 다니다가 아는 언니가 손뜨개질하는 일을 권하는 것이었다. 손뜨개 쉐타를 만들어서 수출을 하는 업자의 하청으로 일을 하는 것이었다. 조금 더 그 일을 하다 보니 내가 일을 받아다가 나눠주고 모아서 납품을 하는 식의 小사장이 되었다. 나눠주고 받아 오면 거기에 10%는

나의 몫이 되는 것이었다. 그냥 그런대로 수입은 가발공장보다는 조금 낫기는 한데 일이 있다가 없다가 했다. 일이 없을 때는 담배농사 짓는 집에 여름에는 담배 꿰는 일 가을에는 담배 조리를 하는 날품을 나가기도 했다.

겨우 입에 풀칠이나 하는 정도의 벌이로 생활을 하며 남들과 비슷한 가난한 시대의 반복적인생활을 하고 있었고 나이는 들어가고 있었다. 어느덧 24살이 되던 해에 큰집의 6촌 올케가 선을 주선했다. 그때까지도 아무것도 모르는 숙맥으로 일이나 다니고 하던 때라 부모님이 시키는 대로 선을 보게 되었다. 나와는 7살 연상의 31살 노총각이었다. 거기다가 7남매의 장남이었다. 그쪽에서는 선을 보자마자 혼사를 성사 시키려고 서둘러 댔다. 당연히 우리 부모님들은 그에 응하는 것이 잘하는 일로 생각하고 있었다. 그래서 선을 보고서 1달만에 충주 여성회관에서 결혼식을 치루게 되었다. 나는 세상 물정을 잘 몰라 뭐가 뭔지를 몰랐었다.

그런데 나는 왜 그렇게 남자들에 대한 복이 없는지 모르겠다. 친정의 아버지가 놀음에 바람에 가지가지 속을 썩이더니 웬걸 결혼 후 얼마 안 되어 남편이라는 작자가 또 친정아버지의 행태를 보이는 것이었다. 여자들은 그래도 참고 살아야 하는 것인 줄로만 알았다. 엄마가 그래 왔듯이 참고 살아야 하는 것으로 알았다. 그러나 그것도 한두번을 더 넘어서니까 나는 남편과 한바탕 싸우고는 안산다고 마음을 먹고 짐을 쌌다. 그러니 집안은 난리가 났고 어린 애들은 울고불고 말이 아니었다. 이런 사단이 난 것을 아신

시어머니는 우리 동창 이복자네 미장원 가게에 와서 나를 찾아달라고 사정하는 것 이었다. 복자네 가게는 시댁 바로 근처에 있었고 나는 시댁에 가면 복자네 가게에 곧 잘 들리곤 하는 것을 시어머니가 알고 있던 터였다. 그러나 내가 복자에게 집을 나온다고 기별을 한 터가 아니기에 복자가 알리가 없었지만, 나름대로 수소문을 하면 연락이 닿을 수밖에... 그렇게 연결이 되어 시어머니는 나에게 달려와 통 사정을 하시는 것이었다. 시어머니 역시 시아버지에게 평생 치어 살면서 있는 대로 속을 썩고 살아 온 분이었다. 시어머니는 부적을 써서 비방을 하는 등 나의 마음을 다독이셨다. 시어머니는 참으로 좋으신 분이었다. 그래서 나는 허는 수 없이 눌러 살게 되었고, 부적 덕분이었는지 아닌지 몰라도 어머니한테 심한 꾸중을 들은 남편은 그 후로 차츰 정신을 차리고 다니던 회사 일신석재에도 성실하게 다니기 시작했다. 아마도 부적효과라기 보다는 자기의 엄마가 불쌍해 보여서였을 것이다.

그러고 시간이 흘러서 남편과는 사랑도 미움도 아닌 일상적인 생활을 하게 되었다. 그런데 갑작스레 시어머니가 연탄가스를 마시고 돌아 가셨다. 참 막막했다. 시댁에서 그나마 나의 편에 서 주시는 유일한 분은 시어머니셨는데 졸지에 가시다니 참으로 슬펐다. 보통 다른 집에는 시어머니와 며느리 사이가 안좋은데 우리는 동병상련이랄까? 남편들한테 데어서 서로를 마음속으로 위로하는 사이

였을 거다.

시어머니가 돌아가시고 얼마 후 남편은 중동에 돈 벌러 간다고 사우디를 갔다. 그래서 나도 생활비를 벌어 볼 요량으로 충주 전자공장에 다니 시작했다. 그 생활이 무려 12년을 계속했다. 애들과 생활을 하는데 가끔 시아버지가 우리 집을 방문하셨다. 나름대로 시어른 밥상을 잘 차려 드리는데 시아버지는 집에 와서는 돈을 내 놓으라는 것이었다. 환장할 노릇이었다. 돈을 보태주지는 못할망정 돈을 내 놓으라고 으름장을 놓는 것이었다. 돈은 없다고 잡아떼면 어떤 때는 드시던 밥상을 내 머리 위로 획 내 집어 던지는 참 고상한 분이었다.

그런 상황이면 죽고 싶은 심정이었다. 나를 생각하면 참으로 박복한 년이구나 하는 자기가학적인 생각이 문뜩문뜩 들곤 했다. 친정아버지나 시아버지나 둘 다 왜 나를 괴롭히는 사람들이냐 말이다. 시아버지는 툭하면 못사는 친정을 들춰대고 욕을 해대곤 하셨다. 그 소리를 듣는 내 심정을 가슴이 찢어지는 것 같았다. 가뜩이나 돈이 없어서 중학교도 못간 나의 신세를 한탄하는데 거기에다 시아버지는 나를 무시해도 너무 무시해 짓뭉개 버리는 것이 너무 원망스러웠다. 그런 생활이 연속이 되니까 나에겐 무력감이 왔다. 요즘말로 우울증이라는 것이다. 살아서 뭣하나 등등 이 한동안 지속이 되었다. 그러는 와중에도 시아버지가 또 찾아 오셔서 돈을 내 놓으라고 땡깡을 부려대고 가셨다. 그날 저녁에 갑자기 내가 너무 속이 상하고 기가 막혀 쇼크가 왔는지 몸이 뚱뚱 부어서 다음 날 아침에 일어나질 못했다. 그 날부터 나의 부기가 빠지지 못하고 다리 관절이 고장이 나고 그렇게 나의 모습이 할머니로 변해 버렸다. 참 여자로서 서로운 모습이 되었다.

남편은 7년이라는 세월이 흘러서 사우디에서 돈을 벌어서 귀국을 하였다. 시아버지의 만행을 고했으나 그는 자기의 아버지는 버릴 수 없으니 참고 살아야 한다는 것이었다. 시아버지는 광산 개발업자였다. 광산 개발업자는 돈을 투자하는 것이 거의 노름 투기나 다름없는 일이라는 것을 나중에 남들한테 들어서야 알게 되었다. 잘 해서 한방이 제대로 터지면 노다지가 나는 것이고 그것이 아니면 밑 빠진 독에 물붓기식이라는 것이었다. 시아버지의 사업은 계속 밑 빠진 독이었던 모양이었다. 지나고 보니 그럴 때마다 우리 집에 와서 돈을 내 놓으라고 행패를 부리셨던 것이다.

나이가 먹어가는 세월이 흐르면 성질은 누그러지는 게 자연의 법칙인 것 같다. 그렇게 세상 화류계를 좋아하던 남편도 귀국하여서는 가정생활에 충실하였고 생활력을 강해서 가정이 경제적으로 어려움은 없게 만들어 놓았다. 늘그막에는 나에게 그렇게도 훌륭하셨던 친정아버지를 돌아 가시기 전 1년 동안 우리 집에서 모시기도 했다. 나름대로 책임과 의무는 다하는 사람이었나 보다.

2012년 세월이 가면 나무가 구부러지고 옹이가 생기듯 나에게도 오지 않아야할 손님이 찾아 왔다. 유방암이 발병된 것이다. 인생 허무했다. 가지가지 한다는 말을 이럴 때 쓰는 단어인 것만 같았다. 그러나 받아들여 순응하는 게 인생인 것으로 알았다. 다행히 수술은 잘 되어 생활하는데 지장이 없어갈 때쯤 수술 후 3년이 될 때였다. 이게 어찌된 일인가? 남편이 68세 되던 해 여름날에 갑작스런 입원을 하게 되었다. 진단은 폐가 굳어지는 병이라는 것이었다. 생전 들어보지도 못한 병이 걸린 것이다. 입원한지 1달여 만에 그는 저세상 사람이 되었다. 참으로 애처로운 일이다. 미우니 고우니 해도 옆에 있던 옆지기가 없는 세상이 되었다. 이제까지 없었던 일이 나의 인생사를 새로 쓰게 되는 것이었다. 그게 2015년이다. 남편이 가고 홀로 된 나는 홀로 집에 남아서 살고 있다. 자식들은 다 성장하여 다 출가하고 대처에 나가서 살고 있기 때문이다. 남들은 석양이 아름답다고 하지만 보는 이의 시선에 따라서는 그 석양빛이 참으로 미움의 대상으로 보이기도 한다. 누구나 다시 태어난다면 산뜻한 아침을 맞는 태양이 떠오르는 그런 희망찬 삶을 원한다. 평생 같이 사는 배우자도 내가 마음에 맞는 사람을 선택할 것이고 자기의 이름도 자기가 만들어서 살고 싶을 것이다.

이렇게 짧지만 개략적으로 나의 인생을 서술하다보니 좀 창피하기도 하다. 그렇지만 말을 하고나니 후련한 감도 온다.

나에게는 딸 딸 아들 3명이 있다. 그들이 고맙게도 별 탈없이 잘 성장 해 주어 고맙다. 그들도 대기업에 다니면서 각각 자기들의 아파트도 마련해 사는 걸 보니 대견스럽고 고맙기도 하다. 더욱이 그들에게서 얻은 친손자 2에 외손자 3 합 5명의 손자가 있으니 나의 인생도 참으로 부자이다.

그대 가면 이 봄은 누구와 함께 노닐고?

김 덕 기

산 좋고 물 좋은 석문동

나의 인터넷 닉네임이 산천(山川)이라고 지어 쓰고 있다. 그만큼 나에게는 산 좋고 물 좋고 공기가 좋은 산천인 나의 석문동을 사랑하고 그 속에서 삶을 즐기고 있기 때문이다.

우리가 어려서는 참으로 춥고 배고픈 시절이었다고 본다. 배고픈 거는 그렇다 치더라도 추위 또한 왜 그리도 더 추웠을까? 눈도 참 많이 왔었고...옷이라고 해봐야 검정색 교복이라고 불리는 홑껍데기 옷이 다였으니 추울 수밖에 없었을 것이다. 신발은 깜장고무신에 양말도 없는 맨발에 발은 시렸고...아련한 기억들이다. 우리 석문동에도 동네 가구 수가 70호가 넘게 살았다. 우리 동기 친구들만도 16명에 이른다. 한 가구에도 보통

10명 내외가 살았으니 요즘처럼 단출한 가족으로 구성된 가구가 아니어서 동네에서 학교를 가는 시간이면 같은 또래가 우르르 몰려가느라 신작로는 시끌벅적했다.

학교를 가기는 가는데 책가방이라고는 있을 수가 없으며 겨우 책보자기에다 책을 둘둘 말아서 책이 흘러내리지 않게 핀으로 꼽고 남자들은 어깨에서 X자 모양으로 메고, 여자애들은 허리춤에 책보자기를 묶어서 등교를 한다. 내 기억으로는 수안보 본바닥에 와서야 몇 명이 책가방을 들고 가는 것을 볼 수가 있었고 돌고개를 넘어오는 애들 중에 책가방을 들고 다니는 애들은 거의 못 봤다.

그나마 학교를 다닌다는 것조차 나에겐 참 신기한 일이었다. 살기가 너무나 팍팍했기 때문이다. 학교를 남들이 가니까 덩달아 따라가지만 사실 가기가 싫은 날이 더 많았다. 기성회비를 내지 못하니까 담임선생님으로부터 매일 혼나는 것이었다. 담임선생님은 선생님 나름대로 교감선생님한테 미납된 기성회비 걷어 들이라는 닥달을 당해서 미납 학생들에게 독촉을 해왔겠지만 독촉하는 선생님이나 당하는 학생이나 참 힘든 일이었다. 또 부모님도 기성회비를 집에 쌓아두고 안주는 게 아니고 초근목피로 삶을 영위해야만 했던 가정환경이 어쩔 수없이 여러 사람들을 힘들게 하였던 것이다. 춥고 배고프다는 단어가 일반인들에게는 추상적인 말로 유추해서 들리겠지만 실제로 겪은 가난한집의 아이들은 뼈가 시린 얘기이다.

말하기조차 싫지만 그 가난의 얘기부터 한번하고 가야겠다. 학교를 갔는데 선생님이 수업을 시작하기도 전에 말하자면 새벽댓바람부터 기성회비 안 낸 놈들 나오라는 것이었다. 그리고 교실 밖으로 내쫓아 놓고 무릎 꿇고 손들고 서 있으라는 것이었다. 거기에는 대략적으로 단골들이 정해져 있었다. 우리 동네의 또 다른 한 친구와 다릿골 S, 뇌곡의 J 등등이다. 선생님 입장에서는 우리가 악성 채무자처럼 보이겠지만 가난이 죄지 우리가 집에

선 돈을 받아와서 중간에 떼어먹은 것은 아니잖은가? 그날따라 나의 심정은 참으로 서글펐다. 아침도 제대로 숟가락을 뜨지도 못하고 학교를 와서 배는 고픈데 아침부터 벌을 서고 있으니 어린 마음이지만 참 참담했다. 첫 수업 시간이 국어 시간인지 전체가 책을 읽는 소리가 나의 귀청을 때렸다. 책 읽기를 시킨 선생님은 복도 밖으로 나와서 우리가 제대로 벌을 서고 있나 확인 차 나왔다. 그 때 쯤이면 손을 위로 쳐들고 서 있는 시간이 지나면서 팔이 아파오자 대부분 팔을 내리고 있었는데 선생님이 나오는 기척이 들리자, 모두들 얼른 손을 다시 치켜 올렸다. 나도 손을 올렸지만 그 동작이 남들보다 좀 꾸물대느라 늦었다. 이를 본 선생님은 수업시간에 가르침봉으로 늘 소지하고 있는 긴 막대기로 나의 대가리를 후려치면서 '똑바로 손들지 못해' 라고 소리치고는 교실로 들어갔다. 내가 살면서 느낀 것 중 하나는 배부를 때 맞으면 그냥 아프다고 느끼는 매이지만 배고플 때 맞으면 서러움에 북받쳐 속을 후벼 파는 쓰라림이었다.

머리를 막대기로 얻어맞은 나는 정신이 혼미해지며 슬픔과 분노가 가슴속으로부터 치켜 오르기 시작했다. 왜 우리는 가난이라는 게 앞에 놓여 나를 힘들게 만들까? 속에서 뿔따구가 났다. 그래서 나도 모르게 벌떡 일어서게 되었다. 그리고는 교실안에 있는 선생님을 향해 '야이 씨폴놈아 나 이제 학교 안온다'라고 소리를 치고는 도망쳐 나왔다. 물론 그 소리는 선생님의 귀에는 들리지 않았을 것이다. 내가 도망을 나오자 다른 아이들은 어리둥절했고 내가 학교에서 멀어졌을 때 그들은 교실로 들어갔다. 그게 4학년 2학기 중간이 지날 때쯤이었고 공식적으로는 그 후로 나는 수안보초등학교 운동장을 밟지 않았다.

학교를 도망 나온 나는 딱히 갈 곳이 없었다. 집으로 가봤자 집에서도 다른 애들보다 일찍 돌아온 나를 보고 공부도 안하고 왔다고 혼이 날 것 같았다. 나는 하는 수없이 돌고개를 넘어서 복거리 가기전 솔밭에 가서, 이 생각 저 생각으로 시간을 죽이면서, 학교 공부를 마치고 집으로 갈 동네 친구들을 기다리고 있었다. 저만치 영식이와 명수 창용이 우리 동네 친구들 소리가 들렸다. 나는 반가워 그들을 향해 뛰어 갔다. 나를 본 그들도 내가 많이 걱정이 되었나보다. 그중에 특별히 영식이는 별도로 나에게 다가와서 얘기를 건넸다. 선생님이 내일은 화를 안낸다고 하셨으니 개의치 말고 내일은 학교를 같이 가자는 것이었다. 그 말을 들은 나는 반갑지도 싫지도 않은 무덤덤한 상태였다. 내일이 온다고 해도 우리 집은 특별히 나아질게 없는 것이 뻔하기 때문이었다.

그렇게 집에 돌아온 나는 엄마에게도 말을 하지도 않고 아무 말 없이 밤을 지샜다. 나에게 지난밤은 길었지만 밝아온 새벽에 아침이 유독 더 길었다. 왜냐하면 학교를 가야하나 말아야 하나를 가지고 고민에 고민을 하고 있었기 때문이다. 부모님에게 학교를 가지 않겠다고 말을 하지는 않았지만 나는 이제 학교를 가기가 정말 싫었다. 등교 시간이 되어 다른 애들은 평소와 같이 왁자지껄 눈밭에 강아지 새끼들처럼 이리 뛰고 저리 뛰고 쪼르르 학교를 다 갔다. 그런데 내가 학교 갈 시간이 지나도록 안 가자 어머니는 나를 다그쳤다. 빨리 학교를 가라고... 가봤자 뻔하기에, 나는 이제부터 앞으로 학교를 가지 않겠다고 엄마에게 선언했다. 이를 들은 어머니는 매우 심각하게 나의 선언을 받아 들였지만, 남의 집 밭일에 품을 팔러가는 바람에 나와 입씨름할 겨를 없이 싸리문 밖으로 나가셨다. 일하러 나가시는 어머니의 뒷모습을 보니 허탈하고 힘든 인생살이의 모습이 보여 나의 마음도 착잡했다.

그날 나는 주린 배를 부여안고 하루 종일 하는 일 없이 빈둥대고 있었다. 저녁때가 되어 어머니가 집으로 돌아 왔다. 돌아온 어머니는 나의 학교 다니는 문제를 놓고 또 말을 꺼냈다. 그래서 나는 강력히 학교는 이제 안가겠다고 선언했다. 학교 다니는 것은 동생들이나 보내고 나는 이제 먹고 사는 일에 종사하겠다고 어머니를 설득했다. 어머니는 한참을 물끄러미 먼 산을 바라보시며 당신의 신세 한탄을 하고 있었다. 그러시고는 잠이 들기 전에 나를 붙들고 하시는 말씀은 '그래 니가 정히 그렇게 고집을 피우면 어쩔 수 없으니 니 동생들은 학교를 다니고 너는 이제 먹고 살 일을 알아보자'라고 서로 합의를 도출했다. 왜냐하면 현실은 사실 때꺼리가 그날그날 간당간당하는 생활이 지속되었으니 어머니도 그냥 현실을 있는 그대로 해결하려 나의 주장을 받아들이신 것이다. 그리고 잠을 청했으나 나는 잠이 오지가 않았다. 이제 학교를 가지 않는 나는 어떻게 살아야하나? 어두운 방에 누어있으나 잠은 안 오고 천장을 보니 미래가 걱정이 되고 두려움도 느끼게 되었다.

다음 날이 밝았다. 어머니에게는 고달픈 인생살이의 밭일이 늘 기다고 있었다. 그런데 어머니는 나의 일자리를 우선 알아보고 온다고 일은 안 나가셨다. 얼마 전에 동네 사람한테 소문을 들은 바가 있기 때문이다. 땅이 많은 대안보의 김씨네 부자집에 일하던 사람이 나가서 사람을 구한다는 것이었다. 어머니는 그날은 그집에 가서 우리 아들을 맡아 달라고 사정을 하고 오셨다. 우리 아이가 나이야 좀 어리지만 덩치도 그냥 부려먹을 만하고 힘이 좋고 부지런하니 세경은 고사하고 먹여만 주신다면 한번 써보라고 부탁을 단단히 해서, 그 집 주인이 그러면 나를 한번 데리고 오라고 했다.

그렇게 해서 나의 인생의 최초로 집을 떠나 사회생활을 하게 되었다. 나는 가진 짐이 없으니 달랑 몸둥아리만 그 집에 입주를 하였다. 아무리 옹색해도 내가 지내던 것에 익숙해 하는 게 사람들의 습성이라서 나 역시 더 좋은 대안보의 김씨네 집에 입주를 했지만 낯설고 어색했다. 전에 머슴이 쓰던 사랑채에 있는 방을 나에게 쓰라고 했다. 다음 날부터 주인집 김씨 아저씨가 데리고 다니며 시키는 일을 했다. 김씨 아저씨는 원체 부지런한 사람이어서 일을 쉴틈없이 해댔다. 그분이 나를 일부러 이거해라 저거해라 시키지 않아도 그분이 하도 바지런해서 하는 일을 따라 하기에도 버거웠다. 학교를 다니지 않고 농사일을 따라다니며 시간을 보내다보니 몸이야 다른 어린애들 보다는 고달팠지만 마음은 편했다. 우선 우리 집에서 입을 하나 덜어 줄 수 있어서 좋았고 김씨네 집에서 주는 밥을 먹는 것만으로도 좋았다. 김씨네는 주인이 부지런해서 늘 나도 일하는 게 바빴지만 한 가지 밥 먹는 거는 눈치를 안주는 것만으로도 나는 참 좋았다. 집에선 늘 배를 곯아야 했던 거에 비하면 일단 배가 부르니 천국이었다.

그렇게 대안보에서 남의 집생활을 하면서 시간이 흐르고 있었다. 가끔은 일하러 갔다오다 큰길에서 고향 석문동 친구들을 만나게 되면 안부를 묻기도 했지만 마음은 편치가 않았다. 나는 집이 어려워 생활전선에 나와 있고 저들은 학교를 다니고 있으니 나라고 그 친구들이 부럽지 않을 리가 있겠는가?

우리집이 왜 어려웠는가에 대해 잠시 얘기를 하고 가야겠다. 우리집은 할아버지가 청풍에서 석문동으로 이주해 와서 살기 시작해 아버지 형제분이 6형제나 되었고 작은 아버지들은 일찌감치 서울로 외지로 나가셨고 아버지는 마차를 끌고 소 장사를 하셨다. 그 생활까지만 하면 그런대로 먹고사는 데는 별 문제는 없었을 텐데 당시 소 장사를 하는 사람들이 돈을 좀 만지게 되니까 놀음에 손을 댔던 것이었다. 그로 인해 아버지는 있는 땅을 모두

다 날렸다. 그렇게 되니 가정경제는 풍비박산이 나게 되는 것이고 그 피해는 모조리 어머니와 어린 식구들이 당해야 했던 것이다.

대안보에서 2년여의 나의 사회생활이 지나갈 무렵 정부에서 화전민 정리한다고 우리가 살고 있던 터도 그 대상이 되어 석문등을 떠나게 되었다. 우리는 석문동을 떠나게 되어 어디로 갈까를 어머니가 고민을 하다가 원주 신림에서 약방도하고 쌀가게를 하는 큰고모부네 집 근처로 이사를 갔다. 나도 대안보의 생활을 청산하고 어머니와 함께 어린 동생 셋 합 5명이 이사를 했다. 거기에 가서도 나는 학교라는데는 가지를 않고 대안보에서 하던 경험도 있고 해서 고모부네 집에서 들어가 농사도 지어주고 나무도 해다 주고 하면서 한 3년여를 지냈다. 그러다 기술을 배워본다고 아는 사람이

평택에 있어서 거기를 가서 배관 냉동기사 기술을 배웠다. 그런데 나중에 알고 보니까 배관설비 기사 자격증 시험을 보려면 고졸 이상의 학력이 있어야한다는 제약으로 인해 시험도 못보고 포기를 해야 했다. 하는 수없이 나는 어머니가 있는 원주 신림으로 돌아왔다. 내가 돌아오니 연로 하시던 고모부가 하고 있던 쌀가게를 나에게 맡아서 해보라는 제안이 왔다. 너무나 황송한 일이지 않은가? 나는 그 쌀가게를 인수하여 열심히 했다. 처음에는 그냥 그랬던 장사가 워낙 부지런하게 진심을 다해 일을 하니까 거래선도 늘

어나고 돈도 제법 들어왔다. 돈을 벌기만 했지 쓸 줄도 몰라서 버는 대로 집도 사고 땅도 사 두었다. 현대 정주영회장도 쌀가게를 시작으로 큰 기업을 일구었듯이 나도 부지런히 하면 앞날에 뭔가를 해 낼 수가 있을 것 같았다. 장사의 규모가 좀 커지다 보니 주변에서 강원도 정선 고한에 있는 광산지역에 사람들이 많으니까 거기에 가서 장사를 해보라는 권유로 그곳으로 진출을 했다. 거기에 가서 쌀가게를 시작하니 말대로 매출이 훨씬 늘어나게 되었다. 그래서 나는 그 주문이 오는 대로 외상매출을 했다. 왜냐하면 광산에서 보증해주는 전표였고 그 전표는 2주마다 정산을 해주어 안정적이었다. 그런데 알고 보니 시기적으로 석탄광산이 사양산업에 접어들고 있다는 것을 미래예측을 못 하고 우선 눈앞의 머리 숫자만 보고 왔던 것이다. 1년여는 장사가 아주 잘되었다. 그런데 2년차 장사를 하는데 다른 업자들이 떠나가는데 나는 무모하게 외상을 더 늘렸다. 설마 쌀값을 떼어먹고 가겠는가? 라는 헛뱃장이었다. 그런데 그건 나의 생각이었고 광산이 파산되는 상황에 오게 되어 결국 나는 당시로서는 아주 큰 돈 3천만원이라는 거액을 날리게 되었다. 어린 나이에 너무나 가혹한 충격이었다. 그래서 나는 날마다 술로 세상을 원망했다. 그런 생활이 지속되는 걸 어머니가 보기에 자식하나 잃을 것만 같아 보였는지? 아니면 어디에 가서 뭘 보고 오셨는지 '니 자식들은 내가 돌봐주고 있을테니 절에 들어가서 쉬고 오라'고 했다. 나도 세상이 싫어서 어머니의 제안을 받아들여 치악산 상원사에 들어가 허드렛일을

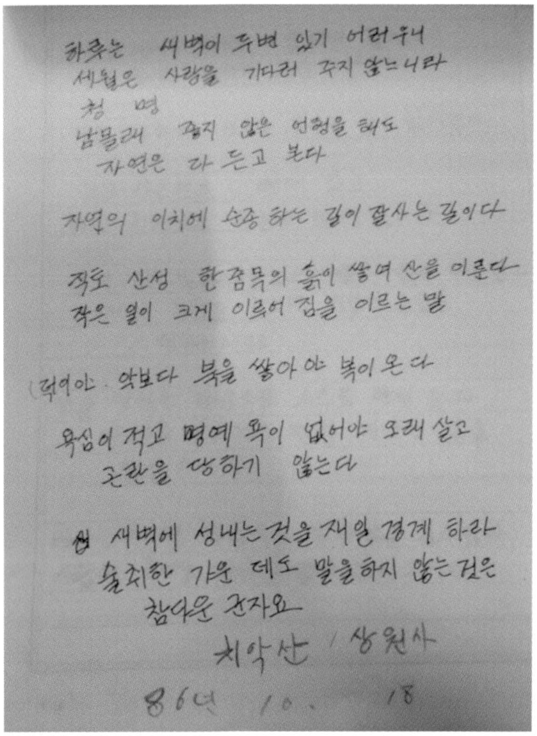

해주며 절 생활을 했다. 상원사에서 그 조금아래 있는 입석사로 왔다갔다 하면서 2년여의 시간을 보내며 공부도하고 스님들과 교류를 했다. 거기에서 인연을 맺은 사람이 있다. 사회의 이름 정상봉이라는 속명이고 법명으로는 '일력' 스님인데 절 밖에서는 친구로 지낸 사람이다. 그 친구가 사회에서 소외된 아이들을 보살피는 좋은 일을 하고 있었다. 처음에는 원주의 다리 밑에 가설로 만든 기거 시설에서 그 어려운 아이들을 보살피다가 나중에는 여기 저기 소문이 나게 되어 그곳을 청산하고 새로 제대로 만든 시설에 수용된 아이들만도 150명에 이르는 규모로 되었다. 바로 그 유명했던 원주의 '소쩍새 우는 마을'이다. 규모가 커지자 관리의 어려움을 느낀 그 일력 스님은 나에게 도움을 요청했다. 나는 그의 요청으로 그곳의 관리자로 갔다. 가보니 사회 여러 군데서 보내오는 온정의 손길이 엄청나게 많았다. 그가 나에게는 현금 후원은 관리에서 베제하고 물품이 답지하는 것이 너무 많으니까 그것을 밖에다 팔아오는 일을 시켰다. 나도 그 많은 물품을 다 소비하지도 못하는 것을 보고 그것을 정산해다 주었다. 그는 관리자로서의 나에게 월 2백만원이라는 월급도 책정해 주었다. 직장생활의 월급으로서는 그리 적은 금액도 아니었다. 그리고 연말이 되면 사회 각계각층에서 후원이 넘쳐나게 된다. 그러면 나에게 보너스로 1,500내지 2,000만원을 주기도 했다. 그렇게 거기에서 생활로 돈도 조금 모으게 되었고 다시 사회생활을 시작해도 되겠다는 자신감을 얻었다. 그 생활이 지속되는 과정에서 일력 스님이 자꾸 나에게 편법적인 것을 요구하기에 나는 그곳의 생활을 정리하기로 마음을 먹었다. 마침 진천에 있는 고모부가 거기에 와서 방앗간을 해보지 않겠냐는 제안이 와서 '소쩍새 우는 마을'과의 인연은 끝을 맺었다. 내가 떠나오고 1년인가 뒤에 '소쩍새 우는 마을'의 후원금 60억원이 넘는 횡령비리 혐의로 일력스님이 조사를 받게 되었고 그 불똥이 나에게도 튀게 되어 대검특수부에 나도 불려가 조사를 받았다. 그러나 나는 일력스님이 시키는 대로 후원물품을 밖으로 가져가서 팔아 그 돈을 운영비에 활용했고 특별히 개인적으로 횡령한 것이 없기 때문에 무혐의로 처리 되었다.

진천에서의 제3의 사회생활 방앗간 운영도 잘 되었다. 방앗간을 운영하면서 모은 돈은 또 땅을 사고팔고를 해서 이재를 축적해 나갔다. 중부고속도로가 음성 진천을 지나가는 바람에 큰돈을 안들이고 사놓았던 땅의 가치도 덩달아 엄청나게 올랐다. 그래서 부동산이 돈이 되는 것에 눈이 뜨이게 되었다. 그래서 나는 음성IC에 주유소를 냈다. 장사가 잘 되었다. 장사가

잘 되었지만 내가 한곳에 머물러 있지를 못하니까 주유소를 위탁경영 시켜놓고 나는 토목건축에 손을 댔다. 주유소도 지어주고 상가를 신축해서 분양하고 해서 돈을 많이 모았다.

그 지겨웠던 어린날이었지만 사람이 돈이 들어오면 어려웠던 것은 잊게 되고 그 생활이 어눌하게 그리워지는 게 인간지사 삶의 향수인가보다. 그래서 허물은 덮어주고 좋은 그림으로 표현하는가 보다. 나는 잠만 자면 꿈속에서 산천이 좋은 나의 고향 석문동에서 어려서 뛰어 놀던 좋은 것만 꿈을 꾸게 되는 것이었다. 그래서

나는 고향으로 돌아가기를 늘 갈망하고 있었다.

한번은 조상님들 벌초 겸 성묘차 석문동에 들렀다가 명수 친구를 만나 이런저런 얘기를 나누는 가운데 산이 매물로 나왔다는 것이었다. 그곳이 마침 내가 어려서 살던 터를 위시해 일대 1만5천평 이었다. 나는 그 매물에 주저하지 않고 즉시 매입을 했다. 시세보다 비싸던싸던 개의치 않았다. 나의 꿈이 거기에 있었기 때문이었다. 진천으로 돌아간 나는 고향으로 복귀하기로 마음을 정리했다. 그래서 진천에 벌려 놓았던 것은 처남에게 위탁시켜 놓고 나는 지금의 석문동에 와서 부동산을 개발해서 새로운 제품으로 만들어 파는 말하자면 부동산 도매를 하고 있다.

고향에 돌아와 여러 친구들과 교류를 하며 지내는 요즘의 행복을 가지게 되어 친구들에게 고마움을 표현하고 싶다.

다음은 한적할 때 집에서 긁적여 본 시를 몇 편 옮겨 본다.

< 무심한 세월은 흘러가네 >

월악산의 정기 한 가운데 경치가
신선봉에 모두 모였네
바라보노니 청량한 바람이
콧등을 스치고
귀 기울이면 또랑의 영롱한 물소리 들리네
창이 밝아 눈길을 밖으로 주면
산새소리는 나를 부르는 친구들의 소리일세

등 뒤엔 겹겹이 청산이고

고개를 돌리면 조령산인데
긴긴 세월 미륵은 움직이질 않고
나의 거처 주위를 바위로 병풍을 둘러
나를 위로해 주네.

밤새 초록이며 별이 빛을 내던 하늘아래
남쪽에서 온 새는 둥지를 짓는데
나는 하염이 흘러가는 세월을 세고 있네.
그리워라 나의 고향 석문동.

< 치악산 산중에서 >

뜬 구름은 오는 곳이 없고
가는 곳 또한 종적이 없도다
구름의 오감을 자세히 보니
그것은 오직 허공 뿐이구나
< 고향의 달 >
한가위 보름 밤에 달이 솟아 아름답구나
월악산에 사는 친구의 얼굴이 달에 비치네

< 인생과 세월 >
오동나무 잎 하나 떨어져
천하의 가을을 알 수가 있어
저 기러기 북으로 가는데

나의 마음은 둘 곳이 없네.

< 인생과 세월 >

푸르던 나뭇잎이 병들어 누래진 것 같은
비를 맞고 서리를 맞아 그 모양 처량하구나
두견새야 너는 왜 그다지도 박정하여
지는 꽃만 슬퍼하고 낙엽에는
눈길조차 주지를 않느냐

< 덕기와 술 >

술취하면 세상만사 잊어버리고
정신없이 꿈에 잠기네
내 몸이 있는 것조차 알지 못하니
세상에 이런 즐거움이 어디 있으랴

< 흘러가는 물 >

그대 가면 이 봄은 누구와 함께 노닐고
새는 울고 꽃은 떨어지고 물은 흘러가네
지금 그대를 배웅하며 냇가에 섰으니
뒷날 내 생각나거든 개울 윗물이 되어
다시 흐르며
냇가에 와보게
나 거기 있었노라

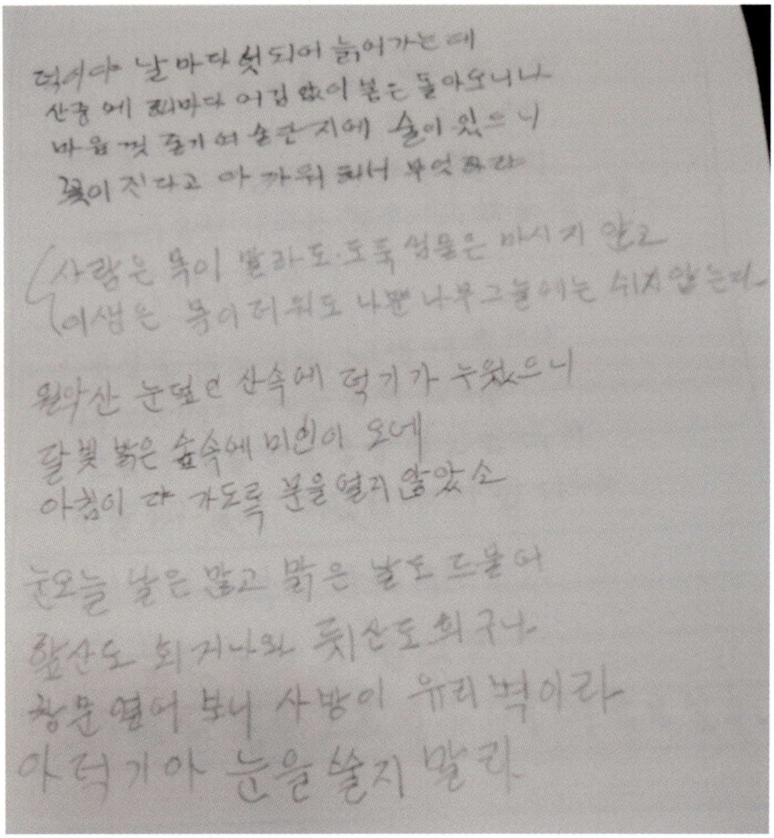

덕어야 날마다 석되어 늙어가는데
산중에 해마다 어김없이 봄은 돌아오니나
바쁠것 즐기여 술찬지에 술이 있으니
꽃이 진다고 아까워 해서 무엇하라

사람은 목이 말라도 도둑 샘물은 마시지 않고
이샘은 몸이 더워도 나쁜 나무그늘에는 쉬지않는다

월악산 눈덮인 산속에 덕기가 누웠으니
달빛 밝은 숲속에 미인이 오네
아침이 다 가도록 문을 열지 않았소

눈오는 날은 많고 맑은 날도 드물어
앞산도 희거니와 뒷산도 희구나
창문열어 보니 사방이 유리벽이라
아덕기야 눈을 쓸지 말라

저 밤하늘의 빛나는 별을 언제 다 셀까 ?

김 동 열

《나의 인생》

- 충청북도 중원군 상모면 안보리72번지 1955년(음력2월12일) 가난한 집안에 형둘,누나둘, 남동생셋 8남매의 다섯째로 태어났다. 제대로 먹지도 배우지도 못하고,국민학교와 중학교를 간신히 졸업하고, 우체국소사로 들어가 온갖 잡일을 다하며,늦은밤 급한 전보가 도착 하기라도 하면 캄캄하고, 무섭기만했던 신작로길을 자전거 페달을 힘껏 밟아야만 했던 그 어린시절이 우체국 공무원으로 내 인생의 전부가 되는 전환점이 될줄이야 꿈에도 나는 생각하지 못했다.

《두 번 세상에 난 놈》

아기가 태어나면 포대기에 싸서 에미곁에 눕히곤, 산바라라지 하시는 할

머니는 부엌에 나가서 온갖 뒷처리 다 끝내시고, 한참이 지나서야 따뜻이 데워진 물을 가지고, 방문을 여는순간 짙은 피비릿내에 적잖이 놀라 에미와 아기를 살펴보시다 피투성이가 되어 있는 아기를 보시며 아차!. 큰일 났다! 묶어 놨어야할 태줄을 그만 깜빡 하셨던 것을 아시는 순간이셨던 것이다.

세상 모르게 잠들어 있던 에미를 깨워서 피투성이로 범벅이 되어있는 아기의 모습을 보는 순간 두 모녀께선 아기의 체온을 느끼려 온갖방법을 동원 하였지만 숨소리가 멎은것을 느끼곤 망연자실할수밖엔 없었다.

모든걸 체념한 두 모녀는 온갖 생각에 눈물로 실수를 자책하며 한탄을 하고 있지만 모든것은 끝나버렸다는 체념을 하지 않을수가 없었다.

시간은 흘러 어느덧 해는지고, 밤이 되어 이별을 하려고, 두 부모님과 할머니는 싸놓은 포데기를 들추어 아직도 식지 않은 체온을 느끼며 얼굴로 아기와 서로 한참을 바라보며 고별의 인사를 하고 있던 순간에 헛것이라도 보인양 아가의 입술이 떨리고 있는것을 보았던것이 었단다. 할머니는 즉시 어머니의 젖을 손바닥에 짜서 가만히 아기의 입술과 입속에 묻히고 자세히 모습을 살피는데 어느순간인가 부터 입모양이 오몰 오몰 거리는모습을 보는순간! 오~ 하나님! 오~하나님! 고맙습니다. '아기를 주신 삼신할매님 이시여 다시 살려 주셔서 천번~ 만번~ 고맙습니다.'를 빌고, 또 비셨단다. 이렇듯 두번 살아난 놈이 저라하신다.

《어린 나의 이야기》

- 그렇게 어렵게 살아난 나는 국민학교5학년 될때 까지 창백한 얼굴에 늘 비실 비실대는 어린시절을 보내야만 했다. 가을 운동회때가 되면 각종 체조며 단체운동 연습으로 친구들과 함께 수업을 마친후 운동장에 모여서 곤봉도 돌리고 기마전도 하며 운동연습을 하고 싶었지만 큰형의 부탁(?) 으로 친구인 송충범 선생님께서 모든 운동에서 열외시켜 주신덕으로 외톨이 아닌 외톨이가 되어 혼자 집으로 오는길이 쓸쓸하기도하며, 외로운 마음을 억누르며,집으로 돌아 오는길이 여간 힘들지 않았다.

겨울이 되면 집뒤 시냇가에도, 물이 고여있는 논에도 온통 얼음이 얼어 썰매장으로 변해 온 동네 아이들의 놀이터가 되면 나는 거기에서도 외발 쓰케이토를 잘타는 중에 하나 였었다. 그러나 늘 온갖 병치례와 허약한 모습때문에 아부지께서는 걱정되시는 마음으로 동네에서 돼지를 잡거나 시내볼일이 있어 갔다 오실때 행여 돼지염통을 구할수 있으시면 사들고 오셨단다. 그 염통속 에다 영사라는 빨간약을 넣고 한지로 꼭꼭싸서 숯불에 구워 보약이라 하시며 먹여 주시던 기억이 생생하게 난다.

그럴때면 누나와 동생은 맛있는 고기를 나만 먹인다고 야속하고, 먹고 싶은 마음이 얼마나 간절 했으랴 하는 생각이 지금도 가끔씩 날때면 나는 미안하기도 하고, 어린 우리들의 시절이 참으로 불쌍 하였구나를 떠올리며 괜시리 울먹임을 느끼곤 한다. 그때 그 시절엔 고기가 워낙 귀하고,아무때고 먹을수 없던 시절이 아니였던가? 그러나 누구는 자주 아프고 약하다는 것때문에 고기를 먹을수 있으니 샘도나고 화도 날것이 아

닌가? 지금도 모여서 옛날에 살던 이야기 할때면 그 이야기가 꺼내지곤 하는데 누나와 동생은 약오르던 생각이 눈에 선 하다며 서로 웃음으로 넘겨 버리곤 한다.

태어나면서 죽을고비를 넘기고, 그것도 모자라 3살때 어느 초겨울날 마루에 놓여있던 화로 난간을 손으로 잡는 바람에 화로를 머리에 뒤집어 쓴 채로 봉당을 거쳐 마당까지 굴러 떨어져 온몸에 화상을 입고, 어찌할 줄 몰라할 때, 때마침 우리집에 신방차 찾아오신 영국선교사 신부님의 은혜로 무난히 죽어가던 나를 살리셨다 하신다. 응급 처치로 페니실린 연고를 바르고 곧바로 충주에 있는 도립병원에 입원까지 시켜주셔서 살아났단다. 만약에 그때에 박바우로 신부님을 만나지 못하였다면 또 어찌 되였을까? 아찔한 생각이 든다.

나가 백일때가 되었을 때 마침 부활절을 맞아 유아영세(세례)를 받았단다. 신명(세례명)은 영국식 발음으로 하여 '올반' 미국식 발음으론 '알바노'라한다. 똑같은 영어인데도 미국식 발음이 다르고, 영국식 발음이 다르다는걸 알게 되었다.

여덜살이 돼던 그해 옆집 친구인 길영이는 학교에 간다고 자랑을 하며 다닌다. 한동갑인데다 언제나 붙어 다니면서 통구박질놀이며, 딱지치기 겨울이면 쓰케토도 타며 놀던 붕알친구다. 나는 그런데 왜 나는 못가나? 아부지께 물어본다. 아부지께서 이장님한테 물어보고 오셨다. 올반이 너는 아마도 나이가 줄어서아직 입학 통지가 않나왔단다. 그래도 다행?인것은 옆집 봉현이도 그렇고, 웃보꺼리의 한조(홍진광)며 임숙이도 못갔단다.

학교갔다 돌아온 길영이와 대영이는 만날때 마다 학교에서 배우는 모든것을 자랑만하므로 함께 놀기도 싫어졌다. 그러면서 밤이되고 호롱불이 켜지면 아부지,어무이 몰래 성냥개비를 태워서 까아만 숯

껌댕이 만들어 방안벽에다가 생각나는 글자를 쓰기 시작하였다. 무슨 글자인지도 모르면서 누나의 책에서 보아온 쓰기 쉬운 글자를 외워 놨다가 매일밤 아무도 보는 사람 없을때 벽에다 써놓고 하였다.

점점 글자가 늘어 가면서 들통이 났다. 아부지께서 그러면 않된다며 야단을 치신다. 벽에다 낙서를 하면 우리집이 빚을 지며 살아야 하고 성냥개비 태우다 손을 델 수도 있고, 잘못하면 집에 불이 날 수도 있으니 그런짓을 하지 말라며 혼나기도 하였다. 그러기를 하면서 또 다시 한해가 훌쩍 흘러 드디어 나도 학교에 가게 되었다.아부지 손을 잡고 처음으로 학교에 갔다.운동장 땅이녹아 질척거려 걷기도 힘든데 왜 이리 사람들이 많은지 태어나 이렇게 사람들이 많이 모여 있는것을 처음으로 보았기에 신기 하면서도 어리둥절 하였다.

마이크소리도 처음 들어보고, 많은 사람들의 떠드는 소리에 뭔가뭔지? 한동안 멍하니 얼빠진 촌놈이 되어 넋놓고 있을때, 누군가 마이크로 이름을 부른다. 반편성이 시작되여 이름을 부르는데 방송이 끝나도록 내 이름은 들리지 않았다. 옆에 계시던 아버지께서도 보이지 않기에 나는 두려움에 떨면서, 금방 울기라도 할때쯤 아버지께서 오셨다. 내 이름이 방송에 나오지 않아서 교무실에 가서 알아보니 3반이란 걸 아시고,이름도 호적에 올

라있는 동열이 란다. 이제부터는 집에서는 그냥 올반이라고하고, 학교에서는 꼭 김동열 이라고 하신다.

3반 교실로 가니 벌써 다른 친구들과 선생님께서 말씀을하고 계셨다.선생님은 여자 선생님이셨고, 성함은 노재순 선생님이 이란다. 선생님께 인사를 드리고 집으로 돌아오는 길에 아버지 께서는 학교에 가면 선생님 말씀 잘듣고, 정신을 똑바로 차리고, 공부 열심히 해야 한다.하시는 아버지의 모습이 엇그제 처럼 선하게 떠오른다.

《사랑하는 어무이 》

- 세상에서 둘도 없는 친정 어머이 보내고서 곧바로 그 다음해 또 다시 청천벽력같은 큰일을 당하시며 일 치르시느라 힘잃고 기운잃은 넋 나가신 몸이지만, 어이하랴 서방님 가시고 남긴 빈자리 메꾸고 가꾸려면 강건하고, 굳세어서 남겨진 자식들 추단키 위해 서라도 말없이 팔걷어 부치시고 오뚜기처럼 일어서시는 우리 어무이. 오늘도 지친 몸을 굳게굳게 다잡으며 들로 산으로 발걸음을 떼신다. 가슴 가득 쌓이고 쌓여서 까맣게 타버린 석탄이 되어버린 온갖 설음을, 몽울몽울 한이되어 하얗게 타버린 백탄이 되어버린 애닯고도 구슬픈 노래소리로 소절마다 엮어서 이랑에도 묻어두고, 하늘에도 흩날리며, 불철주야 죽으라 농사일로 한풀이를 다하시며, 사랑하는 여덟남매 행여라도 잘못될까 노심초사 분주하네.

아버지가 돌아가시고 다음 해 중학교에 입학을 하고, 그 기쁨도 잠시라 생각이 든다. 당장은 태산같이 농사일이 쌓여만 가는데도, 한량하기 짝이 없는 우리 큰형은 뭐가그리 바쁘신지 남자들도 힘에 벅찬 농사일을 내팽게

치고, 거들떠 보지도 않기에, 어머니께서 어쩔수 없이 불철주야 온몸을 던지시며, 한많고 팔자 험한 숙명의길 지내셨다. 나는 학교갔다 돌아오기 무섭게 가방을 던져놓고 어머이 계신 밭으로 달려가면 오늘도 어김없이 길고 긴 밭고랑에 업드려 김 매시는 어머이는 벌써 끝나고 왔느냐고 반기면서도 제대로 공부도 못하게 한다시며 언제나 안타까워 하시면, 나는 괜찮다 하면서 호미자루 잡고서 앞서 계신 어머니 뒤쫓아 밭고랑에 엎드려 앞서 계신 어무이 쫓아서 부지런히 김을 매며 뒤따라 가노라면 들려오는 어무이에 슬픈 노래가락이 오늘도 어김없이 들려만 온다. 온통 어머이가슴에 한이 되어 맺혀 있는 슬픈마음을 한올 한올 풀어서 소리로 녹아 내시기에 어린 내가 듣고 있노라면 슬프고 슬픈 마음에 저러시다 혹시 죽는거라도 아닐까? 그러면 우리들은 어떻게 살아가야 하나? 라고 내가 걱정이 태산같이 하면 어머니는 모든 슬픔 온갖 걱정 다 감추시고, '내가 어린 너희들을 두고서 어디로 갈까'라며 '죽기는 왜죽어' 하시며, 눈물 감추며 웃음으로 대답해 주면 여리고 작은 가슴은 답답함을 못이겨 어찌할 바를 모르다가 가슴을 쓸어내릴 뿐이었다.

그러기를 한해 두해 삼년을 보내시며 온몸이 파김치 되어 가건만… 집안일은 아예 뒷전으로 하고 바깥으로 나다니며 온갖걱정 안겨주는 큰아들도 못미덥게 하고, 성숙한 여식들도 걱정이 되던 때에 이웃집 아주머니께서 자기의 고종사촌 동생 이라며, 예쁜 큰누나한테 중매를 넣으셨다. 어머이께서는 하나라도 일찍 출가를 시켜서 얼른 자신의 기반을 만들어 행복하게 살라는 마음으로 승낙을 하고, 조촐하게 충주에서 결혼식을 올

리게 되었다.

큰누나가 시집을 가고, 군대에 있는 작은형도 월남에 간다고 연락이 왔다.
자진하여 지원을 하고 훈련이 끝나고 월남으로 떠나기전에 면회를 오라는 연락이 왔다. 가난하고, 모아둔 재산도 없는 집이니 월남에라도 가서 돈을 벌어 제대 후 살아 갈 밑천이라도 벌어야 한다는 말에 어머이는 너무도 가슴이 메여 오신단다.

월남으로 떠나기전 훈련을 마치고 앞으로 어떻게 될지도 모르는 면회를 강원도 화천 오옴리 라는 깊은 산중에서 하룻밤을 군부대 막사에서 함께 주무시고 돌아 오셔서 장독위에 정한수 떠놓고 부디부디 몸성이 돌아 오기만을 온갖 지성으로 빌고비셨다. 형님이 생사를 모르는 사지에서 밤낮으로 전쟁터를 누빌때 나는 중학교를 졸업 하였으니 그 고마움을 잊지 말아야 할것이며 언제나 그 은혜를 기억해야 할 것이다.

그러나 큰형의 주벽과 행패는 날로 그 정도가 심해져 가고 있었다. 날마다 술에 취해 밤늦게 돌아오면 온집안 식구들을 못살게 하는날이 늘어만 가기에 어머이는 좋은 말로 타이르시기도 하고, 큰소리도 내보시지만, 그리 큰 효과는 없이 잦은 충돌, 갈등과 미움이 더해 가기만 하고 있었다. 그러한 가운데도 그럭저럭 시간은 흘러가기에 내가 졸업을 하게 되고, 동생인 티노가 또 다시 중학에 진학을 하게 되었다.

어머니께선 고등학교에 보내고 싶으셨던지 큰형하고 이야기 끝에 큰형의 친구가 근무하고 있는 서울 마포고등학교를 이야기 하셨다.형님 친구가 체육선생으로 있는데 그곳 숙직실에서 숙식을 하면 된다고 말하셨다.

또 달리기(마라톤)를 잘하면 수업료를 감면 받을 수도 있다 하신다. 당장에 입학금과 교복,생활에 필요한것이 막막하기만 하였던 것이였다. 그나저나 시험이라도 한번 보겠다는 마음으로 원서를 우편으로 접수하고, 시험 전날 시집간 큰누네 단칸방으로 올라갔다. 난 생처음 서울이라는 곳을 가보게 되었다.마침 매형이 쉬는 날이라 매형과 함께 버스를 타고, 예비소집에 학교로 가는데 청계천2가에 있는 우리나라 에서 제일 높은 빌딩 삼일빌딩 이라길래 버스안에서 고개를 아래로 숙여 내다 봤지만 워낙 높아서 꼭대기가 다 보이지도 않았다.

그해엔 수험생이 많지않아 왠만하면 합격이 되었다. 그리고 집으로 돌아와 있을때 마침 대구에서 경북대에 다니고 있던 사촌형이 집으로 놀러를 온 것이 였다. 어머이는 사촌형한테 집에 가면 아버지께 동열이 얘기 좀 잘해달라고 부탁을 하셨다. 며칠 동안 놀다가 경북 작은집에 사촌형을 따라갔다. 그래도 그 작은집이 형편이 괜찮은 편이라 내심으로 기대를 하며 따라 갔으나 얼마를 지나도록 아무런 말씀이 없으셔서 집으로 돌아간다 하니 작은 어머니께서 떡을 해 줄터이니 갖고 가시란다. 작은 아버님께서도 서울가서 공부하면 고생은 되겠지만 열심히 해서 훌륭한사람이 되라시며 돈에 대해서는 아무런 말씀도 않하셨다. 처참한 마음으로 집으로 돌아 왔으나 무슨 방도도 없고, 날짜만 흘러서 없었던 일이 되어버렸다.내가 무슨놈에 팔짜 좋아 고등학교를 가겠느냐? 공부는 무슨 공부? 열심히 일해서 돈만 많이 벌면되지, 라는 생각만이 더할 뿐이였다.

《철들었다고》

- 그리고,봄이 찾아 왔다. 밭에 나가 일을 하며 시간이 가고 있을 어느 여름날 우리동네 집배원 이씨는 어머니와 평소 부터 아주 절친으로 지내셨다. 우리 집에 큰형때문인지 우편물이 여느집 보다도 항상 많이왔다.

그런 까닭으로 가끔씩 식사때가 되면 함께 밥을 먹곤 하셨다. 그렇게 친분이 쌓여져 있기에 어머이는 집배원 아저씨께 나를 우체국에 부탁하신 모양이셨다. 그후 며칠후 아저씨가 함께 우체국으로 나를 데려가셨다.국장님과 다른 직원분들께 인사 시켜 주셨다. 그리고 내일 부터 출근하라 하신다. 비록 잡다한 일이며, 심부름이나 하는 그러한 곳이지만 생애 첫직장의 출근이라 일찍 서둘러 발걸음을 서둘렀다.

생각대로 청소며, 직원들의 심부름이며, 간간히 도착하는 시내 전보를 배달하는 일이 전부 였다. 그러기를 얼마후 전보를 전적으로 혼자서 배달하고 숙직일을 하라 하신다.그러면 월급을 원래 주려고 하던 금액 보다 많이 준다고 하기에 승락 하였다. 그것이 매월 8천원정도 였다. 매일 밤마다 숙직 보조원으로,전보 담당으로 자전거를 타며 일을 한다는게 힘은 들었지만, 집배원 아저씨들의 격려 말씀이나 사무실 직원분의 희망담긴 이야기를 들으며 나름대로 열심히 맡은 일에 열심으로 다 하였다.

괴산장연 우체국 으로 직접 우편물을 교환하는 차립이란 제도가 있는데 담당자가 결근하는 바람에 대신 가게 되었다. 그 곳에서 뜻밖에도 친구인 대영이를 보게 되였다. 대영이도 나와같이 졸업후 할일이 마땅찾아 출근해서 사무업무보조를 한다고 한다. 그리고, 상구는 배달업무를 한다고 하고, 한해 선배 여자는 전화교환 업무일을 하고 있다고 하였다. 그곳 장연우체국은 매우 작은 면소재지라서 개인이 운영하는 별정우체국이란다. 모든걸 국장님이 결정 하는곳이라 희망은 없고, 내년에 서울로 갈까 생각이란다.

숙직업무때 충주국으로 숙직보고 후 연풍과 문경,마성으로 우편물 교환일계표대조 업무를 해야하기에 전화가 연결되면 상대가 누구냐? 얼마를 근무했냐?나이는 몇살이냐?며 서로의 교감을 찾으며 수다를 떨기도 하였다. 또한 그때는 전화를 하려면 반드시 교환원이 연결을 시켜주어야 하므로 교환원은 통화내용을 들으며 함께 하곤했다.이 처럼 스트레스도 풀며 같은 또래의 사람들과 살아가는 이야기로 위로도 느끼고 앞날을 일도 걱정하며 정보도 교환하는 계기가 되어 언제 어떤 정규직 시험이 이뤄지며 시험과목은 무엇이고 난이도가 어떠하며 합격률은 어떻다를 들을 수도 있기에 나에게는 참으로 많은 도움이 되는기회였던 것이였다. 그래서 시험 볼 기회가 오기를 기다리며 공부도 열심히 하였다.그렇게 시간이 흘러가고 있을 때도 우리집은 화목이 오기는 커녕 큰형의 포악스럽고 허무맹랑한 행동은 점점 기세가 더해 가족 모두를 불안과 공포로 힘들어 하게만 하였다. 어머이와 누나 동생들 온가족들은 지옥갇은 생활의 연속을 살고 있었지만 누구의 도움도 받을 길이 없었다. 나는 밤마다 숙직을 해야 하기에 집에 없어서 함께하지 않아 큰형이 저지르는 온갖 행패를 피했지만 그 고초를 고스라니 온 몸으로 감당하고 지내야만 하는 가족들을 생각하며 울분만 삼키며 지내고만 있기에 슬프고 괴롭기 이루 말할수 없었다. 매일 술에 취하여 들어오면 무슨말로 트집을 잡아 살림살이를 부스며, 손찌검으로 겁을주고,온갖 욕설을 퍼 부으며, 악담으로 식구들을 상처를 주고 있으니 사람 사는 게 아니라 생지옥같은 하루 하루의 생활이였던 것이다.

그러하지만 어찌할 대책도 없이 암울한 세월은 흘러서 다음해 봄이 되었다. 작은형이 군대에서 제대를 하고 집으로 왔다. 집으로 왔으나 얼마되지 않던 땅도 거의 다 큰형이 보증을 잘못서주는 바람에 남의 것이 되버렸고, 마땅히 할게 없으니 서울로 떠나셨다.

그후로 큰형님은 정신이 들었는지 전보다 행패가 줄어 드는듯 싶었지만 그래도 농사일에는 별 관심없고 밖으로 돌기만 하였다. 아부지가 일궈주신 화전밭을 온갖 정성 다하여 씨앗을 뿌리고, 곡식을 가꾸기에 마음을 쏟으시며 달래시는 우리 어머이 소리 가락은 날이면 날마다 그 소리가 더욱 애절하고, 한이 맺힌 울림으로 저 산너머 너머로 구슬프게 한없이 한없이 울려 퍼져만 가고 있었다.

이내신세~무슨팔짜. 어릴때도~부모따라 전국 방방곡곡으로~조선팔도로 유량천리, 무정천리 떠돌기만 하더니... 연로하신 아버님의 뜻에 따라 낯설고 연고없는 타관객지 이곳땅에 뿌리붙여 살게 하시고서, 부모님도 떠나고, 야속하고 무정한 우리

서방님은 함께한지 석 십년도 못하고서 콩팔러 가신다며 북망산천 머나먼 곳 높은 고개 넘더니만 이내 가슴 까맣케 숯덩어리 돌덩이가 되었어도 기별도 보이지도 않는구려.. 무정하고, 야속하게 가셨더라도 꿈에서라도 한번쯤은 날 찾아 오셔서 병들고 지쳐가는 이내 심사 한번만 이라도 안아주고...어린자식 오몰 조몰 처량하기짝이없네~어허얏~ 어흐이~야 이내 섧음 누가알까~ 이내심사 어이할꼬, 즈그 아버이 우째겠나 말좀 한번 하시구랴~~속태우는 큰놈자식 무엇이 잘못된나...

월남가서 생지옥을 왔다갔다 하면서도 잘버티고 무사귀국 하였으나 제길 찾아 떠나는데 일전한푼 보탬없이 맨손으로 떠나 갔소 부디부디 돌아보고, 몸건강히 소원성취 이뤄지게 하옵시고...이불 한 채 딸랑이고 시집보낸 우리 큰딸 이미... 즈그끼리 화목하며 다툼없이 건강하고 행복하게 부디부디 잘살기만 빌며 빌고있습니다... 몸 건강히 돈 잘벌고 살림살이 알뜰살뜰 자식낳아 잘기르며 잘살기를 돌봐줘요... 모두 지켜를 주구려~ 아리랑~아리랑~ 아라리오~

적막하기 짝이없는 의지가지 할데 없어 어린자식 눈앞에서 이렇게도 한숨짓네~~ 이렇게도 눈물짓네~ 아~리랑~ 아리랑~ 아라리오~

소리가락 눈물되어 높고 높은 산고짜기 울려퍼지고, 성재너머 화전밭의 이랑 이랑엔 아직도 울어머이 한스럽던 소리가락이 들리는것 같아 그곳을 바라 볼때면 내 눈길은 촉촉히 앞을 가리며 말 없는 긴~ 한숨으로 울 엄마를 소리죽여 말없이 부르고 있네.. 어머이~ 어머이~ 우리 엄마를...

가을의 추수가 끝나고, 겨울이 되자 할일이 줄어든 시골동네는 자연스레 술과 가까워 지면서 우리 형은 전에 하던 행패가 다시 시작 되었다. 하루는 퇴근을 하고 밥을 먹고 숙직을 하러 가려는데 고주망태가된 몸으로 집으로 오는 형과 마주쳤다. 불길한 예감으로 슬쩍 옆으로 피하면서 가는 척 하였더니 알아보지 못하고 집으로 들어서자 마자 욕설로 시작되는 행패에 어머이가 몇마디 나무라시는가 싶더니 누나의 울음소리와 함께 온집안이 아수라장이 되는듯 하여 달려가 보았더니 누나의 코에서 피가 많이 쏟아지며, 동생들도 붙잡고, 엉켜서 난리 북새통이 였다. 나도 뛰어들어 함께 떼어 놓으려 하였지만 힘이 장사에다 한창의 나이에 어떻게 어린것들과 여자들이 이겨 낼수가 있겠는가? 잠시 진정돼는 기회에 구급약이라야 아까징끼 빨간약이 전부인 걸,약을 솜에 묻혀 코속으로 집어 넣기를 두세번 반복하고 코속을 막고나니 피가 어느 정도 진정 되는것 같기에 흥분과 두려움에 떨으며 잔뜩 겁먹고 있는 누나를 진정시키고, 난장판을 만들어놓고 어디론가 휑하니 나가버린 형도 없는 집에는 어머이의 넋나간 모습으로 한숨을 토하시며 누나를 잡고 어떻게 하냐고만 되뇌이는 불쌍한 어머이. 그 옆에 겁에 질린 모습으로 훌쩍이며 눈물 콧물 다흘리며 엄마만을 바라보는 어린 동생들 이런 모습으로 어떻게 살아가야 하나를 생각하기에 마음 깊은곳의 한숨을 토하며 빈 허공을 바라만 볼 뿐이다. 그 당시엔 그저 코피가 많이 났을뿐 큰일은 없겠지 했는데 날이 가면 갈수록 코잔등은 계속 부어오르고,상처가 덧나 갈수록 고통은 더 심하였겠지만 수중에 돈도 없는터라 병원갈 형편도 되지 못하여 참고 참고 견디는 누나를 바라보는 가족들은 안타까운 마음밖에 도리가 없었다.

며칠 후 집에 돌아온 큰형은 술에 취하였는지 어머이를 온갖 있지도 않은 허구 맹랑한 소리로 뒤집어 씌우면서 손찌검에 이르게 까지 되었다. 나는 힘 다하여 필사적으로 어머이를 보호하려 막아서면서 어머이께 얼른 피하시라 하였다. 아무리 힘좋은 장사라 하더라도 술에 취한 상태이니 어느순간까지는 버티여 낼 수가 있었다. 그러다가 막고섰던 힘에 딸리어 놓치고 말았다. 뭐가 그리 원한이 있기라도 하였던지 앞집 시완이네 집으로 피하신걸 알았는지 비틀거리며 당장 나가 죽으라 고래고래 소리지르며 그곳으로 향하고 있길래 내가 먼저 달려가 마루에서 아저씨와 함께 앉아계시는 어머이를 아저씨네 방으로 피신시키고, 잠시 숨어 계시라 하셨지만 내가 숨을 곳이 어디며, 숨어서 무엇를 어떻게 하겠냐시며, 한사코 거절하시며 있을 때, 큰형은 두주먹을 곤두 세우며 죽이겠다고 달려드는 순간, 나도 모르게 어머이를 감싸며 막던 순간 주먹으로 죽으라며 내려치는 그 힘에 내 등 왼쪽 어깨뼈가 으스러지는 걸 느꼈다. 그리고 아저씨와 동생들이 울면서 애원하는 모습을 뒤로 한채 어디론가 사라지고 있었다.

어깨쭉지의 통증을 어떻게 할수가 없었으나 괜찮겠지 하며 참아가면서 아무런 약도 쓰지 못한 채 어머이의 걱정을 뒤로 한 채 세월이 흘렀다..

그리고 일요일 근무가 없는날 큰형을 만나 얘기를 나누자 형은 이제부터는 술도 않먹었겠다 했다. 형에게 제발 이러면서 어떻게 살거냐며 물었다. 그러나 뜻밖의 무섭고,두려운 이야기를 듣게 되었다. 나보고 니가 어머이하고 마음도 잘 통하고,뜻도 맞으니 나가서 살으련다. 참으로 기막히고 한심스럽기 짝이 없는 무책임한 말에 어이가 없어 멍하니 처다보니, 언제 나갈꺼냐며 다시 묻길래 진심으로 하는 소리냐고 하자 그렇단다. 세상에 비열하고, 사람 같지도 안다고 하자, 꼴도 보기 싫으니 당장 나가라며 또 행패가 시작 되는걸 알고, 나로서도 생각을 하며 방도를 찾아 보겠다고 하니 빠른 시일내 생각 하라며 나가길래 어머이는 지금이 어려우니 잠시 큰 누나네집에 가있으라 하고 작은 누나는 어디 친구집에 당분간 피신하라 하였다. 그러고 동생들과 나는 집에서 버티기로 하였다.

하루는 배달을 마치고,우체국으로 귀가 하던중에 동남이를 돌고개 신작로에서 만나게 돼였다. 학교를 안가고 땡땡이를 치며 방황하면서 돌아 다니는것 같았다. 그 모습을 보는 순간 화가 머리끝까지 치밀어 올라 달아나려는 동생을 붙잡아 세우고는 이유도 묻지 않은 채 닥치는 대로 두들겨 패주었다. 매를 맞ㅇ며 잘못했다고 다음부터는 안그런다며 울면서 매달리는 동생을 붙잡고 이렇게 우리가 어렵고, 힘들 때 일수록 더욱 굳세고 모질게

커야 한다며 앞으론 누구한테든 '잘못했다, 안하겠다'는 용서를 구하는 약한 모습을 보이지 말라고 했다.우리는 굳건하게 살아가야 한다며 나도울면서 보내고, 귀국하여서도 사무실 뒷편에 몰래 숨어서 주체할 수 없는 눈물을 한없이 울었다. 그리고 집으로 퇴근하여 동생들과 잠을 자는데 부엌에서 누군가 칼을 가지고 도마를 빠르게 다지는 소리가 들렸다. 똑닥~똑닥~거리며 들려오는 소리는 분명히 누군가가 부엌에서 칼을 가지고 빈도마를 난도질하는 그런소리가 들어오지만 겁이 많은 나는 잠자는 동생들을 깨워서 꼼짝도 못한 채 듣고있다가 모두가 잠들어 버리곤 하였다. 그런 해괴한 소리는 매일 밤마다 들려와서 동생들과 나는 불안에 떨어가며 한참을 보내야만 했다. 어느날 큰형이 집에 들어와 잘때도 마찮가지로 똑같은 소리가 들려오기에 자고있는 형을 깨워 함께 듣게되였다. 형님도 해괴한 소리에 놀라 선뜻 확인하려 하지도 못하고, 홍두깨를 머리맡에 두고서야 모두가 겁먹은 채로 잠이들고 말았다.아침이되어여 부엌으로 나가보면 아무런 이상한데 발견할 수도 없었다. 참으로 희안하고 알수없는 풀리지 않는 거짓말 같은 일이 우리집에서 일어나고 있다는것을 느끼며 점점 두려움으로 변해가고 있었다.

《난생처음세상밖으로》

드뎌 내나이 호적상으로 시험 볼 자격이 주어지는 18세가 되였다.

얼마나 기다리고, 기다렸던 세월이 였던가? 몸도 마음도 온갖 설음과 고통으로 꽁꽁얼어 붙은 동토의 절망 속 에서 피어나는 한줄기 새싹과도 같은 새날이 온것을... 이제는 내 세상이 온것 같아 소리소리 지르며 이리 뛰고 저리뛰면서 혼자만의 기쁨을 외치고 있었다.

3월이 되서야 서울에서 정규직 채용 공시가 났다.열심히 준비한 실력을 발휘한 덕으로 무사히 최종합격을 하였다.

이제는 어느 곳에로 발령나기만 기다리면 되었다. 다니던 수안보 우체국을 그만두고, 집에서 쉬고 있을 때 앞집에 복만이가 강원도 탄광에서 일 하던중 잠시 쉰다며 집으로 와서 탄광에서 돈벌이가 아주 좋다는 말에 발령이 날때까지 그곳에 가서 돈을 벌어 서울서 살아갈 밑천으로 쓸 요량으로 강원도 탄광으로 따라가게 되었다.

난생 처음으로 집을 떠나 충주역에서 동네에서 함께 가기로한 네명이서 기차를 타고 제천으로 가서 그곳에서 다시 강원도 고한으로 가는 기차로 갈아 타고 저녁때가 되서야 도착 하였다. 기차를 난생처음 타고보니 창가에 지나치는 풍경도 새롭고, 역마다 쉬었을적에 먹을것을 파는 사람들도 신기하였고, 이따금씩 아저씨가 조그만 구루마위에 온갖 먹을것과 맥주도 실고서 이쪽저쪽을 오가며, 이상한 목소리를 외치며 팔고있는 모습이 새삼스러 웠다. 세상을 이처럼 다르게 살아가는 사람들도 있구나를 처음으로 생각하며 보았기에 모든게 새롭고 신기하게 느껴지게 되었다. 또다시 저녁밥을 사먹기 위하여 기차역 뒷편에 있는 식당으로 갔다. 함께 갔던 선배들이 하는 이야기는 옛날엔 이런곳에서 깡패들을 만나 가지고 있던 모든 것을 빼앗기고, 두둘겨 맞기도 하였단다. 그렇게 밥을 먹은 후 어둠이 깔리기 시작할무렵 석탄가루를 실어 나르는 트럭의 화물칸에 올라 타란다. 모두들 우르르 트럭화물칸에 올라타니 운전수가 우리쪽을 쳐다보면서 바닥이 탄가루에 길들여 있어서 상당히 미끄러우니 옆에있는 난간을 꽉잡으라 한다. 자칫하여 잡고있던 난관을 놓치는 순간에는 천길만길 낭떠러지 황천길로 직행을 하니까 정말로 꽉잡고 조심하라는 주의와 함께 덩컹거리는 산길로 접어 들었다. 꼬불꼬불 울퉁불퉁 산길을 따라 점점높은 곳으로 덩컹거리를 더하며 하늘을 향해 오르고 또 오르고 있었다. 모두들 잡고있는 난간이 생명줄인양 아무런 말도없이 숨죽여 가며 양손에 힘을더 주며 까맣게 변해버린 어둠의 밤을 달리고 있을 뿐이다. 그러기를 얼마큼 달리었을까? 드뎌 멀리서 불빛이 보이기 시작을 하자 누군가 아~살았구나를 나즈막히 외치고 있었다. 모두들 한결같이 캄캄하고 어둠속에서 조여지는 두려움과 공포속에서 온몸을 긴장하며 떨었나보다. 그래서 쏟아내는 긴장감은 길다란 한숨과 같이 토해지고 있었나 보다.

그렇게 우리들은 우리가 거처할 하숙집에 무사히 도착을 하였다. 주인집 아주머니의 인사가 끝나고, 낼부터 할일과 먹고자는 일은 어떻게 되며,아침에 만나자며 방을 안내하고, 돌아갔다. 모두들 이곳으로 오는길이 너무나 힘든 탓인지 말없이 쓰러져 잠이 들었다.

아주머니가 깨우는 소리에 모두가 일어나 아침밥을 먹은뒤 어디서 나타나신 아저씨 한분이 따라 오라 하기에 산쪽으로 가더니 광산굴 앞에서 여기가 우리들이 앞으로 일하는 일터란다. 하는일은 각자가 굴속에 가서 배우면 된다고 하시며, 각자에게 머리에 쓰는 간드래와 충전기를 나누워 주면서 몰려있던 사람들에게 누구는 이 사람들을 따라가고 누구는 이곳으로 가라고 하며 자리의 배치를 하였다.

나는 저녁에 교대하는 팀에 배치가 되였다. 저녁을 먹고 이곳으로 오라하기에 저녁을 먹은뒤 아침에 받은 간드래를 머리에 쓰고,충전기를 옆구리에 차고보니 내 모습이 광부의 모습으로 되어 있었다. 아주머니가 전해주는 도시락을 받아들고, 광산입구에 도착을 하니 벌써 사람들이 기다리고 있었다. 그리고 얼마후 기차같은 레일위로 조그마한 구르마가 연결된 기차에 타란다. 모두들 구르마에 오르니 출발신호가 울리며 어둠과 캄캄한 불도 켜지 않은채 덜컹거리며 얼마큼 가더니 불이켜져 있고 여러갈래의 레일이 깔려있는 곳에서 멈추더니 모두가 내리는 것이였다. 그곳에서 나도 함께 생사고락을 함께할 팀원들과 만나 인사를 나눈뒤 구르마 하나를 밀고 오더니 나도 함께 밀면서 가자고한다.머리위 간드레 불빛에 의존한 채 셋이서 있는힘 다하며 오르고,꼬불대는 레일길따라 밀고 밀며 한참을 가노라니 레일이 끊기고 앞이 보이지 않는 막다른 곳에서의 멈추워 섰다. 잠시 담배를 한대씩 피우고는 나는 후산부라며 이곳에서 뒤처리며 시키는데로 하면된다고 하였다. 팀원은 선산부가 대빵이고 중간역할을 하는 목수겸 콤푸레선을 돌리는 중간기술자, 그리고 후산부가 두명이다. 우선 선산부가 어디 어느곳에 표시를 해주면 목수가 그곳에 구멍을 뚫고 선산부의 다이나마이트를 장착하고 터트려 석탄을 캐기도 하고, 사람의 힘으로 수작업을 할때면 선산부가 지정해주는 곳에있는 석탄을 곡괭이와 지랫대를 이용해서 캐내고 했다. 석탄을 캐고 나면 굴이 무너지지 않도록 통나무를 날라다 지지대를 세우는 일을 동발이라 했다. 후산부들은 이런일들을 하기위해 통나무를 등이다 져서 날라야 했고, 곡괭이로 석탄도 캐며 캐낸 석탄을 전동차가 오가는 중간기착지까지 나르기도 해야했다. 일을 하면서 시간마다 10분씩 쉬기도 하고, 두시간이 되니 갖고 온 도시락을 일손을 멈춘 채 먹기도 하였다. 처음엔 온몸이 석탄가루를 까맣게 뒤집어 쓴채로 씻지도 않고 어떻게 먹으랴 걱정

했지만 하얀게 보이는 서로의 이빨을 바라보며 열심히 일하느라 땀으로 범벅이된 웃통을 벗어 버리고 맛있게도 먹어 버린다. 먹는물은 공기와 함께 공급되는 고무호수에서 받아서 마시곤 한다. 식사 시간은 20분이 되기에 잠시 눈붙일 여유도 갖게 되였다.

그렇게 힘들게 일하다 보니 교대시간은 생각보다 빨리오는 것 같았다. 밥 12시가 되자 하던일 멈추고,교대를 위해 아침에 타고갔던 전차를 타고 굴밖으로 나오니 세상은 모두가 잠들어 고요하기 짝이없고, 저아래 동네의 가로등만이 불빛을 반짝이고 있을 뿐이다. 굴밖으로 나온 사람들은 생각보다 꽤 많게 모여 있었다. 서로들 고생했다며 인사를 나눈뒤 자기의 집으로 향하고 있는 뒷모습을 바라보며 따라 가는데 문득 이런 생각이 들었다.이곳에 사는 사람들은 힘들고 어려울 때 무슨 생각을 할까? 농사를 지을 땐 차별없이 모두가 하나같이 살아 가는데 여기서는 어떤이는 이러해서 이렇고, 또 어떤사람은 이러해서 힘이 덜드는 일을 하고, 편안히 일하는데 힘들고 어려운 일하는 까닭은 무엇일까?

그러면서 한달 두달은 금방 지나가고 있었다. 그순간에 불현듯이 발령이 왜 않날까? 집으로는 연락은 않왔을까? 하는마음이 들기도 하고, 엄마와 누나,그리고 동생들은 잘 있을까? 잠시나마 잊고 있던 걱정이 되어서 곧바로 편지를 써서 보냈다. 걱정은 사실과 별반 차이가 없었던 것을 알았다. 날로 더해가는 형의 행패는 더욱 심하여 가고, 그러기에 우리집의 평화는 송두리 채 깨어지고 있었다. 그러면서 서너달이 금방 흘러서 여름이 지날무렵 집에서 동생한테 연락이 왔다. 서울에서 신원조회와 함께 신원보증을 서야 할 사람을 지정해 달라는 전보를 받았고, 결국은 큰형이 저지른 잘못으로 인하여 이곳 집을 정리하고, 충주로 이사를 한단다. 풍비박살난 우리집을 추스려 보려고, 임시로 충주로 간단다. 가슴아픈 소리를 접하고서 야간교대로 근무를 가는데 그날따라 소나기가 억수로 퍼부었다. 우산도 제대로 쓰지 못하고 엄청난 소낙비를 맞으며 근무를 마치고 아침에 돌아와 아침밥을 먹는둥 마는둥 한술 뜨고서 곧바로 으스스 추워오는 몸을 씻고서 이불을 뒤집어 쓴채로 저녁때가 넘도록 일어나지 못하고 끙끙대며 앓고 있는 것을 하숙집 아주머니가 된장을 곱고 맑게 팔팔끓여서 참기름 한방울 떨어트려 가지고 뜨거울 때 얼른 마셔보라했다. 목구멍이 뜨거워 삼키기 힘들었는데도 계속하여 참으며 다 마시라 하기에 억지로 참으며 다 마시고 나니 왠지 목구멍이 뚫리는 기분이 들어 일도 못나간채 뜨끈한 방에서 땀을 흘리며 한없이 잠을 자다가 다음날 아침이 되서야 일어나게 되었다. 주인 부부가 괜찮냐며 몸살감기약까지 준비해 주셨다. 기운을 차리고, 부부께 나의 처지와 건강이 나빠질것 같아 이제는 집으로 가야할것 같다며 내일까지 정산을 할수 있으면 하여달라 부탁을 하고 방으로 들어와 다시 한번더 생각을 해 보았다. 집으로 돌아가면 발령을 제때에 날수가 있을까? 서울로 올라가면 엄마와 동생들과 살수가 있을까? 내심 하나로 살아갈수 있을까? 이런저런 생각에 머리는 더욱더 돌아버릴 것만 같았다.

저녁때가 되면서 함께 숙식하며 있던 동네의 친구들과 선배형들이 일을 마치고 돌아 왔기에 나는 내일 집으로 간다 하니 서로가 아쉬움의 이별을 달래주며 동네에 있는 대포집에서 돼지고기 구워놓고 작별의 인사를 나누었다.

하숙집 부부에게 그간에 신세를 많이 졌다며 인사를 하고, 정산된 나머지 돈을 받고서 고한까지 가는 석탄 실은 트럭의 앞자리에 운전수와조수 사이에 끼여 타고서 고한까지 오는길에 아래를 내려다 보니 아찔하기가 이를데 없이 무시무시한 낭떠러지란걸 보면서 현기증을 느끼게 하였다.

기차를 타고 충주역까지 오면서 충주가 가까이 올때마다 찹찹한 내 마음은 괜히 안절부절 못하ㄱ 불안하ㄱ,두려움의 무거운 마음으로 이사했다는 집으로 향하고 있었다. 이사한 집은 큰길 옆에 있는 상가 건물이기에 쉽게 찾을 수 있었다. 그곳에는 세탁소를 운영하고 있었다. 형은 보이지 않고 엄마와 동생들이 반갑게 맞아 주었다. 그간에 있었던 이야기를 동생들에게 듣고 있을 때 언제 어머이는 따뜻한 밥을 지어 오셨다.얼마나 고생이 많았냐며,어서 식기전에 밥부터 먹으시란다. 그리고 앞으로 어린자식들과 살아가실 일이 더욱 걱정이라며 긴 한숨을 내쉬셨다.

형님이 낯선사람과 함께 오더니 언제 왔냐며 인사를 하고, 함께온 사람이 세탁기술자 이시란다. 사는 곳은 연수동인데 아직 총각이며 세탁기일를 한지가 10년이 된다하며 앞으로 잘 지내자며 인사를 나누고,밀려있는 다림질부터 시작을 한다.

나도 발령이 날때까지 이곳에서 보내기로 하고, 시내 구경이나 할 마음으로 자전거를 타고 한참이나 가고 있을 때 누군가 나를 부르는 소리에 바라보니 수안보에서 학교를 같이 다녔던 명길이였다. 충주시내 한복판에서 이렇게 우연히 만나다니 반갑기가 이루 말할 수가 없었다. 어떻게 이런 곳에서 아무리 우연이지만 만날 수 있을까? 서로의 안부를 묻고 물으며,사는 곳이 어디냐 물으니 검단리 하검단이라 한다. 나는 강원도 갔다 오늘 집으로 온것과 지금껏 지내온 이야기를 나눈 후 가봐야 할 데가 있어서 다음에 다시 만나자고 한뒤 헤어졌다..

그후 얼마가 지난후 기다리던 발령통지서 전보를 받았다. 서울 광화문 우체국으로 내일까지 오란다. 우선 마음을 가다듬고, 엄마와 동생들에게 이야기를 하고 우선 지금 당장 서울로 가서 내일 광화문 우체국을 찾아 가야될것 같았다. 서울 뚝섬에서 작은 분식점을 하며 지내고 있는 작은형네 집으로 가기로 하고, 대충 옷가지를 챙기며 엄마께 연락을 하겠노라 말씀드리고, 서울가는 버스에 몸을 실었다. 여름이 지나고, 천지가 맑고 맑은 파아란 하늘빛깔에, 맞춰 들녘과 온 산에는 황금색으로 물들기 시작하는 초가을의 신선한 바람이 더운 땀을 식혀 주기라도 하듯 옷깃을 들추며 들어온다.

《나의꿈이》

- 광화문 우체국이 어디에 있는지? 형님이 살고있는 이웃 사람들에게 물어서 마침그곳(뚝섬)에서 광화문까지 직접가는 버스가있어 안심이었고, 첫 출근을 하는 기분은 감개가 무량하기 이루 말할 수 없었다.

첫날은 임명장 받고, 공식업무 시작으로 이제 나도 어엿한 서울사람(?)이 되나보다 하는 생각으로 해야할 담당업무를 부여받고, 함께할 동료들과 인사를 나누고, 조장님이 정해주는 곳은 지금의 교보문고(옛날엔 병원빌딩)을 시작으로 광화문전화국,미대사관,재무부,통계청,경기도경찰청사, 숙명여고와 한국일보를 거처 송현동의 국군통합병원청사,팔판동,삼청동을 시작으로 동쪽으로 원서동으로 창덕궁,경내에있는 낙선재를 거쳐 안국동 윤보선대통령님의 사저까지의 소포(택배)우편물을 배달하는 것이였다.

다음날 부터 직접 업무를 해야 한다며,일할 때 입을 정복과 모자,신발,우의 그리고 자전거까지 배당을 받고,내일부터 시작될 일들을 머리속에 상상하며 첫날을 보내고, 드뎌 어떻게 업무를 하는가를 동료선배님들께 배우고,익히는 일이 시작되었다.옛날에는 지금의 택배처럼 크고 무겁지 않았기에 소포라는 공식용어가 있었다.시골에서 보내는 쌀이나 농산물은 크고,무겁기에 화물운송을 이용 하는 것으로 모든사람들이 인식하고, 또그렇게 이용하고 있던 시절이었다. 그때문에 작고,가벼운것들을 우체국에 이용하는 제도였다. 그래도 하루에 배달할 물건이 큰행낭(자루)으로 서너개는 넘었고,갯수또한70~80개를 훌쩍 넘었다. 짐발이 자전거에 행낭 서너개를

신고서 출발하여 배달을 하면서 줄어드는 일이다 보니 그런대로 할만하였다. 배달을 하면서 귀하신분을 만나는 행운도 있었다. 다름아닌 이방자여사(영친왕비)님을 낙선재에 배달할때 낙선재 마당에서 비서님과 산책을 하고 계실 때 마주치는 기회가 되어 인사를 나누는데 모습이 온화함과 인자하심이 매우 인상적이었다. 말씨는 서툴어도 대화속에서 풍기는 곱고,다정다감함이 들어서 참 좋았다. 그리고 어느 초겨울 때였다. 삼청동에서 영화배우이신 황정순님댁에 제주도에서온 소포배달을 할때 황선생님께서 직접 나오시기에 깜짝놀라 인사를 하면서 바라보니 영화 팔도강산에서 본 모습이 그대로다 라고 말씀을 하며 난생처음으로 영화배우님을 직접 뵙는다고 말씀드리니 웃으시며 반갑게 맞아 주셨다. 그리고 집안으로 들어와서 차라도 한잔 마시고 가라 하시기에 못 이기는척 하며 따라 들어 갔더니, 집안의 광경은 정말 영화속에 나오는 그런모습 그대로 화려하고 진귀한 광경을 처음으로 볼 수가 있었다. 차를 마신후 고맙다는 인사를 하고 나오려는데 봉투하나를 건네며 집에가서 잘 먹으라며 주시면서 제주귤이라고 하신다. 이렇게 귀한걸 주시는 마음씨에 고마움을 다시 한번더 느끼며 오늘 할일을 끝내고 얻어온 귤을 남들이 보지않게 잘 감추고 퇴근시간을 기다렸다가 남들 눈에 띄지않게 슬며시 가지고,집으로 왔다. 아직까지는 우리 가족들은 귤이라는 과일을 먹어보지 못했기에 나는 남들 눈을 피해 그렇게 도둑고양이처럼 퇴근을 하였던 것이였다. 저녁밥을 먹고 가지고온 귤을 맛보게 되였다. 다행히 가족모두에게 하나씩은 맛볼수 있었다. 모두가 둘러 앉아 껍질을 까서 먹는 난생 처음으로 맛보는 새콤하고 달며 향기가 진한 과일은 정말 맛있고, 진귀하게 느껴졌다. 먹은후에도 껍질은 차를 끓여 먹는다는 말에 껍질을 잘 말려서 보관하기도 하였던 기억이 난다. 다시 새봄이 왔을때 일반우편물을 배달하는 곳으로 옮겨 청와대 서쪽을 담당하는 1조로 왔다. 마침 조장님을 맞고 계신분이 충북 장호원 감곡이 고향인 나의 직장멘토가 되신 내가 친형제처럼 따르고 도움을 받았던 인연을 지금도 갖고계신 선배님이셨다. 그분으로 하여금 시골에서 자란 시골뜨기며, 세상물정 모르고 살아가는 초년생을 너무나 자상하게 갖가지 업무적인것, 또한 직장에서 사람들과 어울릴 때에 갖추어야 할 미덕등을 이야기 하며 변함없이 늘~ 그렇게 자상하고도 정이 넘치는 선배님 이시기에 친형님처럼 따르게 되였다. 그러기에 우리집에도 초대하여 가족들도 소개하고, 이렇게 양가를 왕래하며 서로 가족들과도 정을 나누며 지내게 되었다. 처음으로 담당하는 동네는 신교동과 옥인동 산동네 우편물을 배달하는 것으로 시작 하였다. 신교동은 청와대서쪽으로 궁정동과 경계로 평지에는 삼양라면 회장 사옥과 이화여고 이사장겸 교장사택, 그리고 국립농아학교와 맹아학교,그때 당시 현직 국회의원사옥이 다섯 채, 영풍그룹회장댁, 그리고 내각수반을 지내신 허정선생님 고택도 있었다. 평지의 모습과는 정반대의 무허가동네의 옥인동 산동네와 신교동 산동네가 위아래 동네를 이루며 살아가는 비교적 한가롭고,조용한 동네였다.

크고 둥그런모자를쓰고 커다란 가죽가방을 둘러맨 우체부 아저씨로의 모습이 탄생된 모습이다. 처음 얼마 동안은 배달하는 방법을 배우고, 동네 각자 집의 번지수를 외우고 골목 골목을 어느곳에서 어느곳으로 다니냐를 익히느라 정신없이 보냈지만 시간이 흐르고 마음의 여유가 생겨나면서 내 모습이 내가 아는 사람들의 눈에 띄면 부끄럽게 느껴질거란 생각이 들게 되었다. 그 무렵 해당 업무를 마치고, 귀국(우체국으로복귀)하던 길에 광화문 현대건설사옥 앞길에서 수안보우체국에서 잠깐 함께 근무를 했던 청주가 고향이라던 동년배 염중묵이 나를 알아보고 반가워하는게 아닌가? 근처에 있는 다방으로 들어가 서로의 안부를 나눈 후 헤어진 후로는 더욱 조심을 해야한다는 마음이 들어 둥근모자를 얼굴쪽으로 눌러쓰고는 다니게 되었다.

그 당시에는 머리를 기르는 장발이 유행이라 나도 어린지라 장발은 아니지만 조금은 길게하고 있었는데 덥수룩한 머리에 무겁고 큰모자 자욱이 항상마음에 걸려 세면장에서 움푹 눌려진 자욱을 지우기가 여간 힘들지 아닐수가 없었다. 참으로 젊음의 멋을 흉내 내어보기도 노력없이는 않되는걸 느끼는 대목이기도 하다. 함께 근무하는 동료들 따라 광화문 선술집에도 가보고, 서대문로타리 가기전 굴래방다리 밑에 있는 젓가락 두드리고 술 마시며 노는집도,마포에있는 마포대포집,그곳은 생돼지고기를 숯불위에 직접 구워먹는데 고기값이 싸고,주인장 인심이 좋아서 인지 광화문에서 멀기도 하지만 종종 퇴근후 컬컬해진 목을축이려 동료들과 들리곤 하였다.

정부에서 서울의 늘어나는 인구탓으로 변두리의 발전으로 인하여 행정구역을 조정하면서 종로구도 지역이 동쪽으로 창신동과 숭인동이, 서쪽에는평동과 교남동 교북동, 무악동이 편입되고,북쪽에서 부암동,홍지,신영,구기동이 그리고 평창동이 편입되는 바람에 청량리 우체국에서는 20여명이 전보되어 오고, 서대문 우체국에서도 15명의 동료들이 한꺼번에 몰려오니 사무실 정리에 며칠동안 어수선하기 그지없었다. 변두리에서 근무하다 광화문으로 모였기에 직원이 가장 많이 근무하는 큰 우체국으로 변모한 곳에서 근무하게된 것을 영광스럽게 생각하라는 국장님의 말씀이 생각이 나기도 한다.

내가 서울로 올라온 후 두 형님들은 어떤 이야기가 있었는지 서울형님네가 충주로 내려가고 엄마와 동생들이 모두 올라와 우리의 서울 생활이 시작된 것이다. 어머니와 동생들 우리 모두는 그 지옥과도 같았던 시골생활에서 벗어났다는 안도의 마음으로 이제 부터는 다섯식구가 엄마가 있는 가족끼리 오손도손 잘살아 가자며 웃음이 떠나지 않는 첫날을 시작하였다.내가그때 받아온 첫 월급은 이만오천원 정도 였지만 모자라면 아쉬운데로 쓰며 지내 보기로 하면서 봄이되면 계획을 세워볼까 하였다. 봄이 되고, 티노는 공부를 더하고 싶다하여 검정고시 준비를하고, 동남이는 공장에 다니며 기술을 배우겠다 하면서 다닐 수있는 공장을 알아보려 다녔고, 막내 동생은 국민학교 3학년이 되었다. 모든것이 안정을 찾으며 자리를 잡아가려할 때, 신체검사 통지서를 받게 되였다.생각지도 않았던 문제에 부딪힌 나로서는 여간 곤욕스럽지가 않았다. 어떻게 해야하나? 누구에게도 도움을 청할 생각조차 할수 없는 처지라는 걸 내 스스로 너무나 잘 알기에 정말 이 일을 어떻게 극복해야 될까? 혼자서 잠못이루며 몇날을 보낸끝에 그래 군대를 안가게 하는 방법을 찾아 보는거야. 이런 나혼자만의 생각을 하며 며칠이 지난후 어머니께 말씀을 드렸더니 어떻게 남들 다가는 군대를 무슨 재주로 안 갈수있나? 하시며 당신도 나와 같이 걱정이 되어 이런저런 생각으로 무심한 세월만 보내신 다는 걸 알게되니 더욱 내마음이 걱정만 쌓여질 뿐이였다. 무겁고 복잡한 고달픈 마음을 떨쳐버리지 못한채 신검날자는 부득부득 다가와 입술마저 말라가는 애타는 마음에 안정을 못찾아 안절부절하는 세월만이 흐르고 있었다.이런것이 스트레스인가? 귀까지 아파오면서 걱정은 이루 말할 수 없었다.어릴적 물에서 놀다 귀청소를 제대로 안한탓으로 중이염을 앓다가 다 나은줄로 생각했던것이 덧이낫는지 웅웅소리가 들리며 아프기까지 하였다. 이순간 아! 이거다! 옛날 시골에서 앞집에 살던 이웃형이 중이염을 치료하여 준다며 말린쑥을 태워서 그 연기를 귓속에다 불어넣어 주면서 중이염 앓을 때 닭고기를 먹으면 고름이 나오며 무쟈게 고생하니 닭고기는 절대로 먹으면 안된다는 말이 생각나 며칠전부터 어머니께 말씀드리고 닭고기를 해달라고 하였다. 닭고기를 먹고,며칠이 지나도 아무런 이상이 나타나지 않아 성냥개비로 귓속을 파니 아프기가 더욱 심해질 뿐 고름은 나오질 안길래, 아예 약솜을 사다가 성냥개비에 말아서 계속 후벼파기 시작하였다. 귓속에서는 윙윙거리는 소리가 들어오며 말할 수 없이 아프기 시작 하였다. 밤잠을 제대로 자지 못하며 앓는 소리를 내자 어머니께서는 어쩔줄 몰라 하시며 이러다 사람잡겠다를 연신 내뱉고 계시었다. 그리고 신검 전날 퇴근 후 청주에 살고있는 작은누나네 집에 가서도 군대를 안가게 돼야 할텐데를 서로가 걱정하며 다음날 검사를 치르면서 신검이 마무리 단계에 이르렀을때 군의관이 어디 특별한데 없지? 라며 묻길래 '저 중이염을 앓고 있습니다.'하니 그런 건 병도 아니니 괜찮다고 하시기에 '마~알도 더듬습니다.'라고 하니 다시 처다보며 너 군대 가고싶지 않구나 하시지 마자 '예!' 라고 큰소리로 말하니 '어~ 이놈봐라' 하시며 3년은 금방이니 갔다 오란다. 내가 아~안됩니다. 하면서 '귀를 한 번 봐 주세요.' 했더니 앉아보라시며 귓속을 들여다 보시며 청소를 전혀 안하고 살았구만 하시며 막대를 집어넣고 후벼 꺼내는데 죽을것만 같아서 소리를 지르니 조금만 참으라며 계속 파내고 약 같은것을 귓속으로 뿜어주니 어찌됐던지 개운한 기분이 들었다.귓속에서 닦아낸것을 보니 누런고름도 보이고 검붉은 피도 보였다. 군의관께서 치료도 끝났고, 중이염도 더 이상 재발되지 않을것이니 현역이란다. 내가 다급한 소리로 어떻게 안갈수 없냐고 하자 무슨 사정이 있는지 모르나 현역인데 방위로 하시며 판정을 하시길래 큰 소리로 고맙습니다를 외치며 머리를 연신 숙이며 나왔다. 지성이면 감천이라고 바라고 원하면 이루워 지기도 하는구나...집으로 돌아오는 발걸음이 이보다 가벼울 때가 있을까... 하늘로 붕붕뜨는 기분으로 집에 도착하니 어머니께서 밝은 내 표정을 보시며 잘됐구나 하시며 반기신다. 내가 살아가며 어머니께서 그토록 앞날이 암울하고 한치 앞이 않보일때 희망을 가져다 드리는 게 효도라는 것일까를 생각하고,어머니의 근심이 확 풀리시며 기뻐하시니 나의 마음 또한 기쁘기가 이루 말할 수 없었다. 이런 기회에 전부터 인연이 있던 대학로의 베다교회를 가기로 하였다. 온 가족 모두가 주일미사를 보러 성당에가니 신부님께서 반갑게 맞아주시고 성당으로 들어서니 복계리에서 은퇴하신 老신부님께서 어머니를 보시자

세실리아(어머니 세례명)를 부르시며 어머니를 안아주신다. 정말 오랫만의 해후인 것 같다. 집안 형편이 여의치못해 그간에 소홀했던 이야기를 나누고,신부님의 건강도 살피고 미사를 드린 후 반가운 고향사람들도 만날수 있었다. 은혜(순애)네 가족, 진광이네 가족, 모두가 독실한 고향성당의 교우님들 이셨다.

내가 방위로 근무를 할 때 우리집 사정을 철재형에게 이야기 하니 군복무를 위하여 공석이 되면 그 국의 관서장이 재량으로 대타를 쓸수 있으며 그사람이 받던 월급 그대로를 받는 좋은 방법이 있으니 걱정말고 군복무나 열심히 마치고 오라기에 고맙고 기쁘게 그지 없었다. 그렇게 내가 1년6개월 동안 동생 티노가 대신 우체국일을 하며 생계를 책임지며 보냈다. 방위소 집만기가 되자 홀가분 하면서도 한편으론 군대에 현역으로 있던 친구들이 휴가차 나와서 들려주는 군생활 이야기며 군복입은 늠름하고 멋있는 모습을 보면 남들 다가는 군대 조차도 내 마음대로 갈수 없는 내모습이 초라하고,비참하여 처량하기가 말할 수 없도록 느껴져 남 모르게 흐르는 눈물을 감추며, 가엾고도 불쌍한 내 신세를 다시 한번 더 다독거리며 마음을 다잡고 일어서야만 했다. 그리고 다니던 베다성당에서 열심히 봉사활동에도 참여하고, 각종 행사에도 적극적으로 활동하며, 어울리고 특히 청년부에서 함께 어울리며 친구가 되고 많은 이야기를 나누며 지내다 보니 좋은 교감을 쌓게되였다.그리고 얼마후 어쩌다 보니 청년부 회장을 맡게 되었다.

그 무렵 직장에서 의기투합 할 수 있는 동년배 동료를 만날수 있어 함께

노동조합의 실상을 알아보고, 조직자체를 좀더 체계적으로 다듬어 모든 직원들의 권리와 집행부의 터무니없는 비리조작을 캐서 전조합원에게 알리고,노동조합이 어떻게 조직되며, 어떤 일을 해야하는지를 알리고 싶어, 나부터 배우고 공부하기로 마음먹고, 서강대학교의 산업문제 연구소와 고려대학교의 민중학교가 있다는 것을 알게 되였다. 서강대의 산업문제연구소는 강사교수님들이 과별마다 각기 다른 대학에서 전문이신 교수님들이고, 민중학교는 투쟁성향이 강한 교육을 전문으로 하는 전 이재오 국회의원이 주도하에 만든 학교라기에 나는 서강대 산업문제소를 택하고 그곳으로 다니게 되었다. 강의가 퇴근시간에 맞춰 저녁 6시부터 밤9시에 끝나는 강행군의 과정이었으나 강의 하여 주시는 각과 교수님들의 명강의에 심취되어 전과정을 하루도 빠지지 않고 열심히 배웠다. 처음으로 대학에서 공부를 하고, 유명하신 교수님(이병태,교수님,이영희교수님등등)들과 직접 토론도 하며 새로운 지식을 접할 때마다, 감탄의 탄성이 저절로 나오기에 피곤함도 잊은 채 배우는 재미에 푹 빠저 힘든 줄도 모르고, 무사히 전과정 수강을 마치고.수료증을 받으면서 지식에 대한 자부심도 갖게되고, 내스스로의 자아발전을 느끼는 쾌락도 느껴보고, 삶의 방향을 정하는데 필요한 재산 같은 것이라 생각하니 정말 마음이 뿌듯하기가 이루 말할 수 없었다. 막상 현장에 와서 실행에 옮기기란 너무나 많은 걸림돌이 있어 어렵기가 한이 없었다. 선배동료들을 설득하여 이해시키고 함께 가자고 하면 저놈도 다음에 한자리 할려나보다 하면서 먼저 의심하는쪽이 많아서 기존 집행부에 들어가 교육선전분과 부장의 직함으로 직원들을 설득하고 실제로 기본이 되는 근로기준법이 적용되는 부분을 찾아서 직원들의 휴식공간도 만들고, 여직원 별도의 복지를 찾아주는 노력의 결과로 호응이 좋아 나를 알아보는 사람들이 많아져 다른 부서에 볼 일을 보러가도 인기가 있어 웃음이 절로 나오기도 하였다. 이 세상에서 비록 자신이 내세울 것 없는 부족하고 힘은 없지만 열심히 노력하고, 진솔하게 대하며 편견없이 어울리다 보면 온갖 좋은 기회도 찾아오고, 위상에 걸 맞지 않는 위력의 힘도 발휘할 수 있는 기회도 갖게되어 나의 도움이 필요한 사람들에게 힘도 되어주고, 희망도 갖게하여 그들로 부터 감사함도 받으며, 칭찬을 받는 호사도 누려보기도 하였다.

한편으로 나에게 새로운 세상이 열리는 그런 시기 이기도 하다. 결혼을 하게 되었다. 친구가 어머니한테 다리를 놓아 맞선을 보고, 서로 사귄지 3년여 만에 결혼을 하게 되었다. 많은 우여곡절도 있었지만 결혼을 하게 되었다. 결혼식은 정동에 있는 대성당에서 하고 싶다고 신부님께 부탁을 드려 대성당에서 결혼식을 할 수가 있었다. 그리고 신혼여행은 경주로 갔다오면서 경북 의성 안계에 모셔진 아버지 산소에 성묘를 드리고 그곳에 살고계신 작은아버님 댁에서 하루를 보내고, 귀경후 어머님께 인사를 드린후 곧바로 신혼살림이 차려진 면목동으로 가서 짐정리를 하고 처가에 인사를 드리고 그곳에서 하룻밤을 보내고 다음날 아침 일찍 어머니가 계신집으로 가서 온가족이 다함께 아침밥을 먹은 후 신혼이 차려진 내집으로 간다는게 이상한 기분마저 들었다. 어머니께서는 내가 식을 마치고,집으로 돌아온후에 딸래미들 시집보낼 때 보다도 더 서운한 마음이 들어 우셨다 하신다.이것은 그동안 함께 살아온 나날들이 얼마나 힘들었고 고생이 되셨는가를 말씀해 주시는 것이라 생각이 드니 나도 모르게 눈물이 흐르고 말았다. 어린 자식 하나를 의지한 채 그 밑으로 어린 자식 셋 더하여 무작정 낯설은 타관땅 서울로 올라와 때로는 영감같은, 때로는 친구같은 의지를 하며 지내온 세월이었기에 떠나 보내기란 너무도 정이 들어 아직도 준비가 않됐다며 보내기가 너무 힘들다며 눈시울을 적시는 어머니 모습에 한동안 말없이 허공을 바라보며 넋놓고 있었다. 엄마 걱정말아요 내가 아주 가는 게 아니라 옆에서 항상 있으니 마음 놓고 계실것을 당부 드리며 마음의 위안도 제대로 못들고 머뭇거릴 때 너희들 고생 많았다시며 힘들고 고단할터인데 쉬지도 못하면 안됐다시며,어서들 가라고 등떠밀기에 떨어지지 않는 발걸음으로 신혼이 꾸며진 면목동으로 향하였다. 지금에 와서 다시 생각하여도 나의 눈에는 그 때 울 어무이 모습에 나도 모르게 눈물이 자꾸 흐른다. 내게는 너무도 힘들고, 감당기 어려운 일들의 연속이었나보다. 온전히 누구의 도움하나 받지 못하고 내 혼자의 힘으로 추단하기란 참으로 어렵고도 힘겹기가 이루 말로 하기조차 어려울 정도였다.

경제적인 문제 또한 나에게 너무나 벅차고 힘겨웠기에 차마 말로서 다할 수 없는 고통과 시련의 연속이었다. 직장에서 생활안정자금으로 100만원 융자 받고, 장모님의 지론이신 은혜로 최소한 첫 살림은 전세로 시작을 해야 된다며 300만원 빌리고, 결혼한다는 청첩장 미리 찍어 배달하는 구역에 집집마다 청첩장 돌린 후 사모님들이 결혼식에 참석은 못하고 미리 준다시며 건네주시는 축의금으로 이것저것 꿰여 맞추며 동분서주 홀로 뛰며,고군분투 하려니까 힘빠지고,맥이 빠져 하루 하루가 녹초가 되는데, 원망도, 설음도 누굴 잡고 하리오. 때로는 나는 왜 이렇게 미친짓을 하는가란 생각도 들었지만 이것또한 지나가는 세월일뿐 그냥 해 보는거야 를 외처보며 힘껏 달리었다.

그냥 막연한 생각으로 파랑새를 쫓아서 더 먼곳으로 고단한 날갯짓을 하는 것처럼 이 모두를 지금에 와서 한편으로 생각하면 모두가 부질없는 나의 작은 욕심이 불러온 것이란 생각도 하게된다. 세상 살아가는 모든 것이 본인의 크고 작은 헛된 욕심에서 오는 것이라 생각하면 더욱 허망 스럽기가 그만인 것을 나부터 버리지 못하고 살아가는 모습에 무슨 토를 달수 있으랴.

《기쁨의 소득》

-시골하고도 산골에서 화전을 일구며 살아오던 촌부의 아들로 배운것도 별로 없는 촌뜨기가 광화문우체국 집배원으로 입사하여 예쁘고 살림살이 잘하는 마누라 만나서 결혼도 하고 아들,딸 둘을 둔 오붓하고 행복한 가정도 꾸리고, 앞만보고 열심히 달려온 직장생활 20여년만에 집배원 최고의 자리까지 올라 전국집배실장 협의회 회장으로 선출되는 명실상부한 출세를 하였다.

2007년 4월13일 체신창립 기념일에는 녹조근조훈장을 수여받는 영광을 안으며 뭇 사람들의 호감속에 시선을 받는 기쁨을 누리기도 하였다. 더욱이 고향의 동창친구들이 만들어 수안보에 들어서는 대로변 한가운데에 축하 프랑카드를 만들어서 달아 주어 고맙기가 이루 말할 수가 없었다.

집배업무 전산화에 수록된 각종 양식과 자료보관기간및 내용물 분리작업등.. 두어 달을 전담팀 지원들과 밤늦게 까지 고생하며 작업한 공로가 인정되어 받게된 걸 지금도 영광스럽게 생각한다.이로 인하여 본부장님을 비롯하여 본부 각실 각과장님들과도 친분을 쌓아 업무를 처리하는데 큰 도움을 받기도 하였다. 또한 각종민원을 처리하면서, 너무나 많은 사연이 있지만 다 나열할 수 없고, 몇 가지만 쓰고싶다. 한번은 주말이라 집에서 아침밥을 먹고있는데 어떤 여자가 다급한 목소리로 다짜고짜 우리 아기 어떻할거냐고 악을쓰며 소리소리 지르기에 무슨 일이냐며 차분히 진정을 시키며 물었더니 방금 집배원이 택배를 배달하면서 벨소리를 듣고, 택배를 받으러 아기와 함께 누워있던 침대에서 내려와 택배를 받는 순간에 침대에 있던 아기가 떨어졌다는 것이다. 참 기가막혔지만 어찌나 악을쓰며 떠들기에 우선 안정을 시키고, 가까운 병원을 먼저 가야지 나한테 이러면 되겠냐고 하자. 병원비를 책임지란다. 그래서 병원비를 지급하는 규정은 없고, 집배원이 잘못이 있으면 책임을 질테니 걱정말고 병원이나 빨리 가보라 하였다. 월요일이 되어 담당자의 말을 들어보니 병원도 안가고, 별일이 없었다는 것이었다. 요즘 세상은 참으로 야박하고 여차하면 작은거라 할지라도 책임을 물으려 하는것이 한심스런 작태에 회의감마져 들었다.

또 어떤 때는 처리 할 수 없는 것들도 있었다.가령 집배원이 배달 과정에서 입사서류와 원서가 들어있는 우편물을 분실했을 때는 정말 난감하기 이를데 없었다. 국세청에서 5급특별채용 서류였다. 국세청 총무과장님을 우리국장님과 함께 직접 만나뵙고 구제할 방법을 말씀드렸더니 어찌할 수 없다는 답변을 듣고, 피해자에게 이해를 구하는데 많은 어려움을 겪기도 하였다. 이로 인하여 시험에 응시도 못하는 애석함을 온전히 느끼는 미안함을 느끼기도 하였다.

썩어가는 과일을 보내고, 썩어서 먹을수가 없으니 배상을 해달라고 때를 쓰지 않나. 택배를 보내면서 포장을 제대로 하지않고 보낸 전자제품이 망가져 쓸 수 없다고 보상처리를 해달라며 행패를 부르질 않나. 배달하려고 중간 중간에 보관하여 놓은 우편물을 들고가 고물상에다 폐지로 팔아 넘긴

노숙자가 있지않나.무수히도 많은 민원에 지치기도 하였고,앞서 언급한 노동조합과의 불협화가 정말 나를 힘들게 하였다. 그들과의 싸움은 애시당초 비교가 되지않는 뻔한 싸움이었다. 공무원 규정에 있는 정식 직제의 노조와 규정에도 없는 집배실장 협의회는 비록 인원 숫자가 많다 하더라도 어쩔 수 없는 것이었기에 모든것을 내려 놓을 수 밖에 없는 난관에 봉착하고, 앞날에 대하여 많은 것을 생각하게 되다. 그래 미련이 있을 때 떠나자.. 미련을 남겨두고 후배들에게 기회도 주면서 38년7개월의 긴 여정을 여기서 매듭을 짓자.

긴세월 한 평생을 한우물 속에서 남기고 가는 것은 없었지만 종이문화 에서 전산문화로 바뀌는 길목에 서서 온몸으로 선봉에 섰던 것이 길이 남을 거란 자부심을 갖게 된다. 이렇듯이 33년 이상 근무 하면서 아무런 징계 경력 없이 근속퇴직 하는 모든 공무원이면 정부에서 주는 근속홍조 훈장을 받게 되었다. 이로서 나는 훈장을 두 번 받는 행운도 누렸다.

이 정도면 됐다.

《여기서 마무리》

- 처음부터 평소에 생각은 하고 있었으나, 무엇을 어떻게 어디부터 써내려 갈까? 늘~마음 속에만 담고서 허송세월 보내며 썼다가 지우고 반복을 하며 지내고 있을때 이렇게 좋은 기회를 만들어 준 형우친구에게 진실로 고마움을 전한다. 언제나 한결같이 한 마음으로 친구들의 즐거움이 있다거나, 자기를 필요하는 친구가 있을 때에 아무런 말없이 좋기만 하며, 하던일 팽겨치고 달려와 주는 내게도 흔치않은 가슴 따뜻함을 나눌 수있는 몇 않되는 친구중에 친구란다.

서로가 나누며 갈적에도 거북하고, 가슴이 메어지는 아픔이 커서 감당키가 힘께나 들으련만 그것조차 내색없이 꾹꾹 삼켜 버리는 우정에 진정 고맙다는 말한마디 밖에 전할수 없어 어찌할까나 ...내가 이것 밖에 안되고 보니 더욱 더 가슴만 옥죄여 오네...진정 모든걸 다 떠나서 이번 출판을 기획, 편집, 인쇄,제작 전과정을 누구의 도움 하나없이 주도면밀하게 대역작을 꾸며 내신 친구 이형우에게 고마움과 찬사를 보낸다. 정말 고생 많았다.정말 고맙다. 친구야.

훈장증

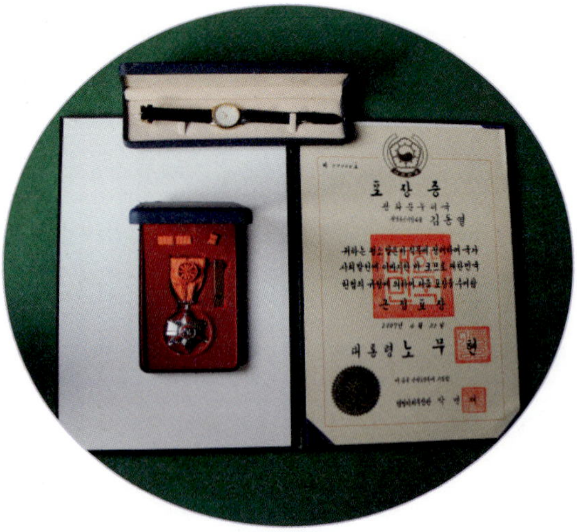

포장증

각종 마라톤대회 참석 등번호와 메달

한 떨기 들꽃 수수한 詩처럼

김 순 애

2019년 꽃 비 날리는 봄날에

초등학교 졸업 50주년 기념 문집 원고를 쓰자니 어린 시절의 꿈 많던 아련한 날들이 주마등처럼 지나간다. 친구들의 지나온 삶이 참으로 힘들었는데도 용케 잘 이겨내고 살았구나 생각하며 마음이 아리다. 우리 집은 부자는 아니어도 지혜로운 부모님의 보살핌으로 큰 어려움 없이 살았다. 친구들의 험난했던 삶을 접하며 조금은 미안한 마음이 들어 글을 어찌 써야 하나 고민도 된다. 그러나 그 시절 고생 없이 살아온 이가 누가 있겠는가? 나의 이런 저런 추억 속에 부모님의 삶이 녹녹치 않았음이 느껴진다. 나는 수안보 복계리에서 4남매 중 장녀로 태어났고, 아래로 여동생 둘과 막내 남동생이 있다. 나의 어린 시절 꿈은 내가 뛰어 놀던 산과 들과 작은 시냇가에서 커갔다.

상록수를 꿈꾸던 아버님

아버님은 상록수를 꿈꾸시는 공부하는 농부셨다. 또한 신앙심이 깊으셔서 신학대학원을 가고 싶어 하셨고 그 꿈은 이루지 못하셨으나 자식들을 위해 늘 기도하는 아버지셨다. 아버지는 매일 새벽 3시 30분이면 복계리 성당의 종을 어김없이 33번 치셨다. 아버님이 쓰신 "萬民一家" 글귀 액자는 지금도 성당에 남아있다. 아마도 성당의 모든 성도들이 일가를 이룬 것처럼 신앙생활을 하고자하는 마음으로 쓰신 것이리라. 몇 해 전 동생들과 성당에 들러 아버님의 글귀를 보며 아름답고 행복했던 어린 시절의 추억이 아련했다. 너무도 빨리 세상을 버리신 아버님이 그리웠다. 아버지는 김대중을 선생님이라 하며 평생 야인으로 남인으로 사신 진취적인 분이셨다.

나의 부모님은 지혜로운 분이셨다. 자식들에게 꿈을 심어주시고 예쁜 심성을 키워 주신 분이시다. 성당에서 아빠 풍금 소리에 맞추어 노래도 부르고 동생들과 같이 엉덩이 치켜세우고 신나게 성당 바닥을 걸레로 닦으며 청소하던 기억이 새롭다. 공부 할 때는 눈이 나빠진다며 호롱불대신 촛불을 켜 주셨고 중학교 영어는 거의 아버지가 가르쳐 주셨다. L(에르), M(에므), N(에느)..일본식 발음이긴 하였지만 나는 열심히 따라하며 알파벳을 익혔다. 어머니는 장녀인 나에게 설거지 한 번, 텃밭의 야채 한 잎 뜯어오라 시키지도 않으셨고 들에 참을 내오라 시킨 적도 없으시다. 그저 앞마당에 꽃밭을 가꾸는 것이 유일하게 내가 하는 일이었고, 가끔 엄마 일을 도와 집 앞 개울에 나가 감자를 벗기면서 얼굴에 하얀 감자녹말이 튀겨 묻은 것을 보며 깔깔거리던 생각이 난다.

그 당시에 여름방학이면 서울의 대학생 언니 오빠들이 농촌 봉사활동을 내려왔고, 우리 집에는 방학 때면 7~8명의 대학생들이 숙식을 했다. 그들은 해가 지난 월간지와 계간지를 선물로 가져왔다. 학교 책 외에 읽을거리가 없었던 때라 나는 그 책들을 너무나 많이 읽어서 거의 외울 정도였다. 그때 '엉클 톰' 같은 어린이 동화를 처음 접했다. 어린 시절의 이런 환경이 나의 감수성을 키워준 배경이 되었나 싶다. 나는 지금도 시 읽기를 좋아한다. 글 한 줄에 숨 쉬는 이야기를 따라 살아가는 삶과 산야의 아름다움, 새들의 속삭임을 한 소절 씩 꿰어가며 나는 시인이 된다.

농촌의 살림살이는 부모님의 노력만큼 나아지지는 않았나보다. 자식들은 자라나고 시골에서는 자식들 가르치기가 힘드셨기에 우리 집은 6학년 말에 서울로 이사를 했다. 나는 전학이 되지 않아 작은집에서 지냈고 중학교에 들어가서 1학기를 마치고 서울로 전학을 하였으니 나의 시골 생활은 이것으로 마감되었다. 이제 어린 날의 추억을 따라 감성 소녀를 그려본다.

예쁜 것을 좋아하는 감성 소녀...
소풍 날 파란색 각개 원피스

1학년 소풍은 대안보 솔밭으로 갔다. 소풍날은 김밥에 맛있는 음식을 싸들고 예쁜 옷을 입고 동심을 따라 마음껏 뛰어노는 신나는 날이다. 나는 우리 반을 대표하여 소풍날 장기자랑에 출전하게 되었다. 엄마는 첫 딸의 첫 번째 소풍이니 얼마나 예쁘게 해주고 싶으셨을까. 엄마는 옷감을 사다가 바느질 실력을 발휘하여 두 개의 멜빵으로 어깨에 각개로 걸쳐 메는 원피스를 만들어 주셨다. 그러나 소풍 당일 아침 새 옷을 입은 내 모습을 보신 아버님의 역정에 집안은 온통 눈물바다가 되었다. 아버님은 치마길이가 짧다고 호통을 치시며 옷을 못 입게 하시고 찢으셨다. 순식간에 난리가 났다. 아버지는 내 딸에게 그런 옷을 입힐 수 없다는 생각이고 엄마는 예쁘게 해 주려고 한 일인데...그러나 자식 이기는 부모가 있을까? 엄마는 부랴부랴 망가진 옷을 다시 꿰매어 옷을 입게 해주셨다. 나는 서운함도 다 잊고 신나는 소풍 길에 나섰다. 충주사범학교를 다니신 아버지는 신세대이면서도 보수적 기질이 다분히 많으셨다. 엄마는 손재주가 좋으시고 감각도 좋으시고 멋 내기도 즐기신다. 지금도 엄마는 손톱에 네일 아트를 곱게 하시고 밤이면 나와 함께 얼굴에 팩을 하시는 멋쟁이시다. 나의 탁월한 색깔에 대한 눈썰미는 아마도 엄마를 많이 닮았나보다. 소중히 키워주신 부모님이 너무나 고맙다.

물에 띄워 보낸 검정 고무신

2, 3학년쯤인가 싶다. 여름 날 검정 고무신을 신고 신작로를 걸어가려면 발바닥에 먼지와 땀이 배여 찌걱거리는 느낌이 싫었다. 게다가 검정 고무신은 얼마나 질긴지 다 낡아 떨어지고 예쁜 새 신을 신으려면 얼마나 더 시간이 지나야할지 알 수가 없다. 어느 여름 날, 학교 갔다 오다가 나는 장마비로 불어난 복계 성당 앞 작은 도랑물에 나의 검정 고무신 한 쪽을 발차기로 휙 날려 버렸다. 고무신은 물결을 타고 순식간에 멀리 멀리 가버렸다. 신발 한 쪽을 신고 터덜터덜 집에 돌아온 나는 물에서 놀다 신발이 떠내려갔다고 말했다. 그리고 예쁜 신발을 얻어 신었다. '엄마 미안해요. 사실은 떠내려 간 것이 아니고 제가 띄워 보내버렸네요.' 예쁜 것을 갖고 싶었던 철부지 소녀의 부끄러운 추억이다.

태극 문양 반쪽이 귀에 걸리는 운동회 머리띠

나보다 세 살 많은 고모가 우리 집에서 살았다. 고모는 덩치도 크고 달리기도 아주 잘했다. 나는 달리기에는 소질이 없어서 누가 넘어져야 겨우 3등이나 할까하는 수준이었다. 그러나 달리기 보다 더 창피한 것은 이마 가운데에 있어야 할 머리띠 태극문양이 귀 쪽으로 치우친 이상한 머리띠를 매는 것이었다. 고모와 나의 머리띠 두 개가 있어야하나 엄마는 하나의 머리띠를 반으로 자르고 고무줄을 달아 길이를 늘여서 변형시킨 특이한 머리띠를 만들어 주셨으니, 청군 쪽으로 매면 왼 쪽, 백군 쪽으로 매면 오른 쪽 귀에 태극 문양이 있었다. 나는 태극문양이 귀에 걸린 머리띠를 맨 용사로서 참으로 슬픈 운동회를 치르게 되었다. 지금도 엄마와 이야기를 하면 서러움에 눈시울이 젖곤 한다. 청군 백군 표시만 하면 되니 굳이 두 개를 사지 않고 솜씨를 발휘하여 만든 엄마의 작품 반쪽 머리띠는 어린 소녀의 마음에 아픔을 주었다.

세계 최초 특허, 팬티스타킹

엄마의 작품은 머리띠에 이어 변형된 팬티스타킹으로 발전하였다. 3, 4학년 때인 듯하다. 그 해 봄부터 색깔 있는 어린이 팬티스타킹이 유행하였다. 종아리까지 올라오는 긴 양말이면 최고였는데 언제부터인가 학교에 가면 색깔이 예쁜 팬티스타킹을 입은 친구들이 있었고 나는 그게 너무나 부러웠다. 나도 엄마에게 하늘색 팬티스타킹을 사 달라고 떼를 썼고 장날이 돌아올 때 까지 하나님께 기도했다. 나의 기도가 통했나보다. 엄마가 빤쯔 양말이라며 내게 입어보라고 팬티스타킹을 건네주시는데, 나는 그 것을 받아든 순간 들어 누워 버렸다. 며칠간 밥도 먹지 않았다. 아! 어쩌나, 이번에는 엄마의 솜씨가 특허감 팬티-양말 스타킹에 발휘되었다. 내 팬티에 양말을 꿰매 이어져 붙여 만든 것이었다. 이름 하여 빤쯔 스타킹이다. 지금은 얼마나 그리운 추억인가! 참으로 사무치는 기억이다. '엄마, 그래도 고마워요. 딸의 패션을 완성시켜주려 애쓰셨을 엄마의 그 마음을 알 수 있을 것 같아요.' 내 자식을 예쁘게 해주고 싶으신 마음이 얼마나 크셨을지, 그러나 그 것을 마음껏 다 해주지 못하고 달리라도 어떻게 해주고 싶었던 마음에 탄생된 나의 첫 번째 빤쯔 스타킹, 그래도 나는 그 옷을 입고 예쁨을 뽐낼 수 있었으니 엄마의 사랑에 감사해요.

내 짝, 상임이

작은 걸음으로 학교까지 등하교하는 일은 힘든 일이었다. 특히나 서낭당 고개를 넘어갈 때가 힘들었으니 내가 투정을 하면 고모가 나를 등에 업어주던 생각이 난다. 친구들은 학교에서 돌아오는 길에 성당 샘물 한 바가지로 목을 축이고 먼 길의 고단함을 쉬어가곤 하였다. 내 짝 상임이는 옆 동네 대사에 살았었다. 가끔은 하교 길에 상임이와 같이 식은 밥에 고추장을 넣고 비벼서 맛나게 먹었던 기억이 난다. 어린 시절의 기억 속 착한 상임이가 음성 소이 방앗간 안주인으로 대식구의 대장으로 훌륭한 어머니로 살아 왔으니 그 어려움이야 어찌 다 알겠나마는 그 모습이 너무나 자랑스럽고, 막내아들 결혼식을 치르는 그 환한 모습에 그간의 고생이 봄바람 꽃비 따라 모두 사라지고 오래 오래 행복하길 기도한다.

마치면서

어느 새 나도 할머니가 되었다. 요즘은 외손자의 재롱을 보며 지나온 삶이 애잔하게 밀려온다. 인생길이 너무 짧게 지나가고 다하지 못한 일들이 아쉽게 느껴진다. 정신없이 살아왔지만 아이들이 성장하여 자기들 몫을 잘하고 있으니 감사한 일이다. 나는 다시 한 번 나의 젊은 시절로 돌아간다면 열정과 꿈을 나에게 선물하고 싶다. 멋진 디자이너가 되어 패션을 이끌어가는 커리어 우먼이 되고 싶다. 감성 많은 소녀에게 딱 맞는 멋진 일이 아닐까! 한 떨기 들꽃의 수수한 아름다움에 다가가며 잔잔한 풀 향기 따라 호숫가 나무 의자에 앉아 그리움을 추억하고 삶의 고단함을 감싸주는 한 편의 시를 읽고 싶다.

나의 또 다른 이름, Grace Kim으로 우아하고 단아하게 살고 싶다.

글을 쓰면서 새삼 부모님의 사랑이 그립고 감사하다. 그 어려운 시기에 나의 부모님이라고 힘들지 않으셨을까마는 그런 내색을 전혀 하지 않으시고 어린 나에게 꿈을 심어주시고 애틋하게 키워주셔서 복 된 어린 시절을 보냈으니 부모님께 감사한 마음을 드리고 싶다.

지나온 날이 힘들었지만 잘 살아온 내 자신과 나의 친구들이 고맙다. 새삼 친구들의 애환을 느끼면서 이젠 더 이상 고통 없이 모두 건강하게 살 수 있기를 소망해본다.

친구들아! 그동안 못 나눈 우정을 나누며 남은 인생 행복하게 살자!!

고마워.

3만년 동안 온천물이 올라오듯 우리 우정도

김 옥 배

3만년 동안 온천물이 올라오듯 우리 우정도

세월이 어디쯤 가고 있는 걸까? 가다 지치면 쉬었다가도 좋으련만, 세월은 지치지를 않는구나.

우리가 다닌 수안보초등학교는 1921년 5월 20일 수안보공립보통학교로 개교하였으며, 1996년 3월 1일 수안보초등학교로 개칭하였다. 2019년 기준으로 6316명의 동문을 배출하였으며 그 중에 우리 45회가 있다.

친구들아, 우리는 사실 선택받은 사람들이다. 왜냐하면 우리나라 최초의 53℃ 자연 온천 지역에서 공부하여 자랐기 때문이다. 지금도 고향을 지키는 친구들이 있어 자주 갈수 있으니 더욱 그러하다.

그런데 이런 천혜의 고장에 살면서도 우리의 어린 시절, 마음껏, 충분하게 온천욕을 즐긴 건 소수에 지나지 않았을 거다. 아마도 온천 이용 요금이 만만치 않아서가 아니었을까?

그런데 지금도 또렷하게 기억나는 일이 있다. 초등학교 4학년. 그때 어린이날을 기념하여 온천 이용 요금을 5원으로 할인해 주었었다. 요즘 이용요금이 8000원이니 비교가 안 되는 일이다. 물론 지역주민과 충주시민에게는 6000원을 받고 있더구나. 나는 그 시절, 친구 고희자와 함께 온천을 갔었다. 낮 시간이라 그런지 여탕에 사람들이 적었다. 희자와 나는 피부가 어두운편에 속해서 때가 많은 꼬질꼬질 한 애들 같아 보였을 것이다. 둥그런 온천탕 안에 앉아 천장을 보는데 왜 그렇게 높기만 하던지, 우리는 물이 뜨거워서 들락날락 장난을 치며 때를 닦는 다기 보다는 놀았다는 표현이 적절할 것이다. 그런데 나이 60대 지금은 어떠한가. 요즘은 42℃ 온천탕 안에 오래 몸을 담글 수 있으며, 뜨거워서 못 참겠다가 아니라 아주 시원해 좋아 죽는다. 마음속으론 "으휴, 시원하다'고 속삭인다. 왜? "야휴 시원-하다" 소리 내지 않는 것은 상늙은이로 보일까봐 말하기를 애써 참는 것이지, 나는 그런데 친구들은 어떠하니?

아참, 우리 친구 고니(김진곤)가 수안보관광협의회장이라고 하니, 한 가지 제안을 해야겠다. 여행을 하다가 2번의 혼탕을 경험했다. 물론 가운을 입거나 수영복을 착용해야 하는 규칙을 지켜야만 하지만, 우리 고장 수안보에도 혼탕이 있다면 45회 꾸러기들이 얼마나 재미있을까 상상을 해본다. 한 가지 더. 우리 동창들이 80세가 되거든 45회 동창회 명의로 된 주택이나 펜션이 있었으면 좋겠다. 팀을 짜서 한 달 간 머물며 매일 온천을 즐기고 싶기 때문이다. 남자들도 그 나이 되면 온천을 엄청 즐길지도 모른단다. 하니, 수안보에서 고향을 지키는 친구들아, 우리 모두 80 나이가 되거든 방 한간 임대해주길 사전 예약해두겠다.

즐거운 친구들아, 모교의 교화는 장미이고 교목은 전나무더라. 비록 몸은 늙더라도 장미처럼 사랑을 키우고, 전나무처럼 푸르고 늠름한 기상을 자랑하며 살아가자. 세월에 순응하는 품위 있는 삶을 우리 함께 어깨동무하고 가자. 언제까지나...

수안보의 추억

나는 수안보초등학교 동창의 자격에 미달한다. 왜냐하면 함께 다닌 추억은 있으나 졸업을 하지 않았기 때문이다. 국어사전의 동창생(同窓生) 해설에 의하면 '1, 같은 학교를 나온 사람 2. 같은 학교를 같은 해에 나온 사람'으로 기록되어 있다.

동창이란 수많은 추억을 공유한 지기이다. 나는 행인지 불행인지 알 수 없지만, 초등학교를 6개를 다녔다. 그러므로 단지 1년씩, 여러 지역에 걸쳐 소소한 회상거리가 있을 뿐이다.

이러한 떠돌이인 나는 뒤늦게, 엄밀히 말하자면 나이 50 후반에 수안보초 45회에 얼굴을 내밀었다. 그러한 나를 반갑게 받아주고 혹여, 외로움이라도 탈까하여 세심하게 배려해주는 친구들의 고마움을 알고 있다.

또한 동창들이 참 좋다. 이성 친구도 동성처럼 대할 수 있는 초등학교 시절로 되돌아간 기분이므로 만남이 아주 즐겁기만 하다.

그래서 아주 조금 살아있는 수안보초등학교 시절의 추억을 3편의 이야기로 구성해 볼까한다. 기억의 재생이므로 사실과 상상이 혼용되어 나올 수도 있음을 밝히고 이야기를 시작하고자 한다.

첫 번째 이야기/ 나의 풋사랑

수안보초등학교 4학년, 그리니끼 10살 때의 이야기다. 그 당시 우리 반에 얼굴빛이 하얀 남학생이 있었다. 얌전하고 예쁘장한 것이, 당시 장난꾸러기 남학생들에 비하면 여학생 같은 남학생이었다.

지금 생각해보면 그 시절 나는 그 아이를 좋아했었던 거 같다. 있잖아 왜 표현하지는 못하지만 관심 같은 거 말야. 분명 좋아했었던 그 남학생을 '그 아이'로 명명하고 대화 상대자는 '동창'을 줄여 '창'이에게 이야기를 하려 한다.

창아, 그 시절 미술 시간에 우리가 만들었던 꽃병을 기억하니?
음료수 병을 활용하여 여러 가지 색깔의 색종이를 손으로 찢어서 붙이는 활동이 있었어, 그리고 완성된 작품을 교실 뒤편 작품 진열대에 진열했었지. 아마 제작자의 이름도 붙이거나 써 두었을 거야.

나는 그림을 그리거나 만화책의 주인공을 그리는 것을 즐겼기 때문에 아마도 꽃병도 열심히 만들었었던 거 같아. 그런데 또 다른 남학생이 있었어, 그를 A라고 부르기로 하지.

그는 우리 반이 아니고 옆 반 이었는데 꽤나 개구쟁이였어. A는 우리 반에 자주 놀러왔어. 왜 이반 저반 발 폭이 크고 활동량이 많은 친구 있잖니? 그런 남학생이었어.

그런데 하루는 점심시간에 우리 반에 왔는데 손에 나뭇가지를 들고 온 거야. 그리곤 내 앞에 와서 그 나뭇가지를 살랑살랑 흔드는 거야. 그러더니 작품진열대에 있는 내가 만든 꽃병과 내가 좋아한 그 아이의 꽃병을 들고와 두 사람의 꽃병을 나란히 놓더니, 들고 온 나뭇가지를 반으로 꺾어 두 사람의 꽃병에 꽂아 두는 거야. 아주 재미있다는 미소를 지으면서 말이야.

창아, 나는 당시 얌전하지는 않았거든. 그래서 바로 작품진열대로 갔지. 그러니까 A는 나뭇가지를 다시 집어 드는 거 있지 "야 그거 이리 줘" 하니까 그 나뭇가지를 들고는 "약 오르지 용용" 슬슬 뒷걸음치는 거야.

나는 달리기를 잘해서 운동회 때는 계주선수였거든. 지금은 키가 작은 것이 조금 불만이지만, 일찍 성장해서 그 때는 키가 크고 다리도 길었으니까 당연히 달리기를 잘할 수밖에 없는 신체적 조건이 있었지.

해서 나는 A를 잡으려고 복도를 질주해 A의 교실까지 가게 되었어. A는 나에게 잡히지 않았어. 일부러 잡힐 듯 말 듯 놀리며 달아나더라. 그리고 A의 반에 내가 들어갔더니, 큰 소리로 말하는 거야

" 얼래리 꼴래리 00와 00는 서로 좋아한대요."

나는 솔직하게 싫지 않았어. 오히려 놀려주는 A가 한편은 얄밉기도 했지만 한편으론 싫지 않았었음을 이제야 고백한다.

나는 우리 교실로 돌아와 그 아이의 꽃병을 멀리 떨어지게 옮겼어. 그런데 정작 그 아이는 대응을 하지 않는 거야. 지금도 매우 긍금한 일이야.

그 후에도 A는 그와 같은 행동을 반복하곤 했으며, 나는 늘 같은 방법으로 대응했지만, 담임 선생님께 일러바치지는 않은 걸보면 내심 즐겼던 게 맞겠지, 나는 그 아이를 통해 내 마음을 키웠을지도 몰라.

키가 자라듯이/ 마음도 키울 수 있다고/ 하길래
몰래/ 비를 맞아 봅니다./양지뜸에 앉아 봅니다
풋사랑과 친하고 픈 마음/혹시 풀어질까 봐/구겨질까 염려되어
정성껏 포장하고/ 마음으로 엮어 봅니다.

창아, 그 아이는 그 해 서울로 전학을 가버리고, 나는 그 아이를 잊었는데, 이렇게 이야기를 꺼내고 보니 정말 보고 싶다. 정말 꼭 한번 만나고 싶어, 어디 있니, 어디서 무엇이 되었을까? 이제 60대의 나이, 내가 그 아이를 기억하듯이 그 아이도 나를 기억하고 있을까!

그 아이

그 아이가 꽃이어든/그 애를 위하여/꽃대궁이 되고 싶다/향기없는 꽃일지라도
그 아이가 강이어든/그 애를 위하여/둑길이 되고 싶다/언제까지나 따라가야지
그 아이가 풀이어든/그 애를 위하여/들바람이 되고 싶다/귓볼을 간지럽히게
부디 꽃이 되어주렴/ 나는 너의 꽃대궁이야.

두 번째이야기/ 빨래돌

나의 초등학교 시절, 나는 빨래하기를 좋아했다.

그래서 수안보 하천가로 빨래를 하러 다녔지. 내가 가장 좋아했던 것은 당시 어른들이 만들어 놓은 넓적하고 잘 생기고 제법 커다란 빨래돌이었어.

수안보 하천은 초가을에도 물이 따뜻해서 아주 좋았는데, 아마도 관광객들이 목욕한 온천물을 하천으로 방류하여 원래의 하천 물과 섞여 흘렀을거라고 생각 한다.

그런데 하천에는 때가 떠다니지는 않았으며, 목욕하고 버린 물이 아니라 그냥 개울물이었지. 지금 생각하면 자연정화 현상이 아니었을까? 그 후 수안보를 찾는 관광객이 많아지고 부터는 따뜻한 물에 김은 솔솔 나지만, 물이 지저분해 져버렸고, 그 후는 또 정화작용을 거쳐서 다시 깨끗해지고, 지금은 전용하수도로 방류하고 있는 것으로 알아.

하천에서 빨래하는 방법을 이야기 하자면, 우선 빨아야 할 옷가지를 흐르는 물에 이지저리 흔들어가며 물에 적시는 거야. 그 다음엔 빨래감을 빨래돌에 얹어 놓고 비누를 칠하는 거야. 그리고 나선 빨래방망이로 빨래를 두들겨주어야 하는데, 이때 명심 할 것은 옷가지를 반대로 뒤집어 놓고도 방망이로 두들겨주어야 한다는 거지. 마지막으로 옷가지를 물에 흔들어 빨래돌에 다시 얹어놓고 여러 번 앞뒤로 비빈 다음 다시 하천에 흔들어 비눗물을 제거 하는 거야. 이런 동작을 두세 번 반복하면 오염 된 빨래감이 깨끗

해지게 되는 거야.

내가 빨래를 갔을 때 종종 동네 아주머니들하고 함께 할 때가 있었어. 그럴 때마다 어른들이 해 주시는 칭찬은 아주 기분이 좋았었지.

"어린애가 빨래를 야물딱지게도 하는구먼. 누구네 집 애꼬?"

나의 어린 팔에 힘이 들어가는 걸 느끼는 즐거움은 경험해 보아야 알거야

그런데 어느 날, 집에 오니 빨래거리가 없었어. 그 날은 함께 놀아줄 친구도 없고 숙제도 없으니 놀이삼아 빨래터에 가고 싶은데, 집에 빨래가 없는 거야.

그 때 나는 내가 입고 있던 옷을 벗어 빨래터로 간 기억이 있단다. 또한 여름날 지나가는 소낙비를 맞으며 빨래를 혼자 두고 나만 비를 피한 기억도.

빨래터는 동창들과 함께 할 이야기 거리는 아니고 나만의 추억거리에 불과하지만, 지금은 빨래터도 빨래돌도 없으니 소중한 추억으로 남아 있어 이야기로 남기는 거야.

이제는 수안보하천 빨래터는 자손들에게 옛날이야기로 사용할까나?

그리고 아마 지금의 4학년 10살 계집애들은 빨래할 줄 모를 거야. 빨래라는 용어 자체도 사라져가고 있지? 세탁기와 세탁소 이런 용어에 따르자면 세탁물이라고 해야 겨우 알아들을까 말까.

지금 수안보에 가보면 하천은 옛날처럼 흐르고 있지만 엄청 폭이 넓어진 거 같애. 그건 아마도 어렸을 때 운동장이 아주 넓어보였던 곳과 같은 이치겠지!

세 번째이야기/ 어른 흉내 놀이

어는 추운 겨울이었어, 그 날은 지독한 북풍이 불었었지. 정말 학교를 가기 싫은 날이었으며 억지로 가는 학교길이 멀기만 했단다. 나는 바람과 싸우면서학교에 도착했어. 아뿔사 교실 문 까지도 잠겨 있는 거야. 지금은 초

등학교 교실 문을 잠그지 않지만 그 당시는 담임선생님이 교실 문을 열어 주었었잖아. 하필 우리 교실은 뒷동 구석에 있었는데 얼마나 추웠던지 우리 반 애들은 울먹거리고, 코를 훌쩍이고, 발을 동동 구르면서 오돌오돌 겨울나무가 되어버렸지.

그런 우리를 발견한 건 학교아저씨였어.

그 아저씨는 열쇠꾸러미를 가지고 와서 문을 열어 주었지만 교실도 춥기는 매한가지. 아저씨는 난로도 피워 주셨어. 그건 담임 선생님의 일 이었지만 우리가 너무도 가여우셨을거야. 우리는 채 더워지지도 않은 난로가로 모여들었지. 우리는 아직 미지근해지지도 않은 난로 가까이에 언 손을 들이 밀었었잖아. 그 과정에서 우리 옷에는 석탄 가루가 묻었고, 그날따라 새 옷을 입고 온 나는 울상이 되어 손바닥으로 닦으니까 검은 흔적은 더욱 넓게 번져버렸어. 걱정이 가득한 나는 내 자리로 돌아와 우연히 옷을 뒤집어 보았는데, 속감이 아주 깨끗하고 예쁜 거야. 당시는 겉옷감도 좋지 않았지만 속감은 더욱 형편없었으며 허름한 소재에, 아이들옷은 꽃무늬를 많이 사용했었던 거 기억나지.

나는 옷을 뒤집어 입게 되었는데, 단추가 채원지지 않아서 아직 시린 양손을 포개어 옷 속으로 들이밀지 않았겠니. 어라, 이것이 무엇인고? 겉에 있던 주머니가 안쪽에서 잡히는 거야. 그 주머니에 억지로 손을 넣어보았어. 그 순간 지난 일이 화들짝 생각나는 불상사가. 그 사건이…

그 것은 지금 우리 줄반장을 하는 남학생이 자랑하던 일이었어,

"애들아, 애들아, 나에게 돈이 있다. 글쎄 우리 아버지 옷에는 안주머니가 달려있어. 그리고 아버지의 그 안주머니에 지갑이 있다는 걸 알고 있거든. 내가 어젯밤에 술 마시고 정신없으신 우리 아버지 옷 안주머니에서 돈을 찾아냈지 않았겠니. 이게 그 돈이야." 하면서 자랑을 했던 게 왜, 왜, 생

각 난거니 글쎄.

나는 줄반장에게 다가가서 귀에 대고 소곤 거렸지. 무슨 큰 비밀이라도 알려주듯이 "줄반장 내 옷에도 안주머니가 달렸어. 볼래?" 하고 안주머니에 손을 넣은 모습을 보여 주었지.

아뿔사. 드디어 사건이 터지고 말아버렸지. 그 줄반장은 즉시 자기 옷을 뒤집어 입고는 큰 소리로 주머니 자랑을 하기 시작했어. 우리 반 남학생들은 모두 옷을 뒤집어 입었으며, 주머니가 없는 옷을 입었던 아이들까지 가세하여 기세등등, 뒷문을 나가 앞문으로 들어오며 어른 흉내를 내며 놀았지 어른 흉내를 잘 내는 줄반장이 당연 인기였으며, 우리는 추위도 무서워 도망갈 만큼, 추위를 잊으며 노는 동안, 어느새 교실도 훈훈해지고 있었지.

그때 다급한 전령의 목소리 "애들아 선생님 오신다" 우리는 후다닥 제자리로 가서 앉았는데 모두의 얼굴은 만족한 표정으로 걱정은 없었거든.

그런데 엉뚱한 불똥이 튀기 시작 했지. 보통 날보다 많이 늦게 오신 선생님은 그날따라 아주 저기압이셨어. 물론 보통 때도 다정다감한 분은 아니었지만.

반 아이들의 우스꽝스런 모습을 웃어넘겼으면 좋으련만, 화난 얼굴로 회초리를 꺼내서 교탁을 탁탁 치시며 불호령이 떨어졌지. 주동자는 나오라고...

내가 순간 망설이고, 순간 후회하고 있는 사이, 줄반장 남학생이 앞으로 나가는 거야. 그날 줄반장은 아주 많이 얻어맞았어. 감정이 들어있는 회초리가 얼마나 아팠을까? 얼마나.

평화로웠던 다릿골 고향마을의 향수

김 용 수

인생에 가장 중요한 것이 무엇이냐고 물으면 나는 답을 뭐라고 할까? 돈? 명예? 학벌? 건강? 종교? ....? 내가 답을 할 수 있는 것은 당연히 건강이다. 물론 다른 사람도 건강의 중요성은 다 갖고 살 것이다.

나는 살면서 건강을 지키려 했으나 약간은 소홀히 해서 내 마음에 내키지 않는 조심을 해야 하는 진료차트를 가지고 있기도 하지만, 주어진 상황을 긍정적으로 생각을 하며 잘 순응하니 그런대로 건강을 유지하고 있다.

내게 제일 쉬었던 것은 돈 버는 기술이라고 본다. 그 기술이 살림을 하는 것보다 공부하기 보다 더 쉬웠다고 생각을 하며 살아 왔다. 남들은 돈 버는 기술이 어려워서 인생 내내 돈에 구속이 되어 끌려가는 그런 사람이 있는가 하면 나처럼 듬성듬성 아니 쉬엄쉬엄 해도 돈은 붙어 왔다. 아니 나에겐 공부가 워낙 더 어려워서 였을까? ㅎㅎㅎ 요기서는 나의 특기로 한바탕 웃음을 짓고 가야 하는 대목인 것 같다. 공부? 우리 집에서는 위 아래로 형제들이 다 공부를 잘하는 우등생들이었다. 그런데 다른 형제들과 같은 공장 출신(?ㅋㅋㅋ)인데도 나는 왜 공부는 영~ 잼벵이 였을까? 참 아이러니 하기도하고 공부 그것은 나에겐 참 재미가 없었다.

공부를 시작하는 것은 우리가 언제부터 일까? 요즘의 손주들은 태어나서 얼마 안 있으면 핸드폰에다 뭐를 입력해서 그것을 통해서 공부라는 것을 시키고 있는 세대인 것 같다. 그러나 우리 세대에는 초등학교에 들어가기 며칠 전에 미리 자기 이름 정도는 쓰는 것을 배워서 가야 한다고 오빠로 부터 선행 학습을 하긴 했다. 그것도 위로 언니 오빠가 있으면 다행이고 그렇지 않은 친구들은 초등학교 입학을 하고서도 한 참이 지나서야 자기의 이름을 쓰는 법을 터득하기도 했다.

나는 수안보의 여러 친구들과 만나게 된 때는 초등학교 2학년 2학기 때부터이다. 전에는 공이동 초등학교에 입학을 했었다. 공이동에서 무슨 연유인지는 잘 모르지만 아버지가 깃골 뒤 다릿골이라는 데로 이사를 오셨다. 공이동에 살 때 아버지는 농사도 지었고 동네 사람들 이발도 해줬고 또 사람들에게 침을 놓고 한약을 지어서 아픈 사람을 치료도 해 주었다. 수안보 학교에 전학을 와서는 어린 나이에 모두가 적응이 잘 되지 않았다. 홍기옥 선생님이 담임 선생님이셨는데, 낯이 설기도 하고 교과서가 없어서 한 동안 학교를 나가지 않았다. 수안보 학교에 오면 당연히 2학기 교과서를 내어 줄 줄로 알았는데, 수안보에서는 여기는 줄게 없으니 공이동 초등학교에 가서 다시 수령해서 오라는 것이었다. 그래서 공이동학교에 가서 사연을 얘기 했으나 이미 전학을 했기 때문에 줄 것이 없다는 것이었다. 나는 공중에 떠 있는 상태였다. 급한 마음에 오빠가 충주에 나가서 큰 책방을 뒤져서 교과서를 구입하려고 했으나 참고서는 많이 있어도 교과서는 없다는 것이었다.

나는 교과서도 없는데 학교를 뭐하러 가느냐고 안 가겠다고 집에다 버텼다. 한 보름을 학교도 안 가고 집에서 노니까 하는 수 없이 오빠는 2학기 교과서를 명길네 집에서 빌려다 공책에 그대로 필사를 해줘서 마지못해 그 걸 가지고 학교에 다니기 시작했다. 그런데 중요한 것은 내가 그 책을 보고 공부를 잘 한 게 아니고, 그 책을 보고 홍기옥 선생님이 감동을 하시는 것이었다. 누가 이렇게 잘 필사를 해주었냐고 묻는 것이었다. 선생님께서 우리 오빠의 정성도 정성이지만 필체에 감탄을 하셨다. 그만큼 우리 오빠는 필체도 좋았고 공부 잘했었다. 나는 2학기 말이 되어서는 낯선 것은 사라졌고 학교를 다는 것에 재미를 느꼈다.

우리 아버지는 같은 동네의 또래라서 그런지 명길이 아버지와 아주 친하게 지내셨다. 다릿골에서 두 분이 자주 술도 드시는 것을 어려서 여러 번 봐서 기억에 남는다. 우리 아버지는 다릿골에 임야를 3정보를 사 가지고 오셨다. 문서는 임야 이지만 옛날에는 산을 일궈서 밭은 만들어 곡식을 심어 농사를 지었다. 그래서 우리 집은 밭이 엄청 많았다. 그리고 과일나무와 밤나무가 많았는데 어렸을 적에는 그 것을 가지고 동네 아이들에게 유세를 떨기도 했다. 그리고 나한테 잘 보이는 애들은 그 밤나무를 하나씩 가지라고 했다. 내가 무슨 권리라도 있는 것처럼 행세를 하며 그중에서 제일로 좋은 나무는 물론 내 것이고 그 나머지를 친구들에게 분양을 해주었다. ㅎㅎㅎ 우리 아버지는 마을에서는 농사를 지으시는 농사군 이지만 인근 동네에는 한의사(?) 침쟁이(?)로 꽤 소문이 나 있었다. 뭐가 뭔지 잘 모르지만 명의든 돌팔이든 그들의 병을 침과 한약을 통해서 낫게 해주는 기술이 아버지에겐 있었나 보다. 가끔은 아버지는 가죽 가방에 침이라든가 부항뜸 용기라든가를 챙겨서 어떨 때는 보름도 지나고 한 달여를 출장을 다녀오시기도 했다. 그러면 돈을 좀 벌어 오시는 것 같았다. 아버지가 돌아오실 때는 우리 막내 여동생의 예쁜 고무신과 우리들의 과자도 사오셨다. 그것으로 우리는 마냥 즐거웠다. 그 당시는 통신이라는 것은 아이예 없었으니 출장을 나가시면 언제 돌아온다는 기약도 없이 시간이 가는 것이었고 돌아오면 그제 서야 안도의 마음이 드는 것은 엄마의 마음이었을 것이다. 아버지는 그동안 인근 마을을 돌아다니며 있었던 얘기와 외지에 나가 들은 세상의 얘기를 죽 늘어놓는 것이었다. 그러면 그 얘기를 듣는 마을 사람들은 재미있게 청취를 하는 것이었고, 정작 어머니는 그 얘기를 가까이에서 들으려 하지를 않으셨다. 왜냐하면 엄마는 아버지가 밖으로 쏘아 다니시는 것을 원치 않으셨다. 가끔은 준선이(명길이) 아버지와 술을 마시면서 나누는 대화 중에는 마을 밖 외지에 나가서 자기가 치렀던 일에 뻥을 좀 보태며 화려한 얘기를 해 대면 준선이 아버지는 재미있어라 귀를 쫑끗하게 들었고 사랑방과 좀 떨어져 있는 안방이지만, 그 소리는 엄마 귀에도 들렸고 듣는 엄마는 그 얘기가 정말 듣기가 싫으셨을 것이다. 아마도 여자들이 들어서 별로 기분이 좋지 않는 주막거리의 얘기였을 것이다. 그렇게 그렇게 긴 겨울밤을 지내던 고향 사람들이었다.

우리 어렸을 때는 왜 그리도 눈이 많이 왔는지... 가슴팍까지 쌓이는 눈은 예사였다. 눈이 오면 오빠나 남자애들은 토끼를 잡으러간다고 첩푸산을 올락 낼락 심지어는 산을 넘어서 고운리까지 가서 토끼를 잡아왔다. 그날은 잔치날처럼 즐거웠다. 엄마가 무를 듬성듬성 썰어 넣고 소금과 고춧가루 마늘로 양념을 하여 토끼탕을 끓여내면 어린 우리들과 가족들이 옹기종기 앉아서 냠냠 맛있게들 잘도 먹었다.

방학이라서 학교를 안가는 다음날 아침이면 동네 아이들이 우리집 마당으로 모인다. 우리집은 동네에서 공회당처럼 아이들이 모이는 마당이 넓은 장소이다. 우리집에 오는 아이들은 손에 비료포대를 하나씩 들고 온다. 그 비료포대를 깔개로 하여 우리 집에서 출발한 썰매는 다리골에서 오미쪽으로 나 있는 비탈계곡으로 한참을 미끄러져 간다. 내려 달리는 속도감 그 즐거움의 희열은 말 할 수 없이 좋았다. 한마디로 기분이 짱이었다. 어른이 되어 아이들을 데리고 강원도의 유명한 스키장을 가서 아이들과 함께 눈썰매를 타 보았으나 옛날 우리 어렸을 때 다릿골에서 타고 놀았던 눈썰매 놀이에는 택도 없는 것이었다. 그만큼 나의 어렸을 때의 그리움의 향수가 가슴속에 막 밀려오고 있었다.

봄이 되어 학교를 다니는 우리의 오솔길은 남들이 보기에는 토끼길로 보였겠지만 그 길이 얼마나 아름답고 고운 길이었는지 모른다. 가는 길마다 봄이면 제비꽃이며 우리 할머니 묘동을 지날 때면 꽃봉오리가 고개를 숙인 채로 핀 할미꽃이며 진다래 꽃이 활짝 피어서 그 예쁜 분홍색에 취해서 학교에 도착하여 교실에 앉아 공부를 해도 그 아름다운 등곳길 고운 영상이 연상이 되어 칠판은 헛것으로 보였다. 공부에 집중이 안 되었으니 나의 공부가 취미가 있었겠냐고요. 차라리 문학소녀의 길로 선생님이 특성화 교육을 시켜줬으면 나름 나는 유명한 시인이 되었을지도 모른다. 우리들 다릿골 애들은 참으로 순박했다. 수안보 물탕거리 애들은 그래도 좀 약았지만 우리는 그렇지 못했다. 한마디로 순둥이 들이었다. 요즘 동남아 오지의 애들이 텔레비전 나올 때 외지인인 우리나라 사람들을 보면 수줍어서 막 자기네 집 뒤로 도망을 가서 숨는 장면을 보게 되는데, 50년전 우리들의 모습을 보는 것 같아서 빙긋이 웃음이 지어지기도 한다.

그렇지만 똥개도 자기 집 앞에서는 50점은 먹고 들어간다고, 학교에서나 수안보 물탕거리에서는 쥐죽은 듯 조용하던 애들도 집으로 돌아오는 길에 있는 호랑이 바위터에서 한바탕 놀이를 한다. 그곳은 서낭당 비슷한 터가 있었고 물이 졸졸 나오는 샘가 옆에 호랑이 바위라 불리는 곳이다. 우리는 다시 다릿골에 도착을 하게 되면 탈렌트도 그런 탈렌트가 없다. 아주 활달하게 잘 놀게 된다. 학교에서 발표라곤 수줍어서 못하던 우리도 우리 다릿골에만 오면 아까 학교에 발표하던 애들보다 훨씬 잘 노는 것이었다.

우리가 학교를 오가는 길은 동지를 지나 깃골을 통해 다릿골로 정상적으로 가는 길이 있다. 그러나 우리는 길을 좀 질러간다고 학교가 파하기가 무섭게 새텃말 뒤로 나 있는 지름길로 꿩의 병아리처럼 쪼르르 산길을 오른다. 우리에겐 학교를 가는 즐거움은 없었고 학교를 파하고 집으로 돌아가는 즐거움은 어느 다른 동네 아이들 보다 더 컸다. 동네 마을에 가서 우리끼리 학교에서 배웠던 것을 서로 공연을 하는 즐거움이 있었기 때문이다. 새터말 뒤로 가파른 길을 가다가 누구네 묘동인지는 몰라도 그 산소에서 잠시 쉬었다가 이내 산을 올라치면 능선이 나오는데 거기에 도착하면 누구라 할 것 없이 얼굴에 환한 미소를 짓게 된다. 그만큼 우리들끼리는 마냥 좋았다. 특히 나는 능선에 도착하여 우리 집이 있는 마을을 보면 정말 마음이 푸근해 지는 것을 느낄 수 있었다. 늦은 오후에 따뜻한 양지바른 햇볕이 우리 마을에 비춰지는 평화로웠던 영상은 지금도 꿈속에서나 그리던 영상이다. 아~ 지금은 모두 그곳을 떠나 아무도 살지 않는 산속이 되어버린 그리운 나의 고향이 너무나 그립다. 몇 년 전에 동창회를 내려간 김에 고향의 그리움이 너무 커서 명길이 친구에게 얘기했더니 그 친구가 임도가 새로 나 있으니 자기가 길안내를 하겠다고 해서 그의 차로 옛 마을을 찾아갔다. 새로난 임도를 따라서 오미쪽에서 가는 다릿골 입구에 도달하였는데도 나의 가슴은 콩닥거리기 시작하더니 차가 위로위로 올라가 옛날 우리들의 마을이 있던 곳에 도달하게 되니까 이젠 가슴이 울렁울렁했다. 너무 격한 감동이 밀려오는 것이었다. 마치 텔레비전에서 보아 왔던 이산가족이 만나며 울며불며하는 그런 기분이었다. 그러나 집터는 다 없어지고 어렴풋이 여기는 누구네 집이 있던 자리 저기는 누구네 집이 있던 자리라고 명길이가 열심히 설명 해 주었으나 나는 남들의 집터는 개략적으로 그렇구나하며 고개를 끄덕였다. 명길이가 자기의 차를 다시 서서히 몰아서 구부러진 임도를 따라 정상 부근에다 주차를 했다. 거기에는 산보를 하는 사람들이 쉬었다 가라고 8각정을 잘 만들어 놓았다. 정자에서 명길이는 이제 조금씩 걸어서 차를 타고 올라 왔던 길을 되돌아가면서 다시 동네의 설명을 하는데 무성해진 큰 나무등걸 사이로 풀숲이 있지만 희미하게 보이는 것이, 아니 확실하게 보이는 것은 바로 우리가 살던 집터가 눈 속에 들어왔다. 그 순간 나는 뭔 서러움인지 몰라도 눈물이 왈칵 쏟아져 나왔다. 이산가족들이 부둥켜안으며 우는 것처럼 소리 내어 울게 되는 것이었다. 가슴이 잠시 먹먹했다. 나의 모습을 보던 명길이도 그 옛날 자기의 집이 생각이 났는지 먼 하늘을 바라보는 것 같았다. 아마도 그의 눈가에도 회상의 눈시울이 붉게 되었을 것이다. 잠시 머물다가 8각정에 다시 올라와 자리를 잠시 다시 둘러보는데...웬걸 우리 할머니 할아버지의 산소가 거기에서 조금 떨어진 그 자리에 있었다. 난 신발이 망가지는 것은 아랑곳하지 않고 산소로 허겁지겁 달려가 엎드려 엉엉 울었다. 초상 때보다 더 서럽게 울었다. 누가 시켜서가 아니다. 웬지 모르게 북받쳐 올라오는 서러움이 나의 마음을 주체할 수가 없었다. 아마도 그것은 죽어서나 살아서나 핏줄이기 때문인가 보다. 그렇게 해서 그해 동창회 참석은 원도 한도 없었다.

순박한 우리 마을 친구들을 한 번 더 소개하고 가야겠다. 우리 수안보에 늦여름이면 이동영화 상영하는 사람들 와서 한 일주일 쯤 머물러 영업을 하고 간다. 그들이 트럭에 싣고 온 장비며 서까래 같은 긴장대를 소장거리 공터에 내려놓고 우선 먼저 낙엽송 장대로 둘레를 꽉꽉 묶어서 울타리를 잘 만들어 철옹성을 만든다. 그리고 막상 저녁에 영화를 상영할 때면 장막을 둘러치는데 물셀 틈이 없이 단단히 친다. 당시 문화 혜택이라고는 거의 전무하던 시절 영화상영은 면내에서 가장 큰 행사였다. 가끔 서커스 공연도 오지만 군연예단 문선대에서 노래공연은 종종 와서 노래를 해주고 가지만 영화는 안 틀어줬다. 아니 틀어 준다고 해도 정부 홍보용 짧은 반공영화 정도였다. 그런데 그해 늦여름에 그 때 한창 유행의 소문이 나있던 '저 하늘에도 슬픔'이라는 영화를 상영한다는 것이었다. 그 소문은 각 마을 마다 다 퍼져 나갔다. 우리 다릿골 애들도 그 정보를 접수하고 유명한 그 영화를 보러 가기로 작정을 했다. 그런데 다릿골에는 영화를 보러갈 여유가 있는 집은 하나도 없었다. 한 마디로 그림의 떡인 것이었다. 그런데 학교를 파하고 집으로 돌아가다가 우리들은 중간 묘동 쉼터에 앉아서 쉬면서 회의를 했다. 영화상영 입장료가 15원이라는 것이었다. 그 돈이 각각 개인별로는 없는 돈이고 서로 몇 푼씩 모으면 28원이 된다는 것이었다. 그렇다면 누군가 한사람이 그 영화를 보고 와서 우리들에게 그대로 얘기를 하면 된다고 명길이가 제안을 했다. 그러자 잠시 짧은 시간이지만 적막의 시간이 흐르고, 성근이가 다른 제안을 하는 것이었다. 그러지 말고 누군가가 돈을 내고 먼저 영화상영장 안으로 들어가서 천막을 슬쩍 들어 올리면 그 사이로 얼른 튀어 들어와 영화를 보면 다 볼 수 있다는 것이었다. 가만히 듣고 있던 애들의 귀가 솔깃했다. 그렇지 그게 좋겠다고 다 동의를 했다. 그 회의가 끝나고 우리들은 각자 집에 돌아가 저녁을 일찍들 먹고 다시 그 묘동에 모였다. 이젠 누가 먼저 입장을 할 것인지를 놓고 회의를 했다. 그 결과 명길이도 성근이도 아닌 의묵이를 선입장자로 골랐다. 왜냐하면 그 친구는 우리보다 더 약았다고 보았기 때문이다. 그렇게 우리는 남자3명 여자 2명 합 5명이 소장거리 영화상영 천막으로 와서, 사전 모의를 했다. 거기 지키는 기도(영화관 입장자 관리 감독하는 청년)에게 들키지 않게 살금살금 가서 한쪽 구석쟁이를 우리가 쌔벼서 들어갈 곳으로 정했고 한 사람 의묵이만 입장하고 나머진 대기하고 있다가 신호를 하면 잽싸게 들어가기로 모의도 다 끝냈다. 영화는 시작이 되었다. 영화는 지금이나 그때나 곧바로 본영화를 상영하는 것이 아니라 예고편이나 관영 홍보영화를 먼저 틀어 주는 것이었다. 밖에 대기하고 있는 우리는 예고편이든 본영화든 빨리 신호가 오기를 가슴 조리며, 감시자인 기도는 모르게 대기를 하고 있었다. 영화를 쌔벼 들어가는 놈들을 제어하기 위해 감독하는 사람이 장대를 바닥에 질질 끌고 다니면서 겁을 주고 왔다갔다 했다. 우리는 더 마음이 졸여 오는 것이었다. 이제나 저제나 마음은 급해 죽겠는데 의묵이 이놈은 왜 신호를 안주는겨? ...잠시 장막안의 상황을 중계하겠다... 장막안에는 감시자가 더 살벌하게 왔다갔다 지키고 있으니까 의묵이 얘도 영화 보는 것은 눈에도 귀에도 들려오지 않고 오로지 밖에 있는 우리들을 들여보낼 생각으로 마음을 조려가며 기회 포착을 호시탐탐 노리고 있는데 호락호락한 일이 아니었다. 그 쌔벼들어 가는 사업(?)계획을 우리만 짠 것은 아니잖은가? 다른 마을 애들도 많다. 그 계획의 실행은 탑골애들이 먼저 선수를 쳤다. 대기자 애들이 들어오려 했지만 기도에게 들켜서 실패하고 뒤지게 얻어지는 상황이 전개 되었다. 배짱이라고는 하나도 없는 새가슴인 의묵이는 그걸 보고 이젠 더 실행을 하지 못하는 것이었다. 그래도 그도 책임을 가지고 들어갔으니 임무를 수행해야 하는 강박감은 가지고 있었다. 잠시 후 영화장면이 극적인 것이 전개되어 관객은 환호와 박수를 치는 약간 장내가 들뜨며 혼란했다. 이틈을 타서 쌔벼팀들이 장막을 들춰 자기네 팀을 들여 보내는 2차 시도를 했다. 이번엔 공교롭게 2팀이 동시에 시도를 했다. 대안보 애들과 우리 다릿골 애들이다. 재수없게도 대안보 애들은 현장에서 붙잡혀 아까 탑골 애들과 같이 뒤지게 얻어터지며 쫓겨났다. 기도는 대안보 애들을 쫓겨내면서도 건너편의 의묵이 쪽으로 눈길을 힐끗 주었다. 그렇지만 그사이 우리는 쏜살같이 의묵이가 들춰준 장막 밑으로 잽싸게 들어와 긴장되어 급한 숨을 몰아쉬던 것도 숨을 죽이고 자리로 끼집고 들어가 앉았다. 영사기 돌아가는 소리는 차르르 차르르 들렸고 영화 장면은 조용하게 숨을 죽이게 되는 슬픈 장면이 되었다. 우리는 영화장면을 집중하려 하는데 기도가 왔다갔다 하다가 우리들 가까이 와서는 멈췄다. 그 기도는 걸음을 멈췄지만 나는 심장이 콩당거리면서 숨이 멈춰지는 것 같았다. 어두운 장내에서 두리번 두리번 하더니 기도는 성근이의 등짝을 후려치는 것이었다. 그러면서 옆에 있던 명길이의 귀를 잡아 비틀더니 둘을 끌고나가는 것이었다. 출입구까지 가서는 기도가 발길로 둘의 엉덩이를 후려 차서 내보냈다. 그리고 또 다시 우리 쪽으로 와서 두리번대다가 여자인 우리는 그냥 알고도 모르는 척 다른 쪽으로 지나갔다. 그런 상황에 나는 영화가 보이겠냐고유...귀에 들려오는 것도 아니고요. 그렇게 그 유명한 영화 '저 하늘의 슬픔'이라는 영화는 본 것도 아니고 안본 것도 아니게 그날 영화 상영은 종영되었다. 지금 생각하면 추억이 되기도 하고 돈이 없어서 그렇게 보고픈 것을 못 보게 된 서글픈 사연에 씁쓸한 미소를 짓게 된다.

다음은 나의 인생여정 중에서 공부보다 돈 버는 게 쉽다고 하는 얘기를 잠깐 해 봐야겠다. 나는 우연한 기회에 삼양사(설탕을 제조하는회사)에서 정부의 프로젝트 업무를 의무적으로 수행해야하는 페트병을 재활용해서 프라스틱 원료로 보내는 설비가 설치된 사업장에 1개 라인을 맡아서 하게 되었다. 소위 말하는 소사장 제도의 대표를 맡아서 사업을 했다. 나는 사람을 다루고 조직을 이끄는 것에는 소질이 있나보다. 그 사업장을 얼마나 잘 이끌었는지 실적도 좋았고 본사의 상무가 와 보고는 이 사업으로 일본을 진출하면 돈을 엄청 벌 수 있다고 일본진출을 권유 하였으나 나의 일본어 실력이 되지 않아서 그 제안은 포기를 했다. 나는 결정하는 것은 빨리 내린다. 안되는 것에 대해 지난 것은 미련을 갖지도 않는 호탕한 성격이다.

전체사업장이 돌아가는 상황을 보니까 구내식당을 운영하면 돈이 될 것 같았다. 어차피 우리 직원들도 지금까지 돈을 들여 외부에서 공급되는 식사는 하는 거고, 내가 구내식당을 하면 우리 직원들도 먹고 다른 라인의 사람들도 회사내에 식당을 이용하면 편리하고 생산성도 더 높아져 그들도 이용하게 되었다. 그래서 나는 사업장 운영과 구내식당 운영의 2마리 토끼를 잡게 되어 돈을 좀 벌게 되었다.

그러다 보니까 공단 내에서 핸드폰 부품에 들어가는 인서트 사출공장을 운영해보라는 권유로 덩어리가 더 큰 사업으로 갈아탔다. 운영해보니 재미가 쏠쏠했다. 핸드폰 부품은 한 품목이 사이클이 오래 가지가 않는 것이었다. 그래서 이번엔 그린테크원이라는 상호로 삼성 핸드폰에 들어가는 안테나를 제조하는 업종에 뛰어들었다. 그런데 이번에는 상황이 만만찮았다. 우리 공장에서 제품을 막 양산하려고 할 때쯤에 핸드폰에 안테나가 필요 없는 특허제품이 장착되는 바람에 우리 그린테크원은 시설 투자비도 못 건지고 상당한 손실을 가져왔다. 그동안 벌어 놓은 돈을 거의 다 날렸다. 내가 사업을 시작하고 처음으로 맛보는 쓰라림이었다. 나는 그것에 좌절하지 않고 핸드폰에 쓰이는 펜을 제조 가공하는 사출업으로 다시 시작했다. 이 품목 업종은 아주 잘 되었다. 그러면서 전에 경험이 있던 구내식당을 겸했다. 매출이 급상승을 해서 벌이가 좀 되어 앞에서 손실을 본 것을 다 복구하고도 제법 모았다. 앞에서 말한바와 같이 핸드폰 부품의 생산 사이클이 짧다고 얘기 했듯이 이번엔 핸드폰에 밧데리를 내장형으로 장착하는 것으로 출시가 되는 바람에 우리의 품목의 사이클 수명이 다 되었을 감지하고 앞선 경험 그린테크원 처럼 쪽박이 나기 전에 이번엔 서수 쳐서 사업을 정리하였다. 나이도 나이가 들은 만큼 나는 노후는 준비가 되었기에 과감하게 정리를 하고 시간적인 여유로움을 가지고 우리 고향 친구들과 카톡으로 소식을 주고받으며 즐기고 있다.

충청북도 중원군 상모면 온천리 관동(다리골)지금은 이주소가 없겠죠? 나에 초등시절 주소랍니다. 누구나 자기 고향이 좋겠지만 내 고향은 더욱 그립지요. 안타깝게도 다릿골에 살던 사람들이 다들 뿔뿔히 흩어져 이사를 가게 되어서 마을이 없어진 것이 내마음속엔 항상 아쉽고 그립습니다. 내가 집을 나 올 때는 다리골이란 마을에 11가구가 정겹게 살았는데, 박정희 정권시절 화전민 정리한다는 정책으로 모두 다 그 곳을 뜨게 되었답니다. 지금은 사람이 아무도 살 수 없는 그냥 산이 되어 버려서 가보지도 못하게 되었더라구요. 그래서 더 그립고 안타까웠죠. 내가 사회적 전성기를 누릴 때도 내 자식들에 축하 할 일이 있을 때도 나 어릴 때 다리골에서 엄마 아부지외 12식구가 살던 고향이 그립고 아버지가 보고 싶어요. 지금도 연풍 오빠집을 갈 때면 차를 끌고 다리골을 돌아봅니다. 그래도 다행히 차가 다닐 수 있는 길이 생겨 너무 감사한 일입니다

내 작은 바램은 안다릿골(막친골)이 이름이 수안보 어디라도 기록이 되어 있으면 좋겠습니다.

나 있는 현재 자리가 행복의 샘터유.

김 진 곤

우리가 살아 온 세월이 눈 깜박할 찰나인 것 같은데도 환갑 진갑 다 지나 6십 중반을 지나 7쪽으로 기울고 있으니 참으로 길었다고 말할까? 손주 재롱에 정신을 놓고 있는 나이가 되었으니 말이다. 우리들이 초등학교 입학을 할 시절 같으면 아마도 현재 우리들 친구들은 5분지 4는 황천을 건넜을 것이다. 나는 요단강을 건넜을까? ㅎ 그런데 요즘은 우리들 나이가 노인정이라는 곳에는 예약도 안 받아주며, 마을에서는 청년이 아닌 청년회 조직으로 남아 있어서 친구들끼리는 구라이지만 아직은 파란약이 필요 없다고 허풍을 치고들 있다. 그만큼 아직은 건강하다는 얘기일 것이다. 우리 45회 동창회에서 자기가 살아 온 인생이야기를 써 내라는 압력을 편집담당 친구에게서 여러 번 받았기는 했는데 미루고 미루다가 막상 써 보려니 막막하고 무엇부터 어떻게 써 내려갈까...머리에 쥐가 나는 일이다.

나의 인생이야기를 쓰는데 있어서 우리 조상 얘기를 안 하고 갈 수가 없다. 왜냐하면 태어나 유년시절이 할아버지의 경제력에 좌우 되었으니 말이다. 우리가 수안보에 오게 된 시절은 왜정 때 할아버지 3형제분 중에서 큰할아버지와 중간인 우리 할아버지가 연풍에서 수안보로 넘어 오셔서 정착하면서 부터이다. 원래는 연풍이 아니고, 저 아래 밀양이 원 고향이셨다고 한다. 수안보는 이 지역에서 조상 대대로 살아 온 집안들도 여럿 있지만, 우리보다도 더 늦게 수안보에 들어와서 살게 된 경우가 더 많다. 어떤 연유로 저 밑의 밀양에서 윗쪽으로 올라오시게 되었는지는 난 모르지만 밀양에서 연풍으로 오셔서 잠시 정착을 했다가 작은 새재를 넘어 온 할아버지 형제분들 큰 할아버지는 수회리에 정착을 하였고, 우리 할아버지는 상모면 면사무소에 면서기로 일을 하게 되었고 수안보 물탕거리에 집을 자리 잡으면서 부터가 우리가 살아온 그리고 나의 인생 이야기가 시작 되는 것이다.

할아버지는 면사무소에 나가면서 거처하는 집을 요즘말로 치면 주상복합으로 만드셨다. 그 자리가 우리 초등학교 앞에 신흥장 여관을 운영하셨다. 해방이 되고 수안보 온천물이 피부병에 효험이 있다는 소문이 인근 지방에 소문이 나면서 수안보에 목욕을 하러 오는 손님들이 많았다. 그 손님들은 수안보에 와서 며칠씩 묵어서 온천을 하고 가는 것이었다. 따라서 당시 숙박 시설이 몇 곳 없었지만 그중에 우리 집 신흥장 여관은 다른 숙소에 비해 크기도 컸고 더 깨끗한 시설이었기에 항상 손님들이 넘쳐 났다고 한다. 그래서 우리 집은 돈이 부족한 집이 아니고 여유 있는 집이어서 장남인 아버지도 고등교육과 아울러 대학교육까지 가르치셨으니 대단한 것이라고 본다. 작은 아버지들도 교육을 잘 시켜서 이름 있는 공공조직의 사무처장까지 지내셨다. 물론 다 공부를 잘하신 것은 아니다. 어떤 작은 아버지는 공부는 뒷짐을 졌어도 충주 바닥을 확 휘어잡는 주먹세계를 주름잡는 분이 계셨고 어떤 삼촌은 사업을 한다고 위험한 삶을 넘나들다가 나이가 들어서는 결국 형님들의 재산을 탕진하시기도 했다. 물론 그 여파는 우리 집의 재산도 몽땅 날리게 하셨다. 내가 공부 쪽에서 좋은 빛을 못 본 것은 아버지처럼 정상적으로 교육과정에 적응을 하지 못하고 같은 핏줄인 삼촌들의 파격적인 성격을 닮아서 였을까? ㅎ

하여튼 할아버지의 부유한 경제력으로 우리집안에 장손인 나를 할아버지가 끔찍이 위해 주셨다. 그 당시 유치원이 있는지 없는지도 모르는 친구들이 더 많은 데 나는 한 학년 위인 양띠 친구들과 유치원을 다녔다. 유치원은 공립이 아니고 사설 교회에서 운영했던 곳이다. 지금은 키가 큰 편은 아니지만, 조생종인지 어려서는 아주 큰 편 이었다. 어려서 내가 장하다고 할아버지께서 좋은 것을 많이 먹이고 해서 인지는 몰라도 내 키가 아주 컸다. 그래서 나의 별명이 전봇대라고 우찬이 얘네들이 나를 놀리기도 했다.

국민학교에 입학을 하고 1학년 1반에 배정 되었다. 2학년이 되어서는 반 배치를 새로 했다. 담임 선생님은 배구를 아주 잘하시는 이기원 선생님이다. 선생님은 2학년부터 4학년 1학기 때까지 반 변동 없이 우리를 가르치셨다. 그 시절이 아주 그립다. 운동하기를 좋아하는 나는 비가 오는 날이면 옷이 흠뻑 젔는데도 아니 흙탕물에 옷이 다 헤지는데도 불구하고 운동장에 나가서 친구들과 공차는 것을 즐겼다. 아버지의 피가 내 뼛속에 흐르기 때문이었을까? 아버지는 축구명문 청주상고의 축구선수를 지냈다. 이기원 선생님이 4학년 1학기를 마치고 2학기 때 제천으로 전근을 가셨다. 2학기에 새로 오신 선생님이 임성규 선생님이다. 청주교대를 나온 지 얼마 안 된 아주 핸썸한 총각 선생님이다. 그 선생님은 다른 학년을 맡고 있는 예쁘장한 여선생님과 거의 공개적으로 연애를 하는 연애 박사였다. 그 연애하는 것을 재미있어라 놀리는 것이 당시 우리들의 화제 거리였다. 그 놀리는 것을 선생이라고 왜 몰랐을까? 놀리는 것을 모르는 척하고 지내도 되는데,

당시에는 선생이 애들 두둘겨 패는 것은 예사였다. 한번은 중간체조 시간(당시 2교시가 끝나면 운동장으로 모두 나와서 체조를 했음)에 모두 모여 체조를 하는데, 우리 친구들 무리에서 '임성규 선생님은 연애 선생님'이라고 소리 내어 놀려 대는 소리로 킥킥 대고 있었다. 그 소리를 들은 임 선생님은 그물을 놓고 이 때를 기다렸다는 듯이 킥킥거리는 무리 속으로 임성규 선생인 돌진 하더니 엉성하게 키가 큰 놈을 하나 잡아서 아구창을 여러 번 날리는 것이었다. 그러자 놀려 대며 쑤근대던 아이들의 소리는 쏙 들어가고 운동장은 쥐 죽은 듯이 조용해 졌다. 그 이튿날 눈탱이가 푸르죽죽하게 되어 달걀로 얼굴을 문지르며 학교에 온 친구는 바로 오미 사는 이형우 친구였다. 그 친구가 예나 지금이나 싱거운 소리(?) (인생 살아가는데 활기를 주는 원기소인 유머)를 잘하는 친구이지만 그날은 옴팍 재수 없게 임성규 선생님한테 표적으로 걸린 것이다. 5학년이 되어서는 반배치가 다시 되었다. 5학년 때도 나는 임성규 선생님 반장이 되었고 6학년이 되어서는 1반 반장이면서 전체 어린이 회장이 되었다. 그런데 우리 때는 충주 중학교에 진학하는 그룹은 별도로 과외공부를 하기도 했다. 과외라는 단어가 생소하지만 수안보 본바닥에 사는 친구들은 실력이 있다는 어느 선생님에게 그룹과외를 했다. 그래도 학구열을 갖는 부모님들이 몇몇 모여서 그룹과외를 시켰던 것이다. 사실 나는 부모님들이 부부교사로 재직하셔서 현지에 부임하시고 계실 때는 본가인 할아버지 집에서 할머니 보살핌 속에서 초등학교를 다녔다고 보면 된다. 그런데 어머니가 살미 초등학교로 전근을 하게 되어, 엄마는 나를 데리고 있으면서 좀 더 공부를 더 시키고자 작정을 하였는지 나를 그 학교로 전학을 시켰다. 나는 외지로 나가는 것이 처음이라서 낯설기도 했지만 그 학교에 적응이 잘 되지를 않자, 성적이 오히려 떨어질 것에 염려를 한 엄마는 나를 얼마 후 곧바로 다시 수안보 학교로 복귀를 시켰다. 다행으로 나는 지금의 여러 친구들과 졸업을 같이 할 수가 있었다.

사실 아버지는 나를 작은 아버지들이 계시는 서울에 마음 같아서는 경기중학교에 진학을 시켰으면 하는 바램이 크셨다. 그런데 그 당시 우리가 중학교에 진학을 하게 되는 1969학년도부터 서울의 중학교는 무시험 추첨방식으로 바뀌는 바람에 타지역은 진입을 할 수가 없었고 그 희망은 접었다. 무시험제도가 아니었으면 경기중학교가 아니더라도 그래도 전통이 있는 어느 중학교에 진학 했을는지 모른다. 하는 수 없이 충주 중학교에 진학을 했다. 공부를 잘한다고 나름 시건방진 생각을 가진 나였으니 충주 중학교 정도야 거의 수석으로 들어가야 맞지 않은가? 그런데 내가 나의 입학성적을 알아본 결과 충격적이었다. 겨우 중간에서 조금 앞에 선 위치였다 496명중에 192등이었다. 우물 안 생각이었음을 깨달았다. 우리 수안보 동기들 중에 2명이 같이 진학은 했다. 가끔은 그 친구들과 어울려 수안보 고향 얘기도 나누며 즐겁게 지냈다. 나는 입학성적 결과의 마음속 충격으로 나름 스스로를 다잡아 노력을 더했다. 충주시내 초등학교 출신 친구들이 공부를 잘하는 것이 머리가 좋아서라기보다 열심히 노력을 하는 것을 보고 나라고 그들이 하는 것을 못하란 법이 있느냐고 마음을 채찍을 가하여 학교생활을 열심히 했다. 반장도 하고 JSA라고 하는 적십자 동아리에도 가입하여 적극적인 중학교 생활을 했다. 성적도 입학 때보다 훨씬 좋아져서 전체 석차는 상위 10%안에 들어가 그 선을 유지했다. 중2가 되어 봄날이 되니까 수안보에서 시내에 나와서 충주 생활하는 것도 익숙해지기 시작했다. 어느 생활이나 초심유지가 가장 중요한데 이제 돌아가는 이치를 알게 되니까 꾀를 부리게 되고 나태 해지는 것이었다. 1학년 때만 해도 주말이라도 쉬지 않고 공부를 한다고 하숙집에서 열심히 했는데, 2학년이 되어서는 이제 친구들도 하나 둘 생성이 되어 나의 하숙집으로 꼬이기 시작했다. 공부도 좋지만 운동하고 놀기 좋아하는 나의 성격으로 인해, 충주중학교에서 좀 논다는 친구들이 나의 하숙집으로 자주 놀러 오니 내심 좋기도 했다. 나는 나름 중심을 잃지 않으려 마음은 다 잡고 있었지만 그게 언제까지 가겠냐고요. 그들은 공부도 잘하는 편이지만 잘 노는 애들이라서 무슨 행사를 꾸리길 좋아 했다. 한 번은 중간고사가 끝나고 주말이 되어 그 친구들이 충주여중 애들을 꼬셔와서 그룹으로 목행리 쪽으로 야유회를 가자는 것이었다. 촌놈이 그런 제안이 들어오니 많이 설레는 마음으로 좋아했다. 당시는 각 학교의 생활지도부 선생님이 야외 지도라 해서 남녀 학생들이 몰려다니며 노는 것을 적발하면 정학을 맞는 대상이 되기도 했다. 어느 시대나 그런 거 무서워 못하는 학생들도 아니지 않은가? 한 친구의 목행리 아버지 별장에 가서 주말에 당시 유행하던 야외 전축을 틀어 놓고 통기타를 치며 고고춤을 신나게 추고 놀았다. 참 재미있었다. 요즘 말로 그룹 소개팅이었다. 소년 시절엔 황순원의 소나기라는 소설에서 서술한 내용처럼 가슴을 설레게 하는 그 중에 참 예쁜 애가 있었다. 내 눈에 예쁘면 다른 애들한테도 그렇게 보였겠지...아니면 내 눈에 안경이었을까? 지금 생각하면 아련한 풋내기들의 놀이지만 당시에는 그래도 좀 논다고 꺼불떡 댔던 것 같다. 거기에서 여학생들과 놀이가 끝나고 자전거를 타고 하숙집으로 돌아오는 길에 사고가 났다. 우리가 잘 아는 친구 규석이를 자전거 뒤에 태우고 목행리 구름다리 내리막길을 치달아 내달리다가 뒤에 있던 규석이가 자전거에서 떨어져 고꾸라져 규석이는 면상을 갈아엎게 되어 앞니가 부러지는 사고가 났다. 내리막이 얼마나 경사가 심한지 나는 규석이가 뒤에서 떨어져 나간지도 몰랐다. 구름다리를 100m 정도 지났을 때 뒤에 없음을 알고 오던 길을 다시 더듬어 갔을 땐 이미 규석이는 얼굴에 피투성이가 되어 있었다.

그렇게 2학년 가을 소풍과 3학년 1학기 수학여행으로 이어지는 중학교 생활은 충주의 좋은 친구들을 사귀게 되는 소중한 시간들이었다.

3학년 2학기가 되어 아버지는 나를 서울로 보내셨다. 당시는 2학기가 되면 서울의 학원으로 올라가도록 학교에서 허락을 해줬다. 왜냐하면 충주중학교의 입학실적을 대외에 과시하기 위해서였다. 어떤 애들은 이런 제도를 몰라서 못했고 어떤 애들은 알지만 가정 형편이 그렇지 못하여 서울의 학원에 오지를 못했다. 아버지는 장손인 나만큼은 꼭 성공하는 집안의 대들보로 만들고 싶어 하셨다. 그래서 아버지는 서울 신설동에서 자취를 하고 있던 경희 고모네로 나를 올려 보내셨다. 고모는 인기가 있는 한진고속 승무원을 하고 있었다. 요즘으로 치면 대한항공 스트어듀스 라고 보면 된다. 고모가 나의 학원 입학을 알아 준 곳이 '동아학원'이다. 이름만으로는 그리 빠지지 않는 곳이지만 나중에 알고 보니 대형 유명학원이 아니라 신생 군소 학원이었다. 대형 일류 학원은 이미 봄부터 재수생들이 자리를 차지하고 있었기 때문에 중간에 끼어들어 갈 수 없었고 추가로 갈 수 있는 곳이 그런 중하위의 학원이었던 것이었다. 아무튼 신설동에서 53번 버스를 타고 종로2가에 내려 낙원동에 있는 동아학원을 다니게 되는데, 수안보에서 충주로 중학교를 유학 나왔을 때처럼 서울 생활이 설레이기도 했고 수도 서울이라는 데를 오게 되었으니 마냥 신기하기만 했다. 학원에 입학을 하여 친구들도 잘 모르고 할 때 처음에는 공부도 열심히 했다. 좋은 고등학교에 입학을 하여, 멋드러진 명문고 교복을 입고 고향을 내려가는 꿈을 꾸고 다녔다. 그 꿈이 한 두 달이 지나니까 점점 무뎌지고 흐려지고 있었다. 서울의 생활도 지나다 보니 패턴대로 하면 되는 것이었고, 서울이라는 데는 우리 충주관내 지역처럼 거기가 거기인 친구들이 아니고 지방에서 공부를 좀 한다는 친구 아니면 나름 지방에서 돈 좀 있어서 올려 보낸 여러 부류들이 공존해 있었다. 나 역시 열악한 경제적 가정환경 같았으면 옆을 돌아볼 여력 없이 공부에 매진을 하여 경기고등학교를 목표로 했을 것이다. 물론 나태해진 정신이었지만 학원에서의 목표는 경기나 서울 경복이었지...

그런데 목포중학교를 졸업하고 올라 온 한윤석 이라는 친구가 있었다. 요놈은 재수생인데 대가리도 잘 돌아 가는 친구였다. 얘는 학원을 전반기부터 다닌 친구였는데 공부도 빠지는 편은 아니었다. 그런데 이 친구는 종종 수업시간도 빼먹고 나가서 놀고 오는 것이었다. 그 원동력은 그 친구의 남들보다 튀는 성격도 있지만 그의 주머니가 마르지 않았기 때문이라고 본다. 그는 목포에서 조선소를 운영하는 지역에서는 나름 제법 돈이 있는 집의 막내아들이었다. 그래서 그는 항상 용돈이 풍부했다. 그가 학원에서 두루 살펴보니 나를 자기하고 어울릴 수 있는 놈이라고 찍었던 모양이다. 그는 재수생이고 나는 현역이지만, 어려서는 나이에 그리 관계하지 않고 잘 어울리게 되듯 우리는 금새 친구로 어울리게 되었다. 우선 서울 생활에 먼저 익숙하고 나보다 선수인 그를 나는 신기한 듯 재미있는 듯, 그가 안내하는 곳으로 따라 다녔다. 더 좋은 특수 괴외반 학원으로 안내 했다면 말을 안 하지. 걔의 목포 고향의 친구는 재수없이 진학을 했는데 하필이면 우리 학원 인근에 위치한 중동고등학교 야간에 다니고 있었다. 가끔 그 친구 놈과 어울리게 되었다. 종로2가 YMCA 뒷골목에 있는 당구장과 분식점 등등을 가면 인근에서 좀 논다는 놈들이 집합소가 있었다. 거기에 따라 다니며 하는 것이라고는 뻔하지 않은가? 뽀얀 연기와 두꺼비 병뚜껑을 따게 되는 게 아닌가? 그러니 공부에 매진할 수가 있겠는가? 그래도 시간은 흐르는 법 연말이 지나고 고등학교 입학시험이 다가왔다. 그 친구는 보성고등학교를 지원하고 나는 성동고등학교에 지원을 했다. 시험을 보니까 문제는 그래도 거의 다 아는 문제였다. 다들 그 학교에 지원하는 수준이면 거의 실력이 그 레벨에 거의 대동소이 하다고 볼 수 있을 것이다. 체력장 점수 포함 200점 만점이었는데, 내가 획득한 점수는186점이었다. 나중에 확인한 성동고의 커트라인 188이었다. 참으로 아쉬운 탈락이었다. 인생 태어나 낙방이라는 수모를 처음으로 맛보는 쓰라림이었다. 집에서는 합격을 간절히 바라고 있던 터이다. 특히 아버지는 집안의 장손이 서울의 고등학교를 단번에 합격하기를 얼마나 바라셨을까? 낙방을 한 것을 차마 내입으로 전화를 하지 못했다. 경희 고모가 집에는 알렸고, 하는 수 없이 2차 후기고등학교 시험을 봐야 하는데 2차의 명문 고등학교에는 영 자신이 없어서 안전한 합격권의 학교를 선택한 것이 서대문구 독립문 근처에 있는 대신고등학교다. 이 학교는 역사가 오래 되었고 실속은 SKY대를 지방에 있는 학교보다는 훨씬 많이 보내는데도 가까이 있는 일류 고등학교들에 치어서 서울에서는 이름을 내지 못하는 학교였다. 어찌되었던 그 학교에 합격이 되어 고향으로 내려왔다. 집에 오니 할아버지는 내심 아쉬워했지만 나를 다독여 주셨다. '어느 학교가 중요한 것이 아니라 어디를 가든 네가 하기 나름' 이라고 앞으로 더 열심히 해서 대학만큼은 좋은 데를 가라고 격려의 말씀을 주셨다. 고향 친구들에게는 내가 어느 학교에 합격했다고 먼저 얘기를 꺼내지 않았다. 왜냐하면 이름 있는 일류학교가 아니었기 때문에 물어 오면 마지못해 대신고등학교라고 답했다.

입학을 하기 전 두어 달 시간은 충주와 수안보의 친구들과 신나게 놀았다. 3월이 되어 입학을 하기 위해서 상경했다. 아버지는 이제 고모네 자취집에서 나와서 공부를 잘 하라고 나를 독립시켜 학교에서 가까운 금화 APT를 마련해 주셨다. 입학을 하고 보니까 목포의 조선소집 막내 아들인 한윤석이 놈도 우리 학교에 입학을 한 것이 아닌가? 그 놈이 이 학교에 오게 되어 우선 안면이 있는 친구라서 반갑기도 했고, 그 놈은 그래도 나보단 실력이 좀 있어서 2차 후기에 명문고에 갈 줄 알았는데 여기에서 만나게 되어 의지를 하고자하는 마음이 들었다. 서로 마음을 다잡고 공부하여 다음의 코스인 대학에는 좋은 데를 가보자고 서로 다짐을 했다. 학교 뒷산 인왕산에 개나리가 피고지고 봄날이 다 지나가 1학기 말 정도가 되니까 이제 학교생활의 적응이 되었다. 수안보에서 충주로 유학을 나왔을 때처럼 초심이 흐려지고 나의 금화APT는 친구놈들의 흡연 아지트가 되고 있었다. 일류고를 지향하다가 후반기에 성적이 일그러져 대신고에 입학한 머리는 있는 똘방한 끼 있는 놈들이 나의 숙소에 끼어들기 시작했다. 학교가 끝나면 저녁때면 사복을 갈아입고 종로2가 관철동에 나가서 다른 학교 양아치 놈들과도 어울리기 시작했다. 주로 자주 갔던 곳은 신신백화점 지하의 각기우동파는 신신분식센타 아니면 화신백화점 지하의 '웨이브'라는 경양식집이다. 경양식집 여기는 주머니가 개털인 애들은 가지 못하는 곳이다. 우리가 어울리게 되는 무리는 원래 서울 친구도 있지만 주로 지방에서 향토장학금이 넉넉히 올라오는 친구들이라서 돈을 쓰는 것에 그리 궁색한 친구들이 아니었기에 다른 학교 양아치들한테 그리 꿀리지 않았다. 그렇게 모이다 보니 당시는 클럽이라고 자기네들 무리들의 그룹을 만들고 그 이름을 꼭 영어로 만들어야 폼이 나던 시절이었다. 우리도 자연스레 2학기 중간부터 그룹을 형성했고 그 클럽 명을 '텐 프러스 원'이라고 지었다. 일레븐이라는 동의어가 있는데도 더 폼 나게 한다고 만든 게 그 이름이다. 이름이 말해 주듯 11명이 결성된 클럽이다. 문학을 하거나 음악을 하는 클럽이 아니고 말하자면 주먹을 써먹는 불량 써클인 것이다. 그 나이에는 써클이 형성되면 다른 애들이 우리를 건드리지 못하고 우린 써클의 힘을 과시하기 위하여 다른 써클과 일부러 싸움을 걸어서 한판 치루는 게 일상이었다. 우리의 세는 커져서 2학년이 되어서는 힘이 쎄다는 인근 학교의 배재, 중동야간의 양아치들도 우리 '텐프러스원'은 감히 건들이지 못했다. 건들이지 못했다는 표현은 우리의 과장이고 걔들이 서서히 우리를 견제하고 오는 것이었다. 1학기 중간고사가 끝나고 주말에 우리는 연신내를 조금 지나 북한산 삼천사 계곡에 단합대회 겸 야유회를 갔다. 서울이 집인 한 친구가 서울 5대 극성이라 칭하던 여고 학교의 이름을 가진 덕성여고 야간 애들을 섭외해서 데리고 왔다. 공부는 좀 빠지는 애들이지만 몸매며 한 인물하는 애들이었다.

우리는 캠핑 도구를 챙겨서 갔다. 당시는 군용 큰 텐트를 치면 계곡에 참 뽀다구 나던 시절이었다. 한 친구의 집은 남대문에서 수입품 장사를 하였는데 그 친구 덕분에 캠핑에 관련된 군용과 미군용품을 몽당 갖추게 되었다. 우리는 오전 일찍 가서 자리를 선점하고 야외 전축과 미군부대에서 쓰던 앰프도 들고가 덕성여고 애들과 재미있게 놀고 있는데, 뒤 늦게 놀러 오는 무리가 있었다. 우리 또래의 학생들이었다. 그 놈들은 계곡을 조금 더 올라가서 넓은 자리에 텐트를 치면 되는데 하필이면 우리들의 캠프에서 가까운 곳에 진을 쳤다. 우리와는 시야로 얼굴을 구분하는 지근 거리였다. 물론 말소리도 들렸다. 그 놈들의 무리가 가만히 보니 전혀 모르는 사이가 아니라 종로에서 가끔 저 쪽 무리로 서로 부딪히는 깡패로 이름이 난 중동야간의 양아치들이었다. 그놈들은 캠핑의 준비가 허술했다. 그러다보니 우리의 캠프에 와서 뭐를 자꾸 빌려 달라고 오는 것이었다. 그 중의 시다바리 같은 놈이 처음에는 오가더니 나중에는 키가 큰 놈이 와서 장비가 아니라 밥 남는 게 있으면 달라고 왔다. 밥이야 있지만 우리들 클럽에서는 그 놈들이 몹씨 불쾌해지기 시작했다. 밥을 얻으러 온 놈은 양담배를 입에 물고 거들먹을 피우는 것이었다. 그런데 그 놈이 우리 캠핑의 파트너들인 덕성여고 애들에게 눈길로 스캔을 하다가 그가 전부터 안면이 있는 애를 발견했다. '야 현숙아~니가 우째 여길 왔냐?' 현숙이는 자신 있게 답하는 게 아니라 '어~ 여기 성민이 오빠가 우리 이종 오빠라서 같이 오게 됐어'라고 답을 했다. 여자들을 들먹이는 것에 우리는 더 화가 치오르고 있었다. 그런데 이 큰놈이 현숙이를 향해 자기네 쪽으로 가서 놀자는 것이었다. 그들과는 그럴만한 전부터 노는 사이였던 것 같다. 그렇지만 현숙이는 오늘은 여기에서 놀다가 갈 테니 니들은 니들대로 놀다가 가라고 돌려보냈다. 그놈은 자기네 캠프로 돌아갔다. 자기네로 돌아가서는 자기들끼리 쑤근덕 대더니 한등치하는 인상이 별로 좋지 않은 놈과 둘이 다시 와서는 현숙이를 데리고 가겠다는 것이었다. 한 마디로 싸움을 걸어 온 것이다. 이에 우리도 가만히 있을 리가 있겠는가? 우리도 관철동에 나가서 좀 논다고 하는 '텐프러스원'이지 않은가? 그래서 내가 그들에게 경고를 주었다. 니들 그냥 조용히 놀다가라고...이렇게 시비로 시작해서 단체로 싸움이 붙기 시작했다. 물불 가리지 않는 나이지 않았던가? 이렇게 저렇게 험한 싸움을 해서 나는 그들이 소주병을 바위에 깨뜨려 나의 얼굴에 그은 바람에 아직도 그 흉이 남아 있는 얼굴에 심한 상처를 입었고, 격한 싸움 끝에 우리 팀의 목포 그 친구가 캠핑 도끼로 상대방 덩치 큰 놈의 등을 내리 찍어서 사망 직전으로 몰고 가는 사건이 터졌다. 캠핑장은 아수라장이 되었고 사건은 대형사건으로 서대문경찰서에 이첩되었다. 이 사건으로 학교에서는 '텐프러스원'이 단체로 퇴학처분 되었고, 캠핑도끼에 맞은 놈의 치료비와 보상비로 수월찮게 물어 줬다. 나는 아버지가 금화 APT를 처분해서 그 비용을 치루셨다. 그 잘못 만난 야유회로 인해서 사고를 치게 되었으며, 청운의 꿈을 가지고 성공해서 금의환향하겠다는 꿈은 물거품처럼 사라졌다. 아버지는 여기저기 아는데 까지의 빽의 힘을 빌리고 돈을 써서 내가 감방 가는 것만은 막았다. 퇴학으로 학교가 정리되고 사건도 합의로 종료한 다음 아버지는 나는 집으로 겨우 데리고 내려왔다.

초여름의 날씨가 등줄기에 땀이 흘러내리는 날 나는 아버지와 함께 마장동 버스터미널에서 충주행 버스에 올라탔다. 버스는 천호동을 지나 남쪽을 향했다. 가끔은 덜컹대며 버스가 좌우로 흔들리는 버스에 스쳐가는 차창밖의 풍경이 참 평화로운 것이었다. 그러나 나의 가슴에는 평화가 아니라 전쟁의 포화 속에서 연기가 아직 사그라지지 않은 그러한 상태였다. 장호원 쯤 내려오다 창밖에 보이는 장면은 논에 피를 뽑는 농부의 모습이 보였다. 나의 고향에서 보이던 풍경이었다. 아버지나 나나 아무 말 없이 창밖만 바라보고 있었다. 차는 주덕을 지나 달래강 다리를 건너는데 갑작스레 눈물이 왈칵 쏟아져 흘러 내렸다. 소리 없이 눈물을 흘렸다. 윗도리는 사복을 입고 바지는 대신고 교복 바지를 입고 버스를 탔던 바지에 가뭄의 운동장 바닥에 소나기가 뿌려지는 몽타쥬 현상의 무늬로 눈물이 뚝뚝 떨어졌다. 결국 나는 서울에 가서 성공을 못하고 다시 이 자리로 돌아오는구나... 아버지의 희망을 이뤄 드리지 못한 불효자로 돌아오는구나... 가슴에 억장이 무너짐을 느끼고 있었다.

고향에 내려와서 폭풍우가 지나간 것을 잠시 추스르게 되고 2학기가 되니까 아버지는 장손 대들보인 나를 그대로 방치할 수가 없어서 다시 고등학교에 편입을 시키려고 했다. 그렇게 알아본 곳이 엄정에 있는 지금은 충원고등학교로 이름을 바꾼 신명고등학교였다. 그 학교에 가서는 말썽을 안 부리고 공부가 빡센 학교도 아닌데 공부도 열심히 해서 우수한 성적으로 졸업을 했다. 고등학교를 마칠 때 우리 집은 가세가 한 순간에 기우는 사태가 벌어졌다. 사업을 하는 작은 아버지가 우리의 재산을 다 말아 드셨다. 거지 빈 털털이가 되었다. 그렇게 해서 우선 대학이고 뭐고 현실을 해결해야 하는 지경이 되었다. 내가 생활 전선에 뛰어 들었지만 변변하게 수입이 되는 일이 수안보에는 별로 없었다. 그렇게 허송에 가까운 시간을 보내다 보니 군대 영장이 나왔다.

군대를 가기 전 나는 전국을 여행하기로 마음을 먹고 전국 순회를 했다. 순회고 여행이라기 보다 나를 뒤돌아보는 기회를 갖기로 한 것이다. 그 때 나는 수중에 가진 돈이 별로 없었다. 당시 내 경제생활이 변변치 않음을 안 사람이 나의 입대여행에 여행비를 보태주었다. 수안보에서 의상실을 운영하고 있던 ***아가씨였다. 내가 수입이 거의 없는 건달임에도 마음을 주어 나를 건사해준 그 사람에게 나도 고마움을 느끼며 마음을 주게 되었다. 그 아가씨는 내가 군대 가서 소총수로 전방 1사단에서 고생고생을 하고 있을 때 면회도 와 주었고 휴가를 나오면 친구들과 어울리라고 용돈도 슬쩍 슬쩍 나이 주머니에 넣어 주기도 했다. 그 여인은 그 후로도 나에게 평생 용돈을 주는 현재의 각시로 81년도 2월에 결혼을 하였다.

결혼을하고 그 다음해에는 장손인 나를 끔직히도 아껴주시던 할아버지는 소천을 하셨다. 할아버지는 신흥장여관을 운영하시다가 더 크게 확장하려고 새로운 부지를 사서 온천공을 직접개발을 하였다. 그런데 온천공은 뚫었는데 관에서는 온천탕으로 허가를 안해 주었다. 온천공을 뚫은 후에는 할아버지는 호텔급으로 대형 여관을 신축하다가 관과의 오랜 소송을 하다가 재산을 탕진하게 되었다. 결국 온천공은 국가의 소유이지 개인에게는 허가가 나올 수가 없다고 결정이 났다. 할아버지는 현재 내가 관광협의회 회장으로 재임하는 내가 보기에 관광개발에 있어서 선각자 이셨다.

결혼을 하고도 나는 변변한 직업이 없었다. 집사람이 경제활동을 하고 나는 뭐를 해서 먹고 살 수 있을까만 연구하는 백수연구원이었다. 그러다가 수안보는 관광의 활황의 시대가 도래하였다. 새로운 도시계획으로 도로도

정리하고 구획정리를 하여 수안보에 외지인의 자금을 투입되어 날로 신축건물이 들어서게 되었다. 신세계가 펼쳐지면서 문화도 신문화와 서울의 밤문화를 요구하는 관광지화가 되어 가고 있다. 이 시류를 타서 나도 동궁회관이라는 스탠드바 홀을 운영하게 되었다. 한마디로 물장사를 시작한 것이다. 남들이 돈이 된다고 해서 경험도 없는 술장사를 하긴 했는데, 물장사라는게 아무나 하는 것이 아니었다. 나름 나도 마음이 강단이 있어서 애지간한 양아치들이 와서 곤조를 부린다고 해도 끄떡 안는다고 자부했는데 관광지라는 곳에는 전국에서 별에별 생양

아치들이 다 몰려오는 것이었다. 내 마음 같지가 않았다. 말보다 주먹이 앞서야 해결이 되는 답답한 경우가 더 많은 밤의 문화에 날이 갈수록 심신이 지쳐가기 시작했다. 그러다 결국 3년을 하고 그 물장사는 접었다. 돈을 벌었다기보다 인테리어비용 등등을 정산하니까 오히려 800만원의 빚을 지게 되었다. 그 돈은 충주의 24평 주공APT 한 채를 사고도 남는 돈이었다. 그래서 동궁회관은 접었다.

그 후 친척이 연결해주는 빙그레 대리점을 열었다. 빙그레 아이스크림 대리점을 하면 별 힘을 안들이고도 마진이 좋으니 할만하다는 것이었다. 늦봄에 대리점을 개설하여 여름이 되면 대목을 맞아 한철을 벌어 한해를 먹고 사는 일이라는 것이었다. 들어보면 맞는 말이었다. 그런데 재수 없는 놈은 뒤로 넘어져도 코가 깨진다고 내가 대리점을 낸 그해는 장마가 지속이 되었고 날씨도 덮지 않아서 상당한 손실을 보게 되었다. 있는 사람에게 조금 손실이 나면 금방 복구가 되지만 한번 엎어진 놈에게는 참으로 가혹한 시련을 더해 주는 것이었다. 설상가상이라는 것이 그거다. 그 시련의 결과로 남게 된 빚으로 인해 그 빚을 갚느라 그 후 10년이 넘도록 죽을 고생을 하였다. 빚을 지고 힘이 들어도 외부엔 표실 낼 수가 없었다. 힘들다는 것을 표시 내도 도와줄 사람이 없거니와 오히려 역효과로 나를 무시하는 사회통념이 있기 때문에 이를 악물고 버티며 살아갔다. 그런데 그게 이를 악문다고 해결될 일이 아니잖은가? 아무리 감추려 해도 가까운 지인들은 알게 되

는 것. 친구들의 권유도 있기도 했고, 우선 입에 풀칠은 해야겠기에 술집으로 망했던 동궁회관 지하에 초가집식당이라는 간판으로 식당을 시작했다. 그 한 장소에서 3년을 먹고자고 고생고생했다. 그 때 좀 장사가 자리를 잡아가는 시점이 되니까 집 주인이 집세를 너무 많이 인상을 요구해서 감당하기가 버거웠다. 그럴 바에야 차라리 나의 가게 자리를 봐야겠다고 마음을 먹고 물색을 한 결과 현재의 초가집식당자리를 찾게 되었다. 무리한 대출을 받고 자금을 융통하여 88년도에 완공을 하고 33년간 빚을 갚느라 청춘을 다 보냈다. 내가 식당을 오랜 동안 운영하며 하는 얘기는 식당을 하면 밥 먹고살기가 빠듯하지만 식당을 하면 굶지는 않는다는 평범한 진리로 위안을 삼아 평생을 살아 왔다. 누구나 아이들 키우면서 아웅다웅 청춘과 젊음을 다 보내고 이제 정년을 한 사람도 있고 아직 현역에 있는 친구들도 있는데 그렇게 살아 온 우리의 인생이 대견스럽다고 스스로 자랑해도 될 듯싶다. 나는 애를 미국으로 유학을 보냈는데 그 유학비를 원활하게 대 주지 못하여 큰 아이는 아르바이트를 하느라 고생을 많이 했다. 그러고 큰애는 졸업후에도 미국에 남아서 개인 유통사업을 하는데 운이 좋은 것인지 주님의 보살핌인지 사업이 활황이 되어 부모인 나에게도 잘하는 효자가 되었다. 내가 부모에게 못한 효를 하는 자식을 보니 나는 부모님을 뵈면 면구스럽다.

둘째 아들 고등학교졸업식 (부모님과 처)

자식을 위해 평생 희생을 하신 어머니께서 2014년 봄에 건강이 그리 나쁘진 않았었는데 갑작스레 주님 곁으로 소천을 하셨다. 내 어려서 사고를 너무나 많이 쳐서 어머니의 속을 있는대로 썩여드려서 죄스러움에 며칠을 잠을 이룰 수가 없었다. 어머니가 돌아가신 이후에 아버지와 나는 어린아이들의 친구사이처럼 스스럼없이 대화를 나누면서 잘 지내고 있다. 물론 연세가 드셔서 건강이 원활하시지 않아서 요양병원에 모시고 있는데 거동이 불편할 정도의 건강은 아니어서 나름 병원생활을 즐거이 적응을 하고 계셔서 다행이며 고마움을 느낀다.

나도 이제 생업의 일에 일선에서는 물러났다. 지역봉사를 하는 직책으로 수안보관광협의회 회장의 직을 맡아서 내 딴에는 봉사를 열심히 하려 노력을 하고 있다. 초가집식당 3층에 살던 거쳐도 동지의 단독주택으로 옮겨서 노년을 쉬엄쉬엄 지내려 하고 있다. 늦은 나이지만 종교에 기대 신앙을 갖게 되어 장로로 있는 집사람을 보필하는 집사의 직책으로 교회에서도 봉사하려 마음을 열고 행복을 구하고 있다.

이제 난 죽마고우 고향친구들의 소식을 들으며 카톡의 소식창으로 하루를 여는 아침이 매우 즐겁다. 가장 소중한 고향 친구들이여 우리는 생의 마지막까지 함께할 친구이니까 존중하고 서로서로 의지하고 부족한 점이 있다면 채워 주도록 이해하는 지혜를 나누자구나.

나는 내가 살아 온 인생을 뒤돌아보면 험난한 때도 많았고 재미있었을 때도 많았다. 어렸을 때 난 서울에 가서 공부를 잘 하여 고시라도 합격하여 집안의 명예도 주고 나 자신도 순탄한 길을 갔으면 했지만, 인생의 황혼 길에서 보면 어디를 가든 어디에 가 있던 그곳이 주인이 아니라 어찌 하였던 내 인생의 주인공은 나였기에 지금 있는 자리가 꽃자리며 행복이 샘솟는 따뜻한 온천과 같은 우리의 보금자리가 최고라는 것을 하고 싶은 얘기다.

고마워 친구들아....

건국대학교 사회대학원 수료식

참 ! 아름다운 세상

남 기 일

참! 아름다운 세상(1)

유아기

온 동네 떠나갈 듯 울어 제치는 소리... 내가 세상에 태어났단다. 바로 오늘이란다.

1956년 4월 9일 해질녘, 만물이 소생하고 산과 들에 온갖 꽃들이 개화하는 아름다운 날이었다. 그렇게 유아시절을 보내고 어느덧 내 나이 8세가 되던 해, 난생 처음 교복이라는 검정색의 일본식 군복을 닮은 옷에다가 왼쪽 가슴에는 콧닦게 하얀 손수건을 매달고 새파란 파초의 꿈을 실은 교정에 들어서는 순간 알프스 산맥을 넘어 러시아를 들어가는 나폴레옹의 기분을 능가하는 희열을 느꼈고 우리 친구(동창)을 만나는 운명의 시간을 맞이하였으며 한 단계 업그레이드 한, 나 아닌 우리라는 세상을 맞이한 참! 아름다운 세상이 탄생하였다.

참! 아름다운 세상(2)

유소년기

1969. 2. 12

빛나는 졸업장을 타신 언니께...

잘 있거라 아우들아 정든 교실아...

앞에서 끌어주고 뒤에서 밀며...주거니 받거니 또 함께 부르던 졸업식 노래와 부모님과 친지들의 환송을 받으며 교정을 나서며 나누었던 맹세가 떠오른다.

또, 1년에 한 번 먹을까 말까하던 우리식당 짜장면...그 때를 생각하니 아련 하기만 하네요. 중학교에 가기 전 20여일은 온 세상이 내 세상이었지?

지금의 석문천교에서 외발 스케이트를 타고 대안보까지 추운줄도 모르고 스케이트를 타고 가, 기빗돌을 지나 탑골 무당수 물에 빠져 젖은 양말을 말리다 뒷볼에 빵꾸가 나는데 그 상태로 집에 오면 어머니께 얼마나 혼이 났던지...대안보 부터는 외발 스케이트를 어깨에 걸치고 집에 오며 부르던 노래...흥겹고, 즐거웠던 시절이었는데...이제는 조금 자랐다고 밤에는 끼리끼리 모여서 민화투도 치고 어떤 날은 족대를 들고 횃불고 만들고 밤고기를 잡으러 오미 다리서부터 지금의 물탕공원 까지 잡으며 오면 바께스를 하나 가득... 미꾸라지, 피라미, 메기 등등...어떤 날은 뱀장어까지 잡아서 밤새도록 배를 따고 날이 새면 반찬으로 매운탕과 조림을 해서 먹기도 했었지...메기랑, 뱀장어는 어른들 몫이고 가끔, 아주 가끔 자라도 잡았는데 그것도 어른들 것...그렇게 유소년기를 개구쟁이로... 참! 아름다운 세상을 보냈지...정말 아무 걱정 없이 지냈던 시간이 아닌가 지금은 생각하네.

참! 아름다운 세상(3)

청소년기

윤하영, 김진곤, 나

또 한 번의 이별을 가슴에 안고 졸업가를 부르며 떠나야 했던 3년간의 교정이 그리워진다.

파초의 푸른 꿈을 안고 이별해야 했던 시간들이 괜스레 아스라이 가슴을 여리게 하는 것은 무엇 때문일까? 그래도 가슴 여리게 생각나는 선생님 권영휘! 내가 얼마나 못되게 굴었던가는 지금 생각해도 어처구니가 없는 것 같다. 나 때문에 선생님이 교감 선생님과 고성의 말다툼을 하시게 하였으니...이젠 다 잊고 새로운 세상으로 나가야 했다. 사람은 나서 한양으로 보내고 말은 제주도로... 라는 말처럼 고등교육을 받으러 서울로 가야했다. 정말 가기 싫었는데...선생님들이 부모님께 조언을 해주신 것. 이 날 서울이라는 낯선 곳으로 가게되는 계기가 됐다.

참! 아름다운 세상(4)

고등생활

그렇게 나는...

정답던 제비 가슴에 가득안고...라는 노래처럼 세상을 살아가는 삶이 참! 아름다웠다고 생각하게 만든다!

그 때부터 나보다는 너라는 삶이 시작 되는 것이 아니었나 하는 생각이 드는게... 너무 많다.

중학교 때는 내가 최고인 줄 알았는데 고등학교에 오니 나는 촌놈에 불과했었다는 것을 절실히 깨닫게 되었다.

그때 난...

매일 서울 놈들과 경쟁(싸움)에 시간이 갔다. 그래도 시골 놈이라는 핸디캡을 안고 온몸이 부셔지도록 치고받아서 시골 놈이라는 것에서 괄시를 받지 않게, (촌놈)시골에서 올라온 친구들에게 많은 갈채를 받으며 청소년기를 보냈다.

참! 아름다운 세상(5)

청년기

내가 놀던 정든 시골길... 소달구지 덜컹대던 길...

지금부터 나는 고향에서 하영이, 범석이, 철규, 진곤 등 모든 친구들과 세상을 같이 하게 됐다. 정말 내 세상이 아닌가 싶었다. 참! 우습게도...

친구들 뿐 아니라 공권력을 행사하는 경찰들도 내가 이긴다고 생각할 때였다...

정말 어리석었지만, 그때는 그래도 되는 줄 알았었다. 세상이 얼마나 아름다웠는지? 세상이 얼마나 고왔는지? 세상이 얼마나 쉬웠는지? 나는 그렇게 세상을 모르고 살아 왔다는 걸... 깨닫기 까지는 너무나 많은 시간이 지나야 했다. 그리고 하영이와 나에게 참! 견디기 어려운 시기가 왔다. 전두환 정권이 들어서면서 쉬운 얘기로 건달들을 삼청교육대라는 곳에 보낸다는 정보를 하영이 매형(오천환이 아버지)으로부터 듣고 3개월 동안 서울로 도망 아닌 도망을 갔던 시절이 너무도 싫었다. 그것도 3개월이나...

군대시절

난! 지금도 후회스런 삶이 많다. 내가 결혼할 때 가장 축하해주고 걱정해 주었던 범석이 친구가 곁에 없다는 사실이... 물론 다른 친구들도 나와 같은 생각을 할 줄로 알지만...

난! 더욱 가슴이 아픈 게 있다. 하영이, 나, 범석이 의형제를 맺었던 사연도 있지만(그 때부턴 내가 우리 집의 막내였지만 범석이라는 아우가 생겼음)

결혼식 (인천 용현동)

우리는 함께 살

아야 한다는 공동체 의식이 생기지 않았나 생각한다.

앞에 소개했던 시골길이라는 노래는 범석이 친구가 즐겨 부르던 노래였다는걸 우리 친구들이 알아줬으면 좋겠다.

참! 아름다운 세상(6)

장년기

나는 행복합니다!

나는 행복합니다!

정말 정말 행복합니다~

오늘은 윤항기씨의 노래가 생각난다.

정말, 정말 행복하다는...

이제야 알게 됐습니다. 나를 아는 모든 분들이 나를 위해서 얼마나 마음을 써 주시는 지를... 나를 위해서 우리가족이... 나를 위해서 나를 아시는 모든 이들이... 그 힘을 받아서 내가 살아갈 수 있는 것 들이...

내가 매일 걸어가는 산책길에 벚나무에 달린 벗들이 오색으로 반겨주는 이유를... 내가 산책하는 길에 맺혀있는 빨간 뱀딸기들이... 내가 더위를 식히는 기빗돌의 차가운 시냇물이... 내게 가장 가까운 내 옆이 나를 생각하는 이유를...이렇게 아름다운 세상에 살고 있는 친구들이 느낄 수 있다면 참! 아름다운 세상일텐데... 그치!

"그래도 가장 아름다운 세상은.. 가족과 친구입니다!"

2019년

지난 3월 16일은 아버님 5주기 추모일이었는데 가족이 다 모여서 추모예배를 보았는데... 전에는 큰형님이 예배 인도를 하셨는데 건강이 좋지 않아서 금년에는 내가 인도를 하였다.

세월의 무상함을 더 느끼는 추모일이 되어서 마음이 무겁기만 하다.

형님! 누님들, 조카와 손녀들… 모두 모여서 드린 예배를 아버님이 천국에서 즐겁게 보셨으리 라고 생각한다.

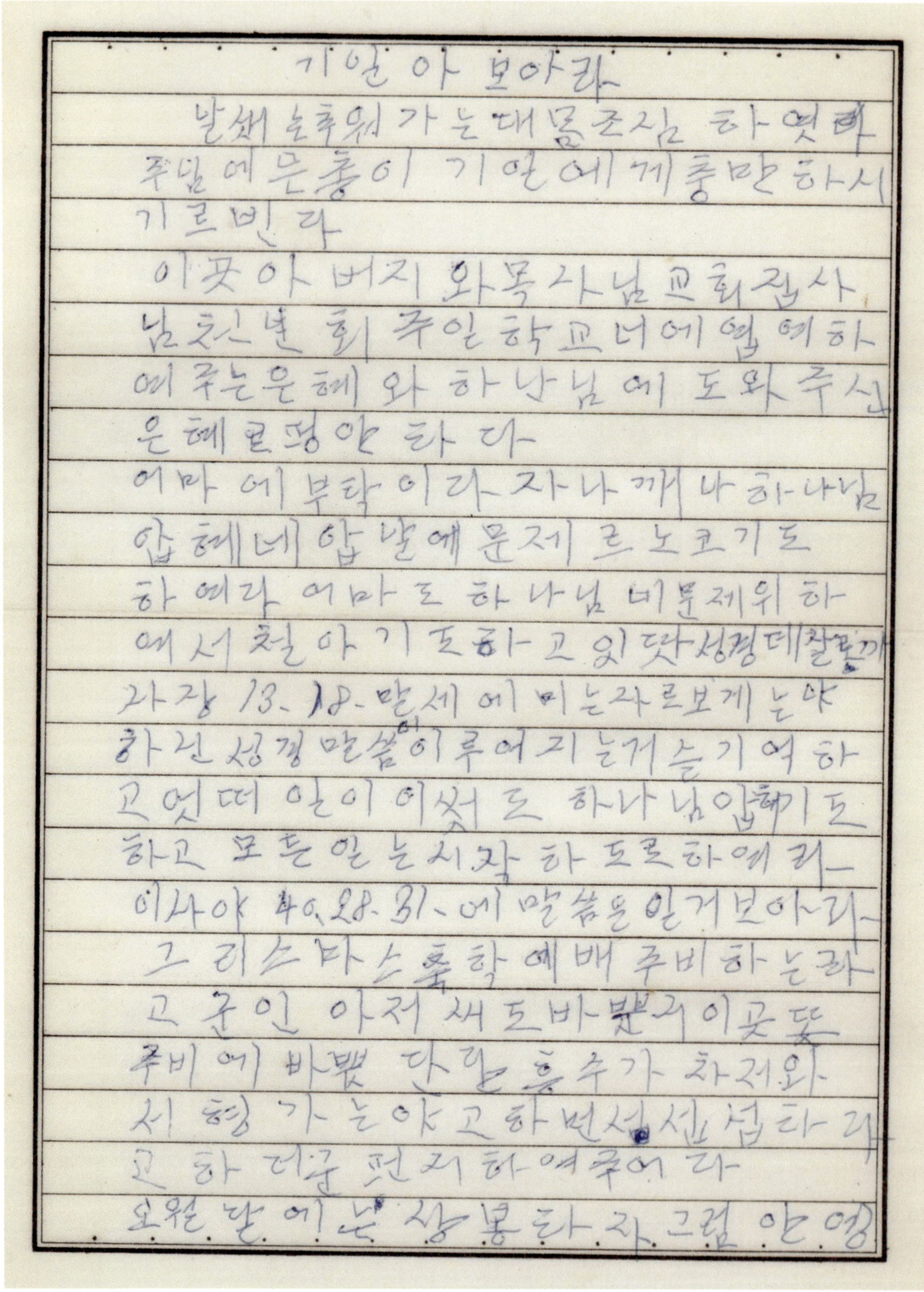

기얀아 보아라
날쌔는 추워 가는대 몸조심 하엿타
주님에 은총이 기얀에게 충만하시
기르빈다
이곳 아버지 와 목사님 교회 집사
님 친분 회 주일학교 너에 열 여하
에 주는 은혜 와 하난님에 도와 주신
은혜로 평안 하다
어마 에 부탁 이다 자나 깨나 하나님
압헤 네 압날에 문제르 노코 기도
하예라 어마도 하나님 네 문제 위하
애서 철야 기도 하고 잇단 성경 데살로니가
가장 13-18- 말세에 미는 자르 보게 는야
하린 성경 말씀이 이루어지는 거슬 기억하
고 엇떠 일이 이썼도 하나님 압헤 기도
하고 모든 일는 시작 하도록 하예라
이사야 40, 28-31- 에 말씀을 일거 보아라
그리스마스 축하 예배 주비 하는라
고 군인 아저새도 바뿌과 이곳 도
주비에 바뿟 단란 휴가가 차저와
서 형 가는야 고 하면서 섭섭 하다 라
고 하더군 편지 하여 주어라
오월 날 에는 상봉 하자 그럼 안영

아버님이 군대 있는 나에게 보내신 편지

인생은 우연의 인연으로 이루어 진다.

박 래 욱

인생을 살다보면 어려서 내가 뭘 되겠다하여 그 꿈을 이루어 사는 경우는 극히 드물다. 직업도 그렇고 데리고 사는 배우자도 그렇다. 인연을 일부러 만들어 세상을 창조하는 경우는 거의 없고 우연한 기회에 만남이 이루어져 직업도 여인도 만나게 된 것 같다.

박래욱 나는 4남 2녀 중에 막내이다. 우리는 아버지가 주덕에서 수안보에 이주하여 살면서 수안보의 생활이 시작된 것이다. 아버지의 진외가가 탑골에서 상당히 오래 살아온 충주 최씨 가문의 최면택의 집이다. 그래서 최면택은 나와는 진외가로 8촌 형이 된다.

내가 태어난 곳은 탑골이 아니라 수안보에서 태어나서 어릴 때 아버지가 탑골로 이사하여 우리집 형제 모두가 탑골을 벗어날 때가지 쭈욱 살아 왔다. 탑골 사람들은 삼덕광산에 다니는 사람들이 많았지만 우리 아버지는 농사일에만 전념하신 분이다. 참으로 부지런하시며 근면한 분이다. 나는 이 세상에서 제일 존경하는 분, 한 분을 꼽으라면 단연 우리 아버지를 꼽는다. 그만큼 아버지의 인품을 존경한다는 의미이다.

초등학교 시절은 몇 가지만 압축하여 얘기하겠다. 내가 1학년 1학기의 1반 반장을 했다는 것을 기억하는 친구들이 몇몇 없는 것 같다. 너무 오래된 것이라서 그럴 것이다. 그런데 어쩐일인지 2학기에는 반장이 이존성으로 바뀌게 되었다. 끗발에 밀린 것인가? ㅎ 나는 운동을 하기를 좋아 했다. 체구는 작았지만 예체능을 잘했고 또 더 잘하려고 노력을 했다. 누구나 어릴 적에는 꿈이 대통령이니 장군이니 하는 게 일상적이었다. 그런데 특히 나는 장군이 되었으면 하는 부모님의 바램이 워낙 강해서였는지 막내가 귀여워서 그랬는지 우리 부모님은 나를 부를 때 이름 대신 장군아 ! 장군아 ! 로 부르셨다. 그래서 탑골 친구들은 나를 박장군으로 불렀다. 일부는 빈중대는 말로 장군아 장군아 똥장군아로 부르면서 놀리기도 했다. 그렇게 남들과 같이 소소하게 초등학교와 중학교를 지내고 평범하게 졸업을 했다.

내가 이야기하고자 하는 것은 중학교를 졸업하고부터 얘기하겠다. 그 때 당시는 사람들 모두가 한양으로 한양으로 향하던 시절이라서 나도 서울에 있는 고등학교를 진학하는 게 목표였다. 아버지는 어디를 가든지 자기가 하기 나름이니까 충주의 충주실고 상과에 가서 은행에 취직이나 하라고 권하셨다. 그 이유인 즉은 나의 6촌형이 충주 실고를 나와서 한국은행에 취직을 한 것을 보고 그렇게 말씀하셨다. 그러나 나는 무조건 서울로 가기로 마음을 먹었다.

그런데 마음을 먹으면 뭐하냐고 내가 아주 출중해서 서울의 학교에 수석 입학하여 장학금을 받고 다니지 않는 한, 학교를 다닐 입학금이며 기타 공납금을 준비해야하지 않은가? 우리 집에 그럴만한 여유가 없는 것이었다. 왜냐하면 하필이면 큰형님이 군대도 늦게 갔다 와서는 장가를 가야하기에 자금을 형 재금(분가) 내주는데 다 들이 밀어 버리니까 땡전 한 푼이 없는 것이었다. 아버지는 나를 불러 다독였다. 올해 농사를 잘 지어서 내년에는 고등학교에 꼭 보내 줄테니 올해 나와 함께 농사를 잘 지어보자고... 나는 눈물을 머금고 시키는 대로 아버지의 말씀을 따르기로 했다. 어쩔 수 없는 일이었다. 농사일은 거의 아버지와 내가 해야했다. 큰형님은 재금을 나가셨고 다른 형들은 서울로 갔기 때문에 일하 사람이 없으니 내가 일을 도맡아 할 수 밖에 없었다. 고등학교를 진학하려면 재수학원을 다니든가 아니면 중학교에 1년을 더 다니든가 해야 하는데 농사일에 전념하니까 공부는 알았던 것 까지도 다 잊게 되었다. 설상가상으로 평소 농사가 그런대로 되었던 것도 그해는 가뭄이 들어서 농사는 폐농이 되다시피 가을이 되어서 정산을 해보니 그 비용으로 내가 서울로 가는 데는 택도 없었다. 그렇게 되니 이젠 다음 해에도 다시 농사를 지어야했다. 농사는 열심히 하긴 하는데 그 다음 해에도 결산이 영 엉망이었다. 3년을 농사를 지어보니 남는 건 농협에 진 빚만 남았다.

그래서 나는 아버지와 담판을 지었다. '아버지 농사는 지어도 마이너스이고요 고등학교 진학의 약속은 이루어지지 않았으니 나는 이제 무조건 서울로 갑니다.'

아버지도 난감해 하셨다. 승산 없는 농사일에 무작정 붙잡아 놓을 수도 없고 보내자니 그 또한 여유가 없으셨다. 서울로 떠나기로 결정한 전날 밤 어머닌 나를 붙들고 밤새 우셨다. 어머니 살아오신 내용을 말씀하시면서 또 건강이 안 좋이 언제고 골골 거리며 산다는 말씀 등등 여러 가지 나의 마음을 칼로 도려내는 말씀을 하셨다. 내심은 막내아들 하나라도 잘 키워 보려고 했는데 가정형편이 녹녹치 않아서 자식의 앞길을 터주지 못한 무능을 한탄하시면 우셨을 것이다. 어머니가 우시는데 나라고 마음이 편할리가 없지유. 그러나 나는 마음을 다부지게 먹어야했다. 이곳을 떠나지 않으면 빚이나 안고 사는 농사일에 파묻혀 살다가 인생을 종칠 것 같아서였다. 떠나는 날 아침 어머닌 나의 주머니에 3천원(서울까지의 차비는 5백원)을 넣

어 주셨다. 어느 어머니나 마찬가지의 말씀을 나에게 신신당부 하셨다. 서울 가서 배곯지 말고 몸조심하고... 버스가 출발하고 차가 수안보 모퉁이를 지나는 달기비알쯤 지나는데 눈물이 펑펑 쏟아지는 것이었다. 순간 내가 뭐가 뭔지도 모르겠더라구유. 내가 지금 어디를 가는 것인가? 가는 곳이 미래가 정말 보장이 되는 곳인가? 아니면 남들처럼 학교가 확정이 되어서 학업을 하러 올라가는 것도 아니고 서울로 가고는 있지만 불확실성의 미래가 그야 말로 어린 나의 가슴을 짓눌러 숨을 쉬기가 힘들었다. 무엇보다도 바로 조금 전 차부에서 헤어지며 손을 흔들던 엄마의 손사레가 눈앞을 가려 도저히 절제의 마음을 다스리지 못하는 것에 눈물이 흘러 내렸다.

서울에 왔다. 처음 간곳은 문래동의 선반공장 이었다. 그곳도 황명호가 소개해준 공장이었다. 공장에서 먹고 자고 하는 곳이었는데 시골에서 일을 잘하던 가락이 있어서 꾀를 부리는 짓은 안하고 시키는 대로 열심히 하

였다. 조금 지나니 1급 기술자는 아니더라도 숙련공이 되었다. 그러나 미래가 보이지 않은 업종이어서 그곳을 정리하고 시골로 내려갔다.

1년정도 후에 도봉구에 있는 이모네 집으로 거쳐를 옮겼다. 그 집도 널널한 편은 아니었지만 이모부께서 나를 위해 마당 한켠에 브로크 벽돌로 건축을 새로 하여 나의 방을 마련해주어 생활을 하였다. 이모네는 섬유업에 가업을 하고 있었다. 한 반년정도 일을 거들며 먹고자고 했지만 그 가업에 내가 숟가락을 더 얹어 먹기에는 심적으로 부담이 되었다. 그래서 이종 누이에게 틈만 나면 말을 하여 다른 일자리를 알아봐 달라고 졸라 댔더니 이종누이 친구의 지인이 하는 양화점에 취직을 시켜주었다. 숙식은 이모네 집에서 하고 아침저녁으로는 이모네 집일을 짬이 나는대로 거들어 주고 낮에는 양화점 기술을 매우는 생활을 시작한 것이 한동안 나의 본업이 되었던 구두와의 인연이 시작 된 것이다.

그 양화점에서 어설프지만 기술을 연마를 하니까 더 큰 공장에서 일을 하고픈 욕망이 생겼다. 그래서 수소문하여 명동의 칠성제화의 공장에 취직을 하여 갔다. 거기에는 공원들이 엄청 많았다. 몇 백명쯤 되었다. 나는 작업 30반에 배정되어서 분임조들 끼리 작업을 하였다. 나는 또래에 비해서 기술이 어설펐다. 그들은 이미 경력이 3년 이상이 되었다. 내가 그들과 어울릴 수 있는 방법은 기술로 그들을 앞서야하는 방법밖에 없었다. 옛날에는 어디에나 텃세가 있었고 자기보다 아래에 대해서는 시다라고 하여 심하게 부려 먹곤 하던 시대였다. 그런데 다행히 선배를 잘 만났다. 지금까지도 모임을 갖고 있는 친구로부터 그 텃세를 조금이나마 덜 받게 되었고 그가 친절하게 기술도 속성 습득하게 안내를 해주어 1년이 채 안되어 그들의 숙련을 따라 잡을 수가 있었다. 아마도 그 친구의 친절과 나의 일에 대한 욕심이 합해져서 시너지 효과를 나타낸 것이다. 일하는 주중에는 밤낮없이 몸을 돌보지 않고 열심히 하고 주말이 되면 그 친구들과 음주가무를 즐기러 명동일대와 서울역 근방에서 미친 듯이 놀아 댔다.

공장일을 몇 년 동안 하다 보니 제화업계 톱인 칠성제화의 최상급에 다다르게 되었다. 그래서 이제는 나의 장사를 하고 싶었다. 당시 맞춤제화는 명동이나 주요 번화가에 가게가 점점 생겨 나가고 있는 시절이었다. 나는 명동에서 가게를 낼 만큼 자금이 되지 않아서 적당한 곳을 찾다보니 신흥동네가 형성되는 봉천동에 가게를 냈다. 이름은 그럴듯한 잉글랜드 제화였다. 아버지가 작고를 하시고 비어 있던 탑골의 밭과 집 등을 어머니가 정리하여 장남에게 많은 비율을 주고 나머지를 재산 분배를 해 주어서 마침 나의 위의 형 지분금과 내 지분을 합쳐서 가게를 냈다. 간판도 멋있게 해달고 나는 제작기술을 대고 형은 업장관리를 하는 공동경영을 하게 되었다. 처음에는 그냥그냥 잘 되었다. 장사가 잘되니 고향 친구등 누구나 우리의 가게를 방문하면 1박을 하고 가는 것은 기본이었다. 내가 노는 것은 좋아하는 천성이라서 누가 찾아오기만 하면 그날 밤은 방석집으로 가서 음주가무를 즐겼다. 장사를 시작하고 1년 쯤 지나다보니 개업빨은 사라지고 동네사람들의 소비성향도 싸롱화를 맞추어 신을 정도가 아니 되는 곳이었다.

그들은 동대문이나 염천교의 저가 구두를 사다가 신는 수준이었다. 시장조사를 잘 못 짚은 것이었다. 장사가 안 되기 시작하니 겨우 임대료만 지불하는 지경이 되었다. 거기에다 그 때 당시 중동 석유파동으로 인해서 전체적인 경기가 침체되다보니 구두는커녕 운동화도 제대로 못 신고 다니는 국가경제 상황이 되었다. 적자가 계속되다보니 형이 가게를 접자고 제안을 했다. 나는 그래도 버텨보려고 했지만 그건 고집일 뿐 형의 지시를 따를 수 밖에 없었다.

참으로 참담한 심정이었다. 인생에 있어서 처음으로 쓰라린 맛을 보는 순간이었다. 가게를 정산하니 처음에 투입되었던 투자금의 절반이 안되게 남았다. 형님과 내가 합한 처음 투자금은 그 돈으로 치면 당시 수유리에 집 한 채를 사고도 남을 돈이었지만, 이제는 전세방을 겨우 마련할 정도였다.

수유리에 전세방을 형님 몫으로 마련하고 나는 거기의 방 하나에 기거하면서 세상과 단절하다시피 두문불출 하였다. 방안에 계속하여 처박혀 있는 나의 꼴이 보기가 안쓰러웠는지 형님은 나에게 바람이나 쐬고 오라고 30만원을 쥐어 줬다. 당시 그 정도면 국내여행은 웬만한 데는 다 여행을 해도 되는 돈이었다. 그래서 나도 무작정 배낭을 싸메고 전국의 여행을 출발하게 되었다. 전국일주 보다도 우선 부산을 가고 싶었다. 실은 부산을 가는 목적은 태종대에 자살바위가 있다는 것을 전에 주간지를 통해서 읽은 경험이 있어서 거기를 목표로 내려갔다. 물론 형님이나 어머니는 그런 나의 의도를 눈치 채지 못하셨다. 부산을 내려가는 기차에서의 심경도 매우 착잡했다. 어머니가 주신 피 같은 돈을 다 날려버린 나의 실패한 인생 이렇게 살면 뭐하는가? 자꾸 자기를 자해하는 가학적인 주문이 뇌리에서 나를 옭죄어 오다보니 무의식적으로 태종대로 발길이 향해 지고 있었다. 기차는 어엿 부산역에 도착을 하였다. 태종대에는 전에 와본 경험이 없으니 물어물어 가는 수밖에 없었다. 오후 3시 정도도착을 했는데 죽으러 가는 마당인데도 배는 출출했다. 저승길을 가는데도 힘이 없으면 못갈 것 같아서 택시를 타고 자갈치 시장으로 향했다. 거기에 가서 이것저것 시켜먹을 요량이었으나 우리가 내륙출신이라서 비린내 나는 바다고기는 땡기지가 않았다. 죽으러 가는 놈이 이것저것 가릴 것도 없겠지만, 죽으러 가는 마당에 먹기 싫은 음식 또한 먹고 싶지는 않았다. 횟감들은 내키지가 않았고 그저 삶은 조개 종류를 시켜 먹다보니 옆 테이블에는 고래 고기를 파는 것이었다. 우리가 먹어보던 머리고기와 순대와 같은 느낌이라서 고래 고기를 한 접시 실하게 시켜서 노점에서 쏘주도 4홉으로 한 병을 시켰다. 한숨을 내쉬면 그 소주를 거의 한 병을 다 마실 쯤 되니까 나는 취기 올랐고, 노점상 아지매가 나한테 하는 소리가 '뭔 한숨을 그리 땅이 꺼지게 내쉽니꺼? 마치 죽으러 갈는 사람처럼 보입니데이' 하고 지껄이는 것이었다. 그래서 대꾸로 '아주머이는 우찌 그렇게 잘 알아유?' 하니 '아리고 총각도 그런 농담은 아이예 하지 말아예' 하는 것이었다. 대충 거기를 정리하고 나는 이제 본격적으로 태종대 자살 바위를 향해서 택시를 탔다. 참 참담했다. 정말 내가 가는 이 길이 영영 돌아오지 못할 길이 되는 건가?

태종대에 도착하니 바다경치가 멋있다. 우리는 내륙출신이라서 바다를 보는 경험이 거의 없던 터라 확 트인 바다를 바라보니 마음이 후련해짐을 느꼈다. 그래서 언덕배기를 향해서 걸어올라 갔다. 올라가는 길에는 젊은 남녀 쌍쌍이 데이트를 하는 것도 보였고 중년쯤 되는 사람들이 바람을 피우러 온 것도 보였다. 나는 태종대에 오면 자살 바위가 곧바로 있는 줄 알았더니 닝기미 올라가는 길도 여러 갈래고 조금 전 마신 쏘주 기운에 숨이 헐떡이게 되는 것이었다. 그 또한 자살바위가 어디냐고 직접적으로 물어보면 티가 날 것 같아서 그냥 무덤덤하게 올라갔다 내려오는 사람들한테 어디가 전경이 제일 좋아유? 라고 물으니까 자동적으로 답을 해 주는 것 이었다 조금만 더 올라가면 자살 바위가 있는데 거기가 최고라는 것이었다. 그랬다 이제 그 자살 바위에 도착을 했다. 정말 전망이 끝내줬다. 슬그머니 끝 쪽으로 가서 내다보니 절벽의 높이는 거의 250m 정도 되 보이고, 잠시 물끄러미 바라보니 거기를 바라보면 누구라도 끔찍한 무서움을 느끼게 되며 심신이 우울한 사람은 자살의 충동을 갖게끔 되는 곳으로 보였다. 나는 이제 목적지에 도착했으니 실행을 해야 한다는 마음의 강박감이 밀려 왔다. 그러나 어디 죽는 놈이 직방으로 돌진하는 무식한거 봤냐? 그래도 이 생각 저 생각을 하게 되고 꾸물되는 게 사람의 심정인지라 나도 뒤로 물러서서 여러 생각이 왔다 갔다 하는 것이었다. 내가 살아왔던 인생이 짧지만 주마등처럼 좌악 머릿속을 스쳐 가는 것이었다. 내 인생이 슬펐다. 내 인생이 왜 이리 되어야 했을까? 남들이 누려 보는 부모 재산복도 못 받고 지지리 힘들게만 살아 왔을까? 조금 더 물러서서 벤치에 누었다. 이젠 바다가 보이는 게 아니라 하늘이 보이는 것이었다. 좀 있으면 하늘나라를 갈 텐데 그 바라보는 하늘빛이 참 안쓰럽게 보였다. 잠시 눈을 감았다. 몇분이 흐른 뒤 다시 하늘을 바라보니 그 하늘에 구름사이로 오버랩 되며 어머니의 얼굴이 영상으로 뜨는 것이었다. 고개를 옆으로 돌렸다. 다시 하늘을 바라보니 하늘에는 어머니의 얼굴이 보이질 않고 내 가슴에 어머니의 안쓰런 모습이 보이는 것이었다. 어느새 인지 울컥이는 목소리는 어머니를 부르고 있었고 내 볼에는 뜨거운 눈물이 흘러내리는 것을 느꼈다. 어머니를 떠 올리니까 순간 도저히 태종대가 자살바위가 오늘 나의 터가 아님을 마음에 감정이 확 뒤집었다. 그래서 일어나서 막 미친 듯이 아랫길로 내리 뛰었다. 그렇게 해서 나의 자살 계획은 접고 여행이고 뭐고 마음을 다잡고 서울로 다시 올라 왔다.

서울에 올라 와서도 세상에 나가는 것이 두려웠다. 태종대에서 회군을 하였지만 당분간은 용기가 나지 않아서 집에서 꼼짝 않고 있었다. 그러는 사이 명동에서 같이 구두 만드는 일하던 친구들이 찾아왔다. 집에만 처박혀 있지 말고 염천교 구두 만드는 업체에 나와서 같이 일을 하자는 것이었다. 처음에는 그 권유가 싫었다. 다시 제화업계로 돌아가기가 싫었다. 그러나 내가 이 세상에서 다른 사람들보다 조금이라도 잘 할 수 있는 분야가 제화

기술이 아닌가? 몇 번을 망설이다가 마음을 다시 고쳐먹고 서울역 염천교 구두 공장에 다시 나가로 했다. 여기는 관리자나 월급제가 아니라 자기가 만들어 내는 만큼 수익을 올리는 성과제 였다. 요즘말로는 소사장제였다. 그 친구들의 초청으로 일을 나가긴 했는데 처음에는 좀 어색했다. 자기 사업이라고 하다가 말아먹고 바닥으로 돌아 왔다는 주변의 시선이 나를 향해 쏘는 것 같아서 참 착잡하기도 했다.

그러나 그 것도 얼마를 지나다보니 그 곳의 생활에 익숙하게 젖어들어 갔다. 그리고 마음 다잡아 먹고 일을 밤낮없이 하다 보니 수익이 엄청나게 되었다. 그때 당시 삼성그룹공채 첫월급이 33만원 시절 어떤 때는 나는 그 수입의 거의 10배도 올린 적이 있었다. 일하는 사람끼리 서로 경쟁도 하게 되고 그 만큼 실적이 올라가게 되니 재미가 있었다.

몸을 학대 하다시피 일을 하다 보니 피곤이 누적되어 가고 있었다. 그 피곤을 잊으러 늦은 밤에 일을 끝내고 술집으로 가서 친구들과 한잔 마시는 일로 하루를 잊곤 했었다. 그래도 일을 한만큼 돈이 쌓이게 되니 그 생활이 싫은 것이 아니었다.

거기에서 일해서 사업을 하다가 말아먹은 투자금도 복구하고 조금의 여유가 생겨서 친구들 보다는 1,2년 늦었지만 장가도 가게 되었다.

장가를 가서도 그 일은 계속했다. 그런데 난데없이 생각지도 않는 병이 오게 된 것이다. 병이라는 게 누구든 걸리는 것을 원하는 사람이 없지만, 병을 방치하고 있다 보면 큰 병으로 번지는 것을 난 뒤 늦게 알았다. 그래서 지금은 어디가 편찮으면 즉시 병원을 가고 있다.

병이라는 게 뭐냐 하면 이를테면 직업병으로 분류함이 맞을 거 같다. 우리가 하는 일은 송곳과 못을 많이 사용하는데 일을 하다보면 찔리는 일이 부지기수다. 그러나 관리를 잘못하면 그것이 염증으로 진행된다. 나는 그런 정도야 대수롭게 생각하지 않고 염증이 있건 말건 일이 끝나면 친구들과 어울려서 밤늦게까지 술을 퍼마시고 다녔다. 일에 대한 욕심이 있으니까 조금 아파도 일을 나가서 일을 하다 보니 상태가 점점 안 좋게 진행이 된 것이었다. 몸이 가누기가 도저히 힘들어 병원으로 가보니 골수염으로 진행 되었다는 것이었다. 병원에서 하는 말이 치료를 최대한 잘 해 보지만 최악의 상태로 가면 안 좋은 일도 생길 수 있다는 것이었다. 누구나 의사가 처음 진단 설명을 하는 것을 들으면 겁이 덜컥 나게 되는 것이었다. 나 역시 하늘이 노랬다. 나야 그렇다 치더라도 결혼한 지 얼마 안 된 새댁인 아이 엄마가 된 집사람의 심정은 어떻겠냐구유. 그러나 어찌 하겠는가? 병은 발생이 되었지만 치료를 해야 하잖은가? 그런데 치료하는 기간이 길어 졌다. 그 사이에 물론 일은 하지 못했다.

병원에서 급한 치료를 하고 나는 집에서 요양차 계속해서 시간이 흘러가게 되었다. 가정 경제의 빨간불이 들어오자 집사람은 집에서 가까운 곳의 아파트상가에 가게를 내게 되었다. 아파트 상가의 지하였는데 한갓진 구석의 가게였다. 처음에는 건어물 가게를 냈다. 장사라는 것은 알지도 못하고 시작한 장사이고 건어물은 접해 본 경험이 전혀 없었다. 지금 생각해보면 소꿉장난 같은 장사였다. 하루 종일 장사를 해봤자 수익이 그야말로 때거리 사기가 버거울 정도의 수익이었다. 그 상태를 한 보름을 지켜 던 앞의 정육점 가게를 운영하던 사장님이 우리가 얼마나 안타깝게 보였는지, 소리엄마를 불러서 건어물을 접고 채소가게를 운영해 보라는 것이었다. 그리고 구입처와 운영방법

까지 지도를 해주겠다고 했다. 물론 채소가게도 처음이지만 앞의 정육점 사장님이 시키는 대로 장사를 하다 보니 건어물 가지고 하루 종일 공치고 있을 때보다 일단은 일이 바쁘게 돌아가니까 일단은 좋았다. 그리고 시간이 얼마를 흘러가니까 장사의 요령도 터득이 되고 수익도 늘어나니까 장사하는 기분이 났다. 그러니 집사람에게만 가게를 맡겨 두기도 뭐해서 가게를 나도 왔다 갔다 했다. 요양을 완전하게 더 해야 하는데 일을 보고는 못 앉아 있는 성격이라서 좀 무리를 했는지 골수염 치료를 한 것이 재발이 되었다. 이번에는 재발정도가 아니라 몸이 퉁퉁붓고 다리는 더 부어서 영 형편이 없었다. 병원에 급히 입원을 다시해서 치료를 하는데 이제는 의사가 우리를 보고 원망을 하는 것이었다. 아무리 일이 바빠도 그렇지 병원에서 시키는 대로 요양을 조금만 더 했으면 나을 수 있던 것을 이렇게 몸을 망가트려서 오면 어떻게 하느냐는 거였다. 의사한테 혼나는 거야 들어 줄 수는 있지만 이제는 환자가 살려면 다리를 일부 절단을 해야 된다는 것 이었다. 하늘이 노랗다 못해 캄캄해졌다. 급박한 상황이면 환자는 의사선생님 예수님 부처님 할 것 없이 다 붙잡고 애원을 하는 게 당연지사다. 집사람이 의사를 붙들고 애원을 하니까 담당 주치의가 한 주 동안 경과를 지켜보면서 최대한 치료를 해 보겠다는 것이었다. 다행히도 치료의 차도는 보여서 붓기가 조금 내려갔다. 그러나 치료를 하여도 이미 진행된 골수염의 염증을 최소한 발목 아래는 방치하면 도저히 안 된다는 것이었다. 안 그러면 정말로 다리 일부를 절단해야하는 상황이 오게 되니 빨리 결정을 내려야 한다는 것이다. 그러니 살려면 어쩔 수 없이 절단의 결정을 내려야 했다. 순간 캄캄한 심정이 이었다. 수술을 하는 것은 마취로 몰랐다. 마취가 깨어나고 울고 있는 집사람을 바라보니 나의 발이 하나가 없어진 것 이었다. 그리고 어머니 얼굴이 천장위로 그려지는 것이었다.(*身體髮膚受之父母, 身体发肤受之父母*) 내가 태어나서 몸둥아리 하나 제대로 간수하지 못했다는 불효의 죄스러움에 한동안 멍했다. 그 이후 나는 인생은 6급 장애인으로 등록이 되고 말았다. 참으로 애처로운 일이 되었다. 그러나 그 모든 것도 세월 앞에는 장사 없다고 하듯이 아픈 기억이 사라져 평상시처럼 살고 있다. 인간에게 참으로 좋은 치유의 약은 세월이 지나며 아픈 기억의 망각이 주어졌다는 것에 대해 신에 감사를 드린다.

그 치료가 끝난 몇 달이 지나 후 나는 가게에 일을 다시 하기로 했다. 치료를 하는 그동안 가게고 가정이고 엉망이 된 것을 조금씩 추스르는 것은 일에 전념을 하는 길밖에 없었다. 다행히 가게는 본궤도를 금방 접어들었고 장사도 잘 되었다. 물건 구입하는 요령도 더 넓혀갔다. 장사를 하다 보니 집사람의 단골과 나의 단골손님이 구분이 되기도 했다. 구분이라고 보다는 고객의 성향 파악을 잘 하다 보니 그 손님이 무엇을 원하는지 그 집 냉장고에는 채소가 무엇이 재고로 남아 있는지를 파악이 되었다. 집사람은 채소를 다듬어서 팔게 되니 이윤이 더 많게 되고 나는 장사하고 오후가 되면 재고로 남게 될 것을 단골손님에게 그 손님이 어제 사간 품목을 기억하고 있다가 그 것을 덤으로 막 싸주게 되니까 아줌마들은 덤이니까 그냥 좋아할 수밖에 없었다. 우리로서는 어차피 오늘 시간이 지나면 버리게 되는 물건을 단골에게 기분 좋게 덤으로 주어서 고객의 냉장고에서 재고가 쌓이게 만드는 상술이었다. 장사는 날로 잘 되었다. 김장철이면 별도 배추시장을 열게 되고 서비스차원에서 요즘 말하는 절임배추를 내가 거의 처음으로 시장 상품으로 내 놓았다고 본다.

그렇게 정신없이 수유리의 생활은 아픔도 많았고 돈도 많이 모았다. 90년대 말이 되어서 베이비부머들이 결혼을 하면서 주택수요가 모자라게 되어 아파트 값이 천정부지로 올라가게 되자 정부에서는 수도권에 5대 신도시를 건설하게 되었다. 신도시 여기저기 공고 나오는 대로 신청을 하였으나 떨어지고 당첨된 곳이 일산이었다.

나의 인생 후반부 거의 반평생을 지낸 곳이 일산인데 그렇게 하여 일산에 둥지를 틀게 된 것이었다. 집사람과 상의를 한 것이 수유리에서 아픔도 고생도 많았으니 일산에 가서는 좀 쉬면서 편하게 살아 보자고 해서 이제는 집사람은 일을 시키지 않고 내가 건설자재회사에 취직을 하여 한 3년을 다녔다.

회사생활을 하다 보니 난 장사꾼 체질인 것 같았다. 일산에서 장사를 다시 시작을 해 볼려고 하는데 아이템이 적당하게 떠 올려 지지가 않았다. 그렇다고 전에 하던 채소장사로 돌아가는 것은 싫었다. 그래서 전에 수유리서 같이 장사를 하던 사장이 하는 소리가 만화가게 장사가 쏠쏠하다는 것이었다. 그 사장님의 소개로 지인이 운영하는 만화가게를 견학 가 보았다. 견학을 하니까, 그분이 운영방법과 유통경로 등등을 모두 알려 주어서 일산에 만화가게를 열었다. 처음에는 책방 운영하는게 익숙하지 않아 어설펐으나 워낙 장사에 잔뼈가 굵어왔기에 얼마 지나지 않아 자리를 잡게되었다 가게는 장사가 좀 되는가 싶었는데, 가게 임대를 들어간 점포주가 점포를 잡혀먹고 도망을 가는 바람에 임대 보증금도 못 건지고 가게에서 쫒겨나야했다.나의 의도와 달리그런꼴을 당하니까 참으로 참담했다. 그렇지만 달리 별도의 계획도 없었고 만화가게의 돌아가는 이치도 이젠 터득한 터라 무리한 빚을 내서라도 만화방을 계속할 수밖에 없었다. 그래서 길 건너 신규 건물로 옮겨 가서 신장개업을 하게 되었다. 속 모르는 일반단골들은 장사가 잘되어 확장 이전한 것으로 착각을 하는 것 이었다. 오히려 그 착각이 우리에겐 더 좋은 효과를 가져왔다. 장사를 진행

하면서 나의 장사 노하우를 접목하여 책을 다양하게 구비하고 절판이 되었거나 나이가 든 사람들이 옛날 향수를 불러오는 만화등을 발품을 팔어서라도 구해다 놓으니 구독자가 날로 늘어 났다. 장사가 아주 쏠쏠하게 잘 되었다. 거기에다 나는 그들이 원하는 간식인 라면을 끓여서 파는 것을 도입했다. 라면을 팔아서 들어 오는 수입만 하더라도 대기업 직장인의 하루 일당보다도 배가 많았으니 재미가 있을 수 밖에 없잖은가? 그 와중에 우리 나라는 경제가 휘청 거렸던 IMF라는것을 맞아서 대기업 및 금융업에 종사하는 직장인들이 하루아침에 졸지에 직장을 잃게 되는 사태를 맞게 되었다. 그것을 당하는 그들에게는 참으로 안타까운 일이었지만 오히려 우리 가게로서는 호재가 되었다. 직장 나가던 사람들이 갑작스레 그런 꼴을 당하게 되어 그래도 집에는 쳐박혀 있을 수가 없어서 집을 나와서 비용을 덜 들이고 갈 수있는 곳이라고는 산과 만화방이었다. 다른 곳에는 장사도 안되고 부동산도 그래프가거꾸러 지고 했지만 우리 만화가게는 오히려 자리가 없을 정도가 되었다. 참 아이러니한 것이다. 누구는 망해서 힘들어 죽겠는데 누구는 호황을 맞게 되다니...그게 인생에 운이며 자기 사주팔가가 아닌가 생각한다. 새옹지마라는 단어도 나에게 적용되는 단어가 되었을 것이다.

그렇게 장사가 쏠쏠하게 잘 되어 나는 넓은 평수의 가게를 아이에 점포를 사게 되었다. 그렇게 점포주가 되어 운영하는데도 어느 장사라도 영원한게 없는 것이라고 ...시간이 흘러 만화방도 경기가 시들해 져서 만화방은 정리, 그 자리에 임대를 주고 나는 제약회사에 계약직으로 출근 소일을 하며 고향 친구들과 시간 나면 서로 어울려서 장년의 중후함의 미를 즐기고 살아가고 있다. ~친구들 고맙다~

인생은 계획표외의 또 하나의 행복

박 용 희

소중한 것은 항상 가까이에 있고
이 세상에서 살아가는데 가장 큰 차이는 엄마가 있고 없고의 차이이다.

어릴 때 엄마는 항상 바빴다. 그래서 전업주부로 엄마를 둔 가까이 친했던 친구들이 부러웠다. 학교 마치고 집에 가면 엄마가 맛있는 간식도 해주고 도시락도 이것저것 계란말이 햄 소시지 같은 것들을 싸오는 친구들이 엄청 부러웠다.

아빠는 법 없이도 살 수 있다는 참 좋은 사람이다. 여느 옛날 아버지들처럼 특히 밖에서 좋은 사람이다. 가정 안에서 좋은 신랑은 아니었던 것 같다. 그래서 엄마는 항상 바빠야만 했다.고된 조선소 일을 하고 집에 와서 깨끗한 집이 아닌 삼남매가 난장판을 만들어놓은 집이라 쉴 수가 없었다.

무엇이든 척척 해내는 우리엄마 그래서 우리 엄마는 슈퍼맨 같았다. 그게 너무나 힘들고 고달픈 일이라는 걸 지금은 잘 알지만 그땐 몰랐다. 퇴근하고 돌아오는 엄마 손에 들린 간식을 기다리던 내 모습이 어찌 그리 나만 생각하는 아이였을까 싶다.

내가 안 먹고 안 입고 자식을 키우기 위해 희생한다는 것이 왜 당연한 것이었을까? 엄마에게는…나 또한 지금 회사에 다니면서 회사에서 나오는 간식을 집에 가져다 놓으면 당연히 아이들이 먹으라고 가져다 놓은 것 이지만, 가져 온 것을 하나도 남김없이 싹쓸이를 했을 땐 속으로 서운한감을 밖으로 내비춰 가끔 불평을 하기도 한다. 어쩌면 나한테는 먹어보란 말도 없이 자기들끼리 다 먹어 버리는지 얄밉기가 하늘을 찌른다.

어렸을 때 언니 오빠는 과외 학습지도 하고 학원도 다니고 여러 가지 힘든 상황에서도 엄마는 최대한 교육하고자 했다.

그런데 항상 막내인 나는 피해자가 되었다 언니 오빠가 학습지를 제대로 안 해서 난 아예 학습지를 시키지도 않으셨다. 언니 오빠가 입던 옷들을 입고 쓰던 것들을 쓰고 막내는 고달팠다. 하아… 지금 생각해보면…

그래서 엄청 엄마한테 떼써서 다녔던 피아노 학원이 아직도 기억이 난다. 종이봉투에 달마다 돈 받아서 학원비 내던 모습이 아직도 눈감으면 선하게 떠오른다. 그 힘든 엄마의 노동의 댓가로 주셨던 봉투를 생각하면 나의 머릿속의 봉투에

는 눈물방울 흔적이 남는다.

우선 난 기억력이 좋지 못하다. 좋은 의미로는 안 좋았던 일도 잘 잊고 금방 행복해지는 타입이고 안 좋은 의미로는 어렸을 때 일이 많이 기억나지 않는다. 사람도 잘 기억 못한다. 아니 어찌보면 엄마의 힘드셨던 시절을 기억에 담고 있고 싶지가 않아서 였을 것이다.

그래서 엄마가 아직 젊은데 왜 기억이 하나도 안나냐고 타박하실 때가 많다. 엄마 기억력이 좋은 거예요. 사실 그 힘들고 가슴 아린 얘기를 하고 싶지가 않기 때문입니다.

그래도 가장 크게 기억 남는 것 중에 하나는 엄마가 조선소에서 일할 때 잠수함을 타본 기억이다. 운행을 하는 잠수함은 아니었지만 일반인이고 꼬마인 여자아이가 군인들이나 탈 수 있는 잠수함을 어떻게 타보겠는가 그래서 아직도 잊혀 지지 않는 것 중에 하나이다.

또 한 가지는 대우조선소에 어린이날 행사로 뽀빠이 아저씨가 왔을 때 엄마가 싸인을 받아다 줬다. 지금으로 치면 개그맨 유재석한테 싸인받는 것인데 사람이 얼마나 많았었는지… 이것 또한 지금의 나는 그렇게 까지 억

척스레 못하는데 나의 엄마는 엄마니까 나에게 해주셨다. 엄마는 대단 하시다. 엄마 사랑해요~

내가 살면서 선택한 것 중 잘한 것이 크게 두 가지가 있다. (결혼 그 이전의 나의 여정에 있어서) 한 가지는 인문계를 가지 않고 여자상업고등학교를 간 것이다. 사실 언니 오빠는 다 인문계를 갔고, 나도 공부를 못하지 않았지만 나는 현실을 현명하게 판단했다. 그래서 엄마가 처음에 반대를 하셨고 속상하게 해드렸다. 고등학교 다닐 때 학교가 멀어 힘들다고 하면 누가 거기학교 가라고 했냐고 엄마가 화를 내셨다.
엄마 뒤끝있으시네욤 호호호

내가 상업고등학교를 간 이유는 사실 첫 번째는 공부로 최고가 될 수 없을 거 같았기 때문이다. 중학교 때 중상위권을 유지하였지만 전교 등수에는 못 미치는 점수였고 차라리 여상을 가면 대학을 가더라도 훨씬 좋은 내신을 받을 수 있을 거 같았기 때문이다. 두 번째로는 돈 때문이었다. 오빠가 대학을 갈 때 등록금 때문에 돈 때문에 서러웠던 기억이 난다. 그래서 나는 1등을 하고 장학금을 받아서 대학을 가지 못할

거라면 일찍 취업을 해서 엄마를 도와주고 싶은 마음도 있었던 거 같다.

우리 집은 돈을 아주 못 버는 집이 아니었다. 엄마는 힘들었겠지만 때 되면 맛있는 음식과 과일도 사먹었고 용돈도 받았고 어디 가서 돈 없어서 크게 서러웠던 기억이 없다. 아 중학교 때 하도 김치만 싸가서 같이 밥 먹는 친구가 넌 왜 맨날 김치만 싸 오냐고 해서 얼굴 화끈했던 기억이 있지만 그건 돈이 없어서나 그런 게 아니라 엄마가 바빠서 도시락 못 싸줄때 알아서 싸가야 했는데 그 나이 사춘기 소녀가 엄마가 싸주지 않으니 뭐 얼마나 대단하게 잘 쌌겠는가? 대충 싸갔고 얻어먹었는데 친구가 그런 말을 해서 아주 민망하고 서러웠었다. 이건 뭐 사실 내 탓이지만 그땐 속으로 엄마 원망을 조금 한듯하다.

어쨌든 이상하게 우리 집은 다들 벌고 열심히 일은 했지만 돈이 모이는 집이 아니었다. 가장 큰 역할은 아빠의 보증이었다. 지금이라면 엄마한테 아빠가 그런 습관을 계속 유지 한다면 적극 남남이 되길 권한다. 아주 강력하게!! 빚보증은 답이 없다.

그리고 또 하나 잘한 것은 취업을 삼성으로 한 것이다. 그땐 삼성이 뭔지도 몰랐고 있는지도 몰랐다. 거제도 촌에서 삼성반도체를 알리가 없지 않은가? 같은 반 반장이었던 친구가 반도체 노래를 불렀다. 친한 언니가 거기 다닌다고 자기도 거기 갈 거라고...거기는 성적이 상위 10% (정확하게 기억나진 않지만) 이상만 지원할 수 있었는데, 뭔지도 모르고 나도 덩달아 그냥 지원했고 면접을 보고 합격을 했다.

IMF이후 내 위로 2~3년 정도는 취업을 많이 못했다고 한다. 그래서 우선 합격 후 대기만 6개월 정도 하다가 수원에 있는 회사로 갔다. 처음 버스를 타고 엄마 품을 떠나서 연수원에서 첫날밤에 씻고 엄마랑 통화했을 때 눈물이 났다.

특히 같은 학교 친구들이 아무도 합격을 못해서 의지할 친구가 한명도 없어서 분위가가 서먹서먹 하기도 했다. 처음에 의지 할 곳이 하나도 없던 터에 전화라도 엄마 목소리를 들으니 괜히 눈물이 울컥했다. 엄마 걱정할까봐 얼른 전화를 끊었었다. 엄마라고 그 상황을 눈치 못 챘을리는 없었지만 나는 엄마를 생각해서 전화를 마무리 한 것이다.

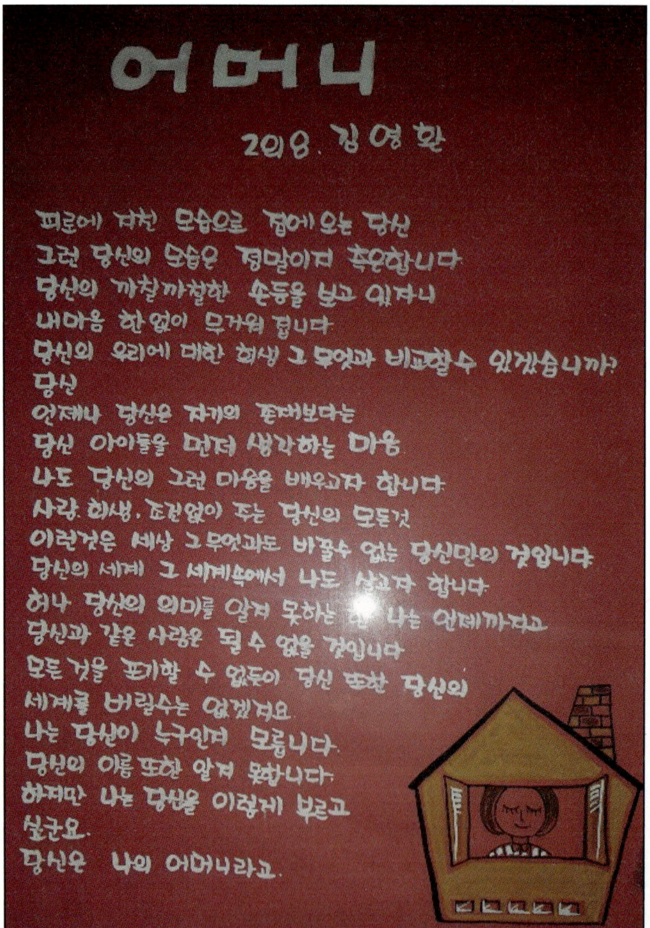

객지에서 혼자 회사생활을 한다는 것은 정말 힘들었었다. 다른 것 보다 혼자 외지에 있다는 것이 엄마를 볼 수 없다는 것이 가족들을 볼 수 없다는 것이 힘들었다.

그러니 엄마는 모든 자식들을 사회에 내보내고 혼자 되었을 때 얼마나 외로웠을까? 엄마는 지금 내 나이에 아이 셋을 다 키워 사회에 내

보냈으니…

어쨋든 삼성에 와서 세상 효녀가 되었다. 월급을 받아서 내게는 없던 돈이 생기니 집에 가구도 바꾸고 가전도 바꿔주고 그게 그렇게 좋을 수가 없었다. 내 힘으로 엄마에게 좋은 것들을 이렇게나 해 줄 수 있다니 얼마나 기분 좋은 일인가...

엄마가 하도 자랑해서 난 나름 밖에서 엄마친구 아들이 아니고 엄마친구 딸 이었다. 친구들이 전화 와서 뭘 그렇게 집에 하냐고 자기 엄마가 너랑 비교한다고 난리도 아니었었다.

친구는 그냥 대학을 갔고 난 취업을 했을 뿐인데, 엄마가 자랑을 해서 친구들한테 왕따 당할 뻔했다. 사실 대학생 특유의 젊음을 느껴보지 못했기 때문에 나도 대학 갈 걸 하는 후회도 없었던 것은 아니지만 난 지금 우리나라에서 제일 좋은 대학을 나와도 들어오기 힘들다는 곳에 아직도 잘 다니고 있다. 이제는 엄마가 말한다.아이고 저거 안 낳았으면 어쩔 뻔 했냐고...

사실 딸 하나 (언니) 아들 하나 (오빠) 있으니 할머니였는지 할아버지였는지 지우라고 했었다는 이야기를 들었다. 엄마의 최고 선택은 날 낳은 거 였다니까요? 맞죠? 지금 소원이 있다면 엄마가 항상 건강했으면 하는 것과 엄마는 당연히 우리가 엄마의 전부라고 말하겠지만 나는 조금 더 엄마가 자신만을 위한 행복을 위하면서 살았으면 좋겠다. 운동도 하고 무엇인가를 배우는 즐거움도 많이 느껴보셨으면 좋겠다.

인생은 60부터라면 이제 또 다시 출발선에 선 우리엄마 건강하고 행복하게 100세 시대 갑시다!!!!

벚꽃길에서 벗을 그리워 한다

손 철 규

수안보 하면 온천, 온천 하면 따뜻한 물 왕의 온천 수안보! 용출온도 53도를 자랑하는 천연온천이다.

우리 고향 친구들은 태어나면서부터 온천지역이라는 특수한 환경에서 자라왔기에 물이 따뜻한 만큼 마음도 온화하고 따뜻하다. 그 옛날 타 지역 사람들은 온천이라는 단어조차도 생소하던 시절, 우리는 어렸을 때부터 우리지역 어린이들만이 천연온천을 해보는 혜택을 누리고 자랐다고 할 수 있다.

온천이 솟는 것을 발견한 시점은 고려시대라고 문헌으로 기록이 전하고 있지만 우리는 문둥병 환자가 발견한 것으로 전설처럼 들어왔다. 문경 어느 마을에서 살던 사람이 문둥병이 생기고 그는 마을의 박대로 마을을 떠

1966년 수안보
제일 뒷편산은 오미뒷산 주정산, 가운데는 황산-아직 호텔이 들어오지 않았고, 그 오른쪽은 달기비알 국민학교가 보이고 그옆에 관광호텔, 지서는 전나무 숲 가려있다. 초가집과 기와집이 혼재 해 있다.

나 거지로 흘러 다니다가 물안보에까지 와서는 논에 쌓아둔 짚가리에서 기거하면서 거기 밑바닥에서 솟아오르는 따뜻한 물을 마시기도 하고 몸을 씻고 바르고 하면서 지냈다. 얼마 후 그의 병이 완쾌가 되어 다시 마을로 돌아가 사실을 말하자 인근 고을에 소문이 퍼지면서 물안보에 피부병환자들이 몰려들었고 따뜻한 물이 솟아나는 샘 물웅덩이를 파기 시작한 것이 수안보 온천의 기원으로 들어왔다.

하여튼 우리의 온천 역사는 오래되어 조선조의 세조왕이 피부병이 심하여 수안보를 찾았기에 우리는 왕의 온천이라 지금은 명명하여 부르고 있다.

지금이야 지하 천공기술이 좋아서 어디든 개발하면 따뜻한 물이 나오는 온천으로 만들어 버리지만 우리가 어렸을 때 까지만 해도 전국적으로 남한에서는 온천이라고 아는 곳이 우리와 온양온천, 동래온천 이정도 뿐이 없었으니 과히 우리 수안보의 명성을 타 지역 사람들이 부러워할만한 존재였다.

그래서 우리가 외지에 출타를 하거나 학교를 다니기 위해 유학을 하거나 군대를 가서도 수안보 하면 모르는 사람이 없었고 그들은 우리의 고향을 방문하기를 희망하여 우리는 그들을 초대하여 목욕을 시켜주곤 했다.

우리가 어렸을 때 까지만 해도 온천이라는 곳이 평상시엔 찾는 이가 뜸했고 명절 밑에 때를 벗기고 정갈한 몸으로 제사를 모시고자 붐볐던 것이다. 그러던 것이 우리나라가 산업화로 인해 먹고 살기가 좀 나아지면서 레져문화가 전개되면서 지역관광지화라는 서비스산업이 활발하게 되었다. 그러면서 순진했던 우리들의 동네도 거기에 편승해졌다. 어느 관광지나 사람이 꼬이게 되면 투자 자본이 몰리게 되었다. 그 자본이 유입되면서 기존의 우리 터를 지키고 있던 지방 사람들이 평상시엔 거래도 없던 금액으로 땅값을 쳐준다고 하니까 많은 사람들이 팔고 지역을 하나 둘 떠나게 되었다. 그래도 그 흐름의 바람에 흔들리지 않고 끝까지 지키고 있던 소유주들은 수안보의 활황기에 그 덕을 좀 본 사람들이 있고, 땅을 처분하여 외지로 나갔던 사람들 중에서 일부는 재산 증식을 했지만 대부분의 사람들은 돈을 다 날린 것으로 소문으로 들렸다.

과도기에는 어쩔 수 없는 현상이었다. 80년도 초부터 90년대 중반까지 수안보온천 활황 무렵에 외지의 자본이 들어오면서 부터는 고향사람들의 순박한 모습이 점차 사라지기 시작했다. 자본을 앞세운 위력으로 들이닥치는 똠방각하들의 지역민을 괄시하는 천박한 행동에도 고향의 작은 돈의 힘으로는 그들의 무례함을 저지하지 못했다. 오히려 일부는 그 무리들에 빌붙기도 했고 그렇지 않은 사람들도 우리의 기득권을 포기하면서 그들과 타협을 해서 공생하기로 했다. 미국의 힘에 눌려 약소국이 당해야만 하는 형국으로 되었다.

특히 유흥업소는 말하자면 외지에서 소위말하는 전국구라인이 들어와서 빨대를 꽂는 판을 벌였다고 보면 된다.

그래서 출향한 친

구들이 어쩌다 고향에 와서는 옛날처럼 생각했던 고향의 추억과는 다르게 변한 것에 섭섭한 마음을 갖기도 하고 실망하기도 했겠지만 그들도 별 뾰족한 수가 없는 위치였는지 시대의 흐름에 맞출 수밖에 없었다.

수안보의 활황기에 우리 지역민들도 관광산업의 특수에 살기가 좋아졌다고 볼 수가 있다. 관광지가 아니면 시골구석에 부동산 가격이 항상 그 자리에 머물러 있었을 텐데, 물탕거리 상업지건 주변 마을의 농지이건 다 올라서 자산의 가치가 상승하게 되어 득을 본 사람들도 있다.

그 활황기가 지나면서 영원한 것이 없듯이 침체기가 도래하였다. 국민들의 수준이 이제는 국내 온천을 찾는 게 아니고 제주도를 한번 훑고 지나서 외국여행의 붐이 일게 되니까 한동안 침체기가 이어졌다. 경제는 살아있는 생물이라고 그동안 밀려들어 왔던 유흥업소의 자본들이 손님이 썰렁해지자 다 빠져 나갔다. 그러면서 지역경제는 더 침체의 늪으로 빠져 들어갔다. 그렇지만 원래의 우리 지역을 지키고 있던 토착민들은 남아서 지금까지도 지키고 있다고 본다.

그 3,4십년의 시류의 풍파에 우리 친구 몇몇과 내가 긴 세월을 지나 현재에 이르고 있다. 가끔은 출향해 밖에 나가 있는 친구들이 우리들에게 하는 말이 고향을 지키고 있는 고마운 친구들이라고 말을 한다. 진짜로 어려운 경제적인 여건으로 고향을 찾기도 힘들었던 친구가 몇 십년만에 찾아와서는 소싯적 얘기를 나누는 정감으로, 친구가 여기에 있으니 고향의 친구들 안부를 알 수 있니 고맙다고 할 때는 진심이지만, 좀 거들먹거리는 말을 하는 친구들의 하는 말 고향을 지켜줘서 고맙다는 말에는 왠지 위선이 깔려 있는 것 같아서 그 말이 참으로 듣기가 거북할 때가 있다.

지금까지는 수안보의 지역변화를 조금 얘기했다. 그 흐름을 같이 했던 나에 대해서 얘기를 해 보겠다. 나는 인생이야기를 하라고 하면 특별히 할 말이 없다. 그만큼 인생의 굴곡이 없었다고 말할 수 있겠다. 어찌 보면 내세울 성공은 못했어도 무난한 삶이 내게 주어진 것에 대해 고맙다고 생각해도 될 것이다.

우리 집은 친구들이 다 아는바와 같이 수안보 하면 온천 또 4월의 수안보 하면 '벚꽃길'이 생각나게 된다. 4월의 랜드마크가 되어버린 그 벚꽃길 입구에서 청운식당을 운영하고 있다. 그 벚나무를 심은 것이 우리 동기들이 심었다고 하는 친구가 있는가하면 2년 후배들 걔들이 심었다고 하는 친구도 있기도 하다. 정확한 것은 기록이 없어서 잘 모르겠다. 확실한 것은 고등학교 졸업하고 잠시 집에 있으면서 시간이 날 때 죽은 벚나무 보식을 한다고 해서 인력동원을 나갔는데 1,500원 일당을 받고 나간 적이 있는 걸 보면 아마도 70년대 초반에 심었을 것 같다.

나의 살아온 인생이야기를 쓰라고 하니 청운식당 이전부터의 사연에 대해 말해 보겠다. 나의 원적지는 안동 풍산의 죽전이라는 경주 손씨 집성촌 마을이다. 아버지가 그곳의 촌생활에서 벗어나 서울로 가서 살아 보려고

그 마을에서 14살에 나오셨다고 한다. 그런데 여비가 없으니 곧바로 서울로 간 것이 아니라 형편상 중간중간에서 돈벌이 생활을 하면서 조금씩 위로 서울로 간다는 계획이었는데 그만 수안보에 와서 제재소의 일을 하면서 차일피일 머물러 있다가 그냥 서울이 아닌 수안보에 붙박이가 되어버린 것이다. 처음에 와 머문 곳은 천주교 밑의 제재소에서 일하였고 몇 년 후 나와서 지금의 청운식당이 있는 근처에서도 제재소를 했다. 독립적으로 했는지 동업을 했는지는 내가 아주 어렸을 때라서 잘 모르겠다. 초등학교를 들어 갈 무렵에는 경북여인숙이라는 숙박업소를 시작했다. 경북여인숙은 그 후로 한동안 오래 했다. 내가 고등학교를 졸업하고도 1년 정도 지났을 때까지도 했다.

어렸을 적에 우리 여인숙에 대한 에피소드도 종종 있지만 다 말은 못하고, 탑골 친구들은 학교를 가려면 우리 집을 지나서 가야했기 때문에 그 친구들은 우리 집을 중간 기착지로 여기며 학교를 다녔다. 우리가 학교 다닐 때는 점심시간에 수안보 본바닥에 집이 있는 애들은 집에 가서 밥을 먹고 왔고 좀 떨어져 있는 동네 애들은 도시락을 싸와서 교실에서 먹었다. 그런데 탑골 애들은 어중간한 거리에 있어서 몇몇 올망졸망한 친구들은 자기네 집에서 도시락을 싸와서는 우리 집에 맡겨 놓고 가는 것이었다. 하절기에는 쉬지 않게 서늘한 곳에 보관해 주고 겨울에는 따뜻한 아랫목에 이불을 덮어서 어머니가 보관 하셨다가 내어주니 얼마나 좋은가 말이다. 그 재미를 붙였던 탑골 친구들한테는 지금이라도 보관료를 청구해야겠다.ㅎ 중학교 때는 우리 집에 노**이라는 사회 선생이 하숙을 하고 있었는데 처녀 선생님이니까 서울이 집인 한**이라는 잘 생긴 체육선생이 자주 들락거렸고 어떤 때는 우리가 선생님 방문 앞에서 친구들과 귀를 살짝 갖다 대고 엿듣기도 했다. 재미난 얘기를 나누는 것에 몰두한 선생들은 우리의 행동을 눈치를 못 챘었다. 또 한 번은 우리 친구들 중 모 유명 제과점 회장님의 자제분이 스무살 무렵에 충주 나가서 작업을 한 아가씨를 데리고 왔길래 내가 우리 집 여인숙의 방을 최대한 편의를 제공을 해주었다. 그리고 다른 친구들에게 급히 연락을 취해 L모 그 친구가 작업 중인 그 방의 밖의 창을 통해 들여다보는 시청을 하려고 용을 쓰며 허우적댔지만 그 친구의 작업 실패로 인해 몰래 카메라 시청을 시도했던 우리들도 괜히 헛힘만 빼버린 꼴이 되고 말았다.ㅎ

그렇게 청소년기를 수안보에서 범석,하영,정식,규석,용규,진곤이 등등의 친구들과 허구한 날 술 마시고 놀러 다니는데 정신이 팔려 있었다. 그러니 공부를 제대로 할 리가 있겠는가? 청주에 가서 재수학원을 다녔으나 기대한 결과를 못 거두고 군대를 갔다.

군대는 인제가면 언제 오나 원통해서 못 오겠다고 하는 전방지역 군부대 밀집 지역인 강원도 양구의 지명이 펀치볼 이라고 불리는 동네의 21사단에서 빵이치게 고생을 하다가 제대를 했다. 요즘이야 하루 생활권이지만 당시에는 휴가를 나오

려고 해도 서울 마장동까지 와서 다시 충주 수안보를 와야 하니까 잘해야 하루 종일 꼬박 걸리던 교통환경 이었다. 군대를 제대를 하여 집에 오니까 동네에서 놀던 친구들 멤버는 그대로 있었다. 군대 가기 전 외지에 나

가 있던 기일이도 합류했다. 사람이라는 동물은 긴박하면 새로운 길을 모색하게 된다. 그런데 나는 학교를 다닐 때도 널널한 집안 형편은 아니더라도 월사금을 못 내거나 끼니를 걱정하는 상태는 아니었으니 어려움을 모르고 컸다. 군 제대 후에도 생활을 걱정해야하는 상태가 아니었으니 그냥 하루하루 동네 친구들과 어울려 놀면서 현실에 안주하며 시간을 죽이게 되었다.

외지에 나가서 취직을 해서 당장 먹고 살아야 한다는 긴박한 절실함을 전혀 느끼지 못하고 있었다. 외지에 나가서 돈 좀 벌었다고 하는 사람들 대부분이 끼니도 못 해결하는 환경이어서 올라가 이를 악물고 벌었고 버는 쪽쪽 땅에 묻어 둔 게 훗날 돈이 되었다고들 말을 들었다 .

어렵지 않다고 해서 그렇다고 마냥 시간을 죽이고만 있기도 뭐해서 우리 집터에 별도 공간이 남아 있기에 거기에다 마트 열어 장사를 하기 시작했다. 이제는 사회생활을 하면서 돈을 벌기 시작하는 기성 사회인으로 변환되고 있는 와중에 그 다음 해에는 결혼도 했다. 얼마 후 우리 건물의 가게터에서 식당을 하던 사람이 못한다고 해서 그 식당을 어머니가 인수해서 청운식당으로 이름도 바꾸고 엄마를 도와서 식당을 하기 시작한 것이 요식

업에 종사한 나의 평생 직업이 되었던 것이다.

누구나 자기의 일을 평생 해오면서 꽃길만 있게 되는 것은 아닐 것이다. 다행히 나에게 건강이 안 좋아서, 아니면 예상에 없던 사고로 인해 삶의 리듬을 깬 적이 없다. 자식들도 부모의 속을 특별히 썩인 적이 없으니 무난한 생활을 한 행운을 가지고 살아왔다고 할 수 있다.

한 가지 나에게도 마음의 생채기가 난 것은 **친구의 권유로 투자한 시행회사가 망해서 금전적인 손실을 보게 된 일이 있다. 그 건은 나 말고도 여기 친구 몇 명이 참여를 했었다. 내가 거기에 넣은 금액이 나한테는 만만치 않은 큰 금액이었다. 투자한 돈이 날라 가게 되자 처음에는 하늘이 노랬고 그 충격으로 절망해서 세상이 싫었다. 너무나 젊은 나이에 처음으로 당하게 되니 아무리 선한 마음에서 그 친구가 우리를 불러들였다고 해도, 인간의 심리는 잘되면 그냥 잘 된 것이라 생각이 드는 것이고, 잘 못 되었을 경우 그 친구가 원망스럽게 생각이 드는 것이다. 그 일로 한동안 매일 잠도 안 오고 시간나면 술을 마시고 잊으려 했으나 쉽지 않았고, 결국 세월이 지나면서 '세월이 약'이라는 처방으로 마음을 희미하게 서서히 추스르게 되었다. 인생사 어떠한 고통에서도 벗어나게 하는데 최고의 명약이 세월이 약이라는 것을 그 때 알았다. 그 후에는 다른 데는 돌아보지 않고 장사에만 열중했다.

한번은 동지의 이승재 친구가 고향에 비행기를 몰고 왔다. 물론 운행 스케줄을 사전조율을 해서 왔다. 비행 이착륙 활주로는 탑골입구에서 대안보 사이의 도로였다. 당시 3번 국도를 새로 곧게 펴는 공사를 하고 있었고 그 길의 공사는 완료 되었으나 차량통행의 개통은 하지 않았기에 경비행기

이착륙 지점으로서는 최적지였다. 나는 승재 친구 덕분에 비행기를 타고 고향의 하늘을 날아서 돌아보는 행운을 얻기도 했다.

이렇듯 나와 몇몇 친구는 고향에 남아서 수안보의 활황과 부침 다시 부흥을 지켜보는 현장에서 역사의 증인으로 평생을 살아왔다. 그것에 대해 어딘가 모르는 아쉬움도 가슴속에 내재되어 있었지만 한 세월 다 지난 지금에 와서는 담담할 뿐이다. 그러고 이제는 남아 있는 시간을 여러 친구들과 가능한 어울려서 즐겁게 노후를 맞이하고 싶다. 내가 살고 있는 이곳 벚꽃길에서 고향의 친구들의 길손 벗이 되고 싶다. 특히 해마다 4월 중순이면 화사하게 피는 벚꽃나무가 밤 조명을 받아 그 꽃빛이 너무나도 은은한 황홀경이 된다. 그 나무와 조명 밑에선 아무리 늙어 가는 사람이라도 마음을 설레게 만든다. 어느 누군가는 그리움을 자아내게 한다. 난 친구 바로 너의 생각에 잠길 것이다.

칡 하나로도 인생은 바꿀 수 있었다

신 왕 근

(신성근)

이런들 어떠하리 저런들 어떠하리
만수산 드렁칡이 얽혀진들 어떠하리
우리도 이같이 얽혀져 백 년까지 누리리라

만수산 칡넝쿨이 이리저리 뒤엉켜 있듯이 풍진(風塵) 한 세상 별스럽게 굴지 말고 서로 협조하여 잘 살아보자는 뜻이다. 충절을 굽히지 않았던 정몽주에게 태조 이방원이 던진 시 한 수다.

그 깊은 뜻은 난 잘 모르지만 칡은 나의 생애에 있어 특별한 존재가 되었다. 이는 후반부에 얘기를 하기로 하자.

봄날이 오면 참 좋다. 산에는 신선한 바람이 불어오고 파릇파릇 이파리가 돋아 나오는 신기함에 항상 나의 순수한 꿈은 다시 피어나곤 했었다.

산 높은 계곡 끝자락에 위치한 우린 동네는 다리골이라고 불렀다. 동네 소속은 동지에 속해 있었고 온천리 산000번지이다. 우리 동네는 오미에서 부르는 이름은 안다리골이다. 오미에서 첩푸산 두루봉 자락밑에 계곡입구를 조금 지나 중간쯤 조동일이네가 사는 동네를 다리골, 우리가 사는 윗동네는 안다라골로 불렀다. 사실 다리골이라는 어원은 첩푸산과 황산 사이의 능선이 있는 산의 모양이 닭의 형상을 닮았다고 하여 수안보쪽 신장로 옆 닭의 비탈이 달기비알로 닭의 골이 다릿골로 어원이 변형되어 부르게 되었던 것이다. 사실 첩푸산도 (적보산 積寶山) 이라는 이름인데 변형이 되었다. 아마도 그 산에는 보물이 잔뜩 쌓여 있을지도 모른다.

그 보물이 나에겐 칡이었다. 그 다리골에도 옹기종기 10여가구가 넘게 모여 살았다. 계곡 끝이라서 물이 참 맑고 깨끗했고 공기 또한 최고였었지. 사는 것이래야 다 화전밭을 일구어 근근히 입에 풀칠을 겨우 할똥말똥했다. 그래도 그 때가 사는 게 경제적으로는 힘은 들었지만 사람 사는 맛이 나는 시절이어서 좋았다.

우리가 다릿골에 안착한 때는 내가 5살 무렵이다. 내가 태어난 곳은 대안보 쪽 홍임숙이네 집근처란다. 아버지는 그 시절 한가닥 하는 사람이라면 곁눈질하던 놀음에 빠졌다. 그래서 있는 재산 다 팔아 조지고 동지로 이사를 갔다가 또 깃골로 올라 갔다가 최종적으로 더 이상 올라갈 곳이 없는 다리골에 와서 겨우 흙담집을 만들어서 살았다. 아버지는 놀음에 빠져서 집안을 돌보는 일은 신경을 쓰지 않으셨다. 참 한심한 아버지였다. 허구한 날 놀음의 원정을 다녔다.

놀음이라는 게 손을 절단해도 발가락으로 하는 것이 그 짓거리가 아닌가? 허긴 한번은 아마 6학년 1학기말쯤인가에 아버지는 큰 돈자루를 메고 오셨다. 내가 들어 보니 무거워서 난 도저히 들을 수 없을 정도의 돈다발이 많이 든 자루였다. 한 번 대노가 난 것이었다. 이 때 나든 엄마든 몇 다발 뒤로 빼 돌렸다면 우리의 삶이 그 다음부터 팍팍하지 않았을 텐데...아버지는 노가 난 이후에도 계속 놀음이 지속 되다가 그 것을 다 잃게 되었다. 다시 쪽박을 찬 것이다.놀음에 바쁘신 양반이 어떻게 우리 어머니를 그렇게도 사랑을 많이 주셨는지 우리의 형제는 9남매나 되었다. 7남 2녀의 대가족이다. 그러니 어머니가 얼마나 고생을 하셨을까? 자세한 얘기를 하지 않아도 다 알만한 상상이 될거다. 거기에다 나는 장남이다. 그러니 나는 학교를 다닌다는 것이 힘이 들었다. 왜냐하면 틈만 나면 엄마의 화전밭 농사를 거들어야 했기 때문이다.

그래도 학교에 입학할 때가 남들이 가니까 같이 학교에 입학을 하게 되었다. 나의 원래 본명은 신 왕근이다. 우리 다릿골에는 우리 동기들이 안명길,김의묵,김용수,윤머시기 여자, 66년 큰장마때 산사태로 쓸려 내려간 집에 살던 여자동창 등 6명 정도가 산길을 따라 수안보의 학교에 다니게 되었다. 나는 나의 이름이 왕근이라서 애들이 와왕왕 거리면서 놀려 대는게 싫었다. 왕이면 왕처럼 대우를 해주어야 하는데 왕짜를 자꾸 안좋은 곳에 빗대여 놀려 대는 것이 싫었다. 그래서 학교에 입학을 하면서 나의 이름을 신성근으로 둘러 댔더니 그길로 선생님은 신성근으로 불렀고 우리 친구들도 나의 이름이 신성근으로 알고 있는 것이다.

그런데 신성근이라는 이름을 왜 그렇게 둘러 댔는지 그 이유에 대해선 기억이 없다. 그렇다고 집에서 나의 이름을 성근으로 부르지도 않았는데 말이다.

꽃피고 산새가 울어대던 산속의 마을은 마냥 평화가 깃들어 있는 것처럼 보이지만, 국민학교때 보릿고개가 있던 그 시절 초근목피로 연명하던 우리 집은 정말로 옹기 항아리 쌀독이 바닥을 닥닥 긁어도 쌀 한 톨이 없는 때가 더 많았다. 여름이나 가을을 거쳐 초봄까지는 그냥 저냥 옥수수 몇알이라도 가지고 견뎌왔는데 정말 보릿고개 때는 먹을 것이 아무것도 없었다. 거기에다 흥부네 가족보다도 우리는 식구가 더 많으니 오죽했겠냐. 굶는 날이 며칠 지속이 되면 나는 하는 수 없이 나는 그 주린 배를 채우려 차마 발길을 내 딛기 힘든 구걸의 행로를 따라갔다. 어린이라서 멀리 가지는 못하고 고개 넘어 깃골이나 동지에 바가지를 들고 이집 저집 먹을 것을 구걸했다. 참으로 가슴 아픈 일이다. 이 얘기를 처음 입 밖으로 내 놓게 된 것이다. 그 나의 행로는 모양새가 처참했지만 그래도 동네 분들이 고마운 분들이라서 구걸을 가면 고구마나 감자 등등 그래도 십시일반이라고 보태 주셨다. 지금 생각하면 그 분들이 참 고마운 분들이다. 이제 내가 죽기 전에 그 분들을 찾아가 고마움의 표시를 꼭 해야겠다. 그분들도 살기가 다 팍팍하던 시절에 나눔을 주셨다는 것이 정말 고맙게 생각한다.

그래도 학교는 계속 다녔다. 학교에 가면 친구들과 노는 것이 재미있었기 때문이다. 나는 못먹고 다녀도 키는 가을날 발 만드는 쑥대처럼 멀쑥해서 뒷줄에 앉았다. 입학 때는 학교에서 주는 게 별로 없었는데 3학년 2학기 쯤 되었을 때는 미국의 원조 식량이 배급이 되었다. 원조 식량이 거의 사료수준이었다. 처음에는 포대분유가 와서 운동장 구석쟁이에다 도라무통을 걸어 놓고 분유를 끓여서 주기도 했다. 그 다음에는 옥수수 가루가 와서 역시 도라무통에 물과 함께 휘휘저어서 죽을 끓여 식사대용으로 나눠 주었다. 그것을 먹는 애들은 가정형편이 안좋은 사람들만 불러내어 먹였다. 그 즈음 우리 학교는 구 건물을 헐고 새로 2층 콘크리트로 공사를 할땐데 옥수수 가루를 죽을 끓일 때 공사장 흙바람이 불어 들어갔지만 그런 것은 아랑곳 하지 않았다. 그리고 난 집에서 사기 사발을 미리 준비해 왔다. 그 옥수수 죽을 나 혼자만 먹을 수 없었기 때문이다. 집에 있는 어린 동생들이 주리는 것을 생각하니 목에 넘어가지 않아서 옥수수죽을 타서는 책보에 잘 싸서 집에 가지고 가기도 했다. 그 죽을 싸가지고 산길을 갈 때는 쏟아지지 않게 조심 조심을 하지만 집에 가면 책보자기에 죽이 잔뜩 묻곤 했다.

옥수수 가루가 배급되더니 다음 학기에는 이젠 두부판 처럼 생긴 판빵을 주었고 그 다음에는 개별 둥근 빵이 지급되었다. 그 빵이 매일 주는 것이 아니고 하루건너 주는 것이었다. 나는 그 빵도 가능한 아꼈다가 집에 가져갔다. 6학년이 되어 이제 진학반과 비진학반으로 반을 구분했다. 난 당연히 비진학반으로 배정이 되었다. 지금 다니는 국민학교도 입에 풀칠하기도 힘든데 중학교 월사금을 댄다는 것은 상상도 못하는 일이었기 때문이다. 비진학반인 3반에서 나는 사육장 당번을 맡게 되었다. 당번이 말뚝으로 하는 게 아니고 돌아가면서 하는 일인데 나하고 분도가 같은 조였던 것 같다. 사육장에는 닭을 비롯 토끼, 그리고 그 때 당시 처음 보게 된 칠면조 등등의 모이와 풀을 베어다 동물들에다 주는 임무였다. 그런데 그 사육장 바로 옆에 학교 급식빵 창고가 있었다. 유병기네집 (사택) 바로 옆이다. 그 빵이 있는 것을 안 우리들은 사육장 당번의 역할도 충실히 했지만 더 충실해야 했던 것은 창고에 있는 급식빵을 빼 돌리는 것이었다. 남들이 보기에는 재미로 하는 것으로도 보일지 모르지만, 집에 있는 어린 동생들을 위해선 죽기 살기로 들키지 않게 많이 빼돌려서 가져가는 것이었다. 다행히 당번이 있는 날이면 어린동생들도 급식빵 맛을 보게 되었다.

우리 동네는 산속에 있기 때문에 산과 함께 생활하는 것이 익숙해서 남들은 무섭다고 하는 캄캄한 밤에도 수안보에서 고개를 넘어서 집에 가는 것은 다반사였다. 학교를 등교하기 전 아침 새벽에 일어나 첩푸산을 한 바퀴 돌고 온다. 왜냐하면 산토끼 올무 놓아 둔 것을 돌아보고 오는 것이다. 어떤 날은 토끼를 서너마리 건져 오곤했다. 그러면 그것을 집에서 먹기 보다는 그 당시 수안보 장에서 몇 푼 안주는 것이지만 팔아서 하다못해 연필 한 자루라도 사야 했기 때문이다. 돈이라고는 나올 구석이 전혀 없기 때문이었다.

가난한 집의 장남 신성근이 수안보국민학교를 졸업하게 된다. 학교를 졸업하니 급식빵도 못보게 되고 특별히 해야 하는 일도 없고 어머니를 도와서 화전밭에 농사를 짓는 일을 거들고 밤에는 나무장사를 가는 것이었다. 당시 소나무를 베어서 장작을 만들어 나무 장사를 했는데 산림조합 산감한테 들키면 징역을 가는 때였다. 그래서 낮에 작업을 해놓고 파는 것은 은밀하게 밤에 지게에 잔뜩 지고 가서 주로 단골집에다 팔았다. 주거래처는 새터말에 있는 이발소 그 집이었다. 그런데 나무 장사를 하는 것이 소문이 나게 되자 산림조합 관사택에 사는 사람이 나무를 살테니 가지고 오라는 말을 듣고 미련하게 동지에 사는 이재선과 함께 장작 한 짐씩을 지고 밤에 그 집을 갔다가 도벌꾼 현행범으로 붙잡혔다. 그들의 유도작전에 걸린 것이다. 지서에 보내서 감방을 보낸다고 으름장을 놓았다. 손이 발이 되도록 밤늦게까지 빌었다. 그래서 다시는 나무장사를 안하겠다는 약속을 하고는 풀려났다. 나무장사를 해야지 그나마 그것을 팔아서 때꺼리를 조금이라도 보태야 하는데 난감했다. 물론 목구멍이 포도청인데 그 일을 안할 수는 없었다. 몰래몰래 했다. 가끔은 장작을 팔아서 임용규네 집의 국화빵를 사먹는 낙도 있었다. 장작 1단을 팔면 국화빵 4개는 주었다. 주린 배에 국화빵 한입을 물면 참으로 꿀맛이었다. 지금 세계에서 제일 맛나는 빵도 그 시절 임용규네 국화빵맛 만큼 되는 것이 없다.

우리가 국민학교 6학년이 되던 해에 1.21사태 김신조 간첩 사건이 났고 그 이후로 간첩이 나타났다는 소식이 종종 들려왔다. 박정희 정권에서는 70년대 새마을 농촌운동을 펼쳐 나갔고 산림녹화 사업이라는 것을 시작했다. 사방공사라고 해서 나무 심는 취로사업도 있었다. 그 사방공사에 나가서 몇일 일을 하면 밀가루 포대를 받아와서 그 것으로 수제비와 국수를 만들어 먹게 되니까 겨우 등짝에 달라붙었던 동생들의 배를 채우게 되었다.

그런데 73년도 쯤인가 화전민인 우리 다릿골 동네에 이주령이 떨어졌다. 다릿골 생활이 힘든 생활이었지만 정든 동네 사람들과 서로 뿔뿔이 흩어지게 되었다. 명길이네는 단월로 우리는 목행동 비료공장 후문쪽으로 갔다. 가게 된 연유는 고모네가 그 동네에 살고 있어서 그 언덕을 믿고 갔다. 그리 이주를 했지만 변변한 것이 없으니 남의 과수원일에 날품을 파는 일을 하면서 생활했다. 이제는 동생들이 성장을 하여 같이 일을 다니게 되었다. 그 와중에도 군대 의무가 나왔다. 다행히 가족을 부양해야 되기 때문에 보충역이었다. 대가미 훈련장에서 4주 교육으로 군대는 필하게 되었다. 보충역을 필하게 되자 이제 나이도 들고 해서 새로운 일자리를 알아 봐야 했다. 목행동에서 산지도 어영부영 6년이 넘어갔다. 일자리를 수소문하니 동네 사람 아들 중에서 단양 상선암 근처에 있는 돌공장에 다니는 사람이 있어서 그 끈으로 그 공장에 취직을 하게 되었다. 그 돌공장은 돌타이루를 만드는 공장인데 자연석을 잘라서 그 당시 한창 유행으로 단독주택 공사의 외벽에 쓰이는 돌타이루를 만드는 공장이었다. 공장생활은 적응을 잘했다. 그리고 내가 조장이 되고 아래 직원들도 열두어명을 두며 일을 했다. 공장에서 받는 월급도 그냥 그런대로 먹고 살만했다. 사람이 배부르고 등 따시면 여유의 생각을 갖게 되는 것이다. 나이도 한창 때라서 남녀가 만남을 갈구하는 시기였다. 그 동네의 적정한 나이의 아가씨가 무려 24명이나 있었다. 나도 공장이 쉬는 날이면 공장의 친구들과 그 동네의 아가씨들을 만나러 마을에 나가서 놀기를 자주했다. 그 시절 시골 아가씨들은 참 순박했지. 그래서 내가 마음에 두어 점찍어 놓은 아가씨와 교제를 했다. 그 아가씨는 참 마음에 들었다. 나도 그도 서로 좋아했다. 그래서 사귄지 얼마 안 되어 서로 좋으니까 동네에 방을 하나 얻어 동거생활을 시작했다. 그리고 공장생활도 열심히 하여 생활비도 제대로 갖다 주었다. 나의 신혼생활이 참 재미도 있고 좋았다. 여름날 어느 하루는 회사 동료들과 우리집에 모여 회식을 하고 있었다. 서로 돌아가면서 노래도하고 술을 마시며 놀고 있다가 술이 좀 모자라서 집사람이 개울 건너에 있는 가게에 술을 사러갔다. 우리는 이어서 친구들과 옹기종기 화투 놀이도 열중이었다. 그런데 술을 사러 갔다가 돌아오는 길에 집사람은 개울의 돌다리가 물이끼가 잔뜩 껴 있었는데 그것을 헛디뎌서 미끄러지면서 돌다리에 머리가 부딪혀서 뇌진탕을 당하게 된 것이다. 그 사고현장을 직접 봤더라면 곧바로 병원으로 후송을 하여 손이라도 썼으면 어찌 살아났을지도 모른다. 그런데 술을 사러 간 사람이 시간이 한참이 지나도 안 오자 우리 일행은 오히려 화를 내며 가게를 가보려고 개울을 건너는데, 집사람이 넘어져 있는 것이 아닌가? 처음에는 거짓 같았다. 목격 순간의 시간이 좀 지나도 뭐가 뭔지를 잘 구분이 안 되었다. 참 어이없는 상황이 되어버린 것이었다. 불과 얼마 전까지 다정하던 집사람이 주검이 되어있다는 것이 믿어지지가 않았다. 게다가 집사람은 임신 7개월의 몸 이었다. 조금 전에는 가게에서 늦게까지 돌아오지 않는다고 화를 머금었던 마음은 이제 다시 후회의 마음으로 변했다. 그놈의 술이 뭔지 배가 부른 집사람한테 술심부름을 보내어 이런 꼴이 발생되었다는 것을 생각하니 후회가 아주 막급했다.

너무나도 황당한 일이라서 처음에는 눈물이고 뭐고 기가 찼을 뿐이다. 저녁이 되어서야 한없는 눈물이 쏟아지는 것이었다. 내 생애 첫사랑으로 사랑을 나누는 사람으로 없는 살림이지만 오손도손 알콩달콩 했는데 이런 청천벽력 같은 일이 생길 줄이야 꿈에라도 생각지 않았던 일이 발생된 것이다. 큰일이 생기면 하늘을 보고 원망을 하게 되는 것이 인간의 심리인지라 나도 하늘과 조상에 대한 원망을 했다. 가난한 집의 맏이로 태어나서 이제 겨우 나의 가정이라고 꾸려서 새인생을 살아가려고 하는데 첫출발부터 왜 이리도 심한 고통과 시련을 안겨줍니까? 라고 따지듯 하소연하며 울었지만 되돌릴 수는 없었다. 나는 두 사람을 한 번에 잃은 창자를 도려내는 아픔의 슬픔으로 인해 그 동네에서는 도저히 지낼 수가 없었다. 그래서 그 공장을 그만 두기로 하고 다른 곳에 자리를 물색하니 전에 이 공장에 있던 사람이 제천 송학면에 있는 공장에서 일을 하는 것을 알고 그 사람에게 줄을 대어서 제천의 공장으로 옮겨갔다.

제천에 있는 공장도 맨 같은 돌공장이었다. 아는 것도 그나마 기술이 익숙한 것이 돌공장 일이었기에 제천에서는 무리 없이 일을 하면서 전에 단양의 일을 잊는데 몰두했다. 한참이 지나니까 세월이 약인 것이었다. 거기의 사람들과 교류를 하며 지내다 보니 또 현실에 안주하게 된 것이다. 이젠 그 공장에서 사람들과 친하게 되었다. 그러다 보니 나의 단양에서의 과거를 알지 못하는 공장에 근무하는 사람으로부터 여자를 소개 받게 되었다. 처음에는 조심스러웠지만 나의 앞날이 챙챙한 젊고 어린 나이었기에 새로 마음을 다잡아먹고 새로운 여자와 다시 결혼에 앞서 동거를 시작했다. 이젠 결혼생활이 남들이 하는 것처럼 낮엔 회사 다니고 저녁에 집에서 밥 먹고 잠자고 일상적인 것이 되었다. 그런데 또 다시 나에게 하나의 사건이 일어나게 된 것이다. 회사에서 퇴근하고 동네 사람들과 술을 마시다가 시비가 붙었다. 그런데 사고가 크게 났다. 붙잡히면 모든 걸 다 뒤집어쓰게 생겼다. 그래서 하는 수 없이 밤에 몰래 새로 시작한 집사람과 함께 모든 살림집기를 그대로 놓고 갑작스레 야반도주를 했다. 야반도주를 하긴 하는데 어디를 가야할 줄 몰랐다. 문득생각이 나는 것이 돌공장에 있을 때 거기 직원이 충남 대천에 탄광이 있는데 거기에서 일하다 와서 거기 얘기를 자주 하는 것을 들었던 터라 사고 친놈들이 도망가기엔 무난하다고 생각이 되어 대천의 봉성리 탄광으로 갔다.

그곳 탄광에 가니까 일단은 신분은 물어보지도 않고 그냥 막장에 투입이 되는 것이었다. 그러고 하루하루 일당을 받으니까 일단은 입에 풀칠은 하게 되었다. 아무도 모르는 곳에 가서 잠자는 시간을 빼면 무조건 막장으로 향했기 때문에 생활이 넉넉한 것은 아니었지만 불안 마음은 사라졌다. 그렇게 거기 탄광 3년 생활을 하다 보니 이제 움직여도 좋겠다고 생각이 되어 거기 반장이 문경 가은의 안불정 탄광으로 옮겨간다기에 그래도 한 걸음이라도 고향이 가까운 곳으로 가보자고 마음먹고 오게 된 것이 문경에서 평생 살게 된 시초가 된 것이다.

문경의 탄광에서 일을 한지가 2년 반이 흘러갔다. 하루는 쉬는 날인데 동네 한 친구가 칡을 캐러 간다는 것이었다. 칡하면 어려서 다릿골에서 많이 캐본 경험이 있고 탄광에서도 만날 곡괭이질을 해 왔기에 칡 캐는 것은 일도 아니었다. 칡을 캐러 한나절을 따라갔다 와서 나를 데리고 간 친구가 정산해 주는 것이 제법 일당이 괜찮았다. 한나절 일한 것이 탄광에서 일하는 인건비의 3배나 되었다. 그러고 보니 쓸데없이 탄광에 가서 힘을 쓸 필요가 없이 칡을 캐는 것이 나의 밥벌이에 더 좋을 것으로 판단, 그길로 다음날부터 칡을 캐는 친구를 따라 다녔다.

그 친구를 1년 반을 따라 다니다가 이젠 나 혼자 스스로 독립하여 칡을 캐어 장사를 하면 벌이가 훨씬 낫겠더라고, 그래서 서울 가서 포터트럭을 150만원을 주고 한 대를 샀다. 나는 그 때만 해도 운전면허증도 없이 무모하게 차를 산 것이다. 운전을 못하니까 기사를 채용해서 차를 운용했다. 차를 샀으니 새로 칡을 캐는 조를 새로 짰다. 그렇게 새로운 팀을 이루어 칡을 열심히 캐서 장사를 하다 보니 수입이 좀 좋았다. 봄에 차를 샀는데 가을에는 그 차 값을 다 갚았다. 그리고 나도 차를 운전하는 방법도 배웠고 면허증도 취득하게 되어 다음해부터는 내가 직접 끌고 다니면서 계속해서 칡을 캤다. 젊은 날의 나의 직업을 묻는다면 칡 캐는 사람이라고 해도 과언이 아니다. 황혼의 나이인 지금도 별 일없으면 칡을 캐서 용돈을 마련하곤 한다. 칡은 참으로 나에게 보물이나 마찬가지다. 칡을 캐면 나무를 보호해 주어 산림보호에도 좋고 일거양득이라서 산림청에서도 칡 캐는 것은 적극 권장

한다.

칡을 캐러 다니다보면 일단은 산으로 가야만 하지 않는가? 그러니 자연스레 심마니가 하는 일을 접하게 되어 중년후반기에는 심마니라고 소문이 났다. 칡을 캐면서 벌이가 잘되어 지금 현재 살고 있는 집도 그때 장만을 하게 된 것이다. 세상에는 벌이가 잘되면 무엇을 하든 신이 나고 가정에도 평화가 오는 법이다. 또 돈을 버는 방법은 많이 배운 사람들은 쉽게 편하게 버는 방법이 있지만 못 배운 나 같은 경우에도 사는 지혜를 스스로 터득하게 되면 다 살아가는 방법은 있던 것이었다.

낙엽이 진 산에는 칡을 캐기가 수월하고 녹음이 우거진 여름과 초가을 사이에는 산에 칡을 캐러 다니기가 장비를 갖고 다니기가 좀 거추장스러웠다. 그래서 자연스레 여름에는 주로 심마니들이 하는 일들을 하게 되었다. 산삼을 찾아다니고 약초를 캐오게 되었다. 그 일도 심심찮게 벌이가 좋았다. 그리고 또 약초가 낙엽을 져서 찾기 힘든 겨울철이나 봄까지는 칡을 캐는 일에 전념하게 되고, 산은 나에게 보물 창고이다. 산은 나에게 은행이다. 산에 가기만 하면 일단은 돈이 되는 것을 짊어지고 오게 되니까 말이다.

그래서 벌이가 좀 되어 돈이 모이게 되니까 집사람이 식당하게 돈을 대라는 것이었다. 이 식당을 낸 것이 나의 인생에서 또 하나의 사단이 나게 만든 일의 단초가 된 것이다. 식당을 하면서 거기에 돈을 대 주는 것을 처남이 와서 사업을 한다고 자금을 요리조리 빼나가서 나중에는 빚을 안겨 주었던 것이다. 결국 이일로 인해 나중에 나는 마누라와 이혼을 하게 되었다.

심마니를 하면서 가장 기억이 남은 것은 우리나라 당시의 최고 산삼을 캐게 된 것이다. 문경신문에 나는 것은 물론 방송국에서도 취재를 나와서 매스콤을 장식하게 되었다. 산삼을 캐면 무슨 현몽이라도 있었느냐는 질문을 하는데 그날 나의 꿈은 화산이 크게 3군데나 활활 타오르는 꿈을 꾸어 사실은 복권을 사볼 요량이었다. 그러나 복권을 사는 것은 산을 다녀와서 오후에 사면 되자하고 소백산으로 어둠이 가시지 않은 새벽에 나섰다. 원래 심마니들은 해가 밝아서 다니지 않는다. 현지 도착하여 오르는 시간이 현지인들이 새벽일 나가는 것보다 더 빨리 가는 것이다. 그날은 소백산 단양 구인사쪽을 산행을 하였다. 산을 이리저리 휘젓고 다녔는데 별 특이한 소득이 없이 이른 하산을 하게 되었다. 주차를 해 놓은 장소에 도착하여 그날 따라 너무 일찍 내려 왔다고 생각이 되어 잠시 조금만 나물이나 약초가 있나 돌아보려고 올라갔는데 웬걸 빨간 딸(산삼열매를 부르는 말)이 쫘악 널려 있는 것이었다. 주차를 해 놓은 자리에서 불과 50m 정도 올라간 지점에 있던 것이었다. 사람들이 일반적으로 높은 산이나 깊은 계곡을 휘젓고 다니지만 설마 하는 장소는 무심코 지나치는 것이다, 나 역시 그래 왔는데 그날따라 웬지 마음이 끌려 올라간 것이 대박이 난 것이다, 그 자리에서 무려 39뿌리를 캐는 경사를 맞이하게 된 것이다. 2007년 7월 8일이다. 그중 제일 큰 것은 8,250만원에 거래 되었고 나머지 산삼을 처분하여 제법 큰 몫 돈을 만지게 되었다. 이 또한 산에서 나에게 주신 선물이니 나는 항상 산에 감사를 하고 산다.

다음의 얘기는 나에게 또 하나의 아픔을 얘기하고자 한다. 앞서 조금 언급을 했지만 나는 집사람과 이혼을 했다. 이혼을 할 당시 큰 아들은 군대를 가는 입대 날짜가 얼마 안 남아서 아들에게는 비밀로 하고 군대를 들여보냈다. 그리고 남은 딸은 초등학교 6학년 이었다. 정리를 하면서 딸에게 부모의 선택권을 주었다. 어린이이기 때문에 당연히 애들 엄마를 따라갈 것으로 생각을 하였으나, 딸 부남이는 엄마 대신에 아빠인 나를 택했다. 아빠를 택한 이유를 물으니 엄마는 가면 혼자 살아갈 수 있지만 아빠를 여기 두고 자기 마져 엄마한테 가게 되면 아빠는 폐인이 되어서 볼 수가 없을 것 같아서 여기에 남아서 아빠를 지켜야 한다는 것이었다. 초등학교 6학년이 감히 생각할 수 없는 경지의 생각이었다. 그렇게 애들 엄마는 가고 딸 아이는 그동안 학원이다 뭐다 여기 다니던 것도 모두 끊고 학교를 갔다 와서는 가사 일을 하는 것이었다. 가장 소녀가장이 된 것이다. 나는 애 엄마를 생각하면 꼴도 보기 싫은 모양이었다. 그래서 허구한 날 술을 퍼마시고 다녔다. 애 엄마하고 정리하고 남아 있는 돈 천만원이 있었는데 그걸 가지고 매일 퍼마시고 다녔다. 천만원 중 한 7백 만원어치를 퍼마시고 다니다가 하루는 그날도 술이 얼콰해서 집에 들어왔는데 딸 부남이가 공부를 하다가 그대로 책상에 머리를 쳐 박고 자고 있는 것이었다. 평상시에는 있을 수 있는 일이고 뭐 별 특별한 일도 아니었을 것이다. 그런데 그날따라 딸이 머리를 책상에 박고 자는 모습을 보는 순간 애처러워서 부모로서 못할 행동을 했구나 하는 생각이 불쑥 드는 것이었다. 이혼을 하지 않았으면 귀여움을 받고 공부도 잘하고 있었을 텐데...이혼하기 전에 그래도 공부를 완전 1등은 아니더라도 곧잘 하던 아이었는데...잠에 곯아 떨어진 딸아이를 안아서 아랫목 자리에 눕히고 나는 마당으로 나왔다. 아니 마당에서 다시 집 밖으로 나왔다. 조금전 집에 들어 왔을 때 딸아이의 모습에 너무나 가슴이 찢어지게 아파서 밤하늘을 우러러 보며 목이 메이게 크게 통곡을 했다. 사는 게 이렇게 사는 게 아니다 라고 하소연을 스스로 가슴에다 대고 나 자신을 꾸짖어 댔다. 통곡에 통곡을 하고 한참의 시간이 흐른 뒤 마음을 추슬려서 마음을 고쳐 먹고서는 다음날부터 다시 칡을 캐러 다니기 시작했다. 그런 정상적인 생활을 하는 아빠의 모습을 보는 딸의 얼굴에도 근심의 모습은 사라지고 점차 환한 얼굴을 가지게 되었다. 그 후로 아이도 학원을 보내지 않아도 스스로 공부를 잘하여 대구의 한의과대학 간호학과를 마치고 한방병원에 취직을 하여 스스로 사회생활을 잘하였고 건강하고 튼튼한 사위를 데리고 와서 결혼하여 청주에 잘 살고 있다. 또한 나에게 손주를 안겨주니 감히 내 딸이지만 효녀라고 자랑을 하고 싶다.

황혼의 장년이 된 지금의 나는 산을 떼려야 뗄 수 없는 인생이라서 산에다

토종 벌통을 갖다 놓아서 벌꿀을 가을에 거둬 들여서 팔기도하고 산에서 나는 버섯을 채취해서 용돈을 마련하기도 한다. 봄에는 산불감시원으로 공익근무로 하기도 했고 지금은 시청에서 일자리 창출로 실버직업인 아파트 분리수거 지도요원으로 일을 하기도 했다. 이제 나는 용돈이나 벌며 건강을 유지하며 보고 싶은 친구들을 만나서 칼국시 한 그릇을 나눌 수 있으니 행복하다. 친구들이 있어서 행복하다. 고맙다.

2007.7.8 (소백산)

오늘이 내 인생 최고의 봄날!

신 현 록

오늘이 내 인생 최고의 봄날

창문 너머 멀리 날렵하게 생긴 KTX가 쏜살같이 지나간다. 잠시 후 반대 방향으로 훨씬 느린 속도의 열차는 아마 역에서 정차하려는 것이 분명하다. 아침 티타임을 마치고 무심하게 담배 한 대 길게 마시며 창가에서 한가로움을 달래본다.

문득 지난날 들이 뇌리를 주마등처럼 때린다. 어린 시절 동네 친구들과 철길을 따라 하교하면서 선로에 귀를 대보고 울림이 느껴지면 준비한 대못을 선로위에 올려놓고 침을 잔뜩 묻혀놓고서는 기차가 지나가기를 기다렸다가 주변에 떨어져있는 못을 찾으면서 환호를 한다. 납작해진 못을 꼬맹이들은 온갖 용도로 사용했다. 숫돌에 끝을 갈고 또 갈아서 칼로 쓰기도 했고, 겨울철에는 얼음썰매를 타는 손잡이끝으로 ~~~, 어쨌거나 서로 내가 잘했다고 우기던 모습들이 떠올라 입가에 미소를 만든다. 키가 작은 것은 그 때도 마찬가지였지만 골목대장 소리를 들을만큼 꽤나 개구쟁이가 아니었었나 기억한다.

내가 수안보국민학교에 전학 온 것이 4학년 여름쯤이었으니까 그 이전의 이야기다. 나는 경상북도 문경군 점촌읍 창리라는 곳에서 6남매중 셋째로 태어났다. 평산 신씨들이 밀집해있는 집성마을이었다. 부친은 시멘트공장에서 노동자로 일하셨고 어머니는 6남매를 키우느라 정신 없으셨다. 그 시절 도시든 시골이든 빈곤한 가정의 생활상이야 우리가 다 겪은 것이니 더 말해 무엇하랴!?~~~

초등학교 4학년 여름 어느 날 이사를 한다는 아버님의 말씀에 형님이 꽤나 반발했었던 것 같다. 왜냐하면 문경중학교 입학시험에 합격을 하였는데 이사를 해야한다는 이유로 아버님께서는 입학을 시켜주지 않으셨다. 형님에게는 이것이 평생의 한이 되었다. 그러고 보니 이사는 이미 한참 전에 계획을 하셨던 것이 아닌가 싶다. 나는 아무 생각이 없었고 이삿짐을 가득 실은 고물트럭을 타고 한나절이나 문경새재를 넘어 오면서 주변 풍경들을 신기해하고 즐거워했던 것으로 어렴풋이 기억된다. 그런데 이삿짐을 옮기는데 아버지와 동네어른 몇분이 지게에 짐들을 싣고 산위로 자꾸자꾸 올라가는 것이 아닌가? 멋 모르는 나와 동생들은 쫄랑쫄랑 뒤를 따르다가 어른들이 지게를 받치고 쉴때면 같이 쉬고를 몇 번이고 하다가 드디어 정착지에 이르니, 산 중턱에 꽤 넓은 평지가 있고 흙벽돌로 막 지은 듯한 집이

한 채 있는데, 지붕은 아직 덮지도 않은 상태였던 것으로 기억한다. 지금 가보면 동네에서 얼마 안되는 것 같지만 어릴때는 짧은 다리에 그 길이 얼마나 길고 힘들었던지 무척이나 고행의 길이었다. 이 곳이 바로 나에게 영원한 벗이 되어준 친구들과의 만남을 만들어 주고 중학교 졸업때까지 어린 시절을 보내게 되었던 상모면 화천리 은행정 웃골 골짜기이다.

여덟명의 생계와 생활을 감당해야하는 아버지와 어머니는 밤낮없이 일만 하셨다. 산비탈 손바닥만한 밭들은 왠 돌맹이와 자갈이 그렇게도 많은지? 당시에는 화전민들이 산에 나무들을 베어내고 밭으로 만들면 면적에 따라서 밀가루를 지원해 주었다. 아버지와 큰집 사촌형들은 곡괭이로 산비탈을 계단밭으로 바꾸고 형과 나는 돌맹이들을 골라내는 일들을 끝도없이 하였다. 논이라고는 한뼘도 없는 산비탈에서 일구어내는 작물들은 콩·옥수수·수수·감자·고구마 등이었고, 봄·가을로 누에도 치고, 나중에는 담배농사도 했었다. 그래서 기름진 쌀밥은 언감생심이고 보리밥도 넉넉치 못할 때가 허다했다. 쌀밥도시락에 계란후라이를 얹어오던 친구들이 그때는 그렇게 부러울 수가 없었던 기억이 지금은 새삼 작은 미소로 남는다. 생각해보니 나같은 친구들이 거의 절반은 되지않았을까?

경제적인 어려움이야 다들 비슷하니 그렇다 치고, 인생의 성정을 만들어가는 유년 시절에 낯설은 타향에서 정착하기가 그렇게 호락호락하지 않았던 것 같다. 동네 후배들은 말투가 확연히 다른 나를 흉내내면서 경상도 문둥이, 얼레리꼴레리하면서 뒤를 졸졸 따라다닐 때 얄미우면서도 왜 그리 창피하던지, 십리도 넘는 학교를 걸어서 다니려면 뇌곡· 대안보등의 동네를 지나야 하는데 혼자 다니는 것이 두려웠고, 친구들과의 관계에서도 많은 서러움이 있었던 것 같다. 골목대장 노릇을 하던 나의 모습은 점차 내성적으로 바뀌었고, 매사에 조심스러워하는 소극적인 모습으로 변했던 것 같다. 어떤 친구들은 옛날의 나를 조용한 친구로 기억하는 이가 있는 걸 보면 타향살이가 어느정도는 나의 성장에 영향을 미친 것이 확실해 보인다. 그 외에도 하루살이(말라리아)에 걸려서, 머리에 기계충이 생겨서, 회충 때문에 고생하던 모습과 밭에서 돌을 골라 던지던 형의 돌맹이에 머리가 터졌던 사건, 중학교 1학년엔가는 가을 까치독사에 발등을 물려 보름간이나 결석을 했던 사건 등, 시련과 고통의 사건들이 셀 수 없이 많았지만 그런 와중에도 세월은 나를 점차 성인으로 성장시켰고 어찌어찌하여 고등학교까지 다니게 되었다. 이렇게 성장하게 된 밑바탕에는 예나 지금이나 한결같은 엄마의 힘이 작동해야만 했던 것 또한 다른 이들과 다르지 않을 것이다. 이미 오래 전에 양친 모두 소천하셨지만 자식을 위해 희생하셨던 부모님의 기억들을 떠올리면 절로 눈시울이 붉어지고 콧등이 시큰해지는 것은 우리 또래의 친구들이 공통적으로 가지는 감성이 아닐까 싶다.

고등학교를 졸업한 후 대학 진학도 꿈을 꾸기도 했으나 우리 형편에 가능하지도 않았겠지만 모대학 응시를 했다가 보기좋게 낙방을 하고나니 오히려 홀가분해졌다. 그리고 곧바로 5급을(지금의 9급) 공무원 시험을 통과하여 공무원 생활을 시작하게 되었다. 당시에는 공무원 봉급이 워낙 박봉이라 별로 인기가 없었던 시절이다. 공무원이 된지 몇 개월 되지 않아 군 입대를 하게되고, 다시 복직하여 얼마되지 않아 내가 다니던 기관이 국영기업체가 되고, 또 얼마되지 않아 민영기업으로 변신을 거듭하게된다. 나는 제대후 공무원 생활을 하면서 방송통신대를 졸업하고 충북대 경영대학원을 졸업하면서 경영학석사 학위를 받는 뿌듯함을 맛보기도 한다. 1987년 내가 다니는 직장의 본사가 국가정책의 일환으로 서울 종로에서 대전으로 옮기게 되고, 청주에서 근무하던 나는 본사에서 일할 수 있는 기회를 가지게 되면서 내 생애에 큰 전환점을 맞이하게 된다. 지방의 말단이 엄두를 낼 수 없었던 본사 생활을 하게되면서 나는 내가 바랐던 것보다 더 많은 것을 얻는 행운을 가질 수 있었다고 생각한다. 그런데 돌이켜보면 유년시절 낯선 곳에서의 적응을 위해 어쩔 수 없이 인내해야했던 시간들이 나를 신중하게 만들었고, 조직내에서 성장을 위해서는 반드시 갖추어야하는 신뢰를 만드는데 밑거름이 되지 않았을까? 라고 되짚어보니 유년시절의 시련은 나를 단련시킨 훈련의 과정이었던 것 같다.

독립해서 가정을 만들고 가꾸어 온 세월들도 돌아보니 꿈만 같다. 제대 후 복직한 직장이 있는 진천에서 만나게 된 아내는 참 밝고 명랑하고 웃음이 많았었다. 어찌하다 나 같은 사람하고 결혼까지 하게 되고, 월세방부터 시작하여 아이 둘 낳아 기르면서 대학에 다니는 막내동생까지 데리고 있었으니, 지나온 마음고생 몸고생을 어찌 말로 다 할수 있으랴!! 그 시절 사진을 꺼내보았더니 바싹마른 몸집의 아내 모습에, 애처로움이 가슴을 먹먹하게 한다. 세월은 그러한 것들도 참으로 많이 바꾸어 놓았다. 딸,아들 모두 대학까지 무사히 나오고 직장까지 잡아 독립의 토대를 마련하였으니 이 얼마나 대견하고 가슴 뿌듯한 일인가? 살면서 내가 궁핍하면서도 너그럽지도 못한 탓에 잦은 다툼과 시련으로 갖은 고생을 하면서도 일구어낸 아내의 힘이요 공인 것이다. 그저 고맙고 감사할 따름인게다.

이런저런 생각들이 스쳐지나가다보니 담배 한 대가 다 타들어간다. 언젠가는 지난 날들에 대해 글을 한번 써봐야지 하면서 담배를 비벼끄고 다시 책상에 앉는다.

2011년경 공장장으로 김천에 있을 때 창밖을 보다가 문득 상념에 잠기어 생각 했었던 것인데, 초등학교 졸업 50주년을 기념하면서 친구들이 각자의 이야기들을 책으로 엮어보자는 제안에 KTX를 보면서 지난 날들을 떠올리던 모습이 문득 생각나서 두서없이 긁적여 보았습니다.

살아온 발자취에 대해 세세한 되새김은 70살 넘으면 생각해보기로 하고, 직장에서의 에피소드 한가지를 더 소개하자면 중간간부 시절 HR(인적자원재개발)훈련이라는 집합교육과정이 있었는데 어느 날 20여명의 교육생들에게 강사가 질문을 하는 것이었습니다. "지금까지 살아오면서 가장 행복하고 즐거웠었다고 생각되는 것이 언제였었느냐?"라는 것이었습니다. 나의 답변은 거의 마지막 순서에 있었습니다. 다양한 답변들이 나오면서 마침내 나의 순서가 되었는데 웬만한 얘기들은 앞에 친구들에게서 거의 나왔고, 곰곰이 생각해보니 지난 날들보다는 지금이 가장 행복하다는 생각이 들어서"저는 지금이 가장 행복합니다"라고 답을 했습니다. 그랬더니 모든 교육생들이 눈을 동그랗게 뜨고 저를 바라보았고 강사도 뜻밖의 대답이었는지 매우 흐뭇해하면서 후한 표정을 보냈던 기억이 있습니다.

그런데 지금 우리동네 굴다리에 주민센타에서 걸어놓은 플랜카드의 글귀가 바로 " 내인생 최고의 봄날은 오늘입니다"라는 것입니다. 퇴직을 한지가 벌써 만 5년이 되는군요. ㅎㅎ 새 식구인 사위,며느리도 맞이하였고 큰 외손주놈은 벌써 내년이면 초등학교에 입학을 할 정도로 또한 많은 변화가 있었네요. 샐러리맨으로 살아오면서 재산을 많이 모았을리도 없고, 특별한 재주도 없지만 "내인생 최고의 봄날은 오늘"이라는 명언을 새기면서 사는 날까지 건강한 몸과 마음을 가지려고 노력하면서 살고 있습니다. 관악산에 활짝 핀 진달래같은, 최고의 고향친구들과 함께하면서 ·····

비 오는 날

신 현 록

귀를 기울인다
빗줄기가 리듬을 만드는
나뭇잎들의 멜로디에

눈을 사알짝 뜬다
고요하다
빗소리만 들린다
새 한 마리 멀리서 화답 한다

다시 눈을 감는다
귀 기울인다
아늑하다
행복하다
비오는 숲속 정자에서
빗소리에 빠져 든다

2018. 7. 11
관악산 송학정에서

첫돌
사랑스런

꽃을 피우기 까지는 뿌리와 줄기의 노고가 있어서이다

안 명 길

꽃밭에서

1절

아빠하고 나하고 만든 꽃밭에
채송화도 봉숭아도 한창입니다.
아빠가 매어놓은 새끼줄 따라
나팔꽃도 어울리게 피었습니다.

2절

애들하고 재밌게 뛰어놀다가
아빠 생각 나서 꽃을 봅니다

아빠는 꽃 보며 살자 그랬죠
날보고 꽃같이 살자 그랬죠

6.25때 전장에 나간 아빠들이 전사 하였거나 행방불명으로 돌아오지 않아 애타게 그리워하면서 군대 가기 전에 아빠와 함께 가꾸었던 꽃밭에서 아빠를 그리워하는 장면의 노래말인데 <꽃밭에서> 동요 는 어효선님의 시로 월간잡지 '소년세계' 1952년 9월호에 처음 게재 되었다. 그 후에 권길상 선생께서 곡을 붙인 이 노래를 우리는 저학년 음악책을 통해서 노래를 배우고 흥얼거렸던 기억이 난다.

이렇듯 꽃은 노래로도 사연이 있고 각 꽃마다 각각 지니고 있는 색과 향이 있기도 하고 꽃말이 다 있다. 꽃에 대한 나의 사연을 이야기 하고자 한다.
나의 평생업이 꽃 도매상이었다. "중부꽃도매상"을 하면서 점촌에서 청춘을 바쳐서 일했다.

나의 초등학교 시절은 남들이 알듯이 동지를 지나고 깃꼴을 넘어 다리골에서 학교를 다녔다. 어린 시절은 수안보 본 바닥 친구들에 치어서 그냥 촌놈으로 기가 죽어서 학교를 다녔다. 그래서 있는 듯 없는 듯 조용히 학교를 다녔다. 단지 직접적인 마을 친구들인 왕근이나 의묵이 이런 친구들과는 산을 오르고 돌아가는 토끼길 같은 오솔길을 같이 다니면서 재미난 어린 시절이 생각이 난다.

초등학교와 중학교 시절은 생략하고 그 이후부터의 나의 여정에 대해 이야기 하고자한다. 당시 시절이 다 어려운 시절이라서 몇몇을 제외하고는 누구나 어려웠던 시절이었다. 우리 집은 소위 화전민 이주령에 따라서 충주 하검단으로 이사를 하게 되었다. 중학교를 졸업하고 그 다음해 18살 되던 해이다. 다릿골 촌놈이 이사를 나가니까 그 동네 토착세력들이 나를 못살게 굴었다. 그들이 나를 괴롭히는 것은 꼭 나보다 어린 후배 애들을 붙여서 나를 깔아뭉개는 것이었다. 낮에는 그들에게 몰매를 맞고, 나도 그들에게 당한 것이 분해서 저녁에는 1대 1로 불러내어 싸움을 해댔다. 그러다 보니 사고가 나기도 했다. 한번은 얼마나 세게 두둘겨 팼던지 그가 갈비뼈가 부러지고 만신창이가 되었다. 다음 날 김풍식 신경외가에 입원을 시키고 없는 형편에 치료비를 물어 주느라고 어머니가 한참 고생을 했다. 겨울이 지나고 늦봄 모내기 직전 논을 갈아엎어서 논물을 대기 전에 논갈이를 해준다. 우리는 그동안 산비탈 일만 해온지라 소를 부리며 일하는 논의 쟁기갈이가 균형을 제대로 잡히지 않으니까 손에 쉽게 되지를 않았다. 힘은 들고 능률은 나지 않는 것이었다.

그래서 저녁에 집에 들어 와서는 부모님들께 말씀을 드렸다. 나는 이제 농사일하고는 안 맞으니 더 이상 못하겠다고 선언을 했다. 갑작스런 통보에 아버지는 당황해 하셨다. 이제 힘 좀 쓸 수 있어서 농사일에 보탬이 될만하니까 땡깡을 부리는 것으로 받아들이신 모양이었다. 그런데 나도 나의 인생에 앞날이 챙챙한데 땅만 파고 들어박혀 있기는 너무나도 억울했다. 그래서 다음 날은 마음을 먹고 집을 나와 버렸다. 집을 나오긴 했지만 막상 어디를 가야할지 분간이 안되는 것이었다. 그냥 여기저기 하염없이 돌아다니다가 충주 공설시장 입구에 도착해서는 거기 머물러서 오가는 사람들을 구경만 하고 있었다. 사람들 구경하는 것도 참 재미있었다. 저 사람의 집은 어딜까? 어디로 가는 걸까? 등등 혼자서 지나가는 그 사람에 대한 상

상력으로 시간 가는 줄 몰랐다. 그 다음 날도 그냥 무턱대고 거기를 나갔다. 공설시장 입구에서 리어카 장사를 하고 있는 사람이 나의 모습을 유심히 바라보고 있던 참이었다. 내가 얼쩡대고 있기만 하지 다른 일을 하는

것도 아니고 그냥 물끄러미 오가는 사람들만 바라보는 나를 그가 나를 불렀다. 나도 그에게 다가가서 장사하는 방법을 묻고 싶었지만 말을 건넬 용기가 없었는데 그의 부름이 내심 바라던 바였다. 그가 불러서 다가가서 나눈 내용은 우찌우찌 하였고, 자기가 하고 있는 리어카 장사를 해보라고 권하는 것이었다. 내용인 즉은 자기도 수원에서 사업을 크게 하다가 들어먹고 충주까지 굴러 와서 지금은 과일 노점리어카상에서 귤을 팔고 있는데 그냥저냥 괜찮으니 한번 해보지 않겠냐는 제안을 받았다. 나로서는 무조건 땡큐인 것이지 않은가?

그렇게 해서 리어카를 장만하는 등 준비기간 며칠 후 나의 인생 첫 번째 사업이 시작된 것이다. 귤 장사다. 귤을 하루 30박스를 도매로 받아서 그것을 팔아서 이윤을 남기는 일 이었다. 공설시장 입구에서 노점상을 하는 그분이 자본금도 없는 나에게 물품대도 외상도 해주고 장사하는 노하우도 전수하였다. 고마운 일이었다. 일단 그분 장소에서서 연습을 한 삼일하고 내가 스스로 리어카를 끌고 필드로 직접 장사를 개시하고 나갔다. 첫날 장사를 마치고 돌아와 정산을 해보니까 하검단 우리 마을에서 농사일 품삯의 5배나 남는 장사가 되었다. 참 재미있는 일이었다. 그리고 신이 났다. 그래

서 그날 이후로 쉬지도 않고 꾸준히 장사를 다녔다. 장사를 시작하고 알게 되는 것이 어느 장사나 연중 꾸준히 되는 것이 아니고 굴곡이 있는 것이었다. 귤장사만 하더라도 늦가을부터 늦봄까지는 할 수 있으나 하계절에는 물건도 없고 하니 장사의 품목을 참외나 수박, 토마토 등등으로 바꿔야 하는 것이었다. 그리고 장마철에는 장사를 공쳐야 하는 것이었다. 리어카 장사를 시작하다 보면 어느 곳에 가서는 쉬기도 할 겸 좀 시간을 정체했다가 가는 곳이 있다. 나는 시장통 끝 부분쯤에 만물상가게 앞에가 나의 판매처 주된 장소였다. 그래서 그 만물상에 들락거리는 장사하는 사람들과 가게 주인의 안면이 점점 터지는 것 이었다. 과일 장사를 한 1년쯤 하다가보니 아무래도 만물상 장사가 더 나아 보였다. 넥타이를 매끈하게 차려입고 007 가방을 들고 나가고 하루 장사가 끝나면 들어오고 하는 것이 매력적으로 보였다. 그래서 하루는 만물상 가게 주인에게 나도 이 장사를 하고 싶은데 어떻게 안 되겠습니까? 하니까 그 주인은 아주 환영했다. 왜냐 하면 영업사원 하나라도 더 늘면 그에게도 수입이 더 늘어나기 때문이었다. 그래서 나는 그 주인에게 장사하는 방법을 습득하고는 그가 가르켜 주는 곳으로 장사를 나갔다. 그 장사는 과일 장사보다도 더 용기가 필요한 것이었다. 처음에 장사할 곳을 방문했는데 차마 입이 잘 떨어지지가 않았다. 그리고 가게로 돌아오니 실적이 영 형편이 없었다. 그렇지만 가게 주인은 나에게 뭐라고 하지 않았다. 오히려 처음에 이렇게 하면 잘한 것이라고 용기를 북돋아 주는 것이었다. 그 만물상 007장사도 각기 자기의 구역이 있고 전문영역이 있는 것이었다. 어떤 이는 시내의 다방이나 유흥업소만 전문적으로 다니는 사람, 어떤 이는 관공서만 다니는 사람, 등등 있는데 나는 학교를 타켓으로 주로 다니는 영역을 택했다. 나는 하는 일을 임하게 되면 아주 열심히 히는 습성이 있다. 과일 장사도 그랬지만 이 만물상 007 가방장사도 정말 열심히 뛰어 다녔다. 그런데 장사의 영역에는 단독 독점이라는 것

은 없는 것이다. 장사를 나가다 보면 중복된 업종의 사람과 가끔 부딪히게 된다. 그 사람이 나의 경쟁자이자 장사의 적도 되기도 한 것이다. 그런데 한번 동종 업자를 만나서 이래저래 이야기를 나누게 되었다. 그 사람은 나보다 한참 고참이고 나이도 나보다 띠동갑 이상이나 더 먹은 사람이어서 나의 장사하는 모습이 그의 눈에 어설퍼 보였는지 장사의 노하우를 새로 알려 주는 것이었다. 충주라는 지역에 국한하지 말고 전국을 무대로 뛰라는 것이었다. 지방에 국한하지 말고 전국구... 그가 전해주는 노하우를 들어 보니 그도 그럴만 했다. 그래서 나는 물건 구입도 충주의 가게에서 하지 않고 직접 서울로 올라가 남대문 도매상에서 물건을 떼기 시작했다. 남대문에 가서 물건을 직접 받으니까 마진이 거의 2배 정도 차이가 났다. 그 만큼 충주에서의 장사는 한계가 있었던 것이었다. 영업품목은 만물상이고 장사의 영역은 전국으로 하고 대상은 학교를 전문적으로 다니는 것이었다. 물건을 한번 잔뜩 받으면 호남선 라인에 나가서 한 1주일 보내고 그 다음은 또 경상도라인을 다니고 해서 내가 장사를 안 가본 곳이 없을 정도로 전국을 뒤졌다. 아마 몰라도 전국을 3바퀴는 넘게 족히 돌았다. 물론 좀 더 자주 가게 되는 지역도 있었다. 나에게 장사에도 궁합이 잘 맞는 방향과 그날 사주에 맞는 학교가 있는 것 이었다. 장사하다 보면 별 에피소드가 많다. 어떤 시골학교를 가게 되면 거의 자기네 직원처럼 어울리게 되는 경우가 있다. 아예 그날 장사는 접고 그 학교의 직원 체육대회 행사에 참여하여 하루 종일 같이 어울리고 오는 날도 있다. 그렇게 되면 그 학교 선생들도 미안해서 나의 매상을 어느 정도 올려 주기는 했다.

그 장사를 한 7년을 했다. 돈도 조금은 모았다. 그 장사를 하면서 기억에 남는 얘기를 두어 가지만 하겠다. 한번은 충주 삼원학교를 방문했는데 거기서 우연히 송충범 선생님을 만났다. 선생님은 내가 장사를 다니니까 안쓰럽게 보셨는지 그 학교에서 나오는 졸업생 선물 도장 등등 나에게 가능한 일거리를 주셨다. 어려운 시절에 참 고마운 일이었다. 또 한 번은 경상도 진주에 장사를 나갔는데 길에 흩어진 돈을 줍는 사람들이 우루루 있었다. 나도 그 대열에 끼어서 열심히 돈은 주우며 줍는 대로 차곡차곡 손에 빡빡하게 쥐고 있었는데 저 멀리서 엉엉 울면서 달려오는 아줌마를 보게 되었다. 그가 분실자인 것이었다. 돈을 주운 일부 사람들은 아랑곳하지 않고 주운 돈을 들고 도망가는 사람들이 많았다. 그러나 나는 그 아줌마의 절규를 모른 척 할 수가 없었다. 그에게 주운 돈을 모두 전해주며 사연을 물으니까 학교 교직원 월급을 수령해 덜컹대는 경운기를 타고 학교로 가다가 돈이 튕겨나간 것을 모르고 학교까지 갔다는 것이었다. 그 아줌마는 학교 행정실 직원이었던 것이다. 세월이 흘러서 진주에 여행을 가게 되면 돈을 신나게 줍던 그날의 영상이 머릿속에 떠올라 그 아줌마는 어디에 잘 살고 계셨을까 하는 생각이 들곤 한다.

사람이 장사를 하다보면 새로운 전환기를 맞을 때가 있다. 가방을 들고 전국으로 장사를 하러 다니다 보니 역마살이 끼었다고나 할까? 그래서 그것도 이젠 한 곳에 정착을 하여 장사를 하고 싶었다. 그래서 만물 장사를 하면서 알게 된 친구가 천안을 잘 아는 것이었다. 아니 그곳이 그 친구의 나와바리나 다름없는 곳 이었다. 그래서 그 친구의 도움을 받아서 천안 우체국 앞에 자리를 하나 마련했다. 어디가나 그 당시에는 깡패들이 자리 값을 받고 장사를 통제하고 하던 시절이었다. 나는 다행히 그 친구의 도움으로 건달들의 손을 심히게 디지 않고 장사를 할 수 있었다. 장사의 품목은 인형이었다. 인형은 옥수동에 있는 봉제인형 제조 공장에가서 차로 떼어다 창고에 넣어두고 파는 것이었다. 그때 당시 86,88 올림픽을 맞아서 호돌이 인형과 대형 곰돌이 인형이 그야 말로 불티나게 팔렸다. 그러고 보면 나는 장사의 운이 좀 있는 편이었다. 멀리 타향에서 아는 사람 없이 한 시대를 보낸다는 것은 외로움을 주기도 했지만 어떻게 보면 나를 아는 이들로부터 회피하는 작전이었는지도 모른다. 지금 와서 생각하면 아무래면 어쩌냐 하는 자신감이 들지만, 당시만해도 외무사원이라고 불리는 007 장사나 노점하는 것이 어린나이 시절이니까 알리고 싶지가 않은 면이 더 많았다고 본다. 아무튼 인형장사는 그냥 잘 되었는데 이것도 날씨가 더워지면 융단 및 털실 등으로 되어 있는 인형을 여름에는 사람들이 들고 있기가 거북스러워 인형을 안 사가는 것이었다. 여름에는 천안지역 노점상 일행들이 하는 일 없이 시간을 허비하고 있는 날이 더 많았다. 나를 천안으로 이끈 친한 친구가 제안하기를 태안쪽의 학암포에 해수욕장에 여름 장사를 가자는 것이었다. 인형장사가 안되는 나야 말로 대환영인 것이었다. 그래서 우리 일행은 학암포 마을 이장과 해수욕장 전체 영업권을 계약했다. 당시엔 그곳에 해수욕 손님들이 그리 많지 않은 관계로 첫해엔 별 소득이 없이 그야말로 연습한 셈 치고 나왔다. 그렇게 해서 천안의 장사 패턴은 겨울에는 인형장사 여름에는 학암포에 여름철장사를 들어가는 것이 되었다. 그러면 학암포에서 우리 일행중 내가 맡은 품목은 무엇이냐? 놀이기구이다. 거창한 놀이기구가 아니라 뽑기를 하는 놀이 수준이다. 인형에 총쏘아 맞추어 떨어트리기, 뺑뺑이 돌려서 화살 꽂기와 물방게를 수영레일에 보내어 빨리 구멍에 도착하면 거기에 걸려 있는

상품을 손님이 가져가는 것 등 3가지다. 말하자면 사행성 놀이인 것이다. 허긴 손님이 다 따가면 장사꾼은 뭘 먹고 살까? ㅋㅋ

여기에서 물방게 놀이에 대해서 말해 보겠다. 물방게 놀이는 원래 수원의 원천 유원지가 원산지이다. 그래서 거기 업자한테 가서 장비도 사고 놀이 방법도 전수 받아서 가지고 들어온 것이다. 물방게 수영레일이 아크릴로 나란히 칸을 만들어 저쪽에 물방게를 출발 시키면 어느 레일을 들어갈지는 아무도 모른다. 그런데 레일의 도착점의 상품중에 한 품목은 아주 비싼 것으로 올려놓고 어느 칸은 꽝이고 어느 칸은 값이 안 나가는 귀후비개 등등 물품 품목을 거의 50개 구멍에 잘 안배해 놓는 것이다. 여기에서 사람들은 물방게가 레일 구멍에 들어가는 것이 자기가 신청하면 꼭 가장 비싼 물건이 있는 곳에 들어 갈 것이라는 착각을 하고 산다는 것이다. 인생사도 다들 그렇게 착각하고 살다가 허송세월을 보낸다는 것을 어찌 보면 그 때 교훈으로 얻었다.

그해는 해수욕장에 손님이 그래도 제법 왔다. 장사도 그런대로 되었다. 그런데 어디를 가나 꼴통들은 하나 둘씩 나타는 것이다. 나의 물방게 놀이 데크에 놀이를 신청한 사람이 돈을 내고 경주를 시켰는데, 물방게가 어디 자기 맘대로 가냐고요. 사실 놀이 자체가 사기는 아니지만 확률이 아주 적은 게임이라고 봐야지. 지가 생각한 아주 비싼 물건이 있는 곳으로 물방게가 주길 바랬는데 그게 들어가 주냐고요. 그 놈이 두어번 더 신청해서 놀이를 하더니 자기 맘대로

들어 가 주지를 않으니까 신경질을 내며 물방게를 건져내어 패대기를 치는 게 아닌가? 물방게를 못 들어가게 주인이 약을 놓아서 다 짜고 치는 사기라는 것이다. 이런 상놈의 새끼가 어디서 이런 짓거리를 하는가? 물방게는 나에게는 항공기로 치면 파이로트이며 엔진이나 다름없는 가장 중요한 것인데 나의 장사를 망가트린 놈을 그냥 둘 수는 없잖은가? 잡아서 우리 일행이 보기 좋게 따끔한 정리를 해줬다.

그런데 여름철 장사라는 게 어디 특별한 근거지를 둔 사람들이 아니고 말하자면 떳다방식으로 한철 들어 왔다가 사라지는 사람들이 거의 대부분 이었다. 그 다음해에 해수욕장 장사를 들어 갔을 땐 대기업의 하계 휴양지로 지정 된 곳이 바로 옆에 있어서 사람들이 제법 북적거렸다. 그러다 보니 나이트 크럽도 생기고 유흥 주점이 여러 개 생겼다. 그러다 보니 건달과 양아치 새끼들이 저녁이면 세력 싸움을 하는 게 늘상 있었다. 그들은 지역 주먹이랍씨고 서로자기네 권역을 대표해서 싸울땐 그래도 무식하게 싸워댔다. 그들이 싸워대면 주변에 있는 물건을 주인한테 물어보고 집어 던지냐고요. 마구 잽이지. 우리 영업부분의 오락장에 있는 물건도 그들이 싸움질을 하면 비품이고 상품이고 무조건 짚이는 대로 가지고 가서 싸움질을 해대니 그들이 싸움 징조가 있으면 얼른 샤터를 내리고 중요한 물품을 그래도 미리 대피 시키곤 했다. 그중에 장사의 중요 핵심 원 쏘스인 물방게는 특히 더 잘 챙겼다. ㅎㅎ

장사가 잘 되는데 그 당시는 해수욕장에 금융기관이 출장을 나오지 않아서 분실한 염려와 엄한 놈이와서 한꺼번에 털어서 도망 갈 염려도 있고 해서 그날 번 돈은 비빌봉지에 잘 싸서 남들이 모르는 장소에 땅을 파고 묻어두었다가 장사가 끝날 쯤 파서 돈을 가지고 나왔다. 그 수법을 세월이 40년 지난 요즘 컴퓨터 오락 게임장을 하는 애들이 마늘밭에다 5만원권 묻어 두는게 아닌가? ㅋㅋㅋ

해수욕장 장사는 장사가 잘되던 안되던 날씨가 서늘해지면 무조건 철수할 수밖에 없는 것이다. 여름장사가 끝나고 천안으로 돌아오면 장사하는 공백이 생기다 보니 우리 무리들끼리 벌었으니 밤마다 쓰기가 바빴다. 다 그렇게 사는 것이 아니었던가?

장사에는 굴곡이 있다고 앞에서도 말했지만 여름철 장사를 철수하고 돌아와도 겨울 장사인 인형을 파는 장사가 활성화되기까지의 기간에는 별 재미가 없었다. 그래서 남대문을 한 번 돌아보러 갔다. 만물상 하던 때 전에 졸업식 조화를 제조하여 팔던 사람의 가게를 방문했다. 오랜만에 찾아온 나를 반기면서 요즘의 근황을 서로 나눴다. 담소의 말미에 요즘 생화장미꽃 10송이 한단에 300원에 줄 테니 그 걸 떼어가서 1단에 천원을 받고 한 번 팔아 보라는 말을 건넸다. 나도 현 시점에서는 인형 장사가 그리 바쁘지 않아서 그의 제안을 흔쾌히 받아들였다. 다음날 완전 준비를 하고 올라가서 장미 2천단을 떼어 고속버스 화물로 옮겨서 천안의 나의 장사터인 우체국 앞에다 놓고 팔았다. 장사를 개시 하자마자 2시간만에 장미가 동이 났다. 오랜만에 매진 완판 장사를 하게 되니 기분이 참 좋았다. 그리고 수입도 아주 쏠쏠한 것이 아닌가? 그래서 다음 날부터는 본격적으로 장미만 전담으로 팔기 시작했다. 장사를 하는 업자 입장에서는 돈이 되면 되는 것이지 어떤 품목에 연연할 필요가 없지 않은가? 장미꽃 장사를 하다가 가을이 되면 가을에 맞는 소국(작은 국화꽃) 장사를 했다. 장사가 잘 되어 이젠 혼자 하기에 일손이 모자라 직원도 채용해서 장사를 했다. 그리고 장사의 활동범위도 천안에 국한하지 않고 장항선라인으로 예산 홍성 당진 또 평택, 조치원 증평 등등 지방으로 까지 뛰지 시작했다. 말하자면 5일장 장사처럼 월요일엔 홍성 화요일엔 예산 등등 해당 요일에는 우리 꽃장사가 그 자리에 있다는 인식을 심어주었다. 처음에는 물건을 고속화물로 받아서 움직였는데 차가 필요했다. 그래서 봉고트럭을 마련해서 이젠 한차 가득 싣고 다니면서 장사를 했다. 장사가 잘 되니까 여기저기 소문이 나서 다른 경쟁자들이 나타나기 시작했다. 그리고 지역 꽃가게 주인들과 마찰도 있게 되기도 했다. 한번은 소국을 한차 때려 싣고서 증평을 갔는데 지역 업자들이 찾아와서 항의를 했다. 결국 절충을 해서 중간 도매상처럼 그 업자들에게 물건 모두를 넘기고 그 다음 부터는 증평에는 나는 안 갔다. 물론 내가 안가니 다른 업자가 가서 훼방을 놓기도 했겠지만 나와는 상관이 없는 일이었다. 그래서 전에 007가방 장사를 할 때에도 그렇게 느꼈지만 여기저기 다니지 않고 한곳에 정착하여 장사를 하고 싶었다. 그래서 장소를 물색한 곳이 수원의 아주대 앞 대로변에다 나의 평생 나의 업에 간판이 된 "중부꽃도매상"이라는 간판으로 화원 겸 가게를 크게 차렸다. 그런데 장사를 하고 처음에는 개업빨이 먹히더니 점차 장사가 시원찮아 졌다. 원인을 분석해보니 수도권 꽃가게 사장들은 우리 가게에 와서 스크린을 하고선 다음날은 서울 고속터미날 꽃 도매상가에 가서 구매를 하는 것이었다. 한 1년 정도 지나서 나는 다시 연구를 했다. 장사의 품목은 이제 다시 변경하기는 그렇고 계속 꽃으로 하기로 정하고 중간 도매상의 지역위치를 연구했다. 전국지도를 갖다 놓고 몇 날을 고심했다. 그래서 정한 곳이 점촌이다. 점촌에는 아무 연고가 없었다. 단지 장사의 위치를 찾아서 정한 것이다. 그렇게 해서 나의 중장년을 아니 평생을 보내게 된 것이 점촌이다.

점촌을 기점으로 경북 북부권과 충북지방까지 영업범위가 안정적일 것 같아서 였다. 그 예상은 맞았다. 맞긴 맞았는데 점촌에서 장사를 시작하니까 기존 대전의 '신호꽃유통'이라는 대형 꽃도매상 차량도 한 20대를 가지고 크게 하던 업자가 나의 영업범위를 호락호락하게 내어 주지를 않았다. 그의 영업범위는 나의 영역 외에도 경기남부 충남 전북지방까지 많은데 경북 지역까지 넘나들고 있었다. 그 사장이 나의 장사 범위에는 의도적으로 가격을 덤핑을 치고 다녔다. 나는 장사의 규모나 경력이 그 사람에 비해 짧기 때문에 그와 대적하기엔 힘이 달렸다. 참 어려웠다. 나로서는 장사를 서로 공생하면서 살았으면 하는 바람이었지만 그 사장은 나를 아주 고사시킬 목적으로 나의 영역인 상주 점촌 문경에까지 내가 물건을 대 줄 수 없는 가격으로 후려 치고 다녔다. 경제 원리는 거창한 것 같지만 간단명료한 것이 아닌가? 싸면 사고 비싸면 안사고...오죽하면 사돈의 떡도 싸야 사먹는다고 하잖은가?

아무튼 점촌으로 내려와서 장사를 시작하긴 했는데 시장이 호락호락하게 나에게 자리를 내어 주지를 않으니 밤마다 마음고생이 많았다. 그렇게 1년의 세월이 흘렀다. 하도 답답하여 서울에서 물건을 대어 주는 "미라꽃상사"의 최정근 사장님을 찾아올라 갔다. 물론 그 사장님도 개략적으로 나의 현 상황을 짐작은 하고 있었을 것이다. 그는 나의 불편한 마음의 심정을 헤아려 나를 위로를 많이 해줬다. 그 최사장님은 그런 어려움의 얘기는 들어 보려고 하지 않고 모처럼 올라온 손님이라고 삼겹살집에 데리고 가서는 고기와 술을 잔뜩 사주는 것이었다.

둘이 거나하게 들었다. 나는 그 사장님에게 대전 신호꽃유통의 그 사람 때문에 도저히 점촌에서 장사를 접어야 할 것 같다고 나의 심경을 토로 하니까, 그 말을 할 줄 알았다는 듯이 나에게 젊은 사람이 뭘 그런 것을 가지고 힘들어 하느냐고 약간은 호통에 가까운 격려를 해 주는 것이었다.
그러면서 '안사장, 지금 부터는 나와 신호꽃유통 그 사람과의 싸움이니 안사장은 자리를 고수하면서 버텨라, 내가 무조건 밀어 줄 테니 버텨보라' 것이었다. 그래서 내가 순진하게 '사장님 그러다가 내가 물건 값을 못 갚고 파산하게 되면 어떻게 할 건데요?' 라고 물었다. 그랬더니 그건 니 걱정이 아니고 내 일이니까 지금부터 내려가서 열심히 하라는 말을 듣고 내려왔다. 나로서는 천군만마를 얻은 것이다. 뒷배가 두둑한 배경을 가지고 내려 온 것이다. 그러나 그렇다고 내가 그 사장님의 물건 값을 떼어 먹을 수는 없었기에 나도 거래처 판촉도 열심히 하고 경영도 긴축으로 알뜰하게 챙겼다. 그렇게 버티기를 한 반년정도 하다 보니 상주에서 꽃을 가장 많이 소비하는 꽃집에서 나를 만나 보자는 연락이 온 것이다. 처음에는 실제 상황이 아니것 같았다. 꿈인지 생시인지 다시 물었다. 정말이냐고...

나는 그 꽃가게를 찾아가서 정중히 인사를 올리고 중부꽃도매를 불러 주심에 감사를 드린다고했다. 그랬더니 오히려 그 사장은 앞으로 중부의 안사장님이 저희를 좀 도와 달라는 것이었다. 이게 어찌된 일인가? 그간 그렇게도 거래처를 뚫어 보려고 애를 써왔건만 상대도 안해주던 것이 의아해서 그 사장에서 자초지종을 물어 봤다. 그랬더니 자기네가 거래하던 대전의 신호꽃유통 도매상이 망했다는 것이었다. 그 집은 운영을 친족경영을 하다가 이놈이 떼어 먹고 저놈이 때어 먹고 하다 보니 결국 망했다는 것이었다.

이런 경우를 뭐라고 표현을 어떻게 표현해야 맞을런지 모르겠다. 음지가 양지되고 양지가 음지가 된다는 표현 ? 아니면 남의 불행이 나의 행운? 참 표현하기가 묘하다. 어찌되었던 대전의 대형 꽃도매상이 내가 점촌에 와서 뿌리를 내리려 할 때 방해 공작이 심했던 것만은 사실이었는데 이제 그 원인 업체가 사라졌으니 순풍에 돛단 듯이 꺼져가던 장사가 서서히 살아나기 시작하여 점점 상승 곡선을 그리기 시작했다. 이런 자리에 까지 돈움을 할 수 있게 꽃과 물품을 나를 믿고 배짱으로 밀어주신 '미라꽃상사'의 최정근 사장님께 다시 한

번 이 자리를 빌어서 감사를 드린다. 내 인생에 부활이 있게 해준 분이기에 그렇다. 살면서 진심으로 감사를 드린다는 말은 이런 분한테 쓰는 단어인 것으로 나는 안다.

그 이후로 장사는 잘 되었고 물론 최사장님이 밀어 주었던 외상값도 다 갚아 주었고 이제 꽃 시장에서는 전국적으로 알려지는 업자가 되었다. 꽃 최대 성수기인 5월 달에는 전국 최고매출을 올려보는 기쁨도 맛을 봤다. 그리고 경제적으로 안정을 갖게 되었다.

세월이 흘러서 내가 이제 자리 매김을 하고 나니 고향이 그리웠다. 그동안은 나의 경제생활이 타향에서 원만하지 않게 먹고 살기에 급급해서 떠돌이 생활을 한 것은 변변찮은 모습을 고향에 내보이기가 불편했다. 내 자신이 움추릴 수밖에 없는 상황을 누구나 다 나같은 심정이었을 것 이라고 생각이 된다.

그렇게 하여 우리 초등학교 동창회를 한다는 소식을 접하고 처음으로 고향을 찾아왔다. 그 동안 전혀 소식을 끊고 지내왔던 나를 보고 고향 친구들이 놀라는 것이었다. 특히 윤하영 친구가 나를 보자마자 얼마나 나를 얼마나 반갑게 맞아 주는지 눈물이 핑 돌았다. 그 친구는 새터말이고 나는 다릿골이라서 학교 등하교할 때 같은 방향이라서 좀 더 자주 접하곤 했지만, 그런거 보다 그 친구는 나를 많이 보호해 줬었다. 나는 학교 다닐 때 다릿골 순진한 샌님으로 다녔고 하영이는 껄렁이는 패거리로서 누가 나를 건드리

면 어떤 이유에서인지는 모르지만 하여튼 앞장서서 나를 보호해 줬었다. 하영이는 그동안 나를 찾으려고 여기 저기 많은 곳에 수소문을 해왔다는 것이었다. 참으로 미안하고 고마운 내용이었다. 그날은 여러 얘기의 회포를 풀었고 그 이후 나도 고향의 일에 적극 참여 하여 친구들과 같은 시절을 잘 보내고 있다. 그러나 세월은 나를 늙게도 하지만 다른 친구들은 생각지 않게 아니면 건강관리가 안되어 저 세상으로 가는 안타까운 일이 발생되어 마음이 무겁기만 하다. 특히 윤하영 친구가 저 세상으로 가던 날은 참으로 많이 내가 울었다. 어렸을 때 가냘프던 나를 그래도 누구보다도 앞장서서 보호해 주던 그 기억이 나의 가슴을 얼마나 아프게 하는지 도저히 슬픔을 가눌 수가 없었다.

그렇게 나의 청춘을 보내고 평생 업이 된 꽃과의 사랑은 이제 접었다. 업체를 접은 것이 아니라 업체는 처남에게 물려주고 나의 인생을 다시 찾아서 살아 보려고 지금은 친구 여러분들의 의견을 들어보고 있는 중이다. 여러 친구들이 항상 옆에 있어서 나는 행복한 사람이다.

꿈은 소박하게, 욕심은 가볍게 하니 행복해지더라

안 병 욱

사람들은 태어 난 곳을 고향이라는 사람이 있고 자란 곳이 고향이라고 하는 사람도 있고 여러 가지 이지만 나는 생각하기를 초등학교 유년시절을 보낸 곳이 고향이라고 생각함이 옳다고 본다. 우리 문중은 순흥 안씨 문성공파로 괴산군 청안면 장암리가 본거지인데 할아버지 때 진천으로 이주를 하여 살다가 내가 문성공파 28세손으로 태어 난 곳은 진천 문백면이다. 생거진천 이라 말로는 좋은 동네이다. 그러나 나는 태어나서 채 일 년이 안 되어 안탑골로 이사를 왔다. 우리들은 다 아는 이야기 이지만 그 당시 안탑골은 삼덕광산이라는 광산이 있음으로 해서 전국 각지에서 많은 사람들이 모여 들어 있던 시절이었다.

나도 우리 아버지가 광산업에 종사하시는 분 이었기에 그곳 안탑골에 오게 된 것이다. 아버지가 어떻게 하여 광산업에 입문을 하신 것에 대한 동기는 정확히 모르나 아버지의 삶도 그냥 평탄한 평지길이 아닌 삶을 사셨던 같다. 아버지는 할머니를 일찍 여의셨다. 3살 무렵이라고 들었는데 그 때부터는 큰아버지와 두 형제분은 남의 손에서 길러졌다고 보면 된다. 아마도 나한테 작은 할아버지 밑에서 자랐을 것이다. 왜냐하면 할아버지는 아버지 형제를 괴산 청안 아버지의 동생집에다 한테 맡겨 두고 전국적으로 참빗장사를 하러 유랑을 다니셨다고 한다. 아버지도 성장하면서 외지로 돌게 되었고 어찌어찌하여 광산업에 종사를 하시게 되었지만 막장에서 그냥 단순노동을 하는 광산종사자가 아니라 요즘말로 소위 소사장 또는 기술자로 전국의 광산지역을 다니셨던 것으로 안다.

아버지가 강원도 횡성 쪽에서 광산업에 종사할 때 광산 식당에서 일하시던 어머니를 만나서 결혼하고 일가친척이 있는 진천에서 가정을 이루기 시작 하셨던 것이다. 아버지는 할아버지의 유랑생활을 하는 그런 끼도 있으셨고 동네에서 상이 나면 행여 나랄 때 행상위에 올라서 요령을 흔들며 타령을 도맡아 하는 등 기본적으로 흥이 넘치는 분이었다. 요즘 말로 예능 프로의 끼가 넘치셨던 분이다.

수안보 안탑골의 광산은 처음에는맹씨라는 분이 발견하여 개발했다는 설이 있으나 구전이고, 일제 때 1938년 조선광업진흥주식회사에서 광산이 개발 되고서 동, 아연, 텅스텐 및 몰리브텐 광종으로 등록하여 50톤 처리 선광장을 설치하여 1941년부터 1945년까지 약 190,000 kg 휘수연석을 생산하였다. 그 후 1952년 계광순씨가 600 kg/월 정도 의

휘수연정광을 생산한 바 있으나 1995년 등록이 소멸되었다.

아무튼 난 엄마의 등에 업혀서 안탑골 삼덕광산 사택으로 이사를 오게 되었다. 여기에서 나의 이름에 대해 소개하고 넘어 가야겠다. 순흥안씨 공파 대손인 나는 진천의 집안들이 있는 집안에서 부르는 이름은 창영이었다. 호적에 공식적인 이름은 병욱이다. 철학자 숭실대학교에 계셨던 안병욱 그분 이름과 같다. 그런데 재미있는(?) 아니면 심각한 내용의 이름이 나에겐 또 하나 있다. 어렸을 때 동네 친구들이나 동기생 중에는 일부 몇몇 친구들만 아는 이름이 시동이다. 안시동. 이 이름을 쓰게 된 일화를 말하자면 나에겐 위로 형이 9살이 되어 먼저 갔고 이어서 두 번째 형도 또 누이마저 하늘나라로 가서 우리 부모님에게는 아이가 숨이라도 조금만 이상하게 쉬게 되든가 감기증세로 열이 나면 겁부터 먹고 안절부절 하지 못하는 심리적 공황을 안고 사셨다. 그런데 탑골에 이사 오니까 이웃에 나의 4년 후배인 이시청 이라는 아이의 할아버지가 한문도 많이 알고 이것저것 해박한 분인데 우리 부모에게 자문을 해주며 이 아이의 이름은 앞으로 모종낼 시(?) 아이 동(童)으로 불러야 별 탈 없이 자랄 것이라는 비방을 받아 온 것이다. 그래서 시동이가 된 것이다. 그 시동이가 발음이 좀 그래서 어떤 사람들은 우리 집안에 씨를 퍼트리게 하는 이름으로 씨앗의 씨동이라고 부르기도 했고 어떤이는 氏童이라고 부르기도 했다. 나는 그들이 부르는 이름이 뭔지도 모르고 '어이구 안씨 집안의 소중한 씨동아~'하면 얼른 '네'하고 대답을 하곤 했다.

그런데 나중에 학교를 다니게 되면서 아랫동네 탑동 애들은 이 소중한 나의 이름을 가지고 놀림거리로 삼았다. 특히 1년 선배 몇몇 애들은 나를 보면 놀려먹는 것이 재미있었는지 우리가 학교 가는 시간을 일부러 기다렸다가 나를 놀려 먹었다. '안탑꼴 씨뎅아~' 라고시작해서 '씨데이 씨데이'를 반복 복창 뒤따라오면서 놀려대는 것이 그렇게 싫었다.

그 때 당시 탑골 사람들의 습성은 참 나빴다. 툭하면 왜 애꿎은 안탑골 사람들만 보면 괴롭혀 먹는지 참 괴로웠다. 그건 아이든 어른들이든 다 그랬다. 그래서 우리는 학교 가기가 참 싫었다. 학교를 가려면 탑골을 안거치곤 가는 방법이 없잖은가? 매일매일 그들의 괴롭힘에 힘들어 했다. 그래서 우리는 이제 그들에게 대항하고자 무기를 만들기 시작했다. 개줄로 쌍철봉도 만들고 쇠톱으로 칼도 만들어서 가방에 항시 넣고 다녔다. 탑골에 절이 있는 건 다 알지유? 그 집 중 아들이 1년 선배다. 그도 우리를 보면 괴롭혀 먹기를 즐겨 했다. 그래서 하루는 우리의 심사가 뒤틀려 밤에 내려와 그 집의 우물에 돌로 가득 채워놓고는 도망을 간 적이 있었다. 지금 생가하면 우스꽝스런 얘기지만 그 땐 아주 심오한 맘으로 그 일을 저질렀다. 오죽하면 그랬을까? 우리는 천성적으로 초식동물의 성격을 가졌기 때문에 남들에게 피해를 주지 못하는 온순한 성격의 소유자들인데 말이다.

지렁이도 밟으면 꿈틀한다고 우리 안탑골 애들도 그들의 괴롭힘에 대비하여 만들어 가지고 다니던 무기를 사용 몇 번 대항을 하니까 그들은 이제 더 큰 몽둥이를 들고 와서 괴롭히는 것이었다. 하루는 그들이 중학교 고개 길목을 지키고 있다가 지나가던 나를 끌고 담배밭 안으로 끌고 들어가 마구 패대는 것이 아닌가? 그날따라 나는 혼자였고 그들은 패거리였다. 그 결과 나는 심한 부상을 입었다. 눈이 터져서 충주병원에 1주일을 입원하는 중상을 입은 것이다. 이때가지만 해도 어른들은 아이들의 학교폭력의 심각성을 인지하지 못하셨다. 사건이 나서야 우리 어머니가 동네에 아들 집으로 찾아가서 부모들에게 치료비를 배상 받는 것은 물로 앞으로의 예방주의 조치를 하였지만 그 이후로도 탑골 애들과는 서로 사이는 안 좋았다. 왜 그 이리떼들은 순한 양들인 안탑공 애들을 괴롭혔는지... 지나고 생각

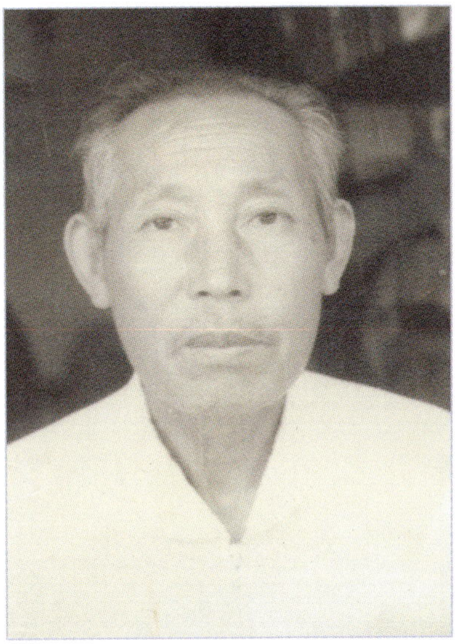

해보면 그 시절은 그게 멋 인줄로 알았던 시절이었을 것이다 라고 이해하고 그들을 용서를 한다.

다시 돌아와 탑골 광산 삼덕광산에 대해 애기를 해 보겠다. 아버지는 광산에서 덕대라는 직함을 가지고 계셨다. (덕대=남의 광산에서 광산 주인과 계약을 맺고 채굴권을 얻어 광물을 캐는 사람) 지금 시대말로 小社長 제도인 것이다. 그러니까 안 덕대인 아버지는 광부들을 사서 품삯을 지불하고 광물이 채굴되면 그 걸 팔아서 경영수지를 알아서 하는 사장님이었다. 그런데 아무리 광산을 파내려가도 광물이 산출되지 못하면 아버지는 꽝인 셈이다. 한동안은 우리 사택에서 숙식을 하던 광부 인원이 30명이 넘었다. 그 광인 예로 우리 동창 최성동 아버지가 맡아서하던 광구가 아무리 파도 핫탕이 되어 자금도 고갈이 되고 최덕대 그분이 손을 들고 포기를 하였다. 그 포기한 광구를 아버지가 최덕대 그분한테 싼 가격으로 광구를 정식으로 인수했다. 도박장과 같은 게 광산이라고 했잖은가? 아무리 파도 안 나오던 곳 이었는데 아버지가 인수 받은 지 얼마 안 되어 그 굴에서 광물이 막 쏟아지기 시작한 것이다. 노다지를 얻는 행운을 갖게 된 것이다. 견물생심? 아니면 마음이 변함? 이런 꼴을 최덕대 그분이 보고 있기가 심기가 불편 했겠지요. 자기가 다 파놓은 곳에서 노다지가 쏟아져 나온다고 하니 배가 아플 수밖에 없잖은가? 인간의 심리는 누구라도 그럴 것이고 아마 예수님 부처님도 그런 마음이 들었지도 모른다. 그래서 아버지는 그 후 최덕대 그분에게도 섭섭하지 않게 대우를 해 드렸던 것으로 기억이 된다. 왜냐하면 어마어마한 돈이 들어 왔기 때문이다.

잘 나갈 때 관리를 잘 해야지 되는데, 광산을 운영해 본 사람들에게는 또 한 번의 한탕 유혹이 늘 기다리고 있었다. 아버지는 삼덕광산에서 벌은 돈으로 주변의 투자 유혹에 강원도 횡성의 금광에 투자를 시작했다. 금광에 투자하기 전 어머니는 삼덕광산에서 벌은 돈으로 진천에 돌아가 논과 밭을 사서 살면 평생 편히 지낼 것이라는 제안을 몇 번 했지만 어머니의 제안 묵살이 되고 이후 말로는 최덕대 그분처럼 거기서 쪽박을 차게 된 것이다.

그러다 보니 우리의 가정경제 꼬라지가 말이 안되는 것이 불 보듯 훤한 것이 아니겠는가? 그래서나는 중학교 진학은 일찌감치 포기하였고 어린 나이에 사회생활을 해야 하는 경지에 이르렀다.

여기에서 잠깐 아버지의 광산 이력에 대해 말하고 가야겠다. 탑골 광산에 오기는 했는데 한참의 세월을 흘려보냈는데도 실적이 별로 없어서 아버지는 광산업계의 아는 지인으로부터 서울 염창동 한강가 광산에서 제련하는 곳에 자리가 있는데 거기 가서 일을 해보지 않겠냐는 제안을 받아들여 우리 가족은 염창동으로 이사를 하게 되었다. 그게 내가 초등학교 3학년 2학기 때였다. 그러나 거기의 생활도 별로 신통찮았던 모양이다. 그래서 다시 탑동광산으로 내려오게 되었고 나는 4학년에 수안보 초등학교에 다시 돌아오게 된 것이다. 내려온 지 얼마 후 아버지의 광구에서는 노가 났고, 그 노난 것도 잠시 얼마 있다가 몽땅 날려 버리는 롤러코스터 같은 생활을 하게 된 것이다.

가정경제는 파탄이 났으니 나는 중학교는 진학하지 못하고 서울 누님 댁으로 올라오게 되었다. 매형이 쌍문동 시멘트 벽돌공장에 다녔는데 나도 거

기에 가서 일을 하기로 했다. 낮엔 일을 하고 저녁엔 누나가 야간 중학교에 보내 주었다. 참 힘든 일이었다. 시멘트 포대를 나르는 일은 상노동 이었다. 너무 힘들어서 그 곳의 일이 흥미가 없었다. 그리고 누님이 집에 사는데 거기에 같이 생활하자니 누님에게 좀 불편함을 주는 것 같았다. 그러던차에 수안보 관광호텔에 일자리가 나왔다고 하여 고향으로 내려와서 한 3년여 일을 했다. 그러던중 서울 이문동에 있는 섬유공장에 자리가 있다고 하여 다시 서울로 상경하여 그 후로 쭈욱 서울에서 살게 되었다. 섬유공장에서 경력이 조금 되다보니 이젠 성수동의 제일 섬유라는 큰 공장으로 옮겼다. 나는 그곳에서 일을 참으로 열심히 했다. 그 때는 휴일이라고는 1,3 주 일요일뿐이었다. 휴일이면 화양리 극장에 가서 동료들과 영화를 보면 지내는 것이 낙으로 삼았다. 제일섬유 사장은 젊은 편이었다. 아버지한테 물려받은 회사를 운영하는데, 그가 그 당시 한창 유행하던 프로권투 중계를 보고는 나에게 권투도장에 함께 다니기를 권해서 한동안 열심히 했다. 어찌보면 권투선수가 된다기보다는 늘 탑골 애들한테 당하고 지내왔기에 앞으로도 살아가는 세상에 방어기술을 배워야 하겠다는 마음이 앞섰을 것이다. 그런데 복싱 도장을 다니다 보면 삼일자동차 운전학원이 있었다. 늘 그곳을 지나면서 운전을 하는 것을 보면 부럽기도 하였다.

난 공장에 틀어박혀 일을 하는 것보다는 운전을 하면서 자유로운 영혼을 구가하고 싶었다. 그래서 나의 가슴은 운전학원을 쳐다보기만 해도 설렘이 일고 있었다. 그래서 난 일하는 것을 야간으로만 전적으로 돌리고 낮에는 운전학원을 다니는 것에 등록하였다. 하고 싶은 일을 하니까 재미도 있었고 학과든 기능이든 착착 머리에 들어오는 것이었다. 당시 면허 시험장이 한남동에서 강남 탄천에 옮겨가고 얼마 안되어 1종 시험을 보게 되었다. 시험은 그 당시 1차 학과 기능은 2번에 걸쳐 시험을 보게 되었는데, 1차 학과는 단 번에 통과 하였는데 기능시험이 문제였다. 왜냐하면 기능시험 통과율이 몇 % 안 되는 참 까다롭게 감독관들이 작정을 하던 시절이었다. 나는 성격이 차분하기에 그 들의 위압감에 주눅 들지 않고 규정대로 해내니까 단번에 합격을 할 수가 있었다. 그러니까 감독관 경찰이 이렇게 단번에 통과하는 경우가 거의 없으니 음료라도 사오라고 하기에 그까짓 음료가가 문제냐? 면허시험을 단번에 합격했다는 짜릿한 기분에 박카스 음료를 감독관 숫자보다도 더 많이 사다 주고 왔었다.

면허증을 받고서는 이젠 운전을 하고 싶어서 수소문하니 지인이 수색에서 덤프트럭을 하는데 거기에서 조수를 타게 되었다. 6개월을 탔는데, 같은 안탑골 동네 선배가 강남 학동에서 가스차 배달을 하는데 와서 같이 하자는 제안을 받고 그리 옮겨서 일을 했다. 거기의 거래선의 내가 담당하는 구역이 남산에 있는 외교구락부였다. 한동안 가스배달을 하다가 외교구락부의 회장 자가용 기사를 채용한다는 소식을 접하고 면접을 거쳐서 그곳에서 일을 하게 되었다. 당시 외교구락부는 많은 정치인과 연예인이 주로 이용하던 장소로 꽤나 유명하던 곳이었다. 그 회장은 외교구락부 외에 동보성이라는 중국음식점을 대형 레스토랑을 같이 운영하였고 기사인 나에게 참 잘 대해 주셨던 분이다.

여기에서는 월급도 제대로 받은 직장인이 되었으니 가족을 돌봐야하는 상황이 되었다. 좀 생활이 숨을 쉴만하니까 어머니가 뇌출혈로 갑자기 돌아 가셨다. 어머니가 동생들을 데리고 계셨는데 이젠 장남인 내가 동생들을 데리고 있어야 했다. 그래서 생활을 하려면 결혼을 해야했다. 재종 누님의 소개로 집사람을 만나 80년도에 결혼을 하고 동생들을 그 후로도 7년 동안 데리고 있었다.

외교구락부에서 생활은 참 좋았다. 사모님이 나한테 말하기를 운전하기 힘들면 명동에 빌딩이 자기 것이 있으니 거기에서 장사를 하도록 선처해 주겠다고 까지 했다. 그렇다고 아무리 좋아도 월급쟁이 아닌가? 시간이 한참 흐른 뒤 월급쟁이의 환멸이랄까 회의가 들어 장사를 배워 보겠다고 마음을 먹고 있던 와중에 평화시장에서 원단 사장을 아는 사람한테 연락을 받고 그리 이직을 하였다. 그 원단 가게는 참 장사가 잘 되었다. 그에 따라 나도 엄청 바빴다. 원단 창고에서 일하는 다른 직원들은 시간이 나면 장기를 두고 저녁이면 화투장이나 만지작거리는 못된 습관을 가지고 있었다. 그 직원들이 나를 보면 못마땅하게 생각을 하였지만 나는 원단창고에서 놀음판이나 벌이고 있는 꼴이 정말 싫었다. 창고에는 나 보다는 두어 살 어린 사장의 처남, 동갑내기친구 서너 살 많은 고참 이렇게 3명의 직원이 있었고 그들은 자전거로 시내 점포에 배송하는 일을 하고 나는 주로 차를 가지고 먼 거리 거래처에 배송을 하는 담당이었다. 나는 일을 하면 아무리 회사일이라도 내 개인의 일로 생각하고 열심히 한다. 그것이 마음에 들었는지 사장은 나만 보면 언제까지 배송일을 할 것이 아니라 장사를 조금 배워서 원단유통업 장사를 해보라고 권유하기도 했다. 나 역시 사장님도 나를 인정해 주는 성의에 감사하는 마음으로 온 몸을 바쳐서 일했다. 그러나 나의 열심히 일하는 모습에 시기를 하는 놈이 있었는데 나와 거의 같은 또래의 사장의 처남이었다. 그놈은 놀음을 즐기는 놈으로 나한테 혼자 잘난 척하지 말라고 툭하면 시비를 걸었다. 그래서 하루는 그 사장의 처남놈을 불러내어 패딱었다. 그 얘기가 사장처의 귀에 들어가서 내가 약간 미운털이 박히게 되었다. 그렇지만 나는 업무는 더 열심히 하였다. 그런데 장안동 김일체육관 건물에 있는 의류제품 공장에 배송을 갔다가 계단에서 발을 잘못

헛디뎌서 넘어 지면서 허리를 다치게 되었다.

허리까지 다치니 힘든 일을 못하게 되고 눈치가 보이게 되었다. 그 집 처남놈의 질투와 가족이 운영하는 회사는 있을 곳이 못된다고 생각이 되어 그 회사를 그만 두고 쉬고 있었다.

그러다가 마침 전에 같이 근무했던 거기 친구한테서 외교구락부에서 나를 찾는다는 전갈이 왔다. 그래서 나는 허리를 다쳐서 당분간은 일을 하지 못한다고 하였더니 사모님이 나를 유명하다는 한의원을 데리고 다니면서 치료를 해주고 친 누나처럼 잘 보살펴 주는 것이었다. 참으로 고마운 분이었다. 그런 은혜를 입은 나도 그분들을 성심성의껏 마음을 다하여 모셨다. 세상사는 곳 어디에나 오는 게 있으면 가는 것도 있는 법이며 이를 실천하면 서로 좋은 세상이 온다는 이치를 깨닫게 하였다. 거기에서 배운 마음으로 가능한 나도 가능한 범위에서 만큼은 베풀며 살기를 실천하여 노력은 하고 있다. 시절이 변하면서 그렇게 잘나가던 외교구락부의 경기가 하강 국면에 들어가기 시작했다. 호텔과 룸으로 손님이 옮겨가는 추세의 세상 흐름이었기 때문이었다. 그렇게 시간이 2년여를 넘게 흐르고 회사의 경기가 원활하지 못함을 간파하고 내 스스로 물러나 주는 것이 도와주는 것으로 판단 그 외교구락부를 그만 두게 되었다.

그리고 이제는 돈을 좀 모아야겠

다고 생각을 다부지게 마음먹었다. 그러려면 열심히 해야 하고 내가 기지고 있는 기술은 운전이니까 택시회사에 손을 써서 취직을 했다. 당시는 합승을 당연시 하는 시대였고 외곽 멀리 뛰면 돈이 좀 되었다. 나는 자는 시간이 거의 없을 정도로 몸이 부서져라 일을 했다. 열심히 하다보면 무사고로 세월이 흘러 개인택시를 받으면 큰돈은 아니더라도 밥이야 먹고 살겠다 싶어 꾸준히 일을 하는 중 이었는데 포천가는 손님을 태우고 가는 중 수유리 광산 사거리에서 신호대기 중 과속으로 달려오던 뒤차에 추돌 사고를 입게

되었다. 사고 이후 택시회사는 정리를 하였다. 택시회사에 있으면서 개인적으로는 수색에서 화물차를 하던 시절 지인이 화물 지입차를 권유로 화물차를 갖고 있었기 때문에 택시를 그만 두고 곧바로 화물을 하기 시작했다. 하다 보니 한 대 가지고는 수입이 좀 마음에 차지 않아서 1대를 더 사서 기사를 고용해서 운영을 했다. 일이 바빴다. 열심히 하다보면 돈이 되기는 하지만 몸이 혹사되는 것을 느끼게 된다. 화물일은 그런대로 잘 되었고 경기가 좋을 때라서 그랬는지 화물영업면허 딱지값이 제법 나가기에 이번엔 화물을 정리하고 내 생애 처음으로 나의 집을 장만했다. 서울에 올라와서 나의 집을 마련했다는 뿌듯함이야말로 누구든 그랬겠지만 하늘로 날아갈 듯한 기분이 들었다. 그 화물차를 정리해서 집을 사고 나머지 여유 돈으로 뭐라도 해 볼 요량으로 분식집을 차리게 되었다. 음식점을 운영해본 경험은 전무 했고 단지 집사람이 음식 만드는 것에는 소질이 있고 자신이 있다 싶어 시작했지만 음식점은 크던 작던 녹녹한 일이 아니었다. 그런대로 장사는 잘되었다. 2년이 지나 자릴 잡아 장사가

잘되고 있는 와중에 아래 동생의 딸인 조카아이를 하나 더 키워야 하는 상황이 되었다. 동생이 진천에 친척 예식장를 가다가 교통사고가 난 것이다. 영동 고속도로에서 중앙선을 넘어 유턴을 하는데 트럭이 달려와 들이 박는 바람에 사고가 크게 나서 며칠 후 제수씨가 하늘나라로 가게 된 것이다. 100일 갓 넘긴 아이를 남겨 두고 간 것이다. 참으로 애석한 일이었다. 그래서 장사고 뭐고 일단 조카애를 키워 놓고 봐야겠다고 해서 집사람과 상의 후 분식집을 내 놓았는데 가게는 금방 나갔다. 가게를 접고 나는 바로 밑에 동생의 소개를 받아 강남의 학원차를 하러 다니게 되었다. 벌이는 제법 되었다. 벌이는 되는데 잠자는 시간이 얼마 안되는 등 운전하는 일이 너무 고되어 운전하기가 싫었다. 이젠 움직이는 일이 아니라 한자리에 있으면서 벌어먹을 수 있는 일을 하고 싶었다. 그래서 찾아다니다 보니 호프집 체인점 본사 영업부와 연이 닿게 되었다. '웬일이니'라는 체인점인데 그들이 지역을 소개해준 의정부역 중앙로 입구 빌딩 2층에 자리를 마련하여 호프집 영업을 하게 되었다. 물장사를 처음 하다 보니 시행착오도 있었지만 나름대로 매출이 점점 늘어났고 1년이 흐르니까 장사는 아주 잘 되었다. 장사가 잘 되니까 주변에 똥파리들이 끼기 시작했다. 그래서 궁리를 한 것이 지역의 주먹들과 제휴를 맺었다. 주먹들 모임의 회식을 제공하고 그 그늘을 이용해서 우리 가게를 보호 받았다. 장사는 잘되고 똥파리를 견제 해주

는 동네 주먹들과 연결되어 있으니 거칠 것 없었다. 장사가 장된다는 소문은 주변 상인들에게 쫘악 퍼졌고, 2년을 장사했는데 건물주인이 자기 아들한테 장사를 시키려고 가게를 내 놓으라는 것이었다. 너무나도 황당한 일이었다. 항의도 해보고 별짓 다해 봤지만 결국 그 가게에서 시설비에 대해 손해를 보고 접어야했다. 가게를 철수하고 다시 도봉동에 소머리국밥집을 차렸다. 식당도 해봤고 호프집 물장사도 해본 경험이 있어서 국밥집 운영의 시작은 순조로웠다. 그런데 여기에서 뒤로 넘어져도 코가 깨진다고 하필이면 소머리 국밥집 장사를 하는데 광우병사태가 터진 것이다. 하루 이틀이 아니고 장기간으로 데모들을 해대니 가게는 파리를 날리게 되었다. 이 상태로 주저앉아 있다가는 거덜 나게 되었다. 그래서 업종을 한식집으로 같은 자리에서 다시 오픈 하였다. 청학동이라는 한식집인데 체인점이었다. 거기에 오리불고기를 겸해서 했다. 그 오리불고기 장사를 하기 위해서 집사람은 그때 당시 거금인 30만원 들여서 쏘스 만드는 방법까지 비법을 연수 받아서 장사를 했다. 장사는 곧잘 되었다. 식당 한 구석에 아직 어린 조카아이를 눕혀놓는 별도의 칸막이를 만들어 놓고 장사를 했다. 장사는 그냥그냥 되었다. 그 오리불고기 한식당에 택시 할 때 알던 사람이 개인택시를 하는데 그가 자주 식사를 하러 왔다. 그렇다고 사실 장사는 정신이 없을 정도는 아닌데, 꼭 그 친구가 와서 식사를 할 때는 유독 손님이 줄을 설 정도로 넘치게 되니 그 친구가 나를 보고 부러워서 금방 빌딩 사겠다고 맨 날 나만 보면 해대는 소리였다. 사실 식당일과 조카를 키우는 일을 병행하기엔 집사람의 건강에 부담이 되긴 했다. 그래서 약간의 하소연을 했더니 그 친구가 하는 말이 자기가 식당을 인수해서 할 의향이 있으니 자리를 넘겨 달라고 사정을 하는 것이었다. 그때 마침 (집사람의 건강이 무너지기 시작했다. 지금도 달고 사는 신장병이 발병) 식당은 그 친구에게 넘기고 집사람은 그야말로 집사람 집에서 건강을 관리하면서 애 키우고 살림을 맡기로 했다.

나는 이제 본격적으로 분당에 가서 학원차와 출근차를 겸해 주말에는 관광까지 뛰었다. 하루 잠은 서너 시간만 자고 일을 했다. 책임감이 막중했기 때문이다. 얼마간 하다 보니 일이 넘쳐나게 되었다. 그래서 1대를 더 증차해서 기사를 고용하고 운영했다. 아울러 후배와 함께 법인에 등기이사로 등록한 관광회사도 곧 잘 되었는데, 그 후배 배신으로 큰 관광회사로의 꿈은 접고 오로지 혼자서 관광버스를 운영했다. 그 기간이 장장 15년을 했다. 15년 동안에 에피소드는 많지만, 너무 오래 하다 보니 몸이 지쳐서 지금은 월급은 쥐꼬리만큼 좀 작지만 쉬려고 사립초등학교 통학버스를 운행하며 하루하루 지내고 있다. 시간의 여유가 많다보니 그동안 시간이 없어서 소홀했던 고향친구들과 SNS를 통해 교류하는 즐거움으로 지내고 있다. 벗님들 고마워유.

과정은 힘들어도 결과는 꽃입니다

안 상 임

1955년 3월 17일 부유하지는 않지만 다복한 가정에 5남매의 장녀로 태어났다. 어린 나이였지만 바쁘신 부모님을 대신해 남동생 둘, 여동생들을 살뜰히 챙겼다. 14살에 한 살짜리 막내 동생을 업고 이리 뛰고 저리 뛰면서 집안일을 도맡아했다. 6학년말이 되어 중학교 진학을 앞둔 어느날 어머니께서 "중학교는 보낼수 없다" 말씀하셨다. 집안 사정상 가사 일을 맡아야 한다고 하셨다. 당시 교복 입은 중학생의 모습이 너무 부러웠지만 부모님 말씀을 거역할 수는 없었다. 초등학교를 졸업하곤 막내 동생은 항상 내 차지였고, 밭일하시는 어머니를 대신해 식사 준비며 남은 동생들 챙기기 바빴다. 동생을 업고 점심 준비를 해서 4km나 떨어진 밭으로 이고 지고 정신없이 그렇게 힘든 시절을 지내다보니 어느덧 20대가 되었다.

22살이 되던 해 봄.. 시집을 보내야겠다고 하셨다. 부모님께서는 이모님께 선자리를 부탁하셨고 충북 음성에 사는 이종사촌언니가 마을에 괜찮은 총각이 있다고 소개를 해주었다.

아버지께서 소이로 방문하여 예비 사위 면접을 보셨다. 얼굴은 못생겼지만 순박한 청년이라고 말씀하셨다. 보통 어려운 자리가 아닐텐데도 일하던 차림새대로 꾸밈없이 순수한 모습을 보여주었다고 좋은 점수를 주셨다. 아버지 마음에 쏙 들어서 상견례가 이루어졌다. 키는 178㎝ 체중은 65㎏ 너무 말라서 몸이 구부정해 보일 정도였다. 운명이란 것이 이런건지? 썩 마음이 가진 않았지만 그렇다고 또 싫지는 않았다.

첫 만남에 탄금대도 가고, 영화 구경도 하고 그렇게 헤어져서 서로 편지를 주고 받다가 부모님이 잡아주신 1976년 11월 7일에 충주여성회관에서 결혼을 하게 되었다. 당시 결혼식에 참석해준 허금자, 채영대 친구에게 다시한번 고맙다는 인사를 하고 싶다.

5남매의 장녀여서 일까? 나는 단출하게 1남 1녀를 꿈꾸며 행복한 가정을 이루려 마음먹었다. 수줍은 새댁의 높은 뜻을 하늘은 모르셨는지... 내가 어쩌다가 7남매 씩이나 낳게 되었다.

1978년 2월 살림밑천이라는 큰딸을 낳았다. 첫 아이라 모든 게 신기하기만 했다. 너무 귀엽고 예쁜 큰 딸을 키우다 남편 손만 잡았는데 어느새 둘째를 임신했다. 1979년 9월 둘째 딸이 태어났다. 이쯤되니 나의 계획이 변경되었다.. 딸 둘 아들 하나로 .. 확고한 의지와 부푼 마음으로 셋째를 임신하는데 성공했다. 1981년 4월 출산이 임박한 어느날 이었다.

딸만 내리 낳아 시어머님의 눈치가 이만 저만이 아니었다. 당시 살림도 넉넉지 않았고 행여나 또 딸이 아니냐는 시어머니 말씀에 병원은 꿈도 못꾸고 집에서 출산을 하기에 이르렀다.

그런데 말이 씨가 되었다. 1981년 4월 얼굴도 안보구 데려간다는 셋째딸을.. 아들마냥 듬직한 떡뚜꺼비 같은 딸을 또 낳고 말았다.

나는 몸조리 내내 울기만 했고 남편도 내곁에 누워 아무말 없이 같이 몸조리를 했다.

그리고 1983년 넷째 출산을 앞두었다. 다니던 점집에서 분명 아들이니 걱정 말라고 하셨다. 이번엔 마음 놓고 병원에 가서 출산을 하였다. 그런데 또 딸... 다시 점집에 가서 물으니 점집 할머니 말이 하루만 늦게 태어났으면 아들인데 하루 일찍 나와 딸이라고 하셨다. 너무 분하고 원통했다. 오기가 생겼다. 내가 그깐 아들 하나 못낳아? 이런 마음으로 출산의 아픔도 잊은 채 얼른 다시 다섯째를 임신하면 좋겠다고 생각했다. 하루라도 빨리 아들을 낳고 싶었다.

1985년 6월 27일 새벽 장마비가 억수같이 쏟아지는 날이었다. 다섯째 출산을 앞두고 진통이 시작되었다. 남편은 택시를 불렀다. 억수같은 장마비에 20분이면 오는 택시가 한시간이나 걸렸다. 부랴부랴 병원으로 향했지만 장마비에 속도가 나지 않았다. 그렇게 진통이 밀려오더니 병원을 2-

3분 남겨둔 코앞에서 택시 출산하는 황당한 일이 벌어졌다. 딸인지 아들인지 확인할 새도 없이 급박한 상황이었다. 남편은 산모 간호보다 차량 세탁비 보상문제로 더 정신이 없었다. 30년전에 3만원이라는 거금을 물어냈다. 남편도 나도 충격이 컸는지 서로 아무 말 없었다. 남편은 이번에도 같이 몸조리를 했다. 상심이 컸나보다, 누워서 아무것도 안하고 있는 남편을 보려니 미안하기도 했지만 나 역시도 너무 힘들었다. 오토바이라도 사서 바람을 쐬라고 사정했다. 오토바이를 산 남편이 조금이나마 마음을 푼 것 같아 다행이었다.

여기서 끝낼 수는 없었다. 나의 계획은 이제 아들을 낳을 때 까지 낳는 것으로 바뀌었다.

그리고 여섯째 임신을 하였다. 서울 모병원에 근무하는 친척이 초음파 검사를 권했다. 비용이 만만치가 않아서 엄두를 못 낼 상황이었지만 큰 마음을 먹고 세 번이나 초음파 의뢰를 했다. 그런데 또 딸 이란다.

딸이니 중절수술을 하되 수술 후 태아는 확인 하지 않는 조건이란다. 100%가 아니라는 말이었다. 혹시나 하는 생각도 들었다. 마음이 무거웠다. 뱃속 아기에게 죄를 짓는 기분이었다. 독한 마음은 결국 먹지 못했다.

그때 여동생도 결혼하여 첫아이를 임신하였었다. 우리 둘은 예정일이 한 달 차이였고, 여동생은 첫 아들을 출산을 했다. 그 당시 이 모든 게 나에겐 비밀이었다. 친정 엄마께서 내가 상심할 것을 우려해, 여동생의 출산에 대해 알리지 말라는 당부가 있으셨단다.

1988년 1월 5일 여섯째 딸이 태어났다. 온 집안은 물론 온 동네가 초상집 분위기였다. 나도 이제 지쳤다. 포기하려는 찰나에 손만 잡고 잤는데 또 7번째 임신이 되었다. 그냥 중절수술을 하기로 마음을 먹었다.

그런데 그렇게 예민하시던 시어머니께서 검사나 해보고 수술을 하던 해라라고 말씀하셨다. 대구의 모 병원을 소개 받아 갔다. 3개월이 지나야 성

별확인이 가능하다하여 3개월이 되는 날 재방문을 하였다. 의사선생님이 아들이니 몸관리 잘하라고 했다. 꿈인지? 생시인지? 할 정도로 기뻤다. 예정일을 며칠 앞두고 배가아파서 택시를 타고 충주의 산부인과로 갔다. 진찰을 하더니 한참 멀었다고 집으로 돌아가란다. 아들을 낳는 줄 알고 택시까지 타고 충주를 왔는데 부끄러워서 그냥은 못 돌아간다고 생떼를 썼다. 하지만 병원에서는 받아주지 않았다. 염치가 없었다. 충주역으로 향했다. 기차를 타고 집으로 돌아왔다.

이틀 후 진통이 오기 시작했다. 이번엔 음성에 있는 종합병원으로 갔다. 아이 여섯을 낳을 때 몰랐던 역대급 진통이었다. 아들이라 그랬던거다. 내가 드디어 아들을 낳았다. 세상을 다 가진듯한 기분이었다. 아들은 황달이 있다고 인큐베이터에 들어갔다. 불빛 때문에 눈도 가려놓고 얼굴이 제대로 보이지 않았다. 그 와중에 얼굴보다 기저귀속이 더 궁금했다. 간호사가 기저귀를 살짝 내려 확인 시켜주었다. 나는 너무 감격해서 남편 가슴을 손

수건 삼아 정말 펑펑 엉엉 울었다. 3일후 퇴원날이다. 아들은 치료를 더 해야 한다고 혼자 가라고 한다. 난 죽어도 혼자는 못 간다고 했다. 어떻게 낳은 내 아이가 실종될 수도, 아이가 뒤바뀔수도 있다는 상상이 머릿속을 휘감았다. 그렇지만 역시나 나는 혼자 퇴원을 하고 말았다. 3일 뒤 아들이 집으로 왔다. 귀한 아이를 낳으면 사람들이 시샘을 한다고 거짓말을 해야 한다 했다. 시어머니는 또 딸을 낳았다고 동네

분들게 알렸다. 황달기가 있어 젖도 못물려보고 잔병치레를 많이 해서 마음 고생을 많이 하며 키웠다.

그렇게 7남매를 키우는데 정신없이 20년이 흐른거같다. 아이들이 많아도 어디 나가서 뒤지지 않도록 신경을 많이 썼다. 착실히 산 덕에 남편의 경제 사정도 좋아져서 사업을 한다고 정미소를 짓고, 4층짜리 상가건물도 지었다. 그러다 IMF가 왔고 한라중공업이 부도가 나니 우리도 따라서 어려움이 닥쳤다. 어려운 시기를 7남매와 남편을 믿고 버텨왔다, 경기가 안 좋아 상가 세입자들은 모두 빠져나갔고 높은 금리로 이자도 감당하기 힘들어졌다. 전기료가 미납되어 두어 차례 단전이 되기도 했지만 그때마다 아이들을 보고 다시 힘을 냈다.

그러는 사이 큰 딸이 시집을 갔고 줄줄이 이어 딸 여섯을 모두 출가시켰다. 사위가 여섯에 손자녀가 11명이 되었다. 딸들과 사위들이 마음이 잘 맞아서 이런 저런 이벤트에도 많이 참여를 했다.

CJB 청주방송에서 주최한 가족노래자랑에 참가하게 되었다. 4대가 참여해서 춤과 노래를 뽐냈다. 대상 이라는 큰 상과 부상 200만원을 거머쥐었다. 글쓰기를 좋아하는 큰 딸이 MBC 라디오 강석 김혜영의 싱글벙글쑈에 우리 사연을 응모했다. 사연이 소개 되고 인터뷰 방송이 전국에 전파를 타고 흘렀다. 주 장원, 월 장원이라는 상을 받고 드럼세탁기를 두 대나 받았다. 세탁세제 액츠에서 개최한 이벤트에 응모를 해서 금 열돈을 받는 등 재미있고 즐거운 일들이 많았다.

그렇게 시간이 흘러 남편도 환갑의 나이가 되었다. 딸 사위들이 레스토랑을 예약해서 식사를 하는 날 이었다. 손녀딸이 조그만 상자를 내밀었다. 자동차 키였다. 눌러보라는 손녀의 성화에 눌러봤더니 식당 창밖으로 싼타페 승합차가 등을 반짝 반짝 하며 반겨주었다. 환갑 선물이라고 딸 사위가 준비한 선물이란다. 이렇게 기쁠 수가 또 있을까? 남편과 나는 눈물을 흘렸다. 7남매를 키우면서 워낙 많은 인원이고 IMF 시절을 지내면서 경제적으로 어려움도 많아 고생 했지만 이렇게 잘 자라준 나의 아들 딸에게 감사하고 너무나 큰 보람을 느꼈다

그렇게 간절히 원하던 아들을 딸들 덕에 여섯이나 더 얻었다. 첫째는 은행원, 둘째는 공무원, 셋째는 자동차연구원, 넷째 대기업직원, 다섯째 은행원, 여섯째 대기업직원, 일곱째 아들도 은행원이다. 士字는 없지만 더없이 귀한 아들들을 얻어서 세상 부러울 게 없다.

아들이 2019년 4월달에 장가를 갔다. 귀하고 예쁜 며느리를 보게 되어 마음이 흐뭇하다. 아이들은 모두 출가 시켰으니 이제 홀가분하게 나밖에 모르는 남편과 서로 존경하며 남은 인생 멋지게 살고 싶다. 어려운 시절을 이겨낸 남편은 소외된 이웃들에게 손을 내밀 줄 아는 따뜻한 남자다. 관내 어려운 이웃을 위에 매년 쌀을 기탁하는 등 나눔을 실천하고 있다. 나도 여러 가지 봉사단체 활동으로 보람있고 즐거운 노년을 보내고 있다.

그렇게 세월이 흘러 초등학교 졸업한지 30년이 되던 해에 영식 동창으로부터 동창회에 대해 전해 들었다. 동창회에 가서 30년만에 친구들을 다시 만나니 너무 반갑고 기뻤다. 동창회가 있었는지도 모를 정도로 너무 바쁘게 살았는데 진작 알았다면 더 좋았을 걸 하는 아쉬움이 든다.

우리가 앞으로 얼마나 더 만날 수 있을지 모르겠지만 모두 건강하게 같이 여행도 다니고 오래 더 즐겁게 만날 날을 기대해 본다.

다시 태어난 제2의 인생을 겸손으로 살며...

오 점 순

나는 중원군 상모면 온천2구에서 2남 1녀중 막내 딸로 태어나서 아버지를 비롯해서 오빠들에게도 귀여움을 독차지하며 자랐다.

큰 오빠는 충주 농업고등학교에 진학하여 졸업했지만, 집안 형편이 어려워 작은 오빠는 국민학교만 졸업하고는 아버지와 함께 농사를 지었다. 고등학교를 졸업한 큰 오빠는 상모면사무소에서 근무하였다. 그런데, 어느 날부터 큰 오빠는 밤에는 아파서 앓고 아침이면 아무렇지 않은 듯이 일찍 출근을 했다. 어느 날 아침, 큰 오빠는 출근을 못하도록 아파서 충주 동일 병원으로 나가 진료를 받게 되었다. 그 때 의사는 맹장염이 곪아 터져서 복막염이

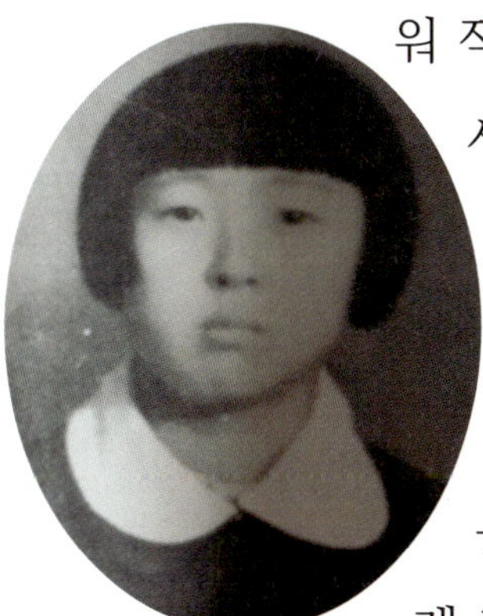

되었다고 했다. 바로 수술을 해야 해서 수술을 했지만 큰 오빠는 며칠 버티지 못하고 21살의 젊은 나이에 부모님의 가슴을 아프게 한 채로 세상을 떠났다. 그 때 나는 국민학교 4학년이었다.

큰 오빠는 나에게 오빠가 학비를 마련할 테니 공부를 열심히 하자고 했었다. 그렇게 약속했던 큰 오빠가 떠나고, 나는 가정형편이 어려워서 중학교를 졸업한 후에 더 이상 진학을 하지 않았다. 집안 사정으로 국민학교를 졸업한 후에 진학하지 않았던 작은 오빠는 형에게 치이고 여자인 동생만 가르쳤다고 우리 집은 늘 딸만 생각한다며 불만이 많았다. 그래도 엄마 덕분에 나는 보건소에서 근무를 할 수 있게 되었다. 정말 운이 좋았다.

내가 중학교에 다닐 때 우리 집에는 수안보 보건지소에 근무하는 언니들이 자취를 하고 있는 방이 있었다. 엄마는 그 언니들에게 어떤 이야기를 들었던 것 같다. 엄마는 내게 가정형편이 어려워 고등학교에는 보낼 수 없으니 간호보조 학원을 다니라고 하시면서 중학교 졸업 후에 바로 학원에 다닐 수 있게 해 주셨다. 9개월 후, 나는 간호사 국가고시에 합격해 자격증을 취득하였고, 곧바로 충주의 한 소아과 의원에 취직하여 3년 동안 근무하였다.

1976년 2월 1일, 나는 중원군 보건소 살미 보건지소에서 일을 하게 되었다. 결핵 관리요원으로 근무하였는데, 결핵 관리요원들은 1년에 한 번씩 보수교육을 받도록 되어 있었다. 보수교육을 받기 위해 청주 공무원 교육원 근처에서 일주일을 지내게 되었다. 그러던 중에 친한 친구인 희자의 집에서 남편을 만나게 되었고, 2년 후에 결혼을 하였다.

1981년 8월 1일에는 보건직 공무원으로 정식 발령을 받았다. 그러던 중에 어린 시절에 못 다한 공부를 더 하고 싶은 생각에 충주 방송통신 고등학교에 입학하여 다시 공부를 시작하게 되었다. 그렇게 힘들게 공부를 시작하고 3년 후인 1992년에 나는 고등학교를 졸업했다.

1995년에 충주시와 중원군이 통합되었는데, 그러면서 나는 충주시 보건소로 옮겨왔다. 모자보건센터에서 근무를 하게되었는데, 센터에서는 임산부, 영유아 건강관리 및 분만 업무를 담당하였다. 모자보건센터에서 근무하던 시절에는 3교대로 일하면서 분만산모가 있을 때에는 잠을 한 숨도 잘 수 없었다. 그렇게 힘든 시절을 잘 지내온 것은 내게 많은 힘이 되어 준, 잘 자라준 아이들 덕분이었다.

보건소에서 근무하면서 사회복지학을 공부해야겠다는 마음이 생겼다. 그렇게 다시 2009년도에 대원대학교 사회복지학과에 야간으로 입학을 했다. 그 시절에는 밤낮으로 보건소 근무와 학업을 병행하다보니 피곤이 누적되었던 모양이다. 2010년 6월 7일에 갑작스런 교통사고로 정신을 잃고 쓰러진 것을 그 길을 지나던 소방대장님이 발견하여 간신히 치료를 받을 수 있었다. 아마도 수안보에서 온천욕을 하고 남편과 함께 지내던 노은면 수룡리로 향해 가던 중에 깜빡 졸음운전을 했던 것 같다. 주덕에서 노은으로 넘어가는 고개에서 였다. 그 때 소방대장님을 만나지 않았더라면, 지금처럼 살고 있지 못했을 거란 생각에, 언제나 지금처럼 제 2의 인생을 살 수 있게 도와주신 소방대장님께 감사한 마음이다.

교통사고 이후에 많은 것이 달라졌지만, 2011년 2월 대원대학교를 무사히 졸업할 수 있었다. 그 해 4월에는 친구 희자의 소개로 만난 아들 내외가 결혼식을 올렸다. 아들 내외는 슬하에 2남 1녀를 두고 있다. 그 즈음에 나는 보건소 방문보건팀장으로 근무하다가 노은 보건지소를 근무지로 희망하여 노은 보건지소로 근무지를 옮겼다. 내가 보건직 공무원으로 일 한 기간은 34년이다. 짧지 않은 세월 동안 많은 일들을 겪었고, 2015년 12월에는 옥조근정훈장을 받으며 2016년 1년 동안 공로연수를 마지막으로 퇴직하였다.

지금은 노은면 수룡로에서 전원생활을 하면서 많은 시간을 손주들과 함께 보낸다. 봄이면 냉이나 쑥 같은 봄나물을 채취하고, 여름에는 냇가에서 올갱이를 줍거나 남편과 함께 어항이나 족대로 물고기를 잡아 매운탕을 끓여 먹는다. 가을에는 한 해 동안 밭에서 농사지은 콩, 녹두, 참깨 등을 수확하고, 겨울에는 아들 식구들과 함께 지내며 행복한 노후 생활을 즐기고 있다.

하늘에 구름 가듯 구름에 달 가듯

우 상 천

고통도 번뇌도 벗어던지고

후회는 없다.

잃어버린 나를 찾았다.

나를 잃어버리고 살았음을 깨닫는다. 어느 날 문득, 나는 누구인가, 진정 무엇이 나인가? 무엇 때문에 살았는가? 어떻게 살아 가야하는가? 인생에 대한 많은 의문으로 혼란스러움에 빠졌다. 이제 퇴임하면 연금 받고 고향 내려가 친구들과 막걸리 마시고 여유롭게 살겠지 했으나, 그리 한가로운 삶을 살기엔 아직 이른가보다. 계속되던 번민의 시간 속에 한 권의 책을 접한다.

『금강경』이다.

마음에 고통을 만드니 고통이요 한마음 돌리면 세상에 고통도 번뇌도 없음을 깨닫는다. 부처님의 말씀이다. 중생의 고통을 안타까이 여긴 부처님이 그 고통의 원인을 찾아 고행 길을 나서 보리수나무 아래 앉아서 깨우쳤다는 그 진리의 가르침이다. 아, 이것이 진리구나. 불교서적을 읽고 부처님 말씀을 공부하였다. 마음의 평화를 얻었다. 세상은 그저 세상일 뿐, 극락이다 고통이다 하는 것은 모두 다 내 마음 속에 내 스스로 만든 굴레임을 알게 된다.

눈 덮인 겨울 월정사 템플스테이에 다녀왔다. 중생들이 보기엔 고행이지만, 수행자들은 오히려 기쁨으로 저 길을 가는구나, 부처님 말씀을 배우고 깨닫고 실천하며 그 삶을 통해 중생을 구하고자 하는 기쁜 그 마음으로 그곳의 규율과 법도를 따라 살아가는 숭고한 모습을 뵈니 존경의 마음으로 합장을 한다. 아주 작은 것을 느낀 것일 뿐이고 아는 것도 없다. 그러나 마음은 평안하다. 집착과 분노와 어리석음에서 인간의 고통이 온다고 하니 이것을 내려놓으면 한없는 평화를 얻는다. 그러나 수행을 통해서 나를 버려야 이들을 내려놓을 수 있다. 어려움 중에 진리의 길을 찾았으니 이제 남은 인생, 그동안 껍데기로 살아오며 지은 많은 죄를 참회하며 진정한 나를 찾고 본성을 찾아 작은 암자에서 수행하며 살기를 소망해본다. 그러나 이 소망 또한 집착이니 인연 따라 세월 따라 그리 살아가야지. 무엇이 되는 것도 무엇을 갖는 것도 다 한 때의 일이요 남는 것은 그저 그 때 마다 살아온 추억뿐이다. 소중한 추억여행을 고향친구들과 함께하니 이 또한 행복한 일 아니겠나!

동물들을 돌보며 어린 날을 보내다.

나는 단양 우 씨 문희공파 28세손이다. 수안보에는 나의 고조부님부터 살게 되었다한다. 고려 충신이었던 우 씨 조상들은 두 임금을 섬길 수 없다는 지조로 이성계의 반란에 동참하지 않았고 정도전의 타도 대상이었으니 목숨을 부지하기 위해 조상들은 전국의 가장 깊은 산골로 숨어서 살아야했다. 나의 선친께서는 경북 점촌 김용사 가는 길목인 산막이골로 숨어들으셨다. 거기는 하루 종일 산을 몇 개 넘어야 갈 수 있는 그런 곳이었고 워낙 살기가 힘드니 고조부님께서는 식솔을 이끌고 충주 입구 노루목에 새 터전을 잡고 소달구지에 생선을 싣고 장사를 하시면서 돈을 모으고 수안보에 들어가 정착하게 되었다. 4형제의 둘째로 태어난 나는 못생겨서 그랬는지 다리 밑에서 주어왔다는 말을 많이 듣고 자랐고, 또 할아버님은 자식이 없었던 작은 집에 데려가셔서 '너 집은 여기다'하고 말씀하시기도 하였다. 둘째다 보니 위아래로 치고 박고 어린 시절을 보냈다. 형제들하고 싸워도 나만 혼나고, 물이 담긴 세수 대야를 높이 들고 무릎 꿇는 벌칙을 많이 받았다. 그러니 나는 밖으로 많이 나돈 것 같다. 겨울이 되면 방천 둑에 철사를 끊어서 썰매를 만드느라 손등이 벌겋게 다 터지고 동상에 결려 밤이면 손과 발, 귀가 가려워 잠을 못 이루곤 하였다. 마늘 대 삶은 물, 콩 자루에 발 담그기 등, 이 것 저 것 많이도 해봤다. 썰매를 만들지 못하게 야단을 치시면 나는 몰래 재료를 챙겨 다른 곳으로 가서 만들어 숨겨두곤 하였으니 가히 나의 꼴통 짓도 보통은 아니었나 보다. 하긴 어릴 때 강짜를 부려 달래놓으면, 처음 울던 자리에 가서 다시 울어댔다고 하니 둘째의 반항 기질이 어지간히도 심했나보다. 그래서 세상의 역사를 바꾼 인물 중에 둘째가 많다고 한다. 둘째는 어쨌든 기존의 틀을 깨야 자기 몫이 더 커지니까. 어머님은 내가 고등학생이던 어느 날, 겨울이 되어도 멀쩡해진 내 손을 보면서 신기하다고 하셨다. 큰 썰매에 엉덩이를 앉히고 작은 썰매를 앞에 연결시켜서 발로 조종하여 방향을 바꾸는 썰매는 고급 기종에 속한다. 이 썰매를 만들려면 앞에 작은 썰매를 연결하는 나사가 꼭 필요하나 그 시절 나사 구하기가 보통 어려운 일이 아니었으니 고물이든 뭐든 나사를 구하는 것은 큰 과제였다. 나는 외발 썰매와 조종 썰매를 가진 부자였다.

돼지를 키워 새끼를 번식시켜 파는 것은 돈벌이가 되는 것이었나 보다. 온천리 장터 식당에서 구정물을 얻어 물통에 담고 지게 작대기를 양동이 손잡이에 걸어서 둘이 들고 이동하는데 이게 박자가 안 맞으면 파동이 생겨 밖으로 튀어 올라 옷에 묻으니 돼지나 나나 비슷한 시절이었다. 온천리에서 양짓말로 넘어가는 다리에 들어서면 어찌 그리 추운바람이 불어대는지, 다리를 건너자마자 방천 둑 아래 논길로 내려서서 바람을 피해 다녔다. 이런 힘든 일을 하지 않는 온천리 애들이 부러웠다. 거기다 우리 집은 전기도 없어서 호롱불을 켜고 살았는데 아버님은 4형제가 호롱불 밑에서 공부하고 노력하였다고 그것을 가보 1호로 여기신다.

초등과에서의 특별한 기억은 몇 가지 없다. 1학년 때 어금니에 충치가 생겨 잇몸이 부어 조퇴를 하고 오라고 하였는데, 학교까지 갔지만 담임이신 노재순 선생님께 차마 말씀을 드리지 못해 그냥 집으로 왔는데 졸업 때 개근상을 받았으니 나를 보신 선생님께서 조퇴로 처리하신 모양이다. 4학년 때 임성규 선생님이 학생들이 저축하는 것을 접수하는 일을 시키셨는데 김○○ 선배가 저금한 돈이 없어졌다고 그 부모님들이 학교에 와서 난리를 친 적이 있었다. 나는 먹지 않았는데 그 돈은 어디로 갔는지 궁금하다.

6학년 때는 내가 주동이 되어 어떤 친구를 엄청 힘들게 놀렸는데 지금도 그 일은 참으로 미안하고 백 배 사죄하는 마음이다. 그 친구 마음이 얼마나 힘들었을까 생각하면 가슴이 아리다. 초등과에 밴드부가 결성되었는데 나는 하모니카를 불게 되었다. 학예발표회에서 무슨 행진곡을 연주했는데 마이크가 내 앞에 있었다. 어떤 형들이 '너 하모니카 잘 불더라'고 하니 괜히 어깨가 우쭐하였다. 그래서 인지 나는 음악을 좋아하게 되어 기타도 배우고 사관학교에서는 클라리넷을 불기도 하였다. 어느 덧 정든 학교를 떠나는 졸업식 날, 나는 생각지도 못한 상을 받았다. 온천관광협회장 상인데 내용은 꽃 길 조성에 솔선수범하여 주는 상이라는데 나는 그런 일을 한 기억이 없다. 훗날 들어보니 그 일은 작고한 이 한우 친구가 오미 가는 길에 심은 것이라는데 그 주인공을 찾지 못해 내가 상을 받았으니 친구가 받을 상을 내가 가로챘구나. 한우야, 미안하다. 졸업 앨범 사진에 이주영 선생님께서 대칭에 대한 설명을 하시기 위해 칠판에 그리신 비행기 그림은 내가 비행기 타게 되는 시발점인가 싶다. 키 크고 자상하셨던 선생님의 각별하신 사랑이 그립다. 6년의 세월이 어느 새 가버리고 빛나는 졸업장을 받아드니 초등과를 마치고 까까머리가 되었다.

중등시절에는 토끼와 닭을 키우느라 바쁜 날들을 보냈다. 중학에 가니 오미 친구가 토끼를 키운다며 새끼를 판다고 하여 150원인가를 주고 한 쌍을 사서 이십여 마리까지 늘려서 키웠었다. 학교에 다녀오면 겨우내 먹일 사료를 만드느라 칡잎을 따다 엮는 작업으로 힘겨운 여름을 보내야 했다. 그러나 내 통장에 돈은 없었으니 아마 쌀사고 그랬나 싶다. 닭도 이십여 마리 키웠는데 밤마다 살쾡이가 물어가는 바람에 크게 성공하진 못했다. 한 밤중에 이상한 소리가 들려 나가보면 이미 흔적도 없고 다음 날 아침 찾아보면 복숭아나무 밑에 닭 털 흔적만 남아있었다. '살쾡아, 그 닭이 어떤 닭인데 네 놈이 훔쳐 먹냐, 내 닭 내놔라 이놈아.' 소리쳐도 소용없는 일이었다.

깨어진 꿈, 아버지의 상록원

아버님은 6남 3녀의 장남이시다. 일제시대 13살의 나이에 홀로 일본으로 건너가 공부를 하셨다. 서울 조양 중학교를 거쳐 홍익 전문대를 다니시다 한국전쟁을 맞아 학도병으로 평양까지 가셨다가 죽을 고비를 넘기고 귀향하셨다. 전쟁 후 잠시 교직에 몸담았으나 그만 두시고 이런 저런 사업을 하셨다. 할아버님께 상속 받은 2,000여 평의 밭에 사과나무와 복숭아나무를 심기 시작하였으니 내가 대 여섯 살 때이다. 양짓말 어느 집에 셋방살이를 하면서 똥지게를 지어서 한 그루 한 그루 거름을 하고 그렇게 심은 것이 이백그루 정도 되었다. 양배추, 토마토, 오이 등 작물을 심으셔서 팔기도 하였다. 나는 호박과 야채를 몇 몇 여관에 갔다 팔기도 하였는데 어느 집은 돈을 잘 주지 않아 내가 집요하게 버텨서 받아 오기도 하였다. 청수장인가 싶다. 여름철에는 리어카에 복숭아를 싣고 차부에 나가 팔기도 하였다. 초등학교 고학년 시기에 과일이 많이 열리기 시작하고 점심시간에 집에 와서 얼른 점심을 먹고 밭 끝 언저리에 있는 자두나무에서 자두를 따 갖고 학교로 가곤 하였다. 여름철이면 친구들과 같이 과일을 슬쩍해서 기빗돌 개천에서 신나게 놀 곤 하였다. 호삼이, 만식이, 중호가 양짓말 친구들이다. 그때 우리 과수원에서 서리하다 들킨 사람은 재수가 없는 친구들이다. 나를 따르면 들키는 일은 없었다. 여름철 비가 많이 와서 집에 못가는 석문동 친구들이 이따금씩 우리 집에 와서 자고 가곤 하였다.

할아버님이 1학년 때 돌아가시고 초등과 2, 3학년쯤에 과수원 한 가운데에 집을 지었다. 아버님은 과수원을 조성하고 그 안에 지금의 민박이나 팬션 같은 것을 구상하여 상록원을 만들고자 생각하셨다. 그러나 그 꿈은 깨지고 말았다. 어느 집에나 있는 사고뭉치들, 우리 집은 작은 아버님이었다. 작은 아버님이 대형 사고를 쳐서 아버지의 밭이 경매에 넘어가 수년간을 관리 하지 않아 과수 나무는 엉망이 되니, 아버님은 막걸리를 드시고 밤마다 온 밭을 다니며 나무를 붙들고 우셨다. 큰 형으로서 할아버님 역할을 대신해야 하니 할 수 없이 그 밭을 헐값에 팔아 작은아버님을 감방에서 나오게 하셨다. 그리고 우리 가족은 집도 없이 떠돌며 살게 되었다. 내가 고등과에 다니며 자취를 하는데 아무런 반찬도 해주지 않으시니 된장을 물에 풀어 밥을 먹곤 하였다. 그런 중에도 부모님은 힘든 내색을 하지 않으셔서 나는 뭐 다 그렇게 사는가보다 생각하였으나 차차 가난의 고통을 알게 되었다. 고3 때에는 대학입시를 지도하는 학생잡지 '진학지'를 받아서 학생들에게 파는 소위 근로 장학생으로 돈을 벌어 집에 갖다 드렸다. 책장사를 한 것이다. 그런 중에 우수 장학생으로 선발되어 종로에 있는 진학사 본사에서 운영하는 학원과 독서실을 무료로 사용하는 특전을 얻기도 하였다. 진학사 본사에 가서 담당 직원을 만났는데 '상천이 학생처럼 철저하게 입금하고 남은 책 반품하는 학생이 없어요.'라고 말했다. 아마도 책 판 대금을 다 보내지 않거나 팔고 남은 책을 반품하지 않고 헐값에 처분하는 간 큰 학생들이 많았나보다. 나도 그런걸 알았더라면 통 크게 해먹고 사업가가 될 수도 있었을 텐데, 그런 그릇은 못되나 보다. 때마침 충주고가 충주 용산동에서 지금의 호암동 교사로 이전하였는데 학교 진입로가 엄청난 진흙구덩이여서 책을 리어카에 싣고 학교로 올라가는 일이 힘들긴 하였다. 그래도 그 일로 몇 푼의 돈이 생기니 보람 있는 일이었다. 그 덕분에 당시 같이 학교를 다닌 많은 동기들과 후배들을 알게 되기도 하였다.

세상일은 모를 일이다. 아버님의 과수원이 온전했었다면 아마 나는 아버님을 도와 과수원지기가 되었을지도 모른다.

공군사관학교 입학

설을 며칠 앞 둔 1976년 1월의 마지막 날, 공군사관학교 가입교 날짜에 맞춰 상경하려고 충주 터미널에 도착하였다. 터미널은 귀성객들로 붐비었다. 설이나 지나면 들어오라고 할 것이지, 설밑에 고향을 떠나려니 발길이 더 무거웠다. 영어사전과 국어사전을 싼 광목 보자기를 들고 있는 내 모습이 촌스러워 보였겠지만 나는 나라의 부름을 받고 가는 길이라는 생각에 자부심이 가득했다. 그러나 고향을 떠나는 길은 아쉬웠다. 사관학교라지만 군내에 들어가는 것이니 부모님도 친지들도 나도 눈시울이 붉어졌다. 이제 드디어 서울에서 공부하게 되어서 기쁘기도 하였지만 두려움도 많았다. 중학교를 졸업하고 서울에 가고 싶어 용산 고등학교 시험에 응시했다 떨어지고 1년 더 공부해서 충주고에 들어갔다. 서울에서 공부하고 싶었지만 실력도 형편도 어려워서 이루지 못한 꿈을 사관학교에서 이루게 되었으니 기쁜 마음으로 서울생활의 시작 이었다. 고교를 졸업하고 불과 2주 밖에 지나지 않은 시점에 나는 내가 알지 못하는 미지의 길로 나서고 있었다. 낯선 서울에 도착하여 이모네 집에서 하루를 지내고 대방동 지금의 보라매 공원 자리에 있었던 나의 모교 공군사관학교 정문에 들어섰다.

4년간의 생도시절은 꿈과 이상을 키우는 멋진 시간이었다. 시골출신이다 보니 서울에 친구도 없었고 고향 가는 길도 멀고 험해 이따금씩 짧은 방문을 할 뿐이었다. 다행히 형우 친구의 형님께서 양평동에 사셨는데 거기에 가서 향수를 달랠 수 있었다. 4학년 10월에 박정희 대통령 시해 사건으로 어수선한 정국에 빠져들던 시기에 최규하 대통령 주관으로 졸업과 임관식을 마치고 나는 공군 소위로 임관하였다. 사관학교의 시절을 회고하면 다 군대 이야기이다. 그래도 내 인생의 한 페이지이니 적어본다.

가입교 훈련

사관학교 가입교 훈련은 정식으로 사관생도가 되기 전에 한 달간 민간인 탈을 벗고 사관생도로서 틀을 갖추는 기간이다. 물론 인간적인 대접은 없다. 전국에서 모인 별별 사내들이 백 수십 명 모였다. 모두들 긴장된 표정이 역력한 가운데 3학년 생도들의 지휘 하에 이름이 호명되는 순서대로 정렬하여 어설프게 줄을 지어 사관학교 생도전대로 들어갔다. 행진대열 좌우에는 선배 생도들이 도열하여 열렬한 박수로 우리를 환영해 주었다. 간단한 환영행사가 끝난 뒤 각 자에게 지급된 군복으로 갈아입고 연병장에 집합한 순간부터 내 이름은 "우 상천 예비생도"이었다. 선배들이 나를 지목하면, "네, 우 상천 예비생도"라고 큰 소리로 대답해야했다. 그 당시 사관학교는 생도전대와 교수부, 학교본부로 조직되어 있었고, 교수부는 생도들의 학습을 담당하고 생도전대는 내무생활과 규율을 지도하는 곳이니 생도전대는 언제나 전쟁터처럼 북적거렸고 선배의 지도와 후배들의 고함 소리가 넘쳐나는 젊음의 용광로였다.

4주간의 혹독한 훈련이 이어졌다. 새벽녘 낡은 스팀 관을 통해 쨍쨍거리며 들어오는 스팀 소리에 어렴풋이 잠이 깨고 잠시 후 6시 기상나팔에 맞춰 총알의 속도로 군복을 착용하고 점호 장에 집합하는 것으로 하루가 시작된다. 점호 장에서 약 한 시간가량 갖가지 명목의 기합과 훈련이 이어진 후, 침대를 정리하고 내무반을 청소하는 짧은 시간이 주어진다. 이는 조종사로서의 자질을 심어주기 위한 훈련이었다. 정확하게 시간을 엄수하고 주어진 시간 내 임무를 완수하고 어떤 경우라도 할 일을 해야 하는 군인정신을 배양하는 시간이었다. 훈련은 주로 기초적인 것으로 사관생도의 절도 있는 걸음걸이를 배우는 제식훈련, 총 다루는 것을 배우는 총검술 등이었다. 이 때 사용한 총기는 미군들이 쓰던 M1이라는 총인데 미군들 키에 맞춘 것이어서 정말 크고 무거웠다. 사관생도의 퍼레이드 장면은 멋지다. 그 멋진 모습은 엄청난 훈련의 결과이다. 앞 줄 맞추랴 옆줄 맞추랴 정신없이 헤매다 보면 좌우 발이 안 맞는다. 이를 맞추는 훈련이 매일 반복되었다. 매주 화요일 오후 시간은 전체 생도들의 군사훈련 시간으로 훈련의 끝은 무장구보이다. 처음 2주간은 예비 생도끼리 구보훈련을 하고 3, 4주차에는 선배 생도들과 함께 구보를 하는데, 편대별로 경쟁을 하고 한 명이라도 낙오자가 발생하는 것은 치욕적인 것이므로 정말 죽기를 각오하고 달리고 또 달렸던 훈련이었다. 그밖에도 직각식사, 직각보행, 삼보이상 구보, 절도 있는 경례하기 등 수 많은 규율을 익히면서 차차 사관생도로 탈바꿈 되는 시기었디.

가입교 훈련 중 여러 명의 예비생도들이 탈락하였다. 약 160여명이 가입교하여 30여명 정도가 고향으로 돌아갔다. 나도 저 애들처럼 나가겠다고 하면 이 힘든 훈련을 받지 않을 텐데 하는 나약한 생각이 여러 번 들었다. 그러나 고향으로 돌아가는 처량한 내 모습, 또 나를 보며 실망하실 부모님, 친구들을 생각하며 꿋꿋이 4주간을 버티고 나는 드디어 민간의 털을 벗고 사관생도가 되었다. 이 때 나는 생각했다. 내 형제들을 절대 군대에 가지 않도록 해야 하겠다고. 너무나 힘든 훈련이고 비합리적인 곳이 군대구나 생각했기 때문에. 그러나 이는 철없던 생각이고 형제들은 각 각 육군 장교와 육군 병사로 병역을 마쳤다. 나의 광목 보자기는 민간에서 입고 들어온 옷을 싸서 고향집에 배달되었고, 부모님은 이제 아들을 군에 바쳤구나 생각하셨을 것이다.

공군사관학교 입교를 명받았습니다.

1976년 3월 1일, 한 달간의 가입교 훈련을 마치고 드디어 공군사관학교장 주관으로 공사 제28기 사관생도 입교식이 거행되었다. 입교 생도들이 앞에 정렬하고 뒤에는 선배 사관생도들이 편대별로 정렬을 갖춘 장엄한 모습이었다. 새로 맞춘 생도복이 몸에 익숙지 않은데다 경직된 자세로 인해 그 당시 사진을 보면 마치 로봇 같은 느낌이 든다. 입교식의 꽃은 가족과의 상봉이다. 할머니와 부모님, 삼촌, 이모님 내외, 그리고 형제들이 입교를 축하하러 오셨다. 부모님이 준비해 오신 음식을 많이도 먹었다. 훈련 기간 중 식사량이 많은데도 식당 문 나서면 배가 꺼지

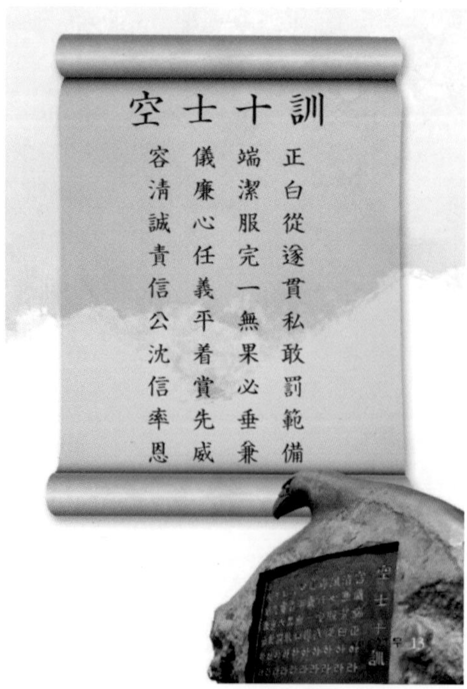

고, 오후가 되면 바람 타고 날아오는 농심 공장의 라면 냄새가 허기를 더욱 자극시키니, 그 날은 소불고기 한 근에 통닭에 밥에 떡, 과일 등을 배터지게 먹었다. 입교식 오후에는 과식한 것을 소화시킨다며 구보훈련이 이어졌다. 이로써 긴 군 생활의 서막으로 사관생도 생활이 시작되었고 4년간의 생도생활을 통해 지금까지 40여년에 걸쳐 공군에 복무할 몸과 마음을 만들어 갔다.

1학년의 막바지 12월은 2주간의 겨울방학이 있다. 공사 생도의 상징인 망토를 차려입고 고향으로 가는 버스를 타고 당당한 사관생도 모습으로 수안보에 도착하였다. 집 대문 위에는 "공군사관생도 우 상천 귀향! 환영!" 이라고 쓰인 작은 현수막이 걸려 있었다. 아버님의 작품이 눈에 선하다.

졸업 및 공군소위 임관

1979년 10월 26일, 4학년 마지막 학기이니 졸업도 얼마 남지 않은 목요일인가 싶다. 주말 외출계획은 없었지만 주말 금족이라는 공지가 발표되었다. 금족이란 학교 내에 있으면서 외출 외박 및 면회가 금지되는 것이다. 금족은 대개 무슨 잘못에 대한 벌로써 또는 국가적 사태 발생 시 내려지는 것인데 이유도 모르는 금족이 내려지더니 전xx 보안사령관이 TV에 나오기 시작하고 박정희 대통령의 죽음이 방송에 흘러나오고 조문이 이어졌다.

나는 고3 시절에 유신헌법의 부당성과 언론탄압을 지켜보며 박 정권의 독재를 심히 유감으로 생각하였다. 그래서 한편으로는 올 것이 온 것인가 생각하였다. 12.12사태를 겪는 국가적 위기상황에서 '80년 3월 28일 졸업 및 임관식이 거행되었고, 최규하 대통령과 홍기 여사의 축하를 받으며 공군소위로서 임관 사령장을 받아 들었다. 사관생도는 국가 의전 코드 6으로 대령 급에 준하는 대우를 받는 빈면 소위는 그냥 장교일 뿐이다. 그래도 그게 어딘가, 조령산 석문천에서 놀던 소년이 국가의 간성으로 공군 소위가 되었는데. 힘든 시기를 잘 보낸 내가 자랑스럽고 나를 위해 기도하고 격려해준 많은 분들께 감사하는 마음이었다.

보라매, 戰士의 길로 나서다

공사의 교훈은 "배우고 익혀서 몸과 마음을 조국과 하늘에 바친다."이다. 즉, 훌륭한 조종사를 양성하여 국가의 영공을 지키고 국가와 국민의 재산을 지키는 전사를 만드는 것이다. 조국과 하늘에 이 한 몸 바쳐 국가와 국민을 지킬 수 있다면 이보다 더 값진 삶이 어디에 있겠는가!

짧은 졸업 휴가를 마치고 전사로서 능력을 키우는 비행훈련이 시작되었다. '80년 4월의 봄, 비행훈련을 받기 위해 대전 공군 교육사령부에 있는 ㅇㅇㅇ비행교육 대대에 배속되었다. 비행훈련은 여러 가지 위험요소가 많기 때문에 철저한 준비 속에 훈련이 지속된다. 또한, 훈련의 성과를 높인다는 미명하에 지금은 다 없어진 관습들이지만 일본 놈의 잔재로 몽둥이와 폭행이 난무한 시기였다. 교관들의 지도를 잘 따르지 못하거나 태도가 좋지 않거나 하면 가차 없이 도태시켰다. 비행에서의 도태는 조종사를 꿈꾸며 4년의 생도생활을 이겨낸 자존심이 무너지는 것이기에 이를 악물고 버텨냈다. 그러나 인격이 못 된 교관을 만나 구타를 이기지 못해 스스로 그만둔 동기들을 보며 안타까움을 금할 길이 없었다. T-41 경비행기로 3개월의 훈련 끝에 단독비행을 마치고 중등비행과정을 입과 하기 위해 진주행 열차에 올랐다. 진주 역에는 검은 안경을 쓴 교관 조종사들이 마치 잡아 먹을듯한 기세로 우리를 기다리고 있었다. 중등과정은 소형 제트엔진으로 추진력을 얻는 T-37C 제트기로 훈련 한다. 사천기지에서의 중등과정은 6개월 정도 진행되었고 전투기보다 규모가 작은 기동훈련 위주로 훈련이 이루어졌다. 처음으로 바다 상공에서 비행할 때는 그 아름다움에 감탄하였고, 야간비행 중에 내려다 본 진주시내의 야경 불빛은 마치 진주를 흩뿌

려 놓은 듯 아름다웠던 기억이 새삼 떠오른다. 혹독한 비행훈련을 받으며 우수한 조종사가 되기 위해 많은 노력을 하였다. 비행기라는 것이 엔진의 힘으로 하늘을 나는 것이기에 항공기의 엔진 및 기체와 구성품의 구조와 기능, 비행원리, 조종원리 등 여러 가지 학술교육을 받고 이를 바탕으로 비행기를 직접 조종하며 기술적인 면을 습득하는 것이기에 어느 하나도 소홀히 할 수 없다. 특히 학술과목에서는 내 노력으로 우수평가를 받을 수 있기에 집중하여 공부한 결과 1년에 걸친 초·중등 비행훈련 과정을 우수하게 마치고 드디어 전투기로 훈련하는 과정에 입과 하기 위해 예천 비행장으로 이동하였다. 정신없이 1년이 지나고 어깨에는 공군중위 계급장이 부착되었다. 첫 진급이었다. 전투기 과정은 이전에 배운 조종기술을 바탕으로 조금 더 진보된 조종술을 배우며, 궁극적 목표인 적기와의 교전에서 적기를 격추시키고, 적의 목표물에 폭탄을 투하하여 무력화시키는 두 가지 훈련에 집중하여 작전임무에 투입될 역량을 키우는 과정이니 더 많은 연구와 노력이 필요하였다. 작전가능 과정을 마침으로써 드디어 참모총장이 수여하는 독수리 날개모양의 벳지를 가슴에 착용하고 조종사의 상징인 빨간 머플러를 목에 두르게 되니 세상 부러울 것이 없었다. 어느 덧, 졸업 후 2년여의 시간이 흐른 1981년 12월이었다.

전폭기 조종사로 거듭나다

이제 전투기를 타는 전투조종사로서 수원비행장에 배속되었다. 조종사

가 되니 대우가 달라졌다. 수송기가 전개해서 우리를 이동시켜 주었다. 수원기지는 지리상으로 북한과 가장 근접한 전방부대로서 누구나 가고 싶어 하는 기지이며 나는 운 좋게 수원기지 제 ○○○전투 비행대대 조종사로서 F-5기종을 타고 매일 반복되는 훈련을 거치며 더 강하고 날쌘 보라매로 성장하였다. 비상벨이 울리면 3분 내에 활주로를 박차고 하늘에 올라 서해상공을 지키는 날쌘 보라매가 되었다. 가끔씩은 선배들을 따라 시내 선술집에도 가게 되었고 이런 세상도 있었구나하는 놀라움도 컸다. 술집 종업원들은 조종사들이 가면 무척 반겨주었다. 돈은 없지만 매너 좋은 조종사 오빠들이라서 그랬을 것이다. 약 2년 반의 시간이 흐른 뒤, 국민 방위성금 헌납기로 명명된 팬텀기, F-4전폭기로 기종을 변경하라는 명령을 받고 청주기지로 이동하여 1년여의 추가 훈련을 거친 뒤 전폭기 조종사로서 젊음을 바쳐 영공을 수호하는 숭고한 임무를 수행하였다. 조종사는 지속적으로 전투 훈련을 반복하고 주말에는 비상대기 근무에 임해야하므로 개인적인 시간을 많이 가질 수는 없었으나 보람과 긍지를 갖고 열심히 살아온 날들이었다. 청주기지에서는 그렇게 6년을 근무하였다.

미 위스콘신대학원 석사학위 취득, 공군본부 근무, 대령진급

조종사는 대대장을 마칠 때 까지는 주로 비행단 일선에서 비행을 하거나 참모임무를 수행하고, 고급장교가 되면 능력에 따라 사령부 또는 공군본부, 합동참모본부, 국방부 등에 근무하게 된다. 그래서 비행을 위주로 하는 일선 비행단 생활 중에 짬짬이 공부를 꾸준히 하였다. 조종사로 근무하고 고급장교가 되면 부대를 관리하고 또 전략을 수립하는 등 갖가지 정책업무를 수행해야 하기에 장교로서 지속적인 학습의 중요성을 깨닫고 공부한 결과 초급지휘관 참모과정 수석졸업, 고급 지휘관 참모과정 우수 졸업 등의 성과를 거두었고, 특히 1988년 국외 위탁 교육생에 선발되어 '89년~'91년 까지 미국 위스콘신 대학교 대학원에서 2년간 공부하여 안전관리 석사학위를 취득하게 되었다. 나의 지도교수님은 존 하워드 올슨(John H. Olson) 박사님이셨다. 미 육군 중위로 월남전에 참전하셨던 교수님은 아들이 미 공사에 다니기도 하여 현역 소령인 나를 무척 자상히 지도해주셨으니 감사할 따름이다. 지금은 은퇴하셔서 미네소타 주 미시시피 강가의 저택에 살고 계시는데 2009년 아들 고교 졸업식에 갔다가 아들과 함께 찾아뵙고 미시시피 강에 보트를 타면서 사제 간의 정담을 나누었다. 국비유학이니 학비 등 모든 경비는 국가에서 지원해 주었고 공부가 부족하지 않도록 열심히 노력한 결과 우수한 성적으로 학위를 취득하였고, 이 후 공부한 것과 연관된 부서에서 지휘관 참모역할을 수행하였다. 국가의 혜택으로 학위를 취득한 것이니 국가에 감사한 일이었다. 학위 취득 후 귀국하여 바로 공군 본부 감찰실에서 근무하였고, 이후 공군 전투발전단 지휘체계 개발과장, 공군 작전사령부 선임 작전 통제관, 청주기지 ㅇㅇㅇ전투비행대대 대대장으로 근무하면서 2001년 영예로운 대령진급을 하게 되었다. 진급명령을 받고 고향에서 감사의 마음으로 친구들과 즐거운 저녁 식사자리를 가졌다. 그 날 외부 출입을 하지 않던 하영이가 와서 진급해서 정말 기쁘다고 말하며 웃던 모습이 아직도 기억에 생생하다.

국방대학원을 거쳐 하와이 미 태평양 사령부로

진급하던 해, 2001년 2월에 국방대학원 1년 안보교육과정에 입과 했다. 중앙정부 국장급 관료와 군 장군 및 대령급 장교들이 모여 안보와 외교, 국방전략 등에 대해 연구하는 과정이었다. 이 시기를 통해 육군과 해군에 근무하는 훌륭한 동기들과 교류를 갖게 되었고, 일부 학우들은 훗날 장차관 등 고위직에 올랐다.

국방대를 졸업하고 공군참모총장 비서실에 배속되었다. 당시 총장님께서 과거 수원기지 근무 시 대대장을 하셨던 분이어서 나를 발탁해 주었으나 몇 개월 후 총장이 바뀌면서 바람을 타니 합참 군사협력과로 발령이 났다. 여기서 하와이에 있는 미 태평양 사령부에 최초로 파견될 합참 연락장교 선발 시험에 발탁되어 2003년부터 2년간 태평양 사령부에서 근무하게 되었다. 우리나라를 포함하여 태평양 전역을 담당하는 거대한 태평양 사령부에서 한미일 3국간의 군사협력과 교류 발전을 위한 일을 하며 시야가 넓어졌다. 귀국 후에 미군과 연관된 업무를 지속적으로 하기 위해 연합사에 적합한 자리를 염두에 두고 갔으나 훗날 그 자리에 들어가지 못하고 밀

려남으로써 장군 진급의 길에서 불리하게 되었으니, 인생사 새옹지마라는 말이 맞는구나하는 생각이 들었다. 하지만 그 때 하와이에 근무하며 좋은 인연으로 다수의 미군 장교와 교포들을 만나고 지금도 가끔씩 교류 하고 있다. 당시 부모님께서 일주일간 하와이에 다녀가셨다. 이런 저런 좋은 구경도 하시고 교포 가정의 파티에도 초청받으시니 부모님의 처음이자 마지막 해외여행이셨다. 그러나 그것도 벌써 15년여 전의 일이니 새삼 세월의 무상함을 느낀다.

전역, 국방부 이사관 임용, 박사학위 취득

공군본부와 작전사령부에서 안전실장, 인력기획처장 등의 대령참모 직을 수행하고 기상전대와 항공안전단의 단장을 끝으로, 2,500여 시간의 전투기 탑승비행시간을 수립하고 2011년 12월 31일 대령으로 전역하였다. 이렇게 군 생활이 끝난다는 게 실감나지 않았지만 국방부 인사명령 한 줄에 나의 군 생활은 마감되었다. 결국 두 세 번의 기회를 통해 열심히 노력했지만 나의 능력부족으로 장군 진급에 실패하고 전역을 하게 되니 만감이 교차하였다. 꼭 장군 진급을 생각하고 사관학교에 간 것은 아니었지만 군 생활 중에 열심히 노력하여 진급하면 큰 영광이니 모두 그런 목표를 갖고 살게 되는 것이다. 이제 생각해보면 나의 그릇이 부족하고 능력 면에서도 부족하였고, 모든 결과는 내가 살아 온 연에 따른 것이니 다 내가 부족한 탓일 뿐이다. 다만, 나의 진급을 염원하며 응원해준 부모님과 친지들, 친구들께 실망을 끼쳐 두고두고 미안하다.

전역과 동시에 현역시절 업무와 연계된 국방부 2급 상당(이사관)직위에 임용되어 2012년 1월부터 3년 반 동안 작전사령부에서 안전검열과 비행사고 조사업무를 수행하였다. 공군의 안전업무 발전을 통해 비행사고 예방에 기여한 소중한 시간이었다. 이 시기에 그동안의 업무 경험과 연구를 바탕으로 공부를 마무리하여 2014년 8월에 박사학위를 취득하니 기일, 광택, 덕기가 와서 축하해주었고, 박사학위 논문 발간을 위해 형우 친구가 수고를 많이 해주었으니 참으로 고마운 동무들이다.

2015년 6월말로 이사관직을 마치고 지금 근무하는 원주기지 비행교수에 임용되니 임관 후 지금까지 단 하루의 공백도 없이 복무하고 있다. 오래도록 국가를 위해 일할 수 있는 기회를 갖는 것에 무한히 감사하고 후배들의 비행안전과 기량향상을 위한 노력에 소홀함이 없도록 나를 채찍질한다. 오늘도 하늘로 치솟는 전투기를 바라보며 전투 조종사로서의 삶과 꿈을 이어가고 있다.

후 기

열심히 살고자 하였으나 우왕좌왕 살았다. 이 즈음이나마 나를 찾는 시간을 통해 깨우침을 얻었으니 감사하다. 한 매듭을 짓고 앞으로 살아 갈 마음을 정리하게 된다. 과거가 없는 현재는 존재하지 않는다. 지금의 나는 과거에 내가 살아온 인연의 결과라 한다. 공감한다. 세상이 어수선하다. 역사는 늘 그랬다. 우리의 삶 또한 그러할 뿐이다. 잃은 것도 많다. 그러나 애초 없었으니 잃었다 할 것도 없는 삶이다. 주위 환경과 상황 속에 허우적거리는 내가 아닌, 나의 본성을 찾는다면 더 없는 삶을 사는 것이리라. 형우 친구의 기획과 수고로 나를 돌아보고 친구들을 더 많이 이해할 수 있는 시간과 문집을 갖게 된 것에 대해 무한한 감사를 드린다.

지난날들 나의 말과 행동으로 인해 작은 상처라도 받은 이가 있다면 진심으로 사과하고 용서를 빈다. 모든 것이 나의 잘못이요 부덕함이다. 먼 훗날, 우리는 이렇게 아름답게 살아 왔노라고, 그래서 그들이 그립다고 추억하며 한 줌 흙으로 돌아가는 그 날 까지 모두가 행복하고 평안하길 바라는 마음으로 글을 마친다.

하늘로 솟구쳐 飛翔하는 보라매
드높은 창공에 날개를 편다.
수려한 날개 짓 온 누리 품으니
부귀도 영화도 한 조각 구름이네

하늘에 구름 가듯 구름에 달 가듯
세월 속에 묻어간 추억의 자취들이
다시 살아 돌아온 듯 문집에 피어나니
아름다운 황혼 삶에 함께 가세 친구들아.

2019년 눈 내리는 어느 날, 공군 원주비행장에서

우 상 천 쓰다.

사모곡(思母曲)

우 상 천

엄마가 그립다. 어디 있든 무엇을 하든 엄마 생각만 난다. 엄마 돌아가시고 17일째, 2월 20일 새벽에 엄마 꿈을 꾸었다. 쌀을 사러가서 점방에 앉아 두부 김치를 드시는데 '막걸리도 드세요' 하고 말하다가 꿈이 깨었다. 엄마가 극락왕생의 길로 가는 꿈인지...너무나 잠깐의 꿈에서 깨어나 '아니, 엄마 꿈이었네' 아이고 엄마.... 엄마를 불러본다.

정영춘 여사님!

1934년 7월 22일 부 정창수, 모 김순옥 여사님의 장녀로 충주시 호암동 수청골에서 태어나시고 2019년 2월 4일 수안보에서 향년 85세로 생을 마치심. 19세에 남편 우건석과 결혼하여 슬하에 4남을 두심.

나의 어머님이십니다.

엄마!

당신은 돌아오시지 않습니다. 대답조차 없으십니다.

그리도 자식을 위해서 당신 몸이 다 망가져 힘도 없는데 명절이라고 갖가지 음식을 장만해두시고 명절도 함께 못 지내고 가셨네요. 평생을 당신이 생각한데로 고집스럽게 살아오시고 마지막도 그리 가셨네요.

극락왕생하시길 기도하면서도 어디 출타하셨다가 돌아오실 것만 같은 엄마, 언제까지나 저희들 곁에 계실 줄만 알았는데, 이리도 황망히 떠나시고 나니 한없이 그립습니다. 현무 친구는 여덟 살에 엄마가 돌아가셨데요. 그리고 제 친구 거의 대부분이 엄마가 돌아가셨어요. 그런 친구들에게 엄마가 돌아가셔서 슬프다고 하기에 미안하지만 그래도 참으로 슬픈 일이네요.

어머님 가시던 날

어머님께서 별세하시던 그 순간, 저는 전북 진안의 명상 센터에서 열흘 일정으로 수련 중이었습니다. 3일차 오전에 어머님 운명 소식을 듣고 명상 센터를 나와 고향 길로 차를 몰아가면서 "내가 십 만원 줄 테니 꼭 쓰고 오라, 내가 섭섭해서 그런다"고 입과 전 전화로 말씀하신 어머님의 마지막 목소리가 귓가에 쟁쟁하고 하염없는 눈물 속에 영안실에 도착하여, 도저히 믿을 수 없는 엄마의 모습을 대하며 그저 북받치는 슬픔의 오열 속에 엄마를 수없이 불러보지만 엄마는 그냥 누워만 계십니다. 엄마, 엄마, 엄마, 엄마, 엄마, 엄마……

이렇게 가시다니.. 이렇게 허망하게... 지금도 눈물이 쏟아집니다.

'엄마가 돌아가셨다'는 그 생각만으로 불쑥 불쑥 눈물이 쏟아집니다. 남들은 아들 넷을 보란 듯이 잘 키우셔서 부럽다고 하지만, 엄마는 딸 하나 없이 무뚝뚝한 사내들 넷을 키워내시느라 얼마나 많이 힘드셨나요. 조금은 여유가 생길 즈음부터는 지난 세월의 고통으로 만들어진 이런 저런 병마와 싸우시고 당신 몸도 가누기가 힘든데 연로하신 아버님을 모시느라 간신히 몸을 움직여 끼니를 챙기시고...

엄마는 설 전날 수안보 양짓말 집 앞 작은 목욕탕 욕조에 앉아계시다가 홀연히 가셨습니다. 한마디 말씀도 못하시고.. 그러나 이제 문득 어머님의 뜻을 깨닫습니다. '이젠 힘에 부치는구나 다 놓아야겠다.' 그런 마음을 가지시고 하나하나 정리를 해 오신 것을 느낍니다. 돌아가시기 전 날 막내 동생 딸의 뉴질랜드 의대 합격을 축하하시며 푼푼이 모은 수백만 원을 입학금으로 건네 주셨다면서요, 그냥 엄마가 쓰시고 맛난 것 드시라고 자식들이 준 돈을 쓰지도 못하시고 세상의 모든 엄마처럼 엄마도 그리 사셨네요.

엄마가 별세하시기전 외할아버님께서 제 꿈에 보이셨어요. 명절마다 엄마를 모시고 충주 남한강변 산자락에 있는 외할아버지, 외할머니, 외삼촌 묘를 참배하는 것 외에 특별할 것이 없었는데, 생전 처음으로 외할아버님이 꿈에 나오시어, "사느라 고생이 많지"라고 하시며 가셨는데, 엄마를 데려가시러 오신 줄은 생각지도 못했고 엄마한테 꿈 얘기를 해드릴 기회도 없이 데려가셨네요. 그게 그 꿈인 줄 생각을 조금 했더라면 조금 더 주의를 기울였을 텐데...

세상의 고통을 버리시고...

엄마가 돌아가시고 아버님은 며칠 밤을 못 주무시고 방황하며 어머니를 부르며 영전 앞에 앉아 소리쳐 우셨어요. 그런 아버님을 바라보며 우리 형제들은 가슴이 미어지지만 그 것은 올곧이 아버님 몫의 고통이니 어찌 할 수도 없고, 그저 황망히 바라보았습니다. 그리고 설날 직후임에도 많은 일가친척, 아들들의 동료, 친구, 수안보의 오랜 지인들, 외가의 친척들이 조문과 위로를 해 주었습니다. 당신의 어린 시절을 함께한 이모님이 그리 슬피 울어도 외삼촌의 자식들이 어머님께 조문을 할 때도 어머님은 아무 대답이 없습니다. 참으로 더 큰 슬픔이 북받쳤습니다. 어머니...어머니...어머니...

슬픔 속에서도 조문객들의 위로의 말씀이 큰 힘이 되었습니다. 그렇게 삼일 밤낮을 지나고 어머님은 다시는 돌아오시지 못 할 길을 나섭니다. 저의 절친 두 분이 함께 어머님을 운구해주고, 운구행렬은 충주를 떠나 수안보로 향했습니다. 양짓말에 도착하여 어머님이 평생 사신 집안을 둘러보시고 열아홉에 시집오셔서 평생을 살아오신 수안보를 한 바퀴 돌아보시고 이제는 오지 못할 길을 그렇게 가셨습니다. 그리고 세상사는 동안 힘들고 고통 받으며 의지해온 육신을 버리시고 한 줌 재가 된 어머님을 대할 때는 막상 슬픔보다는 '이제 다 가셨구나, 극락왕생하여 좋은 곳에 다시 태어나시어 더 행복하게 사세요.' 간절히 비는 마음 뿐 이었습니다.

어머님의 빈자리

어머님을 하늘나라 공원에 모시고 집안의 물건을 정리하며 또 한 번 고통을 겪습니다. 냉장고에 가득 찬 자식들 줄 음식, 엄마가 평생 쓰신 물건들을 정리하고 밖으로 내 놓으려니 참으로 기막히

기 짝이 없습니다. 내 놓은 물건 중에 쇠절구공과 홍두깨를 다시 들여놓았습니다. 어린 시절 곡식이 부족하니 일주일에 두세 번은 꼭 국수를 해먹는데 국수를 싫어하는 저를 위해서 찬 밥 한 그릇을 마련하여 국수 국물에 말아먹게 해주셨지요. 지금은 국수를 좋아하는데 국수 해주실 어머님이 안 계시니 참으로 기막힙니다. 그래도 홍두깨는 갖고 있을게요. 어머니....

그렇게 어머님을 보내드리고 어머님께 드리는 세 번째 제사인 삼우제를 지내는데 홀로 남겨진 아버님은 '나는 어떻게 하라고'하시면서 또 어머니를 부르십니다. 삼우제를 마치고 자식들은 각자의 삶으로 돌아갔습니다. 이제 어머님은 가시고 아버님을 모셔야하는 큰 어려움이 남았습니다. 큰 아들이 모시고자하나 고향집을 떠나려하지 않으시고, 요양원도 싫다 하시니 한동안은 요양사 선생님들의 도움을 받으면서 자식들이 매주말마다 가기로 하였습니다. 이젠 아버님도 어머님의 부재를 인정하시고 본인 스스로도 적응하시려고 애쓰시니 그 모습이 또한 가슴 아픕니다. 어머님이 계시면 무엇이든 다 해 드리려고 하지만 자식들은 이런 저런 하지 말 것을 주문합니다. 아버님은 덤덤하십니다. 그러면서 세월 따라 익숙해지시겠지요. 어머님, 그러니 아버님 걱정도 이젠 내려놓으세요.

영면의 길로...

어머니, 이젠 모든 걸 놓으시고 아버님 걱정도 자식들 걱정도 없는 극락에서 엄마가 하고 싶은 일들 하시면서 영면하시길 빕니다.

어머니, 죽는 날까지 어머니를 추억하며 어머니 아들로 잘 살다가 어머님께 가겠습니다. 부디 고통 없는 그 곳에서 평안하시길 간절히 기도합니다.

강물이 흘러 흘러
다시 돌아오지 않듯이

사람의 목숨 또한 한번 가면 돌아오지 않네…

무지한 중생들은 세상의 모든 것이 영원하리라 생각하고 목숨도, 사랑도 부와 명예도 모두 영원불변하기를 바라면서 집착과 번뇌 속에 고통을 자초하지만, 세상에 변하지 않는 것이 없으니 사람의 목숨도 언제 어떻게 될지 알 수 없고, 만물은 덧없어 오래 보전하기가 어려우니 하루하루가 지나가 듯이 사람목숨도 그와 같다고 하네요.

진정한 자유는 욕망으로 부터의 자유라고 하니 내 스스로도 어머님이 살아계시길 바라는 욕망을 던지고 어머님께 한 불효에 매달리지 않고 다만 영면하시길 비는 마음입니다. 이렇게 하기를 수없이 마음먹지만 아직은 한시도 어머님 생각이 떠나질 않으니 이 또한 세월 따라 가도록 그저 마음 속에 갖고 있을 수밖에요…던진다고 던져지지 않으니 이것이 부모 자식인연의 끈이라 그런 것인지…

내 어머님은 돌아가시지 않는 분으로 생각하고 효성을 다하지 못하면서 언제든 효를 할 수 있다 생각하며 살았는데 이리도 한 순간에 가시니 허망할 뿐입니다. 어머님, 부디 영면하시고 육신으로나 정신으로나 고통 없는 극락왕생 길에 오르시고 이 세상에서 누리지 못하신 세상의 모든 즐거움을 누리시길 빕니다.

어머님, 사랑합니다. 다음 생에도 엄마가 되어주세요.

부디 부디 평안하시길…

어머님의 삶

할아버지와 외할아버지는 소장수를 하셨고 오가는 장터에서 만나시면서, 자식들의 혼사를 나누시고 그리하여 저의 부친이신 우건석님과 모친

이신 정영춘님은 결혼을 하였다. 아버님은 6남 3녀의 장남이셨고 전문학교까지 다니신 엘리트이신 반면 어머니는 소학교도 다니시지 못하고 시집을 오셨으니 아버지의 모진 멸시의 고통이 얼마나 많았을까 안타깝다. 거기에 시부모님을 모시고 나이 어린 시동생 다섯에 신우가 셋이니 그야말로 바람 잘 날 없는 세월을 살아오셨다. 심지어는 못 된 시동생한테 결혼 예물까지 빼앗기셨다니 그 시집살이가 오죽하였을까. 결국 훗날 그 시동생이 집안을 다 망가트리고 할아버지의 유일한 상속 재산인 아버지의 과수원을 날리고 우리 집안은 오랜동안 집도 절도 없이 사는 세월을 겪어야 했었다.

아버님은 올해로 73년째 일기를 쓰고 계시는 집념의 문인이시다. 내가 태어난 날의 일들이 궁금하여 아버지의 일기를 보았다. '둘째가 태어났다. 아내는 오늘도 양식 걱정이다.' 그래도 잘 산다는 집안이었는데 어지간히 먹고 살기 힘든 시기였나보다. 엄마의 친정은 부잣집이었다. 외가는 충주 모시래 들에 논을 상당히 많이 갖고 계시는 백 섬 지기 부자이니 무학자 엄마와 신 엘리트이신 아버님이 결혼을 하게 된 것은 아마도 외가가 부자여

서 그랬구나 생각된다. 외가가 부자이긴 하였지만 집안의 큰 딸이니 집안 일을 돕게 하려고 학교도 보내주시지 않아 어머님은 학교에 가 본 적이 없으시다. 두 분 이모는 고등과까지 다니시고 외삼촌은 충주공전을 다니셨는데 유독 우리 엄마는 학교를 안 보내주셨단다. 어린 시절 동생들은 학용품을 산다고 하면 외할아버지가 용돈을 잘 챙겨주셨는데 어머니는 그게 그렇게도 부러우셨다고 하셨다. 어머니는 용돈을 받기는커녕 허구한 날 일꾼들 밥을 해서 머리에 이고 들로 밭으로 다니셨으니 얼마나 고생하셨을지 마음이 아프다. 아마 우리 엄마가 공부를 하셨으면 세상이 바뀌지 않았을까 생각해본다.

외가가 부자이니 우리 형제들은 외가를 자주 가지 않았나 싶다. 외가에는 감주, 조청, 두부 등 먹을거리도 많고 외할머님은 외손자들이 가면 극진하게 대해주셨다. 나는 큰 형과 수안보 초등에 다니면서 방과 후에 집에 가지 않고 충주 외가로 갔다. 외할머님이 이것저것 맛난 음식을 챙겨주시고 다음 날 아침에는 차비를 주시어 수안보로 통학을 하게 해주셨으니 그 재미가 쏠쏠하였을 것이다. 차를 타는 즐거움이 얼마나 좋았는가. 그런 날이 며칠 계속되다가 한 날은 외가의 제사 날이었는데, 외할아버님이 매일 온다고 엄청나게 야단을 치시고 외할머니도 엄청 혼나시어 그 다음부터 외가로의 하교 길은 막을 내렸다.

나의 어린 시절 외가 방문은 수도 없이 많았고 추억거리도 많다. 그 날은 설날을 앞두고 호암지 연못 근처인 외가에서 소쿠리에 쌀을 담아 외삼촌 자전거에 싣고 나도 뒤에 타고 시내 방앗간으로 가던 중, 자갈밭 신작로를 달리다가 자전거가 중심을 잃고 넘어져 쌀 소쿠리가 바닥에 내동이 쳐지고 쌀은 자갈밭에 다 쏟아졌다. 외삼촌과 나는 함께 쌀을 주어 담고 시내 방앗간에 가서 가래떡을 만들어 왔다. 그러나 자갈밭에 쏟아졌던 쌀에는 작은 돌들이 난무했으니 가래떡에 돌 씹히는 게 다반사라, 이모는 '쌀을 잘 씻었는데 이상하다' 하시었으나 외삼촌과 나는 시치미를 떼고 말하지 않았으니 지금은 외삼촌도 돌아가시고 나만의 비밀이 되었다. 그 밖에도 외삼촌 자전거를 광에서 몰래 꺼내서 신나게 타던 일, 호암지 연못이 꽁꽁 얼면 외발 썰매로 질주 하던 일, 호암지 연못은 수안보의 조그만 개울에서 달리는 기분과는 비교할 수 없을 만큼 쌩쌩 달릴 수 있는 엄청나게 신나는 놀이터였다. 충주 장날에 소전거리에 가면 국밥 한 그릇에 배가 불룩하고 외할아버지가 주는 용돈으로 장날 맛난 것을 신나게 사먹었었다.

나는 학생부 가족 란에 부모님 학력을 쓸 때 마다 거짓말을 하였다. 어머님이 국졸이라고.. 무학이라고 쓰기가 창피하였고 엄마한테 미안하기도 하였다. 왜냐하면 어머님은 혼자 글을 깨우치고 숫자도 알고 하시니 나 스스로 어머님께 소학교 수준을 인정하고 국졸이라고 기록하였다. 그러나 이것도 사관학교에 가면서부터 무학이라고 쓸 수밖에 없었다. 소위 뒷조사를 다하여 확인하니 그럴 수밖에 없었다.

세상에 어머니라는 이름보다 훌륭한 이름은 없다고 그 오랜 세월 고통과 멸시와 가난 속에서도 자식들 넷을 모두 대학에 보내시고, 큰 아들은 사업가로, 둘째인 나는 공군 대령으로, 셋째는 고등과 교장으로, 막내는 대학교수로 키우시어 사회와 국가에 이바지하게 하셨으니 참으로 훌륭한 어머니이시다.

어려서는 집안 일꾼으로 논밭을 누비시고, 어린 나이 시집살이에 시부모 봉양하시고, 늙으신 나이에도 아버님이 93세가 되시도록 봉양하시고, 자식들 이리도 잘 키우셨으니 자랑하고 효도 받으면서 십년만이라도 더 사시길 바라지만 어머님은 스스로 가실 때를 아신 듯이 그리 가셨다. 엄마의 아들이라 행복했습니다. 어머님께 사랑받고 자라 이리 잘 살게 되었으니 감사합니다. 엄마는 영원한 내 마음의 안식처이며, 영원불멸의 내 어머님이십니다.

엄마의 추억

초등 1학년, 양짓말에 살 때, 감기에 걸렸다. 뇌신이라는 감기약을 먹어야 하는데 정말 지독하게 쓴 약이다. 엄마는 어떻게든 먹이려하고 나는 안 먹으려고 도망을 가고, 엄마는 약 안 먹으면 학교 못 간다며 내 책 보따리를 아궁이에 던져 넣으셨다. 그래도 나는 약을 먹지 않았고 책 보따리도 무사했다.

초등 고학년, 집에는 일정한 수입이 없었다. 그래도 누에고치를 치면 뭉돈을 받을 수 있었다. 우리 집은 뽕나무가 한그루도 없다. 물론 누에고치 칠 방도 없다. 안방을 비우고 누에고치 몇 장을 사서 키우기 시작한다. 처음에는 뽕잎 몇 장이지만 날이 갈수록 그 양은 엄청나다. 산 뽕을 따오고, 다른 이들이 따간 뽕밭에 이삭 뽕을 따고, 그렇게 해서 매년마다 상당양의 누에고치를 치셨으니 엄마의 노력은 이루 말할 수 없다.

친척 중에 육군에서 헌병으로 근무하는 분이 계셨다. 부사관 계급이었는데 군대 물자를 엄청 빼 돌렸다. 수저, 양동이, 치약, 칫솔, 쌀, 김치, 군대

모포, 군복…그래서 우리 집에는 군대 물건이 더러 있었다. 그러니 그 당시 군대 가면 먹고 입고 사는 게 그다지도 힘들 수밖에 없었을 것이다. 아랫놈이고 윗놈이고 전부 군대 물자

도둑질해서 뱃속 채우는 게 그들의 주된 일이었을 것이다. 이런 물건을 받아서 엄마는 보따리 행상으로 장연, 연풍 등지로 팔러 다니셨다. 한 날은 장연에서 수안보로 오는 고갯길을 밤에 넘어오는데 함께 길을 나선 장사꾼이 앞만 보며 곧장 가라고 하는데 눈에서 광채가 철철 넘치는 동물을 보셨다고 하며 아마도 호랑이가 아닐까라고 말씀 하셨다.

엄마의 노래는 '동백아가씨'이다. 아버님은 친구들과 집에서 막걸리 한 잔 드시면 엄마에게 노래 한곡을 신청하고 엄마는 동백아가씨를 애절하게 부르셨다. 나도 그 노래를 애창하여 왔지만 이젠 차마 부를 수가 없을 것 같다. 헤일 수 없이 수많은 밤을 내 가슴 도려내는 아픔에 겨워, 얼마나 울었던가 동백아가씨, 그리움에 지쳐서 울다가 지쳐서 꽃잎은 빨갛게 멍이 들었네.

고등과 ~ 사관학교 시절, 어느 주말에 수안보에 내려왔는데 아버님이 누에고치 수납하는 양잠창고 한 곁에서 기거하고 계셨다. 농사짓던 과수원과 집이 아버지 동생들 빚 때문에 경매로 날아가고 집이 없으셨던 것이다. 또 엄마는 한동안 여인숙을 임대하여 운영하셨다. 자식들은 커 가는데 하시던 과수원은 날라 가고 일정한 수입이 없었으니 빚과 중노동으로 자식들을 키우신 생각에 가슴이 아리다.

감사의 인사

어머님과 함께하는 마지막 날 밤, 서울에서 내려온 형우는 저를 위로해주며 말했습니다. '전화가 안 되는 것이 가장 막막할 것이다. 하늘만 쳐다보며 한동안 멍할 것'이라고...금요일만 되면 언제 오느냐고 전화하시던 어머님의 전화가 없으시다. 집안에 들어가면 엄마 없는 그 휑함이 처절히 느껴진다. 엄마의 전화는 더 이상 없다. 엄마를 일찍 여의신 동창들의 마음을 조금은 헤아릴 수 있게 되었고, 슬픈 이에 대한 위로를 그저 하는 것이 아니구나, 그래서 찾아준 친구들이, 또는 오지 못함을 미안해하며 안부를 물어주는 많은 친구들이 얼마나 고마운지 깨닫는 시간이기도 하였다. 살아가는 동안 슬픈 일도 기쁜 일도 함께하려 노력하는 친구가 되겠습니다. 또 그동안 친구들의 애경사에 소홀함이 있었다면 진심으로 사과드리겠습니다. 그리고 내 일처럼 마음을 다해서 위로를 주신 여러 동창들께 다시 한 번 깊이 감사드리고 나의 어머님과 사랑하는 나의 동창생 모든 어머님께 더 없는 존경과 경의를 드리며 삼가 이 글을 바칩니다.

2019년 2월 20일

어머님 가신지 열 엿새째 날에

불효자 우 상 천 드림

저 바다가 육지라면

유 옥 남

이른 봄이 되면 우리 동네 대안보에서 바라보이는 탑골쪽 산에는 참꽃이 흐드러지게 피어 산은 온통 분홍색으로 울긋불긋 물들게 된다. 우리들의 어린 시절에는 그 꽃피는 계절이 마냥 좋았다. 산으로 들로 뛰어 다니며 쑥이며 냉이, 달래를 캐러 다녔다. 마냥 신나는 일 이었다.

우리가 저학년 당시에는 동네에 라디오가 있는 집도 몇 안 되어 수안보에서 라디오를 유선으로 중계를 하는 스피커라는 걸 각 집마다 마루의 문지방 위 가운데에다 설치를 하여 방송을 청취하던 시절이다. 물론 그 스피커도 유로로 청구 되니까 살기가 버거워 경제적 환경이 안 되는 집에서는 그 스피커마저도 못 달았다. 방송 채널의 선택권이라는 건 아이예 기대를 할 수 없는 것이어서 주로 KBS 방송을 송신 중계했던 것 같다. 요즘 말로 치면 유선방송이었다.

그 스피커에서 흘러나오는 유행가 노래인 이미자의 노래나 조미미 노래를 흥얼거리며 놀러 다녔다. 어른들은 그 노래를 밭일을 할 때나 논에 물을 대러 갈 때도 불러대며 아이들에게는 동요나 불러야지 유행가 노래는 부르면 안 된다고 말도 안 되는 소리를 하던 시절이다. 그렇다고 아이들이라고 스피커에서 흘러나오는 노래를 귀를 막고 있을 수는 없지 않은가?

신곡이 나와서 유행하기 시작하면 적기장(노트)을 한 장 뜯어서 노래 가사를 적어가지고 다니며 노래를 웅얼거리 거리다가 완전히 숙지가 될 때면 그 적기장 노트가 너덜너널 댄다. 그 때 배운 노래 중에 내가 좋아 하는 노래가 조미미의 '바다가 육지라면'이다.

*얼마나 멀고 먼지 그리운 서울은
파도가 길을 막아 가고파도 못 갑니다
바다가 육지라면 바다가 육지라면
배 떠난 부두에서 울고 있지 않을 것을
아아아아 바다가 육지라면
눈물은 없었을 것을
*어제 온 연락선은 육지로 가는데
할 말이 하도 많아 목이 메어 못 합니다
이 몸이 철새라면 이 몸이 철새라면
뱃길에 훨훨 날아 어데던지 가련만은
아아아아 바다가 육지라면
이별은 없었을 것을.

나는 이 노래를 가지고 그해 가을 수안보의 장터 소장거리에 설치된 추석맞이 콩클대회에도 나갔다. 콩클대회에 나오는 각 마을 대표들은 그래도 노래깨나 한다는 사람이 나오지만 나도 꽤 소질이 있는 편이어서 내심 장원을 기대하기도 했는데, 나중에 알고 보니 주최측에서 장원과 1,2,3등은 짜고 치는 것이라는 걸 알았다. 상품으로 시계 큰 것과 양은 다라 등등을 전시해 놓았지만 실제는 콩클대회가 끝나면 서울 시계방에 반납하는 것이라고 시계방집 친구가 얘기해 줘서 알게 되었다. 그러니까 대상을 받은 사람은 가짜이고 나 같은 사람이 실제 1등이라는 것이다. 왜냐 하면 내가 나중에 나이가 들어서 다른 지방의 콩클대회에 나가서 상을 받기도 했으니 증거가 될만하지 않은가? ㅎㅎㅎ

당시에는 요즘 말로 말하자면 예능 프로라는 게 별로 없었다. 라디오를 틀면 장소팔 고춘자 이분들이 하는 만담 내지는 서영춘 남보원 이런 코미디언 분들이 하는 코메디 프로를 듣는 게 유일한 오락프로였다고 본다. '전설 따라 삼천리'라는 프로는 인기 프로였는데 여기에 우리 마을에서 돌고개 넘어가는 좌측에 조감사 묘가 있는데 그것을 소재로 방송이 되기도 했다.

나이가 들어서 중년의 주부 몸매로 변한 현재의 나이지만 나도 중학교 다닐 때만해도 얼마나 몸이 호리호리 했는지 모른다. 내가 원래 백금녀의 몸매가 아니고 전지현의 몸매였다고 강조하여 말하고 싶다. ㅎㅎㅎ 그래서 내가 나름 릴레이를 할 때 뜀박질 선수를 했다는 것을 아는 사람은 다 안다. 예능에도 나름 소양이 있었는지 모른다. 중학교 때 1학기가 끝나는 날 전체학년이 강당에 모여서 장기자랑을 하는 프로그램이 있다. 거기에 나가는 데는 소재의 제약이 없었다. 예나 지금이나 시대별 가장 유행하는 내용을 가지고 나가서 노래든 춤이든 여러 가지를 발표한다. 나름 반별로 대회에 나가서 우승을 하려 노력을 한다. 나도 그 프로그램에 만담을 소재로 나기려고 해서 연습을 하였다. 대본도 만들고 했는데 남자 파트너 만담이 받쳐주지를 않아서 리허설 중간에 포기를 했다. 그길로 나의 연예계 데뷔는

이뤄지지가 않았다고 본다. ㅎㅎㅎ

봄여름가을겨울이 지나고 나도 서울에 진학을 해야 하는 계절이 왔다. 그런데 나는 기억하기 싫은 일이지만 그 어린나이의 희망은 이뤄지지가 않았다. 그게 지금까지도 나의 가슴에 응어리로 남아서 가끔은 마음을 아리게 한다. 아는 사람은 알겠지만 우리 집은 5녀 1남의 딸부자집인데 딸이 많아도 아들이 두어명쯤 되면 남녀의 차등을 그리 심하지 않는데 우리 집에는 귀한 아들이 하나 있었다. 우리 보다 4년 선배의 오빠다. 나름 오빠는 어린이 전교회장을 하는 등 똑똑한 편이었다. 아버지가 보시기에는 미래가 촉망되는 장한 아들이었다. 그래서 오빠는 일찌감치 서울로 유학을 보냈다.

아버지는 우리 고향지방 대대로 물들어 내려온 의식구조인 유교적인 관습에 강하게 젖어 계신 분이다. 오빠를 서울로 유학 보내 대학공부를 시키다보니, 아무리 우리가 대안보에서 먹고는 산다고 하였어도 시골 부자라는 게 서울의 대학공부를 시키기에는 가정경제가 힘이 들었던 것이다. 그러한 상태 이다보니 더욱더 여자는 교육을 더 시키지 않는다는 아버지의 생각이 확고하게 굳어져 버리신 것이다. 그래서 나를 상급학교에 진학 시키지 않으셨다. 나도 고등학교에 가서 자주색 책가방을 들고 친구들과 손잡고 문학소녀처럼 학교를 다니고 싶었는데 그 꿈의 좌절이 나의 가슴에는 지금도 한이 되어 버린 것이다. 아버지는 오빠 대학공부 뒷바라지에 등이 휠 지경이라서 나의 교육은 안중에도 없었지만 작은 아버지는 정작 4촌 언니를 충주의 여상에 진학을 시켰다. 같은 아버지 형제라고 하여도 작은 아버지는 교육에 대한 생각은 좀 더 깨신 분인 것 같다. 여자도 고등과 까지는 보내겠다는 것이었다. 그 언니가 가방을 들고 학교 가는 모습이 부러워서 키가 모자라는 담 이어서 나는 담 밑에 큰 돌을 디딤돌로 받쳐놓고 담 넘어 그 언니가 학교 가는 모습을 돌고개 정상에서 그 언니들의 모습이 보이지 않을 때까지 한참이나 물끄러미 바라 봤던 적이 여러 번이다. 얼마나 학교가 가고 싶었으면 그랬을까? 그 봄이 늦봄이 되어도 마음은 안정이 되지가 않았고 초여름이 되었를 땐 나의 오른쪽 어깨에는 자주색 책가방이 아닌 누에를 치기 위한 뽕을 따는 다래끼를 메어야 했다. 그 때 이제는 어쩔 수 없이 나에겐 상급학교의 진학이라고는 되 않음을 깨닫고, 중학교 다닐 때 입었던 교복과 가방을 들고 나와서 불타는 고쿠락(아궁이)에 화풀이로 찢으면서 조각을 내 고쿠락 안으로 내던져 넣으면서 통곡을 하여 울었다. 지금도 그 순간을 생각하면 억장이 무너져 내림을 느낀다.

내가 제목을 저 바다가 육지라면이라고 조미미 노래의 노래 제목을 빌려왔지만, 인생을 살아 온 과정을 뒤돌아보면서 그때 이랬더라면 하는 아쉬움이 남게 되는데, 내가 공부를 계속 진학이 되었더라면 지금은 나의 어느 위치는 어디쯤에 있을까도 가끔은 생각이 들곤한다. 그런데 공부를 더 아주 많이 배운 사람들의 인생도 지나고 보니, 별거 없이 우리네와 같은 생활을 하고 있는 것이 주변을 봐서도 그렇다.

그래서 나는 그런 몽상을 벗어나서 내가 나의 업을 열심히 해온 생활에 있어서 애환과 즐거움을 조금 얘기를 해야겠다.

나는 시집을 간 곳이 6남매중의 장남한테로 갔다. 언니의 중매로 시집을 갔는데, 많은 시댁 식구들을 건사하는 장남의 맏며느리로 간 것이다. 나는 이미 하늘에서 점지를 해준 것처럼 맏며느리로 되라는 것을 숙명으로 받아들였다. 나는 뭐를 해도 손이 크다는 소리를 듣는다. 아래 동서들이 명절에 집합을 하더라도 나는 무슨 음식이든 큰 다라에 많이 만들어서 그들이 돌아갈 때 마음이 흡족할 정도로 싸서 보낸다.

선이 들어왔을 때 들리는 소리는 남편감이 사업을 하는 사람이 아니었고 당시에는 꽤 이름이 나 있는 쌍방울 회사에 다니는 샐러리맨이었다. 시아버지는 양평에서 제재소를 운영하시어 나름 밥은 먹고 사는 집안이라서 언니는 나를 무조건 그 곳을 놓치지 말고 시집을 가라고 했다. 언니는 나이도 사회적 경험도 많으니까 난 언니의 말에 무조건 순응했다.

결혼을 하여 나도 남들과 같이 일반 가정을 이루고 아이들을 키우며 살고 있는데, 시댁의 고모부가 직장생활을 하면 먹고는 살겠지만 맨날 그 타령이니, 자기한테 와서 장사를 배워 보라는 것이었다. 처음에는 고민을 많이 했다. 탄탄한 직장을 때려치우고 장사를 배운다는 게 보통 용기가 아니었다. 남편이 이 문제를 가지고 상의를 하기에 나는 말하기를 당분간 수입이 좀 적더라도 가정은 내가 보살피겠으니 새로운 시도를 한 번 해보라고 사기를 북돋아 주었다. 왜냐하면 처음부터 우리의 자본을 투입하여 위험을 무릅쓰는 것이 아니고 직장생활보다는 급여가 작아서 그렇지 기초 생활비 정도야 보장을 받았기 때문이다. 적게 받아오면 내가 그에 맞춰서 생활하는 것을 감수하면 되므로 내 나름 마음의 다부진 각오를 남편에게 전달했다. 이에 새로운 든든한 마음으로 도전을 하는 남편도 안심하고 장사를 배우기 시작했다. 중부시장에서 건어물 도매를 하는 품목이었다. 그 중에서도 김을 취급하는 가게였다. 남편은 원체 부지런하고 성실하니까 장사를 배우는 것도 남들보다는 좀 빨랐다. 3년이 지난 후 남편은 당시 새로 개설되는 가락동 농수산물센타에 독립을 하여 가게를 열게 되었다. 이제 부터는 종업원이 아니고 명실상부한 개인 사업이 시작된 것이다. 처음에는 농수물유통공사에서 배정해주는 1업체 1가게 원칙에 의해 가게를 하나만 운영했다. 가게를 운영하면서 남편은 경매인 자격증 취득에 도전했다. 몇 번의 시도 끝에 당시 하늘의 별따기만큼 어렵다는 경매인자격증을 비로소 취득을 했다. 자격증을 취득하고 남편은 감개가 무량한 나머지 나를 향해 '다 당신 덕분에 이룰 수 있었다'고 나의 손을 지그시 잡아 주면서 위안의 말을 해오니 나의 가슴도 뭉클했다.

그 후로도 우리의 사업은 승승장구 잘 되어갔다. 지방의 큰 물량을 가져가는 사장님들이 우리 가게로만 몰리는 편중현상이 일어났다. 이에 가락동 시장에선 우리를 시기하는 상인들도 있었다. 그러나 우리가 편법으로 운영하는 것은 하나도 없었고 남편의 사업 수완으로 고품질의 원제품을 구입하고 가격도 남들보다 좀 싸게 하여 지방의 사장님한테는 우리 남편의 판단으로 믿음이 자기에게 심어지게 되면 무조건 신용을 담보로 물건을 대주니까 그 사장님들은 우리 가게로 당연히 몰리는 것이었다.

장사가 잘 되니까 개인 사업자로 하기에는 세금관리 등등에 크게 버거운 물량이 되었다. 그래서 우리는 중소기업 법인으로 전환하여 사업을 계속 진행했다. 사업이 잘되어 납세도 성실납세 업체가 되었고 가락동 서울건회 활동에도 기여해서 상도 받기도 했다.

무슨 사업이든 무슨 인생사든 우측상향 곡선만 그려진다면야 세상사 뭐가 걱정이 있을까? 사는 게 다 예측 못하는 사회 현상이 오고 그에 따른 영향에 파급이 생겨서 좀 곤란해지는 경우가 종종 있다. 다름 아닌 IMF라는 놈이 우리나라 경제에 한파를 덮쳤다. 이로 인해서 우리가 거래하는 지방의 큰 거래선들이 무너지고 나자빠졌다. 그 결과 우리도 상당한 손실을 보게 되었다. 지금까지 이뤘던 재력이 거의 다 나라가는 지경이 되었다. 이 무슨 운명의 장난인가? 내가 잘못해서 당하는 게 아니고 상대의 잘못으로 인해 우리가 피해를 입게 되다니...한편으론 억울했다. 그러나 어찌하겠는가? 어차피 받아 들여야 하는 게 현실이 아닌가?. IMF한파가 한바탕 소용

돌이를 치고 간 후에 전열을 정비하여 이제 우리는 김을 가공을 하는 공장에 설비 투자를 했다. 당시까지만 해도 김은 순수한 김을 사다가 각자 집에서 기름을 발라서 구어서 먹었는데, 현대사회는 서서히 가공된 구이김을 사다 먹는 현상으로 바뀌고 있었다. 집에서 일일이 굽는 것보다도 편하고 조미료를 넣어 가공을 했으니 맛도 좋은게 아닌가? 이에 주부들이 구이김을 선호하는 세태로 변하는 것이었다. 그 시류의 열차에 우리는 공장을 인수해서 가공공장 운영이라고 하는 것에 올라 탄 것이다. 처음에는 가공공장 설비를 하고 나서 장사가 좀 궤도에 올라오게 되었다. 그런데 잘 되나 싶었더니 대기업에서 대량물량 공세와 현지에서 원재료 김을 싹쓸이하여 시장에 덤벼드는 바람에 자본의 위력에 우리는 손을 들을 수밖에 없었다. 그래서 우리는 손실을 좀 보더라도 정리를 했다. 그렇다 하더라도 우리가 원체 김에 대한 구력이 있으니까 다시 원점부터 하기로 마음을 다 잡아서 차분히 장사를 시작했다. 그래서 꾸준히 정석으로 장사하다 보니 그동안 실패를 해서 잃었던 재산의 부분이 전에 한창 장사가 잘 될 때에는 다 못 미치었어도 거의 다시 복구가 되었다. 그러는 와중에 우리들도 나이가 먹게 되었고 이젠 몸이 따라가기가 힘이 부치게 되었다. 그래서 남편과 상의를 하여 이쯤에서 우리의 사업을 정리하고 우리의 삶을 새로이 영위하자고 합의를 하고 내가 육십이 되던 해에 하던 사업을 모두 정리했다. 그리고 우리는 인생 황혼기에 손주들 재롱을 원기소로 삼아 제2의 삶을 살아가고 있다.

굽이굽이 삶의 길목에서 수없이 많고 많은 사람들 중에 바람을 타고 구름을 따라온 울 멋진 친구들이여! 마주보며 웃는 모습은 멀리 있어 볼 수 없지만 진솔한 마음을 나눌 수 있는 친구가 있기에 늘 감사한 마음으로 살아갑니다.

사랑하는 친구들아 돕는다는 것은 우산을 들어주는 것이 아니라 함께 비를 맞는 것이라고 누군가가 말했듯이 친구들의 만남이 이 세상에 태어나서 부모를 만나고 자라면서 제일 먼저 만나는 것이 초딩친구가 아니던가? 사랑하는 친구들아 성숙해 가면서 사랑하는 가족을 만나고 누구를 만나느냐에 따라 삶의 모습도 달라지고...나는 45회 친구들을 만남으로 행복도 달라졌다고 생각합니다.

항상 나를 생각해주는 친구들이 함께 있기에 나에게는 비타민입니다. 친구들 고마워 !

유옥남

전깃줄 위에 앉아 노래하는 파랑새

이 광 택

나는 아들만 7형제 중 6째 아들이다. 그리고 또 나는 아들만 둘을 두었다. 이정도면 옛날엔 아주 남들이 부러워할만한 하다. 특히 딸 부자 집에선 우리 집 같은 곳에 혼인하기를 원한다. 왜냐하면 그들은 아들에 대한 한이 있기 때문일 것이다. 그 한풀이의 선정 대상이 혹시 나였을까? 아버지였을까? 나의 처갓집은 여자 자매만 7명이다. 그 중에 나는 막내 사위다. 그래도 나의 처갓집은 2남이 있었지만, 아버지의 처갓집은 정말로 딸만 넷인 집안이다.

내가 위의 얘기를 하고자 하는 것이 핵심 포인트가 아니고 아버지 세대에 대해 말하는 것이고 아버지의 운명에 의해 자식인 우리들의 삶이 바뀌었기 때문이다. 우리 아버지의 원적은 괴산의 불정이다. 아버지의 당숙께서는

괴산에서 지서장을 역임하셨다. 일제시대에 경찰에 재직하였으니 해방 후에는 주민들로부터 사실상 외면의 대상이 되었을 것이다. 그래서 그 당숙께서는 눈총을 받는 그 곳을 떠나와 수안보로 이주하여 살기 시작했다. 그런데 그 집엔 딸만 줄줄이 있고 아들이 없어서 아버지는 당숙의 양자로 입적을 하게 되었다. 그 집은 경제적인 분야는 일제 때 모아둔 돈으로 남들보다 여유로웠다. 그러한 여유 있는 집으로의 양자입적은 아버지로서는 마다할 일이 아니었다. 당시 생활이 다들 겨우겨우 사는 입장에서는 오히려 부자 집으로 입적은 희망사항 이었을지도 모른다. 아버지가 입양이 되고 그 집에서 3년여를 살고 있었는데, 아버지 인생 삶의 시스템 회로 상에 원치 않았던 에러가 발생하는 운명의 장난을 만나게 된 것이다. 당숙 댁에 아들이 태어난 것이다. 그러니 자기들의 친아들이 귀한 존재가 되고 입적한 아버지는 파양이라는 조치를 취한 것이다. 대신 파양하는 조건으로 아버지한테는 어디어디의 논과 밭을 먹고 살만하게 내어 준다고 했다. 약속은 지키라고 있는 것인가? 깨라고 존재하는 것일까? 그 언약은 하루 이틀 미루다가 한 두 해가 지나고 물거품이 되었다. 그로부터 아버지의 경제생활은 입에 풀칠하기가 버겁게 인생이 전개 되었다. 그런데다가 결혼 후에는 줄줄이 아들만 태어났다. 마치 입에 거미줄을 치고 있는 애들만 북적이는 흥부네 집과 같았다. 거기에다가 아버지께서는 가장으로서의 경제적인 책무에는 게을리 하셨다. 성격자체가 느긋하고 급한 일이 없었다. 그러니 그 상황을 가장 가까이에서 지켜보는 어머니께서 속이 불이 났을 것이고 줄줄이 달린 새끼들을 먹여 살리기 위해서는 모정의 본능으로 닥치는 대로 몸이 부서져라 일을 했다.

어머니는 그 무더운 여름날 땡볕에서 하루 종일 일을 하고 해거름녘에 들어오셔서는 텃밭의 옥수수를 꺾어다 사랑채에 있는 소죽 쑤던 가마솥에다

옥시기를 삶으셨다. 우리들의 배를 채워주기 위한 것이 아니라 그걸 상품으로 수안보의 장터에 나가 팔아야 했다. 왜냐하면 주머니에 땡전 한 푼이 없으니 당장 내일 아침이면 공책 값을 달라고 손을 내미는 자식들을 위해서 본인 식구들이 먹는 것은 생략을 했던 것이다. 우리도 삶는 냄새를 맡는 것만으로 만족해야 했다.

나는 지방에 장거리 출장을 오가게 되면 음악방송을 즐겨 듣는다. 자주는 아니지만 가끔은 태진아 가수의 노래 '사모곡'이 흘러나올 때 마다 가슴이 답답해지며 목이 메워온다. 아울러 눈시울이 뜨거워져서 혼자 운행하는 차안에는 소리죽여 훌쩍이는 소리가 들린다. 그 소리는 바로 나의 가슴을 때려 나오는 소리다. 우리 엄마를 말하는 거 같아서 더 서럽게 나도 모르게 그 노래를 따라하게 된다.

이 노래는 언제고 가슴이 찡하다. 머리에 찐옥시기를 광주리에 가득 채워 수안보에 팔러 가는 어머니의 힘든 뒷모습을 바라보는 나의 가슴은 마음이 칙칙한 구름 낀 하늘같았다. 낮에는 힘들게 일하고 해질녘에 옥시기를 팔러가는 광주리 무게에 목이 부러질 것 같아 보였다. 그 힘든 모습으로 중학교 고개 말랭이에 올라서는 어머니의 형체가 내 눈에 비춰지는 실루엣은 내 가슴 저 밑에 녹아내려 남아서 언제든 문득 머리속을 스치면 마음이 뭉근하게 짠해진다.

그런 어머니의 부지런함에 달리 아버지를 떠 올리게 되면 어딘가 모르게 개운한 맛이 아님은 무엇을 웅변하는 것일까? 아버지는 한량이셨다. 세상에 급한 것이라고는 모르시는 분이었다고 본다. 한편으로는 이해를 해야지 하면서도 한가정의 경제를 책임져야 하는 분이 너무 무책임한 것은 직무유기임에 틀림없다. 어찌 보면 아버지는 소싯적의 인생출발의 단추를 잘못 꿰게 되면서 형성된 성격이었을지도 모른다. 당숙집으로 양자를 갔다가 파양이 된 상태로 돌아와 혼돈한 출발이었기 때문에 당신 스스로 속

앓이를 하지 않으셨을까? 나는 감으로 유추해 볼뿐이다.

내가 태어 나기전의 부모님들의 생활은 더 궁핍했겠지만 내가 초,중을 다닐 때 아버지는 수안보에 나가서 약주를 자주 드시고 왔다. 그것도 아주 잔뜩 드시고 오시다가 중학교 말랭이를 막 지나 성황당 앞에선 주저 물러앉아서 큰소리로 주정을 해 대시는 것이었다. 동네를 향하여 나의 제일 큰형을 불러 대시는 것이었다. '승택아~~~승택아' 있는 힘을 다해 목이 터져라 불러댔다. 그러다가 반응이 없는가 싶으면 둘째인 '정기야~~정기야~'를 똑같이 반복한다. 그러면 우리 형들은 동네가 창피해서 얼른 달려가서 아버지를 등에 업고 집으로 모시고 와 아랫목에 뉘여 잠이 들게 하셨다. 아마도 아버지는 삶에 몸이 힘들어서가 아니라 마음의 공허함에 소리를 질러 대셨을 지도 모른다. 또 어떤 면에서는 동네에 나는 아들이 많다고 좀 과시를 하는 것도 있었을 것이다. 왜냐하면 그 시대에는 아들이 없으면 집밖에 나가 무시도 당하던 시대였기 때문이다. 또 큰형 이름이 '성택'인데 '승택'으로 불러대는 것은 우리 고향 사람들의 성격이라고 본다. 곧바로 대적하기를 외면하면서 현실을 두루뭉실 넘어가고자하는 토착 지역민들의 성격이 깔려 있다라고 본다.

그렇게 탑골에서 나의 어린 시절을 뒤로 하고 고등학교에 다니기 위해 충주로 나왔다. 아버지는 고향마을 큰형님댁에 남아 계시고 나와 어머니가 5째형과 함께 충주로 나왔다. 나의 학비와 당장의 생활비를 해결하기 위해 어머니는 포장마차를 해야 했다. 형은 낮엔 보건소에 사환으로 다녔고 퇴근 후에는 어머니의 일을 같이 도왔다. 나는 형님들의 고생에 보답을 드리지 못한 것에 입이 열 개라도 할 말이 없다. 큰형님은 아버지의 술주정을 보고 평생 술,담배를 하지 않으시고 어머니처럼 정말 성실하게 고향 탑골에서 일만 하시다 재작년 하늘나라로 가셨다. 나에겐 아버지와 다름없는 큰형님의 존재여서 돌아 가셨을 때 너무나도 슬펐다. 큰 형님은 정말 성실하셨다. 편법이라고는 부리지 않고 우직하게 일개미처럼 일했다. 군대 가셔서 백선엽 장군의 1호차 운전병을 하고 계속해서 그 주변에서 다른 꼼수를 부릴 수도 있었지만 장남이라는 무거운 짐을 지고 태어나신 큰형님은 부모님이 계시는 고향으로 와야 한다는 일념으로 돌아와 일만 열심히 일만 하셨다. 그리고 컴컴하던 시절 쥐꼬리만 빽만 있어도 지역 기관에 가서 행패를 부려도 오히려 지역 권력기관에서 겁을 먹던 시절이었지만 큰 형님은 한 번도 백선엽 대장의 빽을 한 번도 행사하지 않으셨다.

다시 충주의 포장마차 시절을 회고해 보면 참 생각하기 실은 장면들이 많다. 그 시절은 권력기관이나 일반 여염집 거리에서나 약자에는 한없이 행패 부리고 조금이라도 끗발이 있는 곳에는 설설 기던 시절이었다.

사실 모든 사람들이 바라는 것은 잘 먹고 편하게 살기를 희망하는 것일 것이다. 그러나 여러 가지 각자의 여건에 그럴 능력이 못되어 목구멍이 포도청이라서 현재의 하고 있는 일이 힘이 든 직업일지라도 그 일을 지속하는 경우가 많다. 포장마차라고 하는 것은 대부분 사람들이 경제적 바닥인 경우에 하는 것이라고 보면 된다. 가끔은 포장마차를 목 좋은 곳에 해서 돈을 조금 모은 경우도 있지만 그것은 아주 극소수에 불과하다. 우리가 포장마차를 운영하는 것도 나의 학비를 준비하기 위한 어머니와 형의 희생이었다고 보면 된다. 자존심이 센 형님의 입장에서 포장마차를 하기가 처음에는 쉽지 않은 결정이었을 것이다.

그러나 자존심은 잠깐 참으면 힘든 경제생활을 조금 나아지게 할 수 있었기 때문이다. 포장마차 메뉴라는 게 다 비슷비슷 김밥 몇 줄, 펄펄 끓이는

오뎅국물 사각냄비, 기타 해물이나 돼지부속의 안주...술이 빠지면 안되는 것이기에 술을 준비한다. 오는 손님 대부분 서민인 사람들이 와서 뜨뜻한 오뎅국물에 그 추운날 속을 녹이면 서로의 마음을 나누는 대화를 나누다가 돌아 갈 때는 고맙다고 인사를 하고 간다. 그렇지만 가끔은 정말 기대 이하의 수준으로 술주정 행패를 부리는 사람들이 하는 행동은 약자에게는 막무가내로 뒷감당 못할 행동을 해댈 때는 정말 세상 정내미가 떨어지는 경우가 있다. 어떤 때는 정내미가 떨어지는 정도를 벗어나 때려 부수고 난동을 부리는 날에는 자신이 참 처량함을 느껴 때 가슴이 찢어지는 원통함을 하늘에다 대고 호소를 한다. 누구인들 이런 일을 하고 싶어 하는 인간이 있겠는가? 목구멍이 포도청이니까 다음 날에도 그 울분을 참고 또 장사를 나가야 했다. 그렇지만 장사라는 게 겨우 생활을 하는 수준이어서 그날이 그날 이었다. 그러다가 어머니를 돕던 5째형이 전투경찰에 지원하여 군대를 가게 되었고 우리는 조금 있다가 접었다.

장사를 접었는데 이제 4째 형이 군 제대를 하고 와서 전에 수안보 학교에서 같이 근무하던 이태호 선생님이 충주의 충일 중학교에 부임하면서 형이 일을 꼼꼼하게 잘하는 것을 아니까 형을 불러 들였다. 형은 그곳에 직장을 나가면서 받는 월급이 뻔하니까 이번엔 나하고 어머니와 함께 충주 목행리 운교에다 포장마차가 아니라 매운탕 식당 겸 술을 파는 가게를 냈다. 그 운교라고 하는 동네가 동양면,엄정면 사람들이 거쳐 가야 하는 삼거리로 주막장사의 요지였다.

가게를 내게 되니까 바닥 텃세도 만만치 않았다. 그래서 기존의 가게들에게 손님을 거의 뺏기게 되었다. 그래서 손님을 끌려고 어항 쑈윈도우를 설치하는 궁리를 짜냈다. 투명한 유리로 만든 대형 어항에 쏘가리, 동자개, 누치 등을 넣어 전시를 하니까 전시 샘플 생물 매운탕을 먹으러 우리 가게로 몰려들기 시작했다. 아이디어의 발상은 성공이었다. 그러나 당시엔 어항에 산소발생기라는 게 없어서 일반 강물을 어항에 넣어 둔 고기들이 얼마 안가서 죽는 것이었다. 그래서 고기를 살리려고 거리가 좀 떨어져 있는 우물에 가서 하루에 2번을 양철양동이로 양손에 물을 길어 오느라고 팔이 빠져 죽는 것이었다. 그래도 장사를 하려면 어쩔 수 없는 일이었다. 장사를 하다보면 이상하게 운교라고 하는 동네는 하루가 멀게 싸움질을 하는 것이었다. 물론 우리 가게에서도 비일비재한 일이었다. 오죽하면 순한 양중의 어린양이라고 불릴만한 나도 그 주정뱅이 쌈쟁이들과 대적을 하다 보니 나 스스로가 격하게 변해 가고 있음을 느꼈다. 환경이 사람을 만든다는 것이 실감이 내게는 강한 성격으로 자리 잡게 되었다. 어쨌든 전에 했던 충주에서 포장마차를 하면서 시원찮았던 꼴랑한 장사였지만 그것마저 들어 먹은 상태였는데 여기에선 쌈쟁이들을 만나건 말건 돈은 좀 모이게 되었다. 돈이라는 것이 내 수중에 모이게 되자 제일 먼저 하고픈 일이 있었다. 바로 어머니를 위해 하고픈 일이 뭐가 있을까 생각하다가 어머니가 그렇게 갖고 싶었지만 돈이 없어서 금가락지를 만져 본적이 없었기에 한스러움을 풀어 드리기 위해 쌍금가락지를 사서 어머니의 손가락에 끼워 드렸다. 내가 아버지를 대리한 것인가? ㅎㅎ 아무튼 어머니는 평생 처음 끼워보는 금가락지에 감동을 하고 매우 즐거워 하셨다. 아무튼 운교에서 장사는 내가 밤보초 근무를 하는 군복무를 2년여를 석문동에서 하는 동안까지도 계속했다.

군대를 제대하고 얼마간은 장사를 지속하다가 바깥세상으로 진출을 하고자 부평에 있는 대우인력개발에 취직이 되어 올라갔는데 그 회사가 당시 한창 중동 붐이 일던 시절 현지 파견근로자들의 기술실기교육을 시키는 곳

이었다. 난 상고출신이라서 기술하고는 관계가 없었는데, 우연히 전기 공부를 시키는 교실을 들리게 되어 그들의 강의에 관심을 가지니까 강사는 잠깐이지만 나의 소질을 보고는 아이예 전기에 관한 전공을 권하며 공부할 수 있는 곳까지 추천을 해줬다. 그곳이 박정희 대통령이 기술보국을 위해 설립한 전문대학과정의 중앙직업훈련원 이었다. 거기에서 본격적으로 전공인 전기를 공부하게 되었다. 학비는 국비였는데 숙식을 제공하는 기숙사비가 30만원 본인 부담이었다. 그러나 그 돈이 나의 수중에는 없어서 하는 수 없이 고향의 형들에게 요청 했으나 형편이 안되기는 마찬가지였는데 나의 소식을 전해들은 2째 형수가 자기가 평생 모으고 모은 돈을 선뜩 내 주셨다. 그 형수님이 통이 크고 쓸데는 쓰는 분이라서 다시 생각해도 고마운 분이시다. 나는 그 귀한 돈 등록금을 가지고 청운의 꿈을 가슴에 안고 부천으로 향했다. 돈을 봉투에 넣어 주머니에 넣고 조심에 조심을 하고 신경을 곤두세우고 서울에 와서는 인천행 전철에 올라 학교가 있는 송내역에 내려서 개찰구로 향하는 계단을 내려가는데 언뜩 돈을 넣은 주머니가 순간 허전함을 느껴 깜짝 놀라 주머니를 탁탁치면서 주섬주섬 해보니 봉투가 사라졌다. 쓰리를 당했다고 순간 느끼고 짧은 몇 초간 이었지만 청천벽력이었고 이어서 주변을 두리번 하니까 쓰리꾼은 멀리 도망은 못가고 바로 앞에 있어서 나는 죽는 힘을 다해서 그놈을 물고 늘어졌다. 소리도 사생결단으로 크게 치며 난리를 치니까 주변이 웅성이게 되었고 그놈은 나의 돈을 던지고는 휑엑 도망을 쳤다. 다행이 쓰리꾼 놈이 돈은 던지고 도망을 간 것에 고마움(?)을 느낀다. 그날 나는 천당과 지옥을 왔다 갔다 하는 몇 분의 시간이 몇 십 년처럼 흘렀다. 아마 그날 그놈이 돈을 가지고 날랐더라면 아마도 난 절망감으로 집에도 못 갔을 것이고 소침한 성격에 무슨 일을 저질렀을지도 모른다.

우여곡절 끝에 입학등록을 하고 나는 학교생활에 있는 듯 없는 듯 공부에만 열중했다. 그 결과 동기생 120명중에 전기공사기술자격 기사 시험에서 유일하게 혼자만 첫 해에 첫 번째로 합격을 하는 행운도 얻게 되어 그 자격증이 나오자마자 시골에 와서 형님들에게 보여 드리고 학비를 제공하신 2째 형수에게도 보여드려 돈을 대준 보람을 느끼게 해드렸다.

그렇게 해서 전기회사에 취직이 되어 사회로 진출하여 전기인으로 평생직업으로 살게 된 것이다.

첫 번에 취직이 된 회사에서 나는 영업의 무대를 반월공단을 선택했다. 당시 국가산업공단을 조성하고 각 업체에 분양을 했다. 모든 것이 공장을 새로 지어야 하기에 토목,건축,전기 등등 일이 쏟아져 나오는 시기였다. 나는 마침 공단관리소에 고향친구가 있어서 공장 부지를 분양 받은 업체의 연락처를 입수하게 되었다. 그냥 찾아가면 만나주지도 않던 회사 대표에게 정성스런 손편지로 접촉을 계속하다 보면 지성이면 감천이라고 최소한 견적에 참여 하는 기회를 주는 것이었다. 기회가 주어지면 최선을 다해 일을 한 결과 반월공단 신축공장 전기설비 수주는 과장해서 거의 독식을 하였다.

회사생활도 익숙해지고 경제적인 것도 숨통이 트이자 결혼중매가 들어오는 것이었다. 충주의 둘째 형수가 자기네 과수원 옆의 과수원 주인의 친척을 소개 주어 당시 서울시청의 공무원과 결혼을 하게 되었다.

몇 년 후 나는 독립하여 자영업으로 회사를 운영하면서 동부제강,포스틴,포철 등등 굵직한 회사를 거래하게 되었으며 그중에 기억에 남는 것은 전기로 설비라인의 노하우를 일본애들이 전수하지 않고 가버린 동부제강의 라인을 추가공사 하면서 우리가 독창적으로 연구하고 익힌 기술축적으

로 포스틴 공장설비 라인의 전기공사설계 시공을 해냄으로서 전기기술의 인정을 받았고 기술전수 로열티를 지불하지 않아서 그만큼의 마진을 더 취득하는 운도 따랐다. 또 나라전체가 힘들었던 IMF로 실직 상태에 빠져 인력이 넘쳐 나던 때에 오히려 나는 이미 받아 놓은 공사를 수월하게 할 수 있어서 남들은 힘들었을 때에 오히려 인건비 절감이라는 지출이 큰 포지션에서 득을 좀 봤다. 이와 같이 사업은 내가 노력하는 것도 중요하지만 운이 따라야 한다. 흔히 말하는 돈은 따라 다니는 것이 아니고 내게 돈이 따라 붙어줘야 하는 것일 것이다.

이후에도 나는 인천서구에 있는 매립지 공사를 3년여 하면서 45억공사를 설계변경을 통해 공사비 15억을 더 증액시키는 실적도 냈다. 물론 우리의 기술력 설계변경 건의로 현장은 수동에서 자동으로 전기를 활용하는 편리성을 제공했다. 여기 공사에서는 재미를 좀 보았는데 이어진 태안 발전소의 전기설비 공사에서는 별 재미를 못 봤다. 사업이라는 것이 늘 햇볕만 있는 것이 아니라는 것을 체험했다.

내가 본업인 전기공사업을 진행하면서 부업으로 임꺽정이라는 민속주점을 안양역 앞 빌딩지하에서 운영한 경험이 있다. 하려고 한 것이 아니라 평소 같이 친하게 어울려 지내는 그룹 중 한 선배가 자기의 건물 지하가 비어 있으니 부담감 갖지 말고 와서 운영을 해보라는 권유로 시작했다. 장사는 그런대로 되긴 했지만 지금 와서 생각하면 그 일이 잘한 것은 아니라는 것으로 결론을 냈다. 왜냐하면 거기에 쓰는 신경을 본업에 충실했으면 더 회사의 규모도 키웠을 거고 재력도 더 커졌을 것이라고 생각이 들기 때문이다.

나는 살면서 결혼 초기에 장안평에 살았다. 왜냐하면 집사람이 시청본청에 근무하다가 동네 동사무소로 발령 나면서 출퇴근하기 쉽게 동사무소 근처에 집을 마련했다. 거기에서 집을 새로 지었는데 이웃을 잘못만나 짓는 과정에 얼마 많은 스트레스를 받았는지 그쪽 사람이라면 학을 띠고 있던 차에 작은 애가 관내 유명 사립유치원을 지원했는데 추첨에 떨어지자 집사람은 많이 속상해 했다. 이래저래 마음이 그 동네에 정감이 떨어 졌고 마음먹은 김에

장안동 동네를 뜨게 된 것이다. 그렇게 해서 이사를 간 곳이 방배동이다. 당시는 물론 장안동보다 방배동이 좀 더 비싸긴 했지만 지금처럼 감당하기 어려울 정도가 아니었기에 작은애의 운에는 재복이 따른다고 믿고 있다.

전에는 내각 생각하기를 사업이든 인생이든 나이가 65까지만 한다고 마음을 먹었었다. 그런데 지금은 65세는 아직은 청춘으로 세상이 그렇게 여기고 있으니 앞으로도 10년은 더 활동을 해야 할 것 같다. 그럼 어떻게 인생을 구사할까를 가지고 고민까지야 아니지만 설계도면을 다시 구상하게 된다.

그간 사업을 하면서 느낀 것은 사업은 사람을 통해서 하는 것이기 때문에 나는 인적 교류를 넓히고자 연대대학원에서 경영,경제 두과정을 해서 사람을 사귀었다. 또 라이온스크럽에 가입하여 나중에는 강남354-D지구를 맡아서 봉사활동을 통한 세상과의 폭넓은 교류를 지금도 하고 있다.

나는 황혼이 되었다고 해서 위축이 되어 지내지 말라고 말하고 싶다. 그리고 우리가 아직은 건강이 있는데 뒷방 늙은이로 처져 있지 말고 항상 새로움에 도전을 해 보라고 권하고 싶다. 그래야 정신도 몸도 건강이 따를 것이라고 생각이 들기 때문이다.

우리 45회 동창회에서 우리가 살아온 인생이야기 '황혼의 자화상' 문집을 제작하는 것은 아주 의미 있는 일입니다. 이를 계기로 우리가 끝이 아니고 지난날을 돌아보고 새로이 출발을 한다는 긍정적인 생각과 희망을 모두가 갖기를 기대합니다.

~~~ 사랑합니다. 고향 친구여러분 !

~~~

착하게 살면 언젠가는 볕이 든다

이 남 홍

금강산 찾아가자 ♩ 일만이천봉, ♬ 볼수록 아름답고 ♪ 신기하구나~, 철따라 고운 옷 갈아입는 산, 이름도 아름다워 금강이라네, 금강이라네~~~

학교를 등교하여 운동장 구석진 곳에 여학생들이 고무줄 놀이를 하며 재잘거리는 노래 소리가 왁자지껄 해서야 나는 학교를 가게 된다. 학교에서 거리가 먼 동네 애들은 벌써 학교에 와서 가방을 갖다 놓고 자기들끼리 옹기종기 모여서 놀고 있는데 오히려 가까이 있는 온천리 애들은 그제서야 학교를 온다.

그중에서도 특히 우리 집은 학교에서 제일 가깝다고 볼 수가 있다. 왜냐하면 학교운동장하고 우리 집 담이 붙어있다. 나는 단체로 소풍이나 갈 때나 정문을 이용했을 뿐이고 그 외엔 담에 붙어있는 쪽문을 통해서 학교를 다녔다.

첫 수업 종이 울리면 아이들은 놀던 것을 멈추고 우르르 교실로 들어간다. 반장의 차려 경례소리가 끝나면 또 웅성웅성 했다가 선생님이 호통을 치면 잠잠했다가 수업 끝 종이 울리면 여자애들은 뒤쪽에 앉은 나의 책상으로 우르르 몰려와서 실꿰기 놀이를 한다. 이 놀이는 나는 다른 애들보다 커서 좀 유리한 편이었다.

학교가 끝나면 집이 먼 곳에 사는 애들은 걸음아 나 살려라 는 식으로 서둘러서 가고 우리 온천리 애들은 괜히 밍그적 거리며 집에를 안가고 운동장 한쪽에 모여서 발즘자 놀이와 오재미 놀이를 하고 놀다가 엄마가 혼낼 시간 즈음이 되어서야 집에 간다.

반공일이라고 불렀던 토요일 날은 학교운동장에서 밍그적 거리지 않고 미리 수업시간에 친구들과 약속을 해 놓은 들로 개울로 놀러간다. 이른 여름이면 노란 주전자를 들고 탑동이나 관동쪽으로 산딸기와 오디를 따러 가기도 한다. 또 여름 방학이면 주전자를 들고 개울가에 가서 올갱이를 주어다 그 날 밤엔 마당 평상에 오빠 언니 동생들과 옹기종기 모여 앉아 밤하늘의 은하수를 바라보면서 올갱이를 바늘로 까서 먹던 추억이 새록새록 아련하다.

낙천탕을 가는 곳 다리 밑에서는 동네 아줌마들과 빨래를 하였고 학교 뒤 전나무 밑의 개울에서는 여름이면 창피한 줄도 모르고 멱을 감으러 다니던 시절도 그립다.

우리 집은 할아버지 때 산척면 불당골에서 수안보로 오셔서 명천여관을 운영했다. 처음에는 하숙이었고 좀 지나서 수안보의 온천을 찾는 목욕 손님들의 발길이 잦아지면서 여관으로 변경했다. 아버지는 키가 훤칠할 뿐만 아니라 성격도 활달하여 지역에서 봉사활동도 잘 하셨다. 의용소방대장을 하였다. 우리의 친척을 보면 면사무소에 근무하셨던 안서기(안경환 선배부친)가 나의 외삼촌이다. 또 우리 시절 다들 기억하는 수안보초등학교에서 장기간 근무하신 목수균 교장선생님의 딸이 나의 제일 큰 오빠의 아내다. 나한테는 제일 큰 올케언니다.

아버지의 활달한 성격에 우리의 집 명천여관을 확장운영을 하고자 대중탕이 설치되는 신축건물을 짓게 되었다. 이름도 온천장 여관이라고 새로 바꿨다. 아버지는 무리한 사업 확장을 하셨던 것이다. 자기 자본보다 빚을 더 많이 끌어들여 당시 최신식 시설로 건물을 만든 것이었다. 그런데 예상한대로의 수보다 수안보의 온천 손님들이 덜 오는 것이었다. 수요예측을 잘 못한 것이다.

내가 중학교 입학 할 무렵에 신축을 해서 거의 3년여를 적자운영을 하게 되다 보니 농협의 이자가 눈덩이처럼 불어나고 자금난에 시달리다가 결국 손을 들게 되었다. 우리 집 경제난이 얼마나 어려웠는가 하면 나는 중학교 내내 수업료를 거의 다 제 때에 내지를 못했고 심지어 중3 마지막 등록금 때는 나도 모르게 이만희 담임선생님이 친구들과 십시일반 협력하여 처리해줬다는 소식을 나이가 다 들어서야 든게 되어 친구들에게 미안 하기도하고 고마운 마음을 갖게 되었다.

결국 아버지는 온천장여관에서 만세를 불러야 했고 정산을 하니 재산이 남는게 아니라 마이너스가 발생이 되어 우리는 온천장 여관을 비워 줘야했다. 그래서 9남매나 되는 많은 형제들이 한꺼번에 옮겨 갈 거처를 마련할 돈이 없어서 분산해서 떠나야하는 운명을 맞이하게 된 것이다. 참으로 나의 인생에 서글픈 사연이었다. 내 위로는 군대로 아니면 다른 지역으로 가고 나를 포함한 동생들과 함께 서울의 은평동으로 가게 되었다.

이렇게 해서 수안보 고향을 떠나야만 했던 사연이 있던 것이다. 우리는 서울의 작은 외삼촌이 은평동에 살고 있는데 그나마 그 언덕을 믿고 그리로 이사를 가게 되었다. 어떻게어떻게 하여 담배 가게가 딸린 집을 얻게 되었다. 삶이라는 것은 어쩔 수없이 겨우 풀칠만 하는 정도였다. 그 와중에 설상가상 아버지는 그동안의 스트레스로 인해 풍으로 쓰러지게 되셨다. 1년여를 은평동에서 생활을 하다가 수원으로 옮겨간다. 수원에는 미국에서 공군기술교육을 마치고 돌아 온 둘째 오빠가가 거처를 마련해서 그리로 합치게 되었다.

그때 수원으로 이사를 하여 내가 평생 생활의 근거지가 되는 운명이 된 것이다. 가정형편이 그 지경이니 내가 온전히 학교를 다닐 여건이 안되었다. 그래서 나는 낮에는 일하고 밤에는 학교공부를 하게 해주는 수원 파장동에 한일합섬의 회사에 들어가게 되었다. 고등학교를 마친 나는 나중에 해태제과로 회사를 옮겨서 거기에서는 반장을 하기도 했다. 사람은 잘되든 그렇지 않든 나이는 공정하게 먹어가게 돼있는 것이 아닌가? 아니 이세상의

모든 것이 세월이 흐르면 나이는 먹어 가는 것이지. 무슨 얘기냐 하면 시집을 갈 나이가 되니 부모님과 주변에서 선을 주선하게 되는 것이다. 나는 수원에서 고모님이 식당을 하고 계셨는데 거기에 단골로 오는 손님이 어디 참한 색시 있으면 다리를 좀 놓아 달라는 얘기에 고모가 그러면 우리 친정 조카가 있으니 한 번 만나게 해 주겠다고 한 것이 인연이 된 것이다.

그 청년은 화성 발안에서 농사를 짓고 있는 집 7남매 중에 둘째 아들이었다. 만나보니 사람은 마음에 드는데 하는 일이농사라서 나는 농사라고는 모르기 때문에 몇 번 만나다가 농사에는 영 자신이 없으니 그만 만나자고 내가 그 청년에게 결별 통보를 했다. 그러자 그 청년은 나는 절대로 자기를 놓치지 않을 것이라고 적극적으로 대시를 해 왔다. 결국 내가 싫다고 해도 운명은 정해진 대로 가는지, 난 그 남자와 결혼을 하게 되었다. 그리고 낯설은 발안 시댁에서 신혼을 차리고 1년여를 살았는데 신랑이 이제는 농사를 그만 때려치우고 시내로 나가 살겠다고 선언을 했다. 그리고 농사일을 접고 수원으로 나와서 1986년도부터 살게 되었다. 그러면 일자리는? 매

형이 운영하는 화성 남양의 제재소에서 일을 하기로 했다. 제재소에 근무하는 사람들이 대부분 수원에서 출퇴근을 하는 것이라서 남편은 봉고차를 사서 직원들을 아침저녁으로 출퇴근을 시키고 회사는 회사일 대로 근무를 하게 되었다. 그렇게 회사 생활을 10년이 조금 넘게 다니며 회사도 많이 키워 놓았다. 그런데 남편은 옳은 것과 그렇지 않은 것에 대한 명확한 구분을 지어서 말하는 사람이라서 매형과

의견이 충돌할 때가 많았다. 결국 서로의 뜻이 맞지 않아서 남편은 제재소를 그만 두게 되었다. 그리고 수원의 매산동에 행사용품을 납품하는 가게를 차려서 운영을 하게 되었다. 그 가게를 하다 보니 남편의 선후배들이 종종 가게를 들르게 되는데, 가끔 개인택시를 하는 지인들이 와서, 그동안의 회사에서 출퇴근용 버스를 무사고로 운행한 경력이 있으니 개인택시를 구입해서 운영해 보라는 권유로 남편은 1997년도부터 개인택시를 하게 된 것이 지금까지 하고 있다. 앞으로도 건강이 허락하는 한 지속적으로 일을 해도 정년이라는 게 없으니 마음이 편한 것이다. 그리고 나도 나름대로 일자리를 찾아서 일을 하니 사는 데는 별 어려움이 없이 애들을 키워 교육을 시켜냈고 이젠 다들 출가를 하여 잘 살고 있다. 내게도 손자가2 손녀가 2이다.

나도 인생을 살아보니 세상살이가 마음먹는다 해서 그대로 다 되는 것도 아니며 또 열심히 성실하게 살다 보면 좋은 날도 오게 되는 것을 느끼게 되었다.♡추억♡ 지금 나 정든 곳 고향을 떠났지만 그 숨결 그 손길은 내 가슴에 있네. 즐거웠던 나날들... 괴로웠던 나날들... 저 유리창 밖 가로등에 아련히 새겨오면 고요히 다물은 밤의 입술에 별 하나의 추억과 별 하나의 사랑과 별 하나의 동경을 그리운 마음으로 모든 지나가버린 것들을 사랑해야지 그리고 지금 나 나의 길을 걷고있네.

월성에 달이 뜨니 친구가 그립다

이 상 음

오늘은 술을 한잔 하고 깊은 향수에 취해서 잘 못하는 노래지만 '해는 져서 ♩♪♬ 어두운데 찾아오는 사람 없어...' '이 일 저 일을 생각하니 ♩♪♬ 눈물만 흐른다 ~' 또 이어서 오늘 같은 봄날에 착잡해 지는 저녁에 입에서 흘러나오는 노래는 '봄의 교향악이~ 울려 퍼지는 청라언덕에 ♩♪♬...' <고향생각> <동무생각>이라는 노래인데 정확한 가사는 잘 모르지만, 내가 고향과 친구들의 생각에 잠기어 흥얼거리게 된 노래다. 고향과 친구들의 생각을 생각하면 현지에 가면 친구들이 있어 마음 든든하지만 친척이나 땅이라는 것이 없어 기댈 언덕이 사라졌다는 서글픈 얘기도 존재한다.

나는 학교 다닐 때는 한절(대사)에서 다녔다. 같은 동네

친구는 김홍기, 민병용이 있고 여자 동창은 정연자, 주옥녀, 김경희, 안상님 등인데 동창회에 아예 오지 않는 친구들이 몇 명이 있어서 못내 아쉽다. 나름대로 다 사연이 있겠지 하고 넘어간다.

우리가 살던 시절에는 다들 어려웠지만 우리는 특히 살기가 팍팍했다. 그 원인 제공은 아버지에게 있었다. 난 아버지만 생각하면 아들로서 민망한 얘기지만, 아버지라는 단어는 차라리 없는 게 더 나을 때가 더 많다. 아버지에 애증이 더 많다는 얘기다. 아버지가 할아버지로부터 살림을 날 때는 그래도 전답을 받아 왔기 때문에 그리 힘들지 않았다고 한다. 할아버지는 가은에서 넘어 오셔서 석문동에 자리를 잡았고, 사는 것은 잘 사셨다고 한다. 그러니까 차남인 아버지에게도 먹고 살만큼은 떼어서 분가를 시켰던 것이다.

아버지의 흉을 본다는 것은 누워서 침 뱉는 꼴이지만 아버지로 인해서 어머니가 갖은 고생고생을 하셨고 속은 검뎅이가 되었기에 하는 소리다. 그 원인은 즉은 아버지가 놀음에 빠져서 있는 재산은 몽땅 날리시고 거기에다 빚까지 땡겨다 놀음에 주색잡기까지 허송세월을 보냈으니 집안생활이 비참했다.

하기 싫은 얘기지만 놀음을 하는 집구석 애들은 모두 다 형편없는 거지와 같은 생활을 하게 되었다는 것이다. 집안형편이 어려우니 나는 일찌감치 상급학교 진학을 포기했고 비진학반이라고 불렸던 3반에 배정이 되었다. 창피한 얘기지만 아버지와 놀음 동기의 아들들이 우리 반에 두어 명 더 있었다. 아버지끼리는 놀음동기 우리끼리는 45회 동기, 이걸 뭐라고 해야 하나요? 웃어야할까요? 울어야 할까요? 참 어이없는 얽힘이다.

나 같은 가정환경에서 진학이고 뭐고 졸업을 했다는 자체만으로도 참 신기한 얘기인 것이다. 내가 3반의 송정일 선생님 반의 반장을 했었다. 나뿐만 아니라 가정형편은 다들 힘들었지만 우리끼리는 그래도 우정이 돈독했던 친구들이다. 커서 알아듣는 얘기로 풍자하면 과부심정은 홀아비가 안다는 심정이었을 것이다.

졸업을 하고, 아버지가 나를 서울 금호동 자개 공장에 취직을 시켜서 올려 보냈다. 당시는 장롱에는 자개를 붙이는 것이 고급 장으로 팔리던 시절이라서 자개 수요가 엄청 많았다. 공장이라고 해봐야 가내공업 수준이어서 작업환경은 참으로 열악했다. 취직이라는 단어는 호사스런 얘기이고 아버지의 놀음 자금을 확보하려는 몇 푼 안 되는 인건비라도 착취를 위한 도구에 불과했을 것이다. 그런데 자개공장에서 후가공하는 과정에서 포르말린을 발라서 처리하는 공정의 일을 하다가 폐에 이상이 생겨서 공장에서 일한지 6개월 정도 되었을 때 나는 어쩔 수 없이 고향으로 내려오게 되었다.

고향에 내려 온 나는 농사일을 다니며 생활을 했다. 벌이는 안 되지만 입에 풀칠이라도 해야 했기 때문에 닥치는 대로 일을 했다. 그리고 낮에 국유림 산에 몰래 가서 소나무를 베어 제끼고, 그걸 장작으로 만들어서 밤에는 수안보에 갖다 파는 나무 장사를 했다.

졸업하고 햇수가 흘러가니 나이는 어리지만 이젠 철에 따라서 하는 농삿일도 몸에 익숙하게 되었다. 그리고 하루하루의 생활이 나의 숙명이러니 하고 주어지는 일을 열심히 하였다. 그런데 나에게는 신체에 불구

(?)가 있다. 그 불구가 다른 각도에서 보면 특별한 장끼가 되기도 한다. 인생살이도 역지사지라는 말도 있지만, 그냥 돌려서 생각하면 편하다는 생각도 한다. 무슨 얘기냐 하면 나는 선천적으로 냄새를 전혀 맡지를 못하는 후각이상의 불구이다. 병원에서 검사를 해봐도 특별한 이상은 없다는 것이다. 아마도 후각신경을 관리하는 뇌쪽에 회로가 안닿지 않았나 싶다는 것이다. 그래서 나는 별 불편함이 없기에 그냥 평생을 그 상태로 살았다.

그래서 냄새를 전혀 맡지 못하는 장끼(?)를 가진 나는 동네의 뒷간에 망옷(인분)을 푸는 일을 도맡아서 했다. 참 신기했다. 남들이 모두다 망옷 푸는 일은 하기 싫어하는 이유 중에 그 제일 앞 순서는 냄새가 지독하게 났기 때문이다. 나는 보이는 지저분한 것이야 시각적이라서 비위가 상했지만 그렇지만 큰 고통이 아니어서 참을만 했고 우선 냄새를 못 맡으니까 똥 푸는 일은 할만 했다. 내가 뒷간 망옷을 퍼주면 대신 그들은 우리 집의 다른 농사일을 품앗이로 해 주곤 했다.

사회생활에 짠빱이 늘어 가니까 이젠 돈벌이의 수단을 늘려가는 법도 터득하게 되었다. 나무 장사를 하는 것이 잔푼 이어서 이젠 장작을 파는 수준을 벗어나서 도벌하는 데로 눈을 돌렸다. 국유림인 고장자골, 개미기(한절위에 있는 지역명)에 있는 쭉쭉 뻗은 소나무를 낮에 잘 베어 놓았다가 지게가 아닌 리어카로 날라서 수안보 보수당 약방의 제재소에 갖다가 파는 것이었다. 그 과정에서 제일 무서운 것이 산감(산림감시원)이다. 이 일은 불법이지만 원가는 안 들어가는 일이니까 재미가 쏠쏠했다. 그렇

다고 마음 놓고 할 수 있는 일이 아니어서 작업을 할 때는 늘 불안했다. 낮에 소나무를 자르는 작업을 한것을 팔러 갈 때는 새벽 동이 틀 무렵에 가는데 수안보로향할 때 선발로 한 사람이 먼저 앞서 가면서 산감이 있나 없나 감시를 하고 뒤 이어서 힘들게 낑낑거리며 리어카를 끌고 간다. 운이 좋아서 아무도 없어서 가는 날에도 돌고개를 무거운 리어카를 끌고 넘어 가려면 쌔(혀)가 빠진다. 어떤 날은 선발 감시로 앞서 가던 친구가, 가던 길을 돌려 헐레벌떡 리어카가 있는 쪽으로 달려오게 되면 발각 되었다는 신호로 리어카에 가득 실었던 나무를 개굴창에다 밀어 던져버리고 빈 리어카만을 끌고 논이고 밭이고 가로 질러서 숨이 넘어가도록 도망을 간다. 한참을 도망을 간 다음에 '휴~'하는 긴 숨을 몰아쉬고 나면 '도대체 내가 뭔 짓을 하고 있는가?' 신세 한탄하는 생각을 해보지만 먹고 살려면 어쩔 수 없이 해야만 하는 짓이었다.

한 번은 도벌하고 남은 자투리로 장작을 만들어 팔러 갔다가 산감한테 잡혀서 지서에 끌려가서 조서를 받았다. 나중에 벌금을 1만원 물게 되었다. 같이 동행했던 김홍기는 주민등록상 미성년으로 처리되어 훈방되었고 나는 주민증의 연령이 막 벗어나서 벌금을 물었다. 그래서 나는 그것이 전과기록으로 평생 남아있다.

동네에서 생활이 이젠 어린 아이의 보조가 아니라 주역일꾼으로 변해가고 있었다. 그래서 이장을 보좌하는 반장의 일을 맡아 보게 되었다. 그 반장 일을 하게 되면 조그맣지만 동네 땅인 밭과 논을 부칠 수가 있어서 그나

마 생활에 보탬이 되었다. 그러던 사이 국방의무인 군대 가는 것은 소집면제로 해결이 되어 마음을 다잡고 일을 하려고 했는데, 나이도 먹을 만큼 된 아들을 아버지가 상식이하로 대하기에 아버지에게 반항을 하게 되었고 그 일로 다툼이 심하게 되어 나는 아버지에게 잡히면 죽을 것 같아서, 동네 다른 집에 숨어 있다가 다음날 우리의 사정을 잘 아는 동네 아주머니들이 십시일반 차비를 마련하고 도망을 가는 곳도 정해 주어서 울산으로 갔다.

이렇게 해서 1976년도에 고향을 떠나 온 내 인생의 외지 타향살이 남쪽나라 생활의 시작이 되었다.

울산으로 가게 된 동기는 동네 선배 형이 고향에 있을 때도 그 형을 도와서 건축미장일을 가끔 해 주곤 했는데, 그 형이 울산으로 가 자리를 잡고서 미장일을 계속해서 한다는 것이었다. 아무튼 나도 거기에서 그 형과 함께 조를 이뤄서 일을 하게 되었다. 하는 일은 아주 생소한 것이 아니어서 할만했다. 벌이도 고향에서 농사를 짓는 것보다도 훨씬 좋으니 타향살이어도 오래되지 않아서 적응이 되었다. 그렇게 진입한 울산에서 2년여를 일 하니까 아파트 건축경기가 꺾이면서 미장일이 없어지면서 자연스레 다른 곳을 물색하게 되었고, 같이 일하던 고향의 후배들과 함께 울산에서 가까운 경주로 옮겨와서 일을 하게 된 것이 그 이후 평생을 경주에서 살게 된 시발점이었다. 1978년 12월 25일이다.

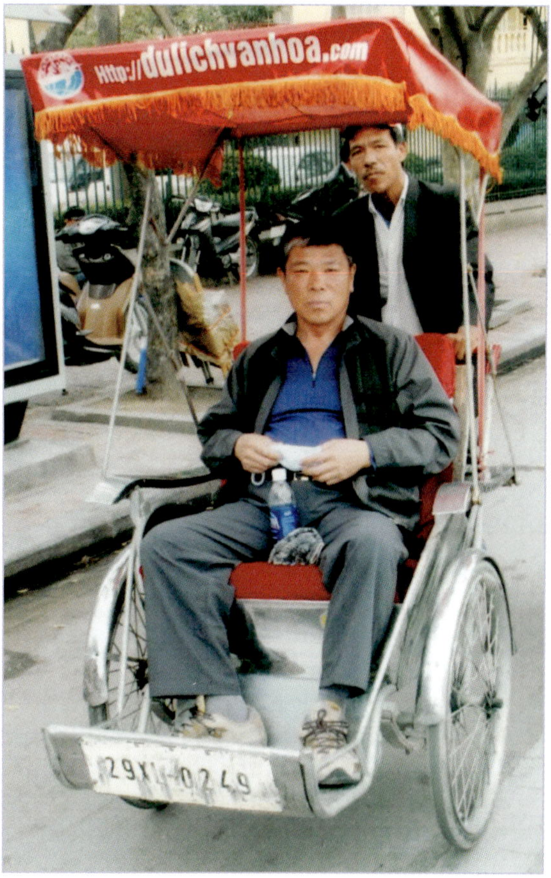

경주에서 생활을 하면서 나이도 들게 되어 서른 살에 결혼을 하게 되었다. 결혼 생활이 신혼 초에는 평범했는데 얼마 지나지 않아서 아내가 병치레를 하게 되었다. 간암이었다. 어쩔 수 없는 일이니까 간병을 하는데 까지는 해 왔으나 10여년의 투병생활을 극복하지 못하고 그는 이 세상과 이별을 하게 되었다. 나도 외로운 객지에 와서 결혼을 하고 가정을 이루려고 했건만, 이렇게 파탄이 나게 되니 마음의 혼란과 방황을 하였다. 이를 옆에서 지켜보던 지인이 나의 1년여의 그런 방황에서 벗어나려면 빨리 재혼을 하여야 한다고 권유를 했다. 내용을 같이 잘 아는 또 다른 지인으로부터 소개를 받아 지금의 부인과 결혼을 해서 지금까지 잘 살고 있다. 불완전한 조건의 나를 이해하고 받나줘 오랜 세월을 잘 살아준 아내에게 정말로 고마울 뿐이다.

이래저래 내가 경주에서 살아온 세월이 43년째로 접어든다. 이제는 나의 생활에 기본 터전이 되었기에 이곳 경주도 정이 들면 고향이라고 마음을 붙여서 잘 살아가고 있다. 그렇다고 나의 고향 수안보를 한시라도 잊은 것은 아니고 또 아무리 여기가 제2의 고향이라고 하더라도 수안보만큼 푸근한 곳은 아니라는 것은 어쩔 수 없나보다.

나는 배운 것도 없고 가진 것도 없지만, 나 나름대로의 살아오면서 꼭 지켜야할 법을 정해 놓은 것이 있다. 아버지의 놀음으로 우리 집이 원만하지 않았기에 반면교사로 놀음을 금하였고 옆으로 한 눈을 팔지도 않는다는 것을 60중반이 넘어가도록 지키고 살아왔다. 덧붙여서 굶지 않게 하려면 열심히 일을 할 것이며 남에게 절대로 어떠한 일이 있어도 빚은 지지 않고 살아온 것이다.

지난해 동창회에 참석했다가 성묘를 다녀왔다. 그 성묘가 남들이 하는 텔레비전 화면에 나오는 장면이 아니다. 엄격히 말하면 성묘가 아니고 추념의 공간에 다녀왔다고 해야 맞을 것이다. 봉분이 없는 곳에 성묘는 개미기(한절의 한지역명)에 부모님들의 유골을 뿌린 곳이어서 나는 고향에 오게 되면 그 곳을 방문하여 술을 부어 드리고 하늘을 향해 마음의 분향을 올린다. 평생 고생만 하시다가 장수도 못하시고 일찍 돌아가신 어머니를 생각하면 가슴이 아려오고 먹먹해 옴을 느낀다. 아버지에게도 여쭤본다. '가정돌봄에 나태했던 것은 아버지의 본심은 아니었지유? 본심은 처자식을 사랑하려고 애쓰셨지요?' 라고 마음에 있는 곳. 눈물안쪽에 있는 그리운 마음을, 억지의 질문을 올렸지만, 내가 모든 것을 덮고 질문한 내용을 그렇게 믿고 싶다.

이제 우리가 황혼이 되었다. 나는 내 자신이 깨우친 것이 있다. 많이 있는 것보다 많이 배운 것보다. 마음을 많이 비워야 하고 시간이든 돈이든 남들을 위해서 베풀어야 나의 행복이 온다는 것을 느낀다.

배운 사람, 있는 사람이면 뭐하냐? 베풀지 못하는 사람이나, 쓰지 못하는 사람은 아무리 많아도 무슨 소용이 있겠는가?

친구들아 나는 친구들에게 언제든 나의 마음을 다해서 모실 테니 언제고 나를 불러다오. 사랑한다. 친구들아....

내 꿈을 찾아서

이 승 재

내 꿈을 찾아서

떳다 떳다 비행기 날아라 날아라
높이 높이 날아라 우리 비행기
내가 만든 비행기 날아라 날아라
높이 높이 날아라 종이 비행기

우리가 저학년 시절 음악시간에 배웠던 동요다. 그 노래를 누가 지었고 곡을 붙였는지는 나는 모른다. 단지 종이비행기를 넘어서 직접 하늘로 날고 싶은 나의 희망과 꿈을 어린 나의 가슴속에는 항상 깔려 있었다. 그런데 어느 날인가 학교 앞 문방구를 지나가는데 문방구 주인이 행글라이더를 날리는 시연을 하며 파는 행글라이더의 신비함에 흠뻑 빠져서 나는 비행기

조종사가 되는 게 어려서의 꿈이 되었다. 그 행글라이더는 고무줄을 감았다가 펴지는 탄성으로 앞에 매달린 프로펠러를 돌리는 동력장치인데 그 당시 나는 그 비행기에 마음을 다 뺏겨 홀린 상태였다.

어려서 나는 공부보다도 만들고 채취하고 잡고 하는 그런 분야에 관심을 두는 어린이었고 내 스스로도 남들보다는 기계분야에 대해선 좀 잘하는 분야가 아니었나 싶다.

나의 고향은 관동이다. 현재 수안보중학교가 있는 곳을 조금 더 깃꼴쪽으로 올라가다 오른 편에 우리 집이 있던 터이다. 지금은 집은 다 헐리고 누군가 밭으로 경작이 되고 있다. 나는 2남 4녀의 차남이다. 위로 3년 선배인 형님이 있고 아래로 여동생이 넷이나 있다. 요즘 같으면 아래로 4명은 아마도 안 태어났을 것이다. 그런데 우리 시절이 이라서 동생들을 볼 수 있어서 얼마나 다행이며 고마운지 늘그막에 더 절실하게 느껴진다. 나는 1월1일이 생일이다. 그런데 어찌하다 보니 이장님이 면사무소에 신고를 1년 더 빨리 올려 버리는 바람에 다른 친구들보다 군대를 더 빨리 다녀오게 되기도 했다.

초등학교 졸업장이 2개인 나 이승재 (기록적이지 않을까?)

우리 시대는 보리 고개를 막 지나는 끝물 중에 박정희의 산업화가 시작되면서 우리 마을에서도 막 서울로 서울로 올라가는 바람이 불었다. 그 시류에 맞게 우리 아버지도 서울에 먼저 올라간 심석구 아버지의 안내를 받아서 서울로 올라와서 경동 시장에서 야채 도매사업을 시작했다. 그러나 마음이 착한 아버지의 사업은 순탄하지가 않았다. 시골에서 얼마 안되는 땅 뙈기를 팔아서 올라온 사업자금은 서울로 올라와 얼마 안되어 고갈이 되고 파탄이 났다.

사는 집은 청계천 하류 뚝방 마장동 근처에 판자로 얼기설기 겨우 하늘을 가리는 정도의 판자촌 속에 있었는데 엉망이었다. 아버지의 사업 부진으로 당장 입에 풀칠을 하기가 버거운 상태가 되었다. 이주 초기 형님은 식구들과 같이 올라오지 않고 다니던 중학교를 마치려고 고향 큰집에 남아 있었다. 나를 비롯하여 아래 4명의 동생 조무래기들은 어머니가 생사를 전적으로 건사하게 되었다. 어머니는 참 위대하시다. 아무리 덥고 추운날이나 비바람이 부는 날에도 함지박에 채소를 머리에 이고 장사를 다니시면서 새끼들 먹여 살리려고 뼈가 바스러지시도록 고생을 하셨다.

나는 올라와서 곧바로 연결되는 중학교에 진학을 하지 못했다. 이미 중학교 배정이 끝났기 때문이라는 것이었다. 한 두 달이 지난 후에 하는 수 없이 초등학교를 다시 6학년에 다니도록 어머니께서 조치를 했다. 집에서 가장 가까운 장안국민학교인데 그 곳에 찾아가니 이미 졸업한 상태는 전학이 안된다는 것이었다. 중학교도 안되고 초등학교도 안되니 중간에 떠있는 상태가 되자 궁리 끝에 어머니는 고향 수안보국민학교를 찾아가서 졸업을 하지 않은 재학상태로 서류를 만들어 가니까 등록이 되었다. 지금 같으면 안되는 일이지만 당시는 좀 사정하면 안되는 것도 되는 시절이었다. 진영진 선생님의 도움이 컸다.

그렇게 하여 나는 장안초등학교 6학년을 다시 다니게 되었다. 어디나 다 그렇듯이 텃세가 있는 것이 아닌가? 나는 촌놈이 아무것도 모르는 상태이고 이미 기존에 그 학교를 다니고 있던 패거리들이 전학 온 나를 건드리기 시작한 것이다.

등록하고 다음날 학교를 가니까 패거리를 이루고 다니는 놈들이 몰려 와서는 학교가 끝난 후에 나를 보자는 것이었다. 겁에 질린 나는 그 말에 따를 수밖에 없었다. 학교의 강당 뒤쪽의 공간으로 나를 끌고 갔다. 그 놈들이 그룹에서 제일 작은 놈을 나에게 붙여서 나를 두둘겨 패는 것이었다. 나는 쫄기도 했지만 준비가 안된 상태에서 일방적으로 두둘겨 맞을 수밖에 없었다. 내가 방어를 해봤지만 그들은 여러 놈이라서 어쩔 수 없었다. 나를 한참 패놓고는 그놈들은 낄낄 거리며 집으로 가버렸다. 나는 홀로 남겨져 고향이 있는 남쪽 하늘을 쳐다보니 서러움이 북받쳐 올랐다. 집의 사는 형편도 엉망이고 고향을 떠나 온지 얼마 안된 순진한 촌놈을 이렇게 만신창이를 만들어 놓은 그들이 참으로 미웠다.

어쩔 수 없이 터덜거리며 나의 발은 집으로 향하고 있었다. 가는 중에 나의 가슴 속에는 얻어맞은 것에 대하여 분이 치올라 올랐다. 집에 엄마한테 표시를 안내려고 학교 수돗가에서 세수도 하고 왔다. 나는 밤새 분을 삭이지 못하고 잠 못이루며 오기가 차올랐다.

다음 날이 밝아오고 나는 일부러 학교를 일찍 갔다. 어제 나를 두둘겨 팬 놈들 우두머리 놈 김영재라는 놈 요놈이 등교하자마자 오늘 한판 다시 붙자고 했다. 그러니까 그놈이 가소롭다는 표정을 지으며, 학교가 끝나고 어제 그 장소에서 보자고 했다. 나는 하루 종일 공부가 될리 있겠는가? 물론 6학년 다시 한 번 더 다니는 것이기도 하지만 원래 공부에는 별 흥미를 두지 않은 스타일이기 때문에 오늘 어떻게 하면 그놈들을 효과적으로 공격을 할까만 궁리를 했다.

수업이 파했다. 결전의 시간이 온 것이었다. 다시 그 자리에서 결투를 벌이게 되었다. 이번에는 어제의 작은 놈이 아니라 그중 제일 쎈놈인 김영재 요놈이 나를 상대하였다. 그놈은 덩치가 크고 나는 자그마했기에 이번에도 게임도 안되게 신나게 얻어맞았다. 나를 패버리고는 그 놈들은 또 우쭐대며 그들의 무리를 지어 사라졌다. 참패를 당한 나는 더 분했다. 그러나 어차피 싸움의 균형이 맞지 않는다는 것은 나는 알고 있었다. 그래도 난 저 놈들하고 끝까지 간다는 마음을 다짐하고 있었다. 그날 싸움이 끝나고 어떻게 방어를 하면 덜 얻어맞는다는 것을 연구했다. 싸움은 하면 할수록 는다는 것을 그 때 실감하게 되었다.

다음 날은 예약이 아닌 학교가 끝나기 바로 전에 놈들을 찾아 가서 이젠 먼저 나오라고 했다. 역시 그놈들은 나를 비웃었다. 그날 도 나는 얻어맞았다. 그놈들의 싸움의 수는 뻔하기 때문에 나는 이제 방어를 잘 해서 좀 덜 얻어맞았다. 하도 얻어맞으니 맞는 것은 겁이 안났다. 이젠 수비에서 공격으로 가는 방법을 연구했다. 다음 날도 난 그 대장놈 김영재 놈을 불러냈다. 그 대장 놈은 내가 귀찮은 듯하지만, 내가 하도 끈질긴 놈이라서 이젠 조금의 겁을 먹은 상태로 보여 지고 있었다. 그날도 얻어맞았지만 그런대로 대등한 싸움의 실적이 되었다. 그래서 다음 날은 반공일 토요일이라서 그놈에게 학교가 아닌 장안동 촬영소 공터 후미진 곳에서 결투를 벌일 것을 제안 했다. 그놈은 약간 주저했지만 내가 그의 상대가 안되는 체격을 내세워 우쭐하면서 결투를 받아 들였다.

다음 날 결투의 현장이 되었다. 어차피 나는 그놈에게 체격이나 힘으로는 안되는 상대이기에 나는 나름대로 준비를 해야 하는게 아닌가? 싸움의 기술이나 패는 이미 읽었으니 나는 그놈들을 제압하는 방법으로 갈 수 밖에 없었다. 그래서 그날은 책가방에 책 대신 싸움에 쓸 각이진 돌멩이를 좋은 것으로 챙겨서 갔다. 싸움이 시작이 되고 나는 책가방에서 무기를 꺼내서 이제는 그놈을 제압하기로 하고 살기가 돋아 돌멩이로 사정없이 대가리고 가슴이고 다리고 아작을 내어 버렸다. 그러자 다른 놈들은 혼비백산하여 다들 도망가고 그놈은 아파서 뒤지는 시늉을 하길래, 다음부터 한 번 더 까불면 진짜로 죽여 버린다는 말을 남겨 두고 나도 터덜터덜 집으로 왔다.

그런 사단이 났으니 그 다음 날의 학교는 평온한 날이 아니겠지. 아침부터 교장실과 담임선생님 김영재 그놈 엄마 할 것 없이 난리가 난 것이다. 난리가 난 곳에 나를 위해서는 어느 전투군대가 투입되어야 하는가? 당연히 어머니시다. 어머니는 때론 방어를 하는 전투군인이 되어야 했다. 하루 공치면 입에 풀칠하기도 힘든 실정이지만 어머니는 자식이 일으킨 사건사고에 대해 손이 닳도록 빌어야 했고 먹고 죽을래야 죽을 수도 없는 돈을 어디에서 간신히 용채하여 병원비를 해결하시고는 사고를 수습했다. 자식의 싸움질로 봉변을 당하신 어머니는 넋을 잃으신 양 정신을 내려놓고 먼 하늘을 바라보며 한동안 눈물을 훔치시는 것이었다. 그 엄마의 모습을 본 나는 살아가면서 다시는 사건을 만들지 않고 살기로 맹세를 했다. 그렇게 해서 장안초등학교 6학년은 마무리가 되었다.

그러고 건국중학교에 배정이 되었다. 중학교 생활도 나는 책을 보며 공부를 하는 샌님같은 생활은 체질에 안 맞았다. 누구는 체질이 맞아서 학교를 다니는 사람이 몇 명이나 될까마는 워낙 공부에 기초가 안 되어 있어서 학교는 가방만 들고 왔다 갔다 하는 날탱이었다. 학교에서는 껄렁대는 애들에 휩싸여 딴에는 거들먹거리며 학교를 다녔다.

그런데 3학년 개학을 하고 얼마 안 된 어느 날 학교를 파하고 집으로 돌아오다가 으시시 쌀쌀한 봄바람이 제법 부는 날인데 거리의 길바닥에 야채를 펼쳐 놓고 장사를 하는 어머니를 보게 되었다. 얼른 몸을 감추고 다른 데로 도망을 갔다. 도망을 가면서 생각이 드는 것은 어머닌 나를 공부 시킨다고 저렇게 추운 길거리에서 야채 장사로 고생을 하시는데 나는 뭔가? 더군다나 내가 학교에 가서 나쁜 애들과 어울리지 않고 공부를 열심히 하겠거니 생각을 하고 계실 텐데...생각을 하니 어머니 고생하는 모습에 눈물이 앞을 가렸다. 그래서 혼자 마장동 청계천 뚝방으로 가서 엉엉 울었다. 너무도 가엽은 우리 어머니를 위해서 당장 내일 부터는 마음을 다잡아 주먹질이나 해대는 것은 중단하고 공부에 전념하기로 다짐을 하고 뚝방에서 집으로 왔다. 공부를 열심히 하여 우리 집도 가난에서 벗어나야겠다는 마음의 신념을 가슴속에 심었다. 그러나 그것도 갑작스레 변할려니까 잘 안되었다. 기존의 친구 놈들이 채근대기도 했고 공부는 기초가 안되있었고...그렇지만 가능한 핑계를 만들어 그 친구들과 거리를 두게 만들었다. 졸업이 다가왔는데 고등학교에 진학할 집안 경제여력이 안 되는 나의 사정을 안 담임 선생님께서 나와 형편이 비슷한 또 다른 한 친구와 둘을 취업을 알선해 주셨다. 참으로 고마운 선생님 이셨다. 동네에서 가까운 곳에 있는 일본인이 투자한 회사였다. 중학교를 겨우 마친 아이들에게 뭐 특별한 것은 아니고 그 회사에 출근하여 허드레 일을 도와주는 정도였다. 회사를 다니다 보니 그런 일을 하다가는 평생 가난의 굴레에서 벗어나지 못하겠다고 판단이 들었다. 그래서 다시 고등학교를 진학해야 한다고 마음을 먹고, 다음 해에 학교를 고르고 선택할 여지가 없이 되는대로 입학이 가능한 공업고등학교에 진학을 했다.

고등학교에 진학을 하여 보니 동기들이 나보다는 두세살 어린 후배들이 되는 것이었다. 그런데도 그들이 자꾸 까불어 오니 나의 주먹이 그들을 제압을 했다. 제압을 하려니 싸움을 하게 되고 싸움을 하니 사건이 터지게 되는 게 아닌가? 사고가 터지면 부모님들이 개입이 되고 우리 부모님들은 빽이라고는 전혀 없었으니 그저 손이 발이 되도록 굽실거리며 허구한 날 빌었다. 사건사고를 해결하고 집에 온 어머니는 나를 붙잡고 하소연을 하는 것이었다. 이젠 제발 싸움질은 하지 말고 차분히 공부만 하고 다니라고 사정을 하시는 것이었다. 죄없는 어머니가 왜 나에게 그렇게 사정을 해야 하시는가를 생각하니 내가 너무 불효였다. 나는 어머니에게 무릎을 꿇고 다시는 안 그러겠다고 용서를 빌었다.

비행의 꿈을 위해 무모한 도전하다

그 후는 학교생활에 인내심을 가지고 잘 버티고 공부를 했다. 나에게는 가슴속에 언제고 자리 잡고 간절함을 잉태하고 있는 것은 하늘을 날아보는 것이었다. 라이트 형제가 비행시험을 하였던 것보다 더 갈망했다. 그래서 학교를 갔다 오면 하늘을 날아보는 행글라이더를 제작하는데 골몰했다. 수개월에 걸친 연구로 설계와 제작을 거듭한 끝에 나만의 날틀을 만드는데 성공했다. 만들었으니 그 날틀을 시험해 보는 장소가 있어야 하지 않은가? 당시 강남이 개발하기 시작했지만 아직은 허허벌판 이었다. 나는 그 시험 비행장소로 물색한 곳이 지금 강남 삼성동 봉은사 뒤의 야산을 선택했다. 거기가 산을 오르는데도 그리 힘이 들지 않고 나름 산에 올라서 반대편 방향은 평지 땅과의 고도 차이가 있어서 날으는 시험을 하기에 적당했다. 평지에서 돋음박질로 연습을 한참을 하고서 토요일 오후에 그 산으로 올라가 힘차게 돋음박질을 하여 허공을 향해 날음을 시도했다. 긴장이 되고 균형에 약간의 불안함이 조금 있었지만 비행에 그런대로 성공이 되었다. 아래서 바람이 약간 받쳐주어서 비행은 순조롭게 선회할 수가 있었다. 나의 날으는 비행체를 지나가던 순찰차가 보고서 이상하게 여겨 내가 착지를 한곳으로 금방 차가 달려왔다. 그들은 그 비행체를 북괴가 날려 보낸 이상한 무기인 것으로 착각해서 잔뜩 긴장을 하고 나에게 접근하였다. 막상 접근해 보니 아직

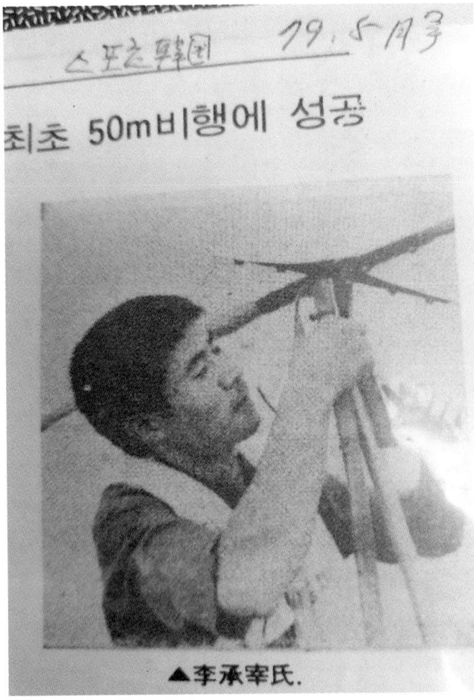

은 어린 고등학생 녀석이 제작한 행글라이더 이니까 신기해 하였다. 그렇지만 나의 신분을 확인할 필요가 있다고 강남 경찰서로 데리고 갔다. 신분을 확인하러 경찰서에 갔는데 취재를 위해 대기하고 있던 일선 기자들이 몰려와 나의 비행체에 관심을 갖더니 일요일 내일 다시 한 번 비행을 요청하는 것이었다. 그 요청에 나는 신이 나서 집으로 돌아왔다. 밤잠을 설쳐 내일의 비행에 연구를 더 했다. 다음 날 약속한 시간에 나는 봉원사 뒷산으로 나갔다. 가니까 한국일보, MBC, 대한늬우스 기자들이 취재를 위해 먼저 와 있었다. 나는 마음을 다잡아먹고 어제 보다도 더 침착하게 힘껏 발돋움하여 하늘을 향해 날았다. 성공이었다. 비행도 어제 보다도 약2분 정도가 더 긴 비행인 12분을 날아서 예정된 장소에 착륙했다. 착륙지점에서는 기자들이 달라붙어서 촬영을 하고 인터뷰를 하여 그날 밤 9시 뉴스를 타게 되었다. 전국방송을 타게 되니 하루아침에 스타가 되었다. 그 이후는 일간 스포츠에서 나에 대해 기획기사로 취재를 했고 행글라이더라는 우리나라의 미개척 분야의 동호인회를 조직하기도 해서 그 동호인회를 이끌기도 했다. 그러다 보니 이젠 비행을 서울에서 하기는 제약이 있어서 안양의 석수동 충훈부 뒷산을 우리들의 비행전용 구역으로 정해서 주말이면 비행으로 열을 올렸다. 당시 행글라이더 비행하는 게 신기해서 나는 텔레비전 광고에도 출연을 여러 번 했다. 삼성 텔레비전 이코노 TV광고에 비행하는 모습으로 나오는 것이 나였다. 광고 출연료의 수입도 괜찮았다. 비행에 탁월한 소질이 있음이 세상에 알려지자 한국항공

대학에서 대학 특채의 행운도 따랐다. 그런데 막상 대학을 다니려니 우리 집의 가정형편이 받쳐주지를 못해서 포기를 하고 군대를 가야했다. 군대도 그 분야의 특기인 나를 활용하려 했는지 당시 끗발이나 있는 애들이 간다는 정보사에서 3년을 근무하다 제대를 했다.

미래의 희망은 바뀌기기도 한다.

수안보에서의 어렸을 적 장래의 희망은 가수였다. 그중에서 내가 즐겨 부르던 노래는 김상희씨의 대머리 총각을 잘 불렀다. 그 노래를 부르면 동네 친구들이 너 노래 진짜 잘 부른다고 감탄을 했다. 나는 늘 학교를 오갈 때도 흥얼거리는 노래가 아니면 휘파람이라도 불어 노래를 즐겼다. 수안보 소장거리 장터에 명절 때 무대를 설치하고 콩클대회가 열리면 나는 관동 대표로 나가서 '대머리 총각' 노래를 흐드러지게 한 곡조 뽑았다. 장원은 못했지만 입선은 꼭 했다. 장원은 집행부 쪽에서 짜고치는 고스톱이었기 때문이다. 1학년 때 학교의 밴드부에 가입을 하려갔다. 나는 밴드부에 가입이 되어 연습을 할 때면 한번도 빠지지 않고 잘 다녔다. 그런데 열흘 정도가 지나니 밴드부원은 자기 악기를 마련해야 했다. 나는 집에 돈이 없어서 그 걸 준비 못하니까 담당 선생님이신 노재순 선생님이 나를 밴드부에 나오지 말라고 했다. 나는 나의 의지와 관련없이 하고싶은 밴드부에서 짤리게 된 것이다. 짤리고 난 이후에도 밴드부가 연습을 하는 강당 주변을 빌빌 서성이면서 창넘어 안쪽에 있는 밴드 부원들을 부러워서 한참

동안 처다 보기도 했었다. 그러다 지쳐서 학교를 나와 집으로 가는데 교문 앞 종국이형네 문방구에 고무줄을 감았다 펴지면서 프로펠러가 돌아 하늘로 날으는 모형 비행기를 파는 것이었다. 그 모형 비행기의 비행시연을 상술로 문방구 집주인이 직접 감았다 펴서 하늘로 날게 하고 있었다. 그것이 얼마나 신기한지 한참이나 구경을 했다.

당장 그것을 사고는 싶은데 사려면 33원이 있어야 되는데 돈은 수중에 없었다. 나는 그 모형 비행기를 꼭 갖고 싶었다. 집에 와서 엄마를 졸라댔지만 엄마도 그 돈은 없었다. 그런데 꼭 갖고는 싶었고 돈이 당장은 없으니 어떡하는가? 학교를 같이 오가는 친구 재명이는 돈이 있었다. 그 친구를 꼬득여 돈을 빌렸다. 결국 그 모형비행기를 손에 넣고 보니 마냥 신기했다. 난 그날 오후 내내 비행기 날리기를 수없이 반복했다. 그러면서 밴드부에도 짤린 놈의 어린마음이지만 신세 한탄으로 내가 장래희망으로 가수가 되겠다는 꿈을 버렸다. 대신 나는 커서 비행기의 조종사가 되리라 다짐을 하고 있었다.

나의 일생일업 업종이 되어 버린 자동차 정비공장

나는 전공이 전자과니까 취직을 한 곳이 전축을 만들던 태광전자 생산부였다. 거기에서 3년 정도 근무를 하고 나와서 T.V, 냉장고, 세탁기를 파는 전파사(전자제품 대리점)를 차렸다. 당시에는 테레비를 팔면 대부분 할부로 파는 것이었다. 할부금이 대부분 잘 들어오지만 그래도 30%정도는 부실하고 10%정도는 악성 채권이 발생하게 된다. 전자제품 대리점주 입장에서는 악성채권을 잘 관리해야 경영에 어려움이 없는 것이다. 할부를 담당하는 직원이 별도로 있지만, 아주 최악의 악성 채권인 경우에는 결정권이 있는 대리점 사장이 직접 현장을 방문해서 어우르고 달래기도하고 겁박도 주기도하고 해서 물품대를 받아 오는 것이 비일비재한 업무였다. 한번은 물건을 우리 가게에서 사가서 일부러 다른 곳으로 이사를 간 악성채권자를 어렵게 수소문을 하여 금호동 꼭대기 달동네 하꼬방집에 찾아간 적이 있다. 갔더니 다행히 텔레비전은 있었다. 어떤 놈들은 아예 텔레비전을 팔아먹고 배 째라는 놈들이 종종 있기에 하는 소리다. 달동네 하꼬방집 방 한켠에 아이들이 텔레비전을 보다가 내가 방문을 하니까 겁에 질려서 눈물을 글썽이며 "아저씨 텔레비전 가지러 오셨어요?" 라는 말을 건네 오는 것이었다. 나의 여린 마음은 아이에게 차마 그 말을 못들은 척 하고 텔레비전을 가져 오지를 못하겠는 것이었다. 하는 수 없이 그날은 그 자리를 철수했다.

다음 주에 다시 그 집의 채권을 정리해야 하는 순서가 되어 방향을 잡았다가 그 어린 아이들의 눈망울이 떠오르니 그 쪽으로 발길을 주지 못하겠는 것이었다. 발길을 돌린 마음이 약한 내가 이일을 계속하게 되면 제명에 못 살 것 같았다.

그래서 과감히 전자대리점을 접기로 마음을 굳게 먹고 정리를 하였다. 정리를 하고 나니 남은 것이라고는 전자제품 납품배달 다니던 화물차 하나가 달랑 하나 남았다. 그러면 앞으로 뭘 해서 먹고 살 것인가 고민을 하다가, 화물차를 장안동 중고자동차 시장에 내다 팔고 그 판돈으로 한적한 구석진 곳에 겨우 밧데리가게 (자동차경정비업소)를 냈다. 기술은 장안동에서 정비공장에 다니고 있던 중학교 친구에게 밧데리 교체와 에어컨 가스 주입하는 것을 잠깐 배웠다. 그것은 특별한 기술이 들어가는 게 아니잖은가. 나는 기계분야를 만지는 것은 남들보다 소질이 있었고 눈썰미가 있기 때문에 나머지 다른 기술은 가게를 내고서 하나 둘 익혀 가면서 장사를 했다. 하는 일에 수입이 제법 쏠쏠하게 되었다. 할부 월부가 없는 현금 장사라서 하는 만큼 수입을 얻게 되니 재미 또한 있었다. 한 여름이 되면서 차량의 에어컨 가스를 주입하는 계절이 왔다. 그해 따라 폭염이 지속되어 장사가 아주 잘 되었다. 사실 영업비밀이지만 에어컨 가스 한통이면 차 50대는 거뜬히 채워주고도 남는다. 가스 원가라 해봐야 얼마 안되는 것이었지만 가스 충전비는 짭짤하게 받았다. 여름이 지나고 나니까 '아~ 돈은 이렇게 벌리는구나'를 느끼게 되었다. 그래서 이제는 단순한 밧데리나 에어컨가스 주입이 아니고 자동차 전반에 걸쳐서 정비를 하는 카센타(경정비업체)로 방향을 틀었다. 나는 오는 손님들에게 친절하게 차에 대해 설명을 하고 순정품을 사용하여 정비를 해 주었다. 이런 내용이 입소문을 통해 퍼져 나가서 정비업소의 일이 넘쳐나게 되었다. 그러니까 장소를 더 넓혀야했고 더 나아가 나중에는 자동차 정비에 관한 종합정비업체로 늘려 나갔다. 사세는 날로 확장이 되어 장안평에서 손가락에 꼽히는 정도의 정비공장을 갖추게 되었다. 회사가 덩치가 커지다 보니 직원들의 수가 50명이 넘는 규모로 성장되었다. 사는 게 항상 순탄한 항해만 되는 것이 아니었다. 장안동에는 전국에서 내노라하는 양아치 깡패들이 들끓고 잘되는 정비 공장에는 그들이 일부러 시비를 걸어 오는가하면 대놓고 월사금 삥을 뜯는 일도 있었다. 우리 정비공장에는 직원들이 노조를 만들어 조직적으로 회사의 경영에 딴지를 걸어오기도 했다. 한마디로 바람 잘 날이 없었다. 보통 깡이 아니면 그 풍파를 견디지 못했을 것이다. 내가 힘들었던 것은 조폭 깡패들의 행패는 하나도 두렵지 않았다. 그럼 무엇이냐 직원들이 노조를 만들어 그야말

로 조직적으로 회사의 일을 야금야금 좀이 슬게 만드는 일이 환장하는 것이었다.

자동차에 관한 것은 모두 일괄 처리하는 종합정비공장을 거의 15년을 운영하다가 사람들의 배신과 속임에 심신이 지쳐서 회사를 정리하는 선언을 했다. 말하자면 다시 헤쳐 모여다. 내가 고생고생하여 그들 노조에게 갉아먹히는 일은 하지 않겠다는 계획이었다. 그렇게 하여 회사를 정리하고 내가 가지고 있는 공장터에 외제 자동차만 전문으로 정비를 하는 공장으로 전환하여 부산스럽지 않게 운영한다. 전에는 규모가 커서 남들에게만 좋은 일이었지 나에겐 실소득이 별로였지만 지금은 실속있는 경영을 하니 마음이 아주 편하다.

어머님과의 이별

나의 장한평 공장을 일구는 과정에서 고생이야 말로 표현하기 어려울 정도로 많았지만 나에게 더 힘들었던 것은 어머님과의 생이별이다. 내가 고생하여 경제적으로 어머님을 모실 정도는 되었는데 어느날 어머니는 장안동 4거리의 횡단보도를 건너다 교통사고로 돌아 가셨다. 파란신호에 아버지와 함께 횡단보도를 건너는데 느닷없이 전농동쪽에서 내리막을 쏜살 같이 달려오던 차가 브레이크 제어를 제대로 못해 건너던 사람들을 덮친 것이다. 어머니는 병원에 실려 갔으나 손을 쓸 겨를도 없이 혼자 저 세상으로 먼저 가셨고 아버지는 중상으로 여러 달을 병원에 있다가 퇴원하셨다. 청천벽력과 같은 일이었다. 그 소식을 접한 나는 하늘이 무너져 내리는 기분이었다. 나에겐 너무나도 원통한 일이었다. 어머니 연세 향년 57세였다. 젊어서는 고생고생 세상에 있는 고생이라고는 다 하신분인데 이제 내가 어머니를 보살펴 드리려고 했는데 야속하게도 어머니는 나의 호의를 받아들이지 못하시고 가버리셨다. 나는 어머니에게 '엄마 환갑 때는 내가 자가용 비행기로 어머니의 고향 하늘을 날아다니게 해드리겠다'고 늘 말했었다. 그러니 환갑을 지내시지도 않은 연세로 가시다니 나의 가슴에 억장이 무너지는 게 아닌가? 이 황당한 사태에 형님과 나는 황급하게 파주에 임야를 마련하여 어머니를 모셨다. 모시고 나서도 시간만 나면 엄마를 찾아가 산소에서 통곡을 하고 오기를 여러 번, 그러나 한번 가신 곳은 돌아오지 못하니 참 애통한 일이었다. 지금도 봄바람이 차게 부는 날이면 길거리에 채소 다라를 놓고 장사를 하며 고생하셨던 엄마의 모습이 생각이 나서 눈물이 앞을 가린다.

비행기 추락사고

나는 앞에서 말한 바와 같이 하늘을 나는 꿈을 현실로 이루는 비행기를 조종하는 것을 늘 갈망해 왔던 터라 비행기는 모형이든 실물이든 가까이에 두고 살게 되었다. 그래서 우리 공장에 와 보면 여기에도 비행기, 저기에도 비행기, 천장에도 비행기를 달아 놓은 것을 볼 수가 있다.나는 하늘을 날으는 것을 내가 고3때 직접 만들어서 탔던 행글라이더를 시작으로 경비행기를 사서 비행을 했다. 주말이면 시화에 있는 비행기 격납고로 직행한다. 활주로를 보면 나의 가슴은 언제고 설레게 되었다. 오늘은 비행기를 조종하여 어디의 하늘을 돌아볼까 하는 설레임이다. 비행기를 조종하여 우리 수안보의 고향하늘을 처음으로 날아갔다. 장연면 쪽에서 수안보 상공으로 집입했다. 나는 더 가까이 근접을 하여 동지의 우리가 살았던 집터가 있던 자리를 선회했다. 너무 감격스러워 두어번 더 돌았다. 너무 꿈만 같았다. 초등시절 고무줄 행글라이더를 날리던 소년이 성장하여 진짜로 고향의 하늘을 날다니...행복한 일이었다.

비행을 하는 것이 연륜이 쌓여가다 보니 비행기를 조종하는 동호회도 형성이 되어 그들의 리더가 되기도 했다. 동호회 한 회원이 비행기를 독일에서 새로 사오게 되었다. 그러게 되면 동호회원 모두는 모여서 축하 비행에 격려를 해주곤 한다. 시승식이 어머니가 돌아가시고 4년째 되던 해의 제사가 있는 같은 4월 달 이었다. 그 비행기 소유자는 평소 나를 형이라고 잘 따르는 사이었다. 배동석이라는 친구인데 그 친구가 형님이 먼저 시험운행을 한 바퀴 돌아보고 비행기에 대해 평가를 해 달라는 부탁이었다. 그런거야 뭐 평상시에도 있는 일이라서 별 대수롭지 않게 부탁에 응했다. 부탁에 응했다기보다 나도 그 기종에 대해 호기심이 상당히 있던 터였다. 비행준비가 다되어 나는 랜딩기어를 올렸다. 출발은 비행기의 힘이 좋아서 순탄하게 쫘악 올라탔다. 너무 좋았다. 그런데 잠시후 조종간이 작동이 안 되는 것이었다. (나중에 안 사실은 정비사가 케이블을 연결만 해 놓고 너트와 볼트를 조이는 것을 깜박 잊고 퇴근한 상태였던 것임) 이에 긴장이 바짝 되었으나 손을 쓸 수가 없었다. 나의 등골은 오싹해졌고 얼굴은 새파랗게 질렸다. 추락이 된다는 것에 찰라의 시간이지만 겁이 버럭났다. 이제 죽는구나 눈앞이 깜깜하게 되었다. 정신을 바짝 차리려 했지만 너무나 짧은 시간이니까 순간 할 수 있는 일이라고는 기도뿐이었다. 나는 특별한 종교가 없기에 어머니를 찾았다. 비행기는 추락하는 것이 무게 중심의 원리상 곧바로 직선으로 추락하는 것이 아니고 깔대기 모양의 형상의 선을 그리며 서너바퀴를 돌아서 땅으로 추락을 했다. 그 순간의 찰라에 조종간이 나의 가슴을 직접 때리는 것이 아니고 조종간이 좌우 옆으로 갈라지면서 떨어지는 것이었다. 마치 기독교인들이 말하는 모세의 홍해의 기적이라 불리는 바다가 갈라지는 현상의 모양처럼이다. 나는 그것을 어머니의 영혼이 나타나 구하였다고 지금도 그렇게 믿고 있다. 아래에서 비행의 모습을 지켜보던 이들도 비명을 질렀다. 비행기가 추락하면 99.9%가 사망하기 때문이다. 나도 그렇고 지켜보던 그들도 죽었다고 생각했다. 다행히 비행기는 활주로가 아닌 개펄로 추락이 되었고 그 이후는 내가 다행인지 불행인지 병원에 누워 있었다. 참으로 이상한 것은 그렇게 심한 추락의 상태인데도 몸에는 부러지거나 파열이 없었다는 것이다. 어머니가 보살피신 게 틀림없었다. 그렇지 않고서야 어찌 이렇게 멀쩡하였단 말인가? 단지 충격으로 인한 타박상의 멍이 들어 몸이 부어있었다. 타박상의 아픈 상태여서 나는 나의 허리가 고장이 난 줄을 모르고 있었다. 몸의 부기가 어느 정도 추스르게 되었을 때 나는 나의 하반신이 움직이지 않음을 알았다. 앞이 캄캄해지는 절망감이 몰려왔다. 막막했다. 며칠이 지나면서 생각은 이제 살았다는 안도감보다도 차리리 죽었으면 더 좋았겠다는 생각이 더 강하게 들게 되었다. 하루에도 몇 번씩 낙담이 몰려왔다. 앞으로 이렇게 살아 있느니 차라리 죽

어 버리겠다는 생각도 수없이 했다.

병원에서는 퇴원을 했다. 집에 돌아와 나는 한동안 멍~한 상태로 시간을 보내고 있었다. 신은 우리에게 주어진 가장 좋은 명약인 세월이 약이라는 것을 주셨다. 해가 한두해 지나게 되면서 민감했던 극한 상황은 무뎌졌고, 살기 위해선 부정적인 생각을 버리고 불편한 나의 몸 상태가 좀 나아지게 하려고 재활훈련을 지독하게 했다. 의지가 강하니까 몸이 조금씩 나아져서 남의 힘으로만 움직여야 했던 것도 이젠 지팡이를 잡고서 혼자 스스로 짧은 거리는 움직이는 상태까지 진전이 되었다. 나의 이런 몸 상태의 수족이 되어 준 가족들의 수고는 이루 말할 수 없을 정도이다. 집사람 딸 형님 등등 모두 감사할 다름이다. 특히 고마움의 대상은 나의 아들인 수환이다. 나는 조상님이 나에게 아들을 점지해 주신 것에 대해 감사의 마음을 드린다. 수환이게는 나에게 아들로 태어나 주어 고맙다고 말한다. 아들이라고 부르기 전에 나에게 아주 고마운 천사인 것이다.

세월이 흘러서 지금 6십 중반을 넘어선 나는 나의 인생을 되돌아 본다. 신은 나에게 몸의 상태가 불편하게 되라는 운명을 주었지만 나는 이 상태를 받아들여 순응하며 살아간다. 어려서 가난이라는 힘든 과정을 지나 현재 나는 불편한 몸 말고는 내가 어려서 꿈 꿨던 것을 다 이루고 약속도 지켰다는 것에 감사한 마음으로 세상을 대하고 있다. 그 첫 번째 약속은 후손에게는 가난을 물려주지 않겠다는 것을 이루게 되었고, 자가용 비행기를 타고 고향 하늘을 날아 본다는 나 자신과의 약속도 지킬 수 있어서 모두에게 감사를 드린다. 아울러 어려울 때나 기쁠 때 나의 주변을 지켜준 고향 친구들에게도 고맙다는 말을 꼭 전하고 싶다.

지금, 이 자리가 행복이자 극락이다

이 영 식

1. 유년의 기억

- 신선봉의 정기와 후광을 받으며 72가구가 옹기종기 머리를 맞대고 6.25전쟁 직후 힘들고 배고픈 가운데 형제처럼 모여 살던 동네, 맑은 물 옹달샘이 사방에서 샘솟고 봄이면 개구리, 이름모를 산새소리, 시냇물 소리를 들으며 그러나 먹고 살기위해 치열한 삶을 살았던 나의 고향 석문동 에서 베이비부머 첫세대로 태어났다.

- 눈만뜨면 뛰쳐나가 구슬치기, 사방치기, 딱지치기, 자치기, 제기차기, 연날리기, 가이생 놀이를 즐기던 서낭당앞 옛길, 야구놀이, 소꿉놀이, 물방구개헤염, 호드기 꺾어불던 또랑가 송사리, 윤상수네 사랑방, 그리고 윤대순네 바깥마당과 들마루, 개울건너 감나무밭, 주막거리 골목 돌담장 돌

아 돌아 피던 정겨운 호박꽃... 겨울이면 외발 쓰케토타고 봄이되면 창꽃 꺾어먹다 창꽃 문둥이가 사람 간빼 먹는다는 소리에 간빼 먹힐까봐 가슴 졸이던 일...창호지문 어긋난 문틈 사이로 들창으로 들어와 교교히 밝히던 따뜻한 친구 달빛, 여름이면 마당에 멍석을 펴고 누워 바라보던 맑고 영롱한 별들... 젖은풀로 피우던 모깃불, 그때 먹던 밀개떡, 보리개떡,옥수수, 감자, 겨울이면 상큼한 김치에 묵한사발, 생고구마, 쌀밥은 언감생심 사발 수북히 꽁보리밥에 감자를 이겨 쓱싹 비벼서...

도토마리골, 말바우골,구렁깔네, 사시낭골, 고장자골, 음박골, 고약골, 시꼬족골,오종바우, 가운데골, 어둠실, 엎어번데기,점토... 지명조차 뜻을 알 수 없는 그 많은 골짜기와 뒷동산 풀미골 허리를 놀이터 삼아 송기꺾고 찔레순 꺾고 옥수수대공 씹어 단물 빨아 먹으며 허기진 배 채우던 아련한 옛기억이 환갑을 넘어 70을 바라보는 나이에 새삼 그립다.

8살위 누님과 12살위 형님을 따라 다니며 나무하고 소풀베고 4살아래 여동생과 8살 아래 막내 동생을 업어 주거나 쉬지 않고 일을 해야 간신히 먹고 살았던 환경 속에서도 꿈도 많고 행복했던 유년시절을 보냈다.

2. 초등학교

집에서 학교까지 6Km...그 춥고 덥고 배고프고 힘들던 왕복 12Km 이상되는 먼길을 새벽에 일어나 뛰다가 걷다가 언손 호호불며 다니던 등하교길! 뒷꿈치가 다 닳아서 헐떡 거리던 검정 고무신은 언제 사줄지 기약도 없고 짠지국물 쏟아져 얼룩진 책보따리, 꿰매 신은 양말 뒷굼치는 배겨서 먼길에 나를 괴롭히고 긴긴 여름날 점심시간은 왜 그렇게 길고 아득한지 지서 뒤쪽에 있던 두래박 우물 물로 배를 채우고 땅빼기 놀이하던 그 학교마당의 웃음소리가 그래도 그립고 아련하다.

신한호, 오명수, 윤상수, 김덕기, 강창옥, 안창석, 전창용, 이창수, 박호분, 김연자, 안옥분, 홍매화, 윤대순, 추순분, 전영자, 박기복, 이상분, 72가구에 동창이18명, 고만고만 선후배를 합치면 50명이상이 학교길에 오가며 싸우고 의지하고 땅개비 잡고 산딸기,산앵두 따먹고 송사리 올뱅이 잡고, 돌부리 차며 학교를 다녔다.

동구밖 멱감던 웅덩이, 울퉁불퉁한 신작로길, 비루모탱이를 지나 재팔이 이서방 아저씨네 밭끝 무덤가에는 귀신이 나온다는 전설이 머리끝을 오싹하게 하고 주검디 아저씨네 논을 지나 한절 동구밖 곰지골 입구에도 상여곳집이 있어 귀신이 나온다고 한 번 더 간을 졸이고 비만 오면 곰지골 또랑물이 불어나 길이 끊기면 살기위해 흘러가는 물을 건너려고 헤매고, 뽕나무밭을 지나 선권마을 지나 산림감시원이 근무하던 숲을 지나 돌고개를 넘어 늑대불알 아저씨네 집을 지나 장터를 지나 오가던 그 아련한 그리운 등하교길, 목마르고 배고프고 더위를 식혀주던 옹달샘, 두래박, 펌프우물은 비타민이고 에너자이져 이고 배고픔까지 담당하고 해결해 주던 생명줄 이었다.

운동장가 측백나무, 관사마당을 지나면 따뜻한 온천수 하수구에 미꾸라지가 신기하고, 교실이 좁아 나머지공부 시키던 학교 뒤 전나무 아래 뫼등, 쓰레기더미를 내려서면 석문천 푸른물에 멱감던 일,겨울 땔깜 솔방울 줍기,동지마을 토끼몰이, 제일 싫던 소풍날, 운동회 날(?)의 추억조차 그리움이다.

3. 전투경찰 입대

-1972년 중학교를 졸업하고 서울에서 이 직업 저 직업 헤매다가 부산으로 내려가 부산진역앞 수정동에서 한일 자동펌프 수리공,마산 오동동 신발가게 점원을 거쳐 부산 대연동 동아음료 회사에 취직 박봉을 받으며 고등학교 다니다가 전투경찰 시험을 보고 1974년도에 입대 거제도에서

34개월 복무하고 1977.2.1. 전투경찰 수경으로 제대 한 것이 경찰로 평생을 살게 된 발원점이다.

-5학년때 어머니처럼 자상하시던 김구웅 담임 선생님이 도시락 반을 나누어 주시며 너는 커서 아나운서가 되어라 해서 아나운서를 꿈꾸고 삶의 목표가 되었던 시절도 있었다.

4. 경찰에 뼈를 묻다.

- 경찰에 입문 결혼도 했고 두 아들을 낳아 키우며 무난한 삶을 살았다.
- 역사의 소용돌이 속에서 어려움도 많았지만 체질과 적성에 맞았고 직장이나 지역에서 인정도 받았다.
- 40년이 넘는 긴 세월을 역사 현장에서 몸으로 부딪치고 전쟁을 치루고 주저하지 않고 거침없이 살았다.

경찰경력

-1974.04.01 전투경찰14기

-1977.10. 10 일반공채22기

-1977.10. 10 음성 대소지서 순경 초임발령

-1979.07. 21 음성 소이지서

-1980.08.08 충주 수사과 수사계

-1981. 09.25 충주 수사과 형사계

-1983.10. 18. 충주 용암파출소 (경장시험승진)

-1984.07.18 단양 수사과 조사계장

-1985.12.05. 충주 봉천파출소 차석

-1988.07.04. 충주 목계지서 차석

-1989.07.19. 충주 종합상황실

-1990.10.10. 충주 목행파출소 차석

-1993.02.02. 충주 주덕지서 차석

-1993.10.09. 충주 교통사고조사계

-1995.03.01. 경사 근속 승진

-1996.04.30. 교통사고조사 자격증 취득

-1997.08.12. 충북지방경찰청 충주운전면허시험장

-1999.12.04. 자동차기능검정원 자격증 취득

-2001.02.09. 충주 중앙파출소

-2003.02.17. 충주 문화파출소

-2003.06.01. 남부지구대 수안보 치안센터 민원센터장

-2003.11.22. 서부지구대(주덕) 2팀 사무소장

-2004.05.25. 북부지구대(엄정) 1팀 사무소장

-2005.12.16. 경위 심사 승진

-2006.02.03. 동부지구대(중앙) 2팀 사무소장

-2006.07.10. 경무과 경리계장

-2010.10.18. 충주 앙성파출소장

-2012.02.18. 충주 중앙지구대장

-2013.09.14. 충주 수안보파출소장

-2014.02.03. 충주 중앙지구대 순찰1팀장

-2014.06.23. 충주 연수지구대 순찰4팀장

-2015.02.01. 공로연수 발령

-2015.06.30. 정년퇴직

-2016.09.08 중원그룹 연수LPG충전소,연수주유소 부사장

-2016.10.20. LPG충전시설 안전관리자 자격증 취득

-2016.12.07 행정사 자격증 취득

- 2018.12.08. 중원그룹 퇴직

- 특히 재직중 경찰근속승진제도 국회통과, 경찰 4조 2교대 근무 전국최

초 정착, 충주경찰서 엄정지구대 개축, 중앙지구대 이전신축, 서충주지구대 이전신축, 수안보파출소 철거신축, 연수지구대 철거 신축을 중심 책임자로서 예산, 부지 매입확보, 현장감독을 해서 준공한 일, 검찰로부터 수사권 독립을 추진 기여한 일은 퇴직후에도 항상 가지고 사는 자부심이다.

- 동료들의 박수를 받으며 퇴직을 했지만 청춘을 받쳤던 경찰에 애정어린 관심과 국가의 안전과 국민을 위해 더 큰 발전이 있기를 항상 기원한다.

5. 노년을 어떻게 살것인가?

- 퇴직후 다시 LPG충전소와 주유소 부사장, 그룹 이사일을 하다가 2018.11.30 사직을 하고,
- 자녀들을 돌보고 못다한 공부와 취미생활을 하며 건강하고 행복한 노후를 보내고 있다.
- 새벽에 일어나 1만보이상 걸으며 인문학, 물리학특강과 스님, 신부, 저명 대학교수 특강을 유튜브로 듣는다.
- 육조단경, 도덕경, 유식삼십송 해설, 금강경야보송 해설,십우도, 일체유심조 강의를 정말재미있게 유튜브로 정리해서 듣는다,
- 어설픈 요가로 몸을 풀고 종범스님, 혜거스님, 법륜스님,혜국스님 과 돌아가신 원효스님 성철스님,탄허스님,적명스님을 만나 특강을 듣는다.
- 손주와 손녀를 만나 나누는 사랑도 너무 행복한 일이다. 산을 오르고 피리와 오까리나를 어설프게 불고 아코디언을 치고,누님과 동생들을 만나서 못다한 담소와 정을 나누는 일은 너무 행복한 일이다.
- 욕심없이 하고 싶은거 무리하지 않게 하면서 살련다.
- 친구들 우리 동창들과 지금처럼 양보하고 배려하고 이해 하면서 치매나 우울증 앓지 말고 서로 사랑 하면서 정답게 살자.
- 지금, 여기, 이 자리가 천국이고 극락이고 행복 아닌가?

시대별 화보

가족사진(1960년)

약혼(78.5.14)

청년순경 시절(77-83)

음성 대소,소이지서(77-80)

수사과 형사·수사계 근무(80-84)

장년경찰 시절 (84-97)

산악수색(1981)

운전면허시험장(97-2001).

엄정지구대(2003-2005)

자녀성장

중앙파출소 사무소장(2005-2006)

경찰의 날(2006)

중앙지구대 이전,신축 유공표창

경위승진(2005-2006)

경무과 경리계(2006-2010)

테니스 대회출전 수상

가족같던 동료들

연수지구대 철거후 신축 준공(09.12.27)

서충주지구대 이전,신축 유공표창((2010.09)

장남결혼(1)

장남결혼(2)

장남결혼(3)

앙성파출소장(10.10.-12.02.)

수안보파출소장(12.9.-13.2.)

장남가족

경찰 동료가족

중앙지구대장

차남결혼(14.10.19)

정년퇴직(15.6.30))

정년퇴직(15.06.29)

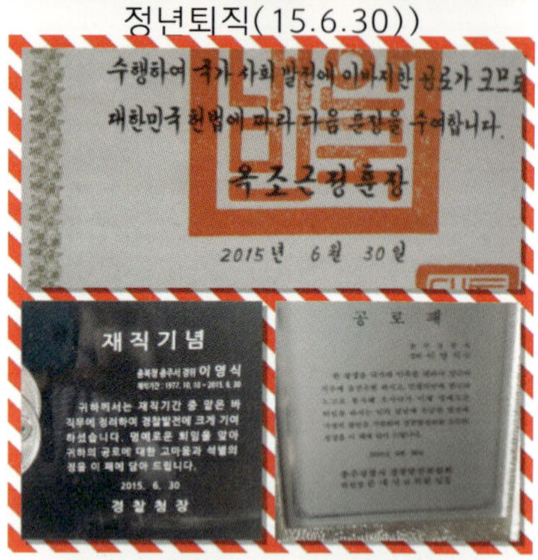

정년퇴직 훈장과공로패

정년퇴직(15.06.29)

귀여운 장손

요가신동 막내손주 효준이

다정한 형제들

나의 보물1,2,3호

노후의 행복

퇴직후 제2의 직장

따뜻한 남쪽으로 날아간 고향 새

이 옥 자

4월의 날씨가 봄이지만 옷깃에 스며드는 바람이 차다. 지금 쯤 고향의 산에는 진달래가 한창 흐드러지게 필 것이다. 산에 피는 그 분홍빛 진달래만큼이나 그리운... 나이를 이렇게 많이 먹었어도 우리가 어려서 코 흘리게 시절 같이 놀았던 친구들이 그리운 것은 어쩔 수 없나 보다.

1976년

나는 수안보에서 초등학교시절 생활이 너무나도 그립고 그 친구들이 보고 싶다. 가끔 동창회에 가게 되면 스스럼없이 반갑게 맞이해 주는 친구들이 있어서 얼마나 행복한지 모르겠다.

우리의 원래 고향은 경북의 산양이라고 한다. 거기에서 부모님들이 식당을 아주 크게 운영하였다고 하는데

계를 하는 사람에게 잘못 엮이게 되어 재산을 다 날리게 되었다고 한다. 그간 잘 살던 환경이 나락에 떨어지게 되니 그 동네에서 살기가 좀 창피스러웠던지 부모님은 그 곳을 떠나 수안보 쪽으로 와서 살게 되었단다. 처음에는 복계리에 조금 있다가 양짓말에 몇 달을 살고 새터말에서 오래 살았다. 어머니는 허허벌판인 수안보에 와서 우리들을 먹여 살리려고 부단히 노력을 다 했다. 어머니는 차부에서 장사를 하는 고생을 하였지만 철없는 나는 공부하기보다 놀기를 좋아했다. 이은순이네 집에 가서 자주 놀고, 대보름이면 그룹이 모여 놀 때는 고희자네 집에 모여서 재미있게 놀던 시절이 생각난다. 그뿐만 아니라 나는 여기 저기 쏘아 다니며 박영희네 집과 이남홍네 집, 다리 건너 김신자 친구네 등등 안 쏘다니는 데 없이 자주 놀러 다녔다. 그나마 나를 나에게 위안하는 것은 나의 성격이 소침하지 않고 활달해서 누구와도 잘 어울려 놀았다는 것이다.

학교를 졸업하고는 충주에 취직을 하러 나갔으나 일거리가 변변치 않아서 다시 집에 들어와 잠시 미적거리고 있는데 부산에서 외삼촌이 불러 내렸다. 부산에는 외가와 이모네가 가까운 거리에 모여 살고 있었다. 이를 계기로 난 남쪽 지방에서 평생을 살게 되었다. 우리 시대는 거의 모두가 서울로 서울로 올라갔지만 특이하게 나는 외갓집으로 인해 남쪽으로 가게 되었다.

1971년도에 부산에 내려와서는 외삼촌이 안내하는 회사에 취직을 하여 다니게 되었다. 생활은 외할머니와 같은 방을 쓰면 외삼촌 집에서 하였다.

충청도에서 자란 촌아이가 부산에 오니까 처음에는 어안이 벙벙했다. 서울만큼은 아니어도 아주 큰 도시에다 부산은 바다가 있어서 처음 보는 바다는 신기하기만 했다. 특히나 제일 어려웠던 것은 언어의 소통이었다. 우리 수안보에서 배운 억양과 단어로는 부산에서는 말을 처음에는 도저히 못 알아 듣겠더라고...그러나 나이가 어려서 그런지 몰라도 금방 그들과 언어의 소통이 되었을 뿐만 아니라 그 이후로는 아이예 충청도의 언어는 사라지고 경상도의 억양으로 굳어져서 평생을 살게 되었다.

수안보를 떠나와 부산에 오게 되니 어려운 것은 낯선 환경도 문제 이지만 친구들과 재미나게 지내다가 타지에 오니까 아는 사람도 없고 외로운 것이 제일 힘들었다. 그래서 가끔은 고향 생각에 남모르게 눈물을 흘리곤 했다.

그러나 회사를 다니게 되면서 동료 친구들도 사귀고 선배 언니들과 쉬는 날이면 용두산 공원과 유엔공원, 태종대 등으로 놀러 다니게 되니 외로움으로 부터도 점점 무뎌 가게 되었다. 다시 말하면 나는 현지 적응을 잘 하고 있었다는 얘기다. 회사를 몇 년을 다니고 있는데 아주 친한 언니가 자기의 고향의 친지라며 소개 해준 사람이 현재의 남편이 되었다. 남편은 부산에서 회사를 다니고 있어서 나는 틈이 나는 대로 그를 만나서 자갈치 시장이나 용두산 공원, 서면로타

남편 정년퇴임 기념 (2009.12)

리 등지에 나가서 데이트를 했다. 그렇게 해서 1978년도에 결혼을 하고 부산에 신혼살림을 하게 되었다. 결혼을 하여 아들을 낳고 이어서 딸도 낳아서 생활을 무난히 하고 있었다. 그런 과정에 포항 사는 이종언니가 남편의 직장을 알선해 주었다. 부산에서 있는 것 보다는 포항의 철강회사에 다니도록 하는 게 더 좋다는 추천을 받아 우리는 포항으로 이주를 하게 되었다. 그렇게 하여 나는 그 이후로 포항에 살게 되었고 이젠 모든 생활여건이 포항에 있게 되니까 제2의 고향이 되어 이곳에 눌러 앉아 살게 되었다.

포항에 와서 전업주부로 살다가 아이들이 어느 정도 성장을 하면서 시간이 나게 되었다. 마침 아는 지인이 문방구를 하고 있었는데 장사가 안 되는 것이 아니라 그들은 벌만큼 벌었고 나이가 들어 몸이 피곤하니 손을 놓고 싶어 하는 차에 권리금을 쳐 주고 인수를 받았다. 그렇게 인수한 문구점을 12년간을 운영했다. 말한 대로 장사가 안 되는 곳이 아니었기에 우리도 그곳에 심심찮은 재미를 보게 되었고 두 아이들의 대학공부를 무사히 잘 시키게 되었다.

하롱베이에서(2014)

덕분에 두 아이들 다 결혼 시켜서 분가를 내 보냈다. 아들은 Kt에 과장으로 근무를 하고 딸은 해군에 근무하는 사위와 알콩달콩 잘 사는 것을 지켜보면 나는 그런대로 평생을 무난하게 잘 살아왔다고 본다.

운전면허를 나는 95년도에 취득을 하여 지금까지 운전을 하고 있으며 시간이 나는 대로 남편과 함께 전국의 관광지를 여행하면 지내고 있다. 아울러 같

제주도에서 2009

이 잘 지내는 지인들과 어울려 해외 여행도 종종 다니면서 노후를 재미 있게 지내려 노력하고 있다.

나이가 들어가면서 고향의 어렸을 적 친구들도 보고 싶어서 가끔은 남편을 동행하여 수안보에 들러 가곤 한다. 초등학교 친구들아 앞으로 우리 아프지 말고 건강하게 잘 지내면서 오래 도록 우정을 나누자. 고맙다. 사랑한데이~ 아주많이..

동창회 참석해서 족욕을 같이 하는 친구들
나, 박용희, 김용수

가족여행 (후쿠오카)

사소한 것에 감사하며 사는 인생

이 은 순

나의 사랑, 나의 어여쁜 자야,
일어나 함께 가자.
보아라,
겨울이 지나고 비도 그쳐 지나갔으며,
땅에는 꽃들이 피고
노래하는 계절이 이르러
산비둘기 소리가
우리 땅에서 들려오누나.
나의사랑, 나의 어여쁜 자야,
일어나 함께 가자.
(아가서 2장 11~12)

나는 엄마 뱃속에서 부터 믿은지라 습관처럼 교회를 다니게 되었다. 어릴 적에 나는 몸이 약해서 밖으로 나가 노는 것을 싫어했다. 아버지는 보건소 장으로 공인이라서 이사를 이곳 저곳으로 자주하게 되었다. 그러다 보니 자연적으로 학교의 이동도 자주 있게 되었다. 수안보에 오기 전에는 단양의 매포에서 학교를 다녔고 수안보 초등학교에는 4학년 2학기에 와서는 중학교 1학기를 마치고 아버지가 앙성으로 전근을 가시는 바람에 나는 앙성중학교를 마치게 되어 중학교 동창들 모임은 그곳 친구들과 하고 있다. 그래서 우리 같은 경우는 딱히 고향이 어디라고 못 박아서 지목하기는 어렵다. 그래도 수안보를 가게 되면 여러 친구들이 반가이 맞아 주고 따뜻한 온천이 있어서 좋다. 가끔 방문을 하게 되면 고향에 온 것으로 느껴지는 포근함을 갖게 되는 곳이다.

나는 앙성에서 중학교를 마치고 서울에 인문계 고등학교를 시험을 봐서 낙방을 했다. 그리고 후기인 상업학교에 진학했다. 물론 학교는 미션스쿨이었다. 소금과 빛의 학교다. 고등학교에 재학중에는 이제는 공부에는 별 취미를 가지지 않고 교회에 전념하게 되었다. 토요일이면 아예 교회 청소하고 전도하고 기도하고 그 것이 공부보다도 더 즐겁고 행복했다.

몸이 약해서 인지 교회에 더 의지를 하게 되었고, 고2 때 느끼게 된 것은 예수님이 나의 죄를 위해 돌아 가셨고 나의 구주가 되심을 깨닫게 되었다. 우리를 위해 십자가를 지신 예수님 삼일만에 부활 하셨고 지금도 우리를 위해 하나님 오른편에서 기도를 해 주시는 주님을 진정으로 믿게 되었다.

나는 일찌감치 대학가는 것은 포기를 하고 교회 열심히 믿으면서 졸업을 하고는 일반 회사에 취직을 했다. 그리고 기도 하는 것은 예수 잘 믿는 믿음이 좋은 집에 시집을 가게 해 달라고 교회에 가면 늘 기도를 했다. 우리 집에서 아버지는 교회를 다니시지 않았다. 물론 돌아가실 때 쯤 모든 것을 회개하고 예수님의 품에 안기셨다. 목사님을 집으로 모셔 와서 안수 기도를

하고 장례도 교회식으로 하여 아버지를 천국으로 인도 하셨다.

아버지께서 생전 평소 예수를 믿지 않으셔서 나는 믿는 가정으로 시집을 가야 한다는 절실한 간절함이 있었다. 그래서 엄마가 중매를 한 집이 지금의 신랑이다. 시아버님은 원래 김천에서 개척교회를 세우셔서 봉사를 많이 하신 집안이었다.

시집을 간 곳이 대구로 갔는데 낯설고 아는 사람이라고는 하나도 없어서 처음에는 참 외로 웠다. 그때 당시 신랑은 신학교 학생이었다. 결혼을 하고는 생활의 책임이 뒤 따라야 하니까 시댁 부모님께서는 신랑이 공무원이 되기를 원하셨다. 신학교 2학년 때 공무원 시험에 합격을 하고 신학교 공부는 접었다. 막막하고 외로운 신혼지의 생활이 경제적으로는 넉넉하지는 않았지만 신랑의 영적인 것은 너무나 풍부했기에 나는 행복함을 갖고 대구에서 생활을 했다. 우리에겐 아들 하나를 주님께서 선물 주셨다. 아들은 별 탈 없이 자라줬고 예술(음악 작곡,지휘)을 전공을 하여 지금은 대학에서 후학을 가르치는 일에 매진하고 있지만 세계적인 인재가 되기를 엄마로서 기도를 하고 있다.

신랑은 공무원 35년동안 공직생활을 하고 정년을 마친 이후에는 젊어서 계속하지 못했던 신학을 다시 공부를 했고 어린 시절 꿈이었던 선교사의 길을 주님께서 기억하시고 신랑에게 그 직무에 맞는 교회 사역자로 섬김을 하도록 인도해 주셨다.

우리의 생활에서 열심히 기도하는 것은 주님께서 반드시 응답을 주셨고 한 번도 주님께서 그른 길을 안내 하시지 않았다는 것이다. 언제나 부족함이 있으면 충족하지는 않더라도 기도의 응답이 반드시 우리에게 왔다. 감사할 따름이다.

몸이 허약한 나에게 기도의 힘을 쓰게 건강을 인도하심과 아들이 오스트리아 그라쯔 국립음악대 관현악 지휘에 합격, 유학생활의 경제적 어려움이 있었지만 나름 열심히 노력하여 무사히 마치게 되었고 며느리는 같은 학교의 작곡과 석사를 마치고 독일 장학생으로 선발되어 2년 최고지도자 과정 석사를 2년 더 공부를 해서 귀국하게 함과 어여쁜 며느리와 튼튼한 손주를 안겨 주심에도 감사를 드린다.

또 대구에서 서울로 이주를 할 대 적은 금액을 쥐고 올라 왔는데도 불구하고 주님께서 우리의 보금자리를 잘 인도하여 아파트를 장만하게도 해 주셨다.

내가 더 건강한 상태로 세상에 보내셨으면 아마도 나는 주님으로부터 소홀한 교만한 생활을 하게 했을지도 모른다. 약한 신체를 주셔서 나는 열심히 기도 할 수 있었고 주님을 섬기는데 게을리 하지 않게 했다. 아울러 믿음이 좋은 신랑을 만나 믿음의 가정을 이루게 하심에도 감사들 드린다.

앞으로도 넘치는 복을 받음에 감사하며 그에 따른 모자라지만 나의 봉사를 더욱 더 분발하게 하도록 안내를 받도록 기도할 것이다.

우리나라는 130년전 조선의 복음화에 선진국 선교사들의 헌신과 사랑의 실천으로 우리나라는 선진 문물을 받아들이게 되었다. 선교사들은 청춘을 바쳐서 조선에 병원,

학교, 예배당을 지워 주었다. 복음을 받은 깡패두목 김익두는 회개하여 하나님을 믿게 되었고 목사가 되어서 한국 교회에 큰 영향을 주게 되었다. 그 시절이 지난 후 지금 우리는 복음에 빚을 진 나라이다. 그래서 현재는 우리보다 못한 아프리카나 동남아의 열악한 지역에 복음을 전하려 소망하고 기도를 한다. 주님나라에 갈 때 까지 선교의 꿈을 주께 기도하고 1년에 한 두 번은 선교지를 방문할 수 있게 건강을 달라고 소망하고 기도를 드린다.

평소 내가 좋아하는 성경 구절로 친구들의 아량을 구합니다.

곧 창세 전에 그리스도 안에서 우리를 택하사 우리로 사랑 안에서 그 앞에 거룩하고 흠이 없게 하시려고 그 기쁘신 뜻대로 우리를 예정하사 예수 그리스도로 말미암아 자기의 아들들이 되게 하셨으니 이는 그가 사랑하시는

자 안에서 우리에게 거저 주시는 바 그의 은혜의 영광을 찬송하게 하려는 것이라.
(에베소서 1:4 ~ 6)

예수 천국의 길에 친구들이 동참하여 손잡고 같이 갔으면 얼마나 좋을까 하는 마음이 든다. 그래서 남아 있는 여생은 늘 건강하게 그리고 천국의 문을 열고 들어가는 순간은 모두가 복받은 사람으로 주님의 영접을 받기를 나는 친구들을 위해 간절히 기도를 한다. 오늘 밤도 그리고 내일 새벽에도 기도를 할 것이다.

인생의 가로수를 누비며...

이 존 성

우리 할아버지는 점촌 유곡 동네에서 수안보로 이주해 오셨다. 어렸을 때 우리 할아버지는 수안보 동네에서 한문을 가르치는 글방 훈장을 하셨다. 우리보다 10년정도 선배되는 분들 중에 우리 할아버지에게 한문공부를 배우신 분들이 많았다. 할아버지는 전주이씨의 체통을 지켜야 한다며 근엄함을 유지하려 애쓰셨던 분이다. 아버지는 5형제분 중 장남으로 상모면 면사무소의 호적계장을 했다. 우리 집은 천주교 밑 대안보 넘어 가는 쪽 신작로 바로 옆에 살았다. 아버지는 강골이 아니시고 나약해서 늘 골골 거리셨다. 그래서 40이 되기 전에 공무원은 사표를 내고 집에서 요양을 하고 시간을 보내셨다. 가장의 수입이 끊기니까 어머니가 생활전선에 나섰으나 옛날에는 여자들의 일자리가 별로 시원찮았다. 많지 않은 농토로 농사를

지으며 장날이면 식당일이 바쁜집에 가서 일을 거들고 조금의 일당을 챙겨와서 살림에 보탬을 했다. 그 당시는 사는 게 다 거기서 거기라서 다들 힘든 생활을 겨우겨우 이어가고들 있다. 그 와중에 우리 집에 위기가 온 것이 있다. 어머니가 운영하던 계가 파산이 되어 우리가 그것을 다 뒤집어쓰게 되어 중학교 올라가는 곳 뚝방 밑으로 조금 있던 논을 팔아서 해결 했다. 그 이후는 참 힘든 생활을 영위해야 했다.

가정 경제활동이야 그렇더라도 초등학교 시절에 나는 할아버지 훈장님한테 한자는 물론이고 한문을 배우기도 했다. 장손이라는 무언의 책무가 양어깨에 얹혀져 있기에 나는 기본적인 나의 임무인 공부를 게을리 할 수가 없었다. 그 결과 우등생 성적을 거의 유지할 수가 있었다. 6학년이 지나고 입시가 다가와 충주중학교를 시험을 봤는데 한 과목의 답안지를 한 칸씩 밀려 쓰는 실수를 저질렀다. 남들은 실력이 안 되어 떨어졌다고 쑤근대기도 했지만 실제 사실을 다 아는 나로서는 불합격을 당한 나의 심정은 얼마나 쓰라렸으며 오죽했을까?

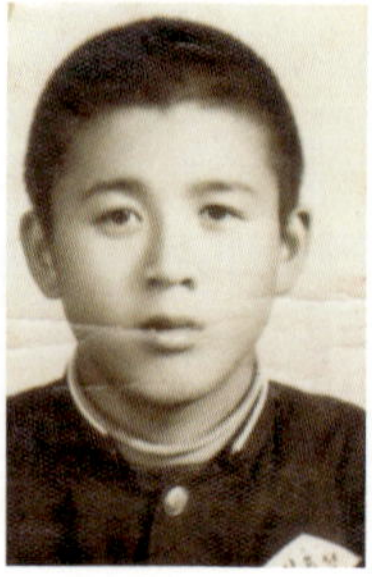

나는 6학년을 다시 다녀야했다. 당시는 재수를 하는데도 졸업한 학교를 다시 다녀도 아무런 문제가 없었다. 재수라는 단어가 아니고 재학한다고 불렀다. 그렇게 1년을 다니고 나는 충주중학교 시험에 이번엔 실수를 하지 않아서 우수한 성적으로 입학을 할 수 있었다. 나는 충주에서 동일계나 마찬가지인 충주고를 졸업하고 다음 단계인 대학교 진학은 가정 형편상 도저히 생각할 수 없는 상태가 되었다. 졸업을 하고 나는 당시 3번국도의 도로 포장 공사 현장에서 함바 식당을 운영하는 어머니의 일을 거들어야 했다.

그러다가 군대영장이 나와서 입대를 했는데 파주 감악산 근처의 사단에 배치 받았다. 그 부대에 양짓말 호삼이와 44회 이상수 선배와 함께 전입했다. 부대생활을 하다 보니 거기에서 명길이를 만났다. 명길이는 나보다 한참 고참 이었다. 중대가 달라서 근무처는 달랐지만 대대행사 때는 꼭 만났다. 부대생활을 무난히 하고 제대를 하여 고향 집으로 돌아왔다. 그런데 집에 돌아와도 우리 집은 나아진 게 없었다. 여전히 먹고 살기가 빠듯했다. 나도 제대를 했으니 스스로 먹고 살아야 하기 때문에 여기저기 알아보면서 허드렛일이 있으면 품도 팔아서 시간을 보냈다. 그러는 사이사이 운전면허 학원을 다녀서 81년도에 면허증을 땄다.

뜨거운 여름이 지나고 가을 추석이 되었다. 명절 바로 밑이라서 수안보 장디에 있는 광수네집에서 다른 친구들과 모어서 놀고 있었는데 마침 고향에 명절을 쇠러 내려온 동용이가 그곳에 들렸다. 오랜만에 만나게 되니 반

가워서 서로들 인사도 나누고 그날 저녁에 한 잔 꺾었다. 그 자리에서 나는 동용이에게 일자리를 특별히 부탁을 했다. 그 부탁을 받은 동용이는 추석 연휴가 끝나고 올라가자마자 회사관계자들에게 부탁을 하여 나를 불러 올렸다.

이 어찌 반가운 일이란 말인가? 나도 취직이 되어 올라간다. 소식을 받자마자 나는 곧바로 준비를 해서 다음 날 올라갔다. 회사는 자동차 부품을 만드는 회사로 규모가 생각보다 컸다. 촌놈이 큰 회사에 입사를 하니까 약간 얼떨떨했다. 나는 모든 게 생소하니까 일단은 동용이를 따르는 수밖에 없었다.

회사생활이나 군대 생활의 초년병들은 어색한 것이고 긴장의 연속이었다. 나는 회사에서 배정해 주는 훈련매뉴얼에 따라서 시키는 대로 순응했다. 말하자면 사내 직업훈련소 같은 것 이었다. 3주의 훈련을 마치고 생산현장 배치되어 일을 하게 되었다. 생산직이라 해서 몸으로 직접 때우는 일은 없었다. 생산자동화 설비로 인해서 자기 담당 라인에서 진행을 주관하고 에러 발생 시 매뉴얼에 따라 조치하면 되는 것이었다. 그래도 어찌하였던 정해진 시간에는 자리를 뜰 수가 없었다. 나는 사실 성격이 역마살이 끼어 있어서인지 한 자리에 고정해 머물러 있는 일이 성격에 맞지 않았다. 그러다 보니 회사생활이 참으로 무료했다. 적성이 맞지 않은 것이었다. 처음에 동용이에게 취직자리 사정할 땐 어떤 일이든 가리지 않고 다 잘할 것이라고 약속했던 것이 지켜지지 않을 것 같아서 마음속에 미안한감이 들었다. 동용이를 봐서라도 참고서 일을 착실히 해보려 했지만 무력감이 더 밀려오는 것이었다. 그렇게 지내다 돌아오는 추석 명절이 되어 집에 내려와서 회사를 올라가지 않았다. 약 1년 정도를 회사생활을 하고 그만 두게 된 것이다. 막상 그만 두고 내려왔지만 딱히 할 만한 일이 없었다. 취직해서 올라가기전과 같은 패턴으로 수안보의 생활로 빌빌 대고 있으니 부모님들 보기가 면목이 없었다. 나도 그렇지만 아버지의 심정이 답답했던지 아버지가 아는 지인에게 일자리를 수소문했다. 그렇게 일자리가 잡힌 것이 서울 천호동에 금성전자대리점을 크게 운영하는 곳이었다. 거기서 하는 일은 전자제품 배송설치 해주는 일이었다. 내가 운전면허증을 취득해 있었기에 그 직종을 알선한 것이다. 나의 인생에 핸들을 평생 잡게 되었는데 그 시발은 전자대리점에 취직이 되면서부터 평생 업이 된 것이다. 일은 힘은 들어도 그래도 밖을 나가서 쏘아 다니는 일이기에 그렇게 싫지 않았다. 월급도 더 많고 안정된 곳인 동용이네 회사보다도 나는 성격이 맞아서 더 나았다. 몸은 힘들어도 일을 재미 붙여서 직장생할을 하고 있었다. 나는 그 대리점에 붙어있는 부속건물에서 먹고자고 했다. 어느 직장이나 회사생활이 돌아가는 것이 익숙하게 되면 여유를 부리게 되고 곁눈질을 하게 된다. 나는 회사의 경영쪽 장사를 배우는 일이 아니라 오로지 운전하는 일에 취미를 갖고 있다 보니 택시 운전하는 것에 자꾸 눈독을 들이고 있었다. 왜냐하면 대리점 근처에 택시회사가 있었다. 시간이 나기만 하면 나는 그 택시회사에 놀러가서 교대하러 들어오는 기사들과도 얘기를 종종 나눴다. 수입이 얼마 되며 개인택시는 언제쯤 받을 수 있는지를 자세히 알았을 때 금성대리점에 사표를 냈다. 일을 성실하게 곰처럼 해준 나에게 사장은 사표를 만류했으나 이미 마음이 굳어진 나를 붙잡을 수가 없었다.

나는 택시회사에 입사하여 그야말로 불철주야 열심히 일을 했다. 회사에 정해진 사납금만 입금완료하면 내가 하는 것만큼 수입을 얻을 수가 있어서 나에겐 체질이 딱 맞는 것이었다. 회사생활에 익숙해지면 나태해지고 농땡이를 치게 되지만 나는 그 쪽으로는 마음을 주지 않고 일했다. 더군다나 많은 택시기사들이 손을 대는 화투장 놀이에는 언감생심 쳐다보지도 않았다. 그래서 지금도 나는 동창회에 가면 친구들이 심심풀이로 하는 화투놀이에도 아이예 참여하지 않는다.

택시를 시작하면서 에피소드를 말하라면 수 없이 많다. 아는 사람들을 만나는 것은 종종 있는 일이고 심지어 고등학교 동창 하나는 우연히 3번이나 태운 적이 있다. 3번 이후에는 그 친구와 천호동쪽에서 자주 만나서 술을 나누는 사이가 되었다. 우리 회사가 강동전화국 옆에 있어서 오미다릿골 살던 조정진이와도 종종 만나게 되어 한잔의 회포를 나눈 적이 여러 번 있다. 한번은 운행하면서 하나의 실적이라고 한다면 교통사고를 내고 그냥 뺑소니를 친 자가용을 끝까지 따라가 잡아서 경찰서에 인계한 적이 있다. 요즘 같으면 그 성과로 사회의 의인상인가를 받으면 전철 공짜, 세금면제 등등 사회연금 같은 혜택을 받게 되는데 그걸 그냥 댓가 없이 처리를 했다. 세상살이가 빠듯한 요즘 같으면 좀 아쉬운 면도 있다. 회사택시를 운행하다 보면 가끔은 경찰(C3)특채 공지를 보게 된다. 운전직 경찰인데 국가공무원이 되는 길이었다. 그 기회를 몇 번 접할 때마다 고민을 많이 했다. 그때마다 박봉의 공무원 월급보다 우선 당장 내가 하는 일이 수입이 더 많아서 방향을 선회하는 결정을 내리지 못했다. 지금 와서 생각해 보면 후회스럽다. 당시 박봉만 보였지 평생 받아먹는 연금을 몰랐던 것이다. 물론 연금이 있다는 것은 어렴풋이 알기야 했지만 지금에처럼 가까이에서 느끼는 현실감이 없었기 때문이다.

내가 운행을 하면서 인연의 인연. 나에겐 운전이 천직이라는 인연이 있음을 말해 보겠다. 내가 택시운행을 시작하던 시절은 택시미터도 엉성했고 손님이 타면 택시미터표시 둥근 것을 오른쪽으로 꺽고서 앞으로 달린다. 또 택시 영업도 지역을 거의 정해놓고 운행했다. 나의 바운다리는 주로 천호동에서 하남 (당시는 신장)을 왔다 하는 것으로 정해놓고 영업했다. 합승하는 것은 합법이 아닌 합법이었다. 또 천호동~신장 구간은 미터기가 있으나 마나였다. 두당 얼마 또는 손님과 기사가 합의해서 가는 것이었다. 한 번은 천호동에서 신장가는 손님을 태웠는데 아가씨였다. 약간 순진해 보였다. (당시 택시요금은 날카롭게 보이면 중간보다 약간 낮게, 좀 헐렁하게 보이면 중간보다 더 웃도는 요금을 요구했다.) 나는 정해진 것이 아닌 룰을 적용해서 그 아가씨에게 중간보다 웃도는 것이 아니라 훨씬 더 불렀다. 그랬더니 그 아가씨도 황당한 일이 아닌가? 그 아가씨가 헐렁한 것이 아니라 오히려 당차게 따져 오는 것이었다. 자기는 그 요금은 못 주겠다는 것이었다. 나는 요구한 금액을 뒤로 물리지 않고 버텼다. 그러다가 그 아가씨는 평소 자기가 주던 금액만 주고 간다며 택시비를 앞으로 휙 던지고 택시문을 꽈당 닫고 택시에서 사라졌다. 그렇다고 내가 쫓아가서 가로막고 더 강력하게 요청할 사항은 아니어서 참고 마는 것이었다. 어찌하였던 실랑이를 벌였으니 인상을 확실하게 각인을 해 두었고 다음에 타기만하면 다시 청구를 할 요량이었다. 그렇지만 다음에 또 탄다는 확률은 아주 낮은 것이다.

노태우 정권시절 우리나라는 한 달에 한 번은 반상회를 꼭 개최했다. 거의 의무사항으로 했다. 출석을 안 하면 동네 반장에게 찍히기도 한다. 반상회는 집집마다 돌아가면서 하기도 했다. 지금 생각하면 획일적인 일방 주입식 반상회도 되지만 그로 인해서 동네 사람들과 친교도 나눌 수 있어서 좋은 점도 있다고 본다.

나는 천호동의 단독주택에 방 한 칸 세를 들어 살고 있었다. 주인집 아주머니는 나를 충주총각으로 불렀다. 어느 달인가 반상회 날이 며칠 후로 다가왔는데 주인집 아주머니가 친정에 무슨 일이 있어서 거기에 가기 때문에 반상회에 못 가게 되니, 충주총각이 대신 좀 갔다 와 달라는 것이었다. 주인 아주머니의 부탁이니까 나로서는 대비마마가 하명하는 정도로 여겨서 그 부탁을 수락했다.

나는 반상회 그날 집에 와서 저녁도 먹을 겸해서 반상회 참석을 위해 좀 일찍 들어왔다. 반상회 개최 집은 그리 멀지 않은 우리 집에서 3번째 집이었다. 반상회에 가니 이미 동네 사람들이 거의 다 와 있었다. 한 두명은 늘 좀 늦는 사람들이라고 반장이라고 하는 사람이 말했다. 나는 익숙하지 않은 회의에 낯설어 가만히 앉아만 있는데 저쪽 끝머리에 아가씨가 회의에 참석하러 온 것이었다. 슬쩍 그 쪽에 눈길을 더 주었는데 어디에선가 본 듯한 얼굴이었다. 잠시 생각을 더듬어보니 얼마 전 택시요금으로 실랑이를 버렸던 바로 그 아가씨였다. 회의 중간중간 눈길을 주니까 그녀도 나를 알아차린 것이었다. 반상회는 시간이 되어 마무리가 되었다. 주인집으로부터 받아간 반상회비는 전달했고 공지사항 유인물로 챙겨서 반상회집을 나오면서 그 아가씨를 접속했다. 그 아가씨도 어머니를 대신해서 왔다는 것이었다. 나는 며칠 전 택시요금을 빌미는 떨쳐 버리자고 먼저 아가씨에게 말을 건넸다. 그리고 총각인 나는 그 아가씨에게 만나기를 요청했다. 그 후 우리는 가까워져 공무원을 하고 있는 큰 아이의 엄마가 되어있다. 결혼 후 얼마 있다가 나는 개인택시를 받았다.

나는 고향에서 올라와 생활을 하고 있는 동안 남들보다 여유롭다는 소리를 들은 적이 없는 것 같다. 그렇지만 남들보다 특별히 모자라게 생활을 하지 않았다고 스스로 생각을 하고 산다. 왜냐하면 나는 서울 올라올 때 달랑 1만원을 들고 왔기 때문에 나는 다 까먹었다고 해도 만원짜리 한 장이면 나의 인생에 본전이기 때문에 아등바등 하지 않는다. 그만큼 마음의 여유를 가지고 산다고 할 수 있다. 사는데 있어서 많은 재력이 있어서 여유로운 게 아니고 내가 어떻게 처신하느냐에 따라서 행복을 느끼며 산다고 할 것이다. 그것은 욕심의 덩치를 키우기 보다는 나의 있는 작은 현실에 만족을 차려 살기 때문이다. 그리 어렵지 않은 일인데도 모든 사람들에게 쉽지가 않은 일이다. 과유불급이라는 말이 헛으로 말하는 게 아닌가 보다.

살면서 주변 친구들의 대소사에는 가급적 참석하려 노력한다. 어떤 친구들은 나를 조합장이라고 부른다. 무슨 얘기냐 하면 우리 동창회에 경조사가 있으면 여기저기 연락을 취해 친구들을 모아서 참석하기 때문이다. 특히 여자 동창들을 남들보다 더 많이 연락하기 때문에 조합장이라는 말들을 해댄다고 본다. 나는 다른 친구들보다 꼼수를 부린다거나 훤칠하다거나 말이 번지르 하지않다. 한마디로 어눌하지만 그냥 마음에 진실을 담아서 친구들을 대하니까 여친들이 나에게는 별 부담을 느끼지 않는 모양이다. 그게 나 또한 편하다. 그런데 친구들이 나에게 말하는 조합원 친구들 중 K, S, L 등등 하나 둘 저 세상으로 가게 되어 마음이 참 착잡하다. 이 심정은 나뿐만 아니라 우리 모든 친구들이 같은 마음일 것이다.

우리 친구들 중에 나와 같은 직업을 하고 있는 친구들이 P,C,L,K...등 여러 명이 있다. 가끔은 이 친구들과 만나서 업계의 동향정보도 나누고 쉬는 날 같이 시간을 보내기도 한다. 누구나 자기의 업이 처음부터 계획한대로 인생을 살아온 경우는 거의 드물다고 본다. 대부분 어쩌다보니 아니면 우연한 기회로 자기의 일을 해오며 평생을 지나 왔다고 본다. 모두들 자기 분야에서 참 열심히 잘 살아왔을 것이다. 나도 나의 일을 천직으로 삼아 인생의 가로수를 누비며 살아왔고 앞으로도 건강이 허락하는 날까지 일을 하며 시간이 되는대로 친구들과 여행을 같이 다니며 황혼을 만끽하련다.

바다는 꿈꾸는 제2의 내 인생의 고향

이 진 환

바다는 꿈꾸는 제2의 내 인생의 고향

1967년 4월 앞서가는 흙먼지를 날리며 달리는 도락꾸 뒤를 지에무씨(GMC)트럭이 이삿짐을 싣고 덜컹대며 노루목을 지나고 수회를 거쳐서 수안보 초입에 다가서자 앞서가던 도락꾸에 설치된 대형 스피커에선 대한민국 제6대 대통령선거 민주공화당 박정희 후보의 유세홍보 웅변이 귀청이 뚫어져라 크게 흘러나왔다. 이삿짐 트럭이 도착한 곳은 윤만용 상모면장의 사택앞 이었고 어머니와 어린 3남매가 오리새끼 어미 등 위에서 뛰어내리듯 차에서 내렸다. 우리는 그 사택에서 세를 들어 오래 살았다.

오리새끼 무리가 우리 가족이다. 아버님이 충주 교현초등학교에서 근무를 하시 다가 수안보초등학교로 전근발령이 나면서 우리 가족도 같이 따라

오게 되었다. 나는 충주 교현초등학교에서 4학년을 마치고 5학년이 되면서 수안보초등학교로 전학을 오게 된 것이다. 시내에서 학교를 다니다가 수안보 촌으로 오게 된 것이다. 시골 수안보 친구들은 시내에서 전학 온 나를 부러운 표정으로 보기도 했고 특히 내가 키가 아주 컸기 때문에 신기하게(?) 바라보았다. 나는 키는 컸지만 성격은 온순한 기린 같아서 친구들이 나를 경계의 대상이 아니고 친하게 같이 지내도 되는 사이가 금방 되었다. 어려서도 흰소리하기 좋아하는 오미의 쏘당 이형우는 내가 키가 크니까 양키라고 놀려 댔다. 그러나 그것이 나에게는 그렇게 싫지는 않은 별명이었다. 왜냐 하면 충주에서도 꺽다리 키다리등 나를 놀려대던 별명이 많았기 때문이다.

다 아는 바이지만 아버님은 6학년 1반 친구들에겐 은사님이시고 다른 반 친구들에겐 친구 아버님이신 李자 柱자 榮자 이셨다. 아버님는 수안보초등학교에서 만 5년을 넘게 근무하시고. 당시 건강이 안 좋으셔서 내가 중학교를 졸업하던 1972년 12월 40세를 일기로 돌아가셨다. 너무 젊은 나이에 돌아가셨다. 가장이신 아버님의 소천으로 우리 집은 가정 생계가 막막하게 되었다. 그래서 어머니는 아버지의 퇴직금을 정산하여 충주시내로 나가셔서 학생들을 상대로 하는 하숙을 치시게 되었다.

그렇게 하여 나는 수안보의 생활이 짧다면 짧고 길다면 긴 시간인 5년 정도를 보냈다. 그 시기가 나에겐 정신 교양이 성장하는 과정의 초등고학년과 중학교 생활을 한 곳이기에 어디를 가든 나의 고향은 충주 수안보라고 자신 있게 말하는 곳이다.

충주에서 공부를 마치고 내가 사회생활을 시작한 곳은 해운항만청이다. 1979년 10월 12일 부산에서 공무원 생활 시작이었다. 그 이후로 40년이 넘도록 바다와 인연이 깊은 항만건설기술인으로 일을 해 왔다. 바다와 연관된 직종이 상당히 많지만 마도로스같이 멋쟁이 소리를 들으며 세계를 돌아다니며 항해를 하기도 하지만 나는 일선 현장에서 그들이 안전하게 항구에 들어와 화물을 싣고 내리게 하는 방파제와 항만을 튼튼히 건설하는 음지에서 열심히 일하는 역군이라고 할 수 있다.

우리 동창회에서 '우리들의 인생이야기' 문집책을 만드는데 편집위원장님으로 부터의 원고 독촉이 빚쟁이 독촉보다 심하게 받아서 쓰긴 쓰는데 시간도 많이 걸리고 독수리타법이라서 손가락조차 마음대로 잘 움직여 주지를 않는다.

암튼 바다를 구경 한번 못해 본 수안보 촌놈이 항만건설기술인이 되어 40년의 바다사랑 생활을 돌아보는 것으로 흔적을 남기고자 한다.

내가 처음 해운항만청 공무원 생활을 시작할 때, 마침 태풍이 휩쓸고 지나간 현장에 긴급피해복구공사 현업에 교육이나 훈련은 물론 아무런 지식, 정보도 없는 상태로 보조감독으로 바로 투입되었다. 메뉴얼이나 당시는 기준도 절차나 규칙을 모르니 어떻게 업무는 했지만 제대로 되지 않았는지 상사에게 잘못했다고 뒤지게 혼나고 다시 하는 일상 반복이었다. 그러니 퇴근 후에는 쫄병들 끼리 모여 부산 조방 앞 뒷골목에서 빈대떡에 막걸리 한잔에 신세타령이려려고 내가 공무원 했나 하고 푸념을 늘어놓거나 상사를 오징어 씹듯 씹는 사회초년병의 고통의시간을 보냈다. 그러던 중 부마항쟁에 이은 10.26 김재규가 빵빵 하여

울릉도 도동항 여객선 부두에서

새로운 정권이 들어서는 바람에 조직이 개편되고 지방항만청이 생기면서 나는 부산청 근무에서 포항청으로 1980년 4월 전근을 가게 되었다.

공무원 생활 6개월여 만에 시보 떼고 정규임용 된지 얼마 지나지 않은 시점에 명목은 부패공직자 숙청이지만 전 공무원 일괄사표제출이라는 황당한 지시에 사표를 쓰고 되돌려주면 살고 수리되면 숙청과 동시 삼청교육대 행이던 무시무시한 시절 다행히 사표는 되돌려 받고 울릉도로 귀양? 아닌 귀양을 갔지. 왜냐하면 울릉도는 포항청 관할이었기 때문이다.

울릉도 현장도 보고 구경도 하고 오라고 출장을 1주일 끊어줘서 진짜 그런 줄 알고 간단히 준비를 해서 7시간을 배를 타고 부두에 내리니 분위기가 이상한 거야. 현장소장과 직원들, 군수, 경찰서장을 비롯한 기관장들이 나와서 '축하한다. 정들면 괜찮을 거다'라고 얘기하는데 나만 혼자 뭔 귀신 씬나락 까먹는 소리를 해대는 거야? 이건 뭐지???

다음날 현장소장이 인사를 하러 가자고 해서 군수 경찰서장에게 정식으로 인사를 하는 과정에서 그것이 오지 근무의 인사 작전에 말린 걸 알게 되었으니 나는 엄청 순진했던 아님 멍청했던 촌놈이었던 것 같아 지금도 씁쓸한 웃음을 짓고 있다.

해운항만청장 울릉도 초도순시 광경

그렇게 시작된 울릉도 귀양살이 덕분에 성인봉을 비롯한 울릉도 곳곳을 이 잡듯 누비고 다닐수 있었고 행운이었는지 그 당시에도 쪽발이들이 독도를 자기네 땅이라고 우겨서 국회에서 학술조사단을 편성 대대적 조사를 했었는데 그때 조사단으로 들어가 통제구역인 분화구까지 독도의 속살을 자세히 볼 수 있었고 국내 최초로 동도와 서도 사이를 연결하는 측량을 하고 방파제를 설계 했던 남다른 좋은 경험도 했다.

독도에서

그래서 지금의 울릉도 도동항의 방파제는 내가 생애 처음 감독을 해서 만들어놓은 방파제라고 자랑스럽게 이야기할 수 있다.

울릉도 귀양살이 2년을 마치고 1982년에는 울진군 평해면 후포항 방파제 공사에 감독명령을 받아 현장에 부임, 현황판을 제작하고 환경을 정리하는데 사무실 커튼을 새로 제작 교체하는 작업을 하러 아주머니 한 분과 이쁘장한 아가씨가 와서 커튼을 단다구 씨름을 하고 있기에 높은 곳은 내가 큰 키를 활용 나는 아무 생각 없이 도와주었다.

그런데 이것 또한 작전이었음을 나중에 알게 되었다. 그들이 내가 근무하는 곳을 사전 점검차 나왔던 것이다. 나는 작전에 약한 순진한 남자였던 것 같다.

9월 어느 날 현장 시공 건설회사 경리과장의 아들 돌잔치에 초대를 받아 잔치집에 갔는데 어쩐 일인지 며칠 전 사무실에 와서 커튼을 단 아주머니와 아가씨가 반갑게 맞이해 줬다. 그렇지만 별생각 없이 잔치집에서 오랜만에 집밥이랑 맛난 안주에 기분 좋게 한잔도 곁들였다. 거나해졌을 즈음 경리과장이 처제를 소개하면서 분위기가 맞선 보는 형식의 자리로 바뀌고 이런저런 이야기를 하다 경리과장이 너스레 떨며, 나의 등을 떠밀어 둘이 데이트를 하고 오라고 밖으로 내밀었다. 그래서 둘이는 동네 조그만 빵집으로 가서 서로의 관심사에서부터 가정사까지 이야기를 나누게 되었다. 여자에 대한 것은 순진한 숙맥인 나에게도 관심을 가지게 되는 여인이 생겼다는 설레임에 다음날도 데이트를 하는 약속을 하게 되었다. 만남을 지속하게 되니 나 같은 충청도 촌놈이 경상도 억양으로 애교적인 말을 걸어오는데 홀딱이라는 표현 그렇지만 안 넘어갈 수가 없었다. 그렇게 해서 등대에서 만남(?) 이후 약혼과 결혼까지 속전속결 드디어 국민 모두의 식목일날(1983년 4월 5일) 세상에서 제일 좋은 나무를 심었다. 지금은 공휴일이 아니지만 매년 결혼기념일이 국가 행사일이자 공휴일이어서 잊어먹지 않고 기념할 수 있어서 참 좋았다.

근데 이건 무슨 날벼락입니까? 신혼여행 갔다 오니까 나 없는 사이에 포항항만청에서 인사발령을 내 놓은 것이다. 신혼생활을 울릉도에서 해보는 것도 낭만적이고 좋은 추억이 되지 않겠냐고 하면서 또다시 울릉도 감독을 보내서 허는 수없이 우리는 울릉도 산비탈 단칸셋방에서 신혼생활을 시작했다.

등산용 버너 코펠 비키니옷장 카세트라디오 지금 생각하면 완전 야생장비만 가지고 앞마당엔 누렁이 황소와 건들기만 하면 동그랗게 말려 굴러가는 콩벌레는 기본이고 아침에 일어나면 슬슬 기어 다니는 무서운 지네 잽싸게 도망가는 돈벌레와 밤마다 들려주는 서생원의 달리기 소리 빗소리 요란한 옛날 함석지붕 아래에서의 신혼생활 추억은 지금도 잊지 못할 소중한 기억으로 남아있기도 하다.

이후 포항청 관내 포항항 후포항 죽변항에서 3년을 더 묵묵히 우직하게 시키는 대로 열심히 국가에 충성했다.

1987년 한참 혼란의 시기에 전북 군산으로 인사이동이 있었는데 이사를 갈까? 가족은 두고 혼자 갈지? 한참 고민을 하던 그런 시기였는데, 막상 가족이 이사를 하고 같이 어울려 생활을 해보니 군산이라는 곳이 따뜻하고 열정적이고 아주 끈끈한 지역적 관계성이 뚜렷하여 끝까지 겁나게 사랑을 나눠주는 그런 사람들이 사는 그런 동네였다고 기억에 남는다.

울릉도 도동항 현장에서

주일날 성당에 가면 광주의 아픈 기억 사진이 전시되어있고 신부님 강론이 정치적 발언으로 논란이 되기도 했고 성당문을 잠그고 광주영상을 상영해주던 시기였다. 우리 충청도 사람들에겐 그런 관계에 대해 덜 민감하여 아무것도 모르던 나를 그들은 이상한 아니 안타까운 시선으로 바라보던 그들의 표정에 어정쩡한, 뭐라 말할 수 없는 감정으로 다가섰던 그런 시절이다.

쭈뼛쭈뼛 의사표시도 제대로 못 하고 겸손이 미덕인 줄 알고 살던 시기 해태와 롯데의 야구경기가 있는 다음날 출근과 동시 핏대 올리며 열정적으로 토론하던 전부가 야구광이던 그 시절 선동렬이나 최동원은 나는 아무 관

심도 없는데 그들은 나에게 너는 충청도 사람이니까 오비지? 황당하기도 하고 저 사람들은 왜 거기에 그렇게 열광 할까? 승부에 집착할까? 롯데와의 경기에 광분할까? 으아 했는데 암튼 3년을 살아보니까 이해가 되었다.

성실하게 묵묵히 맡은 업무를 충실히 수행하면 근무연한이 되고 자격을 갖추면 진급이 되는게 원칙인데 자기 관리를 안 해서 진급이 늦은 나를 안타깝고 바보스럽게 보였는지 나의 직속 담당계장님이 자기의 지역적 인과관계를 동원해 서울본부의 유력인사를 만나 난생처음 청탁 그것도 인사 청탁 이라는 것을 해보고 이렇게 해도 되나? 설마 그렇게 쉽게 될까? 그런데 세상을 살아가려면 이런 것도 해야 하는 걸 깨닫는데 많은 시간이 필요 없었어. 반신반의한 것이 다음 주에 나에 대한 진급명령이 내려오는 엄청난 일이 벌어진 거야 그런데 인사담당 과장은 인사문제를 과장인 자기한테 먼저 이야기 안하고 했다고 삐쳐서 꽁하고 있다가 다음 인사에서 나를 여수청으로 보내려는 것을 본부의 선배가 미리 알고 조치를 해주어서 서울본부로 올라오는 행운을 얻기도 했다.

그동안 충남 대천항 방파제와 물양장 군산외항 호안과 도류제의 표석에 나의 흔적을 남기고 89년12월 해운항만청 본부로 올라오게 되었다는 얘기다.

여기서에서 아주 중요한 전환점을 맞게 된다. 기회가 오면 잡아야 하지만 계산을 잘하고 장래를 예측하는 꾀가 있어야 하는데, 나는 산수도 잘못했고 장래도 예측을 못해 공무원 보다는 공기업이 낫다 라는 당시 분위기의 달콤한 유혹에 그 좋은 철밥통(공무원)을 걷어차는 실수를 했다. 왜냐하면 우리 직장에서는 앞서 있는 노땅 선배들이 줄을 꽉 서 있었기 때문에 계산을 하니 나이 40전에 사무관 시험을 볼 기회가 없을 것 같아서 철밥통 공무원을 과감하게 접고 공기업으로 전환을 한 것이다.

거기에도 허점을 생각하지 못한 것이 있었다. 미련하더라도 조금 더 참고 자리를 버팅기고 있었더라면 좋았을 것이다. 왜냐하면 공기업이 생겨서 거기로 빠져나가는 인원을 계산을 안했던 것이다. 한 가지 아쉬운 것은 공무원 생활을 10년만 더하고 나왔으면 공무원연금을 받아 노후에 조금은 여유롭게 살 수 있는 기회가 있지 않았을까 생각이 되기도 한다.

그래도 후회는 없다. 어짜피 종착점은 거기가 거기인 것을 아직도 건강하게 현업에서 일할 수 있다는 것에 만족한다.

그렇게 해서 나의 인생은 강산이 4번이나 더 변하는 세월 속에 항만건설에 관계되는 일로 셀 수 없이 많은 날 동안 현장 문제점에 대한 검토서 작성 현장시공이 기준에 맞는지 제반 법과 규정에 따라 시공되었는지에 매달려 살면서 거의 정년의 나이에 다다르게 되었다.

살면서 아버지가 어려서 돌아가신 것을 제외 하고는 큰 대과없이 살아 온 것에 대해 나 스스로에 위로의 감사를 한다. 세월이 많이 흘러서 어쩔 수 없이 금년 초에는 어머님을 주님 곁 하늘로 모셔드리고 집안이 허전하다. 이 허전한 마음을 옆에서 같이 달래주는 고향 친구들이 있다는 것이 난 참 행복하다.

여수 신북항 낭만 방파제에서

작년 봄에 우리 친구들이 여수의 독거노인(나)을 위문

한다고 찾아와 줘서 고맙고, 여름에는 여자 친구들이 여수에 수학여행 와서 우리 현장을 방문했을 때 여수 신항만의 명물인 낭만방파제와 오션오르간 이라는 멋진 작품으로 마무리하는 단계여서 개항 전 친구들에게 자랑스럽게 브리핑 해줄 수 있는 기회가 된 것도 잊지 못할 추억으로 간직하고 있다.

여수 독거노인 위문단

이 길이 숙명이라면 기꺼이 따르겠다.

이 현 무

제 1 막

겨울에 피는 야생화

오늘 하루는 참 길었다. 왜 그리 시간이 안 가는지 참 따분한 날이다. 나는 겨울햇살이 내려 쬐는 창가에 있으면, 희미한 기억 속 문설주에 걸터앉아 영원히 돌아오지 못하는 동생들을 애타게 기다리고 있는 것 같은 그런 모습을 떠올린다.

오늘 하루는 이다지도 긴데, 60년이라는 세월이 왜 이렇게 후딱 지나 갈 줄이야… 참 너무나 빠르다.

나를 아는 사람들 중에 어렸을 때 나의 이름이 이현무(李顯武)로 알고 있는 사람보다도 "분도" 라고 알고 있는 사람들이 더 많다.

국민학교에 입학하기 전 나는 아주 독실한 천주교 신자인 엄마(임 루시아)를 따라서 수안보의 천주교를 다니게 되었다. 그 때 세례명으로 받은 이름이 분도다. 성 베네딕트(St.Benedict)를 한자를 이용한 표기이다. 예컨대 과거 천주교에서는 토마스(Thomas)는 '도마', 가브리엘(Gabriel)은 '가별'이라고 한자를 이용해 표기한 것과 같다. 한자로 "芬道" 지금 지나고 보니 李芬道의 인생이 참으로 역경이 많았다고 회상이 된다.

내가 태어 난 곳은 온천 2구이다. 어머니와 아버지의 나이 차이는 16살 차이가 난다. 내가 태어나서 얼마 안 되어 오미마을로 이사를 왔다. 처음에는 어느 집 문칸방에 세들어 살다가 외가 집에서 안쓰런 우리 엄마의 형편을 알고 집을 한 채 마련해 주었다. 그곳이 오미에서도 개울을 건너 있는 본

마을 부락을 들어가기 전에 물건너라는 곳인데, 지금의 위치로는 유스호스텔이 있는 곳이다. 수안보 온천이 한창 활성활 될 때 최실경 그분이 한알 유스호스텔을

지으면서,우리가 살았던 터 그곳은 지금은 모두 없어졌다. 그곳에는 우리 집을 비롯 4가구가 살았었는데 나중에 집을 새로 지어 살림을 나온 분들이 있어서 총 6가구가 살았다.

우리도 부모님과 오손도손 평화롭고 순한 양들처럼 살고 있었다. 그런데 나의 인생에 첫 풍파가 국민학교를 입학할 무렵에 내가 그렇게도 아끼던

5살짜리 동생 요셉(이시무)이가 옆집 친구 동생과 같이 샘 옆에서 놀다가 둘이 샘에 빠졌는데 마침 그걸 본 이웃집 20살쯤 되는 누야는 친구 동생은 건져 올렸는데 어찌된 영문인지 내 동생은 내버려 두어서 결국 동생 요셉은 먼저 하늘나라로 갔다. 지금도 그 때의 사건을 떠올리면 참으로 아이러니한 사건이다. 샘이 한질 키 정도라도 된다면 이해가 된다. 샘이라야 해봤자 앉아서 바가지로 물을 퍼서 물동위에 담는 깊이 인데 어찌하여 그 누야는 내 동생은 보이지가 않았을까? 아니면 동생친구와 둘이 다투다가 내 동생이 바닥에 먼저 가라앉았었을까? 살면서 생각하기 싫은 사건중의 하나다.

아버지가 오미로 이사를 한 이유는 아버지는 큰 힘을 쓰는 노동일 같은 거는 하지 못하는 신체를 가지셨기 때문에 오미에 동네 '소임'자리가 나서 수안보에서 이사를 하셨던 같다. 아버지는 소아마비를 앓아서 왼쪽 다리와 신체가 약간 불편한 분이었다. 그러니 동네소임을 맡아 보라는 지인의 소개는 참으로 좋은 기회였다고 생각이 된다.

옛날의 직업이라야 농사짓는 일과 일부 면사무소, 지서 정도 아니면 수안보에 식당과 숙소정도 몇몇 안 되는 직업들이었다.

그러니 아버지는 동네소임의 일자리는 좋은 자리였고 간혹 동네 허드렛일을 도와주고, 어머니는 생활에 보탬이 조금이라도 되게 하려고 화전을 일구어 생활은 근근이 그냥저냥 살아가고 있었다. 옷가지는 천주교에서 나눠주는 미국 구호물품을 받아다가 입고 다니곤 했다.

사람 사는 게 그냥 그렇고 그런 것이었던 시절이었다. 그런데 국민학교 1학년 입학을 하였으나 가정형편상 기성회비는 낸다는 것이 막막하던 우리 집 경제사정 이었다. 그땐 나 말고도 그런 친구들이 좀 있었기에 다 그러려니 하고 학교는 남들이 가니까 쫄랑쫄랑 다녔다. 기성회비를 꼭 2교시가 끝나면 조사를 하는데 그길로 교무실로 불려갔다가는 집으로 오곤 했다.

그러니 공부라는 게 뭔지도 모르고 그저 머리 숫자나 채우러 다니는 것이나 다름없었다.

그래도 시간은 흘러가는 법이고 1학년 겨울 방학쯤 되었을 때 엄마가 동생을 낳게 되었다. 남동생을 낳으셨다. 동생 요셉이 세상을 떠나고 얼마 안 되어 얻은 남자 아이라서 아버지를 비롯한 모두가 기뻐했다. 그런데 엄마는 동생을 보는 일이 아주 심한 난산이었다. 동생을 보기는 했는데 엄마는 얼마나 난산이었는지 몸이 엉망이었고 산후 그 고통으로 사나흘을 비몽사몽 헤매시는데, 하루는 아버지와 어른들이 너무 위중 하다고 판단이 되었는지 충주 병원으로 급히 모시고 가던 중 버스에서 운명을 하셨다. 향년 27세였다.

인생 살면서 어린 나이에 '하늘이 무너지는 것 같다'는 표현을 이런 때 쓰는 단어임을 나는 나중에 커서야 알 수 있었다. 태어난 지 5일 밖에 안 되는 동생을 이웃집 아주머니한테 임시로 맡겨두고는 어른들은 엄마의 장례를 치렀다. 그때는 난 뭐가 뭔지 잘 모르는 나이로 장사가 나니 친척들과 동네 사람들이 북적거려 무슨 경황인지 모르고 어른들이 시키는 대로 상주 노릇을 하며 "엄마가 죽었다"는 단순한 생각에 울었었지만, 그 뒤로 전개될 나의 인생의 험난한 날이 있으리라고는 생각을 못한는 나이었다. 장사를 치루고 삼우제도 끝이 나니 한적한 분위기는 휑한데 이웃집 아주머니가 맡아 주셨던 동생을 이젠 우리 집으로 데려와야 했다. 8살 나이인 나는 이제 엄마가 아닌 엄마의 역할을 해야 했다.

그해 겨울은 엄청 추웠다. 나만 그렇게 느껴졌는지 모르지만, 동생의 기저귀를 함석 세수대야에 담아서 개울에 가서 똥빨래를 해야 하는데 얼음물에 손이 얼어서 너무 고통스러웠다. 허지만 엄마가 없기에 내가 그 역할을

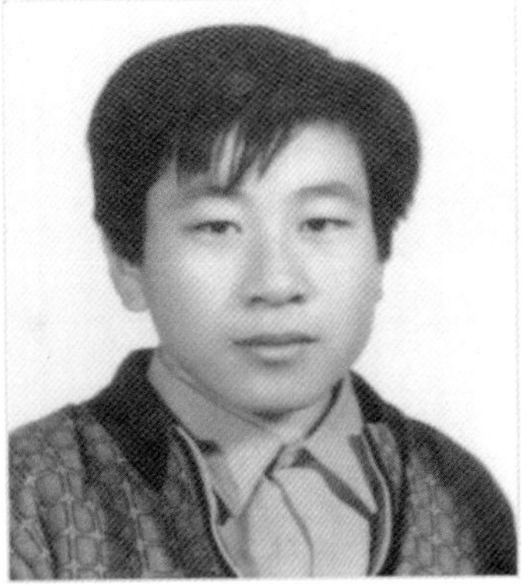

하지 않으면 안 되었으니 운명으로 받아 들였다. 기저귀를 빨고 집에 오면 동생의 우유를 데워서 먹이는 일을 해야 했다. 다행히 우유는 천주교 정 신부님이 분유를 푸대로 지원해 주어 해결할 수 있었다. 아무리 엄마 역할을 한다고 해도 내 나이가 8살인데 그 분유(그땐 포대분유를 미루꾸라고 불렀음)의 맛에 유혹되지 않을 수 없었다. 그래서 가끔은 분유를 한 숟가락 떠서 내 입에 털어 넣기도 하였다. 맛이 고소하니 그 유혹을 넘길 수가 없어 조금씩 나도 먹었지만, 세월이 흘러 어른이 되어 그 때 동생의 분유를 뺏어먹은 것에 대한 후회감을 무안스럽게 생각들 때가 가끔 있었다.

물론 우리의 이런 형편을 아는 동네 아주머니들의 도움을 음으로 양으로 고맙게 받았지만 우리의 생활이 어린 나로서는 감당하기가 좀 버거웠다. 그래도 하루하루 다르게 빵끗거리는 동생의 모습에 희망을 찾게 되고 힘든 걸 잊게 하였다. 이후로도 아버지와 내가 핏덩이 동생을 키우면서 생활을 이어왔다.

봄을 알리는 버들강아지가 피어나고 개울에 얼음도 녹아 갈 무렵 우리에게는 예상치 않은 먹구름이 몰려왔다. 잘 자라던 동생이 상태가 안 좋아졌다. 하는 수없이 나는 그날은 학교를 가지 않고 동생을 돌보는데 동생이 핏똥을 싸고 있는 것이었다. 머리에도 무슨 혹 같은 게 부풀어 올라 어린 나이에도 뭔가 심상찮은 것 같은 짐작에 나는 겁이 버럭 나서 동생을 잠시 뉘어두고 빠른 달리기로 수안보場으로 내달렸다. 아버지를 찾기 위해서였다. 자초지종을 아버지께 말씀 드렸는데 약방에 가서 약을 지어다 먹이면 괜찮을 거라는 말씀을 에둘러 말씀하시면서도 아버지는 무슨 불길한 생각이 앞섰는지 약을 사자마자 함께 부랴부랴 집에 도착을 했는데...이게 어찌 된 일인가? 동생은 아무도 없는 빈방에서 홀로 쓸쓸히 엄마 곁으로 갔다. 정식으로 이름조차 붙여주지 못한 내 동생. 그래도 미래에 의지하고픈 동생이었는데 청천벽력과도 같았다. 이번에는 "엄마가 죽었다" 보다는 더 격한 슬픔이 밀려 왔다.

이제는 사는 게 적막과 고요 심지어 무서움이 밤마다 내게 왔다. 내가 그랬으면 아버지는 얼마나 더한 마음의 상처가 있었을까?

그러고 한 두어 달 시간이 흘렀는데 엄마와 친하게 지내시던 동네 아주머니의 꿈에 엄마가 동생들을 데리고 나타난다는 것이었다. 그러면서 엄마가 하는 소리는 '집에 물이 차서 동생들 데리고 사는데 물푸기가 너무 힘들다'는 하소연을 한다는 것이었다. 그런데 희한 것이 그 아주머니한테만 나타나는 것이 아니고 다른 아주머니의 꿈에도 똑같은 내용으로 나타난다는 소리를 듣고 아버지는 동네분들과 상의하여 엄마의 묘를 파묘해 보기로 했는데, 이게 어찌된 일인가? 엄마의 봉문 밑에는 물이 한강이었다는 것이었다. 그길로 아버지와 친하게 지내던 분이 자기 산에 자리를 내 줄 테니 이장을 하라는 제안을 받고 지금의 자리로 옮겨 오셨다.

그런 상황을 지켜본 어린 나는 무서움에 나날이었다. 그래도 의지할 수 있는 곳은 아버지뿐이었다. 아버지는 나에겐 너무나도 큰 나무였다.

1학기가 끝날 무렵 우리 집에 세 들어 살던 분이 이사를 가고 수회리 학교의 소사일을 보는 분이 새로 왔다. 이젠 단출한 식구이기에 아버지는 '우리가 사랑방으로 나가 앉아서 살 테니 식구가 많은 손씨네가 안방에서 살라'고 방을 바꿔서 세를 내주셨다.

그 집에는 우리 또래의 아이를 비롯하여 여러 명의 형제(5남매)가 있었다. 그러다 보면 아이들끼리니까 서로 부딪겨 싸우기도 하고 했지. 하루는 소풍을 가는 날 나는 입을 옷이 마땅치 않아서 천주교에서 구호품으로 준 옷을 입고 가는데 그 옷이 좀 커서 내가 봐도 폼이 좀 아니어서 마음이 좀 그랬는데 세 들어 온 집에 아들이 나를 보고 "맹꽁이"라고 자꾸 계속 놀려 대는 바람에 그 아이를 사정없이 두둘겨 패주었다. 저게 내가 엄마가 없으니 업신여겨서 저러는가 싶어 분이 치올라 더 사정없이 때려줬더니 그것이 사단이 났다. 그 광성이 녀석이 저녁에 자기엄마한테 일러 바쳤고 그 엄마는 우리 아버지에게 항의성으로 '교육을 잘 시키라'는 주문을 냈으니 아버지는 속이 얼마나 치올랐는지, 앳된 나를 물푸레 나무작대기로 훌 마구 때리는 것이었다. 물론 도망을 갔지만...

그리고 저녁이 되었고 아버지는 약주를 한잔 하시고는 나를 부둥켜안고 크게 우시면서 '엄마 없는 자식'이라는 소리를 듣지 않게 행동을 조심하라고 타일러 주시는 소리를 뒤로 난 잠이 들었다.

이젠 사는 게 평상시가 되었다. 어차피 가정 구성원이라는 게 아버지와 나 이렇게 둘이 살아가야했다. 아버지가 하는 일을 자식인 나로서는 아버지가 걷는 게 좀 불편하니까 아버지의 일을 거들 수밖에 없었다. 그러다 보니 동네에서 나를 부르는 소리는 어른이나 애들이나 "새끼소임"이라고 하대하여 비아냥으로 불러 댔다.

당장 때려치우고 싶지만 호구지책이어서 일년에 가구당 1말씩 받는 보리나 조를 모곡(급료)으로 받아야만 굶지 않고 살게 되었기에 참고 하는 수밖에 없었다. 그 모곡을 주는 것도 어떤 집은 정상적인 것이 아니라 돌이 많이 섞인 것을 주는 집이 있었다. 그때나 지금이나 사람의 인성이 베푸는데 인색한 사람이 있음을 어린 시절 나는 체험으로 알았다.

동네에 상(喪)이 나면 행여를 준비하는 게 동네 소임의 역할이었다. 준비를 하는 것은 대부분 아침에 하기 때문에 마을 사람들과 일부 힘을 합하여 행여를 만드는 데는 그다지 별 문제가 없었다. 장사가 다 끝나고 그 상여를 정리하여 그 것을 보관하는 곳 (곳집이라 불렀음)에 행여를 다시 갖다 놓는 것도 소임의 임무인데 한번은 아버지가 급히 수안보에 일을 보러 가야 했기에 내가 그 일을 하게 되었다. 아무도 없는 곳집은 낮에 어른이 가도 으스스한 분위기 인이다. 국민학교 4학년인 나로서는 어린 나이에 오죽 했겠냐구? 소가 도살장에 들어가 있는 분위기보다 더 무서웠다. 상여에 부착되는 장식품은 모두 귀신이 달라붙어 있는 것 같았고, 그것을 정리하면서도 머리카락이 쭈삣쭈삣 서 올랐다. 거기에다 쥐새끼가 부스럭거리면 나의 간은 콩알만 해졌다. 다 정리가 된 후 자물쇠를 잠그고 곳집을 뒤로한 채 무서워서 어둑어둑한 길을 걸음아 나 살려라 내달리면 얼마나 날쎈 달리기인지 순식간에 우리 집 마당에 도달해 있는 것이었다. 문제는 빨리 온 것이 다행이 아니라 밤에 꿈을 꾸면 곳집에서 귀신이 나오는 헛된 악몽을 며칠은 꾸게 되는 것이었다. 심지어 공황장애 같은 정신이 있기도 했다. 그러고도 며칠 후 동네 회의 소식을 전달할 일이 생기면 또 '새끼소임' 소리를 들어가며 어린애로서는 상당히 먼 거리의 다릿골에 한번 갔다 오면 등골이 오싹하여 옷이 흠뻑 젖는 무서운 밤길을 마다 않고 다니고 넘어져 다치기도 하는 별별 일이 종종 있어도 그것은 참을 수 있었다.

그런데 참을 수 없는 것은 동네소임 이라고 동네 마을 사람 중 일부가 나이도 한참 어린 사람이 우리 아버지를 툭하면 때리는 것이었다. 나이가 어려서 몰랐을 때와 눈에 안보일 땐 몰라도 내가 그래도 조금의 의식이 들 무렵인 5학년 때 아버지가 두둘겨 맞는 모습을 목격했다. 아버지는 땅에 주저앉아 한없이 서러움에 북받쳐 목 놓아 크게 울고 계셨다. 그 순간 피가 거꾸로 솟아올랐고 어린 나이지만 도저히 참을 수가 없었다. 그래서 난 그 아저씨를 붙들고 힘을 다해 발을 걸어 (물론 술을 좀 드셨기에) 넘어트리고는 언덕빼기 위에서 아래로 같이 굴렀다. 너 죽고 나 죽고의 대단한 각오였다. 그 구르는 사이에도 순간 나는 어른만큼 힘이 없으니 대항하기가 모자라 돌을 집어서 그 아저씨의 등짝을 마구 찍어댔다.

그 일이 있은 후부터 나의 심성이 조금씩 변해 가고 있음을 느꼈다. 원래 우리의 가족은 지금의 내가 아닌 순한 양과 같은 핏줄이다. 그런데 환경이 나를 이렇게 억세게 만든 것이다.

아버지가 폭행을 당한 후 마음이 심란하여 곰곰히 생각을 한 나는 이제 내가 생업전선에 나가야겠다고 마음을 먹고 아버지한테 '이제부터는 우리집은 내가 품을 팔아서 먹고 살 테니 그리 아시라'고 말씀을 올렸다. 아버지는 어린애가 하는 소리에 그냥 그러려니 하신 것 같았다. 그러나 나는 이제 더 이상 소임이라고 업신여기고 이유 없이 폭력을 가해 오는 이들에게 죽어지낼 수는 없었다.

다음날 큰마음을 먹고 이장댁을 찾아갔다. '동네 소임이라고 아무잘못 없는데도 때리고 하는 데 이제부터 우리는 동네 소임을 하지 않겠다'고 통보를 하였다. 그랬더니 이장님이 하시는 말씀은 '너희가 그러면 동네 사람들 다 동원하여 너희에게 아무런 일감을 주지 않겠다'고 엄포를 놓았다.

그러나 세상은 잘못된 생각을 가지고 있는 사람이 있는 반면, 착하고 서로 도우며 살아가는 사람들이 있기에 나의 가족의 입에 거미줄은 치지 않을 수 있었다. 5학년이면 학교를 다녀야 했지만 나는 품을 파는 일이 있으면 그날은 학교는 가지 않았다. 그래야 일을 해주고 저녁에 집에 돌아 올 때는 바가지에 아버지를 위한 밥이라도 챙겨서 돌아 올수가 있었기 때문이다.

이렇게 우린 그냥 살겠다고 허우적거리는데 조금 힘이 더 있다고 괴롭히는 일은 참으로 견디기가 힘이 들었다. 소임을 그만 두겠다고 해서 인지 몰라도 얼마 후에 이장한테 아버지가 두둘겨 맞고 와서는 집에서 울고 계시는 것이었다. 이유인 즉은 그냥 '잘하라는 것' 이었다는 것이었다. 그들이 참 야속했다. 전번에 다른 아저씨한테 아버지가 맞았을 땐 울화가 치올랐지만, 이번에는 어린 나의 가슴에 독기를 품게 되었다. 다음 날 아침 난 이장댁을 찾아 갔다. "아저씨는 우리 아버지보다 10살이나 작은데 우리 아버지를 때렸습니다. 지금은 내가 힘이 없어서 아저씨를 대적하지 못하지만 훗날 내가 힘이 생기면 아저씨를 패 죽이고 말겁니다"라는 독설 내 뿜고는 뒤도 안돌아 보고 그 집을 나왔다.

6학년 때는 품을 팔기 위해 학교 가는 날 보다 안가는 날이 더 많았다. 거름 져내고 담배잎 따는 농사짓는 일은 이제 제법 어른들의 흉내는 낼 수가 있었다. 농번기에는 그런대로 품을 팔아서 목구멍 포도청을 조금 달랠 수는 있지만 농한기 겨울에는 이도 저도 없으니 낮에 산에 몰래가서 나무를 하나 잡아서 장작을 만들어 밤에 수안보에 지고가 팔아서 밀가루라도 사가지고 와야 했다.

그런 형편이니까 학교에 내는 기성회비와 기타 등등을 낼 수 가 없었다. 학교는 그냥 이름만 달아 놓고 있었을 것이다. 그런데도 69년 2월 12일 졸업식 날이 되었다. 그야 말로 빛나는 졸업장을 타는 언니께 라는 졸업식 노래를 들어야 하는데 나는 아버지 말고는 가족이 없으니 참으로 울적했다. 아니다 나에게도 4촌이 8명 외삼촌 3명 외조부 등 주변에 그래도 많은 수의 친척이 있었지만 우리의 가정이 형편없으니 그들은 누구도 우리를 거들떠보지 않았다.

사람이 살아가면서 무슨 명절이나 무슨 큰 행사가 있으면 외롭고 소외됨을 느끼게 되는 데 나의 첫 소외됨을 느낀 것은 졸업식 날 이었다.

'아 나에겐 울타리가 아무도 없구나' 였다. 주변 아무리 둘러보아도 나의 바람막이가 될 사람이 하나도 없다는 것에 화가 나기도 하고 먼저 간 동생들이 원망스럽기도 했다.

그러다 보니 괜히 이유 없이 사람들이 미워졌다. 더욱이나 부모 잘 만나서 학교를 다니는 애들을 보면 더 꼴 보기가 싫어졌다. 언젠가 부터 나도 모르게 나의 가슴속에는 일상적인 세상 사람들에 대한 반감의 갈고리를 갖게 된 것이다. 그리고 소위 배웠다고 하는 인간들이 원칙을 벗어난 행동을 하는 것을 보면 참지 못하는 성격이 되었다.

지나고 보니 다 내가 속없이 모자라고 없이 살다보니 그렇게 되었다고 본다. 그래도 한 가지 나의 마음에 굳게 다짐한 것은 온갖 힘든 일은 다 견뎌낸다는 각오와 도둑질은 절대 안하고 정의롭게 꿋꿋하게 세상을 헤쳐 나가겠다고 마음을 먹고 세상을 시작 했다.

마음만 굿게 다지면 모하냐구. 땅 한평 없는 우리는 늘상 하루 날품을 팔아서 입에 풀칠을 하는 형편이니 늘 궁색했다. 생활은 궁핍하지요 나가면 사람들한테 업신여김을 당하지요 살 희망이 없는 것이었다. 하루는 아버지가 밖에 나가서 한 스무살쯤 어린 동네사람한테 윽박을 당하고 왔다 '어이 이서방 담뱃불 꺼'라는 수모를 겪고 오신 것이다. 참 안타깝다. 이래저래 생활도 힘들고 아버지는 자식에게 심적인 부담감이 크셨던지 나에게 '이젠 내가 죽어야 겠다 내가 너에게 짐이 많이 된다'고 큰 실망스런 푸념을 하고 계셨다.

나도 막막했다. 순간 먼저 가신 엄마가 보고 싶기도 하고 원망스럽기도 했다. 뭔 한구석 희망이라고는 보이는 게 없으니, 나도 아버지께 대꾸를 했다. 가슴이 찢어지니 어쩔 수 없었다. 겉으론 애써서 악한처럼 보일려고 쑈를 해대고 있었지만 천성적으로 가뜩이나 겁이 많은 눈동자를 하고 있는 내 눈에서는 이미 눈물이 하염없이 흘러내리고 있는 것이었다. '그럽시다 우리 두 부자 농약 마시고 다 죽어 버립시다' 불효인줄 알지만 현실로서는 나도 어쩔 수 없는 지경이었다. 그러자 아버지는 '네가 왜 죽느냐 내가 죽어 버리면 끝인 걸'하고 늘 피해만 입고 살아 온 당신의 생애를 원망하는 듯한 피끓는 절규를 하고 계셨다. 나도 머리가 멍멍했다 현재의 상황이 어떻게 진행이 되고 있는지 잘 분간이 안 갔다. 그러는 순간 사실 나도 이렇게 살아봐야 뭐하냐 하는 자괴감이 물밀 듯 밀려왔고 순간 나도 모르게 돌아버렸다. 지난번 담배농사일 품 팔러 갔을 때 남겨온 농약병을 부억 귀퉁이에 보관하고 있었는데, 그 독한 농약 한 병을 갖고 방으로 들어와 두껑을 따서 마신다고 하는 찰나, 방문을 확여는 소리에 보니 바로 물 건너 방앗간을 하는 아주머니 (평소 친척처럼 우리를 돌봐 주시던)가 우리 집에서 뭔 소리가 심상찮게 나니까 한 거름에 달려 온 것이다. 그 아주머니는 곧바로 내가 마시겠다고 뚜껑을 딴 농약병을 빼앗아서 문밖으로 휑 내 던지시고는 '네가 이런 행동을 하면 아버지 가슴은 어찌되느냐'며 한참 나의 마음을 어루고 다독여 주었다. 그렇게 그날 밤도 허기진 배는 더 곯았고 고독 속에 어둠은 더 짙게 몰고 왔다.

아침이 되었다. 아버지가 당한 어제의 일을 생각하니 도저히 참을 수가 없었다. 어제는 죽으려고 농약병까지 땄는데 뭔들 못하겠냐 싶어 아버지에게 면박을 준 그 사람 집을 아침 댓바람에 찾아갔다. 그 집 돼지우리 앞에 박혀있는 말뚝을 빼어 들고 들어가 여러 설명할 필요 없이 아버지에게 면박을 준 그 사람을 후려 갈겼다. 다행히 피했다. 그리고 도망을 갔다. 따라갔으나 옆에 있던 사람들이 같이 나를 따라와 나를 붙잡고 통 사정을 하기에 마음을 잠시 접었다. 다음날은 그 사람이 나에게 정식으로 사과하고 용서를 구했다. 그 이후로 동네 사람들은 우리 부자를 함부로 건드리지 못했다. 나에게 붙어 다닌 별명은 그때부터 "망나니, 망골'이라 했다. 우리에게 가해지던 폭력의 그늘에서 벗어난 평화가 찾아 온 것이다.

그래서 괄시를 이젠 안 받고 나는 뼈가 부서져라 일을 했다. 그래봐야 인건비라는 게 40원부터 받기 시작하여 300원도 받고 영 형편없던 시절이었다. 그렇지만 나는 빚은 지지 않는다는 신념은 갖고 배가 조금 주려도 참고, 악착 같이 열심히 돈을 모았다. 그러던 중 우리 옆집에 살던 이웃형님이 내가 모은 돈 20,000원이 있는 것을 알고는 빌려 달라는 것이었다. 월 5부의 이자를 준다는 것이었다. 그 형은 나보다 10살이나 위인데, 그의 심보를 뭣도 모르고 평소 이웃간 이니까 나는 그를 믿었고 월 5부의 높은 이자를 준다고 어린 나를 꼬득여, 솔깃하게 하여 빌려갔다. 그는 그 돈을 빌리고 얼마 지나더니 충주로 이사를 나갔다. 이자 5부는 빌린 날부터 주지를 않았고, 원금까지도 몇 십 년이 지난 지금에 까지 한 푼 받지를 못했다. 그 돈이 어떤 돈인데...좀 여유로운 사람들한테는 별거 아니었을지 모르지만 작은 체구의 내가 뼈가 빠지게 일해서 40원 200원 300원 모인 돈인데, 당시 심정으로는 총이 있으면 즉사 시키게 쏴버리고 싶은 마음 이었다.

이래저래 농사일과 막일 날품이나 팔고 지내던 시절인데, 어느날 인가 우리 집 뒤에 있는 밭에 토목공사를 하더니 금은동을 제련하는 돌공장이 들어 왔다. 날품을 파는 기약 없는 일보다는 월급은 작지만 꾸준한 일을 하는 게 좋을 거 같아서 그 공장에 취직을 하였다. 그런데 그 공장의 반장인 소재영이라는 사람이 서울에서 전에는 서울에서 건축분야 일을 했다는 것이다. 공장에서 하는 단순한 일도 그렇고 월급도 시원찮고 하니까 그 소반장이 나한테 '공장 노임이 너무 적으니 나하고 나가서 건축일의 기술을 배워볼 거냐'는 제안이 들어왔다. 나로서는 좋을 수밖에 내가 배운 게 있나 돈이 있나, 아무려면 여기 쥐꼬리만큼 받는 월급만 못하랴 하여 그분의 결정에 따르기로 했다.

제 2 막

일생일업의 길

내 나이 19살 그해 11월 중순경에 소재영(蘇載永) 그분을 따라 돌을 붙이는 일을 시작한 것이다. 그 첫 번째 일이 충주 교현동의 콩나물 공장과 2층 집의 공사 돌 붙이는 일이었는데, 농사일이나 하던 나로서는 시멘트일의 경험도 없고 일을 해도 잘 되지를 않아서 도저히 계속하기엔 재미도 없을 것 같았다. 그래서 집으로 들어왔다. 집에 와서 며칠 빌빌 거리고 있는데 소재영 그분이 일손이 달렸는지 다시 나를 데리러 왔다. 와서는 하는 얘기가 '무슨 일이든 기술을 배우려면 인내가 필요하며 한 고비를 넘기면 반드시 좋은 결과가 있을 것이다'라며 나를 설득하여 다시 충주로 데려갔다. 그때부터는 일을 열심히 다부지게 하였다. 蘇사장이 맡은 공사 일이 마무리가 되니까 그날 순대국 집으로 데려가 먹고 싶은 대로 실컷 먹으라며 계속 시켜주었다. 지금까지 생일날도 못 먹어본 포만감을 만끽한 그날은 잊지 못한다. 그러고는 이제 내게 타일 붙이는 연장까지 완벽하게 사다주며 자기 일에 데리고 다녔다.

건축일이라는 게 추운겨울이나 이른 봄엔 일이 거의 없어서 별 일도 없이 시간만 소모하고 있었다. 꽃 피는 봄이 되자 여기저기에서 공사가 활발해 졌다. 따라서 우리의 일도 바빠지게 되었다. 시내에서 건축일 일을 계속 하려니까 시내에 거처가 있어야 했다. 하는 수없이 오미 집은 아버지 혼자 남겨두고 나는 충주로 나와서 蘇사장 밑에 일을 따라 다니기 시작했다. 숙소는 蘇사장의 댁에서 바로 가까이에 있는 청주고물상이라는 곳인데 蘇사장님의 친구네라서 거기에 붙어있는 관리하는 공간에 蘇사장의 소개로 기거하게 되었다. 숙소라야 영 형편이 없는 곳이지만 다른 방도가 없었고 좁아터진 곳에 이미 기거하고 있는 사람들과 같이 자며 아침은 소사장 댁에서 해결하기로 했다. 하루 품삯도 700원을 주니 농삿일 허드레 품값보다는 좀 나았다. 나는 일을 하면 아주 열심히 한다. 주로 돌과 타일을 붙이는 일이었는데 몇 개월 하다 보니 일도 손에 익고 능률도 꽤 올라 있었다. 이에 蘇사장은 품값도 1,300원을 쳐 주었다.

그렇지만 나는 아버지와 내가 각각 생활해야 하는 2중 구조라서 그렇게 번다고 해도 별 모이는 것도 없었다. 그래도 일은 계속 이어지고 일하느라 바빠서 옆을 돌아볼 시간이 없었다. 그러던 사이 가을이 되었고 품값도 1,800원으로 또 올려 주었다.

그런데 蘇사장의 막내 동생이 서울에서 내려와서 일을 하는데 우리는 그 분을 삼촌이라고 불렀다. 蘇사장은 그 삼촌만큼만 일을 해낼 수 있는 능력을 키우라는 것이었다. 어느 날인가는 서울에서 진짜 기술자인 蘇사장의 3째 동생 일행이 내려와서 현장 일을 하게 되었다. 소사장은 현장에서 같은 면적의 일을 가지고 우리와 경쟁식으로 따로 진행시켰는데, 그 서울서 내려온 기술자 蘇사장 동생이 해낸 일의 면적보다 내가 하는 면적이 거의 배가 되었다. 그렇다면 나는 이집에서 최고로 일의 성과를 내주고 있음을 알았다. 일을 하다보면 누구는 어디 일을 얼마에 맡았으니 누구는 품삯을 얼마를 받느니 하는 것은 다 알게 되어있다. 당시 단순 잡부에게도 2,500원을 주는 인건비의 시대가 되었다. 그런데 타일작업을 그것도 최고 많이 해내는 나에게 1,800원을 주는 것에 대해 좀 생각이 달리 들었다. 알고 보니 다른데 타일 기술자는 6,000원을 받는다는 것이었다. 그래도 내가 기술을 습득할 수 있게 안내한 사장님이니까 말없이 따라 다녔다.

도립병원입구 노랭이 집이라는 곳의 공사가 한 일주일 계속 되었다. 명절을 앞둔 터라 공기를 맞추려고 야간 일까지 해댔다. 공사가 마지막 날 비가 온 뒤 3층 옥탑을 올라갔다가 방심하여 33,000V의 전기를 맞아 튕겨 나갔다. 다행히 1층 땅바닥으로 직행으로 떨어지지 않고 옥탑에서 옥상으로 떨어지는 바람에 대형 참사는 없었다. 충격은 개구리를 바닥에 내치면 두 발을 바르르 떨듯 (옆에서 본 내 친구가 나중에 하는 말이) 나의 몸이 한참을 떨다가 회복이 되었다는 것 이었다. 그 전기에 맞으면 사망내지는 최소한 중증 화상환자가 되는 것이 거의 다 라는 것이었다. 그런데 나의 끈질기고 모진 운명은 그 것을 비켜갔다. 그런 와중에도 소사장은 공기 마감이 바쁘니까 또 야간일 까지 투입을 시키는 것이었다. 전기 사고사건도 있어서 겁도 나고 일하기도 싫고 핑계를 대고 나가지 않았다. 그 후 다시 다른 현장일을 계속했다. 그러는 사이 나는 청주고물상의 거처에서 나와 독립 자취방을 마련했다. 그렇지만 아버지와 나의 2중 생활 구조로 생활이 여의치 않아 한참 후 蘇사장에게 2,000원로 올려 달라고 청했으나 이를 거절하고 연장통을 회수해 갔다. 한마디로 해고인 셈이다.

동생 둘과 엄마를 먼저 보내고 전기사고로 죽을 고비를 넘긴 내게, 세상에 태어나서 짤린다는 것은 처음 아닌가? 아직까지 그런 거를 몰랐으니 그것도 참 허무하기도 하고 막막하기도 했다. 그러나 어쩔 수 있나, 蘇사장한테서 해고는 당했지만 당장 생활을 해결하기 위해서는 여기저기 일을 수소문하기로 했다. 며칠을 헤매고 나니 일이 들어 왔다. 친구의 장비를 임시로 빌려서 작은 일이지만 공사를 통째로 맡아 일을 했다. 그랬더니 1,800원도 6,000원도 아니고 소사장에게 받던 것보다 10배는 더 수입이 됐다. 일단 일용할 쌀을 좀 넉넉히 팔아놓고 그 돈으로 연장과 장비를 구비했다. 큰 부자가 된 것 보다 더 기분이 좋았다. 그러나 이제 초년병을 벗어나지 못한 경력이라서 일이 그렇게 있지는 않았다. 일하는 날보다 노는 날이 더 많다 보니 생활이 녹녹치 않았다.

제 3 막
천사와의 동행

오미에서 나이가 더 많은 어른들과의 생활은 아버지와의 사건이 있음으로 해서 아옹다옹했지만 우리 친구들끼리는 잘 지냈던 것으로 기억된다. 오히려 우리 집이 편해서인지 우리 또래의 친구들이 우리 집에 와서 화투놀이도 하고 이른 봄이면 다릿골 계곡에 가서 얼음장 밑에 있는 개구리를 후벼다 찌개를 끓여 먹는 등 천렵도 같이 잘 다녔다.

그중에 1년 선배인 동네 친구는 내가 충주를 나오기 전 이미 시내에 나와서 둥지를 틀었다. 물론 남의 가게 점원으로 일을 하는 중이었다. 그런데 그 친구는 벌써 일찌감치 장가를 갔다.

내가 충주에 나와서 타일 일을 蘇사장 따라 다니면서 일을 배우고 있었지만, 시내는 오미 촌놈으로서는 낯설은 외지였기에 아는 사람도 없고 막막한 타향에서 그래도 고향친구가 제일이라서 시간이 나면 그 친구들과 어울려 시간을 보냈다.

그런데 하루는 쉬는 날에 친구 집을 방문했는데 친구 부인이 자기의 바로 밑 여동생을 소개해 주는 것이었다. 요즘말로 나로서는 아주 땡큐지. 한복집에서 일을 거들며 기술을 배우는 허영자라는 처녀였다. 한번 만나보니 눈도 둥그런 게 겁도 많을 것 같기도 하고 성실하게 보여 내 마음에 들었다. 그 후 시간만 나면 한복집 앞을 기웃거렸다. 한번은 허영자와 그의 형부인 친구와 셋이서 저녁식사와 한잔을 하고 시간을 끌다보니 시간이 늦게 되었다. 그래서 너무 늦어서 집에 갈 수 없다는 핑계를 둘러대며 우리 집에 가자고 꼬셔서 나의 자취방으로 친구와 같이 3명이 그날 밤을 보냈다. 다음 날 아침 친구 보기가 참 민망하였다.

아침이 지나고 서로의 일터로 갔다. 나는 마땅히 갈 곳이 없었다. 이래저래 근근이 들어오는 일을 이어가고 있었는데 친구의 도움으로 교현동 어느 집 문칸 삯월세방으로 이사를 하게 되었다. 그런데 집 보증금(2만원)과 선불 삭월세(3천원)을 주고 나니 남는 돈이 없었다. 그래서 이사한 그날부터 그간 사귀어 온 허영자와 동거를 시작했다. 당장은 어려웠지만 '산 입에 거미줄 치랴' 며칠 있으니 일감이 들어 왔다. 생활 가사도구들 이래야 봤자 그릇 몇 개와 수저 정도였지만 젊음이 있었기에 힘은 들어도 살만은 했다. 이러한 어려움 속 변변치 못한 생활 중, 사는 집 방바닥이 금이가는 등 허술해서 한번은 집사람이 연탄가스에 중독이 된 것이다. 옆집 아주머니가 동침이 물을 마셔주며 공기를 환기하는 정성을 다해서 위기를 모면할 수가 있었다. 나의 인생 역경 중에 하나의 이력으로 남는 사건이라 할 수가 있겠다.

그런 허술한 환경은 참고 지낼 수가 있겠는데 참기가 고통스러운 것은 밤만 되면 주인집 아들 놈이 문칸방인 우리 문을 발로 차고 난리를 치는 것이었다. 한 두 번이 아니어서 힘들었다. 아마도 좀 이상한 놈인 것 같았다. 셋방살이 주제에 더운밥 찬밥 가릴 여유가 안되어 참고 지내 왔는데, 하루는 친구 내외가 우리 집에 왔는데 또 그런 행패를 부리기에 그땐 맘먹고 그놈을 훌 두둘겨 패놓고 당장 다음 날 방을 빼겠다고 선언 했다.

아침이 되었다. 방은 빼기로 했는데 막상 갈 곳이 없었다. 그래도 선언은 했으니 내가 다시 꿇고 들어 갈 수는 없어서 짐을 쌌다. 짐이라 봤자 얼마 안 되는 것이었지만 그래도 맡길 곳이 없어서 전에 알고 지냈던 고물상 아주머니한테 자초지정을 말씀 드리고 거기에 보관하기로 했다.

그날 아침이 참 처량하고 참담했다. 가을비 마져 내리고 있었다. 짐을 옮기느라 비도 흠뻑 맞아 생쥐 꼴이 되었다. 내 신세가 왜 이리 처량할까 별에 별 생각이 다 들었다.

짐은 고물상에 보관을 했다 치고 그럼 그날 밤부터는 어디로 가야만 한단 말인가? 단칸방을 사는 동서네가 고맙게도 잠시 같이 머물자고 제안을 해와 다른 집을 마련하는 며칠을 지낼 수가 있었다.

며칠 후 새로운 살집을 마련했다. 집주인이 직접 안 살고 다 세 들어 사는 구성이어서 마음에 들었다. 그러고 생활도 안정이 되어 갔다.

그렇게 되니 처형이 하는 말이 이젠 자기네 친정집에 가서 어른들을 만나뵙고 오라는 거다. 당연히 그렇게 해야 하는 것이 도리다. 그러나 막상 찾아뵈려니 엄두가 안 났다. 왜냐하면 우리 사이는 서로 생판 모르는 사이가 아니고 오미에서 살 때 서로 내용을 아는 것이 아닌가?

그러나 이 여자와 같이 사는 마당에 그 과정을 넘겨야 했기에 용기를 내어 하루는 대사에 있는 그 집을 찾아 갔다.

술과 닭을 준비하여 찾아 갔는데 장인 영감이 어리둥절하며 '니가 여길 어찌 왔느냐'며 달갑지 않게 대하는 것이었다. 누구라도 그러했을 것이다. 오미에 살 때 처갓집은 오미 뒷골에 살았었고 동네 회의 내용을 전달하러 다녔기에 나도 그 집을 잘 알고 있었고, 내가 망나니 성격이라는 것을 장인은 잘 알고 있었고 장인과도 다툼이 있었으니 너무나 잘 아는 사이가 아닌가? 나로서도 그 분위기에서는 특별히 살갑게 달라붙어서 얘기할 처지도 못되고 해서 단도직입으로 말했다. '둘째 딸을 나를 주세요'라고 했다. 장인은 너무나 황당한 얘기를 들은지라 '뭐라고?' 나는 다시 말했다. 장인의 반응은 '세상사람 다 되도 너는 안 된다'는 답이 있을 뿐이었다.

하는 수없이 그날은 그 자리를 돌려 다시 충주의 거처로 돌아왔다. 그러나 쇳뿔도 단김에 빼야한다고 3일 후에 다시 찾아 갔다. 이제 내용을 다 아는지라 장인이 다짜고짜 나를 후려갈기는 것이었다. 나는 슬쩍 피했다. 그리고 언쟁이 격했다. 장인도 강원도에서 오미로 이주를 해온 타지 사람이며 귀신 잡는 해병대 출신이라고 성격이 과격한 사람이었다. 그래도 나는 이 관문을 돌파하지 않으면 안 되었기에 끝까지 설득을 하려 했으나 막무가내였다. 나도

뒤로 물러설 수가 없었다. '장인어른 지금 나는 허영자와 동거중이니까 마음대로 하시오' 라고 강하게 들이밀었고 '마음잡고 잘 살겠으니 받아주세요'라고 청을 다시 올리니까 장인은 성질을 참지 못하고 휙 밖으로 나갔다. 나는 그날 처가 집 안방에 눌러앉아 잠을 자고 아침에 쇠죽도 끓여주고 기다렸는데 얼마나 화가 나셨던지 장인은 그날 밤 들어오시지 않았다.

그 후 장인의 화살은 처형에게 돌아갔다. 아무것도 없는 부랄 두 쪽 밖에 없는 놈을 소개 해줬다고 처형을 매우 심하게 꾸짖었다. 그러는 와중에도 집사람은 배가 불러오는 것이었다. 그렇게 되니 처가 집 문중 어르신들과 주변에서 장인을 설득하여 결혼을 허락 받아 냈으나 딸의 아버지의 입장에서는 얼마나 속이 상했는지 결혼식 전날 너무 과음을 하셔서 정작 결혼식 날은 얼굴을 까가지고서 신부의 손을 잡고 들어오셨다.

제 4 막
물안개도 꽃인가 ?

딸 가진 부모의 입장은 나였더라도 장인처럼 그렇게 생각했을 것이다. 그래서 나는 나의 생활에 책무를 다하기 위해서 하루도 게으르지 않게 생활을 악착같이 하였다. 일은 날로 나아졌다. 수입도 점점 불어났고 거래처도 늘어났다.

일이 바쁘다 보니 받은 품삯을 은행에 예치하러 가는 것도 시간을 별도로 내야했다. 하루는 아침에 일을 나가는데 일을 발주한 건축주가 품삯을 가져오는 시간과 맞닥트렸다. 난 아침에 다른 현장에 급히 일을 나가야 했고, 평소 잘 알고 지내는 집근처 장사를 하는 아주머니가 마침 보이길래 가져온 품삯 35만원을 맡기면서 저녁에 일 끝나고 오면서 찾으러 가겠다고 했다. 그런데 저녁에 찾으러 갔더니 물품대로 일시 지출을 했으니 미안 하지만 3일안에 꼭 마련해줄 테니 양해를 바란다고 해서 어쩔 수 없이 집으로 들어 왔다. 그리고 다음날은 일 나갔다 들어오는데 평소 가깝게 지내던 자전거포 주인이 풀이 죽어 보이 길래 물어 봤더니 여차여차해서 10만원이 꼭 필요하다는 내용을 듣고는 내가 고생고생과 어려운 상황들을 겪어 봐서 내 마음과 같은 줄 알고 그들에게 통장과 도장을 건네주며 10만원을 찾아 쓰라고 줬더니 20만원을 인출하여 썼다. 그러면서 사정이 급해서 그랬으니 며칠 안으로 꼭 마련해 갚을 테니 염려 말라는 것이었다. 그러나 모두 거짓말이 된 것이다. 자전거포는 약속이 안 지켜져서 매일 들러서 1천원도 좋고 2천원도 좋고 찾아 쓰기를 했지만, 그것도 길게 가지 못하고 결국 35만원을 빌린 집과 20만원을 빌린 집이 야반도주를 하게 되었다.

그 소식을 접한 순간 집사람으로부터 내가 마음이 여려 터져서 거절을 못하여 당하고 다닌다고 엄청난 원망의 소리를 듣기도 했지만 저녁에 곰곰이 생각해보니 울화가 치밀어 올라 왔다. 그 돈이 어떻게 모은 돈인데...뼈가 부서져라 일한 것인데... 안 먹고 안 쓰고 모은 돈인데.. 참 분했다. 그래서 그들의 소재지를 찾아 나섰다. 돈이 문제가 아니라 믿음에 대한 배신이었기에 꼭 찾아서 나의 가슴에 맺힌 한을 보여주고 싶었다. 찾기는 찾았는데 그렇게 도망을 간 사람들이 온전할 리가 없었다. 35만원을 떼먹고 서울로 간 사람은 얼마 후 남편이 죽었고, 20만원을 떼먹고 간 사람은 포항에 가서 제철소에 취직을 했는데 얼마 안 있다가 사고로 한쪽 다리를 못 쓰게 되었다는 것이었다. 한참을 멍하니 하늘을 쳐다봤다. 혼자말로 중얼 거렸다. '돈 떼쳐먹고 갔으면 잘 살던지...' 저 인간들이 나의 인간을 믿어 온 것에 대한 신의를 배신했지만 나는 저들보다 낫고 앞으로 또 벌면 된다. 하고 그것을 잊기로 했다. '그래 다 잊자'

달래강 물이 한강을 향해 흘러가듯이 나의 일상생활도 시간이 흘러 집사람이 만삭을 지나 산일이 되었다. 당시로서는 산부인과는 일반화 되지 않았고 집에 산간을 하는 산파 아주머니를 불러 왔다. 우리에게는 첫 아이가 되니 기대가 엄청나게 컸다. 아이를 받고 보니 예쁘기도 하고 이 얼마나 감격스러운가 ? 그런데 그 것도 잠시 산파 아주머니가 살펴보더니 아이가 육손이라는 것 이었다. 우리 부부는 너무 당황하여 어찌해야 할지 몰랐고 산파의 말에 귀를 기우렸다. 산파가 하는 말은 자기가 가끔은 이런 경우를 겪는데 면도칼로 지금 곁가지 손가락을 잘라내면 된다는 것이었다. 우리는 겁이 덜컥 났다. 그러나 산파의 제안을 받아들이기로 했고 그는 대수롭지도 않은 것처럼 곁가지 손가락을 잘라내고 탯줄과 함께 옆으로 놓았다. 아이가 태어나면 계속 '응에 응에'하고 우는데 손가락이 잘렸다고 더 크게 우는 것은 소리로는 들리지 않았지만 갓 태어난 아이의 아픔을 부모로서 같이 품으려니 가슴이 메어지는 것이었다. 나는 그 탯줄과 잘라낸 손가락을 수습하여 달래강으로 어둠이 아직은 짙어 있는 이른 새벽 자전거를 타고 나섰다. 정신없이 페달을 밟아 가는데 달래강 강변에 하얀 소복을 한 여인네가 있는 게 아닌가? 나는 무서움에 머릿발이 치켜 올랐다. 그렇지만 내가 가지고 간 탯줄과 손가락 하나를 잘 물에 띄어 보내고 돌아 왔다.

그러고 얼마 후 지금 사는 집은 이제 집주인이 새로 짓는다고 이사를 나가라는 것 이었다. 여기저기 알아 봤더니 역전동에 내가 보기에는 좀 널고 괜찮은 것 같아서 그리 가기로 결정을 했다. 집사람은 거기로 가기를 꺼려했다. 주변 소문이 그 집은 비방을 해 놓은 집이라는 것이었다. 그러나 나는 그런 미신은 믿지 않는다고 단호하게 내주장을 내밀어 결국 그 집으로 가기로 했다. 새로 이사 갈 집을 살펴보러 갔더니 전에 살던 사람들의 이불이 그대로 있어서 치우려고 들춰 봤더니 단도가 나오는 것이었다. 그래도 나는 그것을 믿지 않았다. 내 마음만 굳건하면 된다고 생각했다. 거기에 들어가 살면서도 그 집이 비방을 한 집이니 굿이라도 하면 좋겠다고 친구가 권고하기도 했지만 무시해 버렸다. 그 집은 집주인이 안 살고 안채에 세들어 온 사람은 전세가 2배반 가량 더 비쌌고 우리는 문간방 이라서 좀 전세금이 좀 덜 했다. 그런데 안쪽 마루까지 쓰는 전세 세입자가 밤 10시만 되면 전기료를 아낀다고 두꺼비집 계량기 스위치를 내리는 것이었다. 애를 키우는 우리는 밤에 전기를 못 쓰니 항상 양초를 준비해 놓고 있었지만 여간 불편한 것이 아니었다. 나에게는 집에 대한 복이 참 지지리도 없구나하는 생각이 들었다. 어찌 되었던 그 집에 입주를 하고 부터는 우리 아이 은영이가 어디가 불편한지 밤마다 울어 보채 댔고 나 자신도 목구멍이 자주 아파 편도선이 자주 붓곤 했다. 이사한지 그래봐야 열흘 남짓한데 계속 상태가 안 좋게 전개가 되는 것이었다. 힘은 들지만 내가 우겨서 이사 온 지라 버티면서 생활하고 있었는데 한 보름쯤 되었을 때 자다가 아침에 일어나보니 은영이가 입에 거품을 물고 있는 것이었다. 나는 놀래서 아이를 들쳐 업고서 근처의 성모병원으로 내달렸다. 도착하여 의사가 검진을 하더니 이미 아이는 숨이 졌다는 것이었다.

하늘이 노랬다. 아니 하늘이 무너져 내리는 것 같았다. 이 어찌 이 어찌 내 인생에 이다지도 험한 일이 온단 말인가? 어려서는 두 동생과 엄마를 먼저 보내게 되더니 나의 당대의 자식까지 왜 이런 험한 일을 겪게 되느냐 말이다. 나는 한없이 눈물이 흘러 내렸다. 세상을 사는 게 힘들게 느껴졌다. 아니 싫어졌다.

그러나 어찌 하겠는가? 마음을 추스르고 집사람은 처형과 함께 병원에서 집으로 보내 놓고 동서와 상의하여 아이를 묻어줄 산을 선택하고 양지바른 산에 아이의 시신을 묻어주고 집으로 발길을 돌리는데 차마 발길이 떨어지지를 않았다. 집에 와보니 집사람의 정신은 이성을 잃고 있었다. 내가 정신을 차리지 않으면 집사람마저 큰일이 날 것 같아서 그 시간부터 나는 침착성을 되찾고 집사람을 달랬다. 집안은 덩그러이 휑한 공기만 감지가 되고 무서움을 느끼게 되었다. 집사람이 이 집에 이사를 원하지 않았으면 하지 말았어야 할 것을 괜히 우겼다는 후회가 몰려왔다.

그러니 거기서는 잠시도 머물러 있을 수 없는 것이었다. 그래서 전세 보증금이고 뭐고 일단 나왔다. 그리고 또 동서네 집에서 며칠 신세를 지고 교현동에 적당한 집이 나왔길래 그리로 이사를 했다. 이사를 하고도 한동안은 애 엄마가 애의 무덤이 어디에 있는지 한번만이라도 데려다 달라고 애원했으나 나는 딱 잡아떼었다.

그 일을 잊는 것은 일에 열심히 몰두하는 길 밖에 없었다. 세월이 약이라는 게 딱 맞다. 정신없이 일을 하다 보니 격한 슬픔은 희미하게 되고 또 내가 일을 열심히 하는 것을 보고 주변에서 나의 일에 대한 신뢰도가 더 쌓여갔다.

그러던 어느 날 돌공장을 운영하는 진 희 사장님이 나를 부르더니 '분도씨를 그동안 옆에서 지켜보니 성실하고 빈틈이 없는데 마침 제천에 대리점을 개설하는데 독점 판매권을 주겠다'는 것이었다. 나로서는 그런 생각은 꿈에도 안 해 봤는데, 이런 걸 가지고 천재일우라는 것이구나 하고 생각이 들었다. 그것도 보증금 없이 물건을 팔아서 주는 조건에 200만원어치는 외상으로 주겠다는 것이었다. 그 사장님이 본 이분도는 죽어도 남의 돈은 못 떼어먹는 사람으로 판단을 한 모양이었다. 당시 한창 인기 있는 은파석이라고 불리는 돌공장은 전국을 통털어 동량면 뿐이 없었다. 그래도 그것을 운영할 가게는 내가 마련해야 했는데 나는당장 사는 집을 얻고 나니 돈이 없어서 단월 풍동 부자인 외가집에 가서 융통을 하기로 마음을 먹었다. 70만원이 필요했는데 그 정도는 작은 소값 정도였다. 전에 외가집 일이라면 발 벗고 나서서 일을 해줬고 어느 해 한 계절은 내가 외삼촌네 집에 가서 한동안 일도 도맡아 해준 기간도 있었다. 그래서 나는 외가집은 내 마음 속에 언덕으로 여기고 믿고 있었다. 내가 사업을 시작하려는 데 최소한 외가집은 밀어 줄 수 있을 거라는 굳게 믿었었다. 그 정도의 돈을 그냥 지원해 줄 수도 있는 외갓집의 경제력 이었지만 외가는 나를 완강히 거절했다. 나는 그냥 도와 달라는 것이 아니었고 빌려 달라는 것 이었다. 다급해서 작은 외삼촌 막내 외삼촌 다 찾아서 돌았으나 모두 다에게 거절당했다. 허허벌판에 내뒹굴어 버려지는 강아지 같은 심정이었다. '아~이제 이 세상에는 내가 기댈 언덕이라고는 하나도 없구나' 하고는 하늘 바라보면서 엄마를 원망했다. 달천강가에서 크게 하늘을 향해 울었다 그렇게 부르고, 부르고 싶었던 엄마라는 단어를 몇 번이고 부르면서 크게 목 놓아 울었다.

다음날 아침 그 고마운 뜻을 제안했던 사장님을 찾아가 다른 핑계를 대고 대리점을 포기 했다. 그 사장님은 의아해 하면서 하는 수 없이 제천의 건재상 하는 사람에게 판권을 주었는데 그 다음 해 제천에서 전국소년체전이 있는 관계로 주택개량 사업이 대대적으로 일어났고 그로 인해 그 대리점 사장님은 지금 내가 살고 있는 집값의 5배정도는 벌었다는 소식을 접하니 참 씁쓸한 허전함을 삼킬 수밖에 없었다. 그 일을 할 수 있었던 기회를 놓친 것에 대한 외가집에 미움과 원망으로 한동안 바라봤던 것도 이제는 다 내려놓고 그것이 내게 오지 않을 복 이구나 하고나 자신을 위로 했다.

제 5 막
봄 번던에는 올해도 바람은 불어온다.

아버지의 회갑이 다가 왔다. 이젠 결혼 생활도 안정적이고 새로이 태어난 아이도 잘 자라고 있어 아버지의 회갑상을 차려 드릴만한 돈도 모았다. 어찌하였던 미운정 고운정 들었던 오미 동네분들을 위해 식사대접을 한번 하는 잔치를 여는 게 나로서는 자식 된 도리였다. 회갑상을 차리는데 엄마가 안계시니 상차림의 격식의 논란도 있기도 하였지만 엄마가 이 같은 날 계셨으면 얼마나 좋았을까 라는 생각에 눈물이 앞을 가렸다. 거기에다 아버지가 이젠 노인네가 되어 계시다는 것을 생각하니 아버지의 인생이 불쌍하게 느껴지기도 하고 참으로 슬펐다. 그렇게 아버지의 회갑 잔치는 끝이 나고 얼마 후 최실경 이라는 사람이 우리집 일대를 개발하여 유스호스텔을 짓는다기에 집을 팔고 아버지를 우리집 옆에 방 한 칸을 마련하여 모시게 되었다.

나는 초등학교 입학 후 엄마를 하늘나라에 먼저 보낸 후 한 번도 남들과 같은 레벨의 환경에 살아 본적이 없다. 그런데 이제 가정도 꾸렸고 남들이 하는 것처럼 아버지를 옆방에 모시고 사는 정상의 궤도에 진입하여 삶을 영위하게 되었다.

같은 하늘 아래 인간들이 사는 세상에 남들이 사는 것처럼 만들어 주고, 또 나 같은 백수건달에게 시집을 와서 홀시아버지를 모시고 아이를 잘 키우는 집사람이 나에겐 천사이지 누가 천사이겠습니까?

그런데 살아 보니 인간사 다 꽃길만 깔려 있는 것은 아닌가 보다. 그 사람들이 사는 데도 나름대로 고민도 있고 슬픔도 있고 다툼도 있는 것을 알게 되었다.

그런데도 아직도 견디기 힘든 것은 사회는 배우지 못하고 직업이 힘든 일을 한다고 외면하는 것을 느끼게 되니 사회를 바라보는 눈이 내가 바르게 보이질 않았다.

그 것이 새로 이사 간 곳의 초등학교 교사 집 이었는데 그 사모가 좀 별난 사람이었는지 아니면 다 그런지 몰라도 그 집에서는 유난히 깔끔을 떠는 거였다. 대문 옆에 화장실이 있는데 화장실 갈 때도 노가다 일을 한다고 꼭 슬리퍼를 신고 들어가라고 했다. 여름 날 마당에서 기어 놀던 우리 아이(경선=현정)가 엉금엉금 기어서 안집 마루턱에라도 기어 올라가게 되면 사모는 애가 더럽다고 우리 애를 얼른 들어다 우리 방 안으로 집어넣곤 하는 거였다. 옛날엔 유선 전화도 귀하던 시절 대부분 안집 전화번호를 빌려서 오는 전화를 받곤 했는데 어느 날인가 나에게 일감을 알려 줄 전화가 낮에 전화가 왔는데, 자기가 낮잠을 자는데 잠을 깨웠다고 신경질을 버럭 내는 것이었다.

그래서 집 없는 설음과 못 배운 설음을 조금이라도 덜 받는 곳을 찾고 골라서 새로이 이사를 했다. 그 집 주인은 우리네처럼 평범했고 참 마음이 따뜻한 아주머니였다. 거기에서 둘째 (범희=승민)를 낳았다. 사는 것도 그럭저럭 어려움은 덜했다. 그런데 군복무 미필보충역에 편입이 되었던 것이 방위복무의 소집통지서가 나왔다. 또 하나의 난관에 봉착이 된 것이다. 내가 방위 복무에 나가면 처자식과 늙으신 아버지를 부양하는 생계가 너무나 막막했다. 그 때 당시만 해도 좀 말빨이라도 있는 사람이 있으면 소집해제 정도는 아무것도 아닌 시절이었다. 막말로 삼촌들이라도 조금만 거들어 준다면 하나도 문제될 일이 아닌데, 홀홀 단신 내 혼자 백방으로이리 뛰고 저리 뛰어서 해결을 해야 했다. 왜냐하면 우리 가족의 생사가 달려있었기 때문이다. 이래저래 하소연은 접수가 되었고 병무청에서도 방위소집을 면제해 주어 보충역에 편입할 수가 있었다.

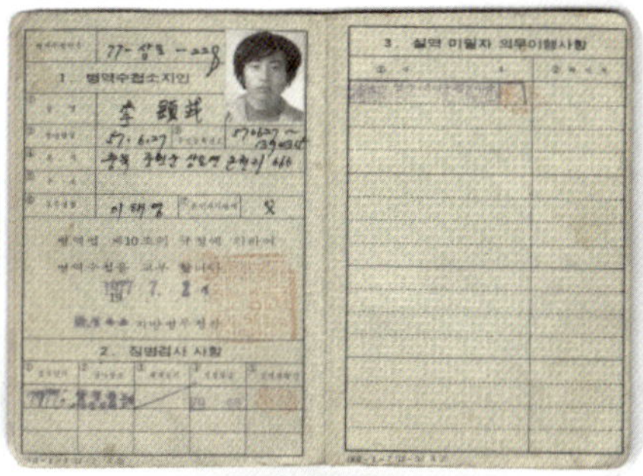

경선이가 6살이 될 무렵 왼쪽 눈이 잘 안 보인다는 것이었다. 자라보고 놀란 가슴 솥뚜껑만 봐도 철렁인다고 전번 일(첫째 아이를잃은 사연)도 있고 해서 평소에도 잘잘하게 아프다기만 하면 무조건 병원이든 한방이든 곧바로 데리고 가곤 했지만 이번에 좀 심각한 상태였다. 가슴이 철렁 했다. 그러나 내가 어떠한 일이 있더라도 자식에게 만큼은 아픔을 주지 않으려고 돈에 관계없이 최선을 다했다. 처음에는 안과 유명하다는 곳을 여러 곳을 섭렵을 한 후에 이대부속병원에서 수술을 잘 마칠 수 있었다. 수술비는 당시보통 집값이 1천만원하던 시절 400만원이 들었다. 수술비를 마련하는데 여기저기 다 긁어 모아도 50만원이 모자랐다. 천만 다행으로 이대병원조병채 박사님이 보증을 서주시고 외상으로 수술을 마쳤다. 고마운 마음에 열심히 일해서 그해에 다 갚았다. 그 큰 수술을 하려니 전신마취를 해야 했고 그래서 그랬는지 초등학교 들어가기 전에는 열까지도 못 세는 좀 발달이 늦은 편이었다. 그러나 나는 공부와는 관계없이 아이들이 건강하게만 커 달라는 소원을 빌었다.

왜냐하면 나의 인생에서 죽음이란 단어와 병신이라는 단어가 뇌리에서 노이로제처럼 달라붙어 있었기 때문이다. 그래서 아이들이 잠이 깊이 들어 오래 동안 깨지 않으면 혹시나 하는 마음에 슬쩍 깨워 보기도 하는 경황도 있었다. 다행히 경선이도 정상으로 회복이 되어 남들만큼 공부도 하게 되었고 아들은 좀 소심한 편인지 공부만 하는 그런 성격으로 잘 성장 했다.

이렇게 집이 없는 서러움을 겪다보니 집 없는 사람에겐 집을 마련하는 것이 생에서 가장 기쁜 날이었을 거다. 그래서 일을 하는 건축업자가 연립주택을 짓는데 일하는 공사 대금을 연계해 집을 한 채 분양 받으라는 것이었다. 내 집이 있으면 그렇게는 안한다고할지 모르지만 집 없는 서러움을 뼈저리고 겪고 있는 마당이라 그 제안을 흔쾌히 받아 들였으나 내가 한 공사 대금과 없는 돈 있는 돈 다 보태도 그 집을 당장 들어 갈수 있는 형편이 안 되어 그 새집은 입주도 못해보고 전세로 돌리고 조그만 다른 집에 다시 세 들어 살면서 3년 동안 일을 열심히 해 그 집을 차지하여 입주를 했다. 새로 입주 하려니 그간 낡은 것이 맘에 걸려 많은 돈을 들여서 수리를 하고 오랫동안 살았다. 왜 오랫동안 살았냐하면 이사로 인한 풍파가 너무 많았던지라 움직이는 게 사실상 겁이 났기 때문이다.

제 6 막
세월은 고장도 낸다.

하루는 일을 나갔다 오니까 연립주택 출입문이 박살이 나 있었다. 자초지종을 물었더니 아버지가 그랬다는 것이었다. 며느리가 아버지한테 말대꾸를 해서 그랬다는 것이었다. 아버지로 말할 것 같으면 평생 나 하나를 바라보면 사신 분이다. 어찌보면 평소에는 자기 아들을 지금 며느리에게 빼앗겼다고 스스로 생각을 하셨을 줄도 모른다. 그러나 이렇게 문짝까지 부셔놓을 정도면 정상이 아님을 느꼈다. 이러한 도끼로 문짝을 부숴대는 상황을 현장에서 당한 집사람이나 아이들은 새파랗게 질려 말도 못하고 있었을 것이다. 겉으론 집사람(며느리)을 혼내는 척하고 그렇다고 대 놓고 집사람에게 아버지가 잘 못하셨다고 할 수 없는 노릇이고 가능한 양쪽 다 원만한 생각이 들도록 유도를 하는 게 나의 역할이라고 생각을 했다.

그런데 다음 날도 또 같은 현상을 만들어 놓으셨다. 그래서 이젠 나의 처방을 쓰기로 했다. 집사람과 애들을 다른 곳으로 피신을 시켜 놓고 아버지와 담판을 벌였다. 옛날 농약을 같이 마셔 버리자는 각오였다. '아버지가 자꾸 이러시면 나는 어떻합니까?''아버지 정 그러시면 아니 아버지가 내일 내가 일을 나갔다 올 때까지 저 문을 고쳐 놓지 않으시면 아버지와 나 그리고 저 손주새끼들 다 모아 놓고 석유불로 다 끄슬러 버리겠다'고 으름장내지는 엄포를 단단히 하고 그길로 석유 한말을 사다가 아버지가 보이는 문 앞에 갖다 놓았다.

그리고 그 다음날 일을 나갔는데 생각 뒤숭숭하여 일이 손에 잡히질 않는 것이었다. 그래도 하루를 때우고 집에 들어오는데 만감이 교차했다. 아버지가 정말 고쳐 놓았을까? 아니면 아직 그대로 그 상태로 있을까? 안 고쳐 놓았으면 내가 또 겁을 주는 난리를 쳐야하나? 참 난감했다. 가슴을 조아리면서 집에 왔는데 내 입에서 휴~하는 가슴을 쓰러 내리는 소리를 내게 했다. 아버지는 낮에 사람을 불러 말끔히 문을 고쳐 놓았던 것이다. 그 상황에 겉으로는 무덤덤하게 들어 갔지만 나의 가슴속에는 이상야릇한 쓰라린 마음이 들며 한없는 눈물이 흘러내리고 있었다. '아~ 이제 아버지의 세월이 아버지의 몸을 고장 나게 하는 구나. 요즘 말로 치매가 온 것이다.

세월이 야속했다. 아버지는 그렇게 몇 년을 그냥저냥 지내셨다. 우리집 앞에서 건축공사를 하고 있었는데 하루는 아버지가 그 공사장 밑을 지나고 가고 있었는데 공사장 인부들이 아래 지나가는 사람을 확인하지도 않고 공사장 대체할 난간을 밑으로 내던졌다. 그 난간에 아버지가 맞았다.금방 병원에 실려가는 아주 중상이 아닌 것은 다행 이었다. 그런데 아버지가 아픔을 참고 말을 하지 않았을 뿐이지 사실은 중상이었다. 그들은 노인네라고 깔보고 그냥 손에다가 억지로 3만원을 쥐어 줘서아버지를 집으로 보낸 것이다. 우리는 그 것도 모른 상태에서 아침에 아버지를 보니 팔이 퉁퉁부어 올랐고 매우 통증을 느끼고 계셨다. 자초지종을 확인한 나는 그 길로 곧바로 병원에 모셨더니 아니나 다를까 어깨에 금이가고 일부 뼈의 파손이 생긴것 이었다. 병원에 장장 3주나 입원해야 하는 진단이었다. 공사장에서 생긴 사고로 그들은 합의를 봐달라고 나에게 찾아와 애원을 하다시피 하였다.나는 그들의 행위가 괴씸해서 합의를 안봐줄라고 했더니 아버지가 나한테 계속해서 자기가 아픈 것은 어쩔수 없으니 공사업자를 잘 봐주라고 신신당부를 하시는것 이었다. 그래서 하는수없이 그 공사 업자의 형편을 고려해서 그들이 해결 못하는 것을 내가 나서서 의료보험까지 개설하게 하여 병원비를 대체하는 것 까지도 내가 도와줬다. 합의금은 둘째치고 병원비까지 보험으로 처리 해주니까 당장 코앞서는 고맙다고 연신 굽실거림이 땅에 닿듯이 했지만 , 합의를 해주고 난 다음에는 코빼기도 보이질 않은 야속한 인간들 이었다. 아버지는 그 사고로 인해 드러 누어 계시다가 결국 돌아가시게 되었다. 향년 73 세였다. 아버지는 어머니가 누어 계시는 어머니 산소에 합장을 해 드렸다.

아버지의 유품을 정리하니까 여기저기 장판밑 등에서 70만원이 나왔다.그 돈과 부조금 중 일부 장례비용에 사용하고 대부분의 돈은 천주교에서 장례식도 진행주고 해서 장례가 다 끝난후 거기에 기부했다. 그렇게하여 한도 많고 사연도 많았던 아버지와의 이승에 인연을 마감하였다.

아버지 당신께서는 약자여서 몸소 느끼셨는지 항시 내게 세상 너무 야박하게 대하지 말라는 말씀을 하셨다. 아버지의 뜻을 내가 평소에 실천하기로 했던 것은 결혼후 부터 집사람과 상의하고 내가 살아온 처지를 생각하여 어려운 결손가장을 돕기로 마음먹고 동사무소에 연락하여 월 2만원씩을 기부하였다. (당시 나의 하루 품삯 5천원) 15년정도 기부를 하다가 보니 나의 뜻에 동참하는 사람이 늘어나게되어 기부활동이 범위가 커지자 이것이 신문에 나게되었다. 그렇게 되니 전국에서 자기네에게도 기부를 해달라는 요청이 오는 것이었다. 이런 것이 신문에 나서는 안되는것 이구나 라는 것을 절실히 느꼈다. 우리가 돕는 대상은 초등학교~ 고등학교까지 였는데 잘한답시고 그 결손 가정의 아이들이 생일을 맞으면 집으로 초대하든가 외식으로 식사를 접대 하니까 그 직접적인 수혜자들에게 나의 얼굴이 알려지게 되는 것이었다. 그런데 그들이 고등학교를 졸업한 후에 가끔은 길에서 만날기회가 있는데 그들이 나한테 달려와 고맙다고 표현하기 보다는 일부러 외면하고 도망을 가는 것을 느꼈다. 왜냐하면 고맙기는 하겠지만 자기들의 치부를 다 안다는 것이 그들에게는 창피스럽게 느끼게 되었다든가 아니면 다른 이유로 어찌되었든지 외면함에 나는 망치로 뒷통수를 얻어맞은 것처럼 황당함을 느꼈다. 그 문제를 가지고 며칠을 곰곰히 생각했다. 결론은 내가 다시 깨우침을 얻은 것이었다. 내가 기부를 한다고 하는 것이 신문에나 나오고 하는 우연중에 겉껍데기 허세행동을 했구나였다. 더 진심한 마음이었다면 익명으로 기부를 하고 말았어야 진정한 기부였구나를 느꼈다. 기부를 하고 나서도 기부가 나의 소유인양 착각을 한것 이었다. 그래서 마음의 천사는 보이지 않는 곳에 있는 것이다.

나는 살면서 죽을 고비를 크게 4번을 넘겼다. 한번은 지난번 얘기 했듯이 3만3천 볼트의 전기를 맞아 나가 떨어졌던 일과 두 번째는 수안보 한일여관 공사를 하는데 5층에서 이번엔 바닥으로 떨어졌다. 착지 지점에 순간적으로 손으로 땅바닥을 고양이가 착지하듯 몸을 보호하여 뇌라든가 다른 곳이 부러지지 않고 살아났다. 떨어지면서 옷이 비계(아시바)에 약간 걸렸는지 옷이 갈기갈기 찢어져 있었다. 그래도 그 덕분인지 모른다. 아마도 그 비계에 걸리게 한 것은 먼저 간 동생 요셉의 손길이었는지 모른다. 나마저 가면 동생들도 없는 아버지는 누가 모실까? 염려였는지도 모른다. 공사 업자는 당장 병원입원을 권유했지만 나는 툭툭 털고 다음 날 부터도 그 일을 마무리 지어 주었다. 그렇지만 그때의 후유증으로 지금도 팔목이 욱신거리는 것은 어쩔 수 없다.

세 번째는 일을 마치고 같이 일하는 서너살 동생쯤 되는 김영직 이라는 친구의 오토바이 뒤에 타고 집으로 가는 중이었는데 운전미숙으로 사고가 났다. 이 친구가 평소에도 속도를 꽤나 밟아대는 습관이 있다. 그 날도 속도를 쎄게 밟아 달리고 있었고 급커브를 돌 때는 좀 조심을 해야 하는데 그냥 있는 대로 밟았다. 바닥이 살짝 얼었는지 그에 대한 대처를 못하는 운전미숙으로 오토바이가 미끌하더니 붕~떠서 나가떨어지면서 그는 오토바이에서 뛰어 내려 조금만 다쳤고 순간 사고를 감지하지 못하고 방심하고 있던 나는 그의 오토바이와 함께 한 30m정도 내동댕이쳐지면서 아스팔트에 얼굴을 처박히면서 끌리게 되었다. 아울러 나의 몸은 손발이 다 터지고 머리도 깨지고 만신창이 되어 도로 갓길까지 나가 떨어졌다. 마침 옆 차선에 서행으로 지나가는 버스가 급정차를 하여서 다행이지 그 버스라도 쌩쌩 지나갔더라면 그 버스에 깔려서 아마도 현재는 없을 것이다. 그 버스 운전기사는 멈추어서 내가 갓길에 기절해 있는 모습을 보고 사고 신고를 해서 얼마 후 앰블란스가 왔는데 그 사람들이 와서 하는 소리가 죽은 상태인 것처럼 보이던 나를 만져 보더니 '아직은 살았잖아?' 하는 소리가 희미하게 들렸다. 그리고는 의식이 아주 없어졌다. 그 사고지점은 한알 유스호스텔 앞 커브로 바로 건너편에 엄마의 묘가 있는 곳이다. 내가 기적적으로 살아 난 것은 아마도 '분도야~ 안 돼' 라는 손길이 있었을 것으로 나는 믿고 있다. 왜? 내가 살아났으니까. 그 때의 훈장으로 지금도 얼굴에 시커먼 자국이 동전크기만큼 달고 다닌다.

또 다시 4번째는 이제는 사고가 아니고 병이 내게 왔습니다. 누구나 그러하듯이 나한테 그런 병이 오리라고는 상상도 못했다. 폐농양이라는 것이다. 그런데 한쪽 폐가 터져서 간까지 뚫렸다는 것이다. 입원을 하고 3일째

까지도 입에서 핏덩어리가 나오고 피 냄새와 뭔 화약 냄새 같은 게 나는 것이었다. 폐농양이 속이 썩어서 그런 것 이었다. 같이 입원해 있는 환자들조차도 나를 보고 곧 죽을 사람으로 여기고 있었다. 나 자신도 그런 상태이니까 죽을 것 같았다. 죽는 다는 것을 생각하니 참 허무함이 밀려오기 시작했다. 허무함 보다 나중에는 죽음의 불안감이 더 공포스럽게 느껴졌다. 누구나 극한 상황이 오면 지금까지 내가 살아왔던 과거가 주마등처럼 스쳐간다고 한다. 나 역시 이제 삶을 마감하게 된다고 생각하니 만감이 교차했다. 태어나서 좋은 시절 없이 고생 고생하다가 이제 남들처럼 살아보려고 하니까 병이 오다니…참 어이가 없었다.

그러나 실오라기 한낱 희망이라도 있으면 붙잡아 하지 않은가? 나는 나약한 마음을 먹으면 안되겠다싶어 마음 다부지게 고쳐먹었다. 내가 아니면 내 가족이 죽게 되기 때문이었다. 그래서 굳은 의지를 가지고 생각을 긍정으로 바꿔 먹었더니 며칠 지난 후에는 담당 과장이 회진 때 와서는 간이 소생하고 있다는 것 이었다. 그 소리에 나는 기쁘기도 하고 어안이 벙벙했다. 사실 그렇게 까지 병이 호전 될 줄은 나도 그렇고 아무도 몰랐다.

한달여 긴 병원생활을 하고 퇴원해 보니 나하고 일을 같이 하던 팀의 일원은 다른 데로 가고 없었고 같은 계통의 일하는 사람들이 문병을 한 번쯤은 와 볼만도 한 사람이 내가 죽을 거라는 소식에 문병을 안 오는 것을 보고는 그 사람의 속된 인간성을 알 수가 있었다. 그야말로 정승집 개가 죽으면 문상 오지만 정승이 죽으면 얼씬도 않는다는 얘기나 다름이 없었다.

나는 퇴원을 하고 1주일 정도 지나고 부터는 현장에 나가기 시작했다. 내가 돈을 벌어야만 하는 것보다 현장이 너무나 바쁜 걸 보고는 도와줘야 한다는 생각이 앞섰기 때문이다. 술이라면 좋아하기도 하고 말술도 마다했던 것을 그 후 5년 동안 한 방울도 입에 대지 않았다.

제 7 막

주변 친구들이 하늘로떠나고

내 나이 60 중반이 넘어가는데 주변에 친구들이 하나 둘씩 떠났다. 오미의 같은 동네 친구로는 이한우 친구와 권오달 친구가 젊어서 갔다. 이상하게 오늘은 먼저간 친구들이 생각이 나서 그들에 대한 소회를 피력하겠다.

우선 오달이 친구에 대해서 얘기하겠다. 그는 오미마을에서 농사를 짓고 살기엔 별 바라볼 것이 없었는지 충주에 아는 친구라곤 그래도 내가 제일 만만하고 편했던지 나를 찾아와서 충주로 나와서 나한테 일도 배우면서 같이 했으면 좋겠다는 것이다. 고향 친구가 찾아와 하소연을 하는데 야박하게 모른다고 할수도 없었다. 그래서 충주에 나오면 어떻게 거처를 마련할 수 있겠냐고 물었더니 60만원 있는데 70만원은 모자란다는 것 이었다. 그래서 나는그 친구에게 무이자로 그 돈을 차용해 주었다. 석달 정도가 지나자 오달이는 아버지한테 그 돈을 마련해 와서 내게 갚았다.

오달이 아버지는 그 돈을 마련해 주면서 어디에서 70만원을 구했냐고 물으니 분도가 빌려줬다는 말을 듣고는 한참을 멍하니 계셨단다. 그 사실 인즉은 나와 오달이 아버지와 사이에 둘만 아는 얘기라서 설명하자면 오미에 살때 내가 아주 급한 일이 있어서 오달이 아버지에게 차용하러갔다가 빠꾸를 맞은적이 있어서 마음의 앙금은 있던 터였기 때문이다. 친구 아버진 옛날에 나를 거절했지만 지금은 분도가 자기 아들인 오달이게 무조건 무이자로 차용을 해줬다는 것에 감회가 교차하고 있었을 것이다.

오달이하고 일을 같이 다니는데 오달이가 정

교한 기술을 가미하는 일은 그렇더라도 힘은 쎄서 비계(아시바) 매는 일은 참 잘했다. 한번은 공사 외부작업을 하기 위해서 낙엽송 아시바를 매는 작업을 하는데 친구에게 꽉잡고 있으라고 하는 소리 전달을 했는데, 오달이는 아시바를 놓으라는 신호로 잘못 알아 들어서 내가 3층에서 추락하는 사고를 당했다. 떨어지면서 순간 팔을 벌려서 다른 아시바를 잡고 떨어져서 여러 아시바가 동강이 났다. 다행히도 머리가 깨지거나 부러진데는 없었지만 충격으로 한동안 몸을 가누기가 힘들었다. 그런 사고가 났는데도 불구하고 건축업자놈은 사람 다친거를 묻지않고 건축자재 부서진것을 챙기는 것을 보고 얼마나 열이 받는지 성질이 나서 그 현장을 철수해 버렸다. 오달이와는 그래저래 평상시처럼 잘 지냈는데 오달이 아버지 장사가 나고 초상 그날 오달이가 슬픔에 너무 치우쳤는지 장삿날 소란을 피어 대니까 그 형제들과 삼촌들이 그 친구를 그의 집에다 잠시 격리를 시켜 놓았다. 오후에 가보니 그가 죽어 있더라는 것이었다. 참으로 기괴한 일이 발생된 것이다. 아버지를 그렇게 바짝 따라가게 될 줄이야.참 허무했다.

또하나의 친구 이한우 이 친구는 오미에서 어려서 부터 별명이 놀부다. 이 친구는 소꿉놀이든 뭐든 놀이의 상대가 우리 보다 서너살 아래 애들하고 놀았다. 그러니까 그 애들에게는 형이라고 놀부같은 행동을 한다고 해서 동네에서 놀부라는 별명을 지어 주었다. 그리고 담배를 태우는시기가 국민학교 3학년때부터 시작하여 참으로 골초였다. 이 친구가 객지를 나가 떠돌다가 고향으로 돌아와서 별일 없이 지내고 있었는데 하루는 나를 찾아왔다. 자기가 소형트럭이 있으니 물건을 사서 동네마다 다니면서 잡화장사를 하고 싶은데 형들한테 얘기를 해도 돈을 융통을 안해 준다는 것이었다. 그래서 저 친구가 나한테 부탁을 하러온 것임을 알고 그 친구가 미안하지 않게 내가 미리 선수를 쳐서 얼마면 그 장사를 할수 있겠니 물으니 20만원이면 된다는 것이었다. 나는 조건없이 그 친구에게 20만원을 빌려줬다.

다음 주부터 그 친구는 장사를 시작하게 되었고 고마움의 표시로 장사를 하다가 재고가 남으면 우리집에 들러서 쓰라고 갖다주곤 했었다. 그 친구가 별명은 놀부이지만 잔정이 아주 많고 마음 또한 착했다. 그런 친구가 몸이 좀 안좋아 충주 건대병원에 진찰을 받으러 걸어 들어 갔다가 영영 돌아오지 못하는 불귀의 객이 되었다. 의료사고 라고 본다. 내용은 자세히 모르지만 페니실린 주사 쇼크사라고 짐작이 된다. 그렇게 그 친구도 예고없이 허무하게 갔다. 내가 빌려 준 20만원으로 친구는 천국에서도 장사밑천 삼아 잘 지낼것으로 기원한다.

또한 친구 김중호와의 사연도 있지만 그 얘기는 접고, 신정식 친구와의사연을 얘기 하겠다. 내가 충주 목행동 한라비발디에 살 때 인데 일이 뜸한 겨울철이면 그 친구와 거의 매일 우리집에서 술을 마셔댔다. 그 친구의 집과 거리는 거의 4키로 정도 되는데 매일 걸어서 오는것이었다. 갈때는 택시비라고 만원짜리 한장을 주머니에 찔러 넣주면 굳이 걸어간다는 고집을 부리고는 다음날그 돈으로 또 소주를 사가지고 오는 것이었다. 허긴 그 친구가 한고집하는 친구였지. 그에게도 동생문제 때문에 어려움이 있어서 잠시 변통을 해주었는데 그 친구는 친구 사이에 금전거래가 좀 꿉꿉했는지 얼마후 곧바로 변제를 해 왔다. 그런데 그 친구가 공사현장에서 추락하여 비명에 가게 되었다. 참으로안타까왔다. 그래도 가장 가까이에서 허구한날 술도 밥도 같이 먹어대던 친구가 졸지에 유명을 달리 하게되니까 잠시 정신공황증세가 오게 되더라고.나는 죽을 고비를 여러번 넘겼어도 멀쩡하게 살아있는데 이 친구는 한번의 사고로 가게 되다니 참으로 어이가 없었다. 인명은 재천이라는 것을 새삼 실감하게 되었다. 이 친구의

장사를 치루고도 나는 많은 날을 시달리게 되었다. 꿈만 꾸면 이 친구가 항상 까만 도포 두루마기를 입고나타나 웃는 모습을 하고 있는 것이었다. 하두 밤을 설쳐대며 시달리게 되자 나는 심지어 머리맡에 칼을 갖다 놓고 자기도 여러번이었다. 그리고 나타나서는 좋은 곳이 있는데 같이 가자는 것이었다. 어디냐고 물으니까 가보면 안다는 것이었다.그래도 나는 안간다니까 저한쪽을 가리키면서 거기에 약초가 좋은게 많이 있으니 같이 가자고 하였으나 나는 끝까지 따라가지 않았다. 하도 꿈에 나타나길래 정기연 친구와 묘에도 여러번 찾아가 술을 부어주고 오곤했다.그러던 사이초여름이 되고 그 친구의 생일날 집사람과 함께 묘를 찾아가 술을 부어주고는 '이제는 좋은 곳으로 가게나'를 부탁을 했더니 생일날 이후로는 꿈에 보이질 않았다.

참으로 질긴 인연을 벗어 나기가 힘들었나 보다. 나는 살아 온 날들을 돌아 보면 험난 것도 내게 여러번 닥쳤었지만 그것이 나의 숙명이라면 기꺼이 받아 들인다는 각오로 인생을 살아왔던 것 같다. 살 놈은 살고 갈 사람은 가는 법이니 앞으로 남아있는 생애는 욕심이라는 허상은 내려놓고 아둥바둥하지 않고 살기로 했다.

오늘 옥상에서 바라보는 하늘 저만치에 기러기들이 떼를 지어 내가 모르는 곳으로 날아가는 것이 눈에 보이는구나...

파란별에 잠시 여행 온 반딧불이 = 나

이 형 우

태어난 배경

한 여름 날 가만히 있어도 등골을 따라 땀이 연잎 위의 물방울 구르듯 쪼르르 흘러내리고, 다 헤어진 삼베적삼 위로 드러난 목덜미에 땀띠가 치솟아 오르는 더위의 절정기인 1956년 음력 7월에 내가 이 세상에 여행을 왔다. 모기는 앵앵거리며 자기의 음료를 찾아 헤매지만 살아 꼼지락 거리는 생명체들에겐 거추장스런 밤으로 느껴야만 했던 지구에 도착했다. 그것도 한국이라는 곳에 6.25 전쟁이 종전 된지 3년 정도가 지나던 그 무더웠던 여름을 원망이나 하듯 힘들었던 그 계절이었다. 내 생일이 더위가 무르익는 삼복더위 중에 있다 라는 얘기다. 그러고 보면 생일이라는 것은 내 자신이 축하를 받기에 앞서 어머니의 힘들었던 고생을 먼저 생각해야 옳다. 세상의 모든 자식들은 신이 주신 생명을 받아 키워서 세상에 주신 어머니에게 경의에 앞서 송구함을 가져야한다.

박정희 대통령의 모친께서 애(뱃속의 박정희)를 지우려고 간장을 들이키고 언덕에 올라가 구르는 등 별에별 처방을 다했다고한다. 그렇지만 그는 이 세상에 태어났고, 생겨날 인간은 어떻게 하든 생겨나는 법으로 운명처럼 나 또한 그 무더웠던 여름날에 태어났다.

그러나 누구는 대통령이 되고 누구는 장삼이사의 평범한 이씨(나)가 되었다. 그것 또한 타고난 운명이라 여기며 받아 들이고 순응해서 60년이 훨씬 넘는 오랜 세월을 살아 온 것을 스스로 돌아보면 잘 한 것은 없었어도 또 특별히 어려운 삶이 내게 닥쳐온 것도 아니어서 내가 행운의 삶을 살아 왔네. 라고 스스로에게 위안과 칭찬을 주고 싶다. 이것은 각자의 모든 삶이 제각기 소중하기 때문이다.

나와 나의 할아버지와의 나이 차이는 90살이다. 과거 보통 40년 안팎이 2세대 차이라고 본 다면 우리는 격차가 배가 차이가 난다.

나의 할아버지의 형제는 3형제다. 그중에 우리 할아버지는 막내이시고 위로 큰 할아버지와 둘째 할아버지 두 분이 있는데 그들은 딸만 있고 아들이 없어서 두 집 다 양자를 들이셨다. 막내인 우리 할아버지는 우리 마을 뒷산에 아주 잘 생긴 큰 소나무에 한지와 솔가지를 역어서 만든 고사금줄을 만들어 둘러놓고 할머니와 함께 아들을 점지해 달라고 산신령님에게 치성의 기도를 열심히 올렸다. 기도의 힘인지 조상의 보살핌인지 몰라도 옛날에는 상상도하지 못할 할머니 연세 45세에 당신들의 고귀한 외아들인 우리 아버지를 보게 되셨다. 마을의 대단한 경사였다. 합천이

씨 오미 종친들의 종가 가문에 경사였다. 연로한 산모는 젖이 모자랐다. 때마침 할머니의 딸(아버지의 큰 누님)이 할머니와 같은 시기에 아들을 낳았는데 큰 고모님은 자기 아들보다도 무슨 일이 있어도 친정의 대를 이을 동생을 살려야 한다는 일념으로 자기의 아들 홍모모는 젖을 덜 먹이고 친정 동생에게 전적으로 젖을 먹여서 살려내고 키웠다. 그런 연유인지는 몰라도 큰 고모님의 아들은 영양이 부족했는지 이승과 연을 접게 되었다고 한다. 그래도 큰고모님은 친정 가문을 잇게 했다는 내심 명분으로 자식을 잃은 슬픔을 일부로 애써 개념하지 않으셨다. 자기는 젊어서 또 아들을 낳으면 되지만 친정 어머니는 연령상으로도 그럴 수 없다는 것을 알고 있었기 때문이다. 아무리 그래도 자기 자식을 버리고 친정 동생을 구한다는 것은 쉽지 않은 일인데 그 희생정신이야 말로 우리 합천 이씨 가문에서 고마운 뜻을 길이길이 보존해 전해야 할 고귀한 정신이라고 할 것이다.

그렇게 성장하는 아버지는 천하에 둘도 없는 귀한 아들로 할아버지 형제분들 3집에서 오냐오냐 아주 귀한 자손으로 키우셨다. 평생 손에 흙 하나 안 묻히게 키우셨다.

그러나 대한제국에서 일제로 시대가 변하고 있던 시절에 많았던 재산은 위의 큰할아버지 두 분의 후사를 잇게 한다는 명목으로 양사를 들여오는데, 재산을 정리하여 아들을 양자해 주는 댓가로 그 집의 빚을 청산해 주고 나이가 아주 많은(40이 다된) 그 집 아들을 양자 입적하였다. 양쪽 할아버지 둘이 다 그 집에서 양자를 들이셨다.

큰할아버지 형제분들의 시대가 마감되고 막내인 우리 할아버지도 연로 하여 돌아가시니, 공부만 할 줄 알았지 사회생활이라고는 아무것도

모르는 아버지는 현실 적응을 잘 못하셨다. 그래서 일본으로 도피성 출국을 하여 일본 생활을 하다가 해방이 되고도 2년이 지나고서야 돌아 오셨다. 그동안 벌은 돈은 일본 은행에 유치해 놓고 겨우 얼마를 가지고 귀국했다. 당분간 지낼 정도만 챙겨 오고 다시 일본에 연결되면 찾아 쓰게 될 것으로 믿고 왔지만 아버지의 청춘 6년은 허공에 날아간 것이다. 귀국을 해서도 아버지는 일을 하지 않았다. 농사일에는 무능한 사람이었다. 그렇다고 먹고 남아도는 게 아니고 살림은 형편이 없어서 오히려 일 년 내내 어머니가 일해서 겨우 먹고 살 정도였다.

나의 형제는 4남 2녀이다 그중에 내가 막내이다. 나도 어머니가 45세 되던 해에 태어났다. 서두에서 말한 바와 같이 연령상으로 태어나서는 안 될 인간이 운명적으로 태어 난 것이다. 그래서 할아버지와 90살 차이가 난다는 것이다. 큰형님 친구분들 아들이 우리 동기 친구들도 여럿이 있다. 막내인 나 또한 엄마의 젖이 형편 없었다고 볼 수 있다. 그런 연유인지 몰라도 나는 몸이 부실해 어려서 빈혈과 부스럼을 자주 달고 살았다. 걸음마를 시작하고부터는 애(나)가 툭하면 경끼를 자주했다. (경끼라는 것은 흰눈자위를 까뒤집고 금방이라도 숨이 넘어갈 것 같은 손발이 돌아가고 하는 행동의 상태를 말하는 것이다.) 어머니는 속상한 마음에 '차라리 태어나지나 말던지, 힘들게 태어났으면 속이라도 썩이지 말아야지...' 한탄을 했다. 애가 숨을 헐떡이며 죽어가는 모습을 바라보아야 하는 사람들은 겁이 덜컥 들게 마련이고 간장이 서늘하게 된다. 다행인지 죽지는 않았고 그 후유증인지 몰라도 난 정신이 야무지지가 못하다. 숫자에 정확하지가 못하다. 운동신경이 남들에 비해 현저히 떨어진다. 그래서 나는 평생 일부러 운전을 하지 않았다. 물론 운전을 하려면야 하겠지. 그렇지만 운동신경의 순간판단 대응능력이 떨어지는 것을 내 스스로 잘 알기 때문에 만에 하나 남들에게 피해를 안 주려고 운전을 하지 않았다.

내가 5살 때 아버지가 돌아가셨다. 아버지는 침을 잘못 맞아서 돌아 가셨다. 침의 녹슬은 쇳독에 부작용(파상풍)으로 돌아가셨다. 내가 아버지를 기억하는 영상은 대략 5컷 정도이다. 만으로 치면 3년 4개월 때에 돌아가셨기 때문에 거의 기억이 없다.

아버지는 46세에 며느리를 보셨다. 그리고 손녀도 보셨다. 그때부터 어머니는 부엌살림에 손을 놓고 큰며느리에게 넘겼다. 그래서 그 후 나는 큰형수로부터 시작해 세월이 흐르면서 차수 변경을 하여 둘째, 셋째 형수가 해주는 밥을 먹고 성장을 했다.

학교생활

이형우

이형우

국민학교에 들어가서 남들과 같이 어려웠던 시절의 학교를 다녔다. 그런데 공부 성적보다도 개근을 중요시 생각하는 내가 나중에 생활기록부를 떼어 보니 내가 결석을 3일간 했던 것이 있는데 뭐 때문이었는지 지금 기억이 없다. 아마 옴팍 아팠었던 모양이다. 학교생활은 별다른 재주도 없이 남들과 같이 어울려 놀았다. 아마 나는 남들을 웃겨주고 즐겁게 해주는 만담,유머를 잘했다고 본다. 요즘 말로 예능을 좋아했던 편이다. 공부는 나름 하느라고 하면 학년 전반부는 성적이 곧잘 좋았지만 학년말에 뒷심이 부족해서 두각을 나타내는 성적은 거두지는 못했다. 겨우 6학년 때 가서야 처음으로 우등상장이라는 것을 받아 보았다. 중학교는 충주중학교를 갔으면 했지만 실력은 측정을 해보지 않아서 추측으로만 감을 잡았을 뿐이고 주변머리가 없어서 거기는 못가고 수안보중학교에 진학했다. 중학교 시절 그 때가 사춘기라는 시기가 지나가고 있었다. 마음에 드는 애들이 있어도 가슴속에만 넣고 있을 뿐이었지 겉으로 표현을 못하는 그런 성격이었다. 허긴 표현을 하는 애들은 극히 몇몇 이었고 대부분 다 어린나이엔 나와 같았을 것이다. 그러다 보니 공부는 잘 안되었다.

지금까지 어머니는 물론 아무한테도 말하지 않은 나의 개별적인 얘기는 아마 중2 정도 사춘기 시절 이었나보다. 아버지가 없다는 것에 왠지 모르는 서글픔을 느껴서 학교를 갔다 와 집에 아무도 없을 땐 혼자 울기를 자주 했다. 집에서 조금 밖으로 나와 산 쪽을 바라보면 아버지의 산소가 보인다. 그쪽을 향해 흐느꼈다. 효자라서 였을까? 아니다. 나의 한쪽 기울기에 대한 원망내지는 마음에 스스로 위안의 보상심리였을 것이다.

그렇게 어수선한 심리상태에서의 미완의 공부와 중학생활을 마치고 형들이 있는 서울에 올라와 전기입시에 0고등학교 시험을 봐서 떨어졌다. 합격에 거리가 먼 실력이었다. 후기 0고 입시에는 단시간 이었지만 문제가 내가 공부한 문제가 많이 나와서 시험을 잘 보았다. 그런데 답안지 작성을 하는데 감독관 선생이 책상 사이의 골목을 지나다 하필이면 답안지에 답을 막 작성하는 내 팔을 툭치고 지나가는 바람에, 볼펜이 답안지 상단 가운데로 쭈욱 줄을 긋게 되었다. 그랬으면 손을 들고 감독관 선생님에게 새 답안지를 달라고 확실히 요구했어야 했는데, 혼자 속으로 꿍꿍거리고 어물어물 하다가 그냥 괜찮겠지 하고 답안지를 제출했다.(답안지는 답 이외에 어떠한 표시를 하면 안되는 거라서 그 답안지는 부정의 표시로 무효처리 되었다. 결국 나는 떨어졌다.) 안타까운 일이다. 우유부단하고 여린 나의 마음이 문제였다. 하는 수없이 다시 내려와서 농사

일도 조금 거들다가 다시 중학교 3학년으로 여름방학 전에 한달반 정도 다녔다. 돈이 거의 안드니까 계속 다니려고 했는데 누군가가 교육청에다 찔렀는지 학교에서 재수하는 학생들 서너명 모두를 정리 했다. 학교에서 퇴출이 되고 집에서 지내는 시간을 계획 없이 보냈다. 가을이 되어 추석에 명절 쇠러 내려온 셋째 형을 따라 서울로 올라왔다. 2달 가량 재수학원 다니며 배수의 진을 치고 열심히 공부를 했다. 그래서 시험을 본 곳이 중대부고다. 시험발표가 있던 날 발표를 보러 가지를 않았다. 전화로 문의를 했는데 담당선생이 명단에 없다고 잘못 답변을 했기 때문이다. 경쟁률은 5:1 정도였는데 아무래도 내 실력으로는 떨어졌을 거라고 미리 스스로 자포자기한 마음에 그 선생의 잘못 답변된 말을 믿었다. 이 또한 나의 자신감 없는 성격의 우유부단함이었다고 본다. 그런데 누나가 그래도 가서 확인하고 와야 한다고 가보니 합격자 명단에 있었다. 누나가 가서 확인을 하지 않았더라면 또 인생이 다른 분야로 갔을지 모른다. 그렇게 고등학교를 거쳐서 대학교 시험을 봐서는 또 떨어졌다. 공부가 게을렀다. 단번에 가는게 없으니 속상했다. 그래서 다음해에는 그 시절 부모들이 원하던 법대나 인문계통을 지원하지 않고 몰래 예술대를 지원했다. 집에도 밝히지 않았다. 친구들에도 말하지 않았다. 예술대 임을 밝히지 않은 나에 대해, 나중에 친구들은 그들이 스스로 나에 대해 말하는 대로 나의 전공이 되어 버렸나. 어떤 친구들은 나를 두고 법대, 또 다른 친구는 신문방송,정외과,국문과 등등 자기들이 나를 해석해, 보이는 나의 성격을 빗대어 말을 했다. 당시에는 예술대임이 쪽팔려 나는 그들이 말하는 것을 정정하지 않고 나 또한 그냥 그대로 내버려 두고 가만히 있었다. 집에다가도 예술대라고 밝혔다가는 맞아 죽을 것 같아서 처음엔 법대라고 했다.

그래서 일단은 입학을 하고 예술대 보다는 사회계열의 공부를 하였고 학보사 중대신문의 학보사기자를 했다. 대학 졸업을 하고 취직을 하긴해야

하는데 연출전공을 한 나는 사회의 일반회사 시험 전공에 관련이 전혀 다르기에 취직이라고는 안 되는 것이었다. KBS에 전공과 관련된 시험을 봤으나 떨어지고 난 다음부터는 아예 회사시험에 얼쩡거리지 않았다. 실력도 안되고 전공도 안되니까 말이다. 군대를 제대하고는 공무원 시험은 보았다. 합격은 몇 군데 했는데 며칠 다니고 말았다. 5급을(현재9급) 이었기에 당시 나의 생각에 7급 정도면 다녔겠지만 9급은 마음에 안찼다. 윗 급수를 시험 보기에는 실력은 안 되면서 9급은 싫다고 한것이다. 위쪽 실력이 안되면 현실에 적당히 안주하면서 살았어야 했는데, 무조건 포기하는 나는 사회 적응을 못하는 편이다. 지금 생각하면 9급으로 들어가서 착실히 적응 했더라면 지금은 공무원연금이 나오게 되므로 현재의 나의 현실보다 훨씬 나은 노후를 보장 받았을 것이다.

직업이 된 인쇄출판업

사회에 진입을 하지 못하고 집에서 빌빌 거리다, 형님 회사에 바쁜 일이 생기면 나가서 좀 도와주곤 했다. 처음에는 잠시 도와주는 것으로 나갔는데 1주일도 계속되었다가 또 잠시 집에서 머물렀다를 반복했다. 나중에는 한 달이 넘게 근속으로 근무를 나가게 되자 그냥 눌러 앉게 되었다. 그렇게 1년 반을 형님 회사에 다녔다. 형님 회사에 들어가 일을 하게 되는 것은 확실한 계약관계도 아니었고 그만 두게 된 것도 남들이 말하는 정식 사표를 낸 것 또한 아니었다. 어느 날 형님과 의견 충돌로 내가 삐져서 회사를 안나갔다. 그냥 그것으로 회사생활은 마감이었다.

막상 그만두게 되니 작던 크던 어디라도 나가던 것이 끊기게 되니까 또 백수가 되고 빈둥빈둥이었다. 그러나 이제는 빈둥거릴 나이가 아니었다. 그래서 일단 아침이면 집에서 나와서 길거리를 쏘아 다니는 것이었다. 내가 무엇을 해서 먹고 살까를 고민하며 다녔다. 그러나 세상에 보이는 것은 다

겉껍데기 일뿐이지 속은 모르는 것 아닌가? 누가 속을 알려 주지도 않을뿐더러 돈이 되는 일은 알까봐 감추는 세상이 아닌가?

하루는 을지로 2가를 지나다가 인쇄소만 집단으로 있는 골목을 보게 되었다. 어느 인쇄소 앞에 가서 인쇄기 돌아가는 것을 한참이나 물끄러미 바라보았다. 내가 할 수 있는 일이 이거는 좀 할 수 있을 것 같았다. 왜냐하면 대학교 때 학보사에서 신문 만드는 것을 접해 보았고, 군대에서도 신문 만드는 일에 종사 하여서 아는 게 그 것 뿐이었다. 도둑질도 해본 놈이 하는 것이라고 인쇄쪽에는 전혀 낯 설은 곳이 아니었기 때문이다.

그러면 어떻게 할 건데? 내가 자금을 투입해서 시설을 투자할 능력은 못되고 그렇다고 인쇄기 기술도 없고, 신문을 만들어 봤다는 그 자체도 기사작성을 해 봤다는 것이지 기술공정은 잘 모르는 것이 아닌가? 그럼 ? 뭐를? 그 인쇄집단 지역을 지나다 나는 무작정 모르는 회사에 들어가서 내가 인쇄 영업을 해보겠다고 했다. 처음 보는 사람이 찾아와서 자기가 원한다고 해서 어느 누가 '그래유? 참 잘 오셨쓔' 할 곳이 어디 있겠는가? 그런데 운인지 우연인지 그 회사 사장이 나이가 좀 있었는데 나를 불러 앉히고는 관상을 보는 건지 면접을 보는 건지. 말을 걸어 대화에 응해 주는 것이었다.

그날 오후는 그렇게 시간이 갔고 다음날 이력서를 작성해서 오라는 것이었다. 다음 날 아침에 나갔다. 사장은 조건을 제시했다. 월급이나 영업비는 없고 전화와 사무실은 제공해 줄 테니, 내가 영업을 해서 따오는 실적에서 모든 경비를 제외하고 이윤의 60%를 받는 것에 응한다면 같이 해보자는 것이었다. 나는 회사에서 뭐를 제안해도 그것을 받아들일 생각이 있었기에 수락을 했다. 며칠 후 명함을 받았다. 그런데 막상 어디를 가야할지가 막막했다. 아는 사람을 찾아가 별 볼 것 없는 내 모습을 보여준다는 것은 상상도하기 싫었고 혹시라도 마주치는 것조차도 회피하는 상황이었다. 사회진입 실패한 루저들의 대부분 심정일 것이다. 그래도 열심히 뛰었다. 첫째

조건이 영업을 나가더라도 나를 모르는 곳으로만 간다. 그리고 외상을 하는 곳은 안간다를 정했다. 그래서 공공단체나 병원 학교 등을 찾아 다녔다. 일이라는 게 기다렸다는 듯 일을 주는 곳이 어디 있는가? 처음 달에는 실적이 거의 없었고 시간이 두어 달이 지나자 연말 특수품 (연하장카드,카렌다,다이어리) 시즌이 되었다. 이 시즌에는 열심히 뛰니까 실적이 엄청나게 올라갔다. 그 실적이 봄부터 겨울까지 월급 받는 사람들의 수령액에 가깝게 되었다. 나도 놀랐다. '아~ 이 바닥이 이렇게 조렇게 하면 수익을 낼 수 있구나' 라는 것을 조금 눈을 뜨게 되었다.

그래서 봄이 되자 이젠 처음의 그 회사에서 나왔다. 내 스스로 사무실을 개설하여 전화만 놓고 '우전아트'라는 상호를 만들어 발로 뛰어 다녔다. 혼자 해보니 힘이 역시 부족했다. 봄여름가을 지날 때까지는 근근이 버텨야하는 수준이었다. 그러다가 특수품 시즌 겨울이 되어 새벽부터 밤늦게까지 일을 하니 주머니가 제법 채워졌다.

그렇게 그 인쇄바닥에 이젠 철새가 아니라 텃새로 자리 매김을 하게 되었다. 시간이 지나면서 긴장이 헤이해지고 좀 느슨해진 템포를 갖게 된 것이다. 거기는 전국의 온갖 꾼들이 설쳐 대는 곳이니까 화투장이 안 오고 가면 서운하겠지. 수준 이하의 인간들과의 판에 끼어 시간을 보내게 되니 나 자신이 녹슬고 있다는 것을 느꼈다. 조금 쩐이 모였던 것도 그들에게 놀음으로 용돈을 보태주기도 했다. 다시 정신을 차린다고는 했지만 점프는 쉽지 않았다. 다시 상호를 '삼성칼라인쇄사'로 바꿔 달고 새로 시작을 했다. 이름을 삼성그룹의 삼성을 모방하면 혹시 착시로 오다도 줄지 모르겠다고 미련한 마음이 있었지만 실은 상대 회사에서 기억하기 쉽게 하려했다. 그런 와중에도 회사의 매출은 그냥그냥 프러스 성장은 되고 있었다.

시간이 흐르면서 이젠 텃새의 수준이 아니라 그 바닥에서 남들의 얘기를 청취하여 자기화를 하는 시기가 되었다. 하는 일이 좀 나아지려고 하면 또 달라 붙는 꾼이 있지 않은가? 이번엔 주식을 하는 고수 놈들이 진을 치고 나를 모셔 갔다. 귀가 얇은 이 호구가 거기에도 좀 빠뜨렸다. 거기에다가 시간의 여유가 있게 되어 주색잡기에도 많은 후원(?)을 하게 되니 앞으로 전진 하는데 원활할 리가 있을까? 경기가 좋을 당시에 정신 차리고 이재의 축적에 신경을 조금만 더 썼더라면 지금은 걱정을 안 해도 되었을 텐데... 후회는 처음에 하는 게 아니라 다 지난 후 복구하기 힘들었을 때에 하는 것 이라서...

상황반전을 위해서 또 상호를 바꿨다. '다인'이다 뭐 툭하면 상호를 바꾸는 게 변명하듯 하는 것 같다. 새로운 각오로 시작을 해 보자는 의미였을 것 이다. 사람들이 '다인'의 뜻이 어떻게 되냐고 물어 오기도 한다. 그런데 그 의미를 특별하게 내가 부여해서 지은 것도 아니어서 나도 모른다고 한다. 어느 날 순간적으로 스쳐가는 이름이 내 안에 머물렀기 때문이다. 의미를 부여 한 것은 아니지만 다인에서 출판을 추가로 했다. 그렇게 상호를 바꾼 지 또 20년이 흘렀다. 이젠 변경해야 할 힘이 빠져서 사업에서는 용쓰는 힘은 내려놓고 그냥 흐르는 대로 한다.

내가 태어난 마을에 대해 조금 살펴보겠다.

오미 마을은 역사와 전통이 오래된 마을이다. 자기 마을은 다 자랑스럽고 소중하지만 오미마을은 나에겐 탯줄을 소각한 더없이 소중한 고향이다.

우리 지역은 고대국가 시절 명칭은 문헌기록상으로 살펴봐야겠지만, 가까이 근세에는 연풍현 고사리면 상모리에 속해 있었고, 그 후 괴산군 상모면(1914.4.1.), 중원군 상모면(1963.1.1) 충주시 상모면(1995.1.1) 현재는 다 아는 바와 같이 충주시 수안보면(2005.4.1)으로 되어있다.

문헌으로 확인을 거치지 않은 얘기지만, 오미(吳美)라는 명칭은 아주 오래전에 우리 마을 출신 오씨 여인이 미모가 출중했고 그가 왕비 마마가 되었다는 전설이 있다. 그 오 미인을 배출한 마을이라서 오미라고 불려왔다고 한다. 오미 마을 입구 좌측에 정자(연락정 說樂亭 = 나의 증조부가 건립)가 있는 작은 산에 조그만 봉우리를 "일색봉一色峰이라 칭하는데 그 정

기를 받아서 이 마을에는 100년에 한번은 세상에서 제일 예쁜 여인이 태어난다는 마을 전설을 갖고 있다. 그리고 우리 마을은 까마귀 烏 오산烏山마을로도 불린다. 그 뜻은 효를 중시하는 합천陜川 이씨 집성촌 문중들이 마을 이름을 그렇게 불러왔다. 까마귀가 늙은 어미를 거둔다는 효의 의미를 부여해서 그렇다. 사실 까치가 기쁜 새가 아니고 까마귀가 더 길조라는 게 맞다고 본다.

우리 마을은 자연 부락으로 합천 이씨 집성촌이다. 합천이씨 전서공파 춘천공은 여주에 자리하고 있었는데 여주에서 큰 할아버지는 경기도 김포 양촌 석모리로 이주하고 작은 할아버지(우리 선조)는 감물 백양(뱅골)에서 1대, 제천 덕산에서 또 1대를 머무는 경로를 거쳐서 등과를 하신 절충장군(折衝將軍 : 조선시대, 정삼품 당상관의 무관 품계) 흡(洽)字 할아버지 이후로 오산마을에 정착해 지금에 이른다. 그 시기는 조선 선조때다. 물론 지금은 이씨만 사는 게 아니고, 안동 권씨, 광산 김씨, 남양 홍씨, 해주 최씨 등등 여러 가구가 함께 살아가고 있다.

각 마을 마다 동네에서 부르는 명칭이 많다. 같은 곳을 가지고 동네의 경계를 이루는 곳에는 이름이 같은 지역을 놓고도 겹치는 경우가 종종 있다.

그것은 서로 다른 마을 사람들이 각기 다르게 부르기 때문이다. 그런 방식대로 우리 마을에서 부르는 지역 이름을 생각이 나는 대로 적어 보겠다. 숲거리, 산소등, 바람쟁이, 풀등, 첩푸산, 두루봉, 동그락봉, 소나무고개, 해골배기, 장판, 육송쟁이, 큰골, 새미기, 번데기, 참남재이, 절골, 물건너, 다릿골, 달기비알, 논뿌란 돌통머리, 명칭은 더 많은데 수십년이 지나니까 이름이 아른거리는 게 더 많은 듯하다.

선조들은 어떻게 그 조그만 범위에서도 각 위치에 알맞은 이름을 갖다 붙여서 불렀는지 참 맛깔스럽기도 하고 의미가 있기도 하다.

우리는 전쟁 후에 태어난 세대로 소위 베이비부머 세대라고 칭한다. 우리 마을의 동기들도 무려 17명이나 된다. 이름을 한 번 적어 본다.

이정애,홍종관,최영득,이금자,이철화,이현무(분도),김익수(덕수),이순자,이형우,이한우,권오달,이관옥 (이정자,이근식 = 44회) 조정진,조동일,조춘만 =17명이나 된다. 참 많다. 그중에 '오달','한우' 2명은 먼저 가셨다.

마을에는 가끔 머리에 무거운 함지박을 이고 다니면서 행상을 하는 아줌마들이 잡화나 새우젓을 가지고 와서 집집마다 방문을 하여 장사를 했다. 가끔은 젊은 사람이 최신 유행의 양복을 입고 잔뜩 폼을 잡고 다니며 신제품 라디오 할부 장사가 다니기도 했다. 그런데 어느 동네나 마찬가지로 제일 많이 다니는 장사는 고물장사다. 그 다음이 상이군인을 빙자하며 손 대신에 갈쿠리를 매달고 다니며 순박한 시골 마을 사람들에게 반은 겁박하며 강매를 하는 것이 많았다. 엿장사는 리어카를 끌고 다니는 사람과 지게를 지고 다니는 사람이 있다. 그 장사들이 다녀도 어린 우리들에겐 관계가 거의 없는 일이고 가장 관심이 가는 장사는 고물장사다. 다시 말해서 엿장수다. 엿장수는 집에 있는 고무신이나 양은 냄비 아니면 곡식의 현물로 엿을 바꿔준다. 그런데 우리 집에는 그런 것이 없다. 아니 없다기 보다는 집에 있는 것을 내 와서 그 엿과 바꿔먹을 배짱이 나에겐 없었다. 엿이 먹고 싶으면 산에 고물을 주우러 가기도 했다. 뒷산에 가면 송진을 채취하려 매달아 놓았던 깡통도 줍고, 해골배기산 밭에 가면 기관총 탄피의 연결고리 쇠와 가끔은 운 좋게 동으로 된 녹슨 탄피를 줍기도 했다. 종전이 되고 10년이 훨씬 지났는데도 무기의 잔여물이 남아있다는 것은 그만큼 우리 뒷산에도 6.25때 전투를 격하게 했음을 짐작하게 된다.

엿 째비는 강탈과 사과서리

3학년말 봄방학이었다. 2월 마지막 주다. 이 때쯤의 날씨는 양지바른 곳을 제외하고는 을씨년스럽기만 했다. 이날 동네에 지게를 지고 다니는 엿장수가 왔다. 그 엿장수는 약간 다리가 불편한 관계로 지게를 지고 걸을 때 지게가 좌우로 약간은 일렁인다. 지게를 지고 다닐 정도니까 아주 심한 것은 아니지만 소아마비를 알았을 것이다 라고 추정을 하거나, 아니면 힘들어도 먹고 살려면 어쩔 수 없이 장사를 다녀야만 했던 관절염 환자였을 수도 있다. 라고 짐작케 한다. 장사들이 오거나 괭가리 사물놀이 패가 놀이를 펼치는 장소인 마을 동쪽 건너편 양지바른 곳에서 엿장수의 엿가위를 두들겨대는 소리에 동네 아이들은 하나 둘씩 모이기 시작했고 저마다 빈병이며 헌 고무신짝 등등 뭔가를 들고 나와서 엿을 바꿔 먹는데, 나는 아무것도 없었다. 괜히 친구들과 어영부영 서성대고 있었다. 그 곳의 장을 끝내면 엿장수의 장사 코스는 우리가 사는 쪽 마을 퇴비장터로 와서 다시 엿가위를 두들겨 댄다. 나는 친구 '이한우'와 함께 엿장수를 졸졸 따라서 왔다. 엿장수는 퇴비장터 자리에서 한참이나 손님을 기다렸으나 그날따라 장이 썰렁했다. 엿장수에겐 아무짝에도 쓸모없는 빈대들인 우리 몇 명만 그의 곁에서 알짱대고 있을 뿐이었다. 엿장수도 별 볼일 없음을 알고 장사를 파하고 자리를 뜨려 지게를 지려고 할 때 얼른 나는 엿장수 엿판 바소쿠리 뒤로 갔다.

엿장수가 무릎을 굽혀 땅바닥에 대고 그에겐 무거워 일어나기가 약간 힘든 무게의 지게를 지려고 멜빵끈을 어깨에 꿰고 있던 순간, 그의 뒤편에 의도적으로 갔던 나는 그 순간 포착을 놓치지 않고 엿판에 쌓여 있는 엿을 내 손이 허락하는 개수를 움켜쥐고 걸음아 나 살려라 하고 뛰었다. 엿장수는 엿을 쌔벼가는 달그락 소리를 감지하였고 그렇지만 지게를 지고 따라 올 수 없으니까 작대기로 엿지게를 고여 놓고 나를 향해 뒤뚱거리는 뜀박질로 뛰어 왔으나 내가 아무리 어리지만 이미 저만치 얼마나 날쎄게 도망을 갔겠는가? 나는 숨을 헐떡이며 도망을 갔다. 뒤를 돌아 볼 겨를도 없었다. 그냥 멀리에서 그 엿장수가 식식거리며 쫒아오면서 소리치는 뿔난 소리를 희미한 감으로 느낌을 잡을 뿐이었다. 그리고 나는 도망을 가면 어느 코스 어느 담을 넘어가면 엿장수가 모를 코스로 절대로 붙잡히지는 않는다는 확신이 있었다. 나의 도망 코스는 'ㄹ'자 로 도망을 가서 '오달'이네 담배 건조실 불 때는 아궁이 옆 마루칸 밑에 숨으면 찾을 수 없다는 것을 다 알고 있었기 때문이다. 그 은폐 엄폐 장소는 술래잡기 놀이하며 숨어 있곤 하던 곳이다. 시간이 한참(?)이 지나서 엿장수가 다음 코스로 이동을 한 것을 알고 그 숨은 장소에서 나왔다. 나는 옆,뒷집에 살던 '권오달'이 '이한우' 친구를 불러냈다. 내가 한 건 했으니 같이 기쁨을 나누자고 했고 그 엿을 맛나게 먹었다. 다 성장하여 그 장면을 상상해 보면 뱃장도 없고 새가슴 같은 여린 마음의 소유자인 내가 어떻게 그 엿을 움칠 용기가 났었는가? 그게 의문이다. 그리고 그 엿장수 아저씨가 나를 붙잡을 수 없어서가 아니고 찾을 수 없어서가 아니고 '얼마나 엿이 먹고 싶으면 어린 아이가 그랬을까?'라고 그 분이 그냥 이해와 용서를 하고 자리를 떠났을 것이다. 엿 훔쳐간 어린놈을 찾으려면 왜 못 찾을까? 조그만 마을에 몇 시간만 죽치고 있으면 충분히 잡아내어 엿 값과 아울러 부모에게 영창 보낸다고 겁을 주어 배상금까지 청구했을텐데...나에겐 그 분이 예수님이며 부처님인 것이다. 3년 정도가 흐른 뒤 중학교에 진학을 했는데 중학교는 여러 학교가 다시 모이게 되었고 10리 정도 떨어져 있는 나와 다른 초등학교(수회초등학교)의 양모 친구가 동창생이 되었다. 그 친구의 아버지가 바로 그 엿장수였음을 나중에 알게 되었다. 물론 그 양모 친구에겐 엿을 훔친 사실은 지금까지도 실토하지 않았다. 아마도 엿장수 그에겐 나와 같은 어린 자식이 있었기에 더욱 용서의 마음을 베푸셨을 것 같았다. 그 시절엔 '있던, 없던, 잃던, 훔치던' 용서와 이해 그런 여유의 멋이 있었음에 지금 시대를 살며 현재를 몹시 아쉬워하는 대목이다. 나 또한 빚진 마음에 양모 친구에게 중학교 생활 내내 내가 할 수 있는 마음의 여유를 베풀어 힘이 약했던 그 친구를 도와주었다. 요즘도 가끔 하늘이 휑한 날이면 엿장수 아저씨가 가셔서 잘 있을 저 하늘을 바라보고 나의 입가에는 빙그레 웃음을 지으며 외친다. "아저씨 잘 계시쥬? 아버님 고맙습니다...."

그 이후에도 사과서리 등등을 몇 번 했는데, 내가 훔친 엿을 제공 받아 먹던 뒷집 '이한우' 친구 얘는 순진해서 우리가 서리 작업을 할 때 가능한 떼어 놓고 가려고 했다. 왜냐하면 과수원을 지키는 개가 짖으면 도망을 가게 되는데, 도망을 가면서 그 친구는 자꾸 내 이름 "형우야 같이 가자"고 소리를 치기 때문이다. 도망을 가면 소리 없이 도망을 가야지 왜 내 이름을 불러대서 작업을 들키게 만드냐고...그럼 그게 뭐냐? 다음날 아침이면 우리 집으로 사과농장에서 청구서를 가지고 오기 때문이었다. 그 이후에도 동네에서 어느 집 장독이 깨지게 되면 내가 일으킨 사건이 아닌데도 불구하고 일단 우리 집에 먼저 오기도 했었다. 내가 그렇게 종합범죄의 기술자란 말인가 ? ㅋㅋㅋ

맛에 대해 얘기를 해 보겠다.

이 세상에서 제일 맛난 음식이 무얼까? 프랑스의 '미슐랭'이나 미국의

'자갓 서베이'에서 부여한 별 5개 집이 가장 맛이 있을까? 나에겐 아니다. 가장 맛있는 것은 어머니가 만들어 주시던 집 밥이다. 그 맛은 대략 공통적이지만 각 집안의 엄마들마다 자기 자식들에게 만들어 먹인 음식이 같지만 조금씩은 다 다르다. 나는 어머니에게 밥을 얻어 먹었다기 보다는 형수들한테 얻어먹고 컸다고 해도 과언이 아니다. 어머니는 큰 며느리가 시집을 온 이후 내가 3살 정도부터 부엌일은 큰형수가 맡아서 했다. 그런데 음력으로 10월 하순경인가 보다 형수가 친정을 간 사이, 어머니가 한번은 부엌에서 살광(찬장)에 있던 조그만 쪼가리 정도의 돼지고기를 꺼내서 찌개를 만들어 주셨다. 6살 정도였을 것이다. 당시는 고기라는 게 흔치 않았던 시절이라, 어찌 보면 생전 처음 돼지고기찌개를 먹어 보는 경험이었으리라 생각이 된다. 그 찌개가 얼마나 맛이 있었던지 지금까지 어떠한 진수성찬을 먹어봐도 그 맛의 재현이 안 된다. 나에게 어머니의 맛이라고 기억 되는 것은 그 장면이 가장 인상이 깊다. 식성은 각 지방마다 다르다. 어머니는 이류면(현 대소원면) 팔봉이고 형수의 원래 친정은 경북 영주이다. 그러다 보니 어머니와 형수의 음식이 다르다. 어머니는 우리 고향 맛이고 형수는 경상도 식으로 간이 짜다. 밥을 짓는데 서도 어머니와 형수는 차이가 있다. 어머니는 밥이 물렁하게 하기를 원하고 형수는 밥을 까칠하게 한다. 성격의 차이에서도 그렇게 밥을 짓는지 모르겠다. 하여튼 나는 어머니의 밥은 싫다.

밥인지 죽인지 그런 상태를 싫어하는 나의 성격이기 때문이다. 어머니의 뱃속에서 나왔어도 성격은 다른 것이다.

세상에서 가장 맛있는 것이 무엇이냐고 질문을 받으면 나는 단연코 꿀맛이 아니고 소금 맛이라고 답을 한다. 음식에서는 간이 맞으면 다 맛이 있다고 본다. 간은 사람에 따라서 지방에 따라서 다르다.

맛을 따라가다 보면 나는 나 나름대로 분석하는 기준이 있다. 처음 만나는 사람과 식사를 하러 한식집에 가게 되면 상대방 사람의 첫 번째 젓가락이 가는 반찬에 것을 유심히 살펴보면 거의 90이상이 그 사람의 고향을 알아 맞추게 된다. 나처럼 내륙 산골 출신은 첫 번째 손이 가는 사람들은 대부분 나물에 젓가락이 가고, 해안가 사람들은 해산물에 먼저 손이 가는 것이 거의 맞다.

그 만큼 입맛이라는 게 연어가 먼 바다 여행을 마치고 자기가 태어난 고향 냇가의 물맛을 찾아서 귀환하는 것과 같은 이치인 자기가 어렸을 적 먹던 음식에 손이 먼저 가는 것이 당연한 것 같다. 어떤 이들은 남들이 혐오스러워하는 것도 최고의 맛으로 친다. 예를 들어 깨끗하지도 않은 방을 들어서면 퀴퀴하게 풍기는 청국장을 끓여 내는 맛을 최고로 맛있다고 하고요, 냄새만 맡고도 도망을 가는 사람이 있는 홍어 삭힌 맛을 최고로 맛있다고 하는 사람이 있다.

사실 맛이라는 것은 발효의 미학이 되기도 한다. 원래 재료의 맛이 발효라는 과정을 거쳐서 새로운 감칠맛을 자아내게 하는 묘한 매력이 있는 것이다. 우리 조상들의 음식에는 발효를 거치며 새로운 맛을 내게 만드는 것은 수 백 가지가 넘을 듯싶다. 세상 살아가는 과정에도 우리들의 인간관계가 잘 발효된 사람에게는 덕이 풍기며 그냥 옆에만 있어도 마음이 푸근하게 느낌을 받는다.

우리 고향에서는 보리밥이 일상적이었지만 명절이면 만들던 두부, 배추전,

조청, 매운 지고추를 다져 넣어 만든 만두. 한겨울에 메밀 묵... 그리운 맛이다.

색깔에 대해서 말해 보겠다.

어떤 심리학자가 좋아하는 색깔을 물어 그가 답하는 색깔을 듣고는 대략적으로 그 사람의 성격을 맞춘다는 얘길 언뜻 듣기도 한 것 같다. 그럼 나는 무슨 색깔을 좋아 하는가? 내가 좋아하는 색깔을 딱 부러지게 한가지로 나는 이색을 좋아해요 라고 말한 적은 한 번 도 없다. 그만큼 나는 주관이 확실하지가 않은 모양이다. 대략적으로 무채색이나 중간 톤보다는 원색적인 화려함을 좋아하는 것 같다. 색깔을 가지고 아내와는 다툼을 여러 번 한 것 같다. 나는 원색을 원하면 아내는 무채색의 차분한 색을 고르기 때문이다. 모자도 나는 각이 잘 지어진 멋진 모자를 좋아하는 반면 아내는 벙거지를 뒤집어쓴 모양새의 모자를 좋아한다. 자기 노출을 도드라지게 하지 않기 때문인 것 같다.

나이가 들어가면서 이제 나도 원색을 좋아하는 것을 버리고 화려함이 아닌 그냥 덤덤한 색에 마음의 안정을 두는 편으로 되어 가고 있다. 그러나 내가 좋아 했다고 한 색을 고르라고 굳이 한다면 '롯데' 색깔이나 'LG'의 색깔을 좋아했던 것 같다. 진홍색(?),보라색(?) ㅎㅎㅎ

내가 색깔에 대해 얘기하고 한 것은 내 개인의 성격을 논하고자한 것이 아니고 색에도 업이 있기 때문이다. 색에 맛도 있을 것이다.

내가 어려서 고향을 떠나와 성장의 자람을 서울의 형에게 배속 받아서 생활을 하게 되었다. 각 집 마다 수많은 직업이 있다. 그 직업에도 색깔이 있다. 색깔이라 해서 직업의 성격이라고 말하는 게 아니고 그냥 보이는 현상의 물리적인 색깔을 말하는 것이다. 서울의 나의 형은 평생을 소방관련 제품으로 사업을 했다. 소방서 색이 빨강색, 소화기 색이 빨강색이다. 그래서 나는 가끔 텔레비전 드라마 영상화면에 남들은 있었는지 없었는지도 모르는 순간 장면에 비치된 빨강색 소화기를 보면 마음속으로 감사함을 갖게 된다. 저 빨강색으로 나를 먹이고 입히고 가르치고 했다는 것에 눈물겨움을 느끼게 된다. 그럼 다른 친구들 아버지의 직업 색깔은 무엇이었을까? 연상되는 색깔이 있나? 하얀색은? 진초록색은? 노랑색은? 칠판색깔을 연상하면 진환이 아버지의 색깔을 연상하게 된다. 우린 그 색깔에 다시금 고마움의 경의를 표해야 할 것이다.

멋에 대한 생각을 피력해 보겠다.

멋? 참 아름다운 말임에는 틀림이 없는 것 같다. 그 자체가 좋은 것이다. 그러나 멋이라는 게 겉으로 들어난 표상적인 멋과 내심에 흐르는 멋이 있다. 표상적인 멋은 그에게 주어진 외모를 얼마만큼 잘 가꾸고 다듬었냐고 하는 것은 보이는 것이기에 달리 말을 안 해도 다 안다. 그런데 내면에 멋은 참으로 어렵다. 과연 내가 살아 온 인생과정이 멋있게 살아 왔을까? 그 멋이라는 기준이 참 모호하다. 어떤 이는 사회적 지위의 성공을 얘기하기도 하고 어떤 이는 재력의 성공을 말하기도 한다. 누구는 부모의 덕으로 누구는 자신의 자수성가로 누구는 늦으막에 자식의 덕으로 상황이 다양하다.

그럼 과연 나는 인생을 어떻게 살아 왔는가? 나는 화려하지도 않았고 멋있지도 않았다. 그냥 피동적인 삶을 살아온 것 같다. 부모 때문에 처자식 때문에 의무적으로 살아 온 것 같다. 나 자신을 위해 나 자신을 투자하거나 헌신한 적이 별로 없었던 같다. 뭐 나 말고도 우리 시대엔 대부분 그렇게 살아왔을 것이다. 예를 들어 A4 종이 한 면을 가지고 경제적인 측면만 따진다면 딱 맞춰서 오리든가 아니면 글씨를 작게 쓰고 꽉 채워야 효율적일 것이다. 그러나 디자인 측면에서 보면 그 한 면을 꽉 채워 다 쓰기보다는 공란을 더 두어 여백의 미를 살리는 것이 훨씬 좋은 경우가 종종 있다. 내가 인생을 돌아보아 반성을 한다면 그저 빽빽하게만 종이를 채워 그 여백의 미를 살리는 마음의 여유를 가지지 못했다는 것이다. 그래서 앞으로 남아 있는 생을 멋있게 마무리 하려면 지금까지의 나의 인생에 모자랐던 것을 보충하여 잘 다시 포장을 한다면 아름다운 멋이 될 것이라 생각한다. 포장이라고 해서 가식을 덧씌우는 것이 아니라 지금까지 내가 다하지 못했던 진심을, 가슴에서 우러나오는 마음을, 마치 누에가 실크를 입에서 자아내듯, 여리고 아팠던 나의 심성의 피부에 마음을 바르고 또 바르는 포장을 한다면, 분명 남은 인생이 담백하지만 우아하고 아름다운 인생의 멋을 수놓게 될 것이라 믿는다.

방송을 볼 때 눈시울을 붉히게 하는 것을 살펴본다면 1.사람들은 TV에서 사람을 찾는 프로그램을 볼 때 클라이막스 부분에 눈시울을 붉히게 한다. 2.어머니를 다루는 프로 3. 올림픽이나 국가적인 큰 스포츠 행사에서 극적으로 우승을 했을 때 격하게 뭉클함을 누구나 갖게 된다.

1976년 여름날 학교를 갔다 집에 버스를 타고 오는데 버스의 스피커에서 나오는 올림픽 중계 방송현장 아나운서의 목소리가 터져라 울먹이며 외침을 듣고 나도 눈물이 핑 돌았다. 1976년 카나다 몬트리올 올림픽에서 양정모 선수가 레스링에서 우리나라 올림픽사상 최초로 금메달을 땄다는 라디오의 중계방송에 전 국민이 기뻐서 울었다. 그 선수처럼 나도 그런 기쁨의 눈물을 가족과 주변에 주고 싶었다. 그러나 나는 살면서 그 기쁨을 주지 못하고 살아온 게 못내 아쉬움과 죄송함이다.

삶의 에필로그

세상에 와서 누구든 잘 먹고 잘 입고 편하게 살아보려 하는 것은 인간의 속성상 당연지사일 것이다. 그래서 서로들 각자의 분야에서 노력을 하고 때로는 더 좋은 일자리를 찾고자 공부도 나름대로 열심히 했을 것이다. 그러나 살아 보니 학교공부가 다가 아니었으며 돈 또한 다가 아니었음을 알게 되었다. 살아 가는데는 다 각자의 지혜에서 살 궁리를 하는 것이고 돈도 많이 있는 사람들이 있는가 하면 좀 부족한 친구들이 더 많다. 그러나 돈을 제대로 쓰는 것은 많이 있다고 해서도 아니다. 대부분 돈을 제대로 쓰는 친구들을 보면 넉넉한 사람들이 아니라는 것이다.

그러면 돈이야 물리적으로 그렇다고 치더라도 원가가 안들어 가는 마음의 여유조차 궁색하게 너무 세상을 야박하게 살아가는 것이 현대 사회생활인 것같다. 나는 돈이든 마음이든 세상에 후덕하지 못했음에 진정 세상에다 사과를 한다. 다만 미약한 나의 언행에서 반디불이 만큼의 불빛으로 세상을 비춰주는 그런 힘이라도 보태졌었다면 감사할 뿐이다.

이젠 욕심없이 고향 친구들과 시간이 나면 음주가무를 즐기면서 그냥 도란도란 시간을 지내고 싶다.

아버지는 독립군,고향을 늘 그리워 하는 기러기였다

이 희 자

1983년 7월 1일 금요일 아침 밤을 꼴딱 샌 사람들이 몸이 지친 줄도 모르고 전날 밤부터 시작한 생방송을 보느라 아침 먹는 것조차 잊어버리고 있었다. 아니 한시라도 텔레비전 화면에서 눈을 뗄 수가 없었기 때문이다. "맞다~~ 그래 맞다..." 그러면 박수 소리와 함께 텔레비전 화면 안에 비춰진 사람들이나 그 방송을 청취하던 시청자들도 덩달아 눈물을 훔치는 것이었다. KBS에서 방송했던 이산가족 찾기 생방송이었다. 6월 30일 밤 120분 방송편성 계획했던 것이 전파를 타자마자 전화가 쇄도하여 11월 14일까지 무려 138일에 걸쳐 453시간 45분 동안 생방송으로 진행된 것이다. 단일 프로그램으로는 세계 생방송의 역사를 새로 쓴 사건이었다.

아버지도 밤을 샌 피로감과 방송을 보며 같이 울었기에 피곤 더하기 북받쳐 오른 감정에 눈이 퉁퉁 부어 있었다. 며칠은 더 텔레비전 화면에 매달린 결과 아버지는 꿈만 같은 극적인 상봉인 여동생의 아들과 연결이 되어 고향의 혈육을 만나는 행운을 얻게 되었다.

우리는 아무리 아버지의 자식이지만 직접 본인들 이산가족들의 애환에 직접적으로 느끼지 못하는 그런 감정인 것이다. 우리 세대는 베이비부머의 세대이기도 하지만 실향민 2세들의 세대라고도 할 수 있다.

아버지의 고향은 북청 물장수라는 이름이 유명한 북청을 이웃한 바로 위쪽의 함경북도 이원군 서면 대오리라는 곳이다.

아버지의 집은 서면에서 꽤나 부자집 이었단다. 할아버지가 개인 사찰을 몇 개 가지고 있었고 그 관리를 아버지에게 시키니까 아버지는 한 곳에 머물러서 일하기를 싫어해서 만주로 도망을 가서 신간회 청년지하운동 단체인 선무부에 가입해서 그 이후로 만주 용정 등지에서 독립운동을 하셨다.

해방을 하고 경성으로 올라 온 아버지는 좌우 이념의 대결이 한창이던 시절 진영싸움에 진저리를 치고 1949년도에 한국군에 입대를 하였다. 6.25 전쟁시에는 영천 전투에 참가해서 전투보급 업무를 하다가 나이가 있으니

까 휴전 1년전인 52년 7월에 상사로 전역을 했다. 군대를 제대한 아버지는 군대에 후생용품을 납품하는 군납 사업을 하였다. 군납을 하려면 민간에서 용품을 구입하여 군대에 납품을 해야 하지 않는가? 그래서 외할아버지가 만물상을 운영하는 유통업자 였는데 서로의 거래가 이뤄지면서 안면을 트게 되었고 이상사의성실함을 보고 외할아버지는 우리 어머니를 이상사에 주어 사위로 맞이하게 된 것이다.

이렇게 하여 아버지는 수안보에 터를 잡게 되

는 인연이 되었던 것이고 자동으로 나는 실향민의 자식으로 태어나게 된 것이다. 나는 어린 나이에 그런 게 싫었다. 우리 또래의 아버지는 젊은데 우리 아버지는 나이가 많다는 게 친구들한테 창피하여 그 내용을 가능한 말하지 않았다.

아버지는 군납 사업을 하면서 돈을 좀 벌었다. 아버지가 수안보 지방사람이 아니고 사방천지 외지를 다 다녀본 의식이 쫌 깨어있는 분이라서 내가 어려서 서울에도 가끔 데리고 가서 백화점 구경도 시켜 주고 빨간 구두며 맛있는 미군 과자도 사 주시곤 했다. 아버지 입장에서는 40이 훌쩍 넘은 나이에 그것도 낯선 타향에 와서 둥지를 틀어 얻은 딸이니 얼마나 이쁘고 귀여운 딸인가?

아버지는 돈을 많이 벌게 되자 통일이 되면 고향에 빨리 올라가고 싶어서 내가 6살 정도에 수안보를 떠서 속초의 아바이 마을로 이주하셨다. 왜냐하면 그곳에 가면 함경도 고향사람들과 고향얘기도 나누고 고향의 맛을 재현하는 음식이 있기 때문에 인간 본연의 심정으로 안식처라 믿고 찾아 가는 곳이었을 것이다.

아버지는 속초에가서 오징어를 잡는 배 사업을 했다. 그래서 우리집 마당과 담 심지어 길가에까지 오징어로 도배를 했다. 오징어가 말라지면 손질을 하여 20마리 한축씩 묶어서 포장하는 동네 사람들로 늘 북적댔다.

나는 그곳 속초국민학교에 입학을 했다. 서울구경이라도 몇 번은 했다고 나는 속초 촌 애들 하고는 다르게 조금 튀었다. 그래서 내가 반장을 했다. 아버지는 통이 크게도 겨울에 난로용으로 쓰는 장작을 한 트럭이나 우리 반에다 기부를 했다. 그러니 선생님은 나를 얼마나 이뻐 했을까?

아버지는 그곳에서 사람들과 교류를 활발하게 하셨다. 그런데 거기에서 만난고향사람이라는 사람이 배사업과 아울러 가공 공장을 차리자는 꼬득임을 받아 전 재산을 크게 투자를 했는데, 교묘하게 접근했던 쌍둥이 아버지라는 사람이 아버지를 속이고 그 돈을 받아서 도망을 간 것이다. 나중에 알고 보니 정작 고향 사람도 아니었으며 사기꾼이었던 것이다. 사기를 당해 갖고 있던 모든 재산을 날리게 되니 엄마는 그 충격으로 홧병이 나서 눕게 되었다. 사태를 추스렸으나 사기를 당해 쪽박을 찼으니 우리 엄마는 하는 수 없이 아버지를 설득해 수안보 친정 동네로 돌아오게 된 것이다.

그렇게 하여 나는 우리 친구들과 다시 인연을 맺는 수안보초등학교로 2학년에 전학을 오게 된 것이다. 수안보에 와서 샛터말에 방을 겨우 하나 구해서 기거를 하였는데, 외할머니는 딸의 처지가 안쓰럽게 된 것을 보다 못해 가게를 하나 내어 주어 빵장사를 해서 먹고는 살게 해주었다.

사는 것이 겨우겨우 사는 정도였다. 엄마가 빵장사를 하고 아버지는 손재주가 있어서 함석을 오려서 접고 땜질을 하여 바케스나 물조리 등등 만들어 놓았다가 장날이면 장에다 내다 파는 그런 공방을 했다.

아버지는 우리가 어려서 밥상머리 앉으면 아버지가 독립운동을 하러 다니던 얘기를 무용담으로 한참을 연설을 한다. 요즘은 독립운동 했다고 하면 그에 합당한 대우를 해주는 시대가 되었지만, 우리가 어렸을 때는 독립운동이라는 게 별 대수롭지도 않았고 누구하나 알아주는 사람이 없었기에 나는 아버지의 그 무용담을 듣는 게 싫었다. 아주 싫었다.

독립운동을 한 집은 3대가 가난하고 친일을 한사람들은 3대가 편하다는 얘기가 있을 정도로 우리의 경제력도 외할머니의 도움이 없었더라면 변변 찮았다. 아버지는 선공후사(先公後私) 정신으로 공적인 것이 앞이고 사적인 것을 항상 뒤로 했으니 솔직히 어린 마음에 자식인 우리 입장에서는 별로 좋은 것이 아니었다. 그래서 아버지에 대한 반감의식에서 학교공부보다도 겉멋만을 챙기는데 더 신경을 쓰게 되었다.

그렇지만 나는 성장하면서 사는 것을 늘 즐겁게 사는 것을 기본으로 한다. 안 되는 것을 가지고 고민도 안하고, 안 된 것을 가지고 미련을 두지 않는다. 그래서 시간이 나게 되면 여행을 하기를 좋아한다. 한번은 직장의 친구들과 치악산에 놀러 갔다가 인연이 남편을 만나게 되어 원주로 시집을 와 평생을 사는 계기가 된 것이다.

사는 것은 평범하게 그런대로 잘 살아오다가, 중년에 사업을 크게 확장 44억원이나 되는 돈을 들인 육류 가공공장을 크게 설비를 하게 되었는데, 구제역과 광우병이라는 직격탄을 만나게 되어 경영이 어려워졌고, 몇 년을 못 버티고 회사는 회사대로 날라 가고 부채

도 안게 되었다. 그 후 가정경제가 참으로 힘들게 되었다. 사업이라는 것이 운7 기3 이라는 말이 실감나는 일이었다. 경제가 힘이 들어지면 마음적으로 무너지기가 쉬운데 나는 중심을 잡으려 마음을 다잡아서 그동안 냉담으로 소홀했던 성당에 나가서 봉사도 하고 열심히 기도를 하였다. 그 후 마음의 안정뿐만 아니라 경제생활도 안정을 찾게 되었다.

다시 수안보의 생활의 얘기로 돌아가서 얘기를 하면 우리가 천주교를 처음 접하게 된 인연은 앞집에 살던 우리 동창 안광수의 어머니의 적극적인 권유에서부터 시작이었다. 광수 어머니는 정말로 신심이 깊은 천주교인 이었다. 그 집 언니 한 분은 수녀가 되기도 했다. 그래서 아버지와 엄마 동생들 우리가족 모두는 세례를 받고 천주교 신자가 되었다. 고향에 있을 때는 천주교 행사에 빠지지 않고 모두 참석했다.

아버지는 조국의 광복을 위해 독립운동을 했고 천주교에서 사랑의 실천을 배우셨는지 어려운 이웃을 돕는데 앞장섰다. 명절 밑이면 우리도 살기가 넉넉하지 않지만, 쌀푸대를 큰 것으로 마련하여 자전거에 실을 수 있는데 까지 싣고서 수안보 말고 윗동네를 다니며 쌀을 구경하기가 힘든 집을 방문하여 다만 몇 사발씩이라도 나눠 주곤 하셨다.

아버지가 독립운동을 하셨다는 것이 무슨 대수냐고 생각했던 나는 아버지가 돌아가시고서야 그 위대함을 느낄 수가 있었다. 물론 아버지가 살아계셨을 때도 도지사가 수안보를 방문했을 때 다른 곳보다도 우리 아버지를 찾아 인사를 왔지만 나는 그런 게 싫었었다. 그런데 아버지 유해를 대전현충원에 모실 때 의전행사가 얼마나 엄숙하며 격식을 차려서 행하는지 나도 모르게 숙연해지면 가슴이 뭉클해 왔다. 나라를 위해 일을 하신 아버지가 늦었지만 자랑스러웠다.

엄마는 젊어서는 자식들 먹여 살리느라 고생을 많이 하였는데 말년에는 병원의 치료과정에서 의료 사고로 인해 병원생활을 13년이나 하는 긴병치레를 하셨다. 긴병에 효자 없다는 말이 있지만 내가 엄마의 병수발에 지쳐서 동생들한테 어깨의 짐을 나누고 싶을 때가 있게 되면, 남편은 그러다 어머님이 우리 곁을 떠나게 되면 두고두고 평생 후회를 하게 된다며 나에게 용기를 북돋아 주어 엄마 병간호의 게으름에 마음을 다시 일깨움을 준 남편에 고마움을 표한다.

물론 지금은 부모님 두분 모두 대전현충원에 모셔서 있지만 두 분들의 생전 고생하신 거에 경의를 표한다.

이제 부모님의 세대가 아니고 우리가 황혼의 길을 다가가고 있으니 우리가 살아왔던 길을 되돌아보게 된다. 아버지를 생각하면 나눔과 베풂은 꼭 내가 많아서가 아니고 여유가 있어서도 아니고 마음이 풍요로워야 실천을 한다는 것이다. 나도 이제는 마음을 비우고 내가 할 수 있는데 까지는 사회든 성당이든 친구이든 진심을 다하는 마음으로 임할 것이다. 고향친구 우리 45회 친구들아 사랑한다. 앞으로도 서로 위하면서 잘 지내도록하자.

내 인생의 힘들었던 터널을 지나가는 중

임 병 영

우리가 어렸을 적 언젠가 조산 밑 신작로 길에 미군이 이동하는 것을 보게 되었다. 아마도 서울 수도권에 있던 부대가 대구 쪽에 있는 캠프로 가는 길이었을 것이다. 그 행렬의 미군 트럭이 족히 20대는 넘게 보였다. 그들이 이동 중에 점심식사를 하기 위해서인지 돌고개를 넘지 않고 차를 길가 쪽으로 일렬로 주차하고 차에서 내려와 휴식을 취하며 이동식 전투식량을 나누며 웅성웅성 쏼라쏼라를 해대고 있었다. 그 신작로가 가까운 우리 동지 애들은 무리를 지어 구경을 갔다. 빡빡머리에 코를 흘리는 우리 어린애들에게는 코쟁이들이 신기해 보였고 그들 또한 얼굴에는 버짐이 손등은 때가 낀 우리 어린이들이 귀엽다기보다는 원숭이 보듯 구경거리로 보였을 것이다. 우리 또래친구들은 중학교 형들이 '기브미 쪼코랫, 기브미 삐루~~~'를 미군들을 향해 외쳤다. 우리는 뭔 뜻인지 모르고 형들을 따라서 했고 반은 장난조로 반은 내심 뭔가를 던져주기를 원해서 서너명이 무리를 지어“ ‘기브미 쬬코레이뜨~’라고 미국말 발음도 안 맞는 소리를 해대도 가끔은 깜뎅이가 동물원 원숭이에게 관람객이 던져주는 것처럼 우리를 향해 뭔가를 던져주면, 닭에게 모이를 뿌려주면 쪼르르 달려가 대가리를 땅바닥에 대고 쪼아 대듯이 우리도 우르르 몰려들어 서로 주으려고 킥킥대며 시커먼 손으로 주으러 땅바닥을 훑었다. 주로 세레민트라는 껌이었다. 한 시간 정도가 흐르면 미군부대가 남쪽으로 이동을 하면 우리 동지애들은 그들이 던져준 물품을 마치 전리품을 획득한양 주머니에 넣어 의기양양 마을로 돌아와 양지바른 곳에서 서로 나눠먹던 기억이 난다. 그것이 6.25 때처럼 자주 있는 일이 아니었고 어쩌다 있었던 일이다.

이렇듯 우리의 소싯적엔 모두가 어려웠고 새로운 문명을 받아들이는 신기한 세상을 접하며 살아왔다고 볼 수가 있다. 그 미군부대 트럭을 구경 가고 코흘리개로 뛰어놀던 그 아이들이 세월이 흘러 이젠 60중반을 넘게 되고 머리는 허옇게 아니면 이마를 넘겨 반짝이는 모양을 갖게 되었으니 우리 모두에게도 참 많은 세월이 흘러 갔구나를 느끼게 된다.

인생이 다른 친구들도 같은 시기를 살아왔으니 어찌보면 같기도 하지만, 더 가까이 들어가면 각자의 인생이 무지개 색깔처럼 다 사연이 다르다고 볼 수가 있다. 말하자면 집집마다 다 냄비 끓는 사연이 있게 마련이다. 나에게 나의 인생을 구분한다면 소년청년기,중년기, 지금 황혼기를 나누게 되고 살아온 지역을 구분해 본다면 고향에서의 충주권, 고향을 떠나 잠시의 객지생활, 지금의 보금자리가 있는 청주권 이렇게 구분 지을 수가 있다. 청소년기를 나는 충주에서 고등학교를 졸업하고 특별히 직장생활이라고 한 것이 없다. 동지 집에서 아버지의 농사일을 거들기도 했다가 친구들이 어디를 놀러 가면 같이 가기도하고 그랬다. 그러다 다른 한 친구가 서울 어디로 취직을 해서 가면 그 것이 궁금하기도 했고 때론 나도 일자리를 알아

봐 달라고 부탁을 하기도 한다. 그러나 그 친구도 간신히 갔는데 고향친구들을 당장 올라오라고 하기엔 역부족 이었을 거다. 다들 그 시기엔 방황 아닌 방황을 하던 시기라서 나도 서울에 누가 있나를 생각을 해보니 외사촌형이 신길동에서 화물덤프트럭을 하고 있는데 돈을 아주 잘 번다고 외숙모를 통해서 들었다. 고향엔 친구들이 거의 다 떠나니 나도 허전하기도 했고 외지에서의 생활하기를 갈망도 있어서 외사촌형에게 기별을 넣어 신길동으로 올라가 화물 점프트럭을 운영하는 형에게 취직이 아닌 취업으로 시간을 보냈다. 그 형에게 얹혀서 긴 시간을 보낸 것은 아니다. 왜냐하면 남자들에게는 병역의무라는 것이 대기하고 있었기 때문이다. 군대 영장이 나와서 나는 형네서 하던 일을 멈추고 입영하기 전 미리 내려와서 놀러 다녔다. 훈련소를 마치고 배치 받은 부대는 광주의 보병학교다. 거기에서 조교를 했다. 여기는 일반 사병을 훈련시키는 게 아니라 간부들을 훈련시키는 곳이다. 우리가 훈련성과에 평점을 주게 되는데 가끔은 고향 사람들을 만나게 되는데 그들은 운이 좋아서 만점을 받게 된다. 그들에는 향후 진급의 평점에서 자그마한 영향를 주기도 한다. 한번은 손철규 고등과 동기인 3사 생도가 입교했는데 고향 까마귀만 봐도 반갑다고 난 친구의 친구인 그에게 최대한 배려를 했다. 물론 평점은 만점을 주었다.

군대를 제대하고 집에 돌아와 집안일을 돕고 있는데 세월은 흐르고 혼기의 나이기 되니 아버지가 독자라서 장남인 나를 조급하게 보셨는지 고운리에 사시

는 당숙께서 다리를 놓게 되어 결혼을 했다. 결혼을 하고도 나는 외지에 나가서 살 생각은 하지 않고 아버지가 하는 농사일과 새로운 농업기법을 도입하여 기반을 잡아 볼 생각으로 평범하게 생활을 하고 있었다.

해가 바뀌어 나에게도 2세가 태어났다. 아들이 귀한 집에 아들은 아니었지만 살림 밑천이라는 딸이 태어났다. 그런데 첫 번째로 얻은 귀한 딸이 선천성 심장병을 갖고 태어난 것이다. 텔레비전 뉴스에서나 접했던 일이 나를 찾아 온 것이다. 새로운 생명의 딸을 보았다는 기쁨은 잠시였다. 기쁨이 나도 모르게 근심으로 변해가고 있었다. 왜냐하면 치료를 해야 하고 치료를 하면 잘 될 수가 있을까? 청천벽력 같은 일에 아무리 초보 부모이지만

일단 먼저 해야 할 일은 자기의 새끼를 구해야 한다는 급한 마음은 간절했다. 할 수 있는 것이라면 다 해 보려고 하는 게 부모 심정인 것이다. 심장병에 유명한 서울의 세브란스 병원에 입원시켰다. 첫 번째 진단 소견을 주치의로부터 들었다. 보통의 심장병 환자들을 수술을 해서 성공확율은 70%인데 우리 아이의 확률은 40%라는 것이었다. 또 성공적인 수술을 한다 해도 매년 상태를 봐서 그때그때 수술을 해야 한다는 것 이었다. 그 얘기를 들은

나는 낙담으로 더 높은 곳에서 떨어지는 심정이었다. 의사의 소견을 듣고 잠시 밖으로 나와서 복도를 걸어가는데 그 환했던 복도가 나의 눈에 밝은 곳이 아니고 갑자기 앞이 캄캄해졌다. 복도를 걸어가는데 앞의 사람을 구분 못하는 지경이 되었다. 잠시 복도의 의자에 앉아 긴 심호흡을 하고 마음을 안정 시켰다. 지금부터 내가 흔들리면 안 된다는 자기최면을 걸며 꿋꿋해지자 라고 속으로 나에게 명령하고 있었다. 할 수 있는데 까지는 최선을 다하자는 것이 두려움을 지나 숙명으로 받아들이며 마음의 각오를 단단히 해서 정신을 가다듬었다. 사람이라는 동물이 부모님의 생명이 위급한 것 보다 자기 새끼의 생명이 달린 문제가 더 급하게 생각하는 것은 어쩔 수 없는 자연의 섭리인가보다. 심장병이라 해서 다 같은 게 아니었다. 사례별로 다 달랐다. 우리 애는 수술을 단 한번으로 끝나는 게 아니고 커 가면서 상태를 봐 가면서 그 때 수술을 또 해야 한다는 것이다. 어찌됐든 병원의 진단과 향후 수술계획에 따르기로 했다.

수술날이 되었다. 그 가냘프고 앳되도록 작은 아이가 엄마의 품에서 떼어지자 애는 신생아 울음소리처럼 울어댔고 나의 귀에는 아주 크게 마냥 안쓰럽게 들려왔다. 가슴을 후벼 파는 소리로 나의 뇌로 아프게 몰려왔다. 아이는 이내 수술용 이동침대에 얹혀 간호사들이 데리고 수술실로 들어갔다. 대기실에서 기다리는 동안 모두는 적막이 흘렀다. 아무도 말을 하지 않았다. 하지 않은 게 아니고 말문을 못 떼고 마음속 간절한 기원만 할 뿐이었다. 그 초조감은 당해보거나 느껴보지 않은 사람은 모른다. 얼마의 시간이 흐른 뒤 대기실문 위에 있는 신호 표시등에 수술중이라는 불이 들어 왔다. 그 불빛의 단어를 보자 마음은 더 초조해졌고 입술이 바싹 마르도록 간절함이 몰려 왔다. 애의 엄마는 그 수술중이라는 단어를 보고 울음을 터트렸다. 다른 대기자들이 없었으면 아마도 더 큰 소리로 울었을 것이다. 나도 겉으로 울음은 아니었지만 내심 더 소리 큰 소리의 울음이 내 가슴속으로 흐르고 있었다.

수술이라는 것은 사실 환자는 아픔이라는 것을 못 느끼는 것이다. 그 아픔의 두려움과 공포는 수술장 밖의 보호자들이 느끼는 것이다. 수술장 밖의 보호자들이 할 수 있는 것이라고는 기도뿐이다. 나는 특별히 특정 종교를 가지고 있지는 않지만, 인간이 극한 상황이나 위급함의 불안 속에서 지푸라기라도 잡고 싶은 마음이 되니 자동적으로 간절함의 기도를 하게 되었다. 종교에서 하는 의식에 맞춘 손의 기도 모양은 아니지만 잠시 일어서서 창밖의 하늘을 바라보고 뒷짐을 진 양손을 엇갈아 가며 나도 모르게 꾹꾹 누르는 손가락으로 간절한 기도를 표시하고 있었다.

긴 시간이 흐른 뒤 신호등에 수술종료 표시가 떴다. 설명이 필요 없는 소리 휴~하는 소리를 내 쉬었다. 수술이 끝났다고 끝난 게 아니다. 곧바로 이어지는 중환자실로의 이동이었다. 신촌세브란스는 심장전문 병동이 따로 있다. 그만큼 우리 아이 말고도 환자가 많아 중환자실 대기실엔 우리 말고도 20여명 정도가 대기를 하고 있다. 심장 수술은 수술이 끝났다고 해서 상황이 종료되는 것이 아니고 언제 어떻게 될지를 몰라서 보호자들은 한시도

긴장을 늦출 수 없이 기다리고들 있다. 속세의 지옥이 있다면 나는 단연코 그곳이라고 말하고 싶다. 왜냐하면 피를 말리는 긴장의 연속이고 가끔 코드블루(Code Blue = 의료코드의 한 종류로, 심장마비가 온 환자)가 뜨면 간호사가 슬그머니 그 환자의 보호자에게 다가가서 조용히 귓속말을 건넨다. 그러면 다른 가족들도 한 사람이 인생을 마감했다는 표시에 숙연해지고 착

잡해 진다. 왜냐하면 우리 아이에게도 코드블루가 어떻게하지 하는 공포에 있기 때문이다.

다행인지 불행인지 우리 아이는 두어 달에 걸친 입원시간을 보낸 후 퇴원했다. 당시는 의료보험 체제가 덜 갖춰져서 병원비도 감당하기 힘든 비용이 들어갔다. 내 월급이 25만원정도 했는데 병원비가 390만원이나 나왔다. 그러나 돈이 문제가 아니고 자식을 살려야한다는 일념뿐이었다. 부모로서의 당연한 책무였다. 그것도 그해에 끝난 것이 아니고 그 후로도 거의 7년을 연속으로 병원에 한 두 달씩을 입원해야 했으니 집사람이 얼마나 심신이 지쳤겠는가?

내가 동지 집에서 있으면 의료보험이 잘 안되어 의료보험의 혜택을 보려고 일단은 어디든 걸쳐야 하기에 여기저기 수소문 끝에 청주에 있는 매형이 이러이러한 회사가 있으니 오라는 것이었다. 나는 그 회사가 좋든 싫든 물어볼 겨를이 없었다. 우선 그 회사에 다녔다. 무슨 원자재를 생산하던 회사인데 그리 오래 다니지 않았다. 다시 회사를 옮겼기 때문이다. 매형이 다시 회사를 알아 본 곳이 전기공사 업체였다. 전기에도 종류가 참 많은데 이 회사는 외선 업체였다. 말하자면 전봇대를 설치하고 선을 까는 회사였다.. 회사는 그리 큰 회사는 아니었지만 내가 거기에서 힘을 쓰며 하는 일이 아니고 자재와 인원관리를 하는 관리총무의 일이었다. 나는 그 회사의 일을 쉬는 날도 없이 열심히 해줬다. 왜냐하면 의료보험 혜택을 받을 뿐만 아니라 우리 애의 수술이 거의 매년 있는데 수술을 할 때는 그래도 사장이 휴가로 일주일씩 나를 배려해 주곤 했기 때문이다. 나도 열심히 그 회사 일을 해줬지만 그 사장님도 사람이 좋았다.

그렇게 회사생활을 6년을 하고 접었다. 왜냐하면 월급을 가지고는 경제가 어려우니까 나의 일을 해야겠다고 마음을 먹었다. 영업용 개별화물차를 구입해서 몸이 부서지라 일을 했다. 나의 마이너스 인생을 조금이라도 회복하기 위해서였다. 아니 자식이 눈앞에 어른거려서 그랬는지도 모른다. 일에 매진하다보면 집안의 힘든 일도 잠시나마 잊게 되어 일중독에 가깝게 일을 했다. 그 화물차일을 10년 정도 했다. 화물을 오래 하긴 했다. 그러다가 우리나라는 IMF라는 국가금융위기 부도사태가 되어 내가 주 거래하던 회사가 졸지에 쓰러지게 되어 나의 일거리가 줄어들었다. 그 시기를 지나면서 전반적으로 화물이 일이 줄어들게 되자 나는 국면 전환을 하고 이젠 몸에 힘이 좀 덜 드는 개인택시업으로 전환을 하게 된 것이다. 그렇게 한지도 벌써 20년을 넘게 되었다. 한번은 지방 대절손님을 태워다 주고 올라오는 적적한 차속에서 잠시 생각에 잠기어 부모님들을 생각하니 당신들이 너무 연로해지신 것이었다. 지금까지는 자식의 병수발로 허덕였는데 이제는 부모님의 건강이 안좋게 되면 어떻게 하나 ? 양가의 부모님들은 같은 연배시라서 건강이 거기거기 였다. 나의 공상이 방정이 되었는지 아니면 내가 미리 예견을 한 것인지 얼마 후 장인이 치매가 발병하였고 그래서 비번인 날은 처가 있는 논산을 다녀야 했다. 그런데 문제는 엎친 데 덮친 격으로 아버지가 교통사고가 나셨다. 아버지는 상태가 기약 없는 병원 생활의 연속이 되었다. 참 어이가 없는 일이었다. 그래도 어쩔 수 없는 일이러니 하고 대처를 하는데 이제는 어머니가 급성 중증치매가 발병되어 입원을 한 겁니다. 참으로 정신을 차리기가 힘들게 되었다. 그래도 세 군데를 다 다니면서 부모님의 병수발을 했다. 1년 반 정도 세분의 병원생활을 보살피는데 이번엔 또 딸마저 서울의 신촌세브란스에 입원을 하여 그야 말로 환자들 뒤치다꺼리를 해대기에 정신이 없었다. 이거 말로 지금 서술을 하고 있지만 당하는 나 자신은 매순간 순간 아찔아찔한 시간이었고 대형악재가 겹치다 보니 나에게 공황장애가 오고 있었다. 지금은 시간이 좀 지나서야 정신이 좀 들고 있지만 당시 악운이 겹쳐 있을 때는 나도 그 순간을 벗어나고자 생각한다는 것이 자살의 생각이 든 것이 한 두 번이 아니었다.

사실 따지고 보면 남들도 부모님들이 가실 때 '안녕 잘 있어라' 빠이빠이 하고 고이 가신 분이 몇 분이나 될까? 들어보면 대동소이한 것을...그러나 나는 한꺼번에 일을 치루느라 그런 것을 내가 참지 못하고 힘들어 했던 것이다. 아버지는 지금도 병원생활 상태로 계시지만 4년전 장인이 가시고 어머니는 작년에 하늘나라로 가셨다. 살아계실 때는 미련한 자식의 생각에 짐이 되었다고 생각이 없잖아 있었지만 개똥밭에 굴러도 이승이 더 낫다는 말을 생각하면 장인 어른이나 어머니가 가신게 얼마나 한스럽게 느껴지는 것은 왜인가? 자식의 도리를 다하지 못한 이율배반적인 생각이 아닐까?

어머니가 가시 전 며칠을 호스피스 병실인 1인 병실에서 어머니를 지키고 있었다. 그 3일이 삼십년이 넘는 것 같았다. 어느 누구나 부모의 임종 앞에서는 자기가 어려서부터 부모님에게 속을 썩여드렸던 것밖에 생각이 안날 것이다. 나 역시 장남으로서 어머니에게 과연 해드린 게 뭐였냐? 였다. 평생 호미자루를 손에서 놓지 못하고 고생만을 했던 어머니... 젊었을 때 고생만 하셨던 어머니를 노후에라도 편히 모시지 못했던 것이 한이 맺혔다. 불효의 생각은 3일 내내 농삿일 뿐만 아니라 여러모로 고생만 하시다 가시는 어머니의 인생을 스크린에 비춰지듯 나의 뇌리를 주마등처럼 스쳐갔다. 볼에는 뜨거운 눈물이 흘러내리고 있었다. 인생무상이었다.

이 세상의 고통에 대한 약은 무엇일까요? 유명한 병원에서 처방을 내리고 유명제약사의 약이 아닙니다. 세월이 약입니다. 나에겐 특히 그렇다. 그 견디기 힘들었던 상황도 세월이 지나지 않았으면 고통으로 하루도 살지를 못했을 것이다. 자식으로 속을 썩었어도 세월이 지나게 되니 그 자식으로 인해서 웃음도 얻을 수 있으니 최고의 명약은 세월인 것을 나 스스로 위안을 한다.

새옹지마 [塞翁之馬] 인생의 길흉화복은 변화가 많아 예측하기 어렵다는 뜻으로 이르는 말로 출전은《회남자(淮南子)》의 <인간훈(人間訓)>이다. 옛날에 중국 북쪽 변방에 사는 노인이 기르던 말이 오랑캐 땅으로 달아나 낙심하였는데, 얼마 뒤에 그 말이 한 필의 준마를 데리고 와서 노인이 좋아하였다. 이후 그 노인의 아들이 그 말을 타다가 말에서 떨어져 절름발이가 되어 다시 낙담하지만, 그 일 때문에 아들은 전쟁에 나가지 않고 목숨을 구하게 되어 노인이 다시 기뻐하였다는 고사(故事)에서 나온 말이다.

그런데 그 새옹지마도 한쪽이 변하면 다른 세상이 변해 줘야 나에게 혜택이 주어지지만 불운한 현상이 나만 변화가 되고 세상은 붙박이로 되어 있으면 당한, 나만 어쩔 수 없는 경우가 된다.

인생에 누구나 봄날만 있는 것은 아니겠지만 세상사 내 마음대로 되지를 않고 자동차로 치면 제어는 되지 않고 나의 의지와 상관없이 계속 다른 길로 질주하게 되면 당사자는 환장하게 되는 것이다.

나는 잠을 자고 일어나서 가끔은 나의 인생이 과연 지금 꿈인가 생시인가를 확인해 보기도 한다. 그렇지만 아무리 어려운 일이 있더라도 나는 나를 하늘에서 내가 내려다보듯 나 자신을 관찰한다. 아니 나 자신을 감독하는지도 모른다. 세상을 사는데 어쩔 수 없는 일이라는 것은 없다, 그냥 다가오는 일이 나에게 주어진다면 순응하여 잘 대처한다면 한번 온 인생을 어려운 수학문제만 붙들고 있지 말고 쉬운 문제도 들여 다 보며 산다면 거기에도 조그마한 행복이 있을 것이라 생각한다. 행복은 멀리 있다기보다는 아주 가까이에 있느니 오늘도 핸들을 잡으며 스쳐 지나가는 창밖의 도로에 펼쳐진 세상에 있는 것이 다 나의 행복이라고 생각하며 오늘을 산다.

1천 페이지가 넘게되는 의무기록

고향 친구들과 함께

먼저 간 하늘 거기에도 눈이 오니 ?

임 용 규

‘어느 날 난 낙엽 지는 소리에 갑자기 텅 빈 내 마음을 보았지~그냥 덧없이 흘러버린 그런 세월을 느낀 거죠.’ 하는 노래가사처럼 그렇게 이미 살아버린 내 인생을 요즘에 들어 가끔씩 생각하게 된다. 참 바쁘게도 살았던 것 같다. 참 열심히도 살았던 것 같다. 무엇이 그리도 바쁜지 좋아하는 취미생활도 뒤로 한 채 실속도 없이 바쁘게만 살았던 것 같다. 그리고 황혼에 다다라서야 정신을 차리고 뒤돌아보니 그 많이 이룬 것만 같았던 것도 실제 아무도 없는 것 같다. 사랑하는 부모님 그리고 친했던 몇몇 친구들도 내 곁을 다 떠나 버렸으니 몹시도 허전한 마음을 감출수가 없다. 불현듯 나를 뒤돌아보니 불쌍한 생각이 드는 것은 왜일까? 모든 게 허무하게만 느껴진다.

조물주는 모든 생물에게 각각의 DNA를 주었다. 동일 계통은 DNA를 같게 주었다. 그 유전자라고 하는 것은 고향을 생각하는 마음도 같은 색깔로 주었던 것 같다. 우리가 공통으로 학창생활을 하다가 그 이후 고향을 지키는 친구들이 있는가 하면, 저마다 다 다른 사연으로 인해서 외지로 빠져나가기도 했지만 우리의 가슴속에는 늘 고향의 강산을 그리워하며 아련한 그 시절을 반추한다.

나 또한 그 마음을 감출수가 없다. 나도 수안보에서 잔뼈가 굵었기 때문이다. 사실은 내가 수안보 초등학교를 입학한 것이 아니고 처음에는 아버지가 이천에 사셨는데 그 곳의 초등학교를 2학년까지 다니다가 3학년 1학기 말쯤에 수안보에 아버지가 오셔서 정착을 하게 된 것이다. 친구들이 거의 다 아는 사실이지만 우리 집은 수안보 장터에서 풍미당이라는 빵집을 아버지께서 운영했다. 빵집은 우리의 생업이었고 어린 시절 우리 집에 와서 빵을 사먹는 것을 부러움의 대상이 되기도 했다. 왜냐하면 그 당시 우리들의 생활은 각 집마다 살기가 녹녹치 않아서 기성회비를 학교에 갖다 내기도 바쁜데 어떻게 빵을 사먹을 수가 있었겠는가? 그래도 아주 가끔은 특별히

용돈이 생겼거나 좀 여유가 있는 집 친구가 사주는 빵을 조금 얻어먹기도 하는 모습이 관찰되기도 했다. 또 약간은 발랑 까진 친구들은 없는 돈을 용케도 구해서 작업의 지렛대로 삼으려고 우리 빵집에 이성 친구들을 데리고 오기도 한다. 그 당시엔 그것이 발각되면 중학교에서는 정학이라는 징계대상이 되기도 했다. 남녀7세 부동석이라는 유교사상에서 기인해서 일제의 강압적인 교육의 잔재에서 온 것이다. 요즘으로 보면 빵집에서 같이 빵을 사먹었기로서니 그게 무슨 큰 죄가 된다고...우리 빵집의 영업을 학교에서 방해를 했냐고... ㅋㅋㅋ 그렇다면 다른 친구들 눈에 비친 것은 빵집 아들은 하얀 설탕가루를 살살뿌린 김이 모락모락 나는 빵을 배가 터지게 먹을 수 있다고 생각해서 참 부러울 수도 있었겠지만, 원래 계란집에서 계란을 다른 집보다 덜먹게 된다고 우리 집 또한

그랬다. 사는 것은 도낀개낀 살기가 다들 시대적으로 여유롭지는 않았다. 그렇지만 난 우리 집에서 외아들이니까 아버지께서 우선 나를 먼저 챙겨주시니 유교 봉건적 사고방식의 혜택의 수혜자라고 할 것이다. 나이가 들어 머리가 벗겨지는 것은 물론 아버지를 닮아가는 것은 어쩔 수 없나 보다. 단지 아버지 보다 기럭지가 짧아져서 그게 좀 그렇다. ㅎ

어려서 생각나는 에피소드야 참 많이 있지만 우선 어른들에 대한 생각이 좀 나서 얘기를 해야겠다. 아버지는 원래 단월이 고향이시고 잠시 이천으로 출향을 했다가 나중에 작은아버지가 있는 수안보로 이주를 하셨다. 수안보 장날이면 사람들이 붐빈다. 그 붐비는 중에도 특히 생각이 나는 분은 수염을 기르고 다니시는 오미 분도의 아버님이다. 분도의 외가집이 단월인데 우리가 같은 임씨 집안이라고 종종 우리 집을 방문하셨다. 분도의 아버님도 외지의 생활에서 누구네와 마음을 터놓고 기댈 데가 특별히 없던 터라 당신의 처갓집 집안인 우리 아버지를 처가 쪽에 친척이라고 마음의 의지를 하고 싶었던 모양이다. 참 마음을 진심으

로 서로가 다했던 분들이다. 내가 어려서 몸이 좀 허약했다. 그런 것을 보시고는 분도 아버지는 어디에서 귀한 약재를 구하고 자라도 잡아 오셔서 나에게 달여 먹이라고 우리 아버지에게 전달하시곤 했다. 그 고마움을 지금도 잊지 못하고 있다.

나도 수안보에서 청소년기 방황을 하다가 외지의 생활을 시작했다. 친구들과 어울려 놀러만 다니며 끝날 줄 모르는 나의 탈선에 아버지께서 제재를 가했다. 집에 있다가는 인간구실 못한다는 아버지의 뜻에 따라 서울로 올려 보냈다. 외삼촌은 칠성사이다 회사를 다니다가 퇴직을 하고 청계천 7가 동대문 상가에서 큰 식료품(미원,칠성사이다,참기름 등등) 대리점을 크게 차려 운영했다. 나는 그곳에서 점원생활로 서울생활을 시작하게 되었다. 촌놈이 처음에는 서울생활이 어리둥절했지만 외삼촌네 가게에서 유통이 돌아가는 동향도 파악하고 장사도 좀 배우게 되었다. 생활이 익숙해지자 막상 외삼촌한테 얹혀 있다는 게 내 스스로가 좀 편치가 않았다. 그래서 마음먹은 지 얼마 지나지 않아 그 계통의 유통회사로 이적을 하였다. 대형수퍼 업체의 코너를 관리하는 본점의 매니저로 몇 년을 근무했다. 그러나 그 업종의 일을 하는 나를 눈 여겨 보던 매형이 그 업종이 특별한 기술도 아니고 보장 되는 미래도 아니니까 나를 자기의 회사에 관계되는 회사로 소개로 이직을 시켜줬다. 이 회사는 전기발전소 같은 데에서 전기자동제어를 하는 장비를 설치도

하고 사후 위탁관리를 회사이다. 그 회사에 84년부터 입사를 하여 전국의 큰 발전소가 있는 데는 거의 다 발전소 현장 근무를 다녔다. 그래서 대전을 가족의 보금자리로 근거지로 하고 있지만 나는 떠돌이 아닌 떠돌이 생활을 하였다. 나름 이 지역 저 지역을 가서 살아 보는 재미 또한 있었다.

고향에서 친구들과 얽힌 얘기를 좀 해야겠다. 불행하게도 나의 추억을 함께한 사람들 중 몇몇은 우리들과 함께할 수 없는 이 세상 사람이 아니라는 것이 가슴이 많이 아니 아주 많이 아프다. 그래서 어릴 때의 추억은 될 수 있으면 생각 하지 않으려 한다.

이 생각 저 생각에 잠을 이루지 못하는 날도 여러 날이다. 고향에서의 추억을 되살리자면 여러 친구들이 있지만 우리들의 품을 먼저 떠난 친구들의 추억을 얘기해 보겠다.

나 혼자만 살아있다는 미안한 마음에 조심스럽게 이름을 불러본다. 최영길, 최덕성, 한범석, 윤하영, 신정식 이상의 친구들은 먼저 가셨고 김규석이는 살았는지 죽었는지도 모르게 우리 모두에게 연락을 그가 끊고 있다.

아침에 눈만 뜨면 함께했던 어렸을 때의 일들이 주마등처럼 뇌리를 스쳐간다. 범석이네 이발소와 의묵이가 일하는 양복점 집이 우리들의 단골 아지트였고 그리고 하영이네 집도 우리들의 아지트 중에는 빼 놓을 수 없는 곳이다.

매일 저녁마다 뭔 술을 왜 그리도 많이들 마셨는지 지금 생각해도 이해가 안 된다. 그냥 친구가 좋아서 함께하는 것만으로도 즐거웠던 것으로 기억된다. 여름이면 동네 후배들과 함께 물놀이 가서 어항가지고 고기 잡으며 대낮부터 놀다가 술을 얼마나 마셨는지 어항은 다 깨먹고 고래고래 노래 부르면서 어울려 다녔던 일, 연풍쪽의 다른 동네에 놀러 갔다가 패싸움이 벌어져 범석이가 선방치고 도망가서 남아 있던 사람들이 당했던 이야기, 겨울에 양지말에 있는 김중호(개똥이)네 집에서 한 참 놀다가 범석이와 정식이가 의견충돌로 싸우는 바람에 정식이가 식식거리며가 먼저 집에 나가면서 심술로 친구들의 신발을 지붕위에 내던지는 바람에 몇몇 친구들은 날이 밝을 때까지 집에를 못가고 하루 자고 갈수 밖에 없었던 이야기, 규석이가 좋아했던 여자 친구 덕분에 그녀에게 빵을 사주러 가는 충주 독일빵집에 함께 갔던 이야기, 충주에서 고물상 하던 지태환이 만나러 정식이와 함께 나갔다 술을 많이 마시고 오다가 술기운에 객기로 구두닦이의 통을 걷어차는 바람에 싸움이 붙었고 우리가 불리해 지자 싸움하다가 도망 온 이야기, 고향에서의 여러 장면의 추억을 기억하다 보니 또 재용이(음목사님)에 대한 기억도 떠오른다. 어려서는 자주 어울려서 놀았는데 그와는 먹기 내기가 가장 인상에 남는다. 라면과 빵 많이 먹기 내기를 하는데 뱃속으로 흡입하는 속도나 양에 있어서 단연코 재용이를 따를 자가 없는 장원이다.

서울에 와서는 서울에 올라와 있는 친구들과의 정기 모임을 가지면서 재미있었던 일들도 아련하게 떠오른다. 시흥에 살던 기일이네 집에 가서의 추억 비가 억수로 내리던 날 시흥학교의 분교에서 운동장에서 재미있었던 일들, 성수동 동렬이네 집에 놀러갔던 일, 봉천동 래욱이가 운영하는 잉글랜드라는 양화점 가게에 놀러갔던 일, 등등 주마등처럼 머릿속을 스쳐간다.

어찌되었든 추억은 아름답지만 이쯤에서 그만하고 싶다. 아름다운 것도 있지만 마음을 아프게 하는 일도 있기 때문이다.

살아 있다면 가끔씩은 적당히 걱정도 해주며, 궁금해 하기도 하며, 무슨 생각을 하는지, 어디에 있는지, 서로 안부를 전하고 살 텐데..., 통화가 되지 않는 곳, 하늘에 있는 친구들이 생각나면 머릿속 상상으로, 네가 있는 그곳에도 눈이 오는지? 가장 힘들 때면 누가 많이 생각나는지? 보고 싶은 사람이 있을 때는 어떻게 하는지? 추억의 연장에서 오는 공상적인 얘기를 혼자말 독백으로 한다. 그러다 더 이상 덧붙이는 안부는 하지 않는다. 왜냐하면 그들의 생각으로 울컥하는 마음에 내가 견디기가 힘들어 질것 같아서이다.

그렇지만 그 친구들을 돌아보겠다.

최영길 이 친구는 새터말 살던 친구인데 초등학교를 졸업하고는 더 이상 진학할 형편이 못되는 가정환경이었는지 졸업하자마자 일찌감치 낙천탕에 잔심부름과 청소를 하는 것으로 취직을 해서 한동안 직장생활을 했다. 이 친구가 워낙 내성적이라서 다른 친구들과는 교류가 없으면서도 이상하게 나하고는 가까이 지냈다. 그런데 그 친구가 18살쯤 되었을 때쯤 집안문제인지 이성 문제인지 고민을 하다가 자살로 인생을 마감했다. 윤복녀의 조카인 윤영진 이 친구는 초등학교를 졸업하던 그 해 여름 너무나 어린 나이에 생을 마감한 친구도 있다.

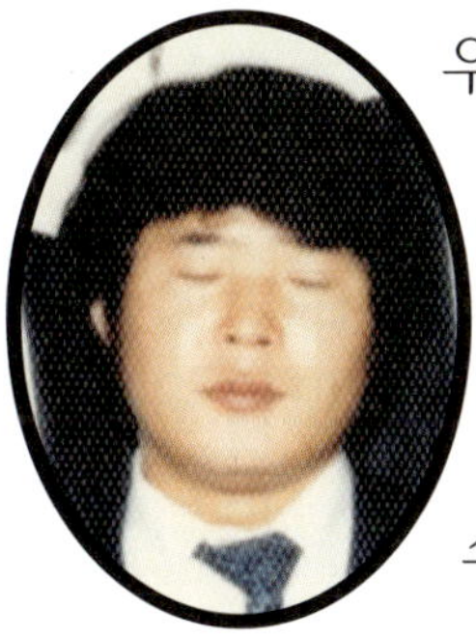

우리들에게 얘깃거리의 중심에 있던 친구는 한범석이다. 이 친구는 가정 사정으로 인해서 초등학교를 마치자마자 아버지 밑에서 이발을 배워서 이발소를 운영했다. 생긴 것도 참 잘생긴 친구다. 서양으로 말하자면 앨비스프레스리 가수와 구렛나루가 비슷하고 우리나라로 치면 영화

배우 김희라를 닮은 친구이다. 이 친구가 운영하던 온천이발관은 우리 친구들의 사랑방이었다. 이 친구가 고향에서의 이발만하고 있는 자기가 비젼이 없었던지 20대초가 되어 수안보를 떠났다. 외지에 나가서 '엄&이'라는 건축회사에 들어가 설비 일을 했다. 원체 일을 꼼꼼하고 성실하게 하여 회사로부터 인정을 받았다. 서울의 위성 5개 신도시를 건설할 당시 그 회사의 설비 감리팀에서 현장을 다니는 일을 하며 받은 월급으로 저축을 알뜰히 잘 해서 부평에 APT도 분양을 받아서 살만했다. 그런데 젊은 나이에 우리가 말하는 백혈병(혈액암)에 걸려서 우리 곁은 떠났다. 우리 친구들 중에 성장하여 세상을 떠난 제1호의 친구가 되었다. 그 친구 40이 체 되기 전이었다. 그는 장호원 감곡의 대지공원묘지에 안장이 되어있다. 친구들이 관에 흙을 덮고 돌고돌고 흙다지기를 할 때 얼마나 슬펐는지 모른다.

다음은 윤하영이다. 이 친구는 새터말 살았는데 종이 책으로 하는 샌님의 공부보다도 참 손재주가 많은 친구였다. 토끼를 잡던 약초를 구하던 새를 잡던 산이면 산, 뱀장어를 잡던 낚시를 하던 물이면 물, 그곳에서 할 수 있는 거라고는 모두 달인이었다. 이 친구도 제대를 하고 수안보에 나이트크럽도 운영했다가 곶감장사도 했다가 건어물전도 운영했다가 여러 업종을 하는 사이 돈도 좀 모았다. 그런데 어느 때인가 한번은 친인척에게 돈에 관련되어 상당한 손실을 본 것으로 안다. 믿었던 친척에게 손실을 본 이후로 그 친구는 세상을 보는 것을 다 부정적으로 보게 되었고 과한 표현으로 타락으로 세상을 걸어가고 있었다. 술을 낮이고 밤이고 마셔댔다. 세상을 회피하고 싶은 심정으로 그리했을 것이다. 그가 50이 되기 전에 고인이 되었는데, 이승을 뜨기 며칠 전에 병원에 입원을 했을 때는 이미 간이 다 녹아있던 상태라고 하니 그 친구의 심정이 오죽해서 세상을 등졌을까?

다음은 신정식이다.
이 친구는 3학년 말쯤인가 아버지가 경상도에서 넘어와 소장거리 근처에 살던 친구이다. 성격이 곧고 불같아서 옹기 깨질 때처럼 쨍그랑하는 소리로 옹카지라는 별명으로 불렀다. 이 친구도 가정환경이 널널하지 못하여 중학교에 다닐 때도 한 달이 넘도록 결석을 하던 친구이다. 졸업은 간신히 마치고 곧바로 먹고사는 일에 나서야 했다. 일이라는 것은 몸으로 때우는 힘든 미장일의 조수였다. 그래도 이 친구가 정이 있어서 자기가 힘들어 학교를 가지 못하고 일을 하면서도 오랜만에 만나는 친구들을 보면 항시 밥을 먹이는 마음이 따뜻한 친구였다. 성인 되어 여러 친구들과 어울려 야유회라든가 여행 등 놀러 가면 흘러간 노래를 흐드러지게 불러 즐겨하는 기본적으로 흥이 있는 친구였다. 그런데 나이가 50중반 그 무렵에 건축현장에서 안전부주의로 추락을 하여 저 세상으로 가게 된 안타까운 친구이다.

다음은 최덕성 이 친구이다. 이 친구는 우리 어렸을적에 아버지는 집에 안 계셨다. 어머니가 대장부 스타일로 사업을 하셨다. 산판을 하는 사업을 하셨다. 3형제나 되는 사내아이들을 먹이고 공부 시키는 일을 엄머 혼자 해야 했으니 얼마나 힘이 드셨을까 생각이 든다. 엄마가 사업을 하기에 덕성이네 집은 낮에는 거의 비어있게 된다. 위로 형 둘이 있지만 그 형들도 밖에 나가고 없으면 우리들의 탈선의 집합장소가 된다. 말하자면 피우지 말라던 담배를 태워대고 놀던 곳이다. 덕성이네가 수안보를 떠나고 한동안 연락이 뜸하다가 우리가 40중반이 넘었을 때 동창회에 덕성이 그 친구가 종종 나왔다. 그러다가 그도 폐암인가를 걸려서 저 세상으로 갔다.

다음은 김규석이다. 이 친구는 저승에 가지는 않았지만 말 못할 사연으로 고향 수안보를 떠나 소식을 본인이 스스로 단

절하고 지내는 친구이다. 이 친구는 버스정류장을 아버지께서 운영하였고 사는 게 그래도 우리 친구들 중에서 가장 나았다고 생각이 된다. 친구 아버지께서 아들인 규석이를 늦으막에 귀하게 얻으셔서 금이야 옥이야 아주 끔찍하게 키우셨다. 그래서인지 그 친구는 자기만 아는 경향이 있었다. 그래도 고향에 있을 땐 서로 잘 어울려 놀러 다니곤 했다. 그런데 그 친구가 IMF 때 무리한 사업확장을 하다가 어렵게 되어 재산을 모두 날리게 되었고 원치 않는 부채의 결과도 남기게 되어 고향을 떠나게 되었다고 한다. 아무튼 어디에 있던 몸 건강하게 잘 지내기를 마음속으로 바랄뿐이다.

이렇듯 인생은 내가 의도하지 않았는데도 우리의 곁은 떠나고 있다. 그리고 남아있는 우리들도 언젠가는 떠나게 될 이승을 지금 너무 허투루 시간을 쓰고 있지는 않은가? 생각이 들기도 한다. 현대사회에 진입을 하고 인간들의 수명이 길어지고 있지만 대부분의 친구들이 정년을 하고 또는 본업에서 은퇴를 한 이시기의 우리가 마음이야 어떨른지는 몰라도 외모는 변하여 결코 청년이라고 하지는 못할 것이다. 특히 젊은 사람들이 볼 때는 더욱 그럴 것이다. 흔히 말하는 우리가 어렸을적 같으면 벌써 칠성판에 누어있을 나이 이기도하다. 그러니 지금은 우리가 마음을 다 내려놓고 친구들끼리 좋았던 얘기와 앞으로도 좋은 얘기를 나누는 편한 고향친구가 서로 되었으면 좋겠다. 오늘도 누군가에서 나를 기억해 주는 내가 되었으면 좋겠다. 고향친구들이 내 곁에 있음에 내심 든든함의 보람을 안고 살아 갈 것이다.

지난 날 어려웠던 것은 그리움으로 감싼다

정 연 자

꽃피는 봄이 되면 세상은 연초록이 나오면서 우리 과수원 밭에는 연분홍 빛이 잔잔하게 나의 마음에 그리움을 담아서 멀리까지 잔잔하게 울려 퍼지게 하고 싶다. 4월 중순이면 꽃이 화사하게 핀 복숭아 과수원 벌판은 남들이 보기에는 다 평화스럽고 예쁜 모습이며 경치이다. 우리가 어려서부터 꿈꿔왔던 평화스런 세상의 모습이다. 그러나 그것은 내가 보기에 아니면 남이 보기에 따라 시선이 달리 해석이 된다.

오늘 따라 우리가 어려서 봄소풍 갈 때 어린 애들이 무리를 지어 줄서서 가면서 목청껏 불러대던 이원수 작사 홍난파 작곡 '고향의 봄'이라는 동요를 나는 오늘 다시 속으로 흥얼대듯 불러본다.

나의 살던 고향은 꽃피는 산골, 복숭아꽃 살구꽃 아기 진달래, 울긋불긋 꽃대궐 차리인 동네, 그 속에서 놀던 때가 그립습니다.

꽃동네 새동네 나의 옛고향, 파란들 남쪽에서 바람이 불면, 냇가에 수양버들 춤추는 동네, 그 속에서 놀던 때가 그립습니다.

과수원을 하다보니 복숭아 꽃이 피게 되면 올 농사의 희망을 불러본다. 그렇기도 하지만 또 하나는 올해의 고생이 시작이 되는구나이다. 그러나 우리의 주된 업이 과수원이기에 고생일거라는 것 보다는 잘 되어서 올해도 대박이 나기를 기원하는 것이 더 큰 바램이다.

이런 꽃길의 평화로운 인생이전에 나의 어려서 고생스러웠던 이야기를 좀 해 보려고 한다.

우리 집은 강원도 정선의 어느 산골에 살았었다. 그 시절에는 특용작물(양귀비)을 별도 재배를 하여 조금의 돈을 마련하는 게 암암리에 성행하던 시절이었다. 우리 아버지는 3대 독자 이셨다. 그래서 재산을 홀로 물려받아서 사는 것은 그냥 어렵지는 않았다. 그래서 그런 작물에는 손을 대지 않으셨다. 그런데 하필이면 어느 해 인가에 가까이 지내는 친구가 은밀히 접근하여 권유를 하기에 아버지도 못이기는 척 몰래몰래 재배를 하는 특용작물에 손을 댔다. 맨날하는 도둑들은 그런가 보다 하지만 어쩌다하는 도둑은 들킨다고 아버지도 어쩌다 한번이 실패를 했다. 재배를 한 양귀비에서 채취한 아편을 만들어 판매하려고 구매자와 접선하러 가는 길에 누군가의 고발로 인해 경찰에 들킨 것이다. 그래서 그길로 도망을 가지 않으면 감방을 가는 지경이 된 것이다. 그래서 허는 수 없이 잠시 몸을 피하다가 잠잠해지면 다시 돌아온다고 맘을 먹고 도망을 가기로 작정을 했다. 재산의 땅문서 등등은 그래도 가까운 친척인 아버지의 재당숙에게 맡겨 놓고 야반도주를 했다. 그런데 도망을 가고서도 그 상황이 쉽게 종료되지 않아서 그 마을에는 몇 년째 들어가지 못하는 상황이 되었다. 그러다 시간이 지체 되는 동안 맡겨 놓았던 집문서와 땅문서 등등을 아버지의 재당숙께서 홀라당 해드신 것이었다. 조금의 돈을 만들어 보려 몰래몰래의 특용작물 재배업은 한 번도 성공을 못하고 오히려 조상으로부터 물려받았던 재산마저도 몽땅 날리게 된 빈털터리 신세가 된 것이다. 재산을 모두 잃은 우리 가족(부모님, 나, 여동생, 남동생 다섯 식구)은 낯선 마을인 복계로 오게된 것이다. 내가 다섯 살 되던 해이다. 복계리에 연고가 있는 것은 같은 강원도 정선의 고향 사람 두사람이 먼저 이곳에 와서 자리를 잡고 살고 있었기 때문에 그 사람들을 언덕으로 삼고 왔던 것이다. 이곳으로 오면서 고생이 시작되었다. 안면이 있는 고향 사람 둘은 있었지만 우리 앞으로 된 땅 한 평 없는 형편이니까 아버지는 닥치는 대로 일을 하셨고, 화전을 일구어 농사를 지으셨다. 사는 거처는 남의 집 사랑방으로 1년이면 2~3번씩 옮겨 다니며 겨우 단칸방에서 다섯 식구가 살았다.

그러다가 아버지는 꼬불꼬불 산길을 올라 고갯마루 중턱에 열 집 정도가 살고 있는 마을(곰짓골)에 집을 짓기로 결정하시고 흙을 반죽하여 네모난 상자에 넣고 벽돌을 만들어 쌓아 올려 집을 짓는 일을 매일 하셨다. 방 세 칸 부엌 하나가 있는 집을 오랜 시간이 걸려 완공하였고 그곳으로 이사를 갔다. 그 형편없는 흙벽돌집이었지만 우리집 이라는 것이 너무 좋았다. 그 때의 심정은 현재의 양옥집 보다도 더 좋은 것이었다. 우리 식구들은 오순도순 화전밭을 일구면서 없지만 마음 풍요하게 살면서 세월이 흘러 남동생이 두 명 더 생겨 일곱 식구가 되었다.

4학년 2학기가 시작이 되고 얼마 안 되었을 즈음 학교에서 돌아오면 나는 농사일을 도와 드리려 아버지가 계시는 산에 있는 밭으로 종종 갔다. 어느 날인가는 태양이 너울너울 산등성을 넘어가고 어둠이 어둑어둑 밀려오고서야 일을 끝내고 집으로 돌아오는 길인데 아버지께서 잘 따라오시지 못하시는 것이었다. "아버지, 빨리 오세요" 하였더니 "나는 눈이 잘 안보여 못 따라 가겠다." 하시는 것이었다. 초가을 반딧불이가 나올 때라 반딧불이를 잡아 빙글빙글 돌리면서 아버지께 "이 불빛을 보고 따라오세요" 하며 모시고 내려왔다. 얼마나 기특한 딸 이었는가? 그러나 지금에 와서 생각하면 기특한 것이 아니라 따라 오시지 못하는 사정을 헤아리지 못하였던 것이다. 그 때 아버지의 건강이 극도로 안 좋은 상태였다. 그런대도 농사는 시기를 놓지면 안된다고 일을 어둠이 되도록 늦게까지 일을 하셨던 것이다. 건강이 안 좋은 상태는 사실 지금 시대로 치면 중환자 정도였을 것이다. 사실 그 며칠 전에 아버지는 나무 장사를 하려고 산에 가서 나무를 베고 있던 중에 산림청 산감에게 들키고 만 것이다. 산감에게 들켜서 붙잡히면 지서에 끌려가 징역도 살아야하고 벌금도 엄청 내야 하기 때문에 도망을 가는게 상책이었다. 아버지는 걸음아 나 살려라하고 도망을 가다가 낭떨어지에 발을 헛디뎠던 것이다. 그 길로 떨어져 한참이나 정신을 잃고 있다가 밤이 어두어서야 겨우 의식을 회복하고 만신창이가 된 몸을 이끌고 집에 돌아왔던 것이다. 죽지 않은 게 다행이지만 참 구슬픈 이야기다. 처자식 건사하려고 모진 고생스런 일을 다 하는 중 산감한테 들켜 쫓기다가 중상을 입었는데도 불구하고 그 다음날 밭에 다시 나가서 일을 해야 했던 시절이 원망스럽기도 하다.

그날 반디불을 비추며 집에 돌아 온 그날 밤부터 아버지는 앓아 누으셨다. 도저히 중상인 상태의 몸을 마음의 의지로는 지탱하기가 힘드셨나보다. 그 이후로 나는 반딧불을 보면 눈물이 고이게 된다. 물론 지금 시대에는 반

덧불이 잘 보이지도 않지만 어쩌다 여름날 뉴스에라도 나오면 그렇게 아프고 힘들었던 아버지 생각이 불현 듯 나기 때문이다.

아버지가 눕게 되자 엄마는 식구의 생계를 위해 옥수수를 맷돌로 갈아 밤새 엿을 고아 만들고, 쌀을 쪄 절구에 찧고, 방망이로 밀어 팥을 넣어 바람떡을 만들었다. 날이 새면 어머니는 떡과 엿을 머리에 이고 다니시며 장사를 시작했다. 어린 새끼들을 먹여 살리려 엄마는 무척이나 고생을 많이 하셨다. 장사가 마음대로 다 잘되면 누구라도 못할 사람이 없을 것이다. 어느 날은 어두워 오는데 어머니께서 오시지 않으셔서 고사리 손으로 밥을 하려고 바가지에 7식구의 쌀을 담았다가 어머니가 고생하는 생각을 하니 한 톨이라도 아껴야 한다는 생각이 들어 반 컵을 덜어내어 항아리에 다시 담아 놓았다. 저녁 밥상에서 아버지께서는 밥이 적어 보였는지 몇 수저 뜨시더니 수저를 내려 놓으셨다. 아프신 상태에서 아버지는 미안한 감이 드셔서 그랬을 것이다. 지금 생각하면 가슴 아린 이야기다.

먹고 살기도 힘든 형편이라 기성회비를 제때 가져가기가 거의 힘이 들었다. 학교에 가면 기성회비를 가져오지 않았다고 매번 교무실에 불려 다니고 복도에서 몇 시간씩 손을 들고 벌을 받았다. 공부를 못한다거나 말썽을 피워서 복도에 나가서 손들고서 있는 것은 있을 수 있다고 보지만, 집안 사정이 안 좋아 기성회비 못 낸다고 벌을 받는 것이 약간은 서러웠다. 그러나 그 시절 복도에는 나 말고도 여럿이 있었으니 같은 심정으로 스스로들 위안을 했을 것이다. 그래도 나는 집안 사정을 잘 알기에 절대 기성회비 달라는 말은 하지 못했다. 공책과 연필을 살 돈이 없어 공책 한권으로 과목별로 2장씩 필기하고 연필은 다 닳아 손에 잡히지 않아 못 쓰는 볼펜대에 꽂아서 썼다. 어느날인가는 동생이 "언니" 하고 조그마한 목소리로 불렀다. "응" 하고 대답했더니 "연필이 짧아 쓸 수 가 없어. 엄마한테 사정해서 연필 한 자루 사서 언니랑 둘이 나누어 쓸까?" 겨우 모기만한 소리로 말했다. 아무리 동생이지만 그도 집안 형편이 연필 한 자루 제대로 살 수 없다는 것은 알기 때문이었다. 그렇지만 나는 언니로서 답을 시원하게 해줬다. “그래”하고 시원스럽게 대답을 해줬다. 다음날 동생이 연필 한 자루를 사왔다. 3원짜리로… 동생과 나는 연필 한 자루를 정성스레 칼로 잘라서 반쪽씩 나눠가졌다. 동생은 너무 좋아했다. 어릴적 공책과 연필을 마음껏 쓰지 못해서인지 지금도 꿈속에서 공책과 연필을 많이 사서 친구들에게 나누어 주는 꿈을 꾸곤 한다. 그게 한이 맺혀서 지금은 그 나눔이 행복으로 느끼기 때문일 것이다.

곰지골에서의 생활이 정리가 되는 시점이 왔다. 국민학교를 졸업하고 나는 집안일을 거들고 있었다. 18살쯤 되었을 시기로 기억이 된다. 정부에서 화전민을 정리한다고 이주 명령이 나왔다. 그길로 우리 집은 아래동네 선권으로 내려 왔다. 아버지는 내려 와서 또 다시 집을 새로 지으셨다. 그리고 아버지의 근면함은 계속되어 곰지골에 사 놓은 산에 밭을 더 일구어 농사를 계속 지으셨고 성당 뒤에 있는 천평짜리 밭도 사셨다. 나는 졸업을 하고 외지에 나가서 직장생활이라는 것도 모르고 오로지 부모님을 모시고 일만하면 그것이 장땡인줄로만 알고 살았다. 왜냐하면 5남매의 맏인 나는 당연히 그래야 하는 것으로 알고 있었다. 그런데 아래 여동생은 시골의 생활에 지겨웠던지 스스로 외지로 나가서 직장생활을 하였다. 세월이 흐르다 보니 나도 어느덧 20살 넘어서고 23살에 되었다. 아버지는 나의 나이가 결혼 적령기가 되었다고 느끼셨는지 서서히 여기저기 혼사처를 수소문하고 계셨다. 그 소문을 우리 집 근처에 시집와 사는 새댁의 귀에도 들어갔다. 나를 눈여겨보고 있다가 마음속으로 점찍어 놓고 있던 그 새댁도 나이가 되면 당연히 그러려니 하고 있다가 막상 우리 아버지가 살미에 있는 체육교사한테 선을 보이게 한다는 소문을 듣고는 이웃집 새댁이 이러다가 저 야무진 아가씨를 뺏기겠다 싶어 그길로 노은면 자기네 친정으로 쏜살같이 달려가서 자기의 동생을 불러내어 나와 선을 보이는 일이 발생된 것이다. 그렇게 해서 24살 되는 봄에 결혼을 하게 되었고 그 새댁은 나의 손위 시누이가 된 것이다. 말하자면 서로 친정 동네를 맞바꿔서 사는 인생이 된 것이다. 아버지는 여러군데 저울질을 하다가 그래도 땅이 많은 노은면 00가 제일 좋으니 그리고 가라고 결정을 내 주셨다. 그때만 해도 나의 의사 결정보다도 아버지가 결정하면 그에 따르는 시절이었다.

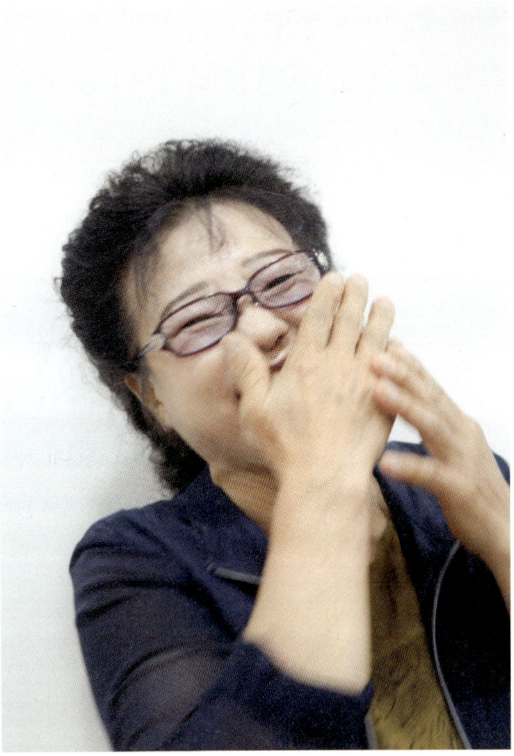

그래서 노은면으로 시집을 왔다. 땅이 많으면 안정적이라는 친정 아버지의 말씀은 처음에는 다 가짜였다. 남들한테 빚은 안지고 살지만 시집을 와보니 담배농사를 크게 짓는데 그 일하는 사람들 밥을 지어 내는 것만도 보통일이 아니었다. 말하자면 나는 노은면 00씨 집 하인으로 들어온 거나 마찬가지였다. 그만큼 일이 많았다는 얘기다. 그러나 그때도 시집살이는 그렇게 다 그렇게 사는 것이라 믿고 날만 새면 열심히 일하고 애들도 낳고 세월이 흐르다 보니 나도 나이를 먹어 갔다. 아버지가 처음 여기를 보내면서 말씀하신 그래도 땅이라도 좀 있는 집이 걱정이 안된다고 하신 말씀은 현재에 와서 그것을 누리고 산다고 볼 수가 있겠다.

한 세월을 살고 보니 그 모진 가난 속에서도 부모님들은 우리 5남매를 잘 키우셨고 다들 출가를 시켰으니 장한 부모님이라고 자부한다. 그래서 우리 형제들은 미움도 슬픔도 생각할 겨를도 없이 가난한 부모님을 원망하지 않았고, 그저 삶이 주어지는 환경에서 우리도 성실히 노력하며 살았다.

세월이 흘러 부모님도 모두 떠나시고 이제 내 나이 60중반을 넘으니 가난했던 지난날의 기억이 머리속을 스쳐가면 구름 속에 눈물이 내 마음에 들어왔는지 고생 하셨던 부모님들 생각에 하염없이 눈물이 쏟아집니다.

무정한 세상에서 엄마의 부지런한 피를 받아 나또한 열심히 살아 왔으니 두 남매 출가 시키고 몸 건강하기를 희망하며 꿈을 안고 활짝 웃으며 살아가리라.

밤나무

정 연 자

밤나무가 할아버지 수염같은 하얀꽃을 피웠어요
벌레들이 얼굴 더듬어 못살게 굴까봐

가시돋친 자식들도 많이 두웠어요
녹색치마 붉게 갈아 입을 때에
자식들도 토실 토실 배불러 커지지요
엄마손 팔랑 팔랑 저으면서
가지가 휘어질 때면
제일 큰놈 입 짝 벌려 보여 주더니
농부님 수확하라고 뚝 떨어져
알밤의 아이들이 분가해
빈 방만 덩그러니 남아 있어요

한 가지 한 길로만 살아온 나의 인생!

정 영 호

우리 동네 앞산에는 6월이면 넝쿨딸기가 지천으로 빨갛게 깔려 있다. 봄이면 그 딸기를 따러 노란 주전자를 들고 산으로 가서 주전자에 반은 담고 반은 새콤달콤한 딸기를 입에 털어 넣기가 바빴다. 가을에는 감나무에 둥근 감이 주렁주렁 달려 가을 정취를 흠뻑 취할 수 있는 온화한 곳이다.

우리 마을 이름은 윗동지에서도 더 올라가 있는 머릿꼴이다. 수안보에서 고운리 공이동을 가려면 우리 마을 앞길을 지나 가야했다. 옛날 내가 살던 시절에는 그 좁은 골에도 강씨 심씨 정씨 등등 12가구가 옹기종기 모여서 다정하고 소담스럽게 살았다. 논이라고는 심씨네가 소유했던 것 이외는 거의 없었다. 그래서 어려서 쌀밥을 먹는다는 것은 상상할 수가 없었다. 할아버지 제삿날에만 수안보 싸전에서 팔아온 쌀로 쌀밥을 지어서 제상에 올렸다. 할아버지 제삿날이 돌아 와야만 쌀밥을 먹어 볼 기회가 오는 것이다. 그래서 어린 마음에는 제사보다도 젯밥에 더 관심이 가는 것은 어쩔 수 없는 것이었다.

그 시절 사는 것이 잘사는 사람이나 못사는 사람이나 생활환경이 그렇고 그랬지만 그중에 유독 우리집은 참 가난했다. 6남매 중에 5째인 나는 어렸을 당시는 그리 키도 크지가 않았다. 성격도 참으로 온순하고 내성적인 편이었다. 학교를 다니는 것은 조용히 다녔다. 그런데 4학년 2학기가 시작되고 얼마 안 있다가 내가 모기에 물려서 전염병인 말라리아(학질)에 걸려서 죽을 고비를 넘겼다. 그래서 학교를 거의 한 달 동안 결석을 했다. 몸이 아파서 학교를 결석을 하니까 우리 반에서 제일 절친인 복계에 사는 김동열 친구와 이상음 친구가 일주이면 2~3번 우리 집에 들려서 나에게 학교에서 배운 공부를 가르쳐 주고 가곤했다. 참으로 고마운 친구들다. 그 친구가 우리 마을의 친구도 아니고 우리 집이 자기네 집을 가는 길목에 있는 것도 아닌데 일부러 들러서 나에게 공부를 가르쳐 주고 가는 것이었다. 그런 걸 본다면 동열이 친구는 나중에 대학교의 선생이 되었어야 했는데 방향이 다르게 공무원으로 제대를 했다. 상음이 친구는 객지인 경주에 안착을 하여 건축업을 현업으로 하고 있다.

우리집에서 나의 위의 형과 누나는 가난해서 중학교는 보내지 못했다. 보내지 못하는 부모님의 심정이야 더 아프셨겠지만...그래서 나만큼은 중학교에 꼭 보내 준다고 아버지가 철통같이 약속을 하셨다. 그래서 나도 진학반에 배정을 받아서 열심히 공부를 했다. 늦은 밤에도 호롱불 아래서 열심히 했다. 우리가 6학년 때 진학반은 저녁에 늦게까지 공부를 해야 한다고 학교에서 붙잡아 두었다가 어두어서야 집으로 보내 주었었다. 그래서 어두운 밤길을 다니기가 무서우면 동지의 작은 집에 들르면 형들이 윗동네 나를 데려다 주고 내려 가곤했다. 그래도 중학교에 진학을 한다는 부푼꿈을 가슴에 안고 학교를 다니는 행복감을 느끼고 있었다. 학년말이 되고 졸업앨범을 신청하는데 앨범 값이 없었다. 아버지에게 앨범 값을 졸라대니까 아버지는 그 돈을 아껴서 나중에 중학교 입학금에 보태야 한다는 것이었다. 앨범 값은 오백원 이었다. 나는 아버지의 그 말씀에 동의하고, 참고 있다 보면 중학교 모자를 쓸 수 있겠지 하고 기대를 하고 공부나 열심히 했다. 겨울이 되어 중학교 시험이 치러지고 합격자 명단에 나의 수험번호 128번을 확인할 수 있었다. 마냥 기뻤다. 우리 집에서는 처음으로 중학교에 진학을 한다는 기쁨에 단숨에 집으로 달려서 엄마 아버지에게 합격 소식을 전달했다. 그런데 아버지의 얼굴에는 기쁨의 모습이 보이지 않았고 어둠의 그림자가 드리워져 계셨다. 지금 생각하면 참으로 안타깝고 슬픈 일이다. 중학교에 합격한 나를 진학시켜 주고 싶은 마음이 아버지는 왜 없으셨겠냐구요. 가슴이 아리고 찢어지는 심정입니다. 그 심정도 모르도 어린 나는 아버지를 보챘습니다. 그 앨범값 아껴둔 돈은 어디 갔냐구 따졌고 몇 날 며칠은 울며불며 심지어는 밥을 안먹는 단식투쟁을 벌였지만…없는 돈이 하늘에서 떨어지는 것도 아니고 땅에서 솟아나는 것도 아니니…나의 보채는 모습을 안타깝게 여긴 엄마는 부엌 한쪽에서 혼자 훌쩍이는 모습을 내가 보게 되었다. 어린 나이에도 엄마가 우시는 모습을 보고는 정말 우리 집 사정으로는 안되는 것이구나 하고 나도 마음을 접었다.

그 추운겨울이 가고 69년 2월 12일 국민학교 졸업식을 거행했다. 2월과 3월 사이는 그냥 어영부영 시간을 지냈다. 중학교 진학을 포기한 나를 보고 엄마는 수안보 장에 들르면 나를 어디에 취직을 시키려고 여러 군데 수소문하고 다니셨다. 그래서 자리를 알아 본 곳이 서울약방이었다. 우리 1년 후배인 김춘식이네 집이다. 나는 거기 서울약방에서 심부름 소사일을 하며 겨우 밥이나 해결해 주는 조건 정도였다.

처음에는 어색하고 낯선 일이지만 어쩔 수 없는 것이었다. 집에서도 나의 입 하나라도 더는 것이 도움이 되기 때문이었다. 그런데 그 집에서의 어려운 것 보다도 참으로 힘든 것은 아침이면 동지의 다른 친구들이 까만 모자를 쓰고 중학교에 등교하는 모습을 보는 것이 참으로 힘이 들었다. 가슴에 저미는 비애와 부러움이 몰려오는 것에 한동안 혼자 울었다. 서울약방의 생활에 익숙해지면서 내가 중학교에 진학을 못했으니 독학이라도 공부를 해야겠다고 마음을 다부지게 먹었다. 그래서 그 집 춘식이네 누이들이 쓰던 책을 가지고 혼자 공부를 했고 그 누나들이 별도로 가끔 공부를 가르쳐 주었다. 나는 국민학교 시절 학질로 인해 결석했을 때 동렬이의 단독 과외 지도를 받았고 여기에서도 단독 과외를 받으니 공교육보다는 사교육 체질이었나 보다. 서울 약방에서는 월급을 받는 것도 아니고 끼니나 해결하는 정도니까 별 진전이 없었고 1년 정도 심부름을 하다가 그 다음해 농사철이 되어 집에 일이 바쁘니까 집으로 불려 올려갔다. 그렇게 해서 집에서 3년 정도 농사일을 거들었다. 농사를 지어봐야 앞날이 보이지 않아서 나는 기술을 배워야겠다고 마음을 먹었다. 그래서 생각한 것이 자동차 정비기술이었다. 농사를 짓는 와중에 틈틈이 정비사 강의록으로 독학을 했다. 그렇게 혼자 공부하여 이론 시험을 붙었다. 이론은 합격하였으나 실기는 전혀 모르니까 어쩔 수 없이 충주의 정비학원에 등록하여 정비사 자격증을 취득했다. 당시 정비사기술학원은 도내에서는 청주에도 없었고 충주에 유일했다. 그래서 시험도 우리 학원에서 보게 되니 익숙한 환경이라서 시험은 어렵지 않게 통과했다. 자격증을 땄으니 이제 취직을 해야 하잖은가? 학원생들 중에 제천의 정비공장에 손이

닿아서 나는 제천 동원정비공업사에서 평생 정비사의 길의 첫 출발을 시작했다.

제천에서 정비사로 익숙해질 즈음 큰형님의 부름이 있었다. 큰형님은 용인 에버랜드에 취직이 되어 일을 하고 있었는데 에버랜드 운수부에서 정비사를 채용한다는 소식을 전해와 거기에 응시하여 취직이 되었다. 그렇게 해서 나의 인생에서 제2의 고향인 용인에서의 생활이 시작된 것이다. 에버랜드에서의 회사생활을 오래 했으면 좋았을 텐데 군대영장이 나와서 용인에서 방위생활을 하였다. 방위를 제대하고는 다시 에버랜드에 가지 않고 일반 정비공장에서 자기네 공장에와서 일하자는 제안을 받고 대형정비 공업사에서 일을 하게 된 것이다.

용인에서 제2고향을 삼고 살지만 그래도 그리운 게 우리 고향만 할까? 용

인의 객지 생활을 하다보니 외롭기가 이루 말 할 수가 없었다. 가을이면 어느 학교나 운동회를 하던 시절이라서 나는 일부러 남의 학교 동문 체육대회를 하는 것을 담 넘어 물끄러미 한참을 바라보면서 눈물을 흘린 적이 한 두 번이 아니다. 때론 용인 친구가 자기네 학교 체육대회에 같이 가자고하여 따라가서 놀고 왔던 적도 있다. 그런데 못내 그리운 것은 고향학교의 체육대회였다.

우리는 머릿꼴을 떠나고 고향에 올일이 거의 없었다. 벌초도 작은 아버지가 다 맡아서 해 주셨고 명절 때는 우리집이 큰집이어서 작은 아버지가 용

인으로 올라 오셨으니 고향 사정을 잘 몰랐다. 그런데 예식이나 큰일이 있으면 내려오는데, 발화골 이성복이를 만나는게 전부였다. 왜냐하면 이성복의 작은 어머니가 나의 4촌 누이였기에 집안일이 생기어 가끔 성복이를 보게 되면 우리 고향에는 체육대회 같은 거 안하냐고 물으면 이성복 이 친구는 그런거 없다는 것이었다. 그럴리가 나중에 내가 고향 동창회에 참석을 하고부터 안 사실은 체육대회가 없는 것이 아니라 성복이 이눔이 체육대회에 안다니고 있던 것이었다. ㅎㅎ

나에겐 아련한 추억의 엄마에 대한 사연이 참 많다. 어머니는 새벽이면 앞산의 화전밭에 나가서 밭을 일구어 자식을 먹여 살리려 무진 애를 쓰셨다. 옛날엔 왜 그랬지 모른다 고생은 죽어라하는데 왜 소출이 나올질 않았을까? 그야말로 태진아의 노랫말에 나오는 내용이 모두 맞는 말이다 삼베적삼 다 젖도록 고생만 하시다 가신 어머니~ 그 고생만 하시던 어머니는 우리 가족 모두가 용인으로 이주를 하여 몇 년 생활을 하고 있을 겨울이었다. 옛날은 연탄가스 중독사고가 종종 있던 시절 우리 마루에 설치해 놓은 연탄난로의 연통이 막혀서 방으로 가스가 스며들어 내 동생이 가스 중독으로 까무러 져 있었다. 어머니는 이를 보고 놀래서 김치 국물을 뜨러 마당의 독으로 나가시다가 비틀거리며 머리를 시멘트벽 모서리에 세게 부딪혀서 넘어지셨다. 어머니 역시 가스를 마신 것이다. 어머니는 쓰러지셔서 곧바로 수원의 큰 병원으로 옮겼으나 뇌진탕으로 돌아 가셨다. 박정희 대통령이 서거 하셨던 1979년 향년 53세였다. 우리 모두는 하늘이 무너지는 것 같았다. 그리도 정이 많고 자식을 위해 헌신하시던 엄마가 졸지에 불귀의 객으로 되었으니 기가 찰 노릇이었다. 그렇게 하늘나라로 보내 드리고 지금은 어린 시절 엄마가 해 주시던 음식이 그립다. 머릿골 밭둑에서 캐온 쑥으로 숙버무리를 해주신던 것과 둥굴레 뿌리를 캐다가 양을 늘리려 죽을 쑤어서 주시던 엄마의 음식맛이 그립다.이른 봄이면 억척같이 자식들 배를 채워 주시려고 힘든 노동이 들어가는 칡뿌리를 캐는 작업을 거쳐서 그 녹말로 국수를 만들어 주시던 어머니 그립습니다.

나는 고향을 떠난 후 용인을 벗어나지 못했고 나의 천직인 정비업을 떠나지도 못했다. 내 나이 25살에 지금의 집사람을 만나 세상사 다 그러려니하고 마음 편하게 살고 있다.

지금은 우리 고향친구들과 체육대회에 참석도하고 같이 여행도 하며 살고 있으니 얼마나 행복한지 모른다. 어려서 허기를 채우려 먹었던 음식이 지금 시대에 와서는 건강 웰빙식품으로 대접을 받는 세상이 되었다.

나는 자식들과 사위에게 당부하는 것은 돈 잘벌어라 훌륭한 교육을 시켜라 하지 않는다. 이미 그들은 가장 소중한 가족이라는 재산을 가졌기에 그저 몸 건강하고 자기가 하는 일에 충실하면 살아가는데 아무런 지장이 없으니 자기 분수를 잘 지키고 자기가 있는 위치에서 최선을 다하면 그것이 곧 행복이라고 당부한다.

지금까지 외지에서 살다가 몇해 전에 머릿꼴을 찾아 가보니 12가구가 살던 집들이 하나 둘 떠나더니 이젠 한 집도 살지 않고 있다는 것이 가슴이 저렸다. 마을이 소멸 되었다는 것이다. 그러나 그 아름다운 고향의 산천은 그 자리에 있음에 마음의 위로를 한다.

내 인생의 천사는 가장 가까이 있는 김입분

조 동 일

나를 오미가 집이라고 얘기하는 사람들은 우리가 사는 마을과 좀 거리가 떨어져 있는 친구들이고 가까이 오미나 아니면 수회리쪽 친구들은 정확히 다릿골이라고 말한다.

다릿골은 나중에 알고 보니 2군데를 말하더군. 동지쪽 사람들도 명길이 왕근이 친구들이 살던 곳을 다릿골을 칭하는 곳이 있는데, 우리는 더 안쪽에 있다고 해서 안다릿골이라고 부르는 곳을 동지 사람들은 다릿골이라고 부르고 있었다. 행정구역에서 우리는 오미마을에 속해 있었고 위쪽 안다릿골은 동지쪽에 속해 있었기 때문이다.

그 다릿골에 6.25 한국전쟁 때 1.4후퇴로 월남을 하신 할아버지와 아버지 형제들이 자리를 잡고 살게 되면서 부터이다. 우리의 선대는 평안북도

가 고향이신데 피난을 떠나 내려오다가 머문 곳이 이곳이다. 원래 처음 움막을 마련하여 살았던 곳은 오미 뒷산 주정산 꼭대기에 봉화대를 관리하던 사람들이 오래전 살다가 비어 있던 터에 잠시 기거를 하다가 군유지인 첩푸산(積寶山) 두루봉 밑자락(온천리 538번지)에 흙담으로 벽을 쌓아 지붕을 이어 집을 만들고 아버지 4형제가 살기 시작했다. 그 중에 우리 아버지는 2째이다. 우리 동기들에 4촌이 큰집의 누이 조춘만, 작은 집의 형 조정진 둘이 있다. 또 4촌 형, 동생, 누이 거의 여나무 명이 모여서 학교를 다녔다.

그 다릿골은 산속의 마을이었지만 참 고요하고 물이 맑은 도랑이 있어서 살기가 참 좋은 꽃피는 산골 바로 그런 곳이었다. 그 곳에는 우리 아버지 형제 4집 외에 또 다른 실향민 2집이 총 6가구가 살았다. 사는 것은 부모님이 밤낮으로 억척같이 산비탈을 개간해서 콩이며 옥수수를 심어서 넓은 면적을 농사를 지었지만 8남매(6남2녀)나 되는 자식들을 공부시키고 건사하느라 겨우겨우 먹고 살아 가는 정도였다.

다릿골에서 수안보 학교를 가려면 정상적인 길로 가면 거리가 거의 10리 길이다. 그래서 다니는 길을 단축 하려고 우리는 달기비알 산등성이를 넘어서 지름길로 가는 것이다. 그 산길을 넘나들며 학교를 파하고 집에 올 때 도랑에서 가재도 잡고 멱도 감고 신나게 놀았던 기억이 새록새록 해 그 시절이 그립다.

초등학교와 중학교를 남들보다 도드라지지 않게 온순하고 착실하게 학교를 다녔다. 그렇지만 천주교는 착실하게 다녔다. 아버지 4형제분들 중에 유일하게 둘째인 우리 아버지만 천주교를 다녔다. 아버지가 어떤 연유로 천주교와 인연을 맺게 되었는지는 잘 몰라도 내가 태어나기 전부터 천주교를 다녔다한다. 추측하건데 아버지가 군대에 있을 때 연을 맺지 않았을까 (?) 아버지는 대한민국 해병대 1기생으로 근무를 하고 제대를 하셨다.

아버지의 독실한 가톨릭 신자의 영향을 받아서 나는 아버지의 가르침을 잘 따랐고 공부 보다는 농사일이 바쁠 때는 학교를 빠지고서 집안일을 거들기도 했다.

수안보 성당에 부임한 신부님은 미국에서 오신 정한빈 신부님이셨는데 아버지와 동갑이었다. 아버지는 정 신부님을 도와 수안보 천주교회를 설립하는데 많은 공헌을 하셨다. 그런 연유인지는 몰라도 우리는 정 신부님을 잘 따랐고 신부님의 모든 행사는 거의 빠짐없이 참석했다. 지금은 소천하시고 유해는 신부님의 미국 고향에 모셨다.

고향 다릿골에서의 생활은 집안일을 돕느라 지게질을 많이 해서, 키가 더 클 것을 못 큰 것 같다. 학교도 종종 빠지면서 소풀 베기며, 밭 매고 나무하고 하느라 사춘기인 중학교 시절도 훌쩍 가버렸다. 아버지의 건강이 안 좋기 시작한 것은 내가 중학교 시절에 부터 기침을 자주하고 숨이 차 하시는 것이었다.

중학교를 졸업하고 고등학교 시험에 실패를 하고 서울에 있는 살레시오 수도회에서 운영하는 돈보스코 직업훈련소에 입소하여 선반기술을 배웠다. 누나네 집에 기거를 하면서 열심히 훈련소 과정을 모범생으로 마치게 되니까 선반기능사 자격증도 따게 되었고 성실성을 인정받아 고등학교를 진학하게 되었다. 광주에 있는 조대부고 야간부에 1학년을 다니고 다시 살레지오 고등학교로 전학을 하여, 우리 고향 동기들 정상 진학한 것보다는 2년이 늦은 그 학교를 16회 졸업생이 되었다.

내가 외지에 나가서 있는 동안 고향 다릿골에는 변화가 생겼다. 우리들이 그동안 살아 왔던 곳이 군유림 이었는데 산림청에 근무하던 박모 계장이 헐값에 군유림을 불하를 받아서 자기의 밤농장으로 만드는 바람에 우리 식구들은 모두 쫓겨나야 했다. 지금 같으면 어느 정도 이사할 비용이나마 보상을 받았을 텐데 당시는 군사정권 시절, 관에서 집행하면 꼼짝 못하던 것이라서 아무 대책 없이 밖으로 내 앉았다. 하는 수 없이 부모님들은 수회리 원통마을로 (외지로 나가 있는 3명을 제외한) 아래 5명의 동생을 데리고 이주를 하여 근근히 살아가야 했다.

한편 광주에 있던 나는 신부님의 권유로 수사기 되기 위해 살레시오 수도원에 들어가서 당시 정밀기계공업전문대학(F.I.C)에 다니게 되었다. 1학년을 마쳤는데 군대 영장이 나왔다. 하는 수 없이 나는 학교를 중단하였다. 군대는 포천에 있는 6군단 직할 공병여단에 배속되어 중장비 부대에서 근무를 하였다.

부대 근무 1년이 지나갈 무렵 아버지의 부고를 받았다. 아버지 향년 49세였다. 그러나 그 부고는 당시 통신환경이 원활하지 않아서 장례가 다 끝나고 1주일 후에 휴가를 받아서 집에 왔으나, 너무나도 황량한 일이어서 슬픔과 절망이 함께 몰려왔다. 가장이 사라진 자리는 어머니가 이어 가야하는데 8명의 자식들을 꾸리고 살아가는 것이 식구들 모두에게 막막함 그 자체였다.

어찌하였든 나는 다시 군대로 돌아가 나머지 2년을 군생활을 마치고 돌아 왔을 때는 전에 하던 학업과 수사로 나가는 일은 중단을 할 수 밖에 없었다. 마침 아버지의 외삼촌이 춘천에서 양계장을 크게 하고 있었는데 나는 거기에 가서 양계장 일과 농사일을 거들며 시간을 보내고 있었다. 나도 양계장일을 배워서 나중에 양계장을 운영해 볼 요량으로 별 불평불만 없이 일을 했다. 거기에서 2년여를 지내다 보니 친구도 사귀게 되었고 그 친구가 어느 날 여자를 소개 해주겠다고 했다. 자기네 동네의 참한 아가씨가 있는데 한 번 가 보자는 것이었다. 나는 그 친구를 따라서 가평 명지산 계곡 화학산 밑에 있는 동네를 갔으나 가는 날이 장날이라고 만나 보기로 한 아가씨는 여행을 하고 집에 없었다. 하는 수 없이 나는 친구네 집에서 하루 지내고 돌아왔다.

그리고 며칠 후 여행에서 돌아 온 아가씨와 연락이 닿게 되어 가평 시내에서 만나게 되었다. 나야 원체 숫기가 없어서 다방에서 겨우 인사나 나누는 정도로 시간을 보내고 헤어졌다. 나는 그 아가씨가 마음에 들었다. 설레는 마음을 안고 춘천으로 돌아온 나는 친구를 통해 '나는 그 아가씨가 좋다'는 기별을 넣어 달라고 했다. 그랬더니 그 아가씨도 내가 싫지는 않았던지 3일 뒤에 다시 만났다. 그날은 얘기를 좀했다. 내가 살아온 얘기와 우리 고향에 대해서도 대화를 나눴다. 일이 잘 진행이 되려니까 순진한 촌아가씨도 나의 진심을 알아주고 있었다. 그 후 또 한 번의 만남을 가졌고, 1주일 정도 후에 고향 수안보의 원통마을에 있는 집에까지 와 인사를 드렸다. 인사까지 드렸으니 서둘러서 약혼을 하자고 제의를 해서 가평시내에서 약혼식을 올렸다. 그 기간이 길지 않은 20여일 정도에 모두가 진행되었다.

그런데 막상 결혼을 하게 된다면 돈이 있어야 하는데 양계장에서 매달려 있어서는 게갈이 날 것 같지 않아서 당시 한찬 중동 붐이 일어서 나도 그 곳에 나가서 일을 해서 목돈을 마련하고자 지원했다. 동아건설의 현장인 주베일에서 6개월 리야드에서 1년 6개월 2년을 일했다.

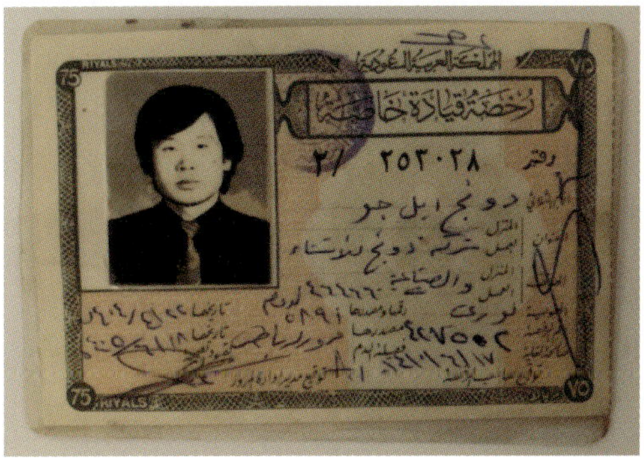

매일 40도를 웃도는 열대사막에서 오로지 내일의 꿈을 이루고자 열심히 일을

했다. 두고 온 약혼자를 그리며 그리고 그녀와의 앞으로 결혼생활을 위해서라면 무슨 고생이라도 참고 견뎌야 했다. 당시 우리 근로자들은 현지인에게 무시를 당하기를 밥먹듯 했다. 그러나 참아야 했다. 알라신을 믿는 정통 이슬람 국가라서 제약사항이 엄청 많았다. 나도 그 현지경찰의 근로자 괄시의 모욕을 당하기도 했다. 교통법규을 위반했다고 사우디 경찰에게 빰도 얻어맞고 심지어 유치장에 갇혀 있다가 벌금을 물고서 풀려났다. 남의 나라 남의 돈을 먹기가 이렇게 힘들고 서럽단 말인가? 그러나 없는 나라 없는 사람에게는 어쩔 수 없이 참아내야 했던 것이다. 그래서 나는 나중에 우리 회사의 외국인 근로자들에게 다 같은 동등한 인격적인 대우를 해주려고 남들보다 노력했다.

그렇게 중동생활 마치고 귀국한 나는 방을 얻을 경제적인 것도 해결이 되었다. 귀국하여 현장은 김포공항 계류장 건설 현장에 투입이 되었다. 그래서 방화동에 단칸방을 마련하여 약혼녀와 살림살이를 시작했다. 거기에서 1년여를 살면서 아들도 얻게 되었다.

내가 공사 현장을 다니는 것을 불안정하게 보았던지 손위 처남이 자기가 다니고 있는 회사를 추천하는 것이었다. 그러면서 사원 모집에 적극적으로 안내를 해서 나는 그 회사로 전직을 하게 되었다. 두원공조라는 회사인데 원 모기업은 한국디젤 공업이고 자동차 부품을 생산하는 회사이다. 내가 들어 간 두원공조는 차량용 에어컨을 생산하는 회사인데 내가 들어갈 때만 해도 50명 정도의 회사였던 것이 나중에는 자동차 생산이 활황에 따라서 아주 큰 규모로 성장을 했다. 그 회사에 다니는 동안 오산에서 3년 정도 셋방살이를 하다가 다세대 주택이지만 내 생애 첫 집을 마련하게 되었다. 그 기쁨과 아울러 그 집에서 딸도 얻게 되었다.

한 번은 출근을 하는데 통근 버스가 논바닥으로 굴러 떨어지는 바람에 나는 팔이 부러져 6개월의 병원신세를 지기도 했다. 딸 아이도 걸어 다닐 무렵 어느 정도 정리가 되어 나는 미뤄 왔던 결혼식도 올렸다.

회사가 발전함에 따라 공장을 아산 음봉에 크게 증설하여 이전을 하게 되었다. 나도 회사를 따라서 집을 송탄으로 이전했다. 처음 마련했던 집을 2배에 가까운 값으로 팔고 34평의 아파트로 옮겨가게 된 것이다. 회사생활을 성실히 하고 별다른 꼼수를 부리지 않으니까 운도 따라서 오고 있었다.

아이들도 기저귀를 벗어나고 생활도 어느 정도 안정이 되어 가니까 여유가 생기게 되었다. 그동안 정신없이 살아오다가 삶을 뒤돌아 볼 시간이 되니까 무신론자며 무교였던 집사람은 우리 집이 돈독한 가톨릭 신자 집인데도 내가 좀 게을리 하고 있는 것을 보고 집사람이 먼저 자청하여 성당에 나가고 싶다고 했다. 나도 그동안

삶에 찌들어 거의 냉담의 상태에 있던 것을 오히려 집사람이 나를 일깨워 준 것이다. 집사람은 영세를 받은 후에 아주 신실한 가톨릭 신자가 되었으며 오히려 나보다도 더 성당행사라면 더 적극적으로 활동과 봉사를 해 오고 있는 것에 남편이지만 이에 감사를 표한다.

Bro. Leo Cho became a deacon and took final vows for the Brothers of the Korean Martyrs
한국 순교 복자 수도회의 조 레오는 부제품과 종신허원을 받았다

앞에서 말한바와 같이 우리 집은 아버지가 독실한 가톨릭 신자였다고 했다. 가톨릭 집안에서는 자식이 가톨릭에 죽도록 봉사하는 것을 최고의 영예로 여기고 있다. 어린 시절 내가 수도원에 수사가 되기 위해 가게 된 것을 기뻐하셨는데, 나의 동생은 복자수도회 소속의 신부님이 되었다. 조성일(레오) 신부님이다. 아버님 생전에 소원 이뤄준 동생 신부님에게도 감사를 한다. 이렇게 우리는 성가정을 이뤄 세상을 무난하게 잘 지내왔다.

사는 것도 주님의 보살핌으로 다 잘되어 집을 옮기는 곳마다 재산 증식이 잘 되었다. 어머님도 내가 2002년도에 충주의 주공아파트를 마련하여 거처를 원통에서 충주로 옮기신 이후는 농사에서 손을 떼게 해 드렸다. 아울러 2004년도에 회사에서 내가 원하지도 않았던 퇴직금 중간 정산을 해주기에 마땅히 쓸 곳도 없고 해서 지금까지는 아파트를 사왔으니, 노후에 전원생활이라도 하려고 평택의 외곽에 그리 비싸지 않게 700의 땅을 사게 되었다. 이곳이 운이 따랐는지 신도시 건설지역에 편입이 되어 나의 평생 월급에 버금가는 재산증식을 이뤄주었다.

나는 그 회사에서 30년의 직장생활을 하고 2017년 정년퇴직을 했다. 퇴

직을 하고서는 무조건 6개월을 좀 쉬었다. 일하던 사람이 쉬다보니 좀이 쑤셔서 못견디겠더라구요. 그래서 나이에 관계없는 회사를 다시 들어가게 되었으며 돈에 그렇게 얽매이지 않고 다니면서 주말이나 시간 나는 틈틈이 농장에 나가서 일을 한다.

전원주택지 겸 농장은 고향과 나의 젊은 날을 보냈던 평택이라는 동네를 중간에 놓고 장소를 물색했다. 충주시 노은면에 과수원이 딸린 밭인데 컨테이너 농막을 갖다놓고 농사를 하고 있다. 전업 농사가 아니기에 쉬엄쉬엄 자연과 벗하는 생활을 하며 황혼을 지내려 노력중이다.

요즘은 외손주를 보는 즐거움에 우리가 늙어(?)가고 있다는 것을 잊고 있다. 아니 잊었다기 보다는 아직은 우리가 몸이며 정신이 아직은 청춘은 아니더라도 활동을 충분히 할 수 있는 체력이 남아 있다.

또 아들도 이번 달에 결혼식을 올리고 분가를 시킨다. 그러면 우리의 부모로서의 짐을 덜게 되니, 우리의 인생을 다시 시작하는 설계를 해야 하겠다.

생각 같아서는 나는 앞으로도 20년은 거뜬하게 생활을 할 것 같다. 그래서 나는 지금 꼰대 소리를 듣는 정년이니 쉬어야 한다는 개념은 잊고 산다.

나의 인생에서 삶의 역경이 거의 없었으니 나의 삶을 보살펴 주신 주님께 감사를 드리며, 특히 고마움을 전하는 사람은 집사람이다. 가장 가까이에 있는 천사 김입분이다. 나는 살림 잘하고 똑똑하고 야무지고 음식 잘하고 성실한 가톨릭 신자인 김입분 천사를 만나서 행복했다. 아울러 황혼이지만 아직은 청춘처럼 팔팔한 나이라고 생각하고 있으니 앞으로 살아갈 날에도 나의 등대이며 동반자인 김입분을 사랑합니다. (지금은 김정화로 불리는 김입분은 나의 아내 시집 오기 전의 이름입니다 ㅎ)

아울러 내가 의지 하고픈 마음의 바람막이가 되어 준 고향의 친구들에게도 감사의 말을 전한다. 우리 황혼의 길에 아프지 말고 건강하게 잘 살아가 보세.

정 신부님과 우리가족

'꽃구경 가유~ 어머이'

최 면 택

어머니 상에 오신 문상객 어느 한 분이 어머니 영정사진을 보고 천상병 시인의 시를 생각나게 한다고 했다. 귀천(歸天)이라는 시를 말했다.

나 하늘로 돌아가리라
새벽빛 와 닿으면 스러지는
이슬 더불어 손에 손을 잡고
나 하늘로 돌아가리라
노을빛 함께 단 둘이서
기슭에서 놀다가 구름 손짓하면은
나 하늘로 돌아가리라
아름다운 이 세상 소풍 끝내는날
가서 아름다웠더라고 말하리라

어머니는 이제 돌아올 수 없는 천국으로 가셔서 안 계신다.

생전에 창창하게도 곧은 성품으로 일도 꼼꼼하게 하시고 기억력도 참 좋으셨던 어머니다. 나에겐..."어머니가 나에겐 끔찍이도 귀한 분이다" 누구나 다 그런 단어를 쓰지만, 특히 나는 충주 최씨 가문의 2대 독자 외아들로 자랐기에 어려서 내가 어디라도 손상이 될까봐 금이야 옥이야 키우셨다. 무녀독남은 아니었지만 누이나 여동생들은 우선순위에 있어서 당연히 나를 최고로 여기며 사셨던 분이다.

누구나 그러겠지만 어머니 살아 계실 때 어머니한테 "엄마 사랑해요" 따뜻한 말 한마디 못해 드리고 진심어린 마음으로 꼬옥 안아드리지 못한 것이 후회스럽고 가슴이 미어진다. 어머니의 삶에 "그 힘들었던 세월을 어떻게 참고 견디셨어요? 얼마나 힘드셨어요?" 라는 짧은 위로의 말씀도 못 드렸다. 이제 와서 후회를 한들 무슨 소용이 있으련만 울 엄니의 애달프고 고달팠던 얘기를 씀으로서 나를 위로하고자 한다.

우리 고향 안탑골은 앞에도 산 뒤에도 산이다. 하늘만 뚫려 있고 조그만 개울(?) 아니 맑은 또랑물이 졸졸 흐르는 실개천이라고 하는 계곡의 비탈 밑에 겨우 노루꼬리만한 조그만 평지를 찾아 거기에 집을 짓고 사는 그런 곳이다. 그래서 다른 동네보다는 해가 뜨는 것은 한 시간 이상 늦고 또 해가 지는 것도 한 시간 이상 빨리 지니까 햇볕을 덜 받게 되는 곳이다. 내가 다른 친구들보다 피부가 좀 흰 것은 그 햇볕을 덜 쪼이고 자랐기 때문일까? 그런 환경이니까 작물이 다른데 보다 잘 될 일이 있겠냐고요. 농사일은 다른 곳보다 더 뼈가 빠지게 일을 해도 작물의 소출은 다른 곳에 비해 턱 없이 모자라니 일을 해도 늘 식량자급에 모자라는 것이다.

누구든 조상 자랑을 하기도 한다. 충주 최씨 우리 조부 때까지의 조상들은 인근 3개 마을에서 제일 잘 사는 부자였다고 한다. 이어 지는 얘기는 '그런데 말이야'라고 변명을 하곤한다. 할아버지께서 주색에 빠지셨고 거기에다 남의 보증을 서서 다 날리셨거든... 그래서 남은 재산이라고는 산비탈 화전 밭과 또랑 옆에 문서 없는 다랭이 논 쪼가리로는 입에 풀칠하기가 바쁜 형국이었다.

그 살기 힘든 집에 어머니는 장연면 오가리에서 허울 좋은 옛날 최부자집으로 시집을 오셨다. 16살에 시집을 오셨다. 아버지하고는 10살이나 차이가 나신다. 아버진 당시로서는 노총각이시다. 재산을 탕진한 가문에 누가 오려고 했을까? 우리 어머니이니까 오셨다고 본다. 물론 본인의 의지를 피력하던 시절은 아니었지만... 당시 시집을 안가고 있으면 일제 때 정신대로 끌려가서는 일본군 위안부(일본 놈들의 처녀 공출)로 가는 경우가 종종 있기에 그 수탈의 제도를 피하려고 1938년 정월에 외할아버지께서 서둘러서 일찍 보내셨는지도 모른다.

시집을 오긴 왔는데 돌서들 밭 옆에 초가 삼간을 짓고는 있는데 아직 완공도 안된 상태로 지붕은 어머니가 시집을 온 후 봄이 되어서야 그나마 완공을 하였다.

그때부터 어머니의 시련은 시작이 된 것 이었다. 옛날얘기꾼들의 이야기든 가까운 현실의 이야기든 언제고 어머니는 착하고 할머니는 못된 시어머니로 그려지는 게 이야기 거리인 것이다. 나의 할머니도 우리 아버지한테는 그렇게 아주 좋은 어머니였을 텐데 말입니다. 그래서 대부분 아버지와 아들 사이는 대면대면한 사이인 것 같다. 왜냐하면 내가 싫어하는 사람(할머니)을 가장 좋아 하는 사람이니까....ㅎ 어쨌든 할머니는 내가 외아들이라서 나에겐 아주 끔찍한 대우를 해 주셨지만 우리 어머니에겐 아주 매몰차고 모진 시어머니 이었다.

재산을 다 탕진한 집안의 생계는 초근목피로 근근이 연명하고 살기는 사는데, 물려 준 것이라고는 줄줄이 이어지는 제사는 왜 그렇게 많은지. '없는 집 제사 돌아오듯 하다'는 옛말은 우리 어머니에게 해당 되는 말로 실제 체험을 겪으며 살아온 어머니는 근현대사의 증인이다.

어머니가 어린나이에 시집을 오니 시집생활이 두려웠다. 어머니들 누구나 말하는 고추보다 더 맵다는 시집살이를 했던 것이다. 시집을 왔는데 할머니는 최씨 집안에 종처럼 부려먹는 것은 당연한 것이었고 후사를 이을 손자를 빨리 보기를 원하셨다. 그런데 나이가 어려서 준비가 안된 몸을 인간이 할 수 있는 일은 아니지 않은가? 할머니는 최씨 문중에 대가 끊기게 되었다고 하루가 멀다 하고 닥달을 해 대시는데 이상하게도 어머니는 시집을 오시고도 5년이 넘도록 애가 들어서지 않아서 눈총을 받게 되었다. 심지어는 최씨 집에서 쫓겨날 위기에 봉착할 무렵인 6년이 조금 넘어서 우리 집 남매들 중에 제일 위인 큰누님을 가지셨다. 다행히 늦게라도 임신을 한 것을 본 할머니는 그것은 싫지가 않은 모양 이었다. 시간과 세월이 흘러야 세상이 창조되는 법 어머니는 10달 후에 큰누님을 나으셨다. 집안에 큰 경사를 기대했다. 경사라고 하면 아들을 생산해야 하는 일인데 어머니는 딸을 낳으셨으니 할머니의 눈총이 심하셨다. 내심 첫 손주가 고추를 달고 나오길 학수고대 했었는데... 할머니에게는 큰 누이가 찢어 버린 로또 종이가 되어버린 것이다. 그래서 할머니는 며느리가 밉살스럽게 보이셨는지 출산후 간호도 제대로 살피시지 않으셨다. 어머니는 거의 혼자 자기의 몸을 추스려야 했다. 마침 장연면 오가리에 볼일이 있어서 다니러 간 동네 아저씨가 우리 외갓집에 어머니의 출산 내용을 알리셨다. 이 소식을 접한 외할머니는 미역 한 장을 준비하여 다음 날 우리 안탑골에 오셨다. 외할머니로서도 자기의 큰 딸이 출산했다는 소식에 설레여 오셨다. 허지만 외할머니는 우리 집에 오셔서 사돈인 우리 할머니에게 죄인처럼 얼굴도 제대로 들지 못하고 딸만 안스럽게 바라 보았다. 왜냐하면 아들을 못낳고 딸을 낳았기 때문이다. 외할머니는 본인의 딸을 잠시 수발을 해주고 우리 할머니가 잠시 집을 나간 사이 몰래 집을 두루 살펴 보셨다. 그러다가 쌀독을 발견하고 슬쩍 뚜껑을 열어보니 바닥에 구멍이 날 정도로 바닥에는 겨우 쌀 몇톨이 있으니 깜짝 놀랐다. 그렇다고 당장 해결해 줄 수는 없는 일이었다. 해가 뉘였뉘엿해 질 무렵 외할머니는 서둘어서 장연면 외가로 돌아 가셨다.

나중에 들은 얘기는 안탑골에서 오가리를 넘어가는 고개길 내내 펑펑 울고 가셨다고 한다. 자기 딸이 출산을 하고도 쌀 한톨 없는 집구석에다 시집을 보낸 죄스러움에 그러셨다고 한다. 얼마후에 인편으로 얼마 되지는 않지만 쌀을 몰래 보내오셨다고 한다.

찌들어진 가난에 그 많은 제사는 외며느리인 어머니 혼자 다 떠 안으셨다. 왜냐하면 할아버지 형제분들 중 제일 맏이 분이 후사가 없어서 그 큰집 제사까지 이중으로 떠맡게 되니 고초가 많으셨다. 조상 할아버지들은 옛날 가문의 위상에 어울리듯 부인을 더 얻으셔서, 작은 할머니들 제사도 당연히 제사 또한 그만큼 많아져서 당시는 제사를 생략하는 법이 없었으니 얼마나 힘이 드셨을까? 남아 있는 명분은 안탑골 제사 부자였다.

거기에다 할머니는 얼마나 시어머니 노릇을 해대는지 어머니가 시집을 와서 10년이 넘도록 친정을 한 번도 못 갔다는 얘기다. 친정이라고 해봐야 바라보이는 산등성이 넘어서 장연면 오가리 인데도 말이다. 마음만 먹으면 걸어서 한 30분이면 도착할 수 있는 지척 거리인데도 당시엔 시어머니의 명이 없이는 집을 나설 수 없었기에 고향 친정을 못 가보는 어머니의 심정이 얼마나 애달프셨을까?

한번은 오가리에서 인편으로 전갈이 왔단다. 외할머니께서 위독하다는 것이었다. 그 소식을 접했는데도 불구하고 할머니는 농사일이 바쁘다는 핑계로 어머니를 보내 주지 않으셨고 결국 며칠 후 외할머니 상이 나서야 그때서야 보내 줘 장례에 참석하는 상황을 겪은 어머닌 생전에 친정어머니를 뵙지 (최소한 임종이라도)못한 한이 평생 가슴에 안고 사셨다.

제사에 대해 조금 더 이야기를 해봐야겠다. 한 달이 멀다하고 돌아오는 제사에 어떤 날은 하루건너 제사도 있고 심지어 섣달 그믐날에도 제사가 있다. 제사가 있으면 형제가 많은 집안은 동서들도 낮에 와서 도와주고 하는데, 외며느리인 어머닌 모든 것을 혼자 다해야 했으니 얼마나 고달팠을까? 지금 상상만 해도 참 안쓰러운 일이다. 거기에 남자들은 원래 부엌에 얼씬하면 안 된다고 하는 아주 못된 유교적인 우리 조상들의 관습이 여자들을 힘들게 했지요.

할아버지는 기껏해야 하는 일이란 폼 잡는 게 벼루에 먹을 갈아서 문창호지에다 지방을 쓰는 것이고 가끔 향이 떨어지면 향나무를 깎아놓는 게 다인 방면 어머니는 깨진 기왓장을 가루를 내어서 지푸라기에 묻혀서 놋그릇을 광이 나게 닦기 시작해서부터 이어지는 지름질(전) 부치고 두부하고...

중노동으로 허리가 부러지게 일을 하는 것이었다. 제사와 농삿일 이런저런 힘든 노동으로 우리 어머니는 허리가 꼬부라져 말년에는 거의 앉은뱅이처럼 마루와 봉당을 오르내리셨다. 지금 생각하면 어머니의 모습에 가슴이 미어진다. 그런 어머니의 모습이 당연했던 것으로 착각하고 살아온 불효의 죄를 어디다 용서를 받아야 할까?

어머니가 가신 후에 시골집은 비어 있지만 봄이 되면 조그만 텃밭에 농작물을 심어 놓고 자주 오르락내리락 한다. 작물 소출 결과물을 비용으로 환산한다면 차 연료비에도 못 미치는 것이지만, 나는 어머니 정(情)의 손길과 숨결이 묻어 있는 곳이기에 다 쓰러져가는 집이지만 일부러 자주 찾는다. 한 번은 농사일을 하다가 힘이 들어서 마루에 누워서 쉬면서 하늘을 보는데 지붕 끝에 그날따라 더 높이 보이는 하늘을 바라보면서 울 어머니가 나에 준 사랑은 저 하늘보다 더 높았는데 라는 생각에 잠기다가 나도 모르는 사이 뜨거운 눈물이 솟구치는 것을 도저히 주체 할 수 없어 아무도 없는 집에서 엉엉 소리 내어 울었다. 하늘을 향해 "어머이 어머이" 큰 소리로 불러 보았다. 허지만 메아리는 없었고 남은 것은 눈물을 손으로 훔친 자욱만 얼굴에 남았다.

우리 집 사랑채는 지나가는 길가에 있기에 오가는 사람들이 자주 들러서 쉬고 가기도 하고 심지어 묵어가기도 하는 지금으로 말하면, 밤낮 없이 노인들이 지새는 동네 마을회관 정도라고 할까? 옛날에는 목구멍에 풀칠하기가 힘든 시절이라서 오늘 밤은 누구네 집 제삿날을 으레 꿰차고 있는 사람들이 많아서 당연히 제사가 많은 우리 집의 사랑방에는 제삿날에는 어김없이 지나가는 이웃동네 객이 머물게 되고, 한밤중 제사가 끝나면 우리 할아버지는 한 상 차려서 그들을 접대하는 것이었다. 남에게 베푸는 것은 좋은 일이나, 어머니 입장에서는 또 여자의 마음 틀에서는 이해하기 힘든 일이었다. 왜냐하면 베풀만큼 있는 집도 아니고 날이 새면 먹여살려야할 자식들이 줄줄이 있는데 그들에게 퍼주고 나면 남아 있는 식구들은 굶게 되는 게 아닌가? 그 만큼 할아버지는 며느리 마음에 조바심을 주게 되는 것이었다.

우리 동네에 대해 이야기를 해 보겠다. 우리 조상이 살아오던 그런 시절은 소작농을 하며 그냥 평범한 시골 동네였다.

일제 때 1938년 조선광업진흥주식회사에서 광산이 개발 되고서 동, 아연, 텅스텐 및 몰리브텐 광종으로 등록하여 50톤 처리 선광장 을 설치하여 1941년부터 1945년까지 약 190,000 ㎏ 휘수연석을 생산하였다. 그 후 1952년 계광순씨가 600 ㎏/월 정도 의 휘수연정광을 생산한 바 있으나 1995년 등록이 소멸되었다. 광산이 개발되면서 외지인이 유입되면서 몇 집 안 되던 마을은 30가구가 넘게 형성이 되었다. 우리 집만 농사일에만 전념하였고 나머진 다 광산 일에 종사를 했다. 물론 우리 집도 농번기가 끝나고 농한기에는 광산에 일을 하러 가기도 했지만 전업농을 하는 우리 집은 여름 바쁜 농사철이면 학교를 갔다 오면 책가방을 (책보자기라고 하는 게 더 정확하다) 내팽개치고 농사일을 거들어야 했다. 그럴 때면 광산일에 종사하는 집의 애들이 부러웠다. 그들은 학교 갔다 오면 옹기종기 모여서 자치기나 가이생(かいせん 開戦)놀이를 하는 것을 보면 우리 집은 왜 농사만 짓는가에 대한 원망을 마음속으로 갖게 되었다. 그렇다고 뼈빠지게 농사를 지어도 풍족하기는커녕 먹고 살기가 부족하니 짜증나는 것이었다.

그래도 나는 우리가 사는 것이 중산층은 넘는 것이라는 착각으로 학교를 다녔다. 집에 커다란 벽시계가 하나 있어서 동네 사람들이 흐린 날은 우리 집에 와서 "몇 시나 되었어유?"라고 물어 보고 가기도 했기 때문이다. 학교에서 담임 선생님이 가정 환경조사서를 작성할 때 뭐 뭐가 있는 사람을 불러 대며 호출을 할 때도 난 그 벽시계가 있는 것이 자랑스러워 손을 번쩍 들어 답했다. 방도 여러 개 있다고 손을 번쩍 들었다. 사실 시골에서 본채의 방과 행랑채의 사랑방 등등 합해서 방이 대여섯 개 있는 것은 다른 집도 마찬 가지인데, (안탑골 광산 직원사택)만을 봐온지라...안탑골은 광산일에 종사하는 사람들의 사택이라는 불리는 집은 일자로 된 한 건물의 브로크 집에 방 하나에 부엌 하나로 나눠진 가구가 구성된 집에 사람들이 사는 게 거의 다였기에 방이 많은 우리 집은 부자인 것처럼 그렇게 착각으로 생각했는지도 모른다.

방이 많으면 뭐하나...사는 것은 광산 일에 종사하는 사람들보다 늘 쪼달리는 삶인데... 6학년 1학기 중간쯤인 것으로 기억이 되는데, 선생님께서 수학여행 갈 사람을 신청을 받는데 나는 겁 없이(돈이 없는 집인데) 손을 번쩍 들었다. 왜냐하면 교과서에서만 봐온 기차라는 것을 타 보고 싶었기 때문이다. 안탑골에서 태어나 동네에서 수안보의 학교에만 왔다 갔다 다니던 촌놈이. 심지어 그 때까지 충주에도 한 번도 나가 보지도 못했던 터라 수학여행은 지금으로 치면 환상적인 쿠르즈여행 보다도 더 기대가 되는 것이었다. 안탑골 우물안 개구리가 외부 구경을 딱 한번 한 것은 저학년 때 아버지를 따라서 버스를 타고 음성에 있는 고모집에 다녀 온 것이 전부 다였다. 선생님께서 수학여행 신청한 학생들은 집에 가서 부모님의 허락을 받아 오라는 것이었다. 나는 허락이고 뭐고 통보하는 식으로 신이 나서 집으로 왔다. 집에는 아무도 없었고 그래서 수소문하니 어머니는 석장골 남의 집 밭일에 품을 팔러 갔다는 말을 듣고는 산비탈을 한참이나 올라가야 하는 그 집 밭에 헐레벌떡 뛈박질로 올라갔다. 나는 철없이 신이 나서 자초지종을 엄마에게 말씀 드렸고, 내용을 다 들은 어머니의 얼굴에는 어두운 그림자가 드리우는 것이었다. 왜나하면 시골에서는 돈이라고는 먹고 죽을래도 없던 시절이었기 때문이다. 수학여행 경비 1,590원이고 하루 일당이

200원이던 시절이니 어머니가 허리가 부러지도록 비탈 자갈밭에서 8일을 꼬빡 일을 해야 마련하는 돈이었다.

그래도 어머니는 직접적으로 안 된다는 말씀은 하지 않으시고 어려운 가정형편에 귀한 아들을 위해 수학여행 경비를 어찌어찌하여 마련해 주셨다. 수학여행을 간다고 없는 주머니를 털어 장날 수안보에 나가셔서 반바지와 흰색 윗옷도 사다 주셨다. 나는 너무나도 신이 났다. 전번에 음성을 갔다 와서도 버스 타고 신작로 길에 파노라마처럼 스쳐가는 미루나무 길에 흙먼지가 날리는 모습과 버스 창밖에 펼쳐지는 조금 더 큰 마을 보고 온 것을 과장과 뻥을 합쳐서 동네 아이들에게 자랑을 늘어놓았던 터라, 이젠 경주의 불국사 구경과 부산의 바다와 용두산 공원을 그것도 기차를 타고 다녀와서 동네 친구들에게 자랑질 할 것을 생각하니 가슴이 벅차 부풀어 올랐다.

그 즐거운 여행을 나 혼자만 했다는 것이었다. 어머니가 살아 계실 때 모시고 함께하는 여행다운 여행을 살기가 급급했다는 이유를 대어 한 번도 하지 못했다. 가슴이 저미고 목이 메어온다. 이것을 지나고서야 알았지만 땅을 치고 후회를 한들 무슨 소용이 있는가? 제사상에 마음을 다하는 맛난 음식을 올려 드리지만 그게 무슨 대수냐고...살아 계실 때 잘 해드리지 못한 것이 너무나도 후회 막급하다.

수학여행은 부모님께는 형편이 안 되는 것을 철없이 졸라대서 다녀온 것에 대한 미안한 감이 앞서지만 어린 시절의 세상 밖 여행이 재미있었고 즐거운 여행이었다는 것으로 가슴에 담고 있다.

누구나 인생 후반기에 접어들면 자식을 대하는 아버지의 심정은 당당하기 보다는 먼저 자식들에게 미안한 마음이 앞서는 게 대부분 사람들의 심정이라고 본다. 그러고는 겸연쩍은 마음에 변명 아닌 변명을 하는 자기혼자의 독백을 뇌까린다. '누구는 이렇게 살고 싶어서 이렇게 살아 왔냐고'...

다 집안에 돈이 없고 끗발이라고는 쥐꼬리만큼도 없는 환경에 처했던 나였기에 어쩔 수 없었다고...나의 노력을 탓하기 보다는 우선 변명을 먼저 한다. 아니다 변명 이라기보다는 내가 그렇다고 게을리 살지는 않았는데도 그러니 어쩌겠냐고...

가정 형편상 내가 중학교에 진학을 하는 것은 약간의 무리가 있었다. 그런데 부모님들은 충주 최씨 집안의 귀한 2대 독자는 (심지어 우리 아버지가 내가 어려서는 지게의 바소쿠리에 업고 다닐 정도) 가르쳐야한다는 일념으로 억지로 중학교에 입학은 시켰지만 수업료를 낼 때면 매번 늦게 내게 되어 서무실로 여러 번 불려가 혼이 나는 없는 서러움을 당하기도 했다.

당시 시골에서 현금을 조금이라도 만져 볼 수 있는 때는 초여름쯤 누에고치 바칠 때와 가을에 봄보다는 좀 적지만 또 누에 쳐서 바치고 할 때와 담배농사를 지어서 겨울에 바치면 목돈이 좀 들어오는 것이 전부 다였다고 보면 된다. 그런데 우리 집은 부모님들이 연로 하시어 농사일이 더 힘든 담배농사는 안 지었다.

학교를 갔다 오면 누에치는데 누에를 먹일 뽕을 따러 누나와 함께 키도 자그마한 내가 다래끼를 어깨에 메고 집 뒤 한참을 올라가는 산비탈 밭뚝에 있는 뽕나무 밭으로 향했다. 힘은 들어도 누에를 바치면 수업료도 댈 수 있고 누에 바친 당일 날은 수안보 장터의 오복당이 있었지만 그래도 용규 친구네 풍미당 빵집에 들러서 하얀 사탕가루 뿌려 주는 찐빵을 (꿀맛빵 = 커서 아무리 유명한 베이커리 맛난 빵집의 빵을 사먹어도 그 때 맛이 안남) 유일하게 사먹을 수 있다는 희망에 일하는 게 하나도 힘든 줄 몰랐다.

그렇게 겨우겨우 중학교는 마쳤는데 더 이상 상급학교 진학이 무리라는 것을 알고 난 고등학교 진학을 포기하고 집에서 농사일을 거들었다. 그런데 농사일을 2년간 거들어도 생활이 나아지는 것은 없었다. 나의 한 품 더 늘었으면 더 나아져야 하는데 그날이 그날이었다. 그래서 농사에 대한 회의도 들었고 당시 서울로 서울로 상경하는 것이 붐을 이룰 때 나도 서울로 가기로 작심했다. 서울에 사는 작은 누나 집으로 무작정 올라 왔다. 그 당시 서울살이가 거의 다 서로 살기가 빡빡하고 특별히 배운 것도 없고 가진 것도 없는 처지는 올라오긴 했어도 일자리가 변변치 않았다. 어디 정해 놓고 올라 온 것이 아니었기에 올라와서 이웃집 사람들의 소개로 들어 간 것이 염창동에 있는 건축내장재제조 공장에 취직을 하여 소위 말하는 공돌이 생활을 시작하였다. 시골에서 동경하던 서울의 생활은 그리 녹녹치 않았고 공장 생활이라는 게 단조롭고 모여서 매일 보는 인간들도 그놈이 그놈이고 그리고 왠 알력들이 심한지 고참 전라도 패거리의 득세에 얌전한 우리 충청도 친구들은 적응하기가 힘들었다. 그리고 특별한 기술을 배우는 것도 아니고 단순 노무직이기에 타향살이의 외로움과 서러움을 이기지 못하고 난 2년여 시간을 보낸 뒤 다시 고향으로 낙향을 하게 되었다.

고향에 내려와 새마을 운동에 이래저래 시간을 보내고 있는데 둘째 매형이 다니던 서울의 제일제당에 일자리를 주선 받아서 서울에 다시 오게 되었다. 제일제당이라는 회사는 구매부 생산직 공무직 운전직 할 것 없이 각 직종별로 그 나름에 맞는 추천인의 보증이나 실력이 없으면 예나 지금이나 다 들어가기가 힘들었던 곳이다. 지난번 건축내장재 제조공장보다는 분위기와 환경 자체가 틀렸다. 지난번은 지하실 공장에서 여러 촌놈들과 되지도 않는 말을 씨부리며 시키는 일에 노예스러운 일을 하였던 반면 이제는 어엿한 회사원이 되었다.

내가 근무한 곳은 당시 대세이던 미원에 대항하는 품목으로 제일제당에서 미풍이라는 상표로 돌풍을 일으키며 대대적인 광고를 해대던 핵산조미료 (아이미)를 생산하는 라인에서 근무를 하게 되었다. 당시 촌놈으로서는 자부심을 느끼며 회사를 다녀도 되는 일자리였다. 고향에 내려 올 때도 제일제당 선물세트 가방을 들고 마장동 버스터미널로 오면 왠지 폼나보이곤

했다. 회사생활하면서 쉬는 날에는 영등포에 있는 극장에 영화를 보러 가도 우리 회사 사람들의 인기는 참으로 좋았다. 지나고 보면 나의 인생사 중에서 그 때가 가장 좋았다고 느껴지는 꽃밭이 아니었나 싶다.

우리 시골말에 '니가 편하니까 옝옝이가 났구나'라는 말을 쓰는 경우가 간혹 있다. 그 말이 나에게 맞는 말이었나 보다.

나는 좋은 회사 생활을 5년쯤 하고 나니까 다른 생각이 들었다. 내가 생산직에 이대로 젊음을 썩혀 보내고 싶지 않았다. 나의 일을 이제 하고 싶었다. 나의 일 나의 사업을 좀 더 늦으면 못할 것 같다는 마음만 앞섰던 것 같다. 지나고 보니까 사업에 대한 계획도 없이 회사 사표를 먼저 덜컥 낸 것이 아무리 생각해도 무모한 짓이었다.

그것은 맨날 다람쥐 쳇바퀴 돌듯하는 생활에 조금은 권태감이 왔다고 할 수 있고 나이적으로도 회사를 그만 두고 밖에 나가서 일을 하면 뭐든 못하겠냐는 무모한 패기만 가지고 사표를 낸 것이다. 사실 사업이라는 게 남들이 보기에는 쉬어 보여도 사업계획을 신중에 신중을 기해도 될듯말듯한 일인데 뭘 알았어야지...

무슨 일은 하게 되면 그 동기라는 게 있다. 사람들이 '어떻게 그 일을 하게 되었어'라는 질문을 많이 한다. 그 것은 누구에게든 물어 보는 질문이다. 사회적으로 잘 된 사람이라든가 돈을 아주 많이 번 사람에게는 더 집요하게 물어 보기도 한다. 그것을 물어서 자기도 그렇게 해 볼 라는 건지...그렇게 똑 같이 해도 되는 놈이 있고 해도 엎어지는 놈이 있거늘...그런데 또 질문을 받는 사람들 중에 어떤 이든 우쭐해도 답을 하는 반면 어떤 이는 별것 아닌 것 가지고도 감추려 급급하는 경우가 있다.

그러면 나에게도 동기라는 게 있지 않은가? 그 것을 좀 서술하면 이렇다. 나의 매형이라는 사람이 재주꾼이다. 재주꾼? 머리는 잘 돌아 가는데, 진득한 월급쟁이를 하기를 싫어하는 스타일이다. 하루는 그 매형이 나에게 제안을 해 오는 것이었다. 자기가 전 직장 제지회사에 가까운 지인이 구매부에 실권을 쥐고 있는 친구가 있는데, 폐지를 수집 해다가 제지회사에 납품을 하면 큰 힘 들이지 않고 돈을 많이 벌 수 있다는 제안을 해 오는 것이었다.

나는 가뜩이나 회사생활에 무료함의 권태감에 빠지고 있는 터였고, 그 제안 얘기에 귀가 솔깃하지 않을 수 없었다. 회사생활의 틀에 박힌 얽매인 구속 아닌 구속의 굴레에서 벗어나고 돈도 좀 벌 수 있다는데 얼마나 좋은 제안인가?

그 매형의 제안은 처남은 처음이라서 경험이 없으니 트럭을 구입해서 자기가 운영하는 회사에 넣어 주고 좀 있으면서 찬찬이 일을 시작하면 된다는 말에 그도 그럴 것이려니 맞는 말이었다. 그래서 매형에게 나의 통장을 모두 맡겨 드렸다.

그리고 퇴직을 하고 머리도 좀 식힐 겸 친구와 지방에 여행 겸 볼일을 보려고 내려갔다 왔다. 한 주일 정도 지난 후에 매형의 사무실에 찾아가 트럭차를 구입한 것이 어느 것이냐고 물어보니까 아직 안 나왔다는 것이었다. 좀 기다리면 된다는 것이었다. 그런데 구입했다는 차는 한 달이 가도 안보이고 두 달이 가도 안보여서 매형에게 채근을 하니까 자기 회사가 받은 어음이 부도가 나서 갑작스레 막느라고 우선 유용했으니 잠시만 기다려 달라는 것이었다. 그러니 어찌하겠는가? 매형이 급해서 그랬다는데...나는 하는 일이 없이 빈둥빈둥 시간을 허비할 수밖에 없었다. 왜냐하면 내가 하려는 제지회사 폐지 납품 사업이 앞에 있으니까. 그런데 차 사는 것은 고사하고 매형의 사무실에 와도 나에게 특별한 일을 주지 않는 것이었다. 한 두 달이 지나가니 수중에 들고 있던 용돈이 고갈이 되어 그동안 회사 다니면서 붓고 있던 곗돈과 퇴직금을 조금 헐어서 쓰려고 맡겨 두었던 누나에게 돈 좀 내어 줄 것을 요청을 했더니...그 돈 또한 누나가 사기꾼 같은 매형에게 맡겨서 지금은 없다는 것이었다. 난감했다. 난감이 아니라 아니 뒷통수를 번개에 두들겨 맞는 심정이었다. 하늘이 노랬다. 아니 통장은 이미 매형에게 맡겨서 다 털린 상태이고 안심하고 맡겨 두었던 퇴직금과 곗돈마저 하나도 남아 있지를 않으니 나는 완전히 땡전 한 푼 없는 거지로 낭떠러지로 떨어지고만 것이다. 하늘이 무너지는 심정이 들어 그제서야 매형을 찾아가 좀 쎈말로 다그치니까 매형은 하는 말이 처남 돈은 내가 안 떼어 먹고 나중에 이자까지 잘 처 줄 테니까 조금만 기다려 달라는 것이었다. 그러나 그 기다림은 아직까지도 이행되지 않았다. 내 잘못이었다. 매형의 성품이 정상적인 일은 하기 싫어하고 쉽고 빠른 일에 기웃거리며 항상 뜬구름 잡는 사업 구상을 하고 있는 사람인 것을 그 땐 몰랐다. 너무 어려서 그랬나? 그런 사람이 다른 사람에겐 빚을 안 졌겠냐고...시간이 지나면서 인척이 아닌 다른 빚쟁이들한테 시달리는 꼴을 보자니, 그 꼴을 보지 못하고 내가 그곳을 떠났다. 그 2년 정도 후에는 매형은 자기 고향에 남아 있던 재산마저 모두 날리고 거기다가 빚까지 남겨 두고 세상을 떠났다. 그런 상황이 되니 누나도 나의 언덕이 되어주지 못했고 그 상황을 당하는 누나의 심정과 생활은 어떻겠냐고 상상만 해도 뻔하지 않은가? 누나는 나하고 피를 나눈 남매인데 나에겐 돈보다 핏줄이 우선이어서 나는 돈은 잊었고 누나의 건강을 걱정하게 되는 게 천륜이 아닐까?

그렇게 1막이 끝나고 이제 새로운 출발을 해야 하는데

수중에는 땡전 한 푼 없으니 어디 가서 손을 벌리냐고...서울 하늘아래 마음을 헤아려 줄 사람이 어디 있는가? 그래도 안탑골 고향 친구들이 유일했다. 허는 수 없이 친구들에게 나의 상황을 설명하고 어렵사리 10만원을 빌리는데 고마움의 혜택을 받았다. 그래서 그 10만원으로 당시 시골보다 더 시골 같은 방화동 변두리에 시원찮은 방을 삭월세로 얻어서 새로운 삶을 시작했다. 거기에다 고등학교에 다니는 동생도 같이 데리고 있어야하는 처지였다. 일단 사글세방을 해결했으니 뭐든 해야 목구멍에 풀칠을 해야 했다. 우선 급한대로 동네를 둘러보니까 시멘트 벽돌 찍어 내는 공장이 있어서 거기에 일을 하기로 하고 며칠 나갔다. 벽돌을 찍어 부서지지 않게 조심조심 옮기는 일 이라는 게 돌덩이처럼 무거운데다 허리를 굽혔다 세웠다 하는 일이어서 노가다 중에 아주 상노가다 일이었다. 3일을 하고 나니까 허리를 못 쓰게 된 것이었다. 힘들어도 참고 견뎌볼 마음은 있었지만 도저히 허리 때문에 안 되었다.

난 사실 회사를 다니면서 중장비 면허 2개, 당시 유행하던 칵테일 바텐더 자격증도 취득했다. 또 설비 분야에 유망업종이었던 냉동기 기사 자격증을 따러 학원을 다니기도 했는데 냉동기 기사 자격증은 좀 까다로웠는지 자격증 시험에 실패했다. 첫 번 실패에 굴하지 않고 학원에서 공부를 더해서 자격증을 취득했더라면 아마 나는 그 직종으로 나갔을 것이다. 그리고 지금쯤은 설비회사 사장이 되었을 것이다.

벽돌공장에서는 도저히 일을 할 수가 없어 그렇다고 자격증을 가진 분야에는 아는 사람이 전혀 없었고, 자주 연락하며 지내는 고향친구 절친 병욱이한테 하는 수 없이 운전 일자리를 요청을 했다. 내가 운전면허증은 있으니 운전하는 자리를 알아 봐 달라고 하니까 우선 자기가 일하는 곳으로 오라는 것이었다. 그래서 면허증은 있지만 생초보라서 낮엔 병욱이 일하는 차에 따라 다니면서 운전도 배우고 연습도하고 또 때가 되어 밥 사주면 얻어먹고 그렇게 하여 운전을 익히면서 저녁에는 개인 용달을 하던 동네 형을 찾아가 골목길에서 연습을 많이 했다. 그후 봉고트럭 장만하여 장사도 다녀보고 자가용 운전기사로 들어가 보기도 했다. 그러나 장사는 마음처럼 순탄하지는 않았고 남의 밑에 들어가 일 한다는 것도 성격에 잘 맞지가 않아서 얼마 안 되어 그만 두게 되었다. 하는 수 없이 이제는 친척 형님(우리 45회 친구 3째 친형)이 택시회사에 다니고 있다는 얘기를 듣고 찾아 갔다.

그 형님은 나에게 할 수 있겠느냐고 묻는 게 아니고, 할 수 있으니 내일부터 해 보라는 것이었다. 그러나 오히려 내가 자신에게 할 수 있을까? 라는 두려움을 안고 배차를 받아서 회사 밖으로 나오는데 일단 출발을 하니까 되더라고요. 그게 1985년 12월 24일 크리스마스 이브날 이었습니다. 처음 택시를 시작할 때는 새로운 직장을 잡을 때까지만 한다고 한 것이 어언 35년이 되었다. 그리고 택시일이라는 것이 남의 간섭을 받지 않고 내가 노력한 만큼은 보상도 따르게 되니 편하게 마음먹고 지내다 보니 한세월 지나게 되었고 건강이 허락 되는 날까지 가로수를 누비며 고향 친구들을 그리며 앞으로도 열심히 살아 갈 겁니다. 인생도 마찬가지 할 수있을까가 아니라 하니까 되는 거 같습니다.

오늘 운행중 나의 애마 라디오에서 흘러나오는 노래를 들으며 어머니 생각에 볼에 흘러내리는 눈물을 손바닥으로 훔치면서 조용히 오늘을 닫습니다.

소리꾼 장사익의 "꽃구경"이라는 노래입니다.

"어머니, 꽃구경 가요"
제 등에 업히어 꽃구경 가요

세상이 온통 꽃 핀 봄날
어머니는 좋아라고 아들 등에 업혔네

마을을 지나고 산길을 지나고
산자락에 휘감겨 숲길이 짙어지자
아이구머니나!
어머니는 그만 말을 잃더니

꽃구경 봄구경
눈감아 버리더니
한 웅큼씩 한 웅큼씩 솔잎을 따서
가는 길 뒤에다 뿌리며 가네
어머니 지금 뭐 하나요
솔잎은 뿌려서 뭐 하나요

아들아 아들아 내 아들아
너 혼자 내려갈 일 걱정이구나
길 잃고 헤맬까 걱정이구나

(김형영 시)

인생! 흐르는 대로 즐겁게 살자

최 성 기

여우도 죽을 때는 머리를 고향 쪽으로 향하여 죽는다고, 사람들은 나이가 들어 늙어가게 되면 누구나 자기의 고향을 그리워하게 된다. 그런데 나는 고향은 그리워도 고향에서 어렸을 적 일은 기억하기를 꺼려한다. 뭐 남다른 창피한 일이 있어서가 아니고 농사일에 너무 힘이 들어서 어린 시절 삶 자체가 없었기 때문이다. 나의 마을은 수안보 돌고개를 넘어서 문경 가는 방향으로 모퉁이를 돌아서자마자 있는 뇌곡마을이다. 뇌실이라고도 불리였다. 우리는 돈의 부자라기보다 일이 많은 일부자 집이었다. 나는 학교를 갔다 오면 책보자기는 묶어온 상태 그대로 마루에 던져 놓고 아버지가 부르는 과수원 밭으로 아니면 담배 밭으로 아니면 닭을 키우는 닭장으로 호출되어 갔다. 매일 매일 힘이 들었다. 준식이나 종철이 이 친구들은 학교 갔다 오면 느티나무 정자나무 그늘 아래서 아이들의 놀이를 즐겁게 하고 노는데 나는 농삿일 중노동에 시달렸다. 지겨웠다. 어린이의 마음은 그 친구들이 한없이 부러웠다. 그래서 나는 어린 시절을 기억하기가 싫은 것이다. 그 지겨운 농터를 마련한 아버지의 이력을 먼저 얘기 해야겠다.

내가 군대 갔다 와서 사회생활을 시작해 거의 평생을 살아온 인천이 사실 우리 조상들의 고향이었다. 미추홀 인천 말이다. 나의 증조부께서는 인천에서 광업 기술자였는지 쇠를 녹이고 가공을 하는 제련을 하는 쇠불기라는 기술자로 수안보에서 연풍가기 전 신풍이라는 동네에 있는 광산지역으로 내려오면서 충청도와 연을 맺게 되었다고 한다. 그 후 신풍에서 제련일을 같이하던 지인의 소개로 고개 넘어 뇌곡마을에 와서 자리를 잡게 되었다고 한다. 뇌곡에서 태어난 아버지는 젊은 시절 고향을 떠나 외지로 출향을 하였다. 만주 봉천(현재 중국 심양)으로 갔다가 인천으로 내려와서 간장공장의 경리로 취직을 하여 안정적인 직장생활을 하고 돈도 제법 저축을 하고 결혼도하여 인천에 뿌리를 내릴 준비를 하고 있었다. 할아버지께서는 아버지에게 넓은 대처에 나가서 출세를 하기를 바라셨고 권하셨다. 왜냐하면 장자가 자리를 잘 잡아야 그 뒤를 동생들이 따라갈 것이기 때문이었다. 그러한 할아버지의 의지가 있었기에 7남매 중에 장남임에도 불구하고 아버지는 외지에서 직장생활을 하게 된 것이다. 그런데 할아버지께서 향년 41세의 연세에 장티푸스라는 역병에 걸려서 돌아가시게 되었다. 졸지에 집안의 기둥을 잃게 되니 장남인 아버지께서는 집안을 건사하고자 인천에서 다시 뇌곡마을로 내려오시게 되어 아버지의 인생은 뇌곡 인생역사를 갖게 된 것이다. 아버지는 내려 오셔서 가정을 이끌어야 하는 대장의 역할을 해야 하는데 일정 말기인 1944년에 일본군 남양군대에 징집이 되어 끌려가셨다. 그러니 남아 있는 가족들의 삶이란 초근목피로 연명을 하게 되었다. 다행히 다음해에 일본이 패망하게 되어 1945년 가을이 되어 집으로 귀향을 할 수 있었다. 해방이후 이제는 안정된 가정이 되리라 생각이 되었지만 6.25 사변으로 인해 우리 집은 연풍의 산골마을로 피난살이를 떠났으나 국군의 전세가 북한군에 점점 밀려서 어쩔 수 없이 거기에서 더 남쪽으로 떠나 엄동설한에 슬하의 대가족을 이끌고 경북 상주로 내려갔다. 그 곳에서는 얼마 안 있어 맥아더의 인천상륙으로 국군이 다시 북진을 하여서 51년 봄이 되어 집으로 다시 돌아 올 수가 있었다. 집에 돌아 온지 채 한 달이 안 되었을 즈음에 폭탄의 폭발 사고로 인해 온 동네가 모두 초토화가 되어 또 화를 입게 된 것이다. 폭발사고의 사연 인즉은 인민군들이 철수하면서 성능이 쎈 폭탄과 실탄을 바로 아랫집 굴뚝에다 감춰버리고 간 것을 그 집 사람들은 모르고 있었다. 그 영문도 모르고 소죽도 끓이고 군불도 때고 하다 보니 열과 불티가 실탄에 붙게 되었고 포탄에 닿게 되어, 해거름녁에 각 집마다 저녁연기가 피어오를 즈음에 갑작스레 폭탄 폭발의 굉음이 온천지를 뒤흔든 것이다. 폭발이 얼마나 쎘는지 그 집은 바로 폭파가 되었고 가까이 있는 우리 집도 곧바로 불길에 휩싸였다. 조금 떨어져 있는 집들도 폭발의 불똥이 튀어 온 마을이 전소되는 참화를 입게 되었다. 아랫집에 사는 사람들이 부상을 좀 당하긴 했어도 죽진 않았음을 다행으로 여겼다. 아비규환이라는 말을 이럴 때 쓰는 단어 일 것이다. 실제로 전쟁의 전투가 벌어졌을 때는 마을이 온전했는데 느닷없이 굴뚝에서 포탄이 터지게 되니 너무나 어이가 없지 않은가? 집이 타며 세간살이도 소실이 되어 동네 사람들의 삶이란 부산 영도다리 밑의 거지 생활과 다를 바가 없었다. 큰형님의 나이가 9살이었는데 형님은 아버지를 거들어서 뒷산에 가서 집을 지을만한 재목나무와 새갱이(억새)를 베어 와서 우선 급한 대로 움막을 만들어 가족들을 기거하게 하였다. 전 가족은 힘을 합하여 3달이나 걸려서 흙벽돌을 찍고 수수대를 엮고 여러 공정을 거쳐서 안채를 건축할 수가 있었다. 새집을 잘못 지으면 집에 있는 사람이 화를 입는다는 속설을 믿을 수는 없지만 공교롭게도 안채에 입주를 하고 얼마 있다가 할머니는 위장 질환 얻게 되었고 2달여 시름시름 앓다가 돌아 가셨다. 말이 위장 질환이지 요즘 같은 의료정보 진찰을 했으면 아마 위암에 걸려서 돌아 가셨을지도 모른다. 왜냐하면 우리 가족력을 보면 위가 튼튼하지가 않기 때문이다. 안채를 완공한 후 행랑채도 마련해야 했다. 그래야 헛간으로 또 창고로 쓸 수가 있었기 때문이다. 그러는 사이도 한국전쟁은 종료 되지 않아서 전쟁 기간 중이니까 다음해 봄(1952년 3월경)에 아버지는 한국군 노무자로 징집이 되어 화천군 27사단에 배속되어 근무하시다가 다음해 7월 정점협정이 체결되면서 소집해제 통보를 받고 무사히 집으로 복귀할 수가 있었다. 집으로 돌아 온 아버지는 오히려 군대가 편하셨을 거다. 아버지의 슬하에는 건사해야 할 가족이 줄줄이 사탕처럼 죽 늘어서 있었다. 아버지의 어깨가 참 무거우셨다. 아버지 당신 형제들 만해도 7남매, 외사촌, 아버지 직계인 우리가 5남매가 되었으니 아버지는 한시도 한눈을 팔수가 없었다. 죽어라 일을 하지 않으면 안 되는 위치였다. 아버지는 대단한 분이시다. 그 많은 슬하를 다 분가 및 출가를 시켰으니 얼마나 대단한 일을 하신건가? 그 큰일을 다하시고도 아버지는 원체 부지런함이 몸에 배어서 그런지 한시도 게으르게 보내시지 않으셨다. 시간만 있으면 일하고 조그만 틈만 있으면 곡식을 심든 짐승을 기르든 하셨다.

아버지 형제분들이 분가로 다 정리가 되고는 아버지는 장손 집안인 우리 집이 잘 살아야 한다는 강박관념이

계셨다. 그래서 큰형을 공부를 시키셨다. 큰형은 공부를 잘하여 충주사범 병설 중학교에 진학을 하였고 대전고를 입학하려 했으나 먼 곳에 하숙문제로 그 곳을 포기하고 충주고에 진학하여 반기문과 동창이 되었다. 반기문보다 공부를 더 잘 했다고 하면 형의 실력을 인정할 수밖에 없다. 형님은 가정 형편상 대학진학은 포기하고 일찌감치 공무원의 길을 선택하여 생활전선에 뛰어 들었다. 형이 타오는 월급을 가지고 아버지와 큰형님 우리 집을 일궈 세우겠다고 조금 여유가 생기면 땅을 사기 시작했다. 아버지와 형님은 새로운 것을 취득하여 농사를 짓게 되는 성취감이 있었을 줄 모르지만, 나이 차이가 나는 어린 나로서는 그 농사짓는 일이 아주 지겨웠다. 한 여름날 농삿일이 한창 바쁠 때 아버지는 나를 다독이느라 나에게 희망을 주시는 말씀을 하셨지만, 그 아버지의 소리가 제일 싫었다. 내용 인즉은 큰형은 공무원을 하고 있으니 우리 집안에 관직에 하나 있으면 되고, '성기 너는 나와 함께 힘껏 노력하여 농사를 지으면 수입도 괜찮을 뿐만 아니라 장래가 보장 된다'라고 말씀 하시는 것이었다. 그 말씀에 나는 평생 땅의 노예로 살다가 죽을 것 같아서 숨이 막혀왔다. 난 아버지에게 곧바로 난 안 할래요를 하지 않았다. 그냥 묵묵히 있었다. 아버지도 농삿일에 힘이 드셔서 스스로의 가슴에 위안이 되라고 말씀 하셨을 것이다 라고 생각이 된다.

여름날 힘든 담배농사 일을 하다 잠시 쉬는 시간에 3번국도 신작로에 버스가 흙먼지를 일으키며 서울로 향하는 것을 보면 그 버스 기사가 한없이 부러웠다. 그 버스 기사는 이렇게 힘든 일을 하지 않아도 되며, 운전 하는 모습을 보면 까만 썬그라스(나이방)을 끼고 예쁜 버스차장 (안내양)을 데리고 다니니까 얼마나 좋아 보이는가? 당시 버스기사면 요즘 민항기 파이로트 만큼이나 부러운 직업이었다. 나는 그 지나가는 버스를 보며 나는 커서 군대를 갔나 오면 버스 운전기사가 되리라 마음을 먹었다. 그 멋있는 것은 하나의 그림의 떡이었다. 안동에서 서울 가는 버스인데 나는 서울은커녕 그 때까지 충주에도 나가보지 못한 아주 촌뜨기였다.

나는 아무리 농사일이 바빠도 새로운 세대인 나는 나의 길을 가기로 마음을 먹었다. 아버지도 나의 앞길을 꼭 농사일에 붙들어 놓으시려 하지는 않았다. 그래서 나는 지금 국립 교통대학이 된 충주공업전문학교에 진학을 했다. 충주에서 나는 하숙을 한 것이 아니고 집에서 통학을했다. 왜냐하면 학비 대기에도 버거운데 나의 생활이 편하자고 하숙을 하기가 부모님에게 부담이 될 것 같아서 였다. 군대 제대 후 기계과를 전공한 나는 수원에 있는 신일산업 제품개발과에 취직이 되었다. 그 회사는 신일 선풍기로 유명한 회사다. 그 회사에 근무하면서 나는 결혼하여 수원에 신혼집을 마련했다. 거기에서 큰딸도 얻었다. 월급이 또박또박 잘 나오는 회사를 다니다 보니 맹목적으로 시계불알처럼 왔다갔다하는 것에 불과했다. 그 안정된 회사도 원님이 싫으면 떠나는 법. 난 그 월급에 만족하지 않고 큰돈을 벌어 볼 마음이 들었다. 정주영도 버는데 나라고 벌지 못하랴 라는 심보가 들었다. 그래서 사표를 과감히 내 던지고 남대문 대도상가의 가전제품 판매점 점원으로 일단 취직을 했다. 당시 남대문 시장은 발 디딜 틈이 없을 정도로 시장이 붐볐다. 전국에서 모인 모삿꾼이 있는 곳이며, 소위 3.8따라지라고 불리는 이북 사람들이 남대문시장에서 장사를 많이들 했다. 가전 상가는 지인의 소개로 취직을 했는데, 막상 그 생활을 해 보니 장사의 체질이 아닌 것이었다. 왜냐하면 남대문 장사는 거의 속임수의 장사였다. 가격을 속이든 제품의 질을 속이든 속임수의 장사를 하던 시절이라서 나의 양심에 허락 되지 않았다. 한마디로 나는 장사꾼 체질이 못 된다는 것이었다. 왜냐하면 우리 집안에는 장사나 사업을 하는 사람은 거의 없고 공무원이나 교사 아니면 순수하게 농사나 짓는 정도를 추구하는 사람들의 영향을 받아서 였을 것이다. 장사체질이 될 수 없음에 그걸 깨우친 나는 장사를 배우는 길을 접고 또 다시 직장생활에 지원했다. 건설기계기사자격증과 산업안전기사자격증을 취득해 놓았기 때문에 취직은 그리 어렵지 않게 했다. 인철제철 산업안전과에 취직이 되었다. 이미 이때부터 나는 인천과 연관을 맺는 우연이 아닌 인연으로 조상님들의 고향에 발을 내 디디게 되었다. 인천제철을 다니다가 인천일보에 소방공무원모집 공고가 난 것을 보고 그 길로 시험 준비를 했다. 84년도에 시험에 합격이 되고 얼마 안 있어

곧바로 발령을 받았다. 그 발령이 나에게 평생 소방 공무원으로 임하게 된 것이다. 당시 남들은 소방공무원의 무게의 비중치를 낮게 보았는데 나에겐 아주 적합한 직종이었다. 사람이 태어나 일생일업으로 직업을 가지게 되는 데 어떤 사람은 남들이 부러워하는 판검사라 하더라도 본인의 체질에 맞지 않으면 그 본인 자신은 불행한 거와 마찬가지로 자기 몸에 딱 맞는 옷을 입으면 몸이 편하고 폼도 나듯이 직업이 더욱 그렇고 본다. 나는 소방의 일이 국민의 안전을 책임지고 봉사하는 일이라서 좋았지만, 요건 입으로 하는 멘트이고, 하루 근무 하루 비번 이것이 참 마음에 들었다. 그래서 그것을 어떻게 활용할까 궁리를 하다가 나는 부동산 중에서도 경매분야를 스스로 공부를 하게 되었다. 그러니 하루 근무 하루 휴무니까 얼마나 좋은가? 탈법이 아니라 합법적으로 휴무 날에는 경매물건의 현장 답사를 할 수가 있고 근무 날에는 우리가 하는 일이 매시간 계속해서 하는 일도 아니고 출동 준비하고 있는 시간에는 무료히게 있지를 않고 나는 그 시간에 부동산경매의 권리분석을 연구 하게 되니 얼마나 좋은 일인가? 소방공무원의

일이 나를 위해 만들어 놓은 제도인 것 같았다.

이 얘기는 어디 어느 직장을 가더라도 나름대로의 애로 사항은 항상 존재하기 마련이지만 자기가 얼마나 그 업을 연구하고 활용하느냐는 본인 자신에게 달려 있는 것이라고 나는 자식들에게 항상 말을 해 주고 있다.

소방 공무원 직장생활을 하면서 본 업무에도 나는 아주 충실했다. 그렇게 해서 윗사람의 신임도 받게 되었고 인천에만 국한된 지역이 아니고 내무부 소방국에 와서도 근무를 하기도 했다.

사람이 살면서 누구나 굴곡은 다 있게 마련인가 보다. 그것은 내가 원한다고 되는 것도 아니고 피한다고 오지 않는다면 어찌 굴곡이라고 말 할 수가 있겠는가? 나에게도 시련은 있었고, 부모님들이 고생고생만 하시다가 어머니가 늘그막에 계단을 헛디뎌 넘어지시는 바람에 고관절이 부러졌다. 어머니는 고관절 수술은 하였지만 제대로 되지를 않아서 4년 동안 병원에 누어서 투병을 하시다가 다른 합병증도 오고해서 돌아 가셨다. 어머니가 돌아가시고 나의 가슴이 참 많이 아팠다. 아버지의 일 욕심으로 인해 어머니는 평생 제대로 한 번 쉬시지를 못하시고 일만 하시다가 돌아가셨기 때문이다. 그런데 어머니 가신지 4개월 후 아버지께서도 어머니를 따라서 하늘나라로 가셨다. 그러고 보면 아무리 일을 많이 시켰어도 아버지와 어머니는 금실이 좋은 부부애가 남들보다 더 많으셨나보다. ㅎ 어느 누구나 자기 부모님들을 생각하면 눈물이 나지 않는 사람이 없겠지만 나 역시 또한 그렇다. 어머니의 고생을 연민으로 측은하게 느끼는 것이야 당연하지만, 일을 시키는 게 그렇게 싫었던 아버지에 대한 그리움 또한 미운감정이 들지 않고 아버지의 책임감에 대한 같은 남자로서의 의리로 볼 때 존경하는 우리 아버지는 참 훌륭하셨다고 말씀드려 칭찬을 올리고 싶어서이다. 아버지도 자식에게 아내인 어머니에게 편히 쉬게 하고 싶지가 않아서 그러셨겠냐고요...다 우리를 위해서 당신 자신도 희생을 감수하신 것 이지요. 언젠가는 수안보 돌고개를 걸어 넘어 가면서 우리 동네 뇌곡을 바라보니 어머니 얼굴보다도 고생을 자처하신 아버지가 먼저 떠오르는 것은 왜였을까? 짧은 순간 이었지만 만감이 교차해 머릿속에 그 어렸던 시절의 영상이 흘러갔다. 소풀을 베러 가던 일, 누애 치려고 다래끼를 둘러메고 뽕을 따러 가던 일, 한여름 땡볕 속에 담배순을 따주러 갔다가 담배순 진액의 냄새에 중독되어 현기증이 나서 속이 울렁거리기도 해 어지럼증으로 쓰러진 적도 있었으니... 참 기억하기가 싫은 영상들이었다. 내가 당시 아버지보다 더 많은 나이가 되어서야 그 때 아버지의 심정을 조금이나마 이해가 되었고, 나보다 우리보다 더 힘이 들었던 아버지를 원망만 했지 이해를 못했던 죄송스러움에 눈물이 눈앞을 가리는 거였다. 손마디가 굵어 손톱은 두껍게 변형이 된 손은 거칠다고 표현보다도 험하게 헐었던 아버지의 손 모습이 생각나니 눈물이 더 왈칵 쏟아서 내리는 것을 주체 할 수가 없었다.

부모님들이 다 가시고 남겨진 이 세상에 나도 이젠 나이가 6십 중간을 넘어서게 되고 나 나름대로 건강을 챙기는데 굴곡진 나의 인생에 생채기를 얘기를 한다면 6십이 가까웠을 때 초대 하지 않는 손님이 내게 찾아 왔다. 위암의 판정을 받을 것이다. 앞에서 언급한 할머니가 위장질환으로 돌아가신 것을 그걸 모르고 잊고 살아온 것이다. 경각심을 가지지 못하고 각별히 유념하여 건강관리를 하였어야 한 것이다. 설상가상으로 그 1년 후엔 갑상선암이 발견되어 수술을 하게 되었다. 암이라는 판정이 나에게 주어졌을 때는 하늘이 무너지는 것 같은 심정이 드는 것은 인지상정이었다. 그러나 그 것도 시간이 지나니까 감정의 감각이 무뎌지게 되고 그야 말로 세월이 약이 되었다. 어찌 보면 현대 의학 의술이 발달해서 그 혜택을 받아 완치의 결과물을 선물 받은 것에 평상심에 감사를 하며 산다.

나는 33년간의 공직생활을 명예롭게 정년퇴임을 했다. 그것도 우리 조상님들이 거주 했던 인천에 와서 후손이 꽃을 피웠다. 그 동안의 격려로 국가는 나에게 대한민국녹조근정훈장 까지 수여했다. 정년을 한 지금이 나에겐 참으로 행복한 시간이 주어지고 있다. 초등학교에 다니는손주의 재롱을 보약으로 받으며 활기찬 여가활동으로 재미난 시간을 보내고 있다. 정년을 하고서도 모 대기업이 관리하는 소방관련업체에 적을 두게 되니 얼마나 행운인가? 집사람은 공인중개사로 일한지가 거의 20년이 된다. 그러니 우린 경제적인 어려움은 벗어나 살고 있다. 뇌곡 촌뜨기가 인천에 와서 자리를 잡아 순탄하게 살 수 있게 된 것은 주변의 모두에게 받은 기의 덕분이라 생각하며 감사하게 살아가련다.

그동안 공직생활을 하느라 고향 친구들의 모임에도 소홀했던 점 양해를 바라며 앞으로 기회가 주어지는 한 참여 하여 남은 여생 고향친구들과 즐겁게 살아가고 싶다.

오고 가는 것은 정해져 있으니 어찌할 것인가?

한 명 석

567

나의 어린 시절의 기억은 뜨거운 여름 햇볕 아래 먼지가 풀풀 나는 신작로 가로수 미루나무에서 귀가 따갑게 울어대는 매미 소리부터 시작된다. 한여름 길가 가로수에서 매미가 요란하게 울어댈 때 쯤이면 나는 친구들과 매미를 잡으러 신작로를 따라 오미까지 갔다 오곤 했다. 뜨거운 태양과 짧은 생에 대한 설움을 토해내듯 귀가 따갑게 울어대는 요란한 매미 울음소리가 어린 나에게 강한 인상을 남겼나 보다.

그 뒤론 단편적인 기억들이 줄을 이어 나오는데 그 중에 큰 조각들만 간추려서 어린 시절의 기억의 퍼즐을 맞추다 보면 신기하게도 50여 년 전 어린 시절에 느꼈던 그 감정들이 너무도 생생하게 느껴지는 게 놀라울 뿐이다. 집에서 5리(2km) 떨어진 서낭당고개 너머 대안보에 살고 계시던 할머니 집을 가기 위해 신작로 고갯길을 터덜터덜 넘나들던 그 길 위에서의 기억들 그 길을 오가며 무슨 생각들을 했고 무엇을 느꼈고 하는 것들이 단편적이나마 생생하게 느낄 수 있다는 게 신기할 뿐이다.

나의 어린 시절은 대안보에 사셨던 할아버지 할머니 집을 빼놓고는 얘기할 수 없을 정도로 나의 어린 시절 사고와 정서 확립에 아주 강한 영향을 준 곳이다.

초등학교 4학년 때부터인가 봄이 오고 나뭇잎들이 진녹색을 띄기 시작할 때 쯤이면 학교를 마치고 서낭당고개를 넘어 할머니 댁을 오가기 시작했다. 이유는 할머니 집 삽작(대문)옆에 있는 앵두나무의 열매가 언제쯤 익을까 확인하기 위해서다. 과일을 유독 좋아했던 나는 앵두가 익고 나면 담벼락을 따라 쭉 심어져 있는 살구나무, 매실나무, 대추나무, 밤나무 등 봄부터 가을까지 할머니 집에 있는 과일을 따 먹으러 왕복 4km나 되는 길을 자주 오르내렸다. 앵두나무가 있는 삽작문을 밀고 들어서면 저 마당 끝에 있는 초가집까지 자갈길이 깔려있었고 그 옆엔 키 큰 튤립, 국화 등 갖가지 꽃이 길 따라 심어져 있었다.

집안에 밭까지 있었으니 어린 나에겐 할머니 집이 꽤 큰 놀이터였다. 그 꽃길을 지나 초가집 마루에 걸터앉으면 할머니가 부엌에서 나오시며 "밍석이 왔나"하시며 반겨주신다. 우리 할머니는 경상도에서 시집온 분이라 "명자"를 발음 못해 늘 "밍석아" 하고 부르신다. 지금도 그 음성이 귀에 생생하다. 너무도 그리운 음성이다. 항상 동백기름으로 까만 머리를 단정히 넘기시고 예쁘장한 우리 할머니는 내가 은근히 좋아하는 분이셨다. "예"하고 답하고는 뭐 먹을거리가 없나 하고 휘둘러보며 넓은 담을 따라 익어가는 살구도 따먹고 노랗게 익은 새콤한 매실도 따먹고 잠자리도 잡고 놀다 보면 할머니께서 부침개를 부쳐주신다. 할아버지께서는 늘 말없이 나를 지켜만 보시고 일만 하셨다. 먹을 걸 다 먹고 집에 가려고 일어서면 그때 그때 밭에서 따온 오이며 호박, 부추 등 내가 들고 갈 수 있을 만큼만 챙겨주신다. 그러면 그걸 들고 덜렁덜렁 서낭당 고개를 넘어 집으로 다시 오곤 했다.

왕복 4km면 어린아이가 매일 다니긴 먼 거리였는데 거길 그렇게 수시로 넘나들었고 오가다 힘들면 서낭당고개에 있는 거대한 고목나무에 올라앉아 쉬었다 가곤 했다.

초등학교 4학년 때인가 어느 여름날 그 날도 할머니 집을 가기 위해 서낭당고개를 오르고 있었는데 갑자기 소크라테스가 말한 '너 자신을 알라'라는 말이 생각나며 그 말의 뜻이 궁금해지기 시작했고, 그 뒤로 한동안 그 말에 심각하게 빠져들며 서낭당고개를 넘나들었다.

지금 생각하면 좀 어이없다는 생각도 들지만 그때는 심각했다. 할머니 집을 오가는 내내 그 말이 무엇을 의미하는지를 골똘하게 생각했고 그 시점이 나의 사고(思考)가 정립되기 시작하는 전환점이었던 것 같다. 나는 누군가. 나는 어떤 성격의 소유자인가. 나의 단점은 무엇이 있을까. 이런 생각의 깊이에 빠지며 심각해지기 시작했다.

그 뒤론 중용(中庸)이라는 단어에 또 매달리게 되었고 더 심각해져 갔다. 친구들과 노는 시간을 빼곤 늘 혼자 다니며 생각에 빠지곤 했다. 지금 생각하면 좀 어이없기도 하다.

그런 나를 심각 병에 빠뜨리신 분은 나의 아버지셨다. 어릴 때부터 아버지께서는 6남매 중에서도 유독 나에게 애정을 보이시며 수시로 어린 나를 붙잡아 앉혀 놓고 당신이 아는 지식을 나에게 전해주려 애썼고 생활철학등 살아가는 법을 나에게 주입시키려 애쓰셨다. 어린 나로서는 지루할 법도 하지만 착하게도 끝까지 아버지 말씀을 경청했던 것 같다. 그게 기특했던지 틈만 나면 아버지는 나를 가르치려 하셨다. 어떨 땐 무섭고 어떨 땐 다정했지만 난 늘 아버지를 존경했다. 우리 어머니는 다정하고 푸근한 분이셨고 늘 우리를 깔끔하게 단장을 시키려 애쓰셨다. 햇빛 좋은 날 이불빨래하고 어머니가 새로 시침한 호청 이불을 덮고 잘때면 그 이불에서 엄마 냄새가 났다. 그런 날 이면 이불 덥고 누워있는게 너무 행복했고 나도 모르게 스르르 행복한 꿈나라로 가곤 했다. 근데 아침에 잠에서 깰 때쯤 이면 뭔가 기분이 이상해서 일어나보면 이불이 축축해져 있는 것이었다. 너무 기분좋게 곤히 잔 것이었다. 옆을보니 어린 동생이 곤하게 자고있어 동생을 내 자리에 옮겨놓고 난 동생 자리에 누워 다시 잠에 빠진다. 이제야 말하지만 지금도 동생한테 미안한 마음은 좀 남아있다. 6남매가 한 이불에서 붙어 자다 보니 특히 추운 겨울에 화장실 가기 미적거리다 잠에 빠져 돌아가며 이불에 오줌을 쌌고 원인자는 머리에 곡식 고르는 키를 씌워 소금 구해오라고 내 쫏긴다. 그럼 부모님이 시킨대로 겨울에 내복만 입은채로 옆집에 소금 구하러 가면 그 집 어른들이 오줌싸개라며 소금을 뿌려댓다. 그 시절만 있었던 재미있는 풍속이었다. 가끔 옆집아이들도 아침에 우리집에 머리에 키를 쓰고와서 소금 벼락을 맞고 가곤 했다.

어느 여름날 아침 마당에 앉아 잠이 덜 깬 졸린 눈을 비비고 있는데 아버지는 빨리 아침먹고 충주를 가자 하셨다. 그때만 해도 충주까지 50리 비포장 길이라 충주 나가는 게 큰맘 먹고 나가야 했는데, 그 날 충주에서 아버지는 나의 손을 끌고 아시아 극장으로 들어가셨고 "마이크로 대작전"이란 영화를 보여주셨다. 내용즉슨 외국의(아마 미국이었던 것 같다) 대통령이 저격을 받아 뇌를 다쳤는데 너무 위험해서 외과수술을 할 수가 없어 과학자들이 잠수함을 만들고 의사들을 태워서 마이크로 단위로 작게 잠수함을 축소시킨 뒤 다리 쪽의 동맥혈관에 주입시켜 뇌혈관까지 우여곡절을 겪으며 혈관 여행을 한 뒤 상처를 치료한다는 내용이었다.

지금의 과학으로도 할 수 없는 공상과학영화를 50여 년 전에 본 것이었다. 영화를 보고 나서 아버지는 나의 의견을 물으셨고 미래에는 과학이 발달돼서 저것이 가능할 수도 있다는 것이었다. 그 당시 시골 소년이었던 어린 나는 그 영화를 보고 충격에 빠졌고 한 동안 공상과 망상에 시달려야 했다.

나는 대자연이 얼었던 몸을 녹이며 기지개를 펴는 4월에 태어났다. 내가 태어나던 날 우리 집안은 발칵 뒤집혔다. 저녁에 태어나서 엄마젖을 잘 빨던 아이가 갑자기 입과 코로 피를 쏟으며 다 죽어가는 것이었다. 당황한 부모님은 나와 아홉 살 터울인 큰 누나에게 3km가 넘는곳에 사시는 외할머니를 모셔오라고 보냈고 큰 누님은 불빛 하나 없는 산길을 서낭당고개를 넘어 한절에 사시는 외할머니 댁까지 죽으라고 달려가서 할머니를 보곤 기절했다 한다.

아홉 살 어린 여자아이가 얼마나 무섭고 긴장했으면 할머니를 보자마자 기절했을까. 지금도 누님은 그 때 한밤중에 홀로 서낭당고개를 넘던 그 느낌이 생생하단다. 여하튼 그 난리에 친할아버지, 친할머니, 외할아버지, 외할머니가 총 동원 되었고, 늦은 밤중에 천주교 옆에 살고 있던 삼신할미라 부르는 무당을 모셔왔고 그 분이 아이가 부정을 타서 그런다고 벌을 받으며 빌어야 한다며 쇠죽(소여물)을 급하게 한 양동이 쒀서 할아버지 할머니 네 분 아버지까지 다섯 분을 윗목에 꿇어 앉혀놓고 숟가락으로 돌아가며 한 양동이를 다 먹였단다. 어머니는 나를 낳느라 힘드셨으니 제외하고. 그런데 신기하게도 그 양동이 쇠죽이 동날 때쯤 내가 입과 코로 쏟던 피가 멈추면서 정상으로 돌아온 것이 아닌가. 나중에 아버님이 실토하시길 그 당시에 우리 집이 잡화 가게를 하고 있었는데 내가 태어난 날 밤에 가게 문을 두드려서 나가보니 상갓집 상주가 미역을 사러 왔는데 그 분에게 미역을 판 것이 부정을 탔다는 것이다.

전설 같은 얘기지만 전에 어른들로부터 들은 실제 있었던 얘기다. 그래서인가 아버지께서는 유독 나에게 애정을 주고 교육에 정성을 쏟으셨다.

초등학교 4학년 때인가 이기원 선생님이 다른 학교로 전출을 가시면서 우리 집에 들러 부모님께 작별 인사를 오셨는데 나를 보더니 악수를 청하는

게 아닌가! 순간 당황했지만 선생님과 악수를 하면서 내가 어린이가 아닌 한 인간으로 인정을 받는다는 느낌이 들었다. 충격이었고. 그때 그 느낌이 지금도 생생하다. 선생님과 당당하게 악수를 하고 있는 내 모습을 느끼며 선생님에게 감사하다는 생각이 들었고 선생님에 대한 존경심이 절로 우러나왔다.

산으로 들로 개울로 개구쟁이같이 뛰고 놀며 지낸 어린 시절이 지금 생각하면 참 고맙다는 생각이 든다. 젊을 때는 어떻게 하면 내 꿈을 이루며 살까 하고 고민했었는데, 작년부터는 남은 인생을 어떻게 하면 잘 보낼 수 있을까 하는 생각이 드니 지나온 내 시간들에 회환만 든다.

어릴 적 나의 아버지께서는 늘 호랑이는 죽어서 가죽을 남기고 사람은 죽어서 이름을 남겨야 한다고 교육을 시키셨다. 이제 와 생각하니 아버님 한테 죄송한 맘 뿐인데 우리 친구들이 살아온 인생 얘기를 책자로 엮어 만든다 하니 내 이름 석자를 이 책자에 남기면 아버님께 죄송한 마음이 조금은 위안이 될 것도 같다.

살아온 날들을 얘기하자면 책 열 권 인들 만족하겠는가. 나에게 주어진 작은 지면이라도 고마워하며 나머지 기억들을 잘 추려서 다시 가슴속에 집어 넣는다. 고향 친구들이 고마울 뿐이다. 한 시절 같이 살아온 게 고맙고 내 친구들이어서 고맙고 지금도 친구로 만날 수 있으니 내 인생에 이보다 고마운 일이 또 있겠는가.

수안보라는 물 좋고 산 좋고 인심 좋은 곳에 태어나서 부모님을 만나고 친구들과 어린 시절을 보내고 이렇게 이렇게 살다 보니 어느덧 눈썹과 머리는 허얘져있다, 창가에 서서 나에게 남아있는 시간들을 손끝으로 세어본다. "얼마 안 남았네", "어찌할꼬" 지나온 삶에 회환만 가득한데 시간이 별로 없으니 마음을 비우려 애를 써본다.

"來必來 去必去"오고 가는 것은 정해져 있으니 어찌할 것인가.

사는 날까지 맘 편하게 기분 좋게 살려고 노력해 보는 수밖에...

친구들아 반가웠고 고맙다.

헤어지는 날까지 이 말을 늘 하며 살고 싶다.

그리고 이 문집에 내 이름 석자를 남기게 해준 고마운 친구들에게 감사하고 또 감사드린다.

경자년 봄 아흐렛 날에 明錫.

네가 믿으면 하나님의 영광을 보리라

홍 종 관

이번에 수안보초등학교 45회 동창회에서 우리들의 살아온 이야기를 모아 책으로 출판하게 된 것을 진심으로 축하합니다. 어린 시절 우리가 공유한 시간도 많지만, 그동안 많은 세월이 흐르며 공유하지 못한 시간도 많은 만큼, 이렇게 우리들의 살아온 이야기를 모아 책으로 출판함으로써, 우리 각자 살아온 이야기를 듣는 기회를 가지는 것이 참으로 의미 있다고 생각됩니다. 종교를 가지지 않은 친구들에게 나의 간증문 형태의 이야기가 거부감이 들 수도 있지만, 이 또한 나의 살아온 이야기라고 생각하고 이해하여 주기 바랍니다. 이 간증문은 대구경북교수선교회의 기독교수들의 간증책자인 <기독교수행전>(2016)에 실린 것입니다.

저의 인생을 돌아볼 때에 아래 성경말씀처럼 하나님을 믿었을 때에는 하나님의 영광을 보았고, 믿지 못했을 때에는 부끄러움을 당했던 것을 기억합니다. 이 시간 하나님께서 저의 이야기를 읽으시는 모든 분들께 하나님은 그를 믿는 자에게 반드시 그의 영광을 보게 하시는 분이심을 알게 하시기를 기도합니다. 저의 인생이야기의 요절말씀은 요한복음 11장40절입니다. "예수께서 가라사대 내 말이 네가 믿으면 하나님의 영광을 보리라 하지 아니하였느냐 하신대."

1. 예수님을 알기 전의 나

저는 대학을 입학한 후 창문학이라는 문학동아리에 가입하였습니다. 왜냐하면 인생을 이야기한 문학을 통하여 삶의 의미와 목적을 깨달을 수 있으리라고 생각했기 때문입니다. 문학작품속의 주인공들처럼 사는 것이 참된 삶이라고 생각하였습니다. 그런데 그렇게 의미 있고 멋있던 주인공의 삶도 결국 죽음으로 끝나버린다는 사실이 이해할 수 없었고 받아들이기가 힘들었습니다. 나의 인생도 결국은 죽음으로 모든 것이 끝난다고 생각할 때 너무나 허무하다고 생각되었습니다. 죽으면 선하게 산자나 악하게 산자나 다 똑 같다는 것은 너무나 불공평하다고 생각했습니다. 이런 허무주의적인 생각을 가진 저는 자주 학교 강의에 결석을 하고, 혼자 하염없이 걷거나, 멍하니 하숙집 방에 하루 종일 누워 있곤 하였습니다. 이러한 생각은 대학교 2학년 여름방학 때에 창문학 동아리 수련회를 다녀온 뒤 더욱 심하여 우울증까지 가지게 되었습니다. 하나님은 바로 이 때(1977.9) 홍만표 대학선배(현재 미국 메디슨 위스콘신대학교회 담임목사 홍마가 선교사)를 통해 저를 대학생성경읽기선교회(UBF)의 창세기 말씀 공부에 초청하셨습니다.

2. 대학시절의 하나님의 신앙훈련 (네가 믿으면...)

저는 저를 성경공부에 초청한 그 대학선배와 창세기 공부를 시작하였습

니다. 창세기 공부는 그때까지 진화론을 당연시 여기던 무신론자였던 저에게 큰 충격을 주었습니다. 이제까지 알고 있던 진화론보다 창세기에서 말하는 창조론이 훨씬 더 우주 만물의 근원에 대하여 근본적인 답을 주고 있다는 것을 알게 되었습니다. 저는 창세기 1장1절 "태초에 하나님이 천지를 창조하시니라"는 말씀을 통해 창조주 하나님을 인격적으로 깊이 만났습니다. 나는 우연의 산물이 아니요. 창조주 하나님의 절대적인 주권과 계획에 따라 태어난 존재임을 깨닫게 된 것입니다. 창조주 하나님 앞에서 저는 인생의 참 의미와 목적을 발견한 것입니다. 이제까지 죽으면 모든 것이 끝이라는 죽음에 이르는 병으로부터 해방이 되었습니다. 창세기를 공부한 후에 로마서를 공부하였는데 특히 7장을 통하여 원하는 선은 행하지 아니하고 원치 않는 악만을 행할 수밖에 없는 죄인된 인간의 참 모습을 발견하였습니다. 결국 원치 않지만 죄를 지으며 살아야 하는 게 우리 인간의 운명이고 그래서 하나님의 공의로운 심판에서 유죄 판결을 받고 지옥을 갈 수 밖에 없는 게 인간이라는 존재임을 인정하게 되었습니다. 그리고 이 죄와 하나님의 심판 문제를 해결할 수 있는 분은 문학자나 철학자가 아니라 바로 구주 예수님인 것을 깨닫게 되었습니다. 그 후 저는 마가복음을 공부하였는데 2:17 말씀을 통하여 예수님께서 죄인을 부르러 이 땅에 오시고 그의 십자가의 피로 죄인된 모든 세상 만민을 구원하신 분이심을 깊이 영접하게 되었습니다. 2학년 말인 1978년 2월 저는 창세기 12:2 "너는 복의 근원이 될지라", 마가복음 1:17 "너희로 사람을 낚는 어부가 되게 하리라" 말씀을 기초로 하나님께서 저를 대학생들의 복의 근원이요,

그들을 낚는 어부로 부르신 것을 영접하였습니다.

그 후 저는 나에게 인생의 참 의미와 목적을 주신 창조주 하나님과 나의 구주가 되시는 예수님이 너무 좋아 저의 친구들을 적극 성경공부에 초청했습니다. 내성적인 저는 부끄러움이 많아 다른 사람 앞에서 말을 잘 못하였습니다. 특히 저는 아들만 있는 집에서 태어나 여학생들에게는 말도 걸지 못하였습니다. 그런데 믿음을 가지게 되면서 변화되어 여학생들도 적극 성경공부에 초청하게 되었고, 주일예배 사회도 보고, 많은 사람들 앞에서 간증도 하고 말씀도 담대히 전하게 되었습니다. 그리고 저를 성경공부에 초청한 그 선배님이 군 입대를 하면서 공석이 된 그 학생회 회장 자리를 물려받아 학생회 리더로서 학생회를 적극 섬겼습니다. 또한 저는 아예 교회 학사로 들어가 자취를 하며 아침 5시 반에 일어나고 밤 12시는 되어야 잠자리에 드는 공동생활을 하는 적극적인 사명인의 삶을 살기 시작하였습니다. 제 가방에는 전공책들보다도 성경과 기독서적들이 더 많이 들어있었습니다. 그러한 저는 결국 3학년 2학기에 몇 과목에 F학점을 맞고 학사 경고를 받았습니다. 이 때 저는 일시적으로 많은 피해의식 가지고 하나님과 교회를 비난했습니다. 이 때 하나님은 저에게 당시 청주 UBF의 책임목사님이신 홍덕순 목사님을 통하여 "네가 믿으면 하나님의 영광을 보리라"의 요한복음 11:40 말씀을 주시고, "하나님이 살아 계신다면 하나님께서 나의 신앙생활과 학교생활을 잘 조화하지 못한 실수를 해결해주시지 않겠는가? 특히 제가 그만큼 하나님을 사랑한 것에 대해 오히려 축복하시지 않으시겠는가?" 위로하셨습니다. 그리고 군대를 다녀와서 독일 유학생 선교사로 가는 방향을 주시고, 장차 대학생들에게 복음을 전하기에 가장 좋은 교수목자가 되는 비젼을 주셨습니다. 당시 이 약속 말씀이 믿기지 않았지만 대학시절 창조주 하나님을 만나고, 예수님을 만나 나의 인생의 기초를 반석 되시는 그리스도의 터 위에 놓을 수 있게 되었다는 것에 대한 근본적인 감사가 있었습니다.

하나님은 83년 가을 군대를 전역한 후 유학생 선교사 훈련을 받고 있던 저에게 그 당시 우리 선교단체에서 유학생 선교사로 독일에 먼저 가 있던 이정우 유학생 선교사와 선교가정을 이루게 하셨습니다. 가정을 이룬 뒤 저는 구체적으로 유학생 선교사로서의 준비를 하기 시작했습니다. 그리고 일 년 뒤인 1984년 12월 독일 쾰른으로 유학생 선교사로 파송 받았습니다.

3. 유학생활에 있어서의 하나님의 은혜 (...하나님의 영광을 보리라)

하나님은 저의 유학생 선교사로서의 독일 생활을 여러 가지로 축복하셨습니다. 유학생활에서 있었던 하나님의 은혜를 물질문제, 유학생으로서 공부, 선교생활 구분하여 살펴보겠습니다.

1) 재정적 문제를 해결해주신 하나님

저는 자비량 유학생 선교사로 파송 받았고, 농사로 아직 두 동생들을 대학에 보내야하는 아버지로부터 재정적 지원을 기대할 수 없는 입장이었습니다. 오히려 한국에 남아 두 동생의 대학학자금을 보태야 할 입장이었습니다. 그래서 저는 선교생활초기부터 생활비를 염려해야 했습니다. 이때 하나님은 저에게 마태복음 6:33 말씀을 주시고 적극 "먼저 그의 나라와 의를 구할 때 먹을 것도 해결해 주신다"는 믿음을 갖도록 하셨습니다. 그래서 먼저 교회 모임을 우선적으로 시간 계획을 세우고 그 나머지 시간을 아르바이트와 공부를 위해 시간을 드렸습니다. 그러자 하나님은 약속하신대로 좋은 아르바이트 자리와 또 독일정부로 하여금 그동안 없던 신생아 지원금을 만들어서까지 재정적 문제를 해결해 주셨습니다. 거기에 더하여 독일 주정부로부터 '박사과정진흥장학금'과 독일 학술진흥재단(DAAD)으로부터 '학술자료수집장학금'을 받게 하셨습니다. 먼저 그의 나라와 의를 구하는 자들에게 의식주 문제를 약속하신대로 확실하게 해결해주시는 하나님을 찬양합니다.

2) 공부에 승리케 하신 하나님

어학 과정이 끝나고 전공공부를 시작했습니다. 그러나 외국어인 독일어로 전공 서적을 읽고 이해하고 보고서와 논문을 쓴다는 것이 쉬운 일이 아니었습니다. 그래서 자주 절망이 되고, 장래가 걱정되었습니다. 이때에 하나님은 저에게 마가복음 9:23 말씀을 주시고 "믿는 자에게는 능치 못할 일이 없다"는 믿음으로 공부의 십자가에 도전하도록 하셨습니다. 또한 요한복음 11:40 "믿으면 하나님의 영광을 보리라"는 말씀으로 제가 어려운 현실 자체만을 바라보지 말고, 나를 유학생 선교사로 파송하시고 이를 통해 영광 받으시고자 하시는 하나님을 바라보도록 도우셨습니다. 제가 한국에서 대학 다닐 때에 하나님과의 첫사랑에 취하여 학과공부를 등한시하다가 학사경고를 받는 실수를 했지만 하나님은 믿는 자의 인생을 결코 실패자가 되게 하지 않게 하심으로 그의 영광을 드러내기를 원하신다는 것을 깨달았습니다. 제가 저의 불신을 회개하고 믿는 자에게 그의 영광을 보게 하시는 하나님을 믿었을 때, 저는 모든 절망적인 생각들로부터 해방될 수 있었고, 논문에 집중 전념할 수가 있었습니다. 시험을 위해 공부해야 할 전공 서적들을 충분히 읽어 낼 수가 있었습니다. 밤을 새워 공부하여도 피곤하지 않았습니다. 그 결과 석사과정과 박사과정을 "sehr gut" (A+)으로 마치게 하시고 이어서 독일교수가 되는 교수자격과정(Habilitation)까지 수료하게 하셨습니다. 저는 교수자격과정을 하는 동안 내가 박사학위를 마치고 교수자격과정을 다니는 쾰른대학교에서 두 강좌를 맡아 강의하게 하게 되었습니다. 믿는 자에게 능치 못할 일이 없게 하시는 하나님을 찬양합니다.

3) 선한 목자 예수님을 배운 선교생활

저는 유학생으로서 공부가 잘 진행되어 아주 기뻤지만, 다른 한편으로는 공부보다는 빨리 선교사역에서 승리하여 전임 선교사가 되기를 원했습니다. 저의 선교단체는 제자양성에 성공한 선교사들에게는 독립적으로 한 지구를 개척하도록 하는 것이 일반적인 예였습니다. 그래서 저는 공부도 공부지만 그보다 선교사역에서 열매를 많이 맺어 한 지구를 개척하는 전임 선교사가 되기를 바랬습니다. 저는 이러한 비젼을 가지고 열심히 독일학생들을 성경공부에 초청하여 그들과 성경공부를 하였습니다. 그런데 이상하게도 그들이 두세 번만 성경공부를 하고 나면 말씀공부를 이런저런 핑계를 대며 회피하다가 결국 떠나가는 것이었습니다. 이렇게 몇 년을 열매 없는 선교생활을 되풀이 할 때 시간이 흐를수록 기쁨이 없어졌습니다. 그리고 저의 선교생활을 깊이 점검하게 되었습니다. 이 때 하나님은 저에게 요한복음 10:14,15 말씀을 주시고 제가 선교사이기 이전에 그들의 참 목자가 되어야 함을 깨닫게 하셨습니다. 제가 이 말씀을 깊이 영접하고 제가 섬기는 쾰른대학교(Koeln University) 교육학부 학생들을 깊이 연구하고, 그들을 위해 적극 시간, 물질, 마음을 드렸을 때, 하나님은 많은 학생들을 성경공부에 보내주셨습니다. 그래서 내가 맡고 있던 쾰른대 교육학부 학생들 중에 Stephanie Hartmann 자매님이 교육학부 목자로 세움을 받고, 그 외 다른 몇몇 독일 대학생들도 꾸준히 말씀공부와 주일예배에 참석하고 예수님의 제자들로 자라났습니다.

4. 교수목자로 쓰시는 하나님

저는 공부를 마쳤지만 독일에 계속 남고자 계속 쾰른 대학교에서 교수자격과정을 다니며 그리고 동시에 그 대학에서 강의를 계속하였습니다. 그런데 당시는 독일이 통일이 된 직후라 동독에서 넘어온 실업자들이 너무 많아 공부를 끝낸 외국 유학생들은 빨리 자기 나라로 돌려보내는 정책을 강력하게 시행하던 시기입니다. 그래서 내가 살고 있던 쾰른 시청에서는 공부를 끝낸 나에게도 빨리 한국으로 돌아가라는 통지를 여러 번 보냈습니다. 그리고 비자 연장을 해주지 않았습니다. 이때 저는 하나님께 기도하는 중에 하나님은 저에게 약속하신대로 한국 대학에서 대학생들을 낚아 그들에게 복을 나누어주는 교수목자가 되게 하시고자 하심을 깨닫게 되었습니다. 즉 하나님께서는 10여년 전 제가 한국에서 대학 다닐 때에 약속하신대로 저를 교수가 되게 하시고, 대학에서 학생들에게 성경공부와 제자훈련을 하여 내가 다 하지 못한 세계선교사역을 섬기도록 하고자 하셨습니다. 그래서 저는 95년 8월말 한국으로 귀국하게 되었습니다. 그리고 귀국한 후 제가 파송 받은 청주 UBF에서 신앙생활을 시작하였습니다. 귀국을 하기 전에는 공부를 할 만큼

했으니 교수자리를 얻는 것이 그리 어렵지 않을 것이라고 생각했었습니다. 그러나 막상 여기저리 자리를 알아보니 교수자리 얻기가 하늘의 별을 따는 것처럼 어렵다는 것을 실감하게 되었습니다. 그러나 저를 유학생선교사로 보내시고 공부를 승리케 하신 하나님은 저를 위해 대구교대에 한자리를 예비해 놓으셨습니다. 저와는 전혀 연고도 없고, 아는 사람도 전혀 없던 대구교대에 교수자리를 허락하셨습니다. 1996년 3월 1일자로 교육학과에 전임으로 임용되었고 대구 UBF에서 신앙생활을 하게 되었습니다. 하나님은 저를 그 UBF의 지도교수요, 책임간사로 세우시고 학생회와 학사회 리더들을 돌아보게 하셨습니다. 그리고 저의 아내를 그들의 영적인 어머니로 삼으시고 그들을 full time으로 섬기게 하셨습니다.

5. 목회상담학교수와 교육목사로 쓰신 하나님

2000년이 되면서 저는 대구호헌신학대학원에서 신학을 공부하기 시작했습니다. UBF 선교단체는 대학생선교가 주목적이므로 교수직을 가지고 교대 UBF 간사로 교대 캠퍼스 복음역사를 섬기면 되지만 이왕 복음역사를 섬기려면 목사가 되는 것이 좋겠다고 생각했기 때문입니다. 2002년 2월 신학대학원을 졸업하고 2004년 목사안수를 받았습니다. 그리고 졸업하고 바로 그 대학의 목회상담학 강의를 하기 시작하여 벌써 10여년을 계속하고 있습니다. 수강생들이 대부분 교회의 전도사로 있는 분들이나 아니면 이미 목회를 하는 분들이 대부분이었는데 제가 강의하는 목회상담학이 실제 목회현장에서 접하는 문제들에 대해 실제적인 도움을 줄 수 있었습니다.

저는 2000년이 시작되던 해에 신학공부를 시작하며 대구 UBF를 나와 독립적으로 디모데교회를 개척하게 되었습니다. 우리 가족과 성경공부 하던 대구교대 학생들과 함께 주일예배를 보았습니다. 그러다가 제가 2006년 독일 연구년을 가면서 저의 집사람과 아이들은 이 기간 행복한 교회를 다니게 되었습니다. 제가 연구년을 마치고 귀국하자 이 교회에서 저를 교육목사로 초빙하였습니다. 교회경험이 없던 저에게 좋은 기회라고 생각되어 2007년 1월부터 2011년 6월 말까지 4년 반을 교육목사로서 교회사역을 섬기는 경험을 하게 되었습니다. 나의 역할은 주일 오후 예배에 메세지를 전하는 것과 교회청년회를 돕는 일이었습니다. 그리 크지 않은 교회라 가정적이라 즐거운 마음으로 교육목사로서 소임을 감당할 수 있었습니다.

6. 대구대학촌교회를 개척케 하신 하나님

제가 교육목사로서 그 교회에서 4년 반을 섬겼을 때에 하나님은 저에게 창세기 35:1 말씀을 주시고 벧엘(내가 신앙생활을 처음 시작한 교회)로 올라가 다시 대학생 선교사역을 섬기라고 하셨습니다. 또한 하나님께서는 디모데 후서 2:2 말씀을 주시고 벧엘로 올라가 "충성된 제자 양성을 하라"는 방향을 주셨습니다. 저의 벧엘은 대학생 사역이었습니다. 그 사역을 위해 교수목자가 된 것이었습니다. 그래서 2011년 7월1일자로 대구대학촌교회를 개척하게 되었습

니다. 하나님은 개척 2주째부터 바로 몇몇 동역자 가정을 보내주시고 그들과 함께 대학생들을 도울 준비를 하게 하셨습니다. 저는 처음 1년간은 저의 연구실에서 주일예배를

보았습니다. 그리고 2년 되던 해인 2013년 7월부터는 대학 근처에 건물을 얻어 주일예배를 보게 되었습니다. 이때에 동역자들은 마음으로 헌금하였습니다. 교회를 개척했지만 아직 대학생 양들이 없던 시기이기에 저는 보내주신 동역자들을 진심으로 말씀과 기도로 섬겼습니다. 그러자 그들은 진정한 동역자들이 되었습니다. 이렇게 내적으로 외적으로 환경이 준비되자 하나님은 대구교대 학생들을 성경공부와 주일예배에 보내주기 시작하셨습니다.

우리 대구대학촌교회의 설립요절은 디모데후서 2:1,2입니다. "내 아들아 그러므로 너는 그리스도 예수 안에 있는 은혜 가운데서 강하라 또 네가 많은 증인 앞에서 내게 들은 바를 충성된 사람들에게 부탁하라 그들이 또 다른 사람들을 가르칠 수 있으리라". 우리 교회는 이 말씀에 근거하여 그리스도 안에 있는 하나님의 은혜 안에 강해지고, 충성된 성경선생을 양성하는 것입니다. 그래서 그 충성된 자들이 또 다른 충성된 자들을 가르치게 하는 것입니다. 제가 교수로 있는 기간 동안 대구교육대학생들 가운데서 충성된 성경선생을 양성하여 그들이 또 다른 충성된 자들에게 성경을 가르치도록 히는 사역을 마음을 다하고 뜻을 다하고 힘을 다하여 섬길 수 있길 기도합니다.

맺는 말

제가 이 시간 무신론자였던 저를 대학시절에 성경공부를 통하여 창조주 하나님과 구주 예수님을 만나게 하시고, 대학시절에 성경공부와 제자훈련을 주시어 일생동안 신앙생활을 잘 할 수 있는 기초를 튼튼케 하신 하나님의 은혜에 감사와 찬송을 드립니다. 또한 저를 자비량 유학생선교사로 독일 선교사역에 쓰시고, 그 독일 선교생활 기간 중에 상담심리학 박사학위를 취득하게 하시고, 약속하신대로 교수목자가 되게 하신 하나님께 감사와 찬송을 드립니다. 그리고 부르심대로 저를 대학생들의 복의 근원이요 그들의 낚는 어부로 계속하여 사용하심을 감사드립니다. 제가 이제 저의 인생 후반부에 주신 대구대학촌교회 사역을 잘 섬길 수 있도록 기도합니다. 충성된 성경선생을 양성하여 한국의 각 초등학교와 세계 각 곳에 충성된 성경선생들로 파송할 수 있길 기도합니다. 그를 믿는 자들에게 약속대로 그의 영광을 보게 하시는 하나님을 찬양합니다. 또한 우리 한 사람 한 사람을 가장 잘 아시고 그에게 가장 좋은 길로 인도하시는 하나님께 감사를 드립니다.

풀꽃 같은 친구님들 !

우리 좀 더 서로를 "자세히" 보고, 더욱 자주 "오랫동안" 보아, 서로를 예뻐하고 그리고 사랑할 수 있길 바랍니다. 특히 우리 서로 서로를 "너도 그렇다"고 보아, 생각만 해도 가슴이 두근거리고 만나면 반갑고 헤어지면 다시 보고 싶은 그런 우리가 됩시다. 이렇게 우리의 남은 삶이 마무리 되어야, 우리 인생을 마무리 하는 그날, 후회하지 않는 그래도 잘 살았노라고 말 할 수 있지 않겠어요?

대구에서 **홍종관**

달빛 푸르름 속의 초상화

황 명 호

우리는 어제 밤 어떤 술을 마셨느냐 보다도 누구와 한 잔을 했느냐는 질문에 따라서 오늘의 아침 몸 상태의 컨디션을 측정해 줄 수가 있다. 어려서 어른 흉내로 겉멋으로 마시던 막걸리 대포로부터 시작한 술의 역사는 참 오래도 되었다. 나의 주력도 딱히 언제 부터라고는 말하기 어려우나 거의 60년은 족히 되었다고 본다. 사회생활을 하면서 접대 술자리와 접대를 받는 자리 등등 술의 자리도 참 많았다. 술의 종류도 참 많다. 인류가 태어나서 사회성 생활을 하면서부터 동물과 달리 음악을 만들었고 그에 따라 술도 만들었다. 아니 술이 만들어 졌기에 음악이 자연스레 따라 왔는지 모른다. 술은 기쁘거나 슬픔을 달래 주거나 자리가 빛나거나 어둡거나 항상 인간과 같이 하였던 것 같다. 지구상의 수많은 인류 종족이 있는데 그들에게 공통적으로 술을 만드는 인간 유전자를 지니고 있다.

어려서 우리 시골에서는 술의 종류가 그리 다양하지는 않았다고 본다. 가지가지의 별별 술은 나중에 내가 사회생활을 하면서 접해본 것이지, 옛날 마을에서는 동동주와 소주 정도였다. 술을 담그게 되면 (술 동위 위에 맑은 술, 동동주는 청주(淸酒)를 떠내지 않아 밥알이 그대로 떠 있는 술이고 막걸리는 누룩과 물을 섞어 발효시킨 후 청주를 떠내지 않고 그대로 걸러 짜내는 방식의 술) 즉 걸러서 밥알이 없으면 막걸리, 밥알이 있으면 동동주라는 것이다.

술이 우리 동네에 기쁨과 즐거움만을 준 것은 아니다. 우리 시대는 결혼식, 명절, 초상이 나거나 탈상 등등 행사가 있으면 술을 담갔다. 술을 담그는 게 문제가 아니고, 당시에는 전통 술 담그는 그 자체를 가지고 밀주라고 불려졌다. 그래서 밀주 담그는 것 적발하러 다니는 술 조사라는 게 있었다. 술 조사가 동네에 뜨게 되면 난리가 난다. 6.25때 인민군이 쳐들어 왔어도 그런 소동은 없었다고 한다. 명절에는 공통적인 것이라서 다들 조심도 하고 술 조사관에게 재수 없이 들켜서 벌금 먹여지는 일이 억울하여도 어쩔 수 없지만, 개별적인 가정 행사에 술 조사가 나와서 들키게 되면 서러움이 북받쳐 올라 잠을 이루기 힘든 때도 있었다. 옛날엔 술 조사관, 산에 도벌 감독하는 산감의 끗발이 우리 머저리들의 인생에는 하늘같은 무서운 존재였다. 그 직급이라고 해 봤자. 지금으로 치면 9급 말단이 다녔다. 지금은 9급 행정관 집행력은 것은 지위 고하를 막론하고 공평하지만, 그 옛날에는 그 말단 직원의 집행 행위가 끗발이 있는 사람들에는 한 없이 저자세였고 여염집 어리버리들에게는 검찰총장보다 더 쎈 실력을 행사하여 두려움의 대상이었다. 물론 그 두려움을 가졌다는 자체는 우리가 면서기 빽이라도 없는 그냥 평범한 집안 이었다는 것이다.

어린 날 억울해서(?) 분해서(?)잠을 못 이룬 여름날의 기억을 떠 올려 얘기 하고자 한다. 마을의 논에는 모내기가 끝 난지 한 달여가 지나 모가 자리를 잡아 막 짙푸르게 돋아 올라오는 한여름이 막 시작되는 6월 중순쯤이다. 아버지의 제사 날이 음력 5월 14일이다. 집안의 경제력이 없는 형편이었지만 어머니는 어렵게 쌀을 구해서 아버지의 3년상 탈상에 쓸 술을 담그셨다. 제사를 치루고 난 후에 그날 손님 접대를 위해 막걸리를 담그셨다. 생활이 좀 나은 집안은 술을 사람키만 한 항아리에다 담그지만 우리 집은 그런 여력이 없으니 그냥 중간보다 약간 작은 것과 중간 크기의 비어 있던 장독 2개를 잘 씻어서 거기에 술을 담고 아랫목에 자리를 앉혀서 한 여름이 되는데도 술이 잘 익으라고 이불로 항아리를 덮었다. 제사 5일전에 담갔다. 술을 담가 아랫목에 이불로 덮어 모시고(?) 손으로 몇 번을 다독이더니 이내 어머니는 방바닥에 주저앉아 항아리 쪽을 마주보고 추념인지 회상인지 넋을 놓으며 멍하게 있는 어머니 얼굴 모습은 아버지에 대한 원망인지 恨인지를 아버지 당신에게 뭘 물어 보려고 한 것 같아 보였다. 막상 3년상 제사 당일 날에는 많은 친척들과 동네 사람들이 제사에 와서 울고불고 왁자지껄 소란스런 분위가 되니 어머니는 미리 아버지의 제사상 위패 앞에 앉은 모습이었다. 그 때 어머니는 무슨 심정이었을까? 부부간의 평생 살아온 여정을 뒤돌아보았을까? 원망이었을까? 살아갈 날이 더 막막해서였을까? 한참을 앉아 있다가 어머니는 긴 한 숨을 내 쉬면서 방문을 열고 나갔다.

그 다음날 또 그 다음 날에도 탈상 제사 준비를 위해 우리 집에는 동네 아주머니들이 와서 일손을 도와주고 있었다. 같은 동네는 아니지만 좀 떨어져 아랫마을에 사는 작은 어머니도 들렀다가 오후에 내려 가셨다.

술을 담그고 3일째 되는 날이었다. 학교 수업을 2부제를 하던 시절, 그날은 3학년 1학기는 오전반이어서 학교에서 일찍 파하고 집으로 돌아왔다. 짐심을 먹고 막 쉬고 있는데 마을 입구에 사는 순학이 작은 아버지가 헐레벌떡 뛰어온 것이다. 숨이 넘어가는 것이었다. 그런데도 큰소리를 치지지도 않는 것이었다. 뭔 일인지는 몰라도 아주 다급한 상황이었음은 말을 안 해도 표정에서 읽을 수 있었다. 마루 밑 봉당에 다 와서야 넘어가던 숨을 추스르며 들키지 않게 내는 소리로 "아주머니 술..수...울...조사가 나왔어요." 그 소리를 들은 아랫집 광택이 어머니와 박주희의 어머니가 마당 구석쟁이의 두부콩 가는 맷돌 옆에 있다가 겁나게 놀라서 뛰어 와 어머니의 손을 잡으며 마루로 쪼르르 모였다. 전쟁이 난 것보다도 더 두려운 통보였다. 겁에 질린 어머니는 어찌할 바를 몰랐다. 어른들은 이 상황을 대피할 계획이 없던 차이지만 그렇지만 우선 이 순간을 모면해야만 하는 당면 과제로 하늘이 캄캄해 하고 있었다. 광택이 어머니가 제시했다. 자기네 집 뒤에 보리타작을 하고 쌓아 놓은 보릿가리 더미 밑으로 숨기자는 것이었고, 박주희 어머니는 좀 떨어져 있는 자기네 집 뒷간에다 감추자는 제안이었다. 그 제안에 이것저것 가릴 틈도 없으니 당황하고 있던 어머니는 그 제안을 수용하여 빠른 동작으로 행동을 개시했다. 중간 정도의 독은 어머니와 광택이 어머니가 둘이 힘을 합해서 가까운 광태기네 집 보리가리로 옮겨서 잘 감춰 처리를 하였고, 작은 독은 옮길 힘이 쎈 사람이 당장은 없으니 나와 박주희 어머니가 번갈아 가며 박주희네 집으로 들고 뛰어야 했다. 숨이 가빴다. 정상적인 길로 가면 술 조사관이 닥쳐 잡힐 것 같아서 나는 어쩔 수없이 래욱이네 논을 가로 질러서 질펑질펑한 논에 잘 자라는 벼를 망가트려 가면서 가로 질러서 가는데 박주희 어머니는 가로 질러가는 나보다 마음이 더 급해 보였다. 그렇게 박주희네 뒷간에 옮겨 숨기는데 까지는 성공(?)했다. 그런데 나의 몰골이 엉망이 되어있어서 박주희네 집 뒤로 흐르는 또랑으로 가서 대충 흙물을 씻었다. 잠시 시간이 정체한 뒤 궁금해서 집으로 내려오는데 우리 집에서 큰소리와 다그치는 소리가 들려오는 것이었다. 겁에 질린 어머니의 소리도 곁들어 들려왔다. 내가 마당에 삐끔히 고개를 들이 밀어 보았다. 조사관 2명이 보였고 아주머니들이 꾸지람 듣는 자세를 취하고 있어서 나도 순간 겁이 덜컥 났다. 지레 겁을 먹은 몰골이 뭐를 잘못한 범죄자 모양새의 차림이었기 때문이다. 그렇지만 나도 슬며시 조금씩 마루쪽으로 실실 다가갔다. 나는 겁먹은 표정이었지만 조사관은 나를 힐끗 쳐다만 보더니 나에 대한 검사는 하지 않고 어머니만 다그치고 있었다. 술독은 치워서 현장에는 없었지만 술독을 덮어 놓았던 이불을 미처 처리 못하여 술 냄새가 옴팍 배어 있으니 그야말로 술 냄새가 술술 나고 있으니 그 증거를 잡고 어머니를 족쳐대고 있었다. 어머니는 아니라고 죽어가는 목소리 모기 소리만큼 없다고 하였지만, 어디에 숨겨 놓았을 것이고 얼마만큼 된다는 것도 예상하는 술 조사에 이력이 나 있는 조사관은 더 겁을 주고 있었다. 자진해서 불면 벌금을 경감 해주고 자기네가 찾아서 나오면 아주 쎄게 벌금을 때린다고 으박지르며 겁박을 하고 있었다. 그 조사관 하나는 감춰 놓는 곳을 죽 나열해 나갔다. "겨울에 감자 저장하는 지하 감자광, 볏집가리, 건조실 고쿠락(아궁이), 꽃가마 행여를 보관 해 두는 창고인 곳집, 저 위에 광산 굴에도 저장을 하는 것을 봤지만 그건 주인 찾기가 좀 거시기 해서 안찾고...외딴 집 뒷간,....내가 조사하면 다 나오니 알아서 혀!" 그 조사관의 입에서 나온 단어 뒷간 이라는 단어에 나는 가슴이 철렁 들키면 어떡하나 하고 겁에 질려 덜덜덜 떨게 되었다. 고양이 앞에 생쥐 모습이었다. 어머니는 세상에 제일가는 죄인의 모습이었다. 그래도 어머니는 실토하지 않았다. 그러니까 조사관이 화를 버럭 내면서 '찾아서 나오기만 하면 술 담근 사람 감춰준 사람 모두 지서에 감방을 보내겠다'고 으름장을 떨었다. 감춰 준 사람도 감방 보낸다는 소리에 광택이 어머니의 얼굴 모습이 움찔해 지며 상이 일그러짐을 볼 수 있었다. 박주희 어머니는 조사관들의 얼굴을 마주보지 않으려 애써 고개를 돌리는 모습이었다. 조사관들이 우리 집에 오기 전에 형식적으로 아랫동네 몇 집을 검사 한답시고 휘휘 돌아서 오긴 했다. 왜냐하면 우리 집에 표적 조사가 아님을 그들도 위장을 하고 왔기 때문이다.

어머니의 실토가 안 나올 것임을 감지한 조사관 2명은 윽박지르는 겁박의 소리를 벅벅 질러 대고 내 키보다 더 큰 장대를 휘 둘러 가며 땅바닥이 울릴 정도로 쾅쾅 내리치기도 하고 우리 집의 여기저기를 찾아 나섰다. 둘러봐야 없지만 그들은 아무것도 없는 헛간에 들어가서는 장대로 바닥을 파헤치는 시늉도 했다. 그들도 이제는 감지를 했다. 우리 집에는 없고 필시 다른 곳으로 이동을 해서 감춰 놓았다는 것을 알아챘다. 그리고 이젠 조사관이 어머니를 향해 또 안도의 말이 아닌 '이제 여기는 됐어.'라고 일제 때 순사가 순박한 양민을 조져 대듯 어투로 말을 했다. 그들은 무조건 어른이고 젊은이고 반말로 내려 까는 정도는 아무것도 아니었다. 조사관은 '오늘 내가 해가 넘어가도 꼭 찾아내고 말테니 그리 알아 ~' '그리고 찾아서 나오기만 하면 여기 모두 관계되는 인간들은 몽땅 엮어서 깜방을 쳐 넣고 말테야~'라고 서슬이 퍼런 겁을 주면서 조사관 하나가 우리 담을 넘어서 광택이네 집으로 향하는 것이었다. 요즘 같으면 가택 수색영장을 보여 달라고 할 수도 있지만 당시엔 그런데 어디 있었냐고...그들에게는 무법천지였다. 광택이네 집에 가서는 그들은 이제 더 쉽게 수색을 하는 것이었다. 있을 만한 곳을 그들의 노하우 수색 매뉴얼에 따라서 그리고 그들만의 노하우? 로 여기저기 쑤시다가 광택이네 보리짚단 가리로 향했다. 나의 마음 조리는 가슴이 쿵쾅거림은 말할 것도 없이 어머니와 광택이 어머니의 얼굴이 새파래짐을 감을 잡지 않더라도 눈에 보이는 것이었다. 조사관은 거의 확신에 찬 모습으로 장대로 보리짚단을 헤쳐 대더니, 그 중 성질이 급하고 약간 험상이 궂은 조사관 놈이 장대로 여기저기 푹푹 쑤셔대다가 하늘 높이 들더니 보리짚단을 훼액 내려치는 것이었다. 이 조사관의 내려치는 힘이 얼마나 쎘는지 어머니와 광택이 어머니가 감춰 놓은 술독의 뚜껑이 깨지는 소리가 들렸다. 조사관의 입에는 회심의 미소를 지으며, 아니 파안대소를 하였고, 그 소리에 우리 어머니는 그냥 마당에 풀썩 주저앉았다. 이젠 증거를 찾은 전세가 등등한 조사관은 혼자말의 욕이지만 큰소리로 다 듣게끔 겁을 주며, 삿대질을 해대며 우리 어머니를 보리짚가리로 끌고 가는 것이었다. '이래도 아니라고 말을 해봐 이 썅~' 어머니는 조사관의 바짓자락을 붙잡았다. 엉엉 우는 소리로 '잘 못했어유. 한 번 봐 줘유~~' '서방님 3년상이라서 어쩔 수없이 처음으로 담가 본 것 이어유. 죽을죄를 졌으니 한번만 봐 줘유~' 나는 평생을 살면서 어떠한 경우에도 그렇게 애끓는 모습으로 어머니가 그들에게 사정을 하는 상황만큼의 애절함을 그 이후로 본적이 없다. 그만큼 어머니는 그 상황이 절박하셨다. 나도 그 옆에 비실비실 서 있었다. 보릿짚 가리는 다른 조사관이 더 헤집어 댔다. 그러니까 뚜껑이 깨진 것이 들어 났고 지저분한 보릿집단 검불이 술독으로 들어가기도 했고 술독에서 위로 솟구친 술누룩 지게미가 보리짚단에 묻어 흩어져 있는 꼬라지는 참으로 참담했다. 나도 울었다. 엉엉 울었다. 처량하게 울었다. 이 위급한 상황을 어디에다 호소할 곳 끗발이 없었다. 뒷빽 이라고는 하나도 없는 집안이라서 더욱 서러웠다. 어머니는 계속해서 울면서 조사관들에게 사정을 하는 것이었다. 나는 울면서 바라보는 것은 하늘만 바라 볼 뿐이었다. 아버지에 대한 원망이었다. 살아 계셨을 때도 신선 놀음이나 하시면서 어머니만 고생고생 시키다가 돌아 가셨고, 3년상 탈상 제사를 준비 하다가 술조사에 걸려서 이젠 지서에 끌려가게 된다는 것에 두려움. 그리고 벌금을 내야 하기 때문에 그 뒷감당은 어찌해야 할지 내가 하는 것이지만 걱정이 앞섰다. 어머니의 초라한 모습을 보는 나의 마음이 미어지게 서러웠고, 어린 나의 울분과 오기가 가슴깊게 심어지고 있음을, 주먹을 불끈 쥐어지는 나의 손을 통해 느낌이 왔다. '내가 성장하고 공부도 잘해서 성공을 하여서 저 조사관 놈들에게 꼭 아주 주 꼭 오늘의 빚을 갚아 주겠다' 다짐에 디짐을 했다.

조사관들은 조서를 작성해야 한다고 상황을 수습하려고 우리 집 마루로 자리를 옮겼다. 어린 아이인 나의 마음속에는 내심 한 곳 더 (박주희네 뒷간에 갖다 놓은 항아리) 적발 되지 않은 것에 대한 안도의 마음이 들기도 했다. 그런데 어떻게 조사관들이 우리 마을에 술 조사를 오게 되었고 우리가 술을 담근 것을 들키게 되었을까? 별에 별 생각과 의문이 들었다. 틀림없이 누군가가 세무서에다가 찔렀을 것이다. 생각이 들었고 그렇다면 누구네 일까? 이리저리 생각을 해봐도 우리가 동네의 다른 사람들의 가슴에 못을 박거나 야박하게 살아오지는 않았는데…동네 사람들도 모두 순박하여 오순도순 사이좋게 지내는 평화로운 마을 이어서 그런 고발의 짓을 할 사람이 없다. 그런데 어찌하여 이런 일이 발생이 되었을까? 나중에 알게 된 사연인 즉은 수안보 양조장에서 세무서에 밀고를 했는데, 우리 아버지 초상이 났을 때도 양조장 술을 전혀 사먹지 않았고, 작년 제사에도 술 한 고리도 팔아 주지 않아서 심통이 나서 밀고를 했다는 것이다. 그들은 장사를 못해서 안달 이었겠지만, 우리 집안의 경제 사정은 빠듯하여 양조장에다 술을 사다가 제사를 치룰 겨를이 없는 처지였던 것이다.

하도 절절하게 한번 봐달라고 사정하는 어머니의 청에 조사관들은 자기들도 밀고가 들어온 것이기 때문에 어쩔 수 없이 아주 없다고는 할 수 없으니 현 상태로 쎄게 처리는 안하고 적정하게 처리를 한다고 했다. 현 상태로 저 항아리 정도의 벌금은 15,000원 먹여야 하지만 3분지 1로 하여 5,000원은 발부해야 한다는 것에 어머니도 하는 수 없이 수긍을 했다. 당시 쌀 한가마 값이 3,800원 이었으니 얼마나 큰 금액인가? 우리 집엔 먹고 죽으려 해도 돈이라고는 땡전 한 푼 없는 지경이었다. 술을 빚는데 사용된 쌀도 여유가 있어서 준비한 것이 아니고 아버지 3년 상 탈상이라고 어머니가 어렵게 어렵게 동네 장려쌀(봄에 쌀을 빌렸다가 가을에 이자를 아주 비싸게 쳐주어 갚는 제도)을 용채하여 준비 했던 것이다. 어머니는 장려쌀 대출의 빚과 벌금을 내야 할 것에 대한 막막한 어두운 그림자가 얼굴에 비췄다.

한바탕의 소동이 잠잠해지고 적막감이 흐른 다음에 술조사에 우리가 들키게 되었다는 소식은 삽시간에 인근 여러 마을로 퍼져 나갔다. 발 없는 말이 천리를 간다는 얘기를 그 때 실감 하게 되었다. 사건은 터졌어도 다음날 아버지의 3년상 탈상 제사는 예정대로 진행이 되었다. 다음날 오전에 제사 참여하게 되는 가까운 곳의 친척들로 부터 이화령 넘어 문경에 있는 일가들도 속속 우리 집에 들어오기 시작했다. 그들은 우리 집에 오는 과정에서 어제 술조사에 적발된 내용을 이미 듣게 된 친척들은 집 마당에 들어서자마자 제사 참여의 근엄함 유지보다도 어제의 사건이 더 안타까워 위로의 말을 달고 들어왔다.

제사는 정오에 시작하는 것 이었다. 그사이에 동네 사람들과 친척들은 마당에 깔려져 있는 멍석에 빙 둘러 앉아서 왁자지껄 얘기들을 나누고 있었다. 제사에 쓸 술은 어제 적발되어 독이 깨지고 지저분한 술은 쓸 수가 없었고 박주희네 뒷간에 숨겨 놓았던 독을 가져와서 그 것을 채에 받쳐서 물을 타고 하여 술 한 고리는 만들었다. 그것은 마을 사람들과 친척들이 마실 술이다. 마을 사람들 중에는 실없는 싱거운 소리를 하는 사람이 있게 마련, 남의 속상한 기분은 망각하고 '야~ 뒷간의 망옷(똥) 냄새가 가미 되어서 그런지 막걸리 맛이 기가 막히게 익었다'라고 헛소리를 해대는 사람도 있었다. 아니 헛소리로 듣기 보다는 그런 상황에서도 해학을 자아내어 무거운 분위기를 반전시키는 유머의 기술자인지도 모르겠다.

제사상에 올릴 술은 문경의 일가가 청주 대병을 들고 오신 것을 사용하였다. 제사는 장손인 큰형님이 제주로 하여 늘 하여 오던 격식 그대로 제사가 진행이 되었고 무사히 3년상을 마치게 되었다.

제시기 끝나면 모두들 둘러 앉이 제시 밥을 니눠 먹고 그 사이의 동네 얘기와 외지에서 온 손님들 세상사를 두런두런 이런저런 얘기를 하면 시골

촌사람들은 그게 진짜인지 사실에 더하여 뻥을 치는 얘기인지도 모르지만 귀를 쫑끗하게 듣는 게 일상 이었다. 술들이 한 두잔 들어가게 되니 문경에서 넘어 온 일가 한사람이 어제 우리 집의 술 적발 된 것에 대해 말을 꺼내면서 자기가 해결 하겠다고 떵떵 거리며 얘길 해 대는 것이었다. 얘기인 즉은 우리 황가 문중에서 대구의 도경찰국에 반장으로 근무하는 사람이 있는데 그 대부에게 손을 대면 어제 술 적발된 건에 대해서는 없었던 일로 하는 것은 식은 죽 먹기라고 떠들어 대고 있었다. 물에 빠지면 지푸라기라도 잡는다고 어머니는 그 문경의 일가에게 신신 당부를 하는 것이었다. '아저씨 제발 그 경찰국 반장 아재한테 손을 대서 해결을 해 달라고' 사정을 해 대는 것이었다. 어제는 조사관에게 사정하고 오늘은 황가 일가 아재에게 간곡한 부탁을 하고 있는 초라한 모습을 보니 참으로 순진무구한 시골 할머니였다. 어머니는 그 일가 아재에게 우리 집의 사정을 말했다 '아재~ 아재가 알다시피 우리가 어떻게 5,000원이나 되는 큰돈을 벌금으로 물 수가 있어유? 아재가 서둘러서 우리 좀 벌금에서 빼줘유~제발' 했다. 그러니까 그 아재는 '염려 마이소. 전에도 우리 문경에서 적발 된 것 그 이튿날로 해결했습니더' 라고 자신 만만하게 답을 했다. 그후 그렇게 자신 만만하던 아재는 문경 집으로 가서는 사건을 해결한다는 소식이 며칠이 지나도록 잠잠했다. 그래도 어머니는 가느다란 실낱 희망이라도 아주 크게 기대를 걸어 마음을 조아리고 있었는데 시간이 자꾸 흘러가면서 모두 다 허사였다. 예나 지금이나 해결하지도 못할 사람이 허풍을 떠는 것은 어쩔 수 없는가 보다.

제사와 뒷풀이가 마무리 되고 손님들과 마을 사람들이 돌아간 시간 늦 해거름의 오후 서쪽 산의 땅거미가 마당에 슬그머니 들어서니 집안은 적막감에 썰렁함이 들게 되었다. 이젠 조용했다. 다 마무리된 그제서야 모든 상주들이 걸쳤던 베옷과 제사에 쓰였던 물품을 태워 버리는 시간이 되었다. 어머니와 형님들 누나들이 모두 주섬주섬 하여 큰 형님 지게 바소쿠리에 담아서 동구밖 마을 가생이에 있는 잿터로 갔다. 동네 다른 사람들도 탈상 때 늘 물품을 태우는 장소이다. 솔가지와 나뭇가지 장작으로 밑불을 붙였다. 그 불이 활활 타오르자. 지게의 바소쿠리에 있던 베옷과 제사용품을 태우며 솔가지의 뿌연 연기와 함께 하늘로 치켜 올라가는 가느다란 구름처럼 생긴 용오름 같은 연기에 아버지의 혼이 같이 올라가는 것 같았다.

베옷을 던져 태우면서 어머니는 울기 시작했다. 아니 운다기 보다는 통곡이었다. 지금까지 들어 보지 못했던 큰소리였다. 술조사 조사관의 윽박에 답하던 모기소리의 목소리가 아니었다. 사자후의 포효보다도 더 울림이 큰 통곡이었다. 아버지에 대한 미련이었을까? 아니면 남아 있는 생활에 대한 두려움이었을까? 어머니는 태우던 불꽃이 시들할 무렵 막내 아들인 나를 붙들고 2차 사이클의 통곡을 했다. 나의 어깨와 등짝을 후려 때리듯 하소연의 손동작으로 어머니는 나를 붙잡고 흔들며 우셨다. 나도 울고 우리 형제 모두가 같이 따라서 울었다. 어머니는 땅바닥에 주저앉아 우시면서 나를 끌어안았다. '아이고~ 아이고~ 우리 막내 명호 가여워서 어떻게 해야하나....긴 통곡' 어머니 친정이 정선옆 영월인데 그곳의 정선 아리랑의 한이 맺힌 곡조 톤으로 가끔은 숨이 거꾸로 북받쳐 올랐다 멈추는 한의 타령곡조로 울어댔다. 참 긴 시간을 우셨다. 그만큼 당신 인생의 한도 참 많으셨나 보다.

그 통곡의 시간이 거의 마무리 될 때쯤 어머니는 나를 다시 보듬으며 울먹이는 낮은 톤의 목소리로 '명호야 너는 앞으로 공부를 열심히 하고 잘 커서 판검사가 되거라. 그래 가지고 어저께 내가 당한 모욕을 꼭 갚아주라.'라고 하면서 나의 손을 아주 세게 꼬옥 붙잡고 우시는 것이었다. 그 순간 나의 볼에도 주체할 수 없는 뜨거운 눈물이 마구 흘러 내렸다. 어린 내 마음에 다짐이 다시 되새겨 지고 있었다. 가난의 설움, 권력이 하나도 없는 끗발 부재의 설움. 이를 꼭 극복하겠다고 마음으로 주먹을 불끈 쥐고는 어머니의 한이 가슴에 와 닿는 울분이 나로 하여금 어금니를 악물게 했다. 단지 궂은 얼굴에 골이 패이게 내 볼에 흘러내리는 뜨거운 눈물이 앞에 있는 어머니의 모습이 희미하게 보이는 것이 안타까울 뿐이었다. 어머니의 모습이 산위에 떠오르는 달의 둥그런 가운데 빛 푸르름에 어머니의 초상이 걸려 보였다.

그렇게 아버지 3년 탈상이 끝나고 큰형님은 벌금을 마련하려면 돈을 벌어야 한다고 대천에 있는 광산으로 일하러 가셨고 둘째형은 해병대 군대를 자원하여 월남을 가셨고, 누나들은 서울의 공장으로 취직이 되어 올라갔다. 집에는 막내인 나와 어머니가 남아서 어머니는 두부를 제조하여 수안보에 내다 팔아서 생활을 하고, 나는 수안보의 학교에 다니고 있었다.

할미꽃 피는 여린 봄날의 추억

탑골 마을은 역사와 전통이 오래된 마을이다. 자기 마을은 다 자랑스럽고 소중하지만 탑골마을은 나에겐 탯줄을 묻은 더없이 소중한 고향이다.

우리 지역은 고대국가 시절 명칭은 문헌기록상으로 살펴봐야겠지만, 가까이 근세에는 연풍현 고사리면 상모리에 속해 있었고, 그 후 괴산군 상모면(1914.4.1.), 중원군 상모면(1963.1.1) 충주시 상모면(1995.1.1) 현재는 다 아는 바와 같이 충주시 수안보면(2005.4.1)으로 되어있다.

탑골마을 하면 일반인들이 삼덕광산이나 있던 곳으로만 여기는 사람들이 많은데 우리 마을은 자연 부락으로 아주 오래된 마을이다. 오죽하면 신라 시대부터 있었던 탑이 있어서 탑동이라 부르게 되었을까?

그 오래된 마을에 우리 昌原 黃氏 부사공파가 원주에서 여기로 오셔서 정착하여 11대조 까지 살아온 곳이다. 참으로 긴 세월을 살아왔다. 아버지는 일정시대에 동경에 유학을 갔다 와서 수안보의 생활 사회적응에 별 흥미를 갖지 못하시고 그냥 금광에서 금의 순도를 감별 측정하는 세월로 낚으며 지내셨다. 그마져 장수를 하지 못하시고 내가 7살 되던 해 정월에 돌아 가셨다.

그리고는 우리는 가세가 변변치 않았다. 탑동에서 11대를 살았는데도 이상하게 내 대에는 변변한 땅뙈기가 별로 없었다. 조상님들이 어떻게 운영을 하셨는지는 내용인 즉은 잘 모른다.

나의 장형님 황 남字 호字 형님은 상모면 씨름장사로 그 시절을 산 사람들은 다 아는 바이다. 씨름대회가 있으면 송아지 타는 일을 독차지 했던 분으로 기골이 장대하다는 말은 우리 장형님을 두고 일컫는 단어일 것이다.

아버지 돌아가시고 다음해 봄에 나는 코수건을 가슴에 핀으로 달고 초등학교에 입학을 하고 장형님은 결혼을 하여 분가를 했고 광산일 사업을 하러 다닌다고 전국을 헤집고 다녔다. 둘째 형님은 월남 해병 청룡부대를 가서 집의 가정 경제가 영 말이 아니었다. 60년대는 다들 보릿고개를 겪었던 시절 이지만 유독 우리는 입에 풀칠을 하기가 어려울 정도의 형편이 되었다.

'어머니는 위대하다'라는 말이 있듯이 나의 어머니도 생활 전선에 나서게 되신 것이다. 두부를 제조하여 수안보에 갖다 파는 일을 하시게 된 것이다. 그 두부 장사는 고생은 고생대로 하는데 별 이문이 없어서 남는 거라고 해 봤자 그 역시 거우 먹고사는 정도였다. 그나마 두부장사가 안될 때는 기억하기도 싫지만, 때꺼리가 없어 비지로 끼니를 때워야하는 경우도 있었다.

학교를 갔다 오면 두부를 끓이는데 쓸 땔감 나무를 해 와야 했기 때문에 나는 학교 수업을 가능한 일찍 끝내고 집으로 와야 했다. 수업도 많이 빼먹다 보니 공부의 진도가 엉망이었다. 6학년 정규 법정수업일수 시간을 다 못 채울 정도였다. 그러다 보니 교과 내용을 알았던 것도 다 까먹는 상태로 되어 버렸다. 6학년 1학기 초에는 소위 분단을 만들 때 성적순으로 앞에서부터 앉혔다. 내 분단에 광명,규석,형우가 있었으니 내 성적도 앞 번호에 들어갔다고 본다.

우물 밖으로 나온 개구리

촌놈이 서울에 올라와 학원을 다니게 되었다. 여기는 전라도 경상도 등등 전국적으로 다 모여 있는 곳이어서 참 헷갈렸다. 학원 다니는 길목에 그 때 당시 한참 유행을 하였던 프로권투 동양챔피언이었던 김현치 체육관이 있었다. 나는 학원을 가는 것보다 김현치 체육관에 기웃 거렸다. 어느 시대나 그 시대 유행하는 것에 관심을 가질 수밖에 없었다. 나는 형 몰래 김현치 체육관에 등록을 했다. 워낙 우리 집안 내력이 힘은 그래도 장사니까 나름대로 나의 펀치 힘이 쎄고 싹수가 있어 보였는지 김현치 챔피언은 나를 자기의 후계자로 키우겠다고 했다.

형도 해병대도 갔다 오고 힘과 운동을 잘 하였기 때문에 노량진 일대에서는 전라도 애들을 누르고 전국구의 반열에 있는 상태였다. 그렇지만 형은 나를 운동이나 양아치들이 하는 몸둥아리 쓰는 일의 근처에 얼씬 거리는 걸 싫어했다. 오직 공부를 잘 해 주기를 바랬다.

여름이 가고 가을에 접어들 때쯤 나의 이런 일상이 형에게 들통나서 나는 뒤지게 혼이 났다. 형이 바라는 공부의 방향이 아닌 권투도장에나 다니는 꼴을 두고 못 보겠다고 학원이고 뭐고 저녁에는 외출을 일절 금지 시켰다.

나는 참 환장할 노릇이었다. 서울의 생활도 어색하고 모든 게 서툰 속에서 그래도 복싱은 이제 몸에 익어가고 있었다. 이정도로 열심히 하면 나도 얼마 되지 않으면 챔피언 반열에 오를 수 있다는 희망이 가득 차올라 부푼 꿈을 꾸고 있었다. 그런데 그 꿈을 회수해가는 형이 원망스러웠다. 그래서 또 다시 내 머리 속에서는 고향에서 가난 때문에 겪었던 정체성의 혼란이 오고 있었다. 그래서 나의 생활은 요즘말로 우울증에 빠졌다. 하는 일도 싫고 모두가 보기도 싫었다. 이젠 형의 구속에서 벗어는 게 최상의 선택이라고 마음을 먹고 있었다. 그러던 차에 지인으로부터 양평동에 신명전기라는 모타를 제조하는 회사가 있는데 거기 가볼 의향이 있느냐는 제안이 왔다. 의향? 뭔 의향 나는 무조건 여기를 탈출하는 것이 지옥으로부터 벗어나는 것이라 믿고 무조건 그 제안에 응했다. 그렇게 시작된 것이 나의 평생 업이 된 신명전기 모터와의 인연이 시작된 것이다.

돌고 도는 아주 빨리 도는 모터같은 인생

신명전기 모타. 세상에 모터라는 것을 들어보길 했나 만져 보길 했나 ? 참으로 신기했다. 당시 우리나라는 산업화의 시작으로 제조업과 수출을 적극 장려하던 박정희시절 이었다. 특히 봉제로 수출의 역군이 된다고 구로공단에는 수만명의 여공들이 상근하던 시절이었다. 봉제 공제이면 뭔가? 미싱아닌가? 그 미싱에는 필히 모타가 달려 있어야 했다. 그뿐 아니고 다른 기계에도 필수적으로 쓰이는 게 모타였다. 모타의 수요는 엄청나게 늘었고 공장은 밤낮으로 바빴다. 또 한 가지 모타는 한번 사면 끝이 아닌 영구적인 것이 아니고 소모성인 제품인 것이다. 어찌하였든 얼마를 지내지도 않았는데, 나의 입심과 순간순간 두뇌회전이 빠른 나를 유심히 나를 바라보던 윗사람이 본사에서 영업직 청계천 직매장으로 발령을 냈다. 그렇게 하여 나의 청계천 생활을 시작하게 된 것이다.

순진한 내가 서울에 처음 올라 왔을 때 전라도 경상도 강원도 여기 저기 사람들의 집합을 헷갈려 했는데, 청계천에 나와 보니까 이곳은 거기에 한 술 더 떠서 이북 출신들도 발을 담그고 있으니 과히 장사에서는 전국구라고 하겠다. 아니 요즘말로 그로발한 상태였다. 그 살벌한 세상에서 존재한다는 것이 참으로 치열했다고 본다.

그 곳의 주변 상가 사장들의 입에서 나오는 말을 처음에는 순진하게 다 믿었었는데 나중에 하나씩 들어 가다보니 그들의 입에서 나오는 얘기는 거의 99%는 뻥임을 알게 되었다. 그러나 그들의 생활이 의도적이든 습관이든 그렇게 비중있게 생각하지 않고 우리의 일을 열심히 하면서 지냈다.

모타 판매 실적은 날로 늘어났다. 매달 마다 최고 매출실적을 갱신하는 것이다. 그러다 보니 본사에서는 나를 인정하기 시작했고 매주 수요일 아침 영업전략 회의에 청계천 소장을 부르지 않고 나를 출석 시켜서 전체 영업회의에 의견을 청취하는 등 영업활동에 두각을 나타냈다.

그 후 나는 본사로 들어가서 의사 결정권을 가진 이사가 되었고, 창업자가 주식을 매각하면서 믿을 수 있는 사람이라고는 자네뿐이라며 양도한 주식으로 회사의 전권을 거머쥐고 실력을 행사를

하게 되었다. 모타와 인연을 맺은 나의 인생과 사회생활에서는 나름 성공을 했다고 자부를 한다. 그 성공의 원동력은 그 옛날 아버지 3년상 때 어머니가 나에게 당부하신 부탁 '명호 너는 나중에 커서 꼭 성공해야 한다'의 한을 가슴에 항상 담고 살아왔기 때문일 것이다.

나는 10여년 전에 회사일은 전문 경영인에게 맡겨 경영일선에서 손을 떼고 경북 김천 삼도봉 밑으로 귀촌을 해서 전원생활을 하고 있다. 치열한 사회생활에서 겪는 스트레스로 인한 건강의 훼손이 가져온 이유도 있지만 인생살이도 진자리 마른자리를 구분해서 살아야 한다는 나의 주관이 있어서 실행한 것이다.

나는 전원별장 바로 앞에 저수지 만큼은 아니더라도 아주 큼직한 연못을 만들어 거기에 붕어도 넣어 놓고 여름에는 고기를 잡는다기 보다 세월을 낚는다. 열나흗날 초저녁 달이 둥글게 떠올라 그 연못에 비춰지면 별장 마루에서 바라보면 하늘에 달하나 연못에 달하나 그리고 따라 놓은 나의 투박한 막걸리잔에 달이 하나 잠기게 된다. 그 별장의 이름을 月影齋 (월영재)라고 나의 60년지기 친구인 이형우가 지어 주고 그도 막걸리 잔속에 잠긴 달을 쭈욱 들이 마셨다. '오늘의 술은 막걸리가 도수가 제대로 나오는 군!' 조카인 이형우가 말했다. 그 말인 즉은 우리가 어렸을 때 어른들은 수안보 술도가의 술보다 도수가 낮은 것을 드셨기 때문이다. 왜냐고 묻지 않아도 다들 아는 사연을 말하자면 여름 날 장형님이 수안보 양조장에 가서 막걸리 한 주전자 받아 오라고 심부름을 시키면 돌아 오는 중학교 뚝방길에서 오다가 쉬면서 한 모금씩 들이 마시다 보면 최소한 큰 주전자의 1/5은 마시게 된다. 그러고 주전자의 양이 줄어 든 것에 혼이 날까바 마을 입구의 순학이네 우물에서 한 바가지 물을 떠서 주전자 윗쪽까지 채워가면 그 술이 당연 싱겁게 되는 게 아닌가? 그 싱거운 막걸리를 마시면서 장형님은 나의 짓임이 다아시면서 오늘 양조장 사람들은 졸다가 물을 더 넣었군 하시며 넉두리를 하시지만 그분들도 어려서 했던 수법이기에 빙긋이 웃음으로 넘기셨다.

술 ? 이렇듯 술에 대해 말을 많이 했지만 무슨 술을 마셨냐 보다는 누구와 한 잔을 마셨느냐가 마음을 어루게 되고 60여년 전에 술 조사를 당하였던 사건에 대해 어렴풋한 기억에 나타 나는 것을 이젠 한풀이라는 단어를 대신해 용서가 아닌 용서를 가슴에 새기며, 씁쓸함의 맛 씀바귀가 씹고나면 단맛이 입맛에 돌듯 빙긋한 웃음으로 입가의 곡선의 모습을 자아낸다.

<편집후기>

편집위원장

졸업 50주년을 기념하는 우리들이 살아온 인생 이야기 문집을 만들자는 의견은 2018년 봄 모임에서 진광명회장이 발의하고 다수가 동의를 하여 원고 접수가 시작이 됐다.

사람들은 '내가 살아온 인생 얘기를 하려면 책 10권을 쓰고도 모자란다'라고 말을 하지만 막상 자기의 글을 쓰려고 하면 거의 대부분이 A4 용지 반장도 제대로 써지지가 않은 것이 현실이다. 그것은 잘못된 것이 아니라 평소 글쓰기 연습이 안 된 일반인들에겐 당연한 것이다.

그래서 내가 친구들 각자의 사연을 인터뷰하여 청취하고 대필을 하는 쪽으로 방향을 설정했다. 그 결정은 옳았다. 그렇게 하니까 각자의 원고가 하나 둘씩 모이게 되었고 책을 만들 분량이 되었다.

나는 본업의 업무전화가 없는 토요일은 무조건 특별한 일이 없는 한 사무실에 1년여를 출근하여 우리들의 이야기를 집필하는 데 집중했다. 이 일을 하기 위하여 나의 배낭엔 노트북과 카메라를 넣어 늘 둘러메고 다녔다. 또 시간이 나는 틈틈이 우리 45회에 관련된 자료를 하나 둘씩 모아 저장을 해 두었다.

친구들의 협력과 자료를 제공해 주는 친구가 있어서 가능한 일이었다. 물론 진행하는데 순탄한 것만은 아니었다. 세상이 다 내 마음과 같지 않기 때문에 좌절을 하는 경우도 있었으나 그럴 때 나를 위로와 격려를 해주는 친구들이 있어서 계속 진행하는 용기를 얻게 되었다.

"그럼 너는 미친놈처럼 그 일을 왜 하는 건데?"를 내가 내 자신에게, 또는 모르는 사람들이 나에게 질문을 한다. 답은 '나는 이 일로 생색을 내거나, 나의 이득을 위해 하지 않는다.' 라고 단연코 말한다.

'그럼 뭐야?' 난 그냥 조건 없이 고향 친구들이 좋아서고, 내가 해 줄 수 있는 일이라고는 나의 능력이 이 분야밖에 없기 때문이었다.

그래서 좀 부족한 나의 자질이지만 마음과 혼만은 진심을 담아서 책을 만든데 노력을 기울였다. 나의 미력한 반딧불이 불빛과 같은 능력이나마 친구들 마음속을 훤히 비춰서 조금의 기쁨이라도 되었으면 좋겠다.

나는 이 문집을 진행하면서, 여러 친구들 원고를 대필하기 위해서 각각의 그 사람을 며칠을 연구했다. 그리고나서는 나 자신은 내가 아닌 그 친구로 빙의를 해서 글을 작성한다. 그러면서 울기도 여러 번 했다. 인생이란 게 나름대로의 애잔한 사연과 굴곡이 있었기 때문이었다. 인생이란 해석하기가 때론 참 힘들 때가 있더군. 그리고 두 번째로 느낀 것은 삶이란 정답이 없었으며, 배운 사람이나 그렇지 않은 사람이나 많이 가진 사람이나 없는 사람이나 다 그가 터득한 사는 방법과 지혜를 가지고 있었다는 것이다.

나의 수확은 이 책을 통하여 진정으로 그가 살아온 것이 때론 얼마나 힘이 들었으며 마음 아파 했었다는 내용을 서술하면서 여러 친구들을 밀접하게 알게 되었다는 것이다.

아름다운 파란별에 여행을 와서 수안보가 나의 고향이라는 것과 소중한 그대들, 나의 친구들을 만날 수 있어서 행운이었고, 행복했었노라고 자신있게 말할 수 있다.

지금까지도 그대들에게 고마웠지만, 아울러 이어지는 황혼도 행복을 같이누릴 수 있기를 기원한다.

우리가 살아온 인생이야기

황혼의 자화상

수안보초등학교 제45회 동창회

엮은이 : 이 형 우
발행인 : 진 광 명
인쇄인 : 이 형 우

도서출판 다인
서울특별시 중구 충무로7길 21
전　화 : 02 2266 5005
팩　스 : 02 2266 9119
손전화 : 010 4357 5005
w8585@hanmail.net

펴낸날 : 2020. 05. 01
값 : 50,000
ISBN 978-89-93183-17-7

03810
9 788993 183177